原敬と政党政治の確立

伊藤之雄［編著］
ITO Yukio

千倉書房

原敬と政党政治の確立

目次

理想を持った現実主義者——序にかえて——伊藤之雄◆003
1 第一次世界大戦と日本の外交・政治の変容 003
2 国際政治の変化の中での外交 005
3 産業振興の合理的な方策と選挙区 013
4 政党内閣の形成と原の人間観 019
5 原内閣とイギリス風立憲君主制の形成 021
6 「平民宰相」の精神と薩長への怨念の克服 024

第I部 日露戦争前後の政党政治の形成

第1章 児玉源太郎と原敬——台湾統治と統帥権改革・行政整理をめぐる対立と協調——小林道彦◆031
「武人に似合はず才幹あり」——はじめに 031
1 伊藤博文に用いられる 034
2 政治的台頭——原との対立と山県との融和 040

3 内政改革構想——児玉と原、相互接近の予兆 050
4 日露戦争と統帥権問題——山県との対立 060
5 日露戦後経営——児玉と原の政治的接近 065
6 その政治的遺産——公式令の制定と帷幄上奏権の縮小 073
児玉没後の政治的混迷と原敬——おわりに 077

第2章

原敬社長時代の『大阪新報』——日露戦争期を中心に

飯塚一幸◆095
忘れられた新聞『大阪新報』——はじめに 095
1 原敬の大阪新報社長への就任 098
2 原敬による大阪新報社の経営 101
3 『大阪新報』の開戦論批判 107
4 日露戦争下の『大阪新報』 113
5 日露講和問題と『大阪新報』 126
原敬の戦争認識——おわりに 132

第Ⅱ部　第一次世界大戦と政党政治の確立

第3章　原敬の政党政治
――イギリス風立憲君主制と戦後経営　――伊藤之雄◆153

原内閣の政治権力と目指したもの――はじめに　153
1　イギリス風の立憲君主制・協調外交という理想を持った原の成長　158
2　原による軍と官僚統制の手法と山県系官僚閥との対抗　168
3　第一次世界大戦後への原の「戦後経営」構想　178
4　原内閣の成立とイギリス風立憲君主制の胎動　185
5　原内閣の安定とイギリス風立憲君主制の形成　202
6　原内閣とイギリス風立憲君主制の確立　216
イギリス風の立憲君主制を進めた原と戦後経営――おわりに　220

第4章　第一次世界大戦と原敬の外交指導
――一九一四～二一年　――奈良岡聰智◆239

3 大戦後の日本外交の基本路線――おわりに 301

第5章 原内閣の経済閣僚――高橋是清と山本達雄

伊藤孝夫◆323

経済政策の担当者たち――はじめに 323

1 原内閣以前の両者の軌跡 325

2 原内閣経済政策の両輪 336

3 経済危機克服方針の確定まで 346

高橋・山本のその後、あらためて原との関係をめぐって――おわりに 354

第III部 政党政治の基盤の確立

第6章 原敬と選挙区盛岡市・岩手県
――国際環境に適応する新しい秩序観と体系的鉄道政策―― 伊藤之雄◆363

原敬・政友会は地方利益誘導を唱えて勢力を拡張したのか――はじめに 363
1 日清戦争以降の盛岡市の政治と原 365
2 政友会最高幹部としての原の帰郷 383
3 原と清岡の一九〇二年総選挙の戦いの始まり 396
4 原の当選と、原派と清岡派の和解 404
5 日露戦争後の盛岡市・岩手県での原の勢力確立 416
6 東北振興事業への期待 438
7 第一次世界大戦と盛岡市・岩手県での政友会の勢力拡大 443
8 原内閣と政友会の飛躍的伸張 458
9 「政友会王国」の一九二〇年総選挙 464
10 鉄道建設と第一次世界大戦後の国際的視野・自立心 473
11 原敬没後 479

原が本当に目指したもの・原没後の記憶と有権者たち――おわりに　505

第7章　政友会領袖松田正久と選挙区佐賀県――原敬との比較の視点から　西山由理花◆547

近代日本の政党政治の発展と松田正久――はじめに　547
1　日清戦争後の自由党と進歩党との対立の起源　549
2　憲政党の成立と佐賀地盤の確立　558
3　立憲政友会の創立　574
4　日露戦後の政友会内閣　586
民間資本への期待と国際協調――おわりに　600

第8章　原敬をめぐる「政治空間」――芝本邸・盛岡別邸・腰越別荘　奈良岡聰智◆619

近代日本政治史研究における「政治空間」――はじめに　619

1 芝の本邸 620
2 腰越の別荘 625
3 盛岡の別邸 635
4 政友会本部 642
5 首相官邸 647
6 帝国議会新議事堂 650
「平民宰相」の面目——おわりに 651
あとがき 669
人名索引 684

原敬と政党政治の確立

理想を持った現実主義者——序にかえて

伊藤之雄
ITO Yukio

1　第一次世界大戦と日本の外交・政治の変容

本書は第一次世界大戦によって日本の外交・政治がどのように変容したのかというテーマを、原敬を通して検討することを目的とする。そのため、時期的には大戦の序曲となる日清戦争以降も含め、原を様々な角度からとらえた七本の論文を収録した。

原敬は安政三年（一八五六）二月九日に南部（盛岡）藩の上級藩士の次男として生まれ、一五歳で東京に遊学、苦学した後に官費生として司法省法学校に入学したが、学校に飽き足らなかったことから成績は落ち、「賄征伐《まかないせいばつ》」に関与し、二年半で中退することになった。その後、『郵便報知新聞』の記者などを経て、一八八二年（明治一五）に二六歳で外務省に入った。のち、陸奥宗光外相の下で昇進し、通商局長・次官・朝鮮公使（現在の大使）を歴任した。次いで、現在の『毎日新聞』の前身となる『大阪毎日新聞』の社長を経て、伊藤博文が創設した新党の立憲政友会に参加、四四歳で第四次伊藤内閣の逓信《ていしん》大臣となった。原は東北出身の初めての閣僚である。

伊藤内閣倒閣後は、新聞『大阪新報』の社長になり、同紙の編集や経営を主導したり、古河鉱業の実質的な経営の責任者である副社長に就任したりするなど、原は言論活動と実業の経験をさらに深めた。日露戦争後には、西園寺公望内閣（第一次・第二次）の内相を二度にわたって務め、その間に、首相である西園寺政友会総裁以上に、政友会の実権を掌握してしまう。また、元老の山県有朋元帥を盟主とし、陸軍・内務省・貴族院・枢密院や宮中を横断する勢力を誇った山県系官僚閥と対決した。一方、一九〇八年八月から翌年二月までの米欧視察旅行で、その後のアメリカ合衆国の台頭を予測する。日本で最も早くこの点に着目したのは、原である。

第一次護憲運動の後には、海軍大将の山本権兵衛（薩摩）が首班の内閣成立に協力し、自らは三度目の内務大臣となった。政友会を背景に、山本首相とともに内閣の主導権を握り、外交・財政・内政を主導し、山県系官僚閥を追い詰めた。しかし、山本内閣は海軍の汚職事件のシーメンス事件で倒れる。その反動で元老山県の協力により、反対党の同志会を背景とした第二次大隈重信内閣ができたため、同じ頃五八歳で第三代立憲政友会総裁に就任した原には、その後二年半の苦節の時代が待っていた。大隈内閣期に第一次世界大戦が勃発する。ヨーロッパの戦争とはいえ、国際秩序の大変動と新思想の拡大は、日本にも大きな動揺をもたらした。大隈内閣や次にできた山県系の寺内正毅《まさたけ》内閣は、これに十分に対応できなかった。

それに対応すべく、一九一八年九月に、原は六二歳で政友会内閣の首相となり、対米協調と日中連携を目指す外交路線を創出し、原の個人的力量によって、陸海軍までも内閣の統制下に置いていった。こうして原は、シベリアからの撤兵や、産業振興のための鉄道の建設・改良を行う一方で、普通選挙制度即時実行は否定する等、社会の秩序ある改革を目指した。

原は一九二〇年五月の総選挙で圧勝し、衆議院での圧倒多数を背景に、貴族院も屈服させた。翌年には皇太子妃選定問題で、元老の山県有朋元帥が打撃を受ける。これに対し原は、山県の没落を防いで秩序を維持し、山県や山県系官僚閥、陸軍のみならず宮中をも統制下に置いた。

原は個人的な力量により、慣行として首相権限や内閣の権限を強めていったが、それを法制化して、日本に英国風の政党政治を本格的に展開させる可能性があった。また、それを背景に、世界一の強国となった米国との強力な連携を実現し、東アジアの安定した秩序を形成する可能性もあった。

しかし、原は一九二一年一一月四日に暗殺されてしまった。原は自分の後継者を絞り切れていなかったが、最も期待を寄せたのが高橋是清蔵相で、原の死後、高橋が後継総裁として内閣を受け継いだ。

なお、言わずもがなであるが、書名や第二部の表題にある「政党政治の確立」という用語は、原が政党政治を確立したという意味で使っているのではない。原が政党政治の確立を目指して奮闘し、とりわけ原内閣期に大きな一歩を達成したことを表している。ならびに原は、一般国民は素朴な善意や正義感を持っている一方、排外主義や利益誘導にも踊らされる傾向があることを熟知しており、政党政治の土台を突き崩す恐れのある、これら危険な要素にどう対応すべきかをよく知っていた、ということも意味している。

この序においては、その原が政治家として何を目指し、どこまで達成したのか、またどのような人間であったのかを論じ[1]、その中で、八本の論文を紹介していきたい。

2 国際政治の変化の中での外交

驚くべきことに、原は自らの外交観の原型を、二〇歳代の半ば、一八八二年頃までの新聞記者時代にすでに形成している。原はその頃、朝鮮国の領土の一部を、日本が軍事的に占領するのは容易であるが、それを列強が承認しなければ撤兵せざるを得ず、無益なこととなる、などと論じた。この論の中には、帝国主義の時代の国際ルールへの理解と日本の国力の現状把握とのバランスが凝縮されている。朝鮮国に対する単純な強硬論が多かった当時において、卓見であるといえる。

原がこのような高いレベルの国際政治観を持つに至ったのは、司法省法学校に入る前、エヴラール宣教師の学僕として新潟にいた頃から外交に強い関心を持ち、司法省法学校や中江兆民の私塾で修得したフランス語を使って、新聞記者時代に国際政治や外交に関するフランス語の新聞や著作を読んで考えたからであると思われる。それ以前に、少年期の藩校「作人館《さくじんかん》」時代までに、漢文で多くの歴史書・思想書を読むことで、時代の変化への洞察を深めたことも土台となっている。

原は大隈重信一派のために『郵便報知新聞』を退社せざるを得なくなり、大阪で創刊された藩閥政府系の新聞『大東日報《だいとうにっぽう》』の記者となった。半年ほどで、その生活に満足できなくなると、原はむしろ積極的な気持ちで外務省に入った。天津領事など現実の外交経験を積み、パリの公使館書記官としてフランス語に磨きをかけながら、フランス語を通して国際法や欧米の政治・外交・歴史・思想の理解をさらに深めた。

その後、帰国して、非藩閥の紀州藩出身の陸奥宗光に出会い、陸奥外相の引立てで外務省の局長・次官・朝鮮公使を歴任した。また、陸奥は将来、政党の党首となって政党内閣を組織することを目標としており、原は外務官僚という枠を越えて、自由党や陸奥派との接触など、政治の根回しの活動もした。

フランス公使館書記官時代までに、著作や新聞等で学び、また中堅の外交官として実地に身につけたことを、陸奥から外交・内政両面での実践を通して指導を受けたことは、政党政治家となる原の成長にとって計り知れない財産となった。日清戦争後に日本は台湾を領有するので、この時期までに原の植民地統治観は形成され、当面はともかく、究極的には議会を背景にした内閣が植民地統治の大枠を決定する制度を理想とした。また、独立国である朝鮮国や朝鮮人への見方も形作られつつあった。陸奥が一八九七年八月に死去した後も、原は生涯にわたって陸奥への恩は忘れなかった。

陸奥の死後、大阪毎日新聞編集総理や社長として、記事の執筆や経営に活躍。一九〇〇年九月に伊藤博文が立憲政友会を創設すると、それに参加し、まもなく実力を発揮して最高幹部の一人となる。大阪毎日新聞社や政友会の最高幹部として、原は以上に述べたような列強との国際協調を求める外交論を展開した。日露戦争に対しても避けられる限り避けるという姿勢で、一般の対露強硬論をたしなめた。また大阪毎日新聞社に入る前頃から、原は英語を学び始めた。英語は自由に会話できる所まで上達できなかったが、欧米の動向を英語の文献を読むことを通して知る上では、かなり役立ったであろう。

第二章「原敬社長時代の『大阪新報』――日露戦争を中心に」（飯塚一幸）は、失われたと思われていた『大阪新報』の、一九〇三年三月一日から一二月三一日までと、一九〇四年四月一一日から一九〇五年八月二二日までを再発見して、他の史料とあわせて、日露戦争前後の原の政治・外交観を論じている。

飯塚論文は、日露開戦となるまで原が開戦論に与《くみ》しなかったことを実証した。これまでの研究で明らかにされてきた原の協調外交の姿勢と整合する事実を示したのみならず、最後までぶれることなく開戦を迎えたという、原と『大阪新報』の驚くべき信念の固さを、初めて提示したのである。

同論文は、日露戦争が始まってしまうと、原は日露戦争での日本の戦勝の要因を、露の専制政治に対して日本が立憲政治であることに求めたことも指摘している。講和について原は、日清戦争での賠償金の使い道を引き合いに出して、無賠償だったことで軍備への濫費を回避でき、むしろ国家の利益になるかもしれないと評した。これは、原が講和後の桂内閣からの政権受け取りを目前に、軍の統制と軍拡財政の抑制が政権の課題であると認識し、講和を評価したもの、と飯塚論文は論じている。

その後、原の国際秩序観・外交観に決定的な影響を及ぼしたものは、一九〇八年八月から翌年二月まで、約六カ月間の欧米周遊旅行であった。この旅行で原は、世界最強国とみられていた英国などヨーロッパが衰退しており、これからは米国が台頭することを感得した。

この周遊で、原は各国の政治家や外交官などに会うよりも、工場・鉱山や証券取引所などの実業の現状を熱心に観察した上で、米国の台頭を予測した。これは、大阪毎日新聞社長・古河鉱業副社長（実質的な社長）・北浜銀行頭取・大阪新報社長など、会社の経営に携わった原ならではの視点と手法であった。

第一次世界大戦中から日本外交のあるべき姿を考えてきた原は、大戦後に国際環境が大きく変動する状況を見きわめ、一九一八年九月に政友会を背景とした政党内閣の首相になると、それを実行に移した。原は、米・英諸国との国際協調の外交を確立し、国際連盟を唱えた米国のウィルソン大統領の新しい国際政治構想にも、日本国内で最も積極的に対応しようとした。前任の寺内内閣下で日本陸軍が推進したシベリア出兵についても、強力な指導力と十分な軍事知識を持つ原は、最も現実的なペースで撤兵を進めた。

また、中国に対しても、特定の軍閥（「北方派」）や「南方派」（革命派）の一方に肩入れしたり、あるいは両方を操ったりして日本が利益を得ようとする外交を否定した。原は、情勢の先行きが不透明な中でそのような外交を展開すれば、将来中国が統一された際、日本が恨まれ、日中連携が困難になると考えたからである。原は「北方派」・「南方派」のいずれにも強く加担せず、日本が中国の統一を促進するため、両派の連携を促進する姿勢を取り、情勢の進展を見守るという路線を取った。

これまでの著作で指摘されているように、原はウィルソン主義を唱導しなかったし、第一次世界大戦のパリ講和会議を積極的にリードするような外交姿勢ではなかった。中国に対しても、満蒙権益を保持しながらも、満州軍閥張作霖への支援は、従来よりも消極的にではあれ続けていた。しかし、原はウィルソン主義の理想には共鳴していた。

原の外交面での実際の行動は、首相として国政の中枢にいる人間として、むしろ現実を見きわめて動くという、政治家としての円熟味や着実さを示しているといえよう。私たちはその後の歴史を知っているので、原敬の新しい外交秩序への対応は手ぬるく見えるかもしれない。しかし、それまでの帝国主義の時代の国際関係に対し、ウィルソン大統領が新しい秩序を唱えたからといって、米国の真の思惑や他の列強の思惑と動向はよくわからないので、慎重になるのは当然のことである。米国ですら、上院の反対で国際連盟に加入しなかったことは周知の事実である。また米国は、一九二〇年代にはフィリピン植民地や米国と利害関係の深いラテン・アメリカ諸国への政策を変更せず、「民族自決」を進めていない。英国も植民地問題などからウィルソン主義には積極的には同調しなかった。

また、パリ講和会議をリードしようとする姿勢を原が示さなかったのも、ヨーロッパの戦争にほとんど関わっていなかった日本が関与するのは、語学のハンディもあって困難と考えたからである。それは原の予想通りの結果となった。原は、日本の国力や外交力の限界と立つべき位置を、直観的によくわかっていたのである。

以上の原の国際認識・外交観や原首相・原内閣の外交政策については、第三章「原敬の政党政治――イギリス風立憲君主制と外交刷新・戦後経営」(伊藤之雄)で論じている。

また第四章「第一次世界大戦と原敬の外交指導　一九一四～二一年」(奈良岡聰智)は、第一次世界大戦期の原敬の外交指導を、政友会内の外交構想の変化や原とメディアの関係に着目しつつ分析した。この論文は、第一次世界大戦の勃発に際し、原は、日米関係や日中関係の悪化を懸念して、参戦に極めて慎重であったことを示す。さらに、二十一ヵ条要求提出に際しても、政友会内にある強硬外交論を放置しつつ、大隈内閣を現実主義的・合理主義的観点から一貫して批判し続けた、と論じる。

奈良岡論文の新鮮さは、政友会内にも第一次大戦の参戦積極論者がいたこと、その後権益獲得に対する期待が高まるにつれて、政友会内にも権益獲得熱が高まっていったことを明らかにしたことである。これは政友会の小川平吉らが、二十一ヵ条要求に対して大隈内閣以上の強硬論を唱えたことにつながっていった、とする。

さらに同論文は、原は第一次大戦後の新秩序の登場を基本的に歓迎し、それに積極的に呼応・適応しようとした、と論じる。また原は、それまでの内相時代等は政策の対外発信にそれほど熱心ではなかったが、大戦後のデモクラシーと国際協調の雰囲気に応じて、積極的に自らの構想を発信する姿勢に転じた。原は、議会や政党における演説のみならず、雑誌『外交時報』や新聞においても、対中不干渉、日米協調など、重要な外交方針について積極的に説明を行った。原は外交政策の転換の背景にあった自らの理念や世界観について語っただけでなく、「東西文明の融合」「恒久平和」といった明確な普遍的理念を持っていた。以上の点を、奈良岡論文は指摘している。

第三章（伊藤之雄論文）・第四章（奈良岡論文）ともに、原は第一次大戦中から戦後への確かな見通しを持っており、政権を担当すると、日本が大戦後の新秩序に積極的に適応するように外交政策を修正したのみならず、積極的に自分の考えを発信していったことを示している。従来の研究で指摘されていた以上に、原は第一次大戦による国際秩序の変化に対応していたことを、二論文は明らかにした。

さて、原が暗殺されなかったら、その後の日本外交はどのように展開したであろうか。原は、米国の台頭を時勢の流れとしてとらえ、多少の不満はあっても時流には逆らわず、米国との連携は重視せざるを得ないと考えた。また外交のみならず、財界レベルでも経済交流を深めるべきと考えた。原はウィルソン大統領が唱えた新秩序に慎重に対応したが、その構想が将来の世界を形作るものであるとの確信を持つに至れば、もっと積極的に対応したはずである。

したがって、一九二〇年代の中国に対しても、とりわけ米国、および英国と日本が連携してその統一を促進し、経済発展を援助することで安定した秩序をもたらそうとする外交が展開された可能性がある。米国との民間レベルの経済交流が進めば、それは日本の経済や外交に少しでも好ましい影響をもたらすであろう。少なくとも、原の二代後の政友会総裁である田中義一が組閣した後に展開され、日中関係を悪化させた、いわゆる田中外交が行われることはなかった。後述する内政面での安定も加わって、満州事変から太平洋戦争という道はなかった可能性もある。

なお、朝鮮や台湾という日本の植民地に対して、原は第一次世界大戦後も統治構想を変えず、植民地を特別扱いせず、日本政府や帝国議会が大枠を統制し、内地と同様の様式で統治していくことを理想とした。植民地の法や制度・教育についても、段階的に内地と同様にしていく同化主義であった。これは、一つには琉球を日本に編入したイメージがあるのだろう。また、読み書きできるフランス語や、読めるレベルにある英語を通して、イギリスのアイルランド統治等についてもよく知っていたのであろう。したがって、原は朝鮮や台湾に、かなり先であるが衆議院議員選挙も実施する構想を持っていた。

英国(連合王国)の支配下のアイルランドでも、英国本土(イングランド)に比べて人口に対する議席の比率は小さいものの、庶民院(下院)の選挙は実施されていた。またアイルランドでは、一九世紀に英語が普及し、アイルランド語が衰退していたが、独立運動が根強い土地柄であり、一九一九年一月には独立宣言も出されている。原はこのような状況をよく知りながら、将来の新状況には柔軟に対応する覚悟で、同化主義を取っていたのであろう。

先に挙げた第三章(伊藤之雄論文)は、日本にも英国風の立憲君主制と定着させるという理想の下で、原は植民地政策も一貫させたことや、軍部大臣文官制の理想を持っていたことを示している。

第一章 小林道彦「児玉源太郎と原敬——台湾統治と統帥権改革・行政整理をめぐる対立と協調」は、長州出身で、長州閥陸軍の中枢に位置していた児玉源太郎と原が日清戦争から日露戦争直後にかけて、台湾統治や陸軍の統制などをめぐり、問題や時期ごとに対立と協調を繰り返しながら、しだいに連携を深めていく様子を明らかにした。

日清戦争の結果、日本が台湾を領有すると、その統治のあり方が問題となった。児玉は、台湾総督には強力な権力が必要であると考え、中央政府からの自立性が高い統治機構を作り出そうとしていた。これに対し原は、日本本土と同様に台湾を統治する、いわゆる内地延長主義を一貫して唱えていた。ところが、第四次伊藤内閣に陸相として入閣した頃から、児玉は、内閣による軍の統制や陸軍省の重要ポストへの文官の起用、さらには行政・財政整理の積極的推進などをめぐって、原と国策上の問題意識を共有するようになり、二人は政治的接近を模索し始める。台湾統治をめぐっても、児玉は、総督に強力な政治権力を与えたいわゆる六三法体制に対して、内閣機能強化の観点からその存続に対して柔軟な姿勢を示すようになった。原も急進的な同化主義・内地延長主義が困難と認め、漸進主義と植民地の旧慣を温存することが重要であると再認識し始める。こうして日露戦争後には、両者の政治的提携の機運は急速に高まってきた。しかし、一九〇六年七月に児玉は急逝し、原は陸軍における有力なパートナーを事実上失ってしまった。

その後、植民地や陸軍の自立を志向する山県有朋らと、それらを内閣や議会により統制しようとする原ら政友会（政党勢力）とが相争う時期を経て、原内閣では朝鮮総督府への財政支援の復活を背景に原らの路線が追求されるようになった。小林はこのように論じ、従来山県有朋に近いと考えられていた児玉は伊藤博文や原とも気脈を通じており、少しずつ原に接近していったのだという新しい視点を打ち出した。

また第二章（飯塚論文）でも、原は一九〇四年一〇月の『大阪新報』社説で、総督府官制を改正して、軍人でない人物を台湾総督に任命するのが適当であり、文官が陸海軍に命令できない理由はない、と断言したことを明らかにした。同じ月に原が同紙で、軍部大臣文官制論を暗に主張していることも指摘している。

これら三つの論文に共通する点は、すでに日露戦争前から戦争中にかけて、原や陸軍のエリート児玉の間に、議会を背景とした内閣による植民地や陸軍の統制という構想があったことを示していることである。原内閣期に実質的にかなり達成された課題は、すでに十数年前に胎動していたのである。

3 産業振興の合理的な方策と選挙区

原は、一〇代後半に東京で苦学を始めて以来、外交に強い関心を持ち、第一次世界大戦期に盛岡に帰省した折にも、戦争による国際秩序の変化や新しい思潮などを、地域振興以上に話題にしている。それは、内政の失敗は、政策を変えて少し時間をかけていけば何とか回復することができるが、戦争になると勝ち負けにかかわらず、大きな被害を受けることが多く、失ったものを回復するのは容易ではないからである。このように外交を重視する視点は、伊藤博文・陸奥宗光や西園寺公望にも共通する。

また原は、国内政治体制の秩序ある民主化を果たして政党政治を実現していくことや、合理的な政策で産業を振興することも、安全保障を支えるものとして外交に準じて重視した。

原は『郵便報知新聞』の記者時代の一八八一年に東北・北海道を周遊する中で、交通網の整備、とりわけ鉄道建設が産業を発達させる、という意見を表明した。また原は、鉄道によって情報も運ばれるので、それは近代化を進める精神を育成するとも見ていた。

その十数年後、原は『大阪毎日新聞』の編集総理として、政府は外国債を起こして、交通機関の改良、または直接に「生産事業」に有益となる費用に充てるべきだと主張した。当時、条約改正が成り一八九九年から新条約が実施されるので、国内には外国人の内治雑居や外国資本による日本制圧を恐れる意見もあったが、原は日本の国力が強まった現状から、むしろ外資を利用して積極的に産業を強化することを唱えた。

これまでも指摘されてきたように、一九〇〇年に原は立憲政友会に入党し、最高幹部の一人となり、全国に鉄道建設を促進するため鉄道の益金は鉄道にのみ使えるよう、鉄道特別会計を作った。その背景には、二〇歳代半ばの新聞記者時代からの鉄道を中心に産業基盤を整備するという構想があった。

近代以降、政府や自治体は国民や地域住民が共通に利用できる社会基盤を整備し、産業の発展や教育の充実等を通し、あるいは直接に、住民の幸福を増進することに尽力するようになっていった。原の鉄道を中心とした構想は、そうした近代の時勢の流れに合致したものであった。もちろん、政府や自治体が不必要な社会基盤整備に過度な費用をかけるなら、社会は衰退し、それは国民や地域住民の幸福にはつながらない。

原と政友会の鉄道政策に関し、地方の鉄道建設要求を汲み上げ、鉄道建設を促進し、党勢を拡大する「我田引鉄」的なものであった、との見方もある。しかし、原はまず利益の上がる路線の建設や改良をし、その益金や鉄道で産業が振興して伸びた税収で、新たに次に利益の上がる路線を建設・改良していくことを促進するという政策を主導してきた。

したがって、前内閣の鉄道建設や改良の着工予定路線を中止して、新たに政友会の地盤に新工事を行うようなことはしていない。また、後藤新平内相が桂内閣の基盤を強めるため、東北振興に関連して各地の鉄道建設要求を煽るような行動を取ったように、鉄道建設の唱導は、政友会だけではない。

むしろ原は、財政的に可能性のない時には鉄道建設を煽るような言動をしなかった。それのみならず、鉄道の建設や改良を重視するが、財政状態に応じて、行政財政整理を行い、鉄道工事に関しても繰り延べも行った。また原は、『大阪毎日新聞』の編集総理時代から、軍備は国力に相応する範囲内で整備していくべき、という明確な安全保障観を公言するようになった。財政難の中で、一九一二年に二個師団増設が問題になった際にも、社会基盤の整備を優先するため、二個師団増設を基本に先送りする姿勢であった。このことが背景となり、桂太郎の野心により、原と元老山県有朋の妥協が成らず、大正政変が起きた。

伊藤博文が創設して以来、一九一五年の大隈重信内閣下での総選挙で与党同志会等に敗北したのを除き、政友会は常に衆議院の第一党であり続けた。その理由は第一に、行政・財政整理をしながら無駄を削り、全国的な鉄道網を着実に作って産業を振興するなどの政策と、列強との協調外交や国力に相応した軍事力を持つという政策とが結びついており、この体系性が有権者の信頼感を得たからである。また、当面は実現できない個別の公共事業を実現できるかのように唱導しない誠実さも、評価された。

これらに関連し、第六章「原敬と選挙区盛岡市・岩手県——国際環境に適応する新しい秩序観と体系的鉄道政策」(伊藤之雄)は、原が郷里の岩手県から総選挙に立候補することに関心を持った日清戦争以降から、原の死後数年経った一九二〇年代半ばまでの盛岡市や岩手県の政治動向や原と選挙民の関係を、三〇年間にわたって分析している。また、原内閣期に決定された岩手県関係の鉄道が、政友会の「我田引鉄」なのか、その後どうなったかについても論じている。

この長大な論文は、原と政友会は鉄道などの公共事業を「我田引鉄」の地方利益誘導的に使って党勢を維持・拡大した、との従来の見解が誤りであることを明らかにした。原内閣時代に着工されたり建設が決まったりした鉄道についても、これまで「我田引鉄」の最たるものとして論じられてきた大船渡《おおふなと》線や山田線を例に、それらが経済合理性を無視して党略的に決まったものでなかったことを実証している。盛岡市・岩手県などの選挙民は基本的に、一九一七年秋には大枠が固まった、原の第一次大戦後の戦後経営構想にしたがって原内閣・政友会支持に反応したのである。

原は、右に述べた理念と体系的な政策構想に加え、内相を歴任するなど中央で大物政治家としての地位を確立したことや、気さくで人情味のある人柄であったことなどもあいまって、盛岡市や岩手県の地盤を固めていった。この他にも第六章は、一九〇二年総選挙において盛岡市選挙区で原と正面から戦うことになった前盛岡市長の清岡等《ひとし》と、その支持母体である清岡派の実態についても明らかにした。一九〇二年の総選挙で敗北した清岡派は、その後、原を支持するようになるが、旧原派と旧清岡派が本当に一体化するのは一九一〇年から一九一一年にかけてであること、さらには、原敬は没後も強い存在感を残し、後継者となった高橋是清総裁や政友会幹部、盛岡市選挙区の後継者の大矢馬太郎や地方幹部および選挙区民に大きな影響を及ぼしたことなども論証している。

第七章「政友会領袖松田正久と選挙区佐賀県――原敬との比較の視点から」(西山由理花)は、第六章が盛岡市・岩手県を例に、通説となっている政友会の地方利益誘導論を批判したことに対応し、原と連携して政友会を指導した松田正久の地盤を分析する。松田の名は、近代日本政治史研究者の間では良く知られているが、まとまった史料が残されていないため、これまで本格的な研究がなかった。松田は、いわば謎の政治家である。

第七章(西山論文)は、松田が実業家の活躍に期待し、産業振興の必要と、合理的な産業振興策を選挙区民に対して訴えたことによって、選挙区での支持を伸ばしていったと論じる。また松田は、個別の公共事業の実現を訴えるなど、直接の地方利益誘導は行っていないことも示した。さらに、国際的な枠組みで外交を考えるために、松田は外交面での強硬な主張を抑えていたともみる。そのため佐賀の乱以来、対外硬論に傾きやすかった佐賀県においては、大隈重信の腹心の武富時敏が大隈の支援を受けて強力であり、なかなか自分の選挙基盤を築くことができなかった、と捉える。そこで松田は、中央で星亨らと連携することにより自由党(憲政党)を一体性のある政党へと改革することで、党中央での自分の基盤を確立し、党の最高幹部の一人として選挙区佐賀県や九州派代議士の中での地歩を少しずつ固めていった、と西山論文は論じている。

松田の地盤は、自由党以来の九州派(九州地方団)に属しており、佐賀県は対外強硬論が根強い点でも、原の盛岡市や岩手県選挙区とは非常に異なっている。その松田の地盤においても、地方利益誘導による基盤の育成は行われなかったことを論証し、地方利益誘導は原・政友会の地盤育成の主要な要因ではなかった、との第六章(伊藤之雄論文)の見解がより多くの地域で当てはまるであろうことを見通した。それに加え、原のみならず松田も国政や政党政治のあり方についで相当のヴィジョンを持っており、それが政友会幹部として両者の連携につながったことを示唆している。

右に述べた政友会の政策の体系性と現実性に加えて、政友会が安定した勢力を維持できた第二の理由は、一九〇三年に最有力元老の伊藤が総裁を辞任して後、原が中心となり、党人派の松田正久と連携して第二代総裁の西園寺公望を助け、桂太郎首相と政権を交互に担当したからである。これは、党の団結を保持しながら、衆議院の予算審議権を使って、桂首相や山県系官僚と交渉し、政友会と山県系官僚の妥協・提携を実現させたからである。

さらに原が、権力・利権や名誉を求める代議士たちを、総裁の下で「公利」を求め、政策立案能力もある秩序ある集団に少しずつ変えていったことも、政友会が第一党であり続けることを補完した。また原は、政友会内の旧自由党以来の地方派閥である地方団を時には利用しながらも影響力を削ぎ、総裁を中心に中央幹部が党の方向性を決めるように、政友会を改造していった。さらに、政策立案のための政務調査会の機能を充実させた近代的な政党へと、政友会を導いていった。地方においては、選挙における候補者調整に原は自ら関与しながら、政友会各府県支部の選挙候補者の公認機能を強化させていった。

もちろん、政友会指導や改革がすべて原の思うように実現したわけではない。しかし反対党である憲政本党は、反藩閥を唱えるものの、対外強硬政策と大幅減税を主張し、各地域の鉄道建設等の社会基盤の整備も、各代議士が個別に主張するというように、政策体系に一貫性がなかった。また、党内では後に桂太郎の新党(立憲同志会)に行くグループと、それに対抗するグループとが対抗して、統一がなかった。このことも、政友会の優位の一因となり、経済界の信頼も得て、資金も集まったのであろう。

このように、政友会の地位を築いた中心人物として、原は一九〇八年に米国・欧州に旅行に出る前には、政友会を統制できる権力を築いていた。

なお、政友会を時には脅かすような政党が初めて出現したのは、桂が新党を作り、それを継いだ加藤高明総裁の下で同志会が成長した時であった。その同志会も、大隈重信首相が山県有朋ら元老の政友会への反感をうまく利用して政権を取り、一九一五年の総選挙で政友会に大打撃を与えたこと以外には、原の生存中は、政友会を追い詰めることはできなかった。

さて原は、第一次世界大戦中の一九一七年秋には、原内閣期に展開する戦後経営構想の大枠を固めていた。これは大戦中の好景気により財源的にもそれまでより余裕が見込めることを前提としていた。原は、一九一八年九月に、ようやく組閣することができた。この機会を長く待っていた原は、全国に大規模な鉄道網の計画を提示し、それらの相当部分をすこしずつ着工し始めた。また日露戦争後の財源難の時期でも、鉄道同様に少しずつ進めてきた高等教育の充実に関しても、帝国大学や旧制官立高等学校の拡充などを実施し、それまでは専門学校扱いであった私立大学を、公式な大学とすることを認めた。こうした社会基盤の充実を図る一方で、全国レベルの財界人には、とりわけ米国との経済関係を深めることを推奨し、地域の実業家たちには、鉄道の開通を活かすために新しい企業を起こすという自立した精神を求めた。

原の戦後経営構想が展開し始めた一九二〇年三月に日本は戦後恐慌を経験した。原は財界人たちが自信と公共心を持って尽力すれば、経済は回復できると強気であったが、不況脱出の明確な道筋を原内閣が見いだせない状況下で、原は暗殺されてしまった。もし原が暗殺されず、もう少し政権を担当し続けていたら、どうなったであろうか。

もとより、戦後不況から続く一九二〇年代の日本の経済不況に関東大震災の大打撃が加わった状況は、原首相個人や原内閣・政友会の力ですぐに大勢が変えられるような簡単なものではない。しかし、原のもとで政友会が団結し、「公利」という目標を失わず、とりわけ米国との経済連携を重視した政策が展開できれば、実際に展開した経済状況とはかなり異なったものになっていたかも知れない。

第五章「原内閣の経済閣僚――高橋是清と山本達雄」(伊藤孝夫)は、原内閣の蔵相であった高橋と、農商相であった山本を、一八九〇年代の日本銀行時代から経済政策等を比較して論じている。原の没後、高橋と山本が袂を分かったことは有名である。通貨政策で、山本は、貿易赤字が大きくなったときは金利引き上げで通貨流通量を縮小させ、物価を下落させて輸入減少・輸出増加を図り貿易収支を改善する、という金本位体制下の古典的政策をとっていた。これに対し、高橋は低金利を維持し、輸出産業を振興し輸出を増加して貿易収支を改善する、という自由な発想の通貨政策を考えていた。しかし日銀時代の二人は、互いに補い合い、協力し合っていた。

第二次西園寺公望内閣や第一次山本権兵衛内閣期においては、原・高橋は積極財政主義で一致していたが、緊縮財政主義の山本とは緊張が走った。

原内閣成立後、通貨膨張が物価騰貴の原因であるという認識では、原・高橋・山本とも一致していただろうが、原や高橋は急激な手段により通貨縮小をさせることに反対であった。山本は高橋と通貨政策を異にしたが、公式には高橋の主張を支持した。また農商相としては、暴利取締令の不適用など、市場不介入の信念を守った。

高橋・山本という、原内閣の二人の経済閣僚は、政策通との自負のもと、首相の指導には従順とはいえないが、原の彼らに対する信頼は損なわれることはなかった。伊藤孝夫論文は、高橋・山本が経済専門家として信念を持って活動したことを論じるとともに、原の包容力の大きさをうかがわせる論考である。

4　政党内閣の形成と原の人間観

原を政党政治家として成功させた最も重要な要素の一つは、人間への信頼である。それは、人間の身分や民族、さらに男女という変えられない違いで差別するのでなく、個人が生まれながらに持っている条件を生かし、あるいは克服して、積極的に学べば、向上して自立した人間として成長できるとの価値観である。また原は、そうした人間の可能性を高めるため、教育制度を整え、機会を与えることを重視した。

原の価値観の源流は、原が一一歳頃に故郷の寺田直助塾に行き始めた頃、農民の子弟を軽んじなかったことに見出される。また一五歳から東京に出て苦学し、エヴラール宣教師の学僕となって視野を広げた数年の間に固まったと思われる。司法省法学校を中退し、中江兆民の私塾で半年学んで、新聞記事を書くようになった二〇歳代半ばには、原はその価値観をはっきりと出すようになった。原の価値観は、伊藤博文や西園寺公望などにも共通するものであった。近代日本をリードする新しい価値観だったといえよう。

したがって、この価値観を持った原は、身分や財産等からくる特権に安住して他人を見下したり、伝統にとらわれ、自ら学び自己を変え向上していかなかったりする人間には、批判的であった。とりわけ、教育を受ける機会がありながら学問の中身を深く学べない者や、虚栄から学んだふりをしていると原が考える者に対しては、厳しい。

たとえば、政友会幹部の元田肇（前逓信大臣）は、政党政治家としての経歴も長いながら、原内閣の文相となることを内示されると、軽いポストを提示されたと錯覚して不満を表した。原はこれを許さず、元田の入閣を取り消した。また、森戸辰男東京帝大助教授が、無政府主義者クロポトキンの著作を同大学の学術誌に発表した際、原は司法当局をリードして厳しい処分を下した。彼らは原の見るところ、二人とも高度な教育を受ける機会がありながら、虚栄に走って、西欧や日本の状況を深く考えず、今の日本に何が必要なのかを十分に考えて行動していないからであった。

他方、盛岡別邸で開かれた園遊会で、参加者が空のビール瓶に残った日本酒を詰めて持って帰るなどの不調法を働いても寛容であった。また、盛岡市民や岩手県民が鉄道建設要求などの地方利益に強い関心を寄せることについても、原は演説の中で国際的な視野を持つように常に呼びかけるものの、地元民を決して軽んじることはなかった。それは、岩手県の開発は現実に遅れており、高等教育を受けたり全国や世界を直接見聞きしたりする機会が少ない彼らにとっては、やむを得ないことであるという優しいまなざしがあったからである。原が一九〇二年の総選挙に初め立候補した時から「原サン」と呼ばれて親しまれたのは、原のこういう姿勢を地元民が感じ、原を信奉したからである。

また原は、教育や環境に特に恵まれていない境遇にあっても、多くの人間は少しずつ学びながら時間をかけて成長していけると信じていた。したがって、一九二〇年前後から日本に普選即行論が高まっても、原が普選について漸進論者であったのは、成長途上にある日本人の政治意識や知識の度合いを考えると、まだ早いと考えたからである。現実に、一九二五年に普通選挙法が成立して以後、一九二八年総選挙、一九三〇年総選挙と、各代議士の総選挙関連の費用がかさんだ。それを賄うために、政友会も憲政会(民政党)も地方利益誘導に走り、疑獄事件が多発するなど、政党の腐敗が進み、それが国民の政党不信を促進し、政党政治崩壊の一因となった。原の普選への危惧は、杞憂ではなかったのである。

しかし原が暗殺されなくとも、実際に起きたように、一九二三年秋から日本全国に普選論が高まってくるのは間違いないであろう。一九二四年五月には、四年ごとの総選挙があるので、大政友会を率いた原が、普選が争点となる選挙にどのように対応したのかは興味深い。また原は、普選に方針を変えたとしても、集票する別の手段を見いだし配下の政友会が利益誘導に走るのを抑制できたかどうか、というのも大きな問題である。

5　原内閣とイギリス風立憲君主制の形成

すでに触れているように、一九一八年九月、ようやく原に政友会を率いて政党内閣を作る機会がめぐって来た。しかし新内閣を組織するにあたって、当初、司法官僚の平沼騏一郎を法相に予定したように、原は陸・海・外相以外は政党員で占める政党内閣を作るという形式に、過度にこだわらなかった。むろん、平沼が法相として入閣すれば、原は政友会入党を強く求めたであろう。

原内閣成立当初において、最有力元老山県有朋を盟主とする山県系官僚閥の権力は、陸軍を中心とし、宮中・宮内省・枢密院・貴族院などに及んでいた。したがって、これまでも明らかにされているように、原は山県や山県系官僚閥と正面から対決せず、実質的に主導し、政友会の政策を実現していくという手法を取った。

山県や山県系官僚との関係において、原に有利に作用したことは、米騒動後に社会の秩序が不安定となり労働争議が多くなったことと、一九一九年・一九二〇年と帝国議会の会期中に普通選挙運動が大都市を中心に盛り上がったことである。元老の山県は、とりわけ普通選挙運動をロシア革命のような事件につながる恐れのあるものとして警戒した。

原は一九一九年から二〇年にかけて、大きな労働争議を解決し、一九二〇年五月の総選挙に圧勝して、普選熱を冷ました。山県は原の手腕に感銘し、原を高く評価するようになったので、原は内閣を辞職する覚悟があることをちらつかせながら、陸軍の要求を抑えることができるようになった。

原の目指した英国風の立憲君主制とは、衆議院（庶民院）の多数党を背景として、首相が中心となって内閣を主導し、内閣が一般の外交・内政のみならず、陸・海軍や宮中・宮内省までも統制するものであった。原は、憲法や他の法令を変えようとすると山県や山県系官僚閥等の強い反発を受けるので、まず実質的にそれらを達成しようとした。

軍に関して、原首相は田中義一陸相や加藤友三郎海相との連携を強めて、陸・海軍を内閣の統制下に置いた。原内閣成立直後に、海軍軍備拡張をまず優先し、次に陸軍軍備を拡張するという方針を出したが、田中陸相は協力的であった。

この他、シベリア撤兵についても、原は田中陸相と相談し、閣議で決定して実施していった。通例、田中陸相は原首相と決めたことについて、閣議の前に上原勇作参謀総長ら参謀本部側に相談して、了解を取っていたと思われる。しかし一九二〇年六月には、参謀本部側の了解を取らずに閣議で決定し、参謀本部に通告する、ということすら行われた。これは憲法のそれまでの統帥権解釈からは逸脱した行為であるが、最終的に参謀本部は受け入れた。閣議の前に田中陸相が参謀本部に相談した場合でも、参謀本部側はほとんど異論を主張することができなかった。すでに述べたように、山県が原内閣の存続を望んでいたこともあり、参謀本部は山県の支持を得られないからである。

田中陸相が原首相や内閣に対し協力的であったのは、陸軍軍備は日本の経済力に応じて整備されるべきだ、という考え方を持っていたからであろう。また、原の次の政権を担当する場合、衆議院の第一党の政友会の協力がどうしても必要だと考えたからでもあろう。

海軍に関しては、加藤友三郎海相も、国力に相応した軍備を持つべきだとの考えを、原と共有していた。加藤は海軍の近代化と軍備の拡充を原内閣と連携して行おうとした。これら、陸海軍の統制に関し、原首相が基本的な軍事知識を持っていたことも、田中陸相・加藤海相との話し合いを実りあるものとした。原は、将来に軍を統制することを考慮し、公使館勤務時代には駐在武官らと交流したり、閣僚時代は同僚の陸海軍大臣らと話し合ったりする中で、軍事知識を学び、修得していたのである。

原首相にとって最後まで残った統制不十分な領域は、宮中・宮内省であった。ここは元老山県が、山県系の中村雄次郎宮相らを配下に統制していた。ところが、皇太子裕仁親王妃選定問題が紛糾し、一九二一年二月に中村宮相は責任を取って辞任し、山県も枢密院議長の辞表および官職ならびに栄典の拝辞を天皇に申し出て謹慎した。後任宮相には、薩摩出身の牧野伸顕(前外相・文相)が就任した。これに対し、原首相は裕仁皇太子(後の昭和天皇)の渡欧や病気の大正天皇に摂政を設置する問題を主導し、牧野宮相を首相に服従させる形で、宮中・宮内省をも掌握した。

さらに、田中陸相が病気で辞意を示すと、後任陸相問題にまで原が関与するほどに、陸軍統制を強めた。これは、皇太子妃選定問題で失脚しかけた山県を、原首相が尽力して復帰させて、山県の信頼を得たことも作用していた。

もし原が暗殺されずに政権を担当し続けていたら、それまでの法解釈や慣行の枠を越えて陸軍を統制して形成した慣行を、法令を整備する形でさらに定着させていった可能性もある。

原内閣期に原首相と内閣が陸海軍と宮中までをも統制したことについては、すでに触れた第三章（伊藤之雄論文）で論じている。

6 「平民宰相」の精神と薩長への怨念の克服

維新の際に南部藩は、「朝敵藩」として二〇万石から一三万石に削減され、白石への転封を命じられ、再び七〇万両の献納を条件に、盛岡への復帰を許された（五万両の献納で残りは免除）。このような混乱も加わり、祖父の代に家老加判《かばん》であった原家は、経済的に苦しくなった。藩校「作人館」が廃された後に、一五歳で東京に勉強のために出た際も、途中の仙台で旧南部藩士にだまされて金を取られたこともあり、まもなく金銭に窮し、苦学をせざるを得なかった。このため、原にも他の南部藩士の子弟と同様に薩長への怨念が形成されたと思われる。しかし、旧南部藩士が少年である原から東京での勉学費用を奪う行為に及んだ衝撃も大きかったはずである。

原の生涯を考える際に、通説のように薩長への怨念を過度に強調するのは正しくないだろう。たとえば、エヴラール宣教師の学僕、司法省法学校、中江兆民塾等で学んだ二〇歳前後の数年間に書いたものや、その後の二年半の新聞記事を含め、青年期の原が残した著作において薩長藩閥への批判をテーマとする姿勢がみられない。

この間の原の著作にはむしろ、薩長藩閥政府が維新以来行った改革への一定の評価すらあった。その他の主なテーマは、ロシアへの脅威を中心とした日本の安全保障や、英国の政治や産業を遠い目標とした日本の近代化、府県会を中心とした政治活動や政党の形成によって来るべき国会開設に備えること、などであった。むしろ原は、二〇歳代半ばまでに薩長藩閥への強い怨念を克服していたといえよう。

原が中江兆民からフランス啓蒙思想を学び、「公利」という概念を強く意識するようになったことや、エヴラール宣教師からキリスト教を学んだことも、藩閥への怨念を克服する一助となったものと思われる。

原は、郵便報知新聞を退職した後、長州出身の有力者井上馨外務卿に近づき、外務省に入省した。天津領事時代には天津条約の締結に関して李鴻章の情報を熱心に集め、長州出身の伊藤博文に自分を積極的に売り込もうとした。また、パリ公使館書記官を務めた後、農商相となった井上馨の引きで農商務省参事官となっている。

藩閥政府の下での外務省入りについては、従来、十分な史料的証明なしに、原の苦渋の選択だったととらえられてきた。しかし、原が外交に強い関心を持っていたことは、同時代の史料で確認できる。それに加え、薩長藩閥への怨念をほぼ克服していたからでもあった。

原は陸奥宗光外相に仕え、陸奥の死後に再び井上馨に接近し、伊藤博文の創立した立憲政友会に参加した。この間、長州出身で山県系官僚閥の盟主となった山県有朋から、駐清公使という外相に次ぐような有力ポストを内示されたが、断っている。このことから、原は藩閥勢力一般への強い怨念を持っていたのではなく、日本の近代化や政党政治への道に間接的にもつながる改革を進めていく伊藤・井上らは容認でき、より保守的で、長州出身者を中心とした派閥的な山県は受け入れられなかったことがわかる。

その後一九〇六年一二月までに、原は伊藤の真意を理解していき、伊藤の信奉者となった。さらに日露戦争後、原は山県系官僚閥を改革しようとする桂太郎と提携し、政友会の力を伸張させた。大正政変の後は、薩摩出身の山本権兵衛を助けて山本内閣を作り、政友会と薩摩派が連携して政治改革を進めた。

一九一七年九月に盛岡市で行われた前南部藩士たちによる戊辰戦争殉難者五十年祭は、原にとって維新期の南部藩の正当性を改めて訴えるとともに、それまであった薩長へのわだかまりを最終的に払拭《ふっしょく》する儀式であったといえる。

その後、一九一九年一〇月二六日には、首相として多忙だったにもかかわらず、伊藤博文の没後十年祭であったので、東京市谷垂《たにだれ》の墓と嗣子の伊藤博邦《ひろくに》家を訪問した。一九二〇年一二月には、中村雄次郎宮相が不在であったので原は石原健三宮内次官に、維新の功勲者として三条実美・岩倉具視・木戸孝允・大久保利通および伊藤博文のような人々の伝記を宮内省で編さんしてはどうか、と提案した。原は薩長への怨念を完全に拭い去っていることがわかる。

原が嫌い、とりわけ日露戦争後には内心に強い敵意を秘めて対抗してきた山県に関しても、皇太子妃選定問題で一九二一年二月以降に山県が失脚しかけると、日本全体の秩序維持のため、山県の復権に尽力した。とりわけ原が亡くなる前の半年間ほどは、山県が原を最も頼りにするような関係になった。

このように、原の特色は、薩長への怨念といった過去のものを、心の奥の感情は別として思想的には比較的早く克服したことであった。このため、過去に過度にこだわらず、一人一人の政治家として、薩長出身の有力者たちを観察し、彼らに卑屈にならず、「公利」に合致すると判断した者と連携するという姿勢を取ったのである。この姿勢が、原の政治家としての成長を促進した。

二〇歳代半ばまでに、原は薩長への怨念を克服する一方で、共通の体験を持っている盛岡藩や東北出身、あるいは非藩閥諸藩出身の人々との友情や連携も晩年まで存続し、感情面でのバランスをとった。

一八歳の時に、エヴラール宣教師に伴われて行った新潟から盛岡にいったん戻る時に、原は東京で盛岡藩の友人たちと交遊し、当時としては高価な写真を一緒に撮った。また、天津領事やパリ公使館書記官として赴任する際に、外務省の上司や友人（いずれも非藩閥諸藩出身）や南部藩の友人が何人も横浜まで見送りに来た。このような青年期の例からも、原が多くの友人に囲まれ、信頼され敬愛される人柄だったことがわかる。それゆえに、日本に英国風の立憲君主制を実現しようとする遠い目標に向かって、保守派の妨害にあいながらも、原は厳しく身を律して進んで行けたのであろう。

原の精神に関しては、第八章「原敬をめぐる政治空間――芝本邸・盛岡別邸・腰越別荘」（奈良岡聰智）も、東京芝の本邸・盛岡の別邸・鎌倉の腰越別荘という三つの邸宅などを通して、新しい角度から分析している。奈良岡論文は言う。原の自らの邸宅に対するスタンスは、一言で言えば「実用本位」「質実剛健」という言葉でまとめられるだろう。芝の本邸は、彼の地位や名声に比して、著しく質素であった。週末に滞在した腰越別荘も、眺望は素晴らしく、英気を養うには絶好の地であったが、凝った建築物や庭園は何一つない山荘であった。帰省時に滞在した盛岡別邸のみは、政治家にふさわしい規模と威容を備えていたが、特別に贅沢だったわけではない。

原の邸宅を他の政治家のそれと比較すると、山県有朋、井上馨、松方正義、西園寺公望ら元老は、本邸や別荘の庭園や建築に趣向を凝らしたり、多数の邸宅を所有したりした。

大隈重信や板垣退助も立派な私邸を持ち、政治的には民主的な主張を行いながら、私的にはかなり貴族的な生活スタイルを取っていた。加藤高明も「番町屋敷」と称されたコンドル設計の瀟洒な本邸を構え、大磯や軽井沢にも別荘を所有した。後藤新平も麻布に豪壮な本邸を持ち、軽井沢に広大な土地と別荘を所有した。原の邸宅は第一次世界大戦中の成金趣味の影響を受けておらず、これら政治家のいずれと比べても質素であった。

また原は、火事で焼失するまで、古い政友会本部を改築することに関心を示さず、首相官邸も、かなり手狭で古かったが、改築する考えはなかったようである。原は、これらの公的建物を、権力を誇示する場とすることを好まなかったのである。
原敬をめぐる「政治空間」のあり方は、まさに「平民宰相」としての面目を示すものだったと言えるのではないか、と奈良岡論文は論じ、政治史研究の立場から「政治空間」の実態に迫る。

註

1——伊藤之雄『原敬』(近刊予定)参照。

第Ⅰ部

日露戦争前後の政党政治の形成

第1章

児玉源太郎と原敬

――台湾統治と統帥権改革・行政整理をめぐる対立と協調

小林道彦
KOBAYASHI Michihiko

「武人に似合はず才幹あり」――はじめに

政党政治家原敬と日露戦争の「勇将」児玉源太郎、この二人の関係を論じるという問題意識はこれまでの日本政治史研究にはほとんど存在しなかった[1]。理由は簡単である。原は藩閥政治の刷新をめざす政党政治家であり、児玉は藩閥権力の中枢たる長州閥陸軍の主流に属する軍人である、政党政治家同士、軍人同士なら比較の仕様もあるが、活動したフィールドが違いすぎるので比べようがない、そんな先入観に多くの研究者がとらわれてきたからである。

実際、あの浩瀚《こうかん》な『原敬日記』にも児玉に関する記事は少ない。これは一つには、台湾総督や満州軍総参謀長など児玉は「外地」勤務が長く、東京で原と接触する機会も自ずと限られていたからである。原と児玉は第四次伊藤博文内閣にそれぞれ逓信大臣と陸軍大臣として初入閣を果たしているが、彼らが閣議で顔を合わせたのはわずか半年足らずであった。

しかも入閣以前から、二人は台湾統治をめぐって鋭く対立していた。原は台湾の「内地化」を強く志向しており、総督に「文武諸般ノ権限」をあたえることには反対であり、中央政府が直接台湾を管轄すべきだと考えていた。一方、第四代総督(一八九八~一九〇六年)に就任した児玉は、総督には相当な自由裁量権を与えなければならないと考えており、原が批判の矢面に上げていた総督への委任立法権、いわゆる「六三法体制」についてはこれを擁護する側に立っていた[2]。

政治的な交渉もさほど多くはなく、唯一の政治的争点と見なされてきた台湾統治問題では見解は真っ向から対立している。しかも、児玉は山県有朋の腹心である。『原敬日記』が児玉にあまり触れていないのは、その存在が山県の巨大な影に隠れていたからだろう。日記での軽視あるいは無視こそが、原の児玉評価を雄弁に物語っている……。『原敬日記』にざっと目を通せば、誰しもそうした印象を受けるだろう。

だが、『原敬日記』には気になる記事がある。一九〇六年七月二三日、児玉は脳溢血により就眠中に息を引き取ったが、その報に接した原の反応は意外なものであった。原は、「武人に似合はず才幹あり、余輩とも親しき交際をなし居たり、前途有用の材なりしが誠に惜むべし」という追悼の言葉をその日記に綴っているのである(〇六年七月二三日)。寺内正毅逝去時のそっけない記述、「寺内正毅死亡す、依て内定の通大勲位従一位を賜はる、異数の事なり」(一九年一一月三日)とは対照的である。同じ長州閥陸軍に属していたはずなのに、この評価の落差は一体どうしたことだろうか。なぜ、原は「武人に似合はず才幹あり」などと児玉を評価し、その急逝を惜しんだのだろうか。二人はどのような「親しき交際」を重ねていたのだろうか。

『原敬日記』は、政治家原敬の行動を細大漏らさず記録したものではない。原はその時々の自らの政治的関心に基づいて、日々の出来事を大幅に取捨選択して記録にとどめたのであって、そこには当然のことながら「書き漏らされた重要な事柄」も存在する。意図的に落とされたか、原の政治的な判断ミスなどから記載漏れが生じたのか、その辺の事情を読み解くことはなかなか難しいが、ともあれ、『原敬日記』を読む場合には、以上のような事情に十分配慮しなければならない。

『原敬日記』のこうした史料的特性を念頭に置いた上で推測すれば、おそらく、原の児玉イメージは当初はあまりパッとしないものだったのだろう。両者の台湾統治構想の落差からも、それは容易に推測されるところである。だが、政治的接触を重ねていく内に、原は児玉に対する認識を大幅に改めるようになった。児玉の存在感は原の中で急速に高まり、彼を一個の有能な軍人政治家として見るようになったのである。「武人に似合はず才幹あり」との餞《はなむけ》の言葉は、原の児玉評価の急速な高まりを示している。一体、何をきっかけに原は児玉を「発見」したのだろうか。

筆者は最近の一連の論考の中で、統帥権改革問題をめぐって児玉と伊藤博文が密接に連携していたことを明らかにしてきた[3]。児玉は陸軍次官時代(一八九二～九八年)から一貫して、帷幄上奏権を制限することを通じて、陸軍に対する内閣の統制力を強化しようとしており、その文官側のパートナーが伊藤その人だったのである。山県との関係を考慮すれば、児玉を「伊藤系軍官僚」と呼ぶにはなお若干の躊躇を覚えるが、従来、たんに「長州閥陸軍」ナンバー・スリーと考えられてきた児玉と元老筆頭の伊藤との間に、統帥権問題をめぐって密接な政治的パートナーシップが存在していたことが判明した意義は大きい。

周知の通り、原の政界進出は伊藤が創立した立憲政友会(一九〇〇年)への入党から始まる。伊藤は政友会の創立を通じて、政党内閣制の導入に道を切り拓こうとしており、原には党領袖の一人として、政友会を政権担当可能な責任政党たらしめるという役割が期待されていた[4]。原と児玉は伊藤の立憲国家構想をともに担っていたのであり、伊藤という政治的存在を媒介項として両者は繋がっていたのである。これら三者の政治的関係の変遷を検討することは、日露戦後における伊藤の立憲国家構想の全体像を明らかにする上でもきわめて大きな意義を有する。

小論は以上の作業仮説に則って、陸軍と台湾、統帥権改革と六三法という二つの政治的領域における両者の統治構想の変遷、その対立と協調を明らかにすることを通じて、「藩閥対政党勢力」という明治政治史分析の枠組みを再検討する、その糸口をつかむことを目的とするものである。

1 伊藤博文に用いられる

◆児玉源太郎——その人となり

まずは、原と児玉、二人の出自から始めよう。原家は、敬の祖父が家老加判を務めた南部藩の上級士族(二二〇石)であり、児玉家ももとは徳山藩馬廻り役(一五〇石)を拝命したこともある中級士族であった。言うまでもなく、戊辰戦争では二人は敵味方に分かれており、児玉は政府軍(徳山藩献功隊)の下士官として箱館戦争で初陣を飾っている。

しかし、ここに至るまでの児玉の人生は決して恵まれたものではなかった。彼は父半九郎を藩内の政治的内紛で失い(一八五六年、一説によれば自決ともいう)、児玉家の家督を相続した義兄次郎彦《じろひこ》も自宅の玄関先で暗殺者の凶刃に斃れた(一八六四年八月)。源太郎は齢一三歳で、凄惨な政治的テロルの現場に遭遇したのである。児玉家は一時家名断絶の憂き目を見たが、高杉晋作のクーデタ(一二月)によってほどなくその名誉は回復され、次郎彦は今度は一転「徳山殉難七士」として顕彰されることとなった。

藩論が転回すれば政治的評価も逆転する。昨日問われた「罪科」は今では立派な功績となり、「逆賊」は一夜にして功臣となる。もちろん、源太郎は児玉家の名誉回復を喜んだだろう。だが、その心中には政治的イデオロギーに対する違和感が深く刻み込まれていた。政治とそれが必然的にともなう権力闘争の中に、彼は人生を賭けるに足るだけの価値を見出すことはできなかった。児玉は終生政党政治とは一線を画していたが、その淵源はこの時代の政治的経験の中に存在していたのである。

帝国陸軍の軍人として、天皇とその国家に一身を捧げる、それこそが自分の天命だと児玉は思い定めていた。とはいえ、彼の「官軍」意識は抑制されたものであり、「朝敵」藩出身者との交際に一線を画するような態度はとらなかった。政治的派閥は作らなかったし、山県との関係も実は微妙であった。

児玉は台湾時代から後藤新平や新渡戸稲造を重用していたが、彼らは二人とも旧朝敵藩出身である（後藤は仙台藩、新渡戸は南部藩）。後年、原は戊辰戦争における南部藩の去就について、それはたんに政見の異同によるものであり、朝廷に弓を引く者などあろうはずもないと述べているが、こういった原の心事は児玉の深く理解するところでもあった。そうした相互理解は、やがて主家同士が姻戚関係に入ったことで（一九〇三年、毛利元秀と南部庸子の婚姻）より一層深められていった[5]。

ちなみに、南部家家令太田時敏は新渡戸稲造の伯父であり、児玉は新渡戸を通して南部家当主（第四二代）利祥《としなが》騎兵少尉の人となりについてはよく承知していた[6]。利祥は日露戦争で名誉の戦死を遂げるが（〇五年三月）、その死を原はもとより児玉も深く悼んでいる。

◆原との出会い

話をもとに戻して、原と児玉の邂逅《かいこう》から論を起こそう。『原敬日記』での児玉に関する記事は一八九三年（明治二六）三月二二日、第二次伊藤博文内閣の行政整理委員会設置時のそれが初出である。この時、外務省通商局長の原と陸軍次官の児玉はともに委員に抜擢されており、九月まで合計二一回もの会議を重ねている[7]。

第二次伊藤内閣の行政整理は第四議会における「和衷協同の詔勅」――内廷費の下付と文武官給与の返納を条件に、民党に対して海軍拡張への同意を求めた――に端を発するもので、伊藤は自ら委員長に就任すると、まずは冗官を淘汰して海軍拡張費を捻出しようとした。委員会は一応の成案を得たのでいったん結了したが（九月）、伊藤はその継続を宣言していた[8]。

伊藤の視線は冗官淘汰のはるか先に注がれていた。発足間もない明治憲法体制に大幅な手直しを加え、かつて「内閣職権」(八五年、第一次伊藤内閣)で明文化されていたが、「内閣官制」の制定(八九年、三条実美内閣)によって反故にされてしまった「大宰相主義」を復活させて、内閣総理大臣に行政各部に対する指導・監督権を与えようというのである[9]。「行政整理」に事寄せて、伊藤は自らの持論である内閣機能の強化を図ろうとしていたのであった。行政整理委員会には伊藤側近の内閣書記官長伊東巳代治や法制局長官末松謙澄が顔を揃えていたが、そこでの議論は原にとっても相当刺激的であったらしく、彼はその日記に「最初は半日にて終る見込なりしも終日又は夜の十一時にも及びたることありて各員議論を戦はしたるなり」と肯定的な記述を残している[10]。

この時の改革の中長期的な指針となったのが、「大政ノ方針要目」(九三年三月)である。伊藤はそこで「憲法擁護」を第一の目標として掲げ、一、「帝室ニ政事上ノ責任ヲ帰シ奉ラザル事」、二、政党内閣は時期尚早であるが、政府はいたずらに政党を敵視することなく、「国利民福」増進の観点から容れるべき要求はこれを容れること、三、政略上の便宜から憲法解釈を変えたり、濫《みだ》りに解散したりするといった「極端手段」に出るのは止めること、四、「軍人ヲシテ濫ニ政事ニ関係セシメザル事」を具体的方策として提示していた[11]。

一は大宰相主義の復活を、二・三は山県周辺の保守派の強硬論を牽制し、憲法体制の安定化を図ることをそれぞれ婉曲に述べたものである。問題は四であるが、これは、陸相の大山巌らによって既成事実化されつつあった、帷幄上奏権のなし崩し的拡大による軍政事項の政治的聖域化(一八九〇年一一月、「陸軍定員令」)に歯止めをかけることを含意していたと考えられる。具体的には、帷幄上奏の範囲を純軍令事項に限定し、軍の編制や常備兵力は必ず閣議に諮ることにしようというのである[12]。

行政整理委員会で、原と児玉がどのような議論を闘わせたかは残念ながら不明である。しかしながら、児玉が伊藤と連携して一連の制度改革を進めている事実から推せば(後述)、帷幄上奏に関するなんらかの議論が交わされた可能性は高いと言えよう。

◆帷幄上奏権問題の登場

当時、着手された陸軍に関する制度改革は次のようなものであった。まず最初に、陸軍省の大臣官房に参事官が置かれた（九三年八月三〇日、陸軍省官制改正）。これは法律を専門とする文官を参事官に登用して、一般行政と軍政との関係を正させようとするものであり、文官の起用には天皇の強い意向が反映されていた。そして、それを推進したのが陸軍次官の児玉であった[13]。もっとも、これは、改革のほんの入り口に過ぎず、児玉はさらに帷幄上奏権そのものを制度的に縮小しようと考えていた。

すでに、第一次松方正義内閣によって陸軍大臣・次官の武官専任制は撤廃されており（九一年七月）、しかも、同時に行なわれた各省官制通則等の改正によって、「主任の事務」に関する各省大臣の総理大臣への報告義務も解除されていた。内閣の凝集力は弱められ、各省の「自治」が強化されたのである。一見唐突なこの制度改革は、連帯責任制を否定することを通じて、一省レベルの失錯が内閣全体の更迭につながるのを未然に防止し、政権の安定性を高めようという深慮遠謀に基づくものであった。松方は、大山によって進められていた帷幄上奏権のなし崩し的拡大を逆手に取って、「強い文官陸軍大臣」（非政党員）に陸軍を統制させるための制度的な布石を打ったのである[14]。

しかしながら、大宰相主義の復活を期していた伊藤にとって、これは到底容認できないことであった。明治天皇も文官大臣制には危惧の念を抱いていた。伊藤は、現行官制では「大権下移の漸を為す」ことになる、つまり、内閣の凝集力を弱めるだけではなく、統帥権が議会もしくは政党政治家の手に委ねられてしまうとして、武官専任制の復活を奏上した（九一年九月）。だが、朝令暮改を嫌う天皇はこの意見を容れなかった[15]。内閣制度や陸軍省官制の再改正が無理なら、別の手段を講ずるしかない。文官大臣の出現は人事上阻止できるにしても、帷幄上奏権の拡大には歯止めをかけねばならない。事態を放置すれば、閣内での陸海軍大臣の権力は異常なまでに肥大化してしまい、事実上の二重内閣制の形成に道を開きかねない。伊藤は内閣法制局（長官末松謙澄）に指示し、陸軍省との交渉を開始させた。陸軍側の交渉窓口は次官に就任していた児玉源太郎であった。彼は早速「陸軍定員令改正ノ件」を起草して、法制局に内議した（九四年月日不詳）。

◆帷幄上奏権は縮小されるべきである

児玉は軍事に関する山県の「秘密主義」には批判的であり、それは伊藤も十分承知していた。彼は天皇親臨の国防会議に伊藤・山県・有栖川宮を列席させ、国防政策の統一と政戦両略の一致を図るべきだと考えていた。児玉は帷幄上奏権のなし崩し的拡大を憂慮していた。なぜなら、伊藤と大山の対立・暗闘に見られるように、それは政軍間に亀裂を生じさせ、藩閥権力そのものの弱体化をもたらしかねないからである[16]。

右「陸軍定員令改正ノ件」では、帷幄上奏の主体は参謀総長と監軍とされ（ただし、陸軍大臣の名をもって令達する事項については、総長は大臣と連署して帷幄上奏する）、参謀総長の上奏範囲は「出師《すいし》計画及団体ノ編制（戦時）ニ関スル事項」「国防及作戦計画並ニ陣中要務ノ規定ニ関スル事項」といった純軍令事項に限定され、陸軍平時編制は陸軍大臣から閣議に諮ることになっていた。また、陸軍省官制や参謀本部条例の改正も大臣から内閣へ提議するとされた。注目すべきは、純軍令事項であっても「行政ニ関係ヲ及ホスモノアルトキハ……大臣ハ……内閣ニ提議スルコトアルヘシ」とされていたことである。「統帥権」の肥大化を危惧していたからこそ、児玉はこのような画期的な規定を挿入できたのである[17]。

軍政と軍機・軍令はここに明示的に区分され、帷幄上奏権の縮小という方向性が示された。だが、それは陸軍省の省議としては決定されなかった。大山との対立や山県との微妙な関係、つまりは陸軍内部の複雑な権力関係が児玉案の実現を妨げたのである。折から日清戦争が勃発したことで、この問題は曖昧なままに放置されてしまった[18]。

第二ラウンドが始まったのは平和回復後である（一八九五年四月、下関講和条約）。ことの発端は、大山陸相が伊藤の警告を無視して、陸軍平時編制を帷幄上奏してから閣議に報告したことにあった（九六年四〜五月）。この間、最初の脳梗塞の発作に襲われていた児玉は、約三カ月もの長期療養を余儀なくされており、大山の行為を事前に諫止することができなかった。軍務に復帰した児玉は、伊藤に懇請して「客年十二月中往復の体に粧ひ《よそお》」、どうにか事態を収拾した[19]（五月）。

もちろん、伊藤も大山の行ないを傍観していたわけではない。当時、陸軍は日清戦争の戦訓にもとづく組織改革を進めており、参謀本部の大幅な組織強化はその目玉であった。参謀本部条例の改正案は、小松宮彰仁参謀総長から帷幄上奏され（四月上旬）、すでに天皇の裁可を得ていた（四月一七日）。公文式の規定によれば、勅令の公布には総理と主務大臣の副署が必要である。ところが、その後三週間もの間、伊藤は副署を拒み続けた。『明治軍事史』はその理由を不明としているが、これは明らかに大山に対する伊藤の政治的意趣返しであろう。伊藤が大山陸相とともに副署したのは、平時編制問題に解決の目途がついた後のことである（五月九日、勅令第二〇一号）[20]。

その後も、帷幄上奏権問題をめぐる権力内部での駆け引きは続いた。次の第二次松方内閣では、内閣法制局長官の神鞭知常《こうむちともつね》（進歩党）から児玉陸軍次官に対して、「允裁《いんさい》ヲ経ヘキ事項ト閣議ヲ経ヘキ事項トノ区分」について、かつての児玉案をほぼ踏襲した照会があったが、児玉は、この件は急には行なわれ難いので「当分預リ置クヘキ旨」回答している（一八九七年三月）[21]。当時の児玉の政治力では、この問題に決着を付けることは困難であった。問題はまたもや先送りとなったのである。

2 政治的台頭――原との対立と山県との融和

◆明治憲法体制の動揺――台湾領有のインパクト

さて、日清戦後の児玉といえば、台湾総督(一八九八～一九〇六年)としての治績があまりに有名である[22]。日清戦争の勝利による台湾領有は明治憲法体制を押し揺るがした。憲法は台湾に適用されるか否か、「内地」の政治システムは外延的に延長されるべきか、それとも植民地として特殊な統治システムの下に置かれるべきか、国内世論は沸騰したが、台湾統治の現実――「土匪の猖獗《しょうけつ》」[23]による治安確保の困難など――は、武官総督制(九六年四月、台湾総督府条例)と委任立法権を柱とする総督府権力の樹立を必然化した。台湾総督には文武諸般の広汎な権限が与えられ、「其ノ管轄区域内ニ法律ノ効力ヲ有スル命令ヲ発スルコトヲ得」とされた(明治二九年法律第六三号「台湾ニ施行スヘキ法令ニ関スル法律」第一条)。実質的な委任立法権である。政府は明確な回答を留保していたが、これは紛れもない「植民地」統治システムであった。

なお、六三法の制定という非常手段にあえて訴えたのは伊藤博文その人であった[24]。武官総督の権力が統帥権の独立と相乗的に作用するならば、台湾領有をきっかけに本国の立憲主義も動揺し、「国家の統治権力の分散」[25]という事態をもたらしかねない。しかしだからといって、現地の事情に疎い中央政府が総督府に介入し過ぎれば、統治はいたずらに混乱するだけだろう。総督府には相当の自由裁量権をあらかじめ与えておかねばならない。この相矛盾する微妙な権力の匙加減を調整するために、当初伊藤は台湾に総督文官制を導入しようとした。だが、それは台湾統治の実権を握っていた川上操六ら薩派陸軍の反対によって潰され、軍政も事実上継続されることになったのである[26]。伊藤にとって、武官総督制と表裏一体の「六三法体制」はあくまでも一時的な経過措置にすぎず、統治が安定した暁には大幅な制度的手直しが構想されていたといえよう。

◆権力の集中か分割か――児玉と原の意見対立

「土匪」に対する現地陸軍の場当たり的な対応は、一般住民の殺害とそれに起因する「良民」の土匪化という悪循環を産み出し、総督府の統治も自ずと停滞・混乱した。第二次松方内閣は文官総督制の導入に踏み切ろうとしたが、高島鞆之助拓殖務大臣らによって阻まれ、統治改革は新たに総督に任命された児玉と民政局長(後の民政長官)の後藤新平に委ねられた(一八九八年二月)。そして、この児玉・後藤コンビによって、台湾統治はようやく軌道に乗ったのである。その要訣は「文官で陸軍の行政をやる」こと、すなわち、総督府権力の脱陸軍化――壮士的軍人の淘汰と警察主体の土匪政策を通じての武力「討伐」方針の転換、帰順政策の組織的採用――にあった[27]。帷幄上奏権の縮小と同じく、ここでも児玉は陸軍の政治権力をいたずらに肥大化させることなく、それをシステム全体の中で調和・均衡させることに腐心していたである。

そして、もう一つの統治原則が「旧慣温存」主義であった。児玉・後藤コンビは進化論の原則にもとづく統治と称して、台湾における政治権力は台湾の現状に合わせて編成されるべきであるとしていた。内地制度の性急な移植は統治をいたずらに混乱させるだけである。台湾における法律、とりわけ民法や商法・刑法などはその旧慣に則るべきであり、「匪徒」の鎮圧など、臨時緊急を要する事態には委任立法権を有効に活用しなければならない。台湾総督には強力な政治権力が集中されるべきである。彼らはそう考えていた。一見逆説的ではあるが、現地陸軍を抑えるためにも総督武官制は必要だったのである[28]。

一方、原は一貫して内地延長主義を唱えていた。彼は、台湾人の同化は十分可能であり、将来的な内地制度の延長を制度的に準備するためにも、台湾総督府の本国政府からの自立性は極力抑えられねばならないと考えていた。具体的には、出先の「最高行政官」たる総督の任用資格は文官とし、「台湾に於ける陸軍、海軍、郵便、電信、鉄道、税関、裁判等の事務は台湾総督に一任せず、内地当該官庁に於て直接に管理」するとされていた[29]。総督は「常に命を〔本国の〕台湾事務大臣に承くる者たるべし」。それが原の統治構想の鉄則であった。

したがって、委任立法権の存在も否定され、一、現行法律中、台湾に施行できるものは漸次これを施行していく、二、それ以外は台湾のための特別立法もしくは緊急勅令でこれを規定する、三、日本国籍を取得した「支那人」に対しては、当分の間、勅令を以て法律に代えるという原則が明示された。いわゆる「勅令主義」である[30]。

原は台湾事務局委員として、こうした意見を伊藤に上申したが、総督の政治権力をほとんど解体するに等しい原の急進論は伊藤の容れるところとはならず、伊藤は武官総督制を容認し、六三法体制を創出していくのである。原はこの後も自らの理想を実現すべく、六三法体制の廃止＝勅令主義の実現を折に触れて働きかけていく。

◆第二次山県有朋内閣——児玉構想の浸透

一八九八年（明治三一）六月、第一次大隈重信内閣が成立した。日本憲政史上初の政党内閣は与党憲政党の内紛によって間もなく瓦解したが、この時、陸相の桂太郎と星亨（憲政党自由派領袖）との政治的連繫が威力を発揮したことはよく知られている。そして、その延長線上に成立したのが第二次山県有朋内閣（九八年一一月）であった。星は党内を説得して地租増徴法案を成立させたが、山県は政党勢力に対する警戒心を解かなかった。彼は政党員の官界進出に歯止めをかけると同時に（一八九九年三月、文官任用令の改正、同分限令の制定など）、陸海軍大臣現役武官制を導入して政党内閣の成立に備えた（一九〇〇年五月）。

だが、山県はたんなる「政治的反動」ではない。それどころか、第二次山県内閣は軍令機関に対する内閣機能の強化を図っているのである。そのきっかけとなったのが、一九〇〇年に勃発した北清事変（義和団戦争）であった。
一九〇〇年（明治三三）六月五日、山県内閣は「内閣官制第七条適用に関する件」を閣議決定した[31]。その骨子は、日清戦争前後から大山によって意図的に進められてきた帷幄上奏権の拡大に歯止めをかけ、内閣の機能を強化しようとした点にあった。

その理由に曰く、軍政事項が閣議を経ないで直ちに帷幄上奏されるようでは、行政各部の統一は保持できないし、内閣総理大臣もその職責を尽くせなくなる、また、軍機・軍令と軍政を混淆すれば陸海軍各機関間の「牴触《ていしょく》扞格《かんかく》」は免れない、したがって、「其軍機軍令ニ属スルモノト雖、一般ノ行政又ハ財政ニ影響ヲ及ホスコト最モ重大ナルモノニ付テハ又均シク閣議ヲ経、以テ各国務大臣ヲシテ国家行政ノ全般ヲ通視スルノ便宜ヲ得セシメサルヘカラス」。

たとえ軍機・軍令事項であろうとも、場合によっては閣議で審議されるべきだというのである。法制局では、軍機・軍令と軍政の具体的な線引き案を作成してこれを閣議に諮った。それは児玉案をほぼ踏襲したものであった。しかしながら、閣議は合意に至らず、「軍機軍令ト軍政トノ畛域《しんいき》ヲ定ムルカ為」、陸軍省と海軍省で協議の上、案を具して再度閣議に提出させ、「斉一ノ決定」を計るという基本方針が決定されるに止まった。

とはいえ、山県や陸相の桂、特に山県が帷幄上奏権のなし崩し的拡大を押し止めようとした意義は大きい。児玉構想は着実にその影響力を拡大していたのである。

◆大宰相主義への山県の歩み寄り

内閣機能の強化は出兵政策にも貫かれていた[32]。まず、平時（大本営未設置）における動員なき出兵――第五師団と第一一師団の現役兵から抽出した兵力で「臨時派遣隊」を編成した――については、その任務は日本人の生命財産や在外公館の保護に限定され、派遣隊の指揮権は陸軍大臣が掌握した（六月一五日、閣議決定）[33]。そして、主力部隊＝第五師団の動員・出兵も内閣によって決定（六月二五日、同上）・実行されている[34]。

さらに、山県内閣は予算承認手続きを通して、出兵政策をコントロールしようとした。第五師団の動員目前の六月一九日、蔵相の松方正義は「清国事件ニ関スル陸海軍経費臨時支出請求手続ニ付申合ノ件」を閣議に諮ったが、それは、一、軍令機関が動員や出師等についての帷幄上奏を行なう前に、陸海軍各主務大臣は必要経費を概算して大蔵大臣に移す、二、大蔵大臣は財政上の意見を内閣総理大臣に申告する、三、内閣総理大臣は、大蔵大臣の申告を承認する時はその旨同大臣に通告し、大蔵大臣はそれを陸海軍各主務大臣に通知し、陸海軍大臣は「参謀総長及海軍軍令部長ニ移シ上裁ノ手続ヲ為サシム」、四、陸海軍大臣は前各項の手続きを終えてから、通常の手続きによって支出請求書を大蔵大臣に送付する、というものであった[35]。

松方は、大蔵大臣と内閣総理大臣の承認という二重のチェックの後に帷幄上奏はなされるべきだとしたのである。六月二一日、山県は桂陸相と山本〔権兵衛〕海相に意見を求め、大山参謀総長や伊東〔祐亨〕軍令部長との協議を促している。桂は早速大山の意見を求めたが、大山の回答は、協議の趣は「一応了承」する、ただし「三」の文言を「参謀総長及海軍軍令部長ニ移ス」と修正し、「上裁ノ手続ヲ為サシム」は削除するというものであった。大山は帷幄上奏権行使の前提条件を慎重に解除したのである。

以上の一部始終からも明らかなように、第二次山県内閣は内閣主導の出兵政策を一貫して追求していたのである。それは、伊藤の持論である「大宰相主義」への山県なりの歩み寄りを意味する。山県は松方が創始した、「弱い内閣と強固な各省自治」――文官陸海軍大臣に強い政治的リーダーシップをあたえようとした――というシステムを一八〇度逆転して、「強力な内閣」による政治的リーダーシップの創出と陸海軍大臣武官専任制（一九〇〇年五月、陸軍省官制改正など）という新たなシステムを創出しようとしていた。山県にとっては、参謀本部を拠点とする大山ら薩派陸軍よりも、政党勢力の台頭の方が差し迫った脅威だったのである。

だが、それは省部間に微妙な軋轢を引き起こした。

◆統帥命令をめぐる綱引き――大山参謀総長の反撃

『明治軍事史』は、六月一五日の閣議（大山参謀総長も出席）について相矛盾する記事を載せている。一方では、閣議の結果、臨時派遣隊の兵力量は大幅に削られたと明記しているにも関わらず（一〇八六頁上段）、他方では「大山参謀総長は出兵すへきや否やは内閣の決議を要する固より当然なれとも、其兵力及編成等に関しては本職其責に任し調査決定すへき旨を進言して遂に之を議せさりき」としているのである（同下段）。ちなみに、『明治天皇紀』は閣議で兵力量の削減がなされたとしている[36]。

さらに『明治軍事史』には、天皇から山県へ「優渥なる聖旨」を賜ったとあるが（六月一五日）、それは山県の辞意を翻させるためのものであり、山県は「北清出兵問題に関して大山参謀総長と意見杆格の結果」辞意を漏らしたのではないかと同書は推測している[37]。しかしながら、山県は北清事変以前からすでに辞意を表明し、その都度慰留されているのであって、出兵問題に関する大山との対立が辞意の原因だったと断定することはできない[38]。

六月一五日の閣議の席上、果たして何が起こったのだろうか。大山は在任中に作成した覚書に「山県氏カ内閣ヲ去ル如キ事情モアラハ、総長ヲ譲渡シテモ差支ナキコト」と記しているが（一九〇〇年四月頃）[39]、これは、山県が伊藤・児玉の内閣機能強化＝帷幄上奏権改革構想に歩み寄ったことへの不信感の表白と見てよい。内閣の意向を最終的に受け容れたにしても、大山はその決定過程に割り切れぬものを感じており、だからこそ、帷幄上奏権を特定の前提条件なしに行使することに固執したのである[40]。

だが、巻き返しの機会はすぐにやってきた。「大本営を置かれさる間動員せし部隊に対する命令系統の規定」が存在しておらず、すでに宇品港（広島県）を出発しつつあった第五師団に対する命令が出せないという、統帥上まことに由々しき事態が発生したのである。大山は「動員したる部隊に下すへき軍令は参謀総長策案し、允裁を仰き、勅に依り参謀総長之を奉行す。同時に陸軍大臣に通報す」と帷幄上奏し、天皇の裁可を得た(七月二〇日)[41]。大本営が設置されていなくとも、動員部隊に対する命令は参謀総長が奉行することになり、該部隊に対する指揮権は陸相ではなく参謀総長に委ねられたのである。事態が切迫していたためか、この件は大きな議論なく決定されている[42]。

北清事変の発端は、あくまでも非正規軍(「拳匪」)による排外暴動に対する鎮圧出兵であって、第五師団に対する指揮命令系統の問題が開戦か避戦かという国家の進路に直結しているわけではない。しかしながら、これが正規の宣戦布告を伴うような戦争の場合だと事情は大いに異なってくる。

陸軍の動員は開戦と同義ではない。それは平時と戦時の狭間のグレーゾーンであって、この微妙な時機における動員部隊の指揮権を参謀本部が握るということは、瀬戸際での妥協成立=開戦回避といった政治的な決断が動員部隊に迅速に伝わらず、出先での軍事衝突が予期せぬ戦争の引鉄を引くといった類の安全保障上のリスクを増大させかねない。児玉はそれを危惧していたが、北清事変への対応に忙殺されており、そもそも台湾総督にはこの問題に発言する権限はなかった。

◆伊藤による奉勅命令システムの設計

大山による制度改革の意義を鮮明にするために、ここで奉勅命令の様式について説明しておこう。

まず最初に注意すべきは、参謀本部や海軍軍令部は国防及び用兵計画を掌る機関であって、それらの実行を陸海軍に「下行」する機関ではないということである。したがって、参謀総長や軍令部長は允裁を経た後、それを陸海軍大臣に移して、大臣から師団長や鎮守府または艦隊司令官に命令を令達しなければならない(一八九七年一一月「海軍軍令部条例」第三条、一八九九年一月「参謀本部条例」第三条)。もともと、このシステムを考案したのは伊藤博文であった（一八八六年三月「省部権限大略及上裁文書署名式」）。伊藤は、責任大臣を経由させることによって、軍令機関の暴走――その極限は憲法違反の軍令発出である――を未然にチェックできるようにしなければ、立憲国家の趣旨を全うすることはできないと考えていた。大臣による奉勅命令の奉行は、内閣による統帥権のコントロールという深慮遠謀の産物だったのである[43]。

ちなみに、戦時の場合の手続きは当然平時とは異なる。大本営が設置されると同時に、参謀総長は陸軍大臣を介さずに直接師団長に命令を出せるようになる[44]。戦時においては政治よりも軍事が優先される。命令には機密保持と迅速さが求められる。したがって、こうしたシステムが案出されたのであるが、これもまた運用のされ方次第では、政府の戦争終結へ向けての外交指導を阻害しかねないであろう。

大山による小さな制度改革は、間一髪の危機的状況において、政府の外交指導を混乱に陥れる可能性を含んでいた。だが、問題はそれだけではなかった。参謀本部権限のグレーゾーンへの拡大は思わぬ副産物を産み落としていた。参謀総長に対する委任命令権の勅許である。

これまで北清派遣部隊に対しては、その進退はもちろんのこと、作戦に関する事項は細大漏らさず上奏し、一々勅裁を得てそれらを実施してきた。しかしながら、細目事項の頻繁な奏請は「万機の御政務」を煩雑にするだけではなく、天皇の尊厳を損なうことに繋がりかねない。それゆえに、「軍隊の進退に関する主要の作戦命令」以外の「零砕の細目事項」はあらかじめ侍従武官長から勅許を仰ぐに止め、その実施は「参謀総長に御委任あらせられ、以て臨機応急の便宜を与へられ」ねばならない。出兵手続きをめぐる一連の議論に辟易したのか、あるいは統帥権に対する政府のこれ以上の容喙を阻止しようと考えたのか、大山は以上のように奏請して、天皇の勅許を得てしまったのである（一九〇〇年七月二四日）[45]。

たしかに、天皇の政務負担の軽減という大山の言い分にも一理ある。しかしながら、細目と大綱の境界線は非常に曖昧であるから、この制度改革の趣旨は統帥大権そのものの参謀総長による事実上の行使へと変質を遂げる恐れがある。後にこの件をめぐって、児玉満州軍総参謀長は山県参謀総長と衝突するが（後述）、その萌芽は早くもこの時点から見い出されるのである。

◆台湾統治の非内務省化——厦門《アモイ》事件の教訓

ところで、一九〇〇年八月の厦門事件（福建省厦門への日本軍の上陸と撤兵をめぐる紛議）は、児玉台湾総督が桂陸相から発せられた奉勅命令の趣旨を取り違えて、政府の意図は出兵の即時断行にありと誤解した結果、引き起こされた事件であった。拙著でも詳しく論じておいたが、厦門事件は、石原莞爾ら関東軍が第二次若槻礼次郎内閣を瞞着して引き起こした満州事変とは性格の異なる事件である。軍紀・軍律を重んじる児玉は、あたかも自分が政府を欺瞞して「至尊の大権」を左右したかのごとくに扱われたことに我慢がならず、事件直後に辞表を叩きつけたのであった。明治天皇は児玉の言い分を認め、慰撫するための勅使を台湾に派遣している。また、第二次山県内閣の閣議決定——福建省出兵——を覆して、即時撤兵に舵を切らせたのは伊藤博文であったが、その伊藤も児玉の言い分には理解を示しており、児玉に対する信頼感は揺るがなかった。伊藤は第四次内閣の陸相に児玉を抜擢している[46]。

事件の一部始終から、児玉はある教訓を得た。それは内務省の管轄下に総督府が置かれている限り——九七年に拓殖務省が廃止されてから、総督府の中央監督官衙は内閣大臣官房・内務省台湾課とめまぐるしく変遷していた——、系統的な「植民政策」の実行は不可能だということである。東京は現地の事情に疎いし、内務省は内地延長主義や性急な同化主義に傾きやすい。こうした弊害を除去するためには、台湾統治の非内務省化、すなわち、拓殖務省の再設置と台湾総督による拓殖務大臣の兼任が必要となる。そうすれば、台湾—本国間の意思疎通は万全なものとなるし、現地の事情を中央政府に周知徹底させることもできるであろう。また、武官総督制は当然堅持されているから、内閣が代わっても拓殖務大臣は更迭されず、植民政策の一貫性も確保できる。児玉は総督府の強力な出先機関を東京に置くことを主張したのである[47]。見ての通り、これはもっとも極端な総督府権力強化論である。原がこの意見書を読んだかどうかは不明だが、総督府権力の極小化＝内地延長主義の適用を主張していた原が、こうした議論に賛成できなかったことは自明であろう。両者の台湾統治構想はまさに水と油の関係にあったのである。

もっとも、この児玉構想を実現するためには、一、民政長官に台湾経営の実権を任せられること（民政長官に人を得ることができるか否か）、二、政党内閣主義を原理的に否認し続けることが可能であること（もしくは、政権担当可能な責任政党の樹立）、三、そもそも、出先と中央との間に大きな国策構想上の乖離がなく、相互的信頼関係が成り立っていること、という三つの条件がクリアされねばならない。

「一」は、総督兼大臣が東京にいても、台湾では民政長官による統治が行なわれるということである。つまり、実質的な文官統治体制の構築である。後藤がいるから、これは当面のところ問題ない。

「二」は、政党勢力による台湾経営の壟断を防ぐためにも、是非とも実現されねばならないが、政党内閣主義の原理的否認という防波堤は、すでに第一次大隈内閣の成立によって崩れてしまっている。とするならば、残された道は政党改良しかない。だが、伊藤による新党結成（明治三三年九月、立憲政友会）は、必ずしも当初の伊藤の期待通りのものとはならず、やがて伊藤は枢密院議長に祭り上げられて、政友会を去ってしまった。となると、「三」もきわめて怪しくなる。

結局、児玉は拓殖務省の再設置を断念した。だが、この時封印された問題意識は、その後も児玉の胸底でわだかまっていた。そしてそれは、「台湾統治法」構想として具体化されることになる。

3 内政改革構想――児玉と原、相互接近の予兆

◆陸相就任――第四次伊藤内閣

一九〇〇年九月、伊藤は立憲政友会を創立し、自らその初代総裁に就任した。それは政権担当可能な責任政党の創出に止まらない、より遠大な立憲国家構想の一環、すなわち、国民の政治参加を促し、「国家の統治構造そのものを改革せんとする国制改革の試み」であった。周知のように、伊藤の理想は政局の渦中で一頓挫を余儀なくされたが(〇三年七月、政友会総裁を辞任)、彼の視線はさらにその先に伸びていた。明治憲法体制の設計者であった伊藤は、自らその「総点検と修正」に取り組もうとしていたのである[48]。それはあまりにラディカルな改革であり、彼はその真意を深く秘匿しなければならなかった。だが、彼の憲法改革構想の一端は第四次伊藤内閣(一九〇〇年一〇月~〇一年五月)の政治改革に滲み出ている。

この時の改革の骨子は、一、行財政整理で剰余金を捻出し、鉄道事業などのいわゆる「積極主義」財源に充当する、二、各省間および省内のセクショナリズムを是正し、官吏を精選して行政効率を高める、三、陸海軍の組織を大幅に改め、①陸軍地方幼年学校の廃止、②官営軍需工廠の整理、③台湾守備隊の減少、④憲兵の廃止、⑤二年兵役制の採用、⑥第四期海軍拡張の準備作業としての海軍の合理化、といった諸改革を推進するというもので、官僚制、とりわけ陸海軍の組織改編に力点が置かれていた[49]。

同年一二月、児玉は第四次伊藤内閣の陸相に就任した。この時、原も逓信大臣として初入閣を果たしている。それにしても、なぜ政党嫌いの児玉が「伊藤政友会内閣」に入閣したのか。その理由としては、一、挙国一致体制の構築という観点から、当初は立憲政友会の創立にそれなりの期待感を抱いていたこと、二、陸相を兼任することで、帷幄上奏権改革や台湾統治システムの修正に道筋をつけられると考えたこと、三、桂陸相の衣鉢を継げるのは自分だけだとの自負、四、伊藤との親密な関係、等々が挙げられよう。その後の経

緯から見ても、以上の陸軍改革が児玉の意向に沿うものであったことは明らかである。

第四次伊藤内閣は、しかし、財政問題による閣内不統一によってあえなく崩壊した(〇一年五月)。後継首班には児玉の盟友の桂が就任したが、この間、児玉は桂への政権禅譲に向けて水面下で奔走している。

◆陸軍省の文官組織化をめざして——阪谷芳郎との連携

第一次桂内閣で児玉は陸相に留任し、伊藤や阪谷芳郎(大蔵総務長官)と気脈を通じて、一連の陸軍改革を精力的に推し進めようとした。すなわち、陸軍省の組織的効率化を推進して、「文官官僚」でも執務可能な業務、「統帥、軍務軍機、作戦、戦闘行動以外の業務」は彼らに任すべきだとした。当時の新聞報道によれば、改革構想は山本海相との話し合いの下に練られており、総務長官や人事局長への文官(もしくは非現役軍人)の任用はもとより、陸軍大臣・海軍大臣の文官制までもが検討されていたという[50]。

児玉は政党勢力には抜き難い不信感をもっており、果たして文官大臣制にまで踏み切れたかどうか、少なからぬ疑問は残るが、いずれにせよ、この構想が陽の目を見ることはなかった。だが、制度改革の第一歩はすでに印されていた。児玉は「経理事務は剣を帯びたる者の執るべきものに非ず」と称して、大蔵省から官吏を招致して一部の経理を任せていたのである[51]。

武官による軍事行政の独占が「行政ト軍政ノ混淆」という弊習を馴致《じゅんち》し、新進有為の武官が「武術」に専念しないで、行政事務による栄達を望むようになるという慨嘆すべき傾向が生まれている。これは「軍紀の弛廃」というべきである[52]。この一見軍人らしい物言いは実は阪谷芳郎の言葉である。この後、阪谷・大蔵省が政府に提出した行政改革プランには、「現役武官ヲシテ総テ陸海軍ノ行政事務ヲ掌ラシムルコトヲ得ス」との方針が謳われていた。児玉と阪谷との親密な関係を考慮すれば、そこには、軍人は勇敢な戦士にして紳士たるべきだとの児玉の考え方が反映されていると見るべきだろう[53]。大蔵省に陸軍の経理状況を見透かされては予算折衝もやりにくくなる。これは山県に睨まれたが、児玉は一向に気にしなかった。国力を度外視した軍拡至上主義こそは、彼の最も厭うところであった。

一連の改革は陸軍省の効率化への第一歩でもあった。軍令(参謀本部)の縮小は必要であるが、それが軍政(陸軍省)の肥大化に繋がってはならない。軍政と行政との関係を整理して、一般行政(文官)の管轄する領域を拡大しなければならない。帷幄上奏権の抑制や参謀本部の縮小＝純統帥機関化(後述)とあわせて考えれば、児玉構想は、英米流の「プロフェッショナルな軍人像」にもとづく、帝国陸軍の全面的な体質改善をめざす画期的な試みであったと高く評価できる。

◆政治的関心の拡大──桂への期待

ところで、陸軍省の経理を大蔵省に委ねるということは、陸軍経理学校の存在意義に真っ向から異を唱えることに他ならない。行政整理の一環として、児玉は陸軍諸学校の統廃合を検討していたが、その中には陸軍経理学校と幼年学校の廃止が含まれていた[54]。

児玉の幼年学校廃止論は、行政整理の必要に迫られた「窮余の一策」などではない。それは帷幄上奏権問題や陸軍経理問題、さらには外地統治システム改革問題などにも通底する、彼の国家観・軍隊観・教育観の一端が表出したものであった。軍事なるものは他の内政・外交とのバランスの中で取り扱われるべきものであり、軍事的価値観だけを突出させてはならない。帝国陸軍の将校たるべき者は、まず広い教養に立脚した紳士たるべきである。当初、児玉は「優美高尚」な貴族的軍人を育成すべく、幼年学校教育を重視していたのだが、今や同校への「賄《まかない》騒動」──寮で供される食事の改善を口実に学生が徒党を組んで騒ぐこと──などの蛮風の浸透を目の当たりにして、より根本的な教育改革に挑戦しようとしていたのであった[55]。

児玉の関心は軍政・軍令の枠を超えて、植民地行政や行政全般にまで広がっていった。そして、それと符節を合わせるかのように、第一次桂内閣は前内閣から引き継いだ行政整理という政治課題に取り組もうとしていた。いよいよ、児玉陸相の出番がやってきたのである。

児玉や伊東巳代治、さらに内閣法制局長官の奥田義人は桂の首相就任に期待していた。ところが、桂にとって行政整理は議会との「妥協に於ける一要件」にしかすぎず、内閣の総力を挙げて取り組む気はなかった[56]。彼は内閣に「政務調査委員」(メンバーは法制局長官の奥田義人や大蔵総務長官の阪谷芳郎ら二九名)を設けて、行政・財政・学制などの調査をこれら委員に個別的に行なわせることにした(〇二年一月二〇日)[57]。

◆桂の戦術的妥協と児玉の更迭

桂は伊藤ではない。憲法に関する学識では伊藤に及ばず、行政整理に取り組んだ経験にも乏しい。政務調査委員構想を聞いた伊東巳代治は、首相自ら天皇に勅諚を請い、伊藤を推戴してこの大事業を行なうべきだと桂に忠告した。児玉は伊東の提案に「全幅の賛同を表し」、奥田も伊藤の推戴を桂に進言した。しかし、桂は「頗る逡巡の色あり」、結局、推戴案は握り潰された[58]。

世代交代を意識していた桂は、伊藤の下風に立つことを潔しとしなかった。また、統帥権改革問題をめぐって、伊藤・児玉と山県の間で板挟みになることを恐れてもいた。発足したばかりの、世間から「次官内閣」と揶揄されていた桂内閣に、憲法改革につながるような本格的な行政改革を行なうだけの力はなかった。まずは、内閣の政治的求心力を高める必要がある。桂はそう考えていた[59]。

だが、最初の期待値が高すぎたのだろう、桂の態度に児玉は失望を禁じ得なかった。こうなったら、自分の守備範囲で改革を実務的に進めるしかない。彼は大山参謀総長に事前の了解を得ることなく、平時兵力(台湾守備歩兵部隊)の削減を決定し、それを閣議の了承を得た上で第一六議会に提出した。児玉は、陸軍平時編制は帷幄上奏すべきではなく、まずは閣議に諮るべきだとの持論を有しており、これは意図的な「手続きミス」であった[60]。

大山の出方を見誤ったのか、それとも桂の態度に嫌気がさしていたのか、その辺の児玉の心事は計り難いが、いずれにせよ、児玉のこの行為は大山を激怒させ、陸軍省と参謀本部との対立は抜き差しならないものとなった。結局、桂は児玉を更迭することで事態を収拾した(〇二年三月二七日)。しかし、伊藤や山県の児玉に対する信任は揺るがなかった。後任陸相には盟友の寺内正毅が就任し、児玉は台湾経営に専念できるようになったが、それは兼任態勢を危惧していた明治天皇の「叡慮」にも叶っていた[61]。

児玉が大山と衝突したことで、帷幄上奏権改革の実現可能性は遠のいた。だがこの間、政治的に大きな転機が訪れていた。日英同盟の成立(〇二年一月)である。桂とその内閣は大いに政治的威信を高めた。桂は、日英同盟によって当面の平和は確保されたと考え、本格的な行政整理に打って出ようと考え始めた。彼は、強力な海軍に支えられた貿易立国構想＝清国本土経済進出論をいよいよ実行に移すつもりであった[62]。

◆急進的行政整理案と児玉

さて、この間も行政整理案は奥田・阪谷らによって検討が続けられており、一九〇二年七月初旬には意見書が桂の手元に送られている。阪谷意見書についてはすでに触れたので、ここでは奥田意見書から陸海軍関係の事項をピックアップしてみよう。

今回の行政整理では、これまで聖域視されてきた「軍事行政」にも切り込んでいく。奥田はそう述べてから整理方針を列挙している。それは、一、軍事費に関して一定の限度を設けること、二、帷幄上奏の範囲を限り、軍政に属する事項はもちろん、「天皇ノ統帥大権ニ属スル事項ト雖、一般ノ行政及財政ニ影響ヲ及ホスヘキモノハ凡テ閣議ヲ経テ之ヲ上奏スルノ制ヲ明定」すること、三、陸海軍本省ノ組織ヲ変更シ、武官ヲ減シテ文官ヲ増加スルコト」、四、陸海軍の経理事務を一新すること、五、陸海軍省所管予算の編成方法を一新すること、六、憲兵制度を廃止すること、七、陸海軍が相互に独立割拠しているため、「政務ノ不統一」を招いている事項を改めること、以上七項目から成っており、さらに、元帥府、陸軍中央及び地方幼年学校、陸軍経理学校、海軍主計官練習所、憲兵司令部などの廃止や、教育総監部は陸軍省に、海軍軍令部は参謀本部にそれぞれ吸収合併することなども主張されていた。見ての通り、これまた児玉構想とかなりの部分が重なり合っているのである[63]。

桂はこの急進的改革案を握り潰すようなことはしなかった。彼は阪谷、柴田〔家門、内閣書記官長〕、奥田の三委員を官邸に招いて協議しており(七月一六日)、特に奥田が調査した「行政整理事項」については、それだけを審議する場をわざわざ設けている(七月二八日、出席者は同断)[64]。

◆原の陸海軍大臣文官制論

桂が行政改革を公約したことは政党勢力を著しく刺激し、党内での行政改革談義をにわかに活発化させた。政友会では桜井駿らが行政改革案を議論していたが、そこでは「陸海軍は大臣以下文官とすること」、教育総監部を参謀本部に移し、幼年学校は廃止すること等が謳われていた[65]。教育総監部の移転先が異なる点を除けば、政友会案と奥田案との親近性は明らかである[66]。

文官大臣制については、すでに原はこれ以前からその妥当性を確信していた。第四次伊藤内閣成立時に西園寺公望に宛てた書翰のなかで、原は陸海軍大臣文官制でも支障はまったくないし、もし、伊藤がそれを断行するのなら「小生ハ夫れ〔陸軍大臣もしくは海軍大臣への就任〕も辞セサル所」であると述べ、さらに「是レハ到底行ハレ間敷」と続けている[67]。原は文官大臣制の実現可能性はほぼないと考えており、この問題で陸軍側と正面衝突する気はなかった。原の態度が裏書きしているように、文官大臣制こそは児玉と原のほとんど唯一の対立点であった。この問題で無理押ししなければ、陸軍改革問題をめぐる両者の協調は十分可能であった。

　行政改革の機運は高まっていた。桂は奥田案を高く評価していたが、省益にこだわる各省の抵抗は根強かった。それを押し切るためには相当な政治力の結集＝内閣の改造が必要となる。だが、児玉を更迭したばかりの桂には内閣改造に踏み切るだけの余力はなかった。失望した奥田は法制局長官を辞任した（九月二六日）。彼は、奥田作成の陸海軍に関する整理案を桂が手元で握り潰し、寺内陸相や山本海相には回覧させていないと憤慨していたのである[68]。

　だが、伊藤と児玉との密接な関係や、児玉・奥田案の共通性を考慮すれば、奥田案は寺内はともかく児玉の手には渡っていたと考えるべきだろう。否それどころか、先の阪谷案同様、そこには児玉の意見が相当程度反映されていると見てよい。児玉や伊東、それに奥田が、伊藤を推戴して本格的な行政整理を断行しようとしていたことも、このことの傍証たり得る。

　児玉の立ち位置は明らかに伊藤寄りであり、山県系官僚閥の中では異色の存在であった。ただし、児玉は台湾経営問題をめぐっては政友会に抜き難い不信感をもっており、政党勢力とはあくまでも一線を画そうとしていた。

◆内相兼文相に就任――府県半減、文部省・警視庁の廃止

　桂が児玉を更迭したのは大山参謀総長の顔を立てるためであって、その児玉評価になんら変わりはなかった。桂は、ほとぼりが冷めたら児玉を中央に呼び戻して、本格的な行政改革を行なわせたいと考えていた。翌一九〇三年五月、第一八議会では一連の政治的スキャンダルによって文相と農商務相の更迭が取り沙汰されていたが、桂はこの機を利用して児玉を内相に任命することにした。一方、児玉は久し振りの洋行に出発するつもりであった。目的地は南アフリカと欧州、そしてアメリカである。児玉もまた、日英同盟の対露抑

止効果に大いに期待をかけており、極東情勢もしばらくは安定化するだろうから、この間に世界情勢に対する見聞を深めようと考えていたのである[69]。

結局、児玉は出発寸前に洋行を取り止めた。そして、桂の懇請を容れて内相兼文相という要職に着いた（七月。台湾総督は留任）。この大胆な内閣改造人事の目的を簡単に示せば、文部省の廃止（内務省への吸収）と府県半減（三府四三県を三府二四県へ）である。前者は実業学校を教育の根幹に据えることを目的としており、この場合、教育政策は殖産興業政策に包摂されることになる。後者は、府県の統廃合を推し進めると同時に、より多くの行政上の権限を府県に付与して地方分権の実を挙げようというもので、それは「小さな政府」の実現とパラレルの関係にあった[70]。桂は児玉を内閣の要に据えて、この大改革を実現させようと意気込んでいた[71]。

児玉の内相就任は警視庁改革の糸口を探るためでもあった。当時の警視庁では総監大浦兼武（薩摩出身）の勢力が跳梁跋扈しており、大浦は内務大臣の指示にも容易に従わなかった。とくに児玉の前任者、内海忠勝内相の時代にその弊害は甚だしく、警視庁は政府内で一種の独立王国の様相を呈していた[72]。警視庁改革は山県系官僚閥と政友会、双方共通の政治課題であり、彼らはともに警視総監の首相直属制の廃止＝内相専属制の導入によって事態を打開しようと考えていた[73]。ちなみに、児玉内相は警視庁の廃止を検討しており、政友会の領袖松田正久はそれに賛意を表していた[74]。また、郡制の廃止に向けた下調査も開始していた[75]。詳細は不明であるが、これらのエピソードには「改革者」児玉の面目躍如たるものがある[76]。

◆児玉と原、相互接近の予兆

だが、文部省の廃止は世論の反対によって中止され、児玉は文部大臣の兼官を解かれた（九月二二日、後任は廃止反対論者の久保田譲元文部次官）。府県半減については拙速の感は否めず、廃合対象県の代議士・有力者を中心とする反対運動も徐々に盛り上がりを見せていた(一一月～一二月)[77]。改革の行方は全く予断を許さなかったが、日露関係の急速な悪化が桂内閣の窮状を救った。国家的な危機の到来によって行政整理どころではなくなってしまったのである。

そんな折も折、田村怡與造参謀次長が急逝し、児玉にその後任の白羽の矢が立った(一〇月九日。台湾総督は留任)。もちろん、児玉はこの異例の「降格人事」を喜んで引き受けた。国家の危機の前に個人的な栄達などはどうでもよかったのである。それにもう一つ、児玉には隠された企図があった。参謀本部改革である。もし、万が一開戦が回避されたならば、その時は自ら参謀総長に就任して参謀本部改革を推進する。そんな約束が児玉と寺内の間に交わされていたのである[78]。憲法外機関である参謀本部――その創立＝一八七八年は帝国憲法以前に遡る――を憲法秩序に適合的な存在に改めること、具体的には参謀本部権限・帷幄上奏権の縮小と陸軍省への移管、さらには陸軍省自体のスリム化を彼らは追求しようとしていた[79]。

それにしても、郡制廃止といい、警視庁改革といい、それは政友会の政治改革構想と多分に共鳴し合うものであった。とくに前者は、第一次西園寺公望内閣の内務大臣に就任した原敬によって、山県系官僚閥勢力打破の象徴的争点として積極的に推進された政策であった[80]。郡制廃止問題に対する児玉の前向きな姿勢は、台湾統治法の断念(後述)とともに、日露戦後における児玉と原の政策距離の急速な縮小と相互接近を予示していた。

◆台湾統治問題の新展開――政友会による勅令主義の推進

以上見てきたように、内政面においては児玉と原の政策距離は急速に縮まりつつあった。それではもう一つの争点、台湾統治問題(六三問題)はこの間どのように展開していたのだろうか[81]。

六三法は時限立法であり、それを延長するためには三年ごとの議会での承認が必要であった。最初の延長は第一三議会で行なわれたが、この時は政党側にさしたる動きもなく審議は滞りなく進んでいる（一八九九年、第二次山県内閣）。だが、次の延長時（一九〇二年、第一次桂内閣）には政友会に動きが見られた。もとより、原は六三法の延長には反対であったが[82]、党内での議論の結果、勅令主義の原則に則って六三法に大幅な修正を加えることにしたのである。

その要点は、一、「台湾に施行する内地の法律は其都度勅令を以て発布する」、二、「緊急の場合には、台湾総督は法律の効力を有する命令〔律令〕を発布し、議会に事後承諾を求むる」、三、台湾総督に「法律の効力までに至らざる相当の程度に於ける罰則を附すことのできる」府令を発する権力を与えるというものであった[83]。見ての通り、勅令による内地法の施行がメインとなり、律令の発布は緊急時に限定され、しかも帝国議会の承認が必要となった。総督の委任立法権は大きく制限され、しかも旧法にはなかった帝国議会による承認までもが新たに規定されていたのである。

原は法案の成立をめざして根回しを開始した。しかしながら、もともと原は政府が強いて必要だと言うなら六三法の一年限りの延長は認めるつもりであり、是が非でも法案を修正せねばならないとは考えていなかった[84]。この問題で桂内閣と対決するつもりはなかった。政友会の議員総会は六三法の延長に賛成し、法案は議会に上程されずに終わった[85]。

注目すべきは、この時の議会答弁の中で児玉が六三法体制の永続を否定し、台湾の統治制度を全面的に変更する意思を明らかにしていたことである[86]。すなわち、三年後（一九〇五年）には、全く新しい台湾制度が審議・決定されているはずであった。ところが、日露戦争の勃発によって計画は大きく狂った。児玉が満州軍総参謀長として出征したため、法案の完成が遅れてしまったのである。結局、第二一議会では六三法の延長が政府から提案され、政友会も憲政本党も戦時であることを理由にそれを容認した（〇五年二月）。原は「根本的改革は平和克復後に譲る」と日記に記している[87]。

4 日露戦争と統帥権問題——山県との対立

◆日露開戦——軍事に対する政治の優位

一九〇四年二月、日露戦争が始まった。それは未曽有の大戦であったがゆえに、日本の統帥システムのさまざまな問題点を露呈させたが、ここではまず、参謀次長(満州軍編成後は満州軍総参謀長)としての児玉が統帥権の運用についていかなる考えを持っていたかを、平時から戦時への移行過程を中心に見て行きたい。

一九〇四年(明治三七)一月九日、出動部隊に下すべき新軍令系統が定められた。開戦劈頭、韓国要地を速やかに占領するための部隊として、参謀本部は「先発徴発隊」と「臨時派遣隊」という二つの民間人を装った部隊を編成し、隠密裏に韓国に送り込もうとしていた。問題はその指揮命令系統にあった。大山参謀総長は二つの部隊を「動員部隊」と見なして、命令は参謀総長が奉行すべきだと主張していた。これに対して陸軍省(陸相は寺内正毅)では、これら諸部隊の行動は「国家の政略に至大の関係を有するを以て」国務大臣たる陸軍大臣がこれを奉行すべきだと解釈していた[88]。一九〇〇年七月の制度改革(前述)に関する省部の解釈は真っ向から食い違っていたのである。

結局、両者の意見調整の結果、これら部隊に対する「所要事項は参謀総長策定し、允裁を仰ぎ、作戦の関係を顧慮して同総長若くは国務大臣たる陸軍大臣之を奉行する」という妥協が成立した(一月九日、大臣・総長連署上奏。即日裁可)。大山の意見を一部容れて、命令の対象は「動員若くは之に準せる部隊」にまで拡大された。先発徴発隊(第四師団で編成)は「或る時期までは凡《すべ》て陸軍大臣の区処に従ふへきもの」となり、臨時派遣隊(第一二師団で編成、平時編制の四大隊)に下すべき軍令は「内地港湾出発前帰着後に在ては陸軍大臣之を奉行」するとされたのである[89]。

実はこの問題の背景には、陸海軍の作戦上の対立が影を落としていた。田村参謀次長存命中の参謀本部は「動員→開戦」という開戦手続きにこだわっており、開戦劈頭の奇襲攻撃を主張する海軍との対立は深刻であった。海軍側の言い分では、公然たる動員はロシア側の警戒心を高め、旅順港への奇襲攻撃を不可能にするというのである。そして、この問題を解決したのが田村後任の児玉であった。児玉は平時編制の、民間人に装った部隊を事前に韓国に派遣しておくという奇策を捻り出したのである[90]。

盟友の寺内陸相に異議を唱えさせ、省部間の落とし所を探り当てたのは児玉その人であった。児玉は海軍戦略との調整をぎりぎりまで推し進めると同時に、参謀本部専断の余地をできるだけ縮小し、政戦両略の一致を可能な限り実現できるような態勢、政府が一度避戦と決したならば、それを有効に出先部隊に伝達できるような態勢の構築をめざしていたのである[91]。こうして、大山による参謀本部権限の拡大は次長である児玉によって調整され、政府による微妙な開戦外交のコントロールを可能にすべく「新軍令系統」が確保された。大山が軍事優先の発想に立っていたのに対して、児玉と寺内は政治の軍事に対する優位を可能な限り追求しようとしていたといえよう。

◆統帥問題に関する首相の発言権を確保——満州軍総司令部の設立

次に問題になったのが、戦時外征軍司令部の制度設計であった。外征軍に大きな権限を持たせようとする大山や児玉と、東京の大本営にも相応の権限を確保したいと考えていた山県や寺内がこの問題をめぐって激突したのである(〇四年四~六月)。人事構想と権力配分との間には強い相関関係が存在する。議論は錯綜し、紛糾した。とりわけ、児玉が怒ったのは、桂が「自分は内閣総理大臣としてではなく、陸軍大将としてこの問題について発言する」と述べたことであった。戦時外征軍司令部をどのように編成するかは、国家の命運を左右しかねない問題である。総理大臣が意見を述べるのは当然だが、陸軍大将——この年の六月に昇進した大将だけでも児玉・乃木〔希典〕以下計五名を数える――の一人として発言するのは不規則発言そのものであり、軍律上これを許してはならない。児玉の舌鋒は鋭かった[92]。

戦時外征軍司令部の権限強化を図りながらも、統帥問題に関する首相の発言権は担保する。内閣制度の強化を柱とする、「明治憲法体制の確立」を伊藤と児玉はともに模索していたのであって、そうした姿勢の一端が桂に対する怒りとなって表出したのであった。桂は明治天皇の内旨により、現役陸軍大将としての身分を保持したまま首相に就任していた[93]。首相として発言しても、文官による統帥権への介入にはならないが、桂はそれすらも慎重に回避していたのである。

児玉に言わせれば、首相・陸相との意思疎通さえ確保されていれば、戦時外征軍司令部に相当な権限を与えるのは当たり前である。まずは、戦に勝つことが先決だからである。ただし、平和克復＝復員とともに政軍関係は迅速に正常化されねばならない。軍政と軍令は明確に区分され、一般行政に対する軍の一方的介入は押し止められるべきである。帷幄上奏権は縮小され、内閣による軍の統制が図られねばならない。児玉の基本的な考え方を要約すれば、おおよそ以上のようなものであろう[94]。

結局、双方の歩み寄りの結果、天皇直隷の外征軍司令部として満州軍総司令部が設けられた〔六月、総司令官は大山、総参謀長は児玉〕。だが、この問題はその後も尾を引いており、旅順攻略作戦をめぐる大山・児玉と山県・寺内の対立の伏線となっていった。

出先＝満州軍の強硬論で国策を牽引しようという考えは、児玉には微塵もなかった。彼が考えていたのは、戦時外征軍司令部と内閣との緊密な連携による戦争指導なのであって、だからこそ、奉天会戦の直後に児玉は東京に密行して、講和交渉の旗振り役を果たしたのである。児玉は主戦論を振り回すどころか、早期講和論を堅く持して、桂や小村ら「あと一撃」論者の説得に努めたのであった[95]。

◆参謀本部縮小への地ならし――児玉による山県批判

日露戦争の作戦指導をめぐって、満州軍総司令部（大山・児玉）と大本営（山県・寺内）がしばしば対立したことは周知の通りである。その最たるものが旅順要塞攻防戦（〇四年八月〜〇五年一月）であったが、それについては別の機会に論じたのでここでは触れない[96]。小論が注目するのは、日露戦争の最中から直後にかけて、統帥権のなんたるかをもう一度明らかにし、「我軍建制の本義」を再確認すべしとの意見が児玉や寺内によって高唱されていることである。彼らはそれを通じて参謀本部権限の不当な拡大を糾明し、日露戦後に遂行されるべき一連の軍制改革の地ならしをしようとしていたのである。

一九〇五年八月、児玉は参謀次長の長岡外史に一通の電報を打っている。児玉はかねてより、「総長（山県参謀総長）ヨリ総司令官（大山満州軍総司令官）宛ノ命令文辞上、参謀総長ニ命令権アルカ如ク見ユルモノ」があるのを苦々しく思っていた。満州軍総司令部は天皇に直隷しており、指揮権は無論天皇にのみ存する。参謀総長に命令権があると考えているなら、それは誤りである。「我国軍制上忽諸《こっしょ》ニ附ス（ゆるがせにする）」ことはできないので電報した次第である。児玉はそう注意を喚起している[97]。

当時、ポーツマス講和会議の開催とともに、満州での戦闘は事実上の休戦状態に入っていた。この機を逸しては山県の越権行為を糺すことはできない。児玉は参謀本部改革の前哨戦として、まず、統帥権の運用の仕方に一石を投じたのである。

長岡の回答（八月四日付児玉宛長岡私信）はつぎのようなものであった。「参謀総長ガ総司令官、軍司令官等ニ対シ命令権ヲ有セザルハ、我軍ノ建制上ニ於テ一点ノ疑ヲ要セザルコト」貴電の通りである。たしかに、参謀総長が発した命令・訓令の中には、「参謀総長奉ス」とすべきところを単に「参謀総長」と記名しているものもあるが、これは、その命令が「些細ノ事項」に関するものだからである。些細の事項については、参謀総長は「其決行ヲ委任セラレ、決行ノ後上聞ニ達」すればよいのであり、以上の手続きに問題はない。たしかに「現戦役」(日露戦争)において、こうした命令はもっとも多く出されているが、それは日清戦争時に始まり、北清事変から日露開戦当時の大山参謀総長時代に至るまで、長年にわたって踏襲されてきた一種の慣例なのであり、山県参謀総長が創始した「新事例」などではない[98]。

長岡は立場上山県を擁護しなければならなかったが、山県参謀総長時代に「奉ス」を省略した命令が乱発されたことについては、その事実を認めざるを得なかったのである。

しかし、長岡の弁明を児玉は認めなかった。貴答の通り、「参謀総長ガ命令権ヲ有セザルコト明瞭ナル以上ハ、今後ノ軍令ニハ多種ノ様式ヲ廃シ、一切奉行ノ様式ニ改メラレンコトヲ希望」する。些細ノ事項について、これを決行した後に上聞に達することが許されているのは、参謀総長に命令権の一部が委任されているからではなく、急な措置を要する事件で重大ではないものは、まず奉行してから上聞に達するという趣旨に他ならない。この辺の機微を理解せず、むやみに命令的文辞を用いれば、受令者は、参謀総長が命令権を有するものと誤解するか、もしくは命令権の一部を天皇から委任されているものと考えるであろう。これは由々しき問題である。「事理ニ適セザル先例ハ之ヲ破毀スベキハ当然」である。将来、さまざまな疑惑を惹起するような様式を止め、「此際軍令ハ一切奉行トセラルルコトトシ、以テ我軍建制ノ意義ヲ明瞭ナラシムルコト」が肝要である(八月一三日付大本営参謀次長長岡外史宛満州軍総参謀長児玉源太郎書翰)[99]。

ここには、軍事的法制官僚としての児玉の面目躍如たるものがある。児玉は、大山が制度化した参謀総長への「委任事項」(一九〇〇年七月)そのものに異議を唱えているのである。児玉の参謀本部権限縮小への志向性がこうしたところにも顔を覗かせている。以上の一部始終は「満州軍総司令部」罫紙に清書され(八月二二日付)、児玉を始めとする関係者の花押が据えられている[100]。

なお、右のやり取りのなかで、児玉が「軍令」の様式統一に言及していることは注目に値する。ここで言う軍令とはいわゆる「統帥命令」であり、参謀総長が総司令官や軍司令官・師団長に対して発する命令・訓令のことを指している〔101〕。児玉は統帥命令の統一を通じて「我軍建制ノ意義」を明らかにし、次なる政軍関係をめぐる制度改革、帷幄上奏権改革への道筋をつけようとしていたのである。

5 日露戦後経営——児玉と原の政治的接近

◆参謀総長就任

一九〇五年九月、ポーツマス講和条約が締結され、日露戦争はここに終結した。平和回復と同時に、寺内は児玉を参謀総長に据えるべく動き始めた。翌一九〇六年(明治三九)一月八日、桂の邸宅に山本、寺内、西園寺が会合した時にも、この問題が話題に上っている。山本の女婿の財部彪(大佐・軍令部参謀)は、「参謀本部ト陸軍省間ノ盤根錯節《ばんこんさくせつ》ヲ除却スル為メ、……桂伯総長トナラルヘキコト大概決定セルモノノ如シ。児玉男ト寺内中将トハ絶体ニ反対ナリトノ咄アリ」云々と山本からの伝聞をその日記に記録している〔102〕。「桂参謀総長」に児玉と寺内が反対しているのか、山本が児玉や寺内の総長就任を嫌ったのか、文意は今一つはっきりしないが、山本が児玉の参謀総長就任に反対していたことは『寺内正毅日記』の記事(一月九日)に明らかである〔103〕。とはいえ、所詮山本の反対論は部外者の声にしかすぎなかった。財部は義父の個人的な見解を会議の方向性と取り違えたのである〔104〕。

それにしても、参謀総長の後任人事が文官(西園寺)や海軍関係者(山本)も交えて議論されることなど、おおよそ昭和期には考えられない事態である。伊藤や井上が病没した有栖川宮熾仁参謀総長の後任に山県を充てようと動いたり(九五年一月、山県は結局陸相に就任)、シーメンス事件後の海軍の人事に対して山県が介入を試みたり(一九一四年)、未だこの時期には、陸海軍の最高人事に関しては、文官と武官、陸軍と海軍といった制度的な壁を超越した元老の政治的発言力が物を言うこともあった〔105〕。

すでにこの時点では、陸軍省・参謀本部間の「盤根錯節」を除去する必要性は元老を始めとする政界上層部の共通認識となっていた。当然、その中には帷幄上奏権問題も含まれていたはずである。伊藤も参謀総長人事の停滞を黙過することはできず、寺内を自宅に招いて「善後ノ処分案」を協議している[106]。山県も、陸軍の戦後経営問題を手際よく片付けるには、気心の知れた寺内・児玉の連携に待たねばならないことは十分承知していた。結局、当初の予定通り児玉は参謀総長に就任した(〇六年四月一一日)。そして明治天皇の意向もあって、児玉は台湾総督を辞任して参謀総長としての職務に専念することになった(後任は佐久間左馬太陸軍大将)[107]。

山県はかつて児玉の意見を容れて、軍機・軍令事項と軍政事項とは明確に区分されるべきであり、帷幄上奏権も縮小されねばならないとしていた(第二次山県内閣「内閣官制第七条適用ニ関スル件」)。だがその後、児玉の改革プランは帷幄上奏権の縮小だけではなく、陸軍省の文官組織化や陸軍諸学校の廃止、さらには参謀本部の縮小などをも含む抜本的な組織改革へと拡大・発展していった。山県がどこまで児玉構想の全容を把握していたのか、その辺の事情は不明であるが、ともあれこれだけは断言できよう。日露戦争中の一連の統帥権論争・戦略論争によって、両者間の政策的・心理的溝は広がりつつあり、児玉の改革意図は山県の予想を超えるものになっていたのである[108]。

◆児玉内閣構想

日露戦争直後の時点ではまだ表面化していなかったが、山県・児玉間には軍備整備方針をめぐる見解の相違があった。ロシアとの再戦を警戒していた山県は、日露戦争末期の予備兵力の不足に鑑みて、平時二五個師団という膨大な軍備の整備を唱えていた。それに対して児玉は、日本をめぐる国防環境が飛躍的に好転した今日、山県の大軍備拡張計画(平時二五個師団)は国力に比してあきらかに過大であり、現行一九個師団態勢を維持すればそれで十分だと考えていた[109]。児玉は山県と論戦を交えるべく、心ひそかに闘志を燃やしていたのである[110]。

一方、伊藤は児玉の野戦指揮官としての能力はもとより、その行政能力をもきわめて高く評価しており、桂の後継首班に児玉を擁立することも考えていた（〇五年八月～九月）。原はそれに警戒心を募らせていたが、政友会と大石正巳ら憲政本党改革派との合流による政界再編が不発に終わったことによって、「児玉内閣構想」はいったん消滅した[11]。しかしながら、その後も伊藤と児玉・寺内は協力関係を維持しており、韓国統監に軍隊指揮権を付与するか否かという大問題が起こった際にも、彼らは一致して伊藤の側に立っているのである[112]。こうして、「明治憲法下で唯一、文官が軍隊の指揮権を持ち得る官職」[113]が成立した（〇五年一二月、「韓国統監府条例」公布）。

ところが、いよいよ韓国統治が本格化しようとするその矢先に、伊藤は統監職を桂へ譲ると言い出した（〇六年三月）。首相再登板を望んでいた桂はこれを婉曲に断っているが、児玉は息子の秀雄（統監府書記官として伊藤を補佐）に対して、伊藤は「厭《いと》き易之人《やすきのひと》」（嫌がりやすい人）であり、東京出発時は「少し勇気減退之気味」もあったので桂への禅譲を言い出したのだろう、伊藤の長所と短所を十分弁えて、彼が「失意之傾向無之様《これなきよう》」（やる気を失わないよう）十分補佐しなければならないと述べている[114]。山県に対する論争的・闘争的態度とは対照的である。

日露戦争直後のこの時点では、伊藤・桂間に韓国経営方針をめぐる深刻な意見対立は存在していなかった。桂もまだ併合論には踏み切っておらず、伊藤同様、統監府を通じて韓国に近代化を促すことも十分可能であると考えていた。伊藤自身は内地に戻って憲法改革の第二ラウンドに取り組み、参謀本部の縮小や帷幄上奏権の制限といった一連の統帥権改革は児玉参謀総長と寺内陸相を車の両輪として推進する。政友会は西園寺公望総裁と原敬・松田正久のトロイカ態勢で党運営を行ない、公式令（後述）に依拠した内閣運営を行ない、その政治的求心力を強めながら一連の政治改革を推し進める。そんな構想が伊藤の胸中をよぎったのだろう。また、「桂韓国統監」構想の背景には、韓国側の抵抗は微弱であり、自分がわざわざ出向かなくとも大丈夫だとの楽観的認識が存在していたといえる。

◆積極的満州経営論

ところで、統監に就任するということは後継首班の可能性が遠のくことを意味しており、そのことは桂も児玉も十分すぎるほど理解していた。この時期の児玉の書翰には、その行間から将来的な首相就任への自負や覚悟が滲み出ている[115]。伊藤は、児玉による参謀本部改革に目途が付いたら、彼を首相に抜擢しようと再度考えていたように思われる。

この間、児玉は満州経営委員会と満鉄設立委員会のそれぞれ委員長として、戦後満州経営体制の制度設計に勤《いそ》しんでいた(〇六年一月〜七月)。周知のように、日本の満州経営は満鉄という半官半民の国策植民会社によって実質的に担われるようになるが(〇六年、南満州鉄道株式会社の創立)、それは出先における陸軍権力の抑制を意味していた。児玉は行政長官たる「遼東総督」は文官たるべきだと考え、初代総督には後藤新平を起用しようとしていたのである。それは山県の反対によって潰されたが、伊藤や原の高く評価するところでもあった。原は陸軍が統治の前面に出ては、かえって満州経営を危うくすると考えていたのである[116]。

とはいえ、彼らの間に国家構想上の対立がなかったわけではない。別の機会に詳しく論じておいたように、児玉・後藤は台湾・韓国・満州の植民地経営には非常に積極的であり、総督府や統監府・南満州鉄道など「植民地経営部門」の財政収支・営業収支の急速な黒字化よりも、短期的な赤字を顧みない積極的な資金投入によって、これら地域の社会資本整備を進めることを重視していた。そうすれば潜在的な経済力を刺激することができ、長期的にはこれら地域はもとより、日本本国をも経済的に潤すことになるというのである[117]。

伊藤や原は「満韓経営」という考え方それ自体に消極的だったし、日本国内の社会資本整備を重視する原は、「外地」への資金散布にはそもそも懐疑的であった。しかしながら、日露戦後経営の始まりに際してはこれらの対立はまだ顕在化していなかった。伊藤や原は児玉・後藤によって達成された「台湾財政の独立」(〇五年)を高く評価しており、ゆくゆくは本国財政の負担に関わる台湾関係の軍事費までをも台湾に負担させたいと考えていたのである[118]。

それでは、六三法体制に代わる恒久的台湾制度の策定はこの間どうなっていただろうか。この問題でもまた両者の歩み寄りは見られただろうか。

◆台湾統治法の撤回――憲法改正の断念

帝国憲法には領土に関する規定はない。果たして、憲法は台湾にも施行されるのか否か、この問題をクリアしなければ六三法体制の永続化、台湾統治の安定は不可能である。そう考えた児玉・後藤は「不磨の大典」たる帝国憲法を改正して、新たに憲法第七七条「此ノ憲法ノ条項ハ台湾統治法ヲ以テ別段ノ規定ヲ設クルモノヲ除ク外之ヲ台湾ニ適用ス」を設けることにした[119]。

それでは、児玉らの手になる「台湾統治法」とはいかなるものか[120]。その骨子を述べれば、一、総督の律令制定権を明記していること(第四条)と、二、総督府特別会計の予算審議権が帝国議会にではなく、植民地立法機関ともいうべき総督府評議会に付与されていること(第九条)、この二点に尽きる。こうして、帝国議会の植民地立法権および同予算審議権が原則的に否定された反面、総督の諮問機関たる「総督府評議会」には予算審議権が与えられ、また、律令の制定にも評議会の議決が必要とされた(第五条)。原敬的内地延長主義・勅令主義に対する挑戦である。

しかも、第九条に財政的裏付けを与え、総督府に独自の公債発行権を付与するために、同法案第八条では「台湾ハ之ヲ法人トシ財産ヲ有シ義務ヲ負フコトヲ得セシム。各種ノ租税及収入ハ之ヲ法人ノ歳入トシ一切ノ歳出ヲ支弁セシム」と規定されていた[121]。その背景には地租増徴継続問題の政治的しわ寄せによって、台湾の特別事業費（鉄道建設、築港、土地調査など）が大幅に削減されたという児玉らの苦い経験があった（一九〇三年、第一八議会。削減額は三〇〇万円）。「小生の立場としては悲境この上なく……唯一概に政友会の雅量に依る外」なし。当時、児玉は伊藤宛の書翰の中で自らの窮状をそう訴えている[122]。

政党政治に対する児玉の不信感はここにその頂点にまで達した。立法権のみならず予算編成権・公債発行権までをも総督府が掌握するという「究極の統治システム」が考案された背景には、児玉の反政党感情が影を落としていたのである。ただ、さすがの児玉もやりすぎたと考えたのか、その後、法案には総督府の独立性を緩和すべく相当の修正が加えられている[123]。とはいえ、台湾統治法案の基本的な性格に変化はなかった。政友会が法案に同意するとは到底考えられなかったし、帝国憲法の改正に必要な手続き上のハードルはあまりに高かった（憲法第七三条）[124]。恐らくは桂が児玉に説いたのであろう、結局、第二二議会への台湾統治法の上程は断念されている。その後、政府から法案を内示された原は、これでは「台湾は殆ど半独立の如き有様になる」との否定的感想を公にしている[125]。

桂は政友会との提携関係を強化しようとしており、児玉も政権担当への意欲を垣間見せていた[126]。日露戦争の終結にともない、日本は「大陸経営」という新たな国家的リスクを抱え込みつつあった。相対的にその重要性が低下しつつある台湾問題で、政権担当のパートナーとも言うべき政友会と正面衝突するのは馬鹿げている。そんな現実的な判断を桂や児玉が下したとしても不思議ではない。台湾統治法が廃案とされた背景には、児玉が政治家として「一皮むけた」こともまた大きく作用していたように思われる。

◆原の妥協――勅令主義の撤回

そして、同一の政治力学は原内相による六三法体制廃止への試みにも働いていた[127]。台湾統治法の頓挫を見た原は、第一次西園寺内閣の内務大臣に就任すると一気に台湾問題に決着をつけようとした。一九〇六年三月一九日、原内相は貴族院に新法案を提出したが、それは「台湾ニ於テハ法律ヲ要スル事項ハ勅令ヲ以テ之ヲ規定スルコトヲ得」(第一条)、「法律ノ全部又ハ一部ヲ台湾ニ施行スルヲ要スルモノハ勅令ヲ以テ之ヲ定ム」(第二条)、「台湾総督ノ発シタル律令ハ仍其ノ効力ヲ有ス」(第三条)というシンプルなものであり[128]、勅令主義が全面に押し出されている反面、台湾総督の委任立法権は廃止されていた(ただし、台湾の特殊事情を考慮して、既存の律令の効力は認められた)。

当初、児玉は法案に否定的であった。彼は原の改正案の内容を正確に推測した上で、「果して然れば容易に同意致し難き事」であると後藤に書き送っている[129]。だがその後、態度を軟化させ、「〔なるべく〕新内閣の提案排斥せざる主意にて、原内相之案に同意し」ている[130]。新法案が成立するかどうかは、貴族院最大会派の研究会(山県系)の動向にかかっていた。原は研究会の説得には楽観的であった[131]。

ところがいざ蓋を開けてみると、貴族院では六三法体制の継続を求める声が多く、なかでも研究会の反対は強硬であった。会期終了は目前に迫っていた。切羽詰まった児玉は「此際は断然現行法律(六三法)を継続之外」策はない、「会期切迫之今日、台湾之必死問題に付」明日までに西園寺首相を説得してほしいとの悲痛な書翰を桂に出している[132]。

事態は急転直下動いた。三月二三日、桂は原と会談し、その説得を試みている。折から、日露戦後経営の目玉とも言うべき鉄道国有法案の審議も山場を迎えていた。六三問題が鉄道国有問題に飛び火でもしたらそれこそ一大事である。今度は原が児玉に歩み寄る番であった。原は「現行法の六三案にて宜しければ其意味に修正ありても宜し」との妥協路線に大きく舵を切った。二六日、「六三其儘」の新法案が両議院本会議で可決・成立した。いわゆる「三一法」である[133]。

◆なぜ、児玉は原に歩み寄ったのか

以上が、第二二議会における三一法の成立経緯である。見ての通り、台湾統治法の放棄をきっかけに児玉は原・政友会への接近の度合いを強め、ついには原の勅令主義にも賛成したのであった。児玉にとって、台湾統治法は台湾統治構想としては理想的なものであったに違いない。しかしながら、現実政治の場において、憲法改正と表裏一体の台湾統治法が成立する可能性はほぼ皆無であった。また、原の理想(勅令主義)も、貴族院の抵抗によってその実現を阻まれた。桂や児玉にとっては衆議院の政友会が、原にとっては貴族院の山県系官僚閥がそれぞれ大きな壁となって立ち塞がっていたのである。事態を動かして、より優先度の高い政策課題(鉄道国有や満韓問題)を解決するためには、適当なところで妥協するしかない。日露戦後には、西園寺と桂が交互に政権を担当する安定した政治体制、いわゆる桂園体制が成立するが、桂園体制を成立させた力は三一法の成立過程にも作用していたといえよう。

もっとも、児玉の妥協の背景にはより深い動機が存在していたように考えられる。児玉の統帥権改革構想は帷幄上奏権を純軍令事項に局限し、軍政と行政との関係を整理して、文官の管轄する領域を陸軍省内でも拡大していくというものであった。文官大臣制こそ唱えられていなかったものの、そこでは内閣の統治能力の強化が志向されていた。つまり、台湾統治法——総督府の自立性の強化が目的であった——と児玉の統帥権改革構想とはその政策的指向性がまるで逆なのである。日露戦争の戦勝で意気上がる陸軍を内閣の統制下に置くことの方が、台湾統治への政党勢力の浸透防止より重要である。そう考えたからこそ、児玉は勅令案への賛成に踏み切ったのではないだろうか。現に韓国統監に軍隊の指揮権を与えるかどうかが問題になった時(統監府官制第四条問題)、児玉の盟友の寺内は伊藤の側に立って陸軍の反対論を抑え込んでいるのである。

この時すでに、伊藤は公式令（次節参照）の制定に向けて動き出していたが、公式令の論理に適合的なのは言うまでもなく原の勅令主義である。公式令は当然台湾関係の勅令にも適用されるから、台湾への内地法の適用にはすべて総理大臣の副署が必要となり、台湾統治に対する内閣のコントロールは格段に強まることになるのである。

三一法の成立過程において、児玉も原も政治的蹉跌を味わった。そして、この共通体験の中で、原は児玉をより深く理解するようになり、その政治家としての力量、特にその決断力を再認識したのである。「武人に似合はず才幹あり、余輩とも親しき交際をなし居たり、前途有用の材なりしが誠に惜むべし」との原の言葉は、この時の児玉との交渉を念頭に置いて初めて理解できるものである。

以上の考察からも明らかなように、児玉と原の政策構想は内外政ともにその政策的落差を急速に縮小しつつあった。両者の提携体制が成立する政治的条件は整いつつあったといえよう。だが、その経綸を実現するための時間はなかった。七月二三日、児玉は脳溢血のため睡眠中に静かに息を引き取った。享年五五であった。

6　その政治的遺産——公式令の制定と帷幄上奏権の縮小

◆公式令の制定

それでは、児玉はその後の日本にどのような政治的遺産を残しただろうか。最後にこの問題を帷幄上奏権問題に焦点を絞って考察していきたい。帷幄上奏権の縮小こそは伊藤による憲法改革——憲法付属法の改廃による憲法秩序の改革を「憲法改革」と呼ぶ——の中心課題の一つであり[134]、それは晩年の児玉が執着していた統帥権の再定義とも深く関わっていたからである。

周知のように、帷幄上奏権問題は一九〇七年九月の軍令第一号の公示によって大きな転機を迎える。そして、公式令の制定に対する陸軍側の反撃として、「軍令」という独自の法令体系が案出され、長期にわたる山県・伊藤・寺内三者間の意見調整を経て、それがようやく成立したことも現在ではよく知られている[135]。この間の山県の煩悶は相当なもので、福島安正(参謀本部次長)はその日記に「公式令ニ関シ頗ル苦心」「伊侯トノ会談大ヒニ困難ナリシ様子」と苦悩する山県の姿を記録している[136]。

行政改革が一頓挫を来しても、それで諦める伊藤ではなかった。伊藤は帝室制度調査局総裁に復任し(〇三年七月)、憲法改革=公式令の制定という搦め手から帷幄上奏権の縮小に挑もうとしていた。ちなみに、公式令を起案したのは伊東巳代治の推薦で調査局御用掛に抜擢された有賀長雄であったが、実は法制局長官を辞任したばかりの奥田義人もその制定作業に携わっていた[137]。これらの人事からも伊藤の問題意識の一端が窺えよう。

ここで公式令(一九〇七年二月公布)について一言すれば、公式令とは公文式に代わる新たな法令形式を定めた憲法付属法であり、それは、すべての勅令・法律に内閣総理大臣の副署を求めることを通じて、内閣官制の制定(一八八九年)によって一旦否定された「大宰相主義」の復活を企図していた[138]。帷幄上奏勅令の存在は真っ向から否定され、帷幄上奏は純粋な軍事命令に限定されることになったのである[139]。当初、公式令のこういった「波及効果」は十分認識されていなかったが、鎮海・永興湾防備隊条例の制定過程でそれは明らかとなり(三月)、山県ら陸軍関係者を狼狽させた。

伊藤韓国統監は公式令にもとづいて、通常の勅令で防備隊条例を公布することを主張し、山県はそれに強く反発した。両者の協議は暗礁に乗り上げ、その結果、陸海軍のさまざまな条例や官制はその制定・改正・廃止手続きが完全に停止した。「数月来軍令上行動之機関無之」(山県)という前代未聞の事態が発生したのである[140]。

◆寺内と山県——見解の相違

当初、山県は公式令を改正して「軍機ニ関スル勅令ニハ陸海軍大臣ノミ副署スルコト」に改めようとした[141]。彼は寺内陸相を招いてその意見を打診したが(五月一二日)、寺内の意見は「改正は六つかしくとの事」であった。次に「第二按総理大臣連署との事」も検討された。だが、打開策は見出されなかった。注目すべきは翌日付の寺内宛の書翰の中で、山県が連署は「軍令之性質之もの」には適用し難く、「統帥之系統を錯乱致し、軍制之根底を破壊」することになると述べ、寺内に「再三の御熟議」を改めて要請していることである[142]。従来は山県と寺内を一体化して捉えていたので見過ごされていたが、児玉と寺内の親密な関係を念頭に置いて読んでみると、行間からは山県と寺内の見解の相違が浮かび上がってくる。寺内は伊藤と同じく総理大臣の副署にこだわっており、それを前提になんらかの打開策を講じようとしていたと解釈すべきであろう[143]。

事態は膠着状態に陥ってしまった。それを動かす切っ掛けとなったのが、穂積八束(帝室制度調査局御用掛)と一木喜徳郎(内閣法制局長官)の山県への建策であった。彼らは勅令の外に新たに「軍令」という法令体系を設けて、軍令には陸海軍大臣のみ署名するとの窮余の一策を案出し、山県はそれを容れて軍令第一号制定の運びとなったのである(八月一九日、寺内陸相と斎藤海相、「軍令に関する案」を上奏。九月一一日、裁可)[144]。

軍令の制定経緯については不明の点が多い。軍令第一号「軍令ニ関スル件」は「陸海軍の統帥に関し勅定を経たる規程は之を軍令とす」とした上で(第一条)、「軍令にして公示を要するものには上諭(天皇の裁可を示す文章)を附し、親署の後御璽を鈐《けん》し(天皇自らサインして天皇印を押し)、主任の陸軍大臣海軍大臣年月日を記入し、之れに副署す」(第二条)と規定している。つまりそこでは、公示を必要としない軍令、陸海軍部内に令達されるべき軍令の制式は定められていなかったのである[145]。

しかしこれでは、公示の有無によって軍令の制式が相異なることになり、同じ統帥大権の発動でもその中身に軽重があるかのような誤解を招きかねない。かつて児玉が憂慮していた事態の形を変えた再演である。

◆軍令の制定と帷幄上奏権の縮小

寺内は公示の如何を問わず、軍令の制式は一定にし「統帥大権ノ所基ヲ明ニシ以テ大命煥発ノ威厳ヲ示」すべしとの意見を上奏し(九月三〇日)、結局そのようになった[146]。また、寺内奉答時(八月二三日)のガイドラインでは、従来陸軍が帷幄上奏してきた事項については、それらをことごとく軍令とするのではなく、「其ノ事項ノ性質ニシテ行政ノ範囲ニ属スヘキモノハ総テ勅令トシテ存在セシメントスル方針ナリ」とされている[147]。帷幄上奏権の縮小である。軍令と行政の区分の明確化について、伊藤も山県もその必要性を認めていたことはすでに瀧井一博氏の指摘するところであるが[148]、寺内陸相は明らかに伊藤の側に立っていたのである。原が軍令の制定について、「従来よりもその(帷幄上奏に関する)権限を縮小したるものとなれり」と評したわけである[149]。

帷幄上奏権の縮小に関しては、山県もかつて原則としてそれに同意していた(第二次山県内閣)。軍令事項と行政事項とを峻別すれば、内閣機能の強化に理解を示したこともある山県のことである、総理大臣副署の件はあるいは大目に見てくれるのではないか。そんな楽観的な見通しに立って寺内は事を進めていたのだが、予期せぬ山県の反発にあって動揺したのであろう。わたしはそう推測している。

軍令の制式統一といい、軍令・行政事項の峻別による帷幄上奏権の縮小といい、統帥権に関する児玉の考えは寺内に受け継がれていたと見てよい[150]。勅令の外に軍令という新たな法令体系を設けるという発想それ自体は、管見の限りでは児玉の統帥権改革構想の中には見当たらない。しかし、その弊害はこの時点では最小限に抑えられたといえよう。山県の「途方もなき」案(原敬)[151]は、伊藤による巻き返しと児玉の遺志を継承した寺内の努力とによって良識的な線に押し戻されたのである。

だが、軍令第一号によって軍令を定めるという手続きにはやはり無理があった。皇室令ですら公式令の規定によって定められているのに、軍令は公式令に縛られないというのなら、軍令の方が皇室令よりも「有力」であるということになりかねない[152]。ところがその一方で、軍令を伊藤に呑ませる代償として、山県は帷幄上奏権の範囲縮小という大きな政治的対価を支払わねばならなかった。軍令の形式的独立は確保されたが、かつての帷幄上奏事項の少なからぬ部分が行政事項として内閣に附され、勅令で公布されるようになったのである[153]。つまり、内閣の権限はその分だけ拡大されていたのである。

児玉没後の政治的混迷と原敬——おわりに

山県にとって、軍令の制定は政治的勝利感をともなうものでは全くなかった。田中義一ら陸軍中堅層にとっても事情は同様であった。軍令制定の見返りとして、帷幄上奏権の拡大解釈や濫用は厳しく抑制されることになったのである。日露戦後に陸軍内部で作成されたある文書は、それが及ぼした政治的インパクトについて次のように述べている。

……陸海軍当局者ハ、現ニ国防ニ要スル兵力ノ拡張若ハ充実ニ関シテハ互ニ其ノ程度緩急ヲ協定セズ、又豫メ陛下ノ裁断ヲ奏請セズ、各別ニ之ヲ行政部ニ交渉シテ閣議ニ提出シ、内閣総理大臣ハ其ノ当時ニ於ケル財政ノ状況ニ鑑ミ、世論ノ趨勢ヲ按ジテ、其ノ提案ノ採否、若ハ実行程度、陸海軍何レヲ先ニスベキヤ、其ノ緩急ノ順序ニ決裁ヲ与フルモノニシテ、全ク国防ニ要スル兵力ハ成ヲ内閣総理大臣ニ仰グガ如キ現状ニアラザルカ[154]。

日露戦後における国家戦略は日英攻守同盟を前提に策定されていたが(〇七年「帝国国防方針」)、辛亥革命による国防環境の激変や建艦技術の飛躍的向上(超弩級戦艦の登場)によってそれはほどなく陳腐化してしまった。参謀本部や海軍軍令部は「帝国国防方針」の枠組みを大きく逸脱するさまざまな大軍備拡張計画を立案し、確定案は帷幄上奏されることなく、陸海軍大臣を通して直接閣議に提出された[155]。その結果、軍備計画の成否は一に内閣総理大臣の判断に委ねられることになってしまったのである。右意見書は「現状」をそのように総括し、文官勢力や世論政治の台頭を慨嘆している。

かつて陸軍平時編制を帷幄上奏し、伊藤との間に大きな政治的軋轢を引き起こした大山巌はこうした事態をどのように眺めていただろうか。薩派最後の希望でもあった上原勇作陸軍大臣が二個師団増設問題によって大正政変の引鉄を引く、その伏線はすでに張られていたと言わねばならない。

この間、参謀本部条例の改正とそれにともなう「省部関係業務担任規定」の制定によって、陸軍省(寺内陸相)はその権限を大幅に拡大していた(〇八年一二月)。編成および動員に関する事項の多くは陸軍省の管轄とされ、かつて児玉と大山が争った陸軍平時編成の起案権も陸軍省に帰属することになった[156]。しかしながら、児玉が推進しようとした陸軍省の文官組織化(前述)はついに行われなかった。山県は、帷幄上奏権の縮小は容認できても、それ以上の制度改革には消極的であった[157]。改革は中途半端に終わってしまったのである。

とりわけ、大正政変に端を発する政治的混乱の中で、第一次山本権兵衛内閣と与党政友会が陸海軍大臣現役武官制の廃止に踏み切ったことは衝撃的であった(一三年六月)。陸軍はその組織防衛のために、再び参謀本部権限を大幅に拡大してしまったのである(同年七月)[158]。これは、児玉構想の全否定ともいうべき事態であった。

山本内閣と政友会は陸軍に対する政治的攻勢を一層強めた。朝鮮総督府官制や関東都督府官制を改正もしくは廃止して、総督文官制を実現し、内務省もしくは外務省がそれぞれ朝鮮総督と「関東庁長官」を指揮する体制を構築しようとしたのである。もちろんこの場合、文官総督・長官には現地軍に対する出兵請求権が与えられることになる。しかしながら、この急進的な改革構想は、シーメンス事件の直撃を受けて水泡に帰してしまった（一四年三月、第一次山本内閣総辞職）[159]。

すでに陸相を退き、朝鮮統治に専念していた寺内（一一年八月から朝鮮総督専任）は以上の経緯をどのように見ていただろうか。これは非常に興味深い問題であるが、今のわたくしにはそれに十分な解答を与えるだけの準備はない。ただここで言えることは、児玉に匹敵するような提携相手を原はついに見い出せなかったのではないか、ということである。寺内陸相退任後の陸軍には人材が育っていなかった。桂は新党を作ったことで、その陸軍に対する影響力のほとんどを失っていた（一九一三年、大正政変）。陸軍と政友会との直接的提携関係はもはや見る影もないほど破壊されてしまっていた。そしてそれが修復されるには、第二次大隈内閣の失政、二十一ヵ条要求（一九一五年）という大きな政治的代償を日本は支払わねばならなかった。また、第一次世界大戦の戦訓――国家総力戦――が、政軍間の接点に位置する陸軍省の権限拡大に有利に作用したことも関係修復の追い風となった。

こうして、一九一八年九月に総理大臣の印綬を帯びた原敬は、田中義一陸相と連携して、参謀本部（上原参謀総長）の抵抗を押し切ってシベリアからの撤兵に踏み切ると同時に、陸軍省権限の拡大を通じて参謀本部の制度的解体を目指すようになるのである[160]。そしてそれは、植民地総督文官制の導入（一九年）とパラレルの政治過程でもあった。原は三・一独立運動に反応して、自論の財政独立方針――それは朝鮮総督府特別会計の本国一般会計からの独立を意味する――を放棄し、財政補充金の再投入に大きく舵を切ったのである（一九一九年）。児玉の統帥権改革・植民地統治改革構想は、十数年の時を経て原敬によって継承・発展させられたと言えよう。

（二〇一三年一二月一日脱稿）

註

1——春山明哲「近代日本の植民地統治と原敬」（春山・若林正丈『日本植民地主義の政治的展開』アジア政経学会、一九八〇年）、斉藤容子「桂園体制の形成と台湾統治問題」（『史学雑誌』第一〇三編第一号、一九九四年一月）はその数少ない例外である。春山論文は原の内地延長主義と児玉の委任立法主義とを比較して論じた先駆的業績であるが、藩閥対政党という対立構図を立論の前提とし、長州閥陸軍の一体性を強調するなど、その枠組みは当時の日本政治史研究の通説に拠っている。斉藤論文は山県系官僚閥からの桂太郎の自立化過程に注目し、「六三問題」——台湾総督に事実上の委任立法権を付与した明治二九年法律第六三号の改廃問題——をめぐる原と桂・児玉の急接近（〇六年、第二二議会）を桂園体制の成立と関連させて論じたものである。山県と桂・児玉の台湾統治構想の分岐を指摘した斉藤論文の意義は大きいが、その考察対象は六三問題に限定されている。六三問題や財政独立問題など初期台湾統治全般に関しては、拙稿「後藤新平と植民地経営」（『史林』第六八巻五号、一九八五年九月。後に拙著『日本の大陸政策　1895-1914』南窓社、一九九六年に収録）を参照のこと。本論はここ二〇年間の日本政治史・憲法史研究の成果を踏まえて、六三問題と密接に関連する陸軍統制問題、さらにそれらの背後に存在する財政問題や内閣機能強化問題などに分析対象を拡大することを通じて、児玉と原の政治的関係の変遷を日本政治史そのものの中に位置付けることを企図している。なお、当該期を対象とする政軍関係史研究・陸軍研究としては、由井正臣「日本帝国主義成立期の軍部」（中村正則他編『大系日本国家史5・近代II』東京大学出版会、一九七六年）、北岡伸一『日本陸軍と大陸政策——1906〜1918年』（東大出版会、一九七八年）などがあるが、これらの諸研究においてもまた、児玉の政治史的位置について特に注意は払われていない。

2——前掲春山「近代日本の植民地統治と原敬」、拙稿「一八九七年における高野台湾高等法院長非職事件について

——明治国家と植民地領有」（中央大学大学院『論究』文学研究科篇第一四巻一号、一九八二年三月）参照。

3——拙著『児玉源太郎——そこから旅順港は見えるか』（ミネルヴァ書房、二〇一二年）、拙稿「児玉源太郎と統帥権改革」（黒沢文貴・小林道彦編著『日本政治史のなかの陸海軍』ミネルヴァ書房、二〇一三年）、拙稿「日露戦争から大正政変へ」（慶應義塾福沢研究センター『近代日本研究』第二九巻、二〇一三年）。

4——伊藤之雄『立憲国家と日露戦争』（木鐸社、一九九九年）、同『伊藤博文——近代日本を創った男』（講談社、二〇〇九年）、瀧井一博『伊藤博文——知の政治家』（中公新書、二〇一〇年）。

5——原奎一郎編『原敬日記』（福村出版、一九八一年）一九〇三年一二月一七日。本稿ではすべて福村出版刊行の『原敬日記』を用いているが、注記からは「前掲」と巻数の表記は省略した。

6——前掲拙著『児玉源太郎』二三〇〜二三一頁。

7——『原敬日記』一八九三年九月二七日。

8——『原敬日記』一八九三年三月二二日・九月二七日。

9——村瀬信一『明治立憲制と内閣』（吉川弘文館、二〇一一年）一六〇〜一六九頁。

10——『原敬日記』一八九三年九月二七日。

11——伊藤博文編『秘書類纂・帝国議会資料』下巻（原書房、一九七〇年復刻）六九〜七〇頁。

12——「内閣官制改正案」（伊藤博文編『秘書類纂・官制関係資料』原書房、一九六九年復刻、三三一〜三三五頁）、伊藤孝夫『大正デモクラシー期の法と社会』（京都大学学術出版会、二〇〇〇年）二二三頁、前掲拙稿「児玉源太郎と統帥権改革」八六頁、九四頁。

13——宮内庁編『明治天皇紀』第八巻（吉川弘文館、一九七三年）二八五〜二八六頁。

14——宮内庁編『明治天皇紀』第七巻（吉川弘文館、一九七二年）八七六〜八七八頁。

15——同右八九九〜九〇〇頁。

16——前掲拙著『児玉源太郎』一三〇〜一三一頁。一八九二年七月八日付井上馨宛野村靖書翰（伊藤博文関係文書研究会編『伊藤博文関係文書』第六巻、塙書房、一九七八年、三五一〜三五六頁）。

17——小林龍夫編『翠雨荘日記』（原書房、一九六六年）九一六〜九一八頁。平時編成の取り扱いをめぐっては、帷幄上奏事項に含めるべきだとの異論も後日提出されたが、結局のところ、閣議決定事項とされている（防衛省防衛

研究所図書館所蔵『明治三十年分編冊補遺壱弐参肆伍　陸軍省』九〇八〜九〇九頁。
18――前掲拙著『児玉源太郎』一三一〜一三二頁、前掲拙稿「児玉源太郎と統帥権改革」九六〜九七頁。
19――前掲伊藤『大正デモクラシー期の法と社会』二二五〜二二六頁。「陸軍定員令ヲ改メ平時編制トナシ戦時編制ト略ホ同一ノ取扱トス」(国立公文書館所蔵『公文類聚』第一九編・明治二八年・第六巻・官職一所収。
20――防衛省防衛研究所図書館所蔵『明治二十九年参謀本部歴史草案』。陸軍省編『明治天皇御伝記史料・明治軍事史』(以下『明治軍事史』)下巻(原書房、一九六六年)一〇〇〇〜一〇〇二頁。
21――前掲『明治三十年分編冊補遺壱弐参肆伍　陸軍省』所収。
22――前掲拙著『児玉源太郎』一四九〜一九一頁。
23――「土匪」とは台湾社会土着の武装集団で、最盛期には台湾全土で二〇以上もの土匪集団が存在していた。彼らの中には台湾の独立や清国への復帰をめざす志士もいたが、周辺村落の劫掠を事とする無頼の輩も含まれていた。満州の「馬賊」と同じく、「土匪」を「抗日ゲリラ」という言葉で置き換えることは、その実態にそぐわないと考え、本稿ではあえて「土匪」という歴史的名辞を用いている。なお、煩瑣を避けるために「　」は初出時に限定した。
24――一九〇二年二月七日付伊藤博文宛伊東巳代治書翰(伊藤博文関係文書研究会編『伊藤博文関係文書』第九巻、塙書房、一九八一年、五七頁)。
25――陸海軍の強力化や海外領土の獲得によって、「国制の分化」という問題が発生していた。伊藤は内閣に統治権を集約することで、そうした傾向に歯止めをかけようとしていた。詳しくは、前掲瀧井『伊藤博文』二二四〜二二五頁を参照。
26――『原敬日記』一八九六年二月二日。前掲拙著『日本の大陸政策』七三〜七五頁、前掲拙著『児玉源太郎』一六〇〜一六一頁。
27――前掲拙著『日本の大陸政策』七五〜一〇四頁、同『児玉源太郎』一六〇〜一七八頁。
28――前掲拙著『日本の大陸政策』八一〜一〇〇頁。同『児玉源太郎』第四章。
29――「台湾総督府官制案・台湾税関官制案と原敬所見」・「台湾総督府条例草案等と原敬所見」・「台湾統治の基本方針に関する原敬意見書」(原敬文書研究会編『原敬関係文書』第六巻、日本放送出版協会、一九八六年、二二〇

〜二三一頁）。

30——前掲「台湾統治の基本方針に関する原敬意見書」。

31——前掲『翠雨荘日記』九一八〜九三二頁。以下、次注に至るまでの引用文は、すべてこの「内閣官制第七条適用ニ関スル件」に拠った。

32——明治初年以来の海外派兵慣行の形成過程の概略については、伊藤之雄『昭和天皇と立憲君主制の崩壊』（名古屋大学出版会、二〇〇五年）三〇二頁以下を参照のこと。

33——斉藤聖二『北清事変と日本軍』（芙蓉書房出版、二〇〇六年）四六〜五〇頁。

34——前掲由井「日本帝国主義成立期の軍部」一二一〜一二二頁。

35——防衛省防衛研究所図書館所蔵『明治三十三年参謀本部歴史草案』所収。以下、次注に至るまで本文中の引用文は全てこの史料によった。

36——宮内庁編『明治天皇紀』第九巻（吉川弘文館、一九七三年）八三六〜八三七頁。なお、『明治軍事史』の記事を仔細に読むと、内閣は「陸海軍の兵力に就て討議する所あらんと」したとある（下巻、一〇八六頁）。大山の真意は、海軍軍令部の同意を得ることなしに（閣議には「国務大臣及参謀総長列席し」とある）、海軍の兵力を決定することは不当であるという点にあったのだろうか。いずれにせよ、閣議での議論の内容は今のところ不明である。

37——前掲『明治軍事史』下巻、一〇八七頁。

38——伊藤之雄『山県有朋——愚直な権力者の生涯』（文春新書、二〇〇九年）三二四〜三二六頁。

39——大山「軍制に関しての覚書（自筆）」（国立国会図書館憲政資料室所蔵『大山巌関係文書』四九-（9））。

40——大山の背後には当然、薩派系将官（川上操六〈一八九九年没〉や樺山資紀、高島鞆之助など）の存在が想定される。薩派陸軍の統帥権構想については次稿に譲りたい。

41——前掲『明治軍事史』下巻、一〇九五〜一〇九六頁。

42——前掲『明治天皇紀』第九巻、一九〇〇年七月二〇日（八六四〜八六五頁）、前掲斎藤『北清事変と日本軍』一三五頁。

43——有賀長雄「国家ト軍隊トノ関係」（『国家学会雑誌』第一四巻第一六一号、一九〇〇年七月三一日、三七頁以下）。

44——前掲有賀「国家ト軍隊トノ関係」四六頁。

45——前掲『明治軍事史』下巻、一〇九六頁、前掲『明治天皇紀』第九巻、八六四〜八六五頁。後者の記事では、これは「北清派遣軍隊」に対する特例措置とも読めるが、前者では海外派兵の場合における普遍的な原則として位置付けられている。大山は特例措置を普遍的原則に読み替える意図を有していたようにも思われる、前掲斎藤『北清事変と日本軍』一三五〜一三六頁。

46——前掲拙著『児玉源太郎』一八二〜一八七頁。

47——「拓殖務省設置ノ意見」（前掲『後藤新平文書』R23所収）、「台湾時代　拓殖務省設置意見　土匪関係　清国ノ実情」（同右R69所収）。

48——前掲瀧井『伊藤博文』二〇七頁。伊藤の立憲国家構想を中心に当該期の政治過程を分析した先行研究としては、伊藤之雄『立憲国家の確立と伊藤博文』（吉川弘文館、一九九九年）、前掲『立憲国家と日露戦争』がある。

49——井上馨「行政改革意見」（国立国会図書館憲政資料室所蔵『井上馨関係文書』六五八－13）、前掲伊藤『立憲国家と日露戦争』六五〜六七頁。

50——『読売新聞』一九〇一年八月二一・二三日。この件については、大江洋代「明治期陸軍における『武官官僚』制度の形成——文官官僚との比較の視点から」（日本政治学会大会、於岡山大学、二〇一一年一〇月）から御教示を得た。

51——滄冥漁史「陸軍省の幹部」（『太陽』第一九巻一三号、一九一三年一月）。

52——大蔵省「行政整理ノ方針ニ関スル意見書」（一九〇二年、前掲『原敬関係文書』第七巻、日本放送出版協会、一九八七年、五二頁）。

53——前掲「行政整理ノ方針ニ関スル意見書」。児玉と阪谷の親密な交流については、拙著『児玉源太郎』一五一〜一五四頁。

54——『東京朝日新聞』一九〇三年二月四日。寺内陸相の児玉からの引き継ぎ事項の中に「二三陸軍学校の廃合」とある。なお、『東京朝日新聞』一九〇三年六月二九日も参照のこと。ちなみに、児玉の後任の久保田文相も幼年学校廃止論者であった（『東京朝日新聞』一九〇三年一一月二六日）。

55――前掲拙著『児玉源太郎』一六五〜一六六、一六九〜一七〇、二一二頁参照。

56――一九〇二年一月一日付伊藤博文宛伊東巳代治書翰(岡義武他編『大正デモクラシー期の政治・松本剛吉政治日誌』岩波書店、一九五九年、六四〇〜六四一頁)。

57――前掲伊藤『立憲国家と日露戦争』一五七頁。

58――前掲一九〇二年一月一日付伊藤博文宛伊東巳代治書翰。

59――拙著『桂太郎――予が生命は政治である』(ミネルヴァ書房、二〇〇六年)一五一〜一五二頁。

60――宮内庁編『明治天皇紀』第一〇巻(吉川弘文館、一九七四年)一九〇二年三月二七日、前掲拙著『児玉源太郎』二〇二〜二〇四頁。

61――前掲拙著『児玉源太郎』二〇〇、二〇二〜二〇四頁。

62――前掲拙稿「日露戦争から大正政変へ」五〜一九頁。

63――奥田「行政整理意見書」(一九〇二年、前掲『原敬関係文書』第七巻、六三〜七五頁)。なお、憲兵の廃止について付言しておく。一九〇〇年、第二次山県内閣が制定した治安警察法に関しては、労働運動弾圧立法としての性格が強調されがちであるが、その反面、政談集会の事前届け出要件の緩和など、既成政党の活動に対する弾圧的姿勢が著しく緩和されている点は見過ごされがちである。現に法案の検討過程では、戒厳令の適用を戦時に限定することなども考慮されていた。戒厳令を「平時ニ於ケル取締ニ応用スルハ穏当ヲ得タルモノニアラス」というのがその理由である(「治安警察法説明」、国立国会図書館憲政資料室寄託『有松英義関係文書』R1中の「4」所収)。そこには、治安維持の担い手はあくまでも警察であって、軍隊は国防に専念すべきであるとの考えが仄見える。戒厳令の適用要件の厳格化は結局実現しなかったが(一九〇五年九月の日比谷焼打事件を想起されたい)、憲兵廃止論の背景には、軍隊-警察間の「棲み分け」の明確化が行政整理の一環として議論されていたという事実が存在している。なお、治安警察法の制定によって、政党弾圧法規たる集会及政社法(一八九〇年公布)は廃止された。

64――「阪谷芳郎日記」一九〇二年七月一六日・同二八日(国立国会図書館憲政資料室所蔵『阪谷芳郎文書』六七〇)。

65――前掲伊藤『立憲国家と日露戦争』一五八頁。

66――奥田案と政友会案はもともと「大同小異」(田健次郎談)であった(同右七三頁)。伊藤は政友会行政調査局に奥田案を参考にするよう指示したのかもしれない。

67――（一九〇〇年）一〇月一六日付西園寺公望宛原敬書翰（山崎有恒・西園寺公望関係文書研究会編著『西園寺公望関係文書』松香堂書店、二〇一二年、五〇頁）。

68――前掲「翠雨荘日記」一九〇二年八月一日。

69――前掲拙稿「日露戦争から大正政変へ」一〇～一一頁、前掲拙著『児玉源太郎』二〇七～二〇九頁。

70――前掲伊藤『立憲国家と日露戦争』二二六～二四二頁、前掲拙稿「日露戦争から大正政変へ」一七頁、前掲拙著『児玉源太郎』二二一～二二四頁。

71――一九〇三年一〇月五日付山県有朋宛桂太郎書翰（尚友倶楽部山縣有朋関係文書編纂委員会編『山縣有朋関係文書』第一巻、尚友倶楽部、二〇〇五年、三二八～三二九頁）。

72――『原敬日記』一九〇六年四月一八日。

73――中澤俊輔「日清・日露戦間期の警察改革」（『本郷法政紀要』第一三号、二〇〇四年）。

74――宿利重一『児玉源太郎』（対胸社、一九三八年）四七一～四七三頁、『中央新聞』一九〇三年八月四日。

75――『原敬日記』一九〇六年三月一四日。

76――ちなみに、第一次西園寺公望内閣（内相は原敬）の郡制廃止法案に寺内陸相は一貫して賛意を表している。この件について山県に詰問された寺内は、郡役所の廃止は徴兵事務に支障を来すが、郡制廃止だけなら別に問題はないと答えている（『原敬日記』一九〇七年一月一一日）。郡制廃止法案は第二二・二三両議会に提出されたが、いずれも貴族院（山県系）の反対によって廃案に追い込まれている。

77――前掲伊藤『立憲国家と日露戦争』二三一～二四二頁。

78――前掲『明治天皇紀』第一〇巻、一九〇三年一〇月一二日。

79――前掲拙著『児玉源太郎』二一五～二一六頁。児玉は寺内と協議して、台湾守備隊半減と交代派遣制度の廃止、憲兵制度の廃止、戦闘力に直接関係しない付属行政機関の廃止等によって、合計約三〇〇万円を陸軍関係予算から削除するという画期的な整理案を立案していた（『中央新聞』一九〇三年七月二五日）。

80――『原敬日記』一九〇七年一月一四日。

81――以下、この項の叙述については前掲斎藤「桂園体制の形成と台湾統治問題」に依るところが大きい。

82――『原敬日記』一九〇二年一月二七日。
83――『原敬日記』一九〇二年二月一八日。
84――『原敬日記』一九〇二年一月二七日。
85――前掲斎藤「桂園体制の形成と台湾統治問題」六八頁。
86――『帝国議会衆議院委員会議録・明治篇』第二一巻(東京大学出版会、一九八七年)三一五～三一六頁。
87――『原敬日記』一九〇五年一月一九日。
88――前掲『明治軍事史』下巻、一二九八～一二九九頁。余談であるが、変装は「将校同相当官ハ技師、下士ハ技手・組頭、兵卒ハ工夫」といった具合に身分によって区別されており、変装時にも指揮命令が容易に伝わるよう配慮されていた(陸軍省編『明治三十七八年戦役陸軍政史』第一巻、湘南堂書店、一九三八年、四四～四五頁)。
89――前掲『明治軍事史』下巻、一二九九～一三〇〇頁。
90――前掲拙著『児玉源太郎』二二二～二二四頁。補足的に説明すれば、海軍の出師準備の遅れ――海軍は、日本に回航中の戦艦「春日」「日進」のコロンボ出港を待って開戦する計画であり、同港での石炭補給の遅れのため開戦予定日も遷延を余儀なくされていた――によって、事前の隠密的潜入は不可能となったため、臨時派遣隊は戦時の正式軍装で派遣されることになり、結局変装計画は中止されている(一月二七日、前掲『明治軍事史』下巻、一三〇〇～一三〇一頁、一三〇三～一三〇四頁)。先遣徴発隊は編制それ自体が中止された(一月一九日、前掲『明治三十七八年戦役陸軍政史』第一巻、六二頁)。
91――前掲拙著『児玉源太郎』二二二～二二五頁。
92――前掲拙著『児玉源太郎』二三三～二四三頁。
93――前掲伊藤『立憲国家と日露戦争』一二一～一二二頁。
94――前掲拙著『児玉源太郎』二四五～二四六頁。
95――同右二九〇～二九二頁。
96――前掲拙著『児玉源太郎』二四九～二八四頁、伊藤之雄『明治天皇――むら雲を吹く秋風にはれそめて』(ミネルヴァ書房、二〇〇六年)三九〇頁。俗説では、乃木希典第三軍司令官と伊地知幸介参謀長が旅順要塞への正面突撃に固執し、二〇三高地主攻論の児玉満州軍総参謀長と激しく対立したということになっているが、これは間違いである。

97――防衛省防衛研究所図書館所蔵「明治三十八年八月　参謀総長ノ命令権ニ関スル往復書　大本営陸軍参謀部」（以下「参謀総長ノ命令権ニ関スル往復書」）。

98――前掲「参謀総長ノ命令権ニ関スル往復書」。

99――前掲「参謀総長ノ命令権ニ関スル往復書」。

100――前掲「参謀総長ノ命令権ニ関スル往復書」。

101――永井和『近代日本の軍部と政治』（思文閣出版、一九九三年）三一三頁。つまり、後の軍令第一号（一九〇七年）に言うところの「軍令」――「陸海軍の統帥に関し勅定を経たる規程」――とは異なる範疇のものである。

102――国立国会図書館憲政資料室所蔵「財部彪日記」一九〇六年一月八日。山本四郎編『寺内正毅日記』（京都女子大学、一九八〇年）同日条にも簡単な記述がある。

103――「伊侯ニ招カル。談ノ要点三ニアリ。山本ノ大臣待遇、大山侯ノ引退ノ測量ニツキ児玉ノ総長不適ノ意見即山本ノ意見ナリ」（前掲『寺内正毅日記』一九〇六年一月九日）。

104――山本は、桂と自分は「最高勲功顧問」に就任するであろうと財部に述べている（前掲「財部彪日記」一九〇六年一月八日）。「最高勲功顧問」とは恐くは元老のことであろう。山本が桂の戦争指導を高く評価していたことが窺われる。なお付言すれば、バルチック艦隊の東航スケジュールを海軍当局が著しく誤断――半年余り早く襲来すると判断した――して、第三軍に猛烈な圧力をかけたことが、乃木希典第三軍司令官をして無理な旅順要塞強襲を決意させ、多大の犠牲をもたらす一因となった。それが、大山・児玉と山本との関係に微妙な影を落としたであろうことは容易に推測がつく。

105――前掲伊藤『立憲国家の確立と伊藤博文』一七六頁、平松良太「第一次世界大戦と加藤友三郎の海軍改革（一）」（『法学論叢』第一六七巻第六号、九六頁、二〇一〇年九月）。

106――前掲『寺内正毅日記』一九〇六年一月九日。

107――台湾総督の後任人事について、児玉は山県の大磯別邸を訪れて協議し、その同意を得ている。山県が「児玉参謀総長」に反対ではなかったことも、このエピソードから窺われる。当時、陸軍部内の人材払底は深刻で、帷幄上奏権問題等の軍制改革を成し遂げることのできる人材は児玉以外には見当たらなかった。一抹の不安はあったにせよ、山県には児玉以外の選択肢はなかった(一九〇六年二月二日・同四日・同一一日付寺内正毅宛山県有朋書翰(国立国会図書館憲政資料室所蔵『寺内正毅関係文書』三六〇-46・47・48)。

108――田中義一「随感雑録」(山口県文書館所蔵『田中義一文書』所収)はその冒頭で、「近年、陸軍省及参謀本部其他主脳機関部ニ在テ多少事理ニ通スル者ハ、戦後ノ経営ニ関シ、陸軍大臣及参謀総長相互ニ意見ノ合一セサル所アルヘシト想像スルモノアリ」と述べ、さらに続けて、日清戦後経営期同様、軍備拡張をめぐって「計画部」(参謀本部)と「行政部」(陸軍省)とが対立することを「夢想」する者もいると指摘している。この「対立」を属人的なものと解釈するならば「寺内対児玉」ということになるが、本論で詳しく述べてきたように寺内-児玉間にはそうした対立は存在しない。前掲拙著『日本の大陸政策』一三三頁などでは属人的に解釈したが、本文の通りに見解を修正する。陸軍内でのこのような言説は、日清戦後の省部間対立が日露戦後に再演されることを期待した政治的な物言いなのであって、田中が「随感雑録」を執筆した動機の一つは陸軍内部でのそうした「風評」を否定して、陸軍が一致団結して政府に迫ることにあった。具体的には、山県と児玉の軍備拡張構想の対立を戦略レベルで調整することにあったのである。

109――前掲拙著『日本の大陸政策』一二八~一三三頁。

110――同右一三二~一三三頁。一九〇五年一一月一日付山県有朋宛児玉源太郎書翰(長岡外史文書研究会編『長岡外史関係文書・回顧録篇』吉川弘文館、一九八九年、二四二~二四三頁)、同年一一月五日付後藤新平宛児玉源太郎書翰(水沢市立後藤新平記念館編『後藤新平文書』雄松堂書店、一九八〇年、R83所収)。

111――前掲伊藤『立憲国家と日露戦争』二六四~二六五頁、

112――前掲拙著『児玉源太郎』二九七~二九八頁。

113――前掲瀧井『伊藤博文』二九七頁。

114――一九〇六年三月四日付児玉秀雄宛児玉源太郎書翰(尚友倶楽部編『児玉秀雄関係文書・I』尚友倶楽部、二〇一〇年、一九頁)。

115――一九〇五年九月二三日付長岡外史宛児玉源太郎書翰(長岡外史文書研究会編『長岡外史関係文書 書簡・書類篇』吉川弘文館、一九八九年、一五五~一五六頁)。原は、桂が直接西園寺に政権禅譲を打診したことに対して、児玉・山本は内心面白くないのではないかと推測している(『原敬日記』一九〇五年一二月一二日)。原もまた、児玉の政治への関心を察知していたのである。

116——前掲拙著『日本の大陸政策』一〇六〜一一四、一六三〜一七三頁。

117——前掲拙著『日本の大陸政策』八一〜一〇二、一六三〜一七三頁。

118——前掲拙著『日本の大陸政策』一六八〜一七〇頁。政友会が「満州開発」に積極的になるのは、田中義一総裁時代に山本条太郎満鉄社長によって「産業立国主義」が推進されるようになってからのことである（拙著『政党内閣の崩壊と満州事変』ミネルヴァ書房、二〇一〇年、三四〜三五、一二〇〜一二二頁）。

119——「台湾統治法案」（国立国会図書館憲政資料室所蔵『鈴木三郎関係文書』一〇－2）。以下、本文中の同法案からの引用はすべて右「台湾統治法案」によった。

120——台湾統治法について、詳しくは前掲拙著『日本の大陸政策』九八〜一〇〇頁を参照のこと。

121——岡松参太郎「台湾ノ制度ニ関スル意見書」（前掲『後藤新平文書』R25）。岡松は台湾統治法案の実質的な起草者である。当時、総督府関係予算の編成権は総督府が握っていたが、公債の発行・償還等は大蔵省の管理下に置かれていた（鶴見祐輔『後藤新平』第二巻、勁草書房、一九六五年、一六八〜一六九頁、平井廣一「日本植民地財政の展開と構造」、『社会経済史学』第四七巻第六号、一九八二年三月）。

122——（一九〇三年）五月二七日付伊藤博文宛児玉源太郎書翰（伊藤博文関係文書研究会『伊藤博文関係文書』第四巻、塙書房、一九七六年、四三七頁）。

123——「律令ハ法律ト同一ノ効力ヲ有ス」との文言が削除され、また、台湾の歳入の一部を国庫に納入できるようにされた（「台湾統治法案」、前掲『後藤新平文書』R31所収）。後者について付言すれば、これは、台湾は財政的にも本国に貢献すべきであるとの政党側の主張に配慮した修正であった。

124——天皇が発議すること、貴衆両院議員の各々総員三分の二以上が出席すること、出席議員三分の二以上が賛成すること、以上が憲法改正には必要であった。なお、憲法には規定されていないが、その際元老の同意が求められることは言うまでもない。

125——内閣記録課編『台湾に施行すべき法令に関する法律 其の沿革竝現行律令』（内閣記録課、一九一五年）二六七頁。

126——桂は桂園体制の成立を見越して、政友会総裁西園寺公望への直接的な政権禅譲を行なっていた（前掲伊藤『立憲国家と日露戦争』二六三〜二六七頁）、前掲拙著『桂太郎』一九六〜一九七頁、日比谷焼打事件に対する自らの見解を開陳した後で、児玉は、あまり発言し過ぎると「児玉は政事家になったとか」言われるので大略を述べるに止めたいと述べている（一九〇五年九月二三日付長岡外史宛児玉源太郎書翰、前掲『長岡外史関係文書 書簡・書類篇』一五五～一五六頁）。巧に煙に巻いてはいるが、行間からは児玉の政治への深い関心が溢れ出ている。この件に関しては註115も参照のこと。

127——以下の叙述については、前掲斎藤「桂園体制の形成と台湾統治問題」に負うところが大きい。

128——『帝国議会貴族院委員会会議録・19』（臨川書院、一九九五年復刻）六〇五頁。

129——一九〇六年一月三一日付後藤新平宛児玉源太郎書翰（前掲『後藤新平文書』R83所収）。

130——一九〇六年三月二二日桂太郎宛児玉源太郎書翰（千葉功編『桂太郎関係文書』東京大学出版会、二〇一〇年、一六二頁）。

131——『原敬日記』一九〇六年三月一九日。

132——前掲一九〇六年三月二二日桂太郎宛児玉源太郎書翰。

133——『原敬日記』一九〇六年三月二三日～二六日。なお、議会審議の経緯や三一法の内容については、前掲斎藤「桂園体制の形成と台湾統治問題」七七～七八頁、前掲春山「近代日本の植民地統治と原敬」三六～三九頁に詳しい。

134——「憲法改革」概念や一九〇七年の憲法改革の全容については、前掲瀧井『伊藤博文』二一〇～二一一頁を参照のこと。

135——前掲瀧井『伊藤博文』二二四～二二六、三二三～三三〇頁。

136——「14山縣元帥ヲ訪フ。公式令ニ関シ頗ル苦心」（福島安正「明治四十年日記摘要・附満韓視察記事」一九〇七年四月一四日、国立国会図書館憲政資料室所蔵『憲政資料室収集文書』一三五八-3）。「8．午前山縣元帥ヲ訪問シ、満韓ノ状況ヲ述フ。……元帥日ク一昨日ノ会議ニテ軍令式案通過スト。伊侯トノ会談大ヒニ困難ナリシ様子」（同右九月八日）。

137——一九〇三年一〇月二〇日付伊藤博文宛伊東巳代治書翰（前掲『伊藤博文関係文書』第二巻、四三五頁）。右書翰によれば、公式令制定作業には伊東・奥田以外には、一木喜徳郎（内閣法制局長官）、有賀長雄、広橋賢光、穂積八束らも加わっている。

138――前掲瀧井『伊藤博文』二一二頁。

139――公式令によって帷幄上奏権全般が否定されたわけではない。伊藤博文によれば、「帷幄上奏なるものは、専ら軍事命令に属し、法律又は勅令の範囲内に於て予算の増減にも関係せず、国民の権利義務にも軽重を為さざる性質のものに」限定されねばならないのである(宮内庁編『明治天皇紀』第一一巻、吉川弘文館、一九七五年、七九八〜七九九頁)。

140――一九〇七年八月二二日付寺内正毅宛山県有朋書翰(前掲『寺内正毅関係文書』三六〇-51)。文書目録では一九〇六年と年代比定されているが、曜日と日付との関係や「斎藤実日記」一九〇七年八月一九日の記事(国立国会図書館編『斎藤実関係文書』三〇八-38、紀伊國屋書店、一九九五年)との関係から、一九〇七年の書翰と判明した。

141――国立国会図書館憲政資料室所蔵「倉富勇三郎日記」一九三〇年五月七日。この日、倉富は枢密院書記官長の二上兵治が持参した山県有朋宛穂積八束書翰(一九〇七年月日不詳)を読んで、その内容を日記に記録している。

142――一九〇七年五月一三日付寺内正毅宛山県有朋書翰(前掲『寺内正毅関係文書』三六〇-59)。

143――ここで注目すべきは、寺内陸相が公式令の閣議決定書に自らの花押を据えているという事実である(〇六年一二月二六日、国立公文書館所蔵『公文類聚』第三一編・明治四〇年・第一巻・政綱皇室典範所収。この件については清水唯一朗氏のご教示を得た。深謝申し上げる次第である)。伊藤や伊東巳代治、特に前者との親密な関係を考えれば、児玉・寺内コンビによる陸軍改革構想は、伊藤らによって隠密裏に進められていた憲法改革への動き、具体的には公式令の制定と相呼応するものであり、寺内は公式令に込められた意図を十分理解した上で、あえて花押を据えたとも考えられる。記して後考を待つ。

144――前掲「倉富勇三郎日記」一九三〇年五月七日。軍令制定の一部始終については、前掲『明治天皇紀』第一一巻、七八六〜七八八頁参照。

145――陸軍省の軍令原案には「第四条　軍令ニシテ陸海軍部内ニノミ布達スルモノハ主任ノ陸軍大臣海軍大臣所要ノ宣旨ヲ附シ之ニ署名ス」とあったが、海軍省との交渉の結果、第四条は全文削除され、理由書末尾の一文「且同時ニ軍事機密及秘密ニ属シ又ハ公布ヲ要セサル軍令事項ニシテ従来帷幄上奏ヲ経テ陸海軍部内ニノミ布達シ来リタルモノモ今後軍令ノ形式ヲ採ラシメントス」も抹消されることになった。この修正は、寺内陸相・斎藤海相の上奏（八月一九日）直後に行なわれたものと推測される（陸軍省軍事課長の大井成元は以上の事実を「八月二十日」付で欄外に朱書している。「軍令ニ関スル件」、防衛省防衛研究所図書館所蔵『明治四十年自一月至四月密大日記　陸軍省』所収。引用箇所は一〇〜一三頁）。海軍では「部内軍令ノ存在ヲスラ認ムルヲ欲セサル意嚮」が強く、海軍に押し切られる形で原案第四条は全文削除された（「軍部内ニ令達セラルヘキ軍令発布ノ形式ニ就テ」、前掲「軍令ニ関スル件」所収、二九頁）。つまり、九月一一日の裁可の時点では、統帥命令の命令形式は完全に宙に浮いていたのである。軍令がいかに拙速に案出・制定されたかを窺わせるエピソードである。

146——前掲「軍令の制式ニ関スル件」二五頁。当初寺内は、公布を要さない軍令は「宣旨」などの、より簡便な形式で発出しても構わないとしていたが（註145参照）、その後陸軍内部での意見聴取を経て、最終的には軍令の制式は一定にすべきであるとの見解をとっている。なお、帷幄上奏勅令と「ラル達」——達の内、帷幄上奏によって制定されたもの——は一括して「軍令」の対象とされている。（「ラル達」については、前掲永井『近代日本の軍部と政治』三六〇〜三六四頁、前掲伊藤『大正デモクラシー期の法と社会』二二〇〜二二二頁を参照）。ちなみに、陸軍では機密保持のため公示されない軍令として、「軍令陸甲　号」「軍令陸乙　号」の形式を設けていた（前掲伊藤『大正デモクラシー期の法と社会』二二九頁）。

147——「軍令ノ副署及公布ノ形式ニ就テ」（立命館大学編『西園寺公望伝』別巻2、岩波書店、一九九七年、一四七〜一四八頁）。文書中に「目下上奏中ノ軍令」とあることから、本文書は一九〇七年八月一九日（この日、寺内陸相と斉藤海相が軍令案を上奏）以降に作成されたものであることが分かる。「陸軍罫紙」が使用されていること、その内容が天皇の下問（八月二二日。前掲『明治天皇紀』第一一巻、七八七頁）の趣旨に対応していることなどから、本稿では、この文書を八月二三日の寺内の奉答そのものか、奉答に関連する文書であると推測した。ちなみに、右文書と一括されている「軍令案」では、文言にいくつかの修正が加えられているが（「公布」→「公示」など）、それらはすべて軍令第一号正文に反映されている。本史料の公的性格を裏付けるものであるといえよう。

148——前掲瀧井『伊藤博文』三二六〜三二八頁。

149——『原敬日記』一九〇七年九月一〇日。

150——寺内は帝国国防方針の補修（一九一八年）に際して、閣議での検討を求めそれを実行に移している（拙稿「帝国国防方針の補修と日本陸軍」『北九州大学創立五〇周年記念法学部論文集』一九九七年三月）。なお、寺内首相が国防方針策定過程における従来の「秘密主義」を緩和し、内閣へ積極的に関係情報を開示していたことについては、朴完氏の最新の研究に詳しい(朴完「大正七年帝国国防方針に関する小論――その改定過程及び内閣保存過程を中心に」『東京大学日本史学研究室紀要』第一七号、二〇一三年三月)。寺内内閣期における秘密主義の緩和は、前後二つの国防方針策定過程(〇七年・二三年)には見られない特徴である。

151――『原敬日記』一九〇七年九月一〇日。

152――前掲「倉富勇三郎日記」一九三〇年五月七日。公式令の制定に伴い、皇室典範(皇位継承原則など皇室のあり方を定めている)に基づく諸規則に加えて、皇室の事務に関する令規(宮内省官制など)も皇室令として規定されるようになった。詳しくは川田敬一『近代日本の国家形成と皇室財産』(原書房、二〇〇一年)二〇二頁。

153――前掲瀧井『伊藤博文』三二八〜三二九頁。

154――執筆者不明「時弊ニ鑑ミ軍令権ノ独立擁護ニ関スル建議」(山口県文書館所蔵『田中義一文書』所収)。

155――前掲拙著『日本の大陸政策』二三九〜二五六頁。

156――前掲北岡『日本陸軍と大陸政策』六四〜六五頁。

157――前掲北岡『日本陸軍と大陸政策』六四頁。

158――前掲北岡『日本陸軍と大陸政策』一四六〜一四七頁。

159――前掲拙著『日本の大陸政策』三〇〇〜三〇四頁。

160――前掲拙著『政党内閣の崩壊と満州事変』序章参照。

第2章

原敬社長時代の『大阪新報』

——日露戦争期を中心に

飯塚一幸
IIDUKA Kazuyuki

忘れられた新聞『大阪新報』——はじめに

本章は、原敬が一九〇三年三月から〇五年一月まで社長を務めていた、『大阪新報』の経営と主張について分析することを目的とする。

大阪における新聞の発達を概観した著作としては岡満男『大阪のジャーナリズム』があるが、大阪朝日と大阪毎日の二大紙の角逐史・発展史として大阪の新聞界を描いており、『大阪新報』は出てこない[1]。『新修大阪市史』も同様の構図を採用しており、大阪で発行された新聞名を羅列した中に『大阪新報』を入れているに過ぎない[2]。

これに対し、小野秀雄「大阪府新聞史(後編)」は、大阪朝日や大阪毎日に対抗しようとした新聞の一つとして『大阪新報』を取り上げ、①元来片岡直輝ら大阪の実業家の経営であったが、一九〇〇年九月に原の内意をうけ山田敬徳が大阪毎日から転じて主宰するようになり、〇三年には原自らが社長となって政党色を強めたこと、②そうした背景から大阪瓦斯報償問題では大阪毎日の側に立ったこと、③日露開戦前に原は時局に適切な意見を『大阪新報』紙上に掲載して国民を指導し、開戦となるや二大紙にならって戦地に特派員を派遣したことなど、重要な事実を明らかにした[3]。恐らく小野は『大阪新報』を読んでいて、原が日露開戦前に最後まで開戦論に与しなかったことを知っていたと思われる。小野は戦前の著作で、政友会の機関紙であった『大阪新報』が大阪毎日を御用新聞と罵り、大阪朝日がこれを見て御用のなすり合いという戯画を掲げて揶揄したとも述べている[4]。これは日露講和問題の報道をめぐって起きた対立であり、本稿でその詳細についても論じてみたい。

一方、原敬や初期政友会については、一九六〇年代から七〇年代にかけて升味準之輔、三谷太一郎、テツオ・ナジタ、山本四郎の研究[5]が相次いで刊行されたが、いずれも大阪新報社長としての原には全く触れていない。その後、盛岡の原敬別邸の倉庫にあった洋行行李から発見された史料中に大阪新報社の経営書類があり、山本四郎がそれを『原敬関係文書』別巻に解説を付して収録した[6]。また、山本は『評伝原敬』において、『原敬日記』に基づき、原が一九〇〇年九月山田敬徳に大阪毎日新聞社を退社させ『大阪新報』を引き受けさせたこと、〇三年二月に同紙を政友会で引き受け原が社長となって山田が実務に当たったこと、原が社長に就任して以降半年で『大阪新報』の部数が一万二・三千部から三万部に増加したことなどを指摘している[7]。

佐々木隆も『原敬日記』や『原敬関係文書』別巻を基に、原が政友会の機関新聞として運用した最初の例として『大阪新報』を取り上げ、一七年暮に横田千之助と米田譲により改めて政友会機関紙となるまでの経緯に触れている[8]。また、松尾尊兊は原を扱った小文において、歴代の首相経験者で原ほど民間会社の経営に直接携わった者はいないとして、原が大阪新報社長であった事実に注目している[9]。ただし、山本・佐々木・松尾いずれも『大阪新報』を読んで論じているわけではない。

こうした研究状況にある要因としては、かつて『原敬全集』に『大阪新報』の社説と「よしあし草」を収めた際、「本稿は僅かに明治三十七年一月分にすぎぬ。大阪新報廃刊のため、もはや散佚して再び入手し難い。我等は旧大阪新報社屋に於て漸く積塵の中より本稿を発見するを得た。」[10]と記されたために、『大阪新報』の本紙は失われたと思われたことが考えられる。ところが、原社長時代の『大阪新報』は、〇三年三月一日から一二月三一日までの分が東京大学明治新聞雑誌文庫に、〇四年四月一一日から〇五年八月二二日までの分が大阪府立中之島図書館に所蔵されていて、閲覧が可能である。また、財団法人大慈会が所蔵する未公開の新出「原敬関係文書」には、原が大阪新報社の経営に当たっていた山田や富樫万次郎等に送った指示や問合せの書簡が大量に含まれている。本稿の第一の課題は、これらの史料を読み解いて、原が『大阪新報』を政友会の準機関紙として育成しようと、その経営に心血を注いだ実態を明らかにすることである。

原は経営だけでなく、実質的な主筆として同紙の社説と「よしあし草」で縦横に健筆をふるった。「よしあし草」は、原が社長就任直後の一九〇三年三月一六日に、「時事の真相を捕えて或は諷示或は直筆思ふまゝ自由自在に放言せんと欲」して設けた欄[11]で、筆者の思いがよりはっきりと示されていて貴重である。『大阪新報』には、これまで十分に論じられることのなかった日露戦争の開戦直前から戦時中における原の政治論・政策論が溢れていると言ってよい。本稿の第二の課題は、そうした記事を素材に、日露開戦に至るまで平和論に徹した報道姿勢、開戦後にも継続した桂太郎内閣への批判、韓国・満州政策、ロシア観や列強との外交論、日露講和問題といったテーマごとに、原の認識を提示することである。なお、『大阪新報』の社説や「よしあし草」に署名はなく、原とともに執筆に携わった高橋光威のものと区別できないが、原が高橋の論説を掲載前に点検していた実状を踏まえ[12]、すべて原の主張として扱った。

1　原敬の大阪新報社長への就任

『原敬日記』によると、一九〇三年二月七日、山田敬徳が大阪から上京して『大阪新報』の件について原と内談したのが、社長就任に至る記事の初見である。二月一四日、総選挙の運動も兼ねて原は来阪し、山田や北浜銀行の岩下清周、鴻池銀行の島村久等から大阪新報社の引受けを勧告され、社長就任の内意を伝えた。二月一七日には『大阪新報』の諸帳簿を検査して詳しい経営状況を確かめ、その夜藤田組の藤田伝三郎と大阪毎日新聞社長小松原英太郎に事情を告げた。この場で原が小松原に大阪毎日との提携を説き、小松原も同意した。翌日、島村に『大阪新報』引受けの決心を告げ、大阪毎日新聞の本山彦一にもこの間の顛末を話し、将来の提携希望を伝えて同意を得ている。そして、二月二〇日原は大阪新報社に赴き、社員一同を集めて社長就任の意を伝え、その日のうちに帰京した。

こうして、原が株主でもあった大阪毎日新聞社と大阪財界の関係者への挨拶を済ませると、二月二〇日から二七日まで、連日『大阪新報』は「新報の大飛躍」と題して「社長更迭」を掲載し、以下のような「主義方針」を掲げた。

吾が新報の主義は政治、経済、文学、社会の各方面に向つて尤とも公平無私なり、世間或は原敬氏が政友会の総務委員にして、吾社の社長たるが故に吾が新報を政友会の機関なるものゝ如く誤解するものあるべしといへども、吾が新聞は独り政友会のみにあらず、何れの団体にも又何れの人々にも何等の因縁あるにあらず随て何人の機関にもあらず、故にその説く所如何なる問題にあつても国家のため及び社会のため只だ公平なる判断を下すを以てその主義方針となすものなりさらに「紙面の拡張」として、①編輯局員の増聘、②内外の要地に社員又は常設通信員を置く、③東京支局（新橋八官町十六番地）を新たに設置しあらゆる出来事を電話により迅速報道する、④従来の六頁を八頁とするが、代価は一か月二五銭に据え置く、⑤実業家の生命とも言うべき相場面を九段に増加し商況欄を充実させる、⑥近日開会の第五回内国勧業博覧会の報道に力を尽くすとの方針を掲げ、早速改革に着手した。

原が正式に社長となった三月一日には「読者に告ぐ」を載せ、社長就任の経緯に触れ、「大阪新報は、将来もなほ既往におけるが如く、何人の機関にもあらざれば、又何れの団体にも関係を有するものにあらず、故に余はたゞ余の信ずる所により、政事経済文学等あらゆる問題につき、公平誠実に、余の判断する所を主張するに過ぎざるなり」と述べている。ただ、「何れの団体にも関係を有するものにあらず」としてはいるが、原が社長を務める以上、同紙は立憲政友会の準機関紙であった。

当時の『大阪新報』の陣容は、社長原敬、副社長山田敬徳、営業局長富樫万次郎、会計大森栄造といった顔触れであった。『国民新聞』に「今回原敬を社長として主筆を兼ねしめ、財力はようやく豊富になるとの評判、編輯は山田敬徳を主とし、富樫万次郎、菊池悟郎の諸氏政治経済と三面記事に任じ」とあるように[13]、原は主筆を兼務し社説と「よしあし草」を担当した。原が一九〇五年三月に陸奥家との関係で古河鉱業の副社長となった際も、大阪新報社長職は「単に名義上に止まる」とか『大阪新報』は「近々売却せらるべし」といった流言を否定し、これまでの位地に変更はないとの「告白」を掲載する[14]など、その力の入れようは尋常ではなかった。

とはいえ、原は立憲政友会の総務委員として党運営の重責を担っており、常に社説を執筆できる訳ではない。原と同郷の菊池悟郎[15]は残っていたものの、主筆クラスの人材確保は急務であった。そこで原は、九州鉄道社長仙石貢や福岡出身の貴族院議員金子堅太郎、福岡県選出の衆議院議員野田卯太郎から高橋光威の推薦をうけ、三月一七日に面談して入社を約束させた[16]。高橋は慶応三年（一八六七）一二月新潟県北蒲原郡菅谷村に生まれ、九三年に慶應義塾法律科を卒業後大橋佐平に知られて博文館に入り、九五年一月から自由党系の『福岡日日新聞』の主筆に迎えられた人物で、英米に留学した経験を持つ。その『福岡日日新聞』の資本主の一人が野田卯太郎であった。高橋は一九〇二年一〇月に福岡を離れて東京におり、松方正義の引きで日本銀行への入行話が進んでいた最中であった。高橋自身によると、入社時の肩書きは「総務部長・経済政治部長」、原不在時の「代理者」であり、大阪市東区島町に住居を定めている[17]。これが側近として内相・首相時代の原を支えた高橋光威との出会いであり、『大阪新報』を通じて原と高橋との密接な関係が出来上がっていく[18]。

上記以外には、梁田政蔵[19]や星野範三郎、神坂静太郎、柴田博陽、沖米蔵、文学士井上釘之助、荒木鐵三、一九〇五年五月に原の紹介で古河鉱業に入る河野通弘[20]らが在社し、東京支局には宮崎三郎[21]・永安恕[22]・横山某、神戸支局には中野某らがいた。海外特派員としては、北京に尾崎済、平壌に洪濱生、漢城に桑揚生、釜山に真田生・絶影生、元山に鐵城生、大邱に二天散史等の名前が確認できる。また、日露戦争時に練達の従軍特派員として第一軍に従って戦地を回り、「露西亜征伐」という記事を送り続けた小川定明も逸することはできない。小川は、一八八一年一月から山梨県の『峡中新報』記者として五年ほど勤めた経験があったが、原が同紙に寄稿していた時期とは重なっておらず、面識はなかったらしい[23]。だが、従軍特派員としての小川の実績は抜きん出ていて、原は小川の年齢の高さと奇行振りを承知の上で戦地に派遣したものと思われる。小川は従軍記者として「一頭地を抜く」存在であるとし、一九〇五年七月から八月にかけて「露西亜征伐」に連載した「▲満州に於いて日本実業家の直に経営し得べき事業」について、満州実業に関する情報提供という企画の意義を絶賛するなど、『大阪新報』の看板記事として高い評価を与え満足していた[24]。この他にも『大阪新報』は、第二軍に小田垣哲次郎[25]、第三軍に枕戈生、樺太派遣軍に池田敬二郎を派遣している[26]。

原敬社長を支えたのは以上のような人々であった。

2　原敬による大阪新報社の経営

原敬が社長に就任する以前、『大阪新報』と大阪朝日・大阪毎日の二大紙との間には歴然たる格差があった。たとえば、『大阪新報』の探訪記者であった松崎天民は、一九〇二年四月九日の日記に、「毎日社と新報社と、其の断界に於ける地位は勿論、記者待遇の道に於ても、毎日社の方遥に正しき也。余の転任を望むの理、豈他あらんや。」[27]と、大阪新報社から大阪毎日新聞社への転任が叶わなかった悔しさを綴っている。こうした格差を解消して、大阪朝日・大阪毎日と並ぶ三大紙にまで『大阪新報』を育て上げることが原の目標であった。そのために、大きく水をあけられていた紙数の増加に注力していく。

その具体策の柱に据えたのが、原が大阪毎日新聞社長時代に実績を挙げた人気投票や懸賞である。一覧表に示したように、大阪新報社が行った企画は実に多彩であった。とりわけ一九〇三年に立て続けにうった懸賞は紙数の増加に大きく寄与し、一一月二七日の富樫万次郎宛書簡で原は、「紙数非常増加之上ニ投票摺込アル日ハ尤モ著ルシク紙数増加之様ニ付、此機会ヲ失セズ十分之手配ニテ広告募集相成度候」[28]と述べている。

支局や販売店網、地方版の充実にも力を注いだ。山田社長時代に大阪新報社は京都（柳馬場三条上ル）と神戸（永澤町一丁目）に支局を有していたが、原が社長に就任した際に東京支局（京橋区八官町一六番地）を新設した。一九〇三年一〇月二六日付には、岡山支局を置き一〇月二八日から県内の読者に四頁建ての岡山県附録を添える旨の社告を掲載した。岡山県には憲政本党系の『中国民報』と中立の『山陽新報』のみしかなかったため、一二月には政友会系の『岡山新報』を創刊して大阪新報社からも支援を行ったが[29]、軌道に乗らな

◆原敬社長時代の主な人気投票・懸賞一覧

募集掲載開始日	人気投票・懸賞内容	賞金・賞品	備考
1903月3月1日	第五回内国勧業博覧会に合わせ「博覧会近道」を募集	300人に美術品を贈呈	
同年10月16日	梅田駅の乗降客数を予想	一等：純金指輪、二等・三等：銀側懐中時計	
同年10月30日	「器械場落成・機械増設祝千人大懸賞」と題し12月5日の大阪の最高温度を予想	一等：金側時計鎖附、二等：勧業債券3枚、三等：ダイヤモンド入指輪など	応募者は必ず本紙欄外に印刷した答案用紙を用いて送ること
同年11月1日	新たに定めた大阪新報社徽章について意見募集	一等：銀盃、二等〜十等：銀牌	
同年12月6日	「辰年に関する懸賞」と題し、龍に関する学説雑話、お伽噺、意匠絵画募集	本社徽章入純銀メダル	
同年12月8日	「新案金儲の法」を募集	優等者15名：本社徽章入純銀メダル	
同年12月15日	「宝尽し新年懸賞」と題し、1月10日初卯参り住吉駅乗降客数を予想	一等：黄金大判、二等：慶長小判、三等〜十等：黄金七福神	
1904年4月20日	新脚本を募集	賞金1000円	当選作を1905年元旦から掲載、朝日座で芝居にかける
同年5月28日	「旅順陥落・遼陽占領期日予想投票」	大阪新報社刊行の『日露合戦記秩入一部』	用紙を新聞に摺り込み投票呼びかけ：社内で批判があり、7月16日「旅順の陥落日」予想に切替え、投票は葉書等でもよいとする
同年12月1日	「巳年に関する懸賞」と題し蛇についての学説雑話募集	優等者5名：本社徽章入純銀メダル	
1905年2月4日	「朝日座『日本丸』技芸投票」と題し役者への投票募集	一等喜多村緑郎：金牌、二等白川広一：銀牌、三等原辰一：銅牌	
同年3月15日	「懸賞写真大募集」と題し美人・景色・動物写真を募集	互選一等：三ツ組大銀盃、審査一等：中版用革蛇腹回転輪付三脚鞄付暗箱	6月3日から当選作を写真銅版として本紙に掲載

出典：『大阪新報』より

かったらしい。

一〇月二六日付には「神戸市多聞通一丁目大阪新報神戸一手販売所」の名前で、兵庫県下の『大阪新報』読者に限り『神戸新報』も無代価で配布するとの広告も載せている。一二月一六日には淡路島における『大阪新報』販売特約店として、洲本町坪内新聞舗、志築町田中新聞舗、福良町西田新聞舗、由良町田中新聞舗、仮屋町塩尾新聞舗、岩屋町竹谷新聞舗の六店舗を掲げ、再度兵庫県下の『大阪新報』読者に『神戸新報』を無代価で進呈すると念押しした。ただ、その後何時かは明らかでないが、『神戸新報』の無代価配布から支局独自の神戸附録の発行に切り替えている[30]。他に地方版としては、〇五年六月五日から「京都滋賀附録」を発刊している。

他にも、徳島県選出の代議士川真田徳三郎との間で徳島附録について相談したり[31]、三重県津で附録同様のものを発行したいとの申し出を受けたりもしている[32]。奈良県では、地方版の発行ではないが、地元の政友会系の『新大和新聞』[33]との間で、少し低価にして『新大和新聞』の売捌人に『大阪新報』を売らせる代わりに、多少の電話種を「大阪新報来電」として掲載させる提携話があった。さらに香川県では、高松の政友会所属代議士田中定吉から、政友会系の『讃岐実業新聞』を引き継いだので「大阪新報附録同様」にしたいとの依頼があった[34]。ただし、これらの話が実現したのか詳細は不明である。

足元の大阪については、当初東区備後町中橋西入と北区天神橋筋裏門北入に一手販売所井上盛進堂の本店と出張所を置いていたが、一九〇四年四月に西区本田町通二丁目妙見南入に出張所を増設した[35]。また、〇五年四月二日には新たに東区今橋四丁目淀屋橋筋角に『大阪新報』販売店として日盛社が開業している。

他にも〇四年四月三〇日に、長崎での一手販売所を長崎市恵比寿町曽我英一から長崎市油屋町四九番の一の田中時三郎に変更する社告を載せ[36]、七月一三日には鳥取県倉吉町用田新聞舗、境町朝田新聞舗、米子町遠藤新聞舗が売捌きを始める旨の社告を掲げている。さらに〇五年一月一二日には京都府園部町本町・福知山町長町・福知山町梅迫駅前・宮津町海岸の博売社が販売所としての広告を出すなど、『大阪新報』の販売は西日本一帯の広範囲にわたっていた。これに伴って『大阪新報』に電報で送られてくる地方情報も、名古屋・桑名・和歌山・奈良・舞鶴・広島・宇品・江田島・呉・姫路・下関・松山・丸亀・福岡・門司・佐賀・長崎・佐世保・大村・熊本・函館にまで及ぶようになっていく。

また、一九〇三年一一月八日に開催された政友会近畿大会での西園寺総裁の演説をはじめ、政友会の党大会や代議士総会での宣言書や決議・演説を積極的に掲載するとともに、前総裁の伊藤博文の演説や動向にも目を配っている[37]。原は、『大阪新報』を大阪の地方紙としてではなく、名古屋以西の西日本全体をカバーする政友会の機関紙へと育成し、場合によっては地元の政友会系新聞を支援する役割を負わせようとしたのである。

大阪朝日・大阪毎日と同格の新聞を目指す原の意思が強く出たのが、裁判所の登記公告掲載問題であった。従来裁判所の公告は、大阪朝日と大阪毎日が掲載し、掲載料は両社が隔年で受け取っていた。そこに割り込み、一九〇四年からは『大阪新報』への掲載を認めさせようというのである。両社との交渉は難航したが、〇四年の掲載料は慣例により大阪毎日で構わないとして譲り、〇五年からの扱いは保留することで、とりあえず話し合いがついた[38]。これをうけて、〇三年一二月一九日付に、〇四年から大阪地方裁判所管内における商業登記その他の公告を『大阪新報』広告欄に掲載することになったので、諸会社の決算報告等は本社に申し込んでほしい旨の社告を載せた。一年後には〇五年から公告掲載料を三社で等分することで決着しており、原にとっては大きな成果であった[39]。

一九〇四年元旦号の頁数についても原は、大阪朝日が三二頁にすると聞き込むと、大阪毎日は競争上必ずその上の頁数でくると予想し、どうしても三二頁建にするように営業責任者の富樫に申し送っている[40]。万年社を始めとした広告会社へ支払う広告手数料についても、原は朝日・毎日の広告会社への割戻額は大阪新報社よりも少ないと推測し、切下げを富樫に繰り返し求めたが実現しなかったらしい[41]。日露戦争での戦闘が本格化した〇四年七月一一日からは、「号外よりも早い電信報道規程」を掲載して、購読者に号外到着以前に重大な事実の要点を伝えるサービスを始め[42]、読者の要望に応えた。大阪毎日が「家庭の栞」欄を設けて成功した経験に基づき、一二月一〇日に「家庭衛生」欄を新設して半年間にわたり連載し、それを一書にまとめて刊行することもした。大阪毎日が一二月五日付に初めて写真を掲載して反響を呼ぶと、『大阪新報』も〇五年三月一九日付に「百美人」と称して写真の連載を始め、これを追った。

右に見てきたような原の経営策は早速効果を現し、社長に就任した頃に一万二〇〇〇部から一万三〇〇〇部であった『大阪新報』の部数は、半年余り経った一〇月には三万部にまで増加した[43]。そこで同月六日と九日に、フランスのマリノニ社から輪転機を購入し、輪転機を四台まで据付可能な総煉瓦二階建の器械場を新設するとの社告を出した。待望の新輪転機は一二月一一日に到着したが、荷を解いたところ車軸を支える枠が破れていて運転に支障を来し、調査した結果、海上輸送中に地中海で遭難し積み替えた際の破損であることが判明した[44]。増紙に印刷能力が追い付かず、すでに配達遅れや印刷不鮮明が発生しつつあった[45]。原・山田・富樫ら経営陣はしばらくこの対応に追われ、損害賠償交渉が長期化する見込みとなったため、とりあえず木本鉄工所に枠の製作を依頼して急場をしのいだが[46]、かなりの出費を余儀なくされている。

日露戦争が始まると、大阪朝日・大阪毎日ともに各地に通信員を特派し海外との通信網の拡充に迫られ、経費の増加が予想されたため、一九〇四年二月一三日に共同社告を出し、購読料を一カ月四〇銭から四八銭に値上げした。大阪新報社もこの措置に追随し、いったん一カ月二五銭から二八銭にした上で、さらに五月一日から三五銭への値上げに踏み切った[47]。しかし、経営に要する費用は増紙を上回る勢いで嵩んでいった。一一月一日には『大阪新報』を一八万円で売却するとの風説を事実無根として否定する社告により、経営悪化に伴う身売り話の噂を否定しているが、〇五年三月分の収支は利息を除いても一九〇〇円の欠損となった[48]。六月分でも赤字を解消できず、赤字が体質化していることがうかがわれるが、原はその主因を広告収入の不足にあると見ていた[49]。赤字は、原が社長に就く以前から大阪新報社の会計に人を入れて資金面を支えていた北浜銀行から補填されていた[50]。

一九〇四年一〇月、加藤高明が日報社の社長に就任し、『東京日日新聞』の経営に乗り出した[51]。原はこの機を捉え、日報社との協力により増大する経費負担に対処しようとする。具体的には、中国各地に派遣していた通信員が重複する場合には一人に絞り、費用分担の件は相談して決めることとし、早速芝罘通信員の整理を行っている[52]。

『大阪新報』の欧米からの外電は「日独郵報社特約」による「伯林電報」のみで、大阪朝日や大阪毎日に比べると見劣りしていた[53]。そこで一九〇五年六月二五日、講和交渉の本格化に対応して海外通信の強化を図るために、ロンドンに通信機関を特設して「倫敦特電」を掲載する広告を出したが[54]、これは加藤からの相談に基づいて行った措置であった[55]。七月一日からはワシントンにも通信員を置いて電報を報道することにしたが、これも加藤との打合せによる[56]。さらに七月には、新聞の原紙調達について加藤と協議して、大阪新報・東京日日・大阪朝日・大阪毎日・報知の連合で、米紙取寄せを計画している[57]。同じ広告を両紙に掲載し、適当な方法を定めて収入を分割する提携案も検討されたが、これは実現しなかったようである[58]。『原敬日記』や毎日新聞の社史類では全く触れられていないが、日露戦争を経て新聞社が企業経営の性格を強めていく中、経営面で苦戦していた原と加藤は、水面下で接触を重ねて対応策を打っていたのである。

ただし、一九〇五年三月一五日に『時事新報』が大阪に進出し『大阪時事新報』を創刊して競合したこともあり、大阪新報社の経営は容易に好転しないまま、〇六年一月に西園寺公望内閣が成立して内務大臣に就任したのに伴い、原は社長を山田敬徳に譲って経営から外れる。

以上見てきたように、原は『大阪新報』を大阪朝日・大阪毎日と並ぶ三大紙として、かつ西日本一帯をカバーする政友会の準機関紙として育て上げるべく、様々な手法を用いて部数の増加と財務の改善に心血を注いだ。そうした姿は『原敬日記』からはほとんどうかがい知れないもので、原は実に頻繁に大阪の本社に詰める山田敬徳や富樫万次郎等に書簡を送り、懸賞の内容や賞品、新たに建設した器械場の電燈数から暖房方法といった些事に至る[59]、いわば箸の上げ下ろしにまで目を配る経営者として振る舞った。こうした努力により、『大阪新報』は原敬の社長在任中に一万二・三千部から約四万部へと大きく伸びたが、大阪朝日の一四万部、大阪毎日の一三万部には程遠く[60]、経営的にも北浜銀行に依存した慢性的赤字体質から脱却することはできなかったのである。

3 『大阪新報』の開戦論批判

日露戦争前の主戦論・非戦論については長い研究史がある[61]。ところが近年片山慶隆は、東京で発行されていた各紙を分析した上で通説を批判して、一九〇三年四月八日に露が第二次撤兵を実行しなかったことで開戦論が多数派になったのではなく、七月から九月にかけて韓国に露が勢力を伸ばし、ウィッテが失脚して露の政策転換が望み薄になったと判断されたために、『日本』『東京朝日新聞』『時事新報』が明確な開戦論に移行し、次いで露が第三次撤兵を履行しなかった一〇月八日を機に『万朝報』が開戦論に社論を統一し、『毎日新聞』や『国民新聞』も同じく戦争止むなしとの主張に転じ、最後まで残った『東京日日新聞』も一二月末までには開戦論に与するようになる、との見取り図を提示した[62]。

こうした状況からすると、最後まで開戦論を主張しなかった『大阪新報』は特異な存在である。政友会は、日露交渉が行われている中で開戦論・平和論いずれにしろ声高に主張する行為は避け、政府が露との交渉に専念できる余地を与える一方で、政府は早期に日露交渉で成果を挙げる責任を負っているとの立場をとっており、『大阪新報』もそれを支持した[63]。一一月に入っても政友会と憲政本党は一致して日露問題に慎重な姿勢に終始し、態度を明確にしない方針をとり続けた。これに対し、政党嫌いな一派は、冷淡で党略のみに熱心であると評したが、『大阪新報』は重要な外交問題について国内での議論が騒がしいのは好ましくなく、政党の態度は望ましいと評価する社説を掲げている[64]。

桂内閣に対し、「御用新聞」以外にも日露交渉の情報を公開し、国民的広がりを持った冷静な議論ができる環境を整えるように求めている点も見逃せない。露探問題を主題とした一一月五日の社説では、百人余りを私服巡査や憲兵が監視しているというが、未だ一つの確証も得ていないのは無能と言わざるを得ない。秘密に付す必要のない軍事・外交情報は寛大に扱い、言論の自由と個人の名誉を保護すべきであり、政府の挙動はややもすると常軌を逸する傾きがあると警告している[65]。「よしあし草」ではもっと大胆な物言いで以下のように述べていて面白い。

ナゼ国民が沈黙してる、ナゼ主戦論をしない、ナゼ政府に応援しない、ナゼ政党は政府の尻押しをしないと、御用新聞お味方政客の類が頻りに騒ぎ廻はつてるが、片腹痛い話ではないか、苟も日本国民たるものは、一人も死を惜しむやうな量見のものはない、イザ鎌倉となれば、決して後を取る国民ではない、これは世界各国の人は皆な知つてるところで、独り今の政府御用紙とお味方政客とだけが、知らないらしい、決心が極まつてるからである、ナゼ主戦論をしない、アホらしい、已むを得ざれば何時でも相手になるが、戦が主でたまつたものか、ナゼ政府に応援しない、信用しないからサ、ナゼ政党は政府の尻押をしない、知れたことよ、年が年中政党を敵視して、間がな隙がな、政党破壊をやらうとするから、政党愚なりといへども、敵の尻押はしまい、先つこんな訳で、要するに政府孤立し、御用紙とお味方政客とを相手に、怒つて見てるの外ない訳ではないか、今少し国民的にやつてくれんでは困る、但し今の政府がこのまゝで居つて、それが出来るかどうかは、よしあし記者も知らない[66]

こうした立場から、強硬論により露への敵愾心を高め日露開戦へ世論を誘導しようとする対露同志会や[67]、自ら煽動しておきながら極端な強硬論を抑えるのに苦心している桂内閣を批判した[68]。とりわけ、一一月五日に対露同志会が伊藤博文を訪ね警告書を提出すると、政府が伊藤に対露宥和の旗振り役のイメージを持たせ、責任を押し付けるような世論操作を行った結果、対露同志会の行動が脅迫にまでエスカレートしたと咎め、桂内閣に早く同会と手を切るよう迫った[69]。一二月二日にも桂内閣と対露同志会の関係を取り上げ、桂首相が同会に覚書を交付して外交交渉の内情を漏らし慰撫したことは疑いないと糾弾した[70]。

経済への悪影響から一刻も早い交渉の成立を求める論調も特徴的である。米の豊作や順調な貿易など経済界には好景気を示す要因が揃っているにもかかわらず、日露交渉が長引き外交の黒雲が晴れないために、経済界が委縮しているというのである[71]。さらに、「●外交問題と経済界」を連載し、大阪財界人に次のような平和論を語らせ、財界の意向をより直接的に示そうともした。

- 福井菊次郎三井物産大阪支店長：斯く申すと私共は非常の主戦論者のやうに聞えるかも知らんが、その実戦争はこれを商業家から見ると如何なる場合に於ても避け得べき丈は避くべきもの[72]
- 小山健三三十四銀行頭取：日露開戦など今日の模様より推して見れば到底近き将来において起り得べからざることだと予想して居る[73]
- 野元驍浪速銀行頭取：東京でも政府に最も近い辺で聞いて見ると、日露両国の提案なるものは余程その距離が遠いと同時に、その解決時期も余程手間取るやうですから、私は日露間の交渉は先づ無事に

済むと断定したのです。実際何事でも手間取る交渉に破裂のした試しはないです[74]

- 土居通夫大阪商業会議所会頭：私の考へでは日本人は余りに露国を邪推して居るやうに思はれる（中略）今日の雲行では到底戦争になる気遣ひはないと信ず[75]
- 牧野元良商業興信所理事：吾輩も皆さんの御予想通り矢張り戦争はないと予測するのです[76]
- 岩下清周北浜銀行頭取：吾輩も戦争は開けまいと予測して居るからして、戦争が開けて後のことは一切考へて居ないのである[77]
- 谷口房蔵合同紡績専務取締役：元来戦争そのものゝ目的が、多くの場合に於いて貿易の進捗にある以上は、能ふべくんばこの際何んとか平和に局を結んでもらいたいのである。若し戦争をしなければ国家の危殆を来すといふ場合なれば、それは別として、今日の場合は未だそれ程までゞはないと信ずるから余りに他国のことに焼餅を焼いて一時の感情に逸らないことを希望するのです[78]
- 町田忠治山口銀行頭取：元来満州問題が愈よ破裂するものとすると、その影響は全世界に及ぶ大問題となるのであるから、これから考へて見ると多分遠からずして平和に局を結ぶことになるだらうと思ふ[79]

かつて藤村道生が指摘したように、財界人は概ね開戦に消極的であった[80]。彼らの時局観を連打することで、多くの新聞が開戦論へと傾斜していく中で世論を鎮静化させ、露に誤ったシグナルを送らないよう配慮したのである。

一一月下旬になり平和論を維持する新聞が僅かとなる中、『大阪新報』はかえって明確な平和論を唱えるようになっていく。一一月二三日の社説では、政友会が各地で行っている決議について、「要するに速に時局を解決せよとは、政府当局者が外交の手段を尽して、国家のために一日も早く名誉あり利益ある平和を齎らせよ」との意であると読み解いてみせた。原は、「開戦論者のごとく、外交手段をもつて国家に利益あり名誉ある平和を保留するの余地、尚綽々として存するに拘はらず、一も二もなく露国と衝突して、運命を干戈の間に決定すべしといふに同意する」[81]ことができなかったのである。一一月二九日には、露の満韓地方での挙動を見て、従来慎重な態度をとっていた者まで開戦論を唱道するようになったのは余りに確信なき態度と言わざるを得ないと批判し、平和論を堅持する決意を表明している[82]。

日露関係が緊迫する中、一二月五日に第一九議会が召集された。西園寺公望・原・松田正久が率いる政友会は、一二月三日憲政本党との間で桂内閣の辞職まで提携を続けることを確認した。政友会が桂内閣との対決姿勢を鮮明にした主因は、桂内閣による行財政整理案の不徹底と執拗な政党切り崩し策への憤りであった[83]。『大阪新報』も議会召集前から、桂内閣による行財政整理案が五〇〇〇万円にも満たない小規模なもので、実質的増税である煙草専売が含まれており、鉄道経営を特別会計とする筈なのに無視しているとして、予算案を無謀とまで言い切るなど批判を繰り返していた[84]。また、桂内閣の政党破壊工作による小党分立状態への画策が両党の一致をもたらしたと述べ、今日の争いは政党間ではなく、政党対藩閥、憲法政治と非憲法政治の争いであると断じた[85]。原の政党切り崩し策に対する怒りは、社説[86]だけでは収まらず、一二月一一日から〇四年一月八日まで「よしあし草」欄に「●議員買収談」を連載して桂内閣による議員買収工作を徹底的に暴き、内閣機密金の実態についても具体的に触れている[87]。

ところが、第一九議会は河野広中議長が桂内閣弾劾を含む勅語奉答文を提出し可決されたために一二月一一日衆議院解散となり、大阪新報社の事務処理で下阪していた原は急いで東京に戻った[88]。当時、奉答文事件が起こる前から河野が政府に通じているのではないかとの見方がかなりあった[89]。『大阪新報』も、桂内閣による解散措置について外交問題で議会の口を塞ごうとした行為で許すべからざるものと非難し、奉答文事件は「お味方議員」を使った謀略ではないかとの疑念を表明し続けている[90]。

ただ、さすがにこの時期になると、「速かに開戦せよといふは早計なれども」と断りつつ、和戦を決断する時期が近付いたとの認識を示すなど揺らぎが見られるようになるが[91]、このまま開戦論へと傾斜してはいかなかった。一二月二三日に日本側修正案を露に送ったことを知ると、二九日・三〇日の社説で、露の回答を待つ必要と日英同盟に基づき英と協議する必要を挙げながら、「吾々は今日において、容易に交渉破裂といふことを欲しない」と述べ、外交的解決への望みを滲ませる[92]。原は一二月二六日付の書簡でも、桂首相・小村外相による外交を痛烈に批判しつつ、「急ニ出兵ニハ相成申間敷存候、ノミナラズ今日ニテモ尚一縷之望ナキニアラズト存候」[93]と書き送っており、露との妥協が成立する望みを捨てていない。

さらに三一日には、「我々の観察する所によれば時局は固より切迫せるに相違なきも、外交折衝の余地尚全くこれなきにあらず、たとへ我国いよいよ兵を出して、韓国における利権を擁護するに至るも、必ずしも日露の衝突を見ると断ずべからず。」[94]と論じた。日本が韓国に出兵しても必ずしも日露開戦には至らないと述べているのは、それまでの『大阪新報』に見られない唐突な文章である。背景には、一二月一六日に首相官邸で開かれた元老会議において、山県有朋が露に満韓交換を提議すると同時に漢城へ二個師団を派遣して高宗を確保する案を持ち出したことがあると思われる。この案は、山本権兵衛海相が反対して山県との間で激論となり、桂首相と小村外相が山本側についた結果、採用されずに終わる。ただ、元老会議後に山県が大磯に引き籠ったために、伊藤博文が陸軍の規模を混成一個旅団程度に削減して漢城に派遣する案により調停に乗り出し、一二月三〇日の参謀本部・海軍軍令部合同首脳会議で最終的に潰れるまで、議論が尾を引いていた[95]。原は一二月二五日の日記で一六日の元老会議について触れており、この経緯を伊藤から聞いたのではないか。いずれにしても、原は韓国への限定出兵を行っても直ちに日露開戦につながる訳ではないと論じて、伊藤や山県と同様の認識を示したのである。

一月に入ると、時局の切迫を言いながら国民に全く真相を知らせない姿勢に焦点を絞り桂内閣批判を展開した[96]。三〇日には、日露間での戦端が開かれようとしている状況で、国民の信望がなく無能な内閣が居座っているとして内閣の更迭を勧告、元老による内閣組織を求めるに至る[97]。実際原は三一日に井上馨と伊藤を別々に訪ね、元老総出もしくは第五次伊藤内閣の組織を望む旨を伝えている[98]。

原は、二月二日付の書簡でも、「急ニ開戦トモ相成間敷候得共、政府之措置惣テ失敗之様ニ付、普通之経路ニテハ開戦ニハ不相成性質ニ候得共、失策之結果ハ開戦ラシク候」と述べている[99]。よく知られているように、二月五日の日記でも、桂内閣の秘密外交により国民は時局の真相を知らないが、「今日の情況にては国民の多数は心に平和を望むも之を口外する者」はない。少数の論者を除けば、元老も含めて内心では戦争を好まないにもかかわらず、実際には戦争が近付いてきていると記している。外交を知悉する原からすれば、開戦止むなしという状況に陥ったのは、過大な要求を露に突きつけ、その後次第にハードルを下げていく手法をとる一方で、国内では対露同志会を利用して強硬論を煽り、露に誤ったシグナルを送り続けた桂・小村の外交の失策に起因するのであり[100]、責任は桂内閣が負うべきものであった。『大阪新報』はこうして開戦論に与することなく、かえって桂内閣の失策と断罪しつつ二月一〇日の開戦を迎えた。

4 日露戦争下の『大阪新報』

◆桂内閣との対決姿勢

日露戦争開戦後も、『大阪新報』の桂内閣への対決姿勢に変化はなかった。

原敬が桂内閣の非立憲的行為として取り上げた第一は、山口県美祢郡に浅野総一郎が所有する無煙炭山の海軍による買上で、議会を通さずに独断で行われたこの措置を指弾した[101]。戦時とはいえ軍事に差し支えない限り政府が節約を守ることは言うまでもなく、軍事費の不当支出や非立憲的行動があった場合には、当局者は辞職するだけではすまないと警告している[102]。

第二に問題としたのは京釜鉄道への補助金である。原は、いかに軍事上の必要があるからといって京釜鉄道会社の技師・重役の言うがままに補助金を増額する政府の措置は不当である。今日においては軍事上の重要性も以前とは異なるのだから、議会の協賛を経ない専断で一私立会社に巨額の補助を繰り返すやり方は許されないと指摘した[103]。

第三は、開戦から間もなくの六月に経営破綻した百三十銀行を救済するために、政府が独断で六〇〇万円を支出した件である。原は、一九〇四年度予算の予備費及び剰余金から支出したのであるから、当然〇四年末に開会する議会でその政治責任について議論すべきであるとし、次期議会へ先送りしようとする政府の動きを卑怯極まると牽制した[104]。

戦時下において内政問題を論じて政府批判を行う『大阪新報』には攻撃もあった。しかし原は、日本の戦勝は露の君主専制政治とは異なり日本が憲法政治を行っているからであり、遠慮する必要はないと反論している[105]。それればかりか、戦時下でも場合によっては内閣の更迭や議会解散があっても止むを得ないとまで述べることで、挙国一致の名の下に桂内閣批判を押さえ込もうとする圧力に対し、できる限り自由な言論空間を確保しようと意を尽したのである[106]。

原による政府批判は軍事費の中心を占めた国債募集にも及んだ。元老の井上馨から募債に関する詳細な情報を得ていた[107]原は、第一回の内国債が小資本家の負担で行われたとして、第二回はそのようなことのないように注文をつけ[108]、一九〇四年五月中旬には募集の延期を提言している[109]。また、愛国心や君国を興すの決心一点張りで何の算法もなく国債への応募を資本家に強いるのは、戦後の経済を考慮するといかがなものかと疑問を呈し、公然と資本家の利益を擁護する論陣を張った[110]。一〇月の第三回募集に当たっては、国債の発行価格が九二円なのに対し、市価が八五・六円である現状を問題視し、市価を維持する財政当局者の手腕が問われていると指摘した[111]。曾禰荒助大蔵大臣を名指しして、一流の財政家と認める者もないのに意気揚々と成功を誇り独断に流れる色があると正面から批判を加えてもいる[112]。次いで〇五年二月の第四回募債に際しては、一気に借り替え時期がきて困難に陥らないように、三年・四年といった短期の償還期限設定に反対し、できるだけ猶予を持たせるべきだとした[113]。

三月には外債についても論じ、第一回外債募集において関税を抵当とした経験に鑑み、抵当を条件に入れてはならないと注文をつけた。その後、煙草専売益金を担保とすることに決まると、その必要はなかったと難じ、外債成立による通貨膨張への懸念を表明している[114]。七月の三億円に上る外債成立の際には、臨時議会を召集せず緊急勅令によって処理した手続きを憲法政治に悖るやり方と決め付け、政府は緊急手段を取らざるを得なかった理由を示す必要があると迫った[115]。原は、軍費調達の中核をなした債券募集についても無条件で追認することはなく、常に政治的議論の対象にしようと腐心した。

一九〇四年一一月二八日、第二一議会が召集された。最大の争点は軍事費の財源であり、政府原案をめぐって政友会は公債を増額せず政費節減を図って増税幅を減じる立場をとり、憲政本党は増税を減じて公債を増やすよう求めて対立し、交渉は難航すると見られたが、一二月九日妥協が成立した[116]。その裏で一二月八日に桂首相と原との間で会見が行われ、日露戦争後の西園寺への政権授受を密約していたのである[117]。予算案については、織物業者が織物税増税に反対して貴族院に向け反対運動を展開した。しかし原は、織物税を悪税と認めつつ戦時において止むを得ない措置とし、むしろ賄賂により貴族院議員を買収するような行為は立憲政治、挙国一致のために悲しむべきであると批判した[118]。また、実業家が平素政治に冷淡でありながら増税・新税となると資金にものを言わせて運動を試み、時には買収まで行う行動様式を非難して、政党を避けて中立・無所属などと言わず、普段から政党に加わって政治に関与すべきであると勧めている[119]。

このように原は予算については早期に交渉を纏め妥協したが、桂内閣への批判は止めなかった。原は、第二一議会に政府が提出した鉱業法改正案において外国人に鉱業権を認めない規定を踏襲したにもかかわらず、清浦奎吾農商務大臣が答弁で外国人への鉱業権の許与に反対しないと述べた件、政府系の議員を使って農会に国庫補助を与えるために国本培養の建議案を提出させた件を挙げ、桂内閣の無責任振りを指弾した[120]。議会終盤では、陸軍省旭川師団建築費不当決算事件に的を絞り、当時の陸相桂の責任を問い、決算委員会で天皇には責任を負っているが議会には負っていないと答弁した寺内正毅陸相を痛烈に批判している[121]。議会閉会直後、原は今期議会で挙国一致の実を挙げえたのは、政友会と憲政本党の二大政党の功績であることは世間も認めるところで、政党への信用は大いに上がったと自賛し、改めて日露戦争の戦勝が露の専制政治に対して日本が立憲政治であることに基づくと強調した[122]。桂内閣が立憲政治を無視するような行為を繰り返すならば、日露戦争での戦勝自体も怪しくなるとの論理を立て、戦時下における藩閥の暴走に歯止めをかけようとしたのである。

◆勤倹貯蓄批判と抑制した戦局報道

開戦直後の一九〇四年二月一六日、内務省は地方長官会議での芳川顕正内務大臣の訓示を各地方長官に宛て通牒し、官報で公示した。その主眼とする所は勤倹貯蓄の徹底であった。三月九日にも各地方長官に宛て、「地方財政整理及生産的事業奨励ニ関スル件」を通牒し、郡市町村等における不要不急の事業の廃止・繰り延べによる地方財政整理を求めた。また、三月三一日に公布された非常特別税法第二十二条では、府県・市町村等の地方公共団体が課す地租附加税や段別割の課税制限を厳しくして地方財政を圧縮し、国税の増税に対応しようとする姿勢を一段と明確にした[123]。

原敬は、一連の措置が戦時下の経済・社会の委縮をもたらし、人気が沈滞して不景気を招くとして[124]、開戦後しばらくすると『大阪新報』紙上で政府が主導する勤倹貯蓄政策への徹底した批判キャンペーンを展開していく。たとえば、四月には、「勤倹主義の影響」と題して、綿布類・縮緬・古着・貴金属品・清酒などの商品ごとに不景気の実相を連載した企画を組んでいる。

「よしあし草」欄では、さらに大胆かつ軽妙に当局批判も交えながら勤倹貯蓄批判を繰り返した。なかでも、以下に掲げた四月一五日の「滑稽三幅対」は小気味よい。

> イヤ勤倹だ貯蓄だと、今日始めて聞た名論でもあるかのやうに、四方八方に吹廻はつて、その結果は世の中を火の消たやうにする、金は廻り持なり、人間社会は倶食で持つてるんであるといふ道理を知らず、年中大病人の枕元にでも居るやうにして、国家の元気がつくものか、経済界の恢復が出来るものか、今は葬式の晩にも、肴を食ふ世の中ですよ・・・あほらしい・・・チト陽気にやりたまへ

二二日には、日本人の欠点は手加減を知らないことで、勤倹貯蓄もやり過ぎるといけないと注意した。翌日にも山口県岩国からの投稿があったとして、地方吏員による興行禁止措置を批判し、五月五日の「●勤倹貯蓄とお念仏」では勤倹貯蓄を茶化した。さらに、二四日には「四千万の人民がみんな葬式に往つたやうな顔をしてることはよしあし記者大嫌ひだ、働くべし、儲くべし、遊ぶべしである」と強調するなど、縦横に勤倹貯蓄批判を展開している。原はまた、戦後の経済界が多望であることは明らかであるとして、徒に悲観して経済界の意気消沈を招く愚に与してはならないと鼓舞し[125]、一貫して開戦後の不景気からの脱却に注目して論陣を張った。特に、戦後経営に向けて海外貿易の発展策を講じるべきであるとして、七月九日から一三日にかけて五回にわたり論説「外国貿易」を掲載した。そこでは羽二重や花筵、扇子など輸出商品の販売方法の具体策を示し、関係省庁や在外領事館との協力を提案、挙国一致による貿易振興を主張して、海外視察員の重要性についても触れている。

政府による過度の経済への保護・干渉への警戒と自由で公正な経済活動への支持は、大阪毎日時代からの原の持論であり[126]、『大阪新報』での経済に関する論説を貫く主題であった。特に日露戦争期、原は米のトラストや独のカルテルに着目し、その弊害を視野に入れつつ、桂内閣の経済政策への注文を繰り返している。初めてトラストを取り上げた一九〇四年一二月一六日には、米では米西戦争の頃から一気にトラストが流行したが日本でもその兆候があるとして、利害得失に触れた後、生産物の分配や物価に及ぼす弊害について特別に法律を設ける必要があると注意を促している[127]。〇五年二月三日には、清浦農商務大臣が実業家を集めて会社合同の必要を説いた件について、元来こうした事柄に政府が関与すべきでなく、欧米諸国で政治家がトラストの暴威を抑止するのに苦心している時に、いずれの産業かも論ぜず合同を奨励すべきではないと釘を刺した[128]。八月三日・四日にも政府による企業合併の奨励策を論じ、米のトラストや独のカルテルが単なる経済問題ではなく政治問題、社会問題となっている現在、当局が合同奨励策を推奨すると大火傷の元になると批判し、自由競争の重要性を強調している[129]。さらに八月九日には、大蔵省において検討されている銀行制度改革に触れ、小銀行を撲滅し銀行重役が他の会社に関係することを禁じ、銀行と他の会社との連絡を禁圧するというが、無益なことでできない相談であると全面的に批判した[130]。

原は、勤倹貯蓄による経済・社会の委縮だけでなく、露探騒ぎによる言論の自由への脅威や緒戦の戦勝によるナショナリズムの暴発にも注意を払い、警告を発し続けた。露のスパイとの疑いをかけられた二六新報社の社長秋山定輔が、三月二九日に何らの証拠もないまま衆議院議員の辞任に追い込まれ、『東京二六新聞』へと改題を迫られた事件は、世間に衝撃を与えた。露探の嫌疑と切り離し、三月一六日の『二六新報』における厳しい桂内閣批判を理由に秋山が辞任を受け入れる道筋をつけたのは原であった[131]。原も露探騒ぎの社会的圧力に抗し切れなかったのである。ただ原は、多くの新聞が沈黙を決め込む中、四月二五日の『大阪新報』で「吾々は世人がこの際漫然として露探云々の浮説を流布するが如き、軍国に害ありて益なきを警告するのみ」と述べて、露の軍事探偵探しのような風説の広がりに強い懸念を表明した〔132〕。四月二六日・二七日には、戦時国際法が存在するご時世に、戦争熱に浮かされて大津事件の津田三蔵や李鴻章を襲った小山豊太郎といった凶漢を是認する風潮を痛烈に批判している〔133〕。三〇日には、戦時外交や戦後の東方経綸策を論じる所説に、「往々露骨なる言語を以て、或は友邦の内心を忖度し、或はわが国の経営を論断するものあり」とし、そうした言説は友邦を敵に回し、同情を寄せる列国の人々に反感を抱かせると警告した〔134〕。原は、軽率に外交を論じ無邪気に戦勝による勢力拡大の夢を語る言論は国際政治において有害であるとし、『大阪新報』を通じてできる限りその抑制に努めたのである。

八月下旬になると、戦勝に驕って外国在留の日本人が乱暴狼藉を働いて国家の名誉を毀損しないように注意を促した〔135〕。九月一日にも大関（露）に対し幕下の小兵力士（日本）が連戦連勝したら、周囲の幕内力士は高慢な小兵力士が生意気だと感じるだろうと述べ、戦勝を誇って世界の同情が反転することにもなりかねないと戒めている〔136〕。

『大阪新報』は、緒戦の勝利によって戦局の展開を甘くみる風潮を抑えようとする点でも一貫していた。まず五月八日には、鴨緑江の戦い、九連城の攻略と続く戦勝に対する世界の報道を検証して、あくまで慎重に最後の全勝まで忍耐自重する重要性を強調し、露軍は遼陽が落ちれば奉天、奉天を失えばハルビンに退いて、態勢を立て直そうとするだろう。そうすると益々露軍は本国に近付き、日本軍の補給線は伸びて不利に陥り、露を屈服させる機会が来ないかも知れないと、冷静に今後の戦局の推移を予測した〔137〕。五月二三日にも、今までの戦闘は序章で、これから雌雄を決する決戦があるとの見通しを述べ、決戦地を遼陽、次いで奉天またはハルビンと予想した〔138〕。

八月一九日から第三軍による旅順第一回総攻撃が始まると、戦況の発表を政府に求めつつ、露が巨額を投じて防禦を施したのだから簡単に陥落しないのは当然であるとして、国民に平静を呼びかけた〔139〕。一〇月九日に大本営がようやく五月二六日から七月三一日までの旅順包囲作戦の経過を発表した際も、なぜここまで戦況を秘密にする必要があるのか理解に苦しむとしながら、旅順陥落の報を待とうと述べている[140]。ところが、第三回総攻撃を前にした一一月二三日になると、露軍はなお数カ月旅順を持ちこたえられるとする外字新聞の報道を否定し、旅順の陥落は近きにあり決して心配する必要はないと国民を鼓舞する姿勢に変わる[141]。その後も同様の報道を繰り返し、一二月二日には二〇三高地占領を報じ、同地の戦略的重要性を詳細に説明した上で祝意を表している[142]。こうして一九〇五年元旦の旅順占領を迎えるのである。戦局に関しては、楽観論と悲観論の間でバランスを取ることが『大阪新報』の報道姿勢であった。

◆韓国・満州政策をどうするか

『大阪新報』が韓国問題を本格的に論じるのは、「韓国荒蕪地開拓案」が問題となり韓国内での抵抗が激しくなった一九〇四年七月からである[143]。「韓国荒蕪地開拓案」とは、元大蔵省官房長の長森藤吉郎が立案し、小村外相と林権助駐韓公使が手を入れたもので、韓国政府の公有地でもなく韓国民の私有地でもない土地に目をつけ、王室御料地である山林川沢の荒蕪地を開墾して使用できるよう高宗に迫った事件である[144]。同案が明らかになると韓国では強い批判が起こり、七月に入って韓国政府は提案を拒否したが、その後も日韓両国の間で交渉が継続していた。

問題の長期化を憂慮した原敬は、八月三日・四日と続けてこの問題を取り上げ、韓国での排日熱を煽る、列国内に韓国や清における占領地での利権を日本人が独占するとの疑惑を生じる、政府と結ぶ一部の日本人が利益を独占して多くの日本人にとって不利益となる、鉱山や山林の独占を図ろうとする同様の動きが生じるといった理由を列挙して、正面から批判した[145]。別の記事では、名前も知られておらず資金もない長森に許可が下りたとしても、開墾の「権利株」のようなものになってしまうとの懸念も表明した[146]。「韓国荒蕪地開拓案」については、『都新聞』『万朝報』『毎日新聞』『報知新聞』なども批判的見解を打ち出していたが[147]、『大阪新報』の立場はその中でも最も明快な反対論と言ってよい。結局九月二九日、同案は小村外相の訓令によって撤回となった。

しかし、原が「韓国荒蕪地開拓案」を批判したからといって、韓国の保護国化に異論を有していた訳ではない。むしろ開戦後早くから井上馨や山本権兵衛海相に保護国化の必要を説いていたが、世間への公表を控えていたのである[148]。八月二二日に第一次日韓協約が結ばれ、韓国政府に日本政府推薦の財政顧問(日本人)と外交顧問(外国人)を任用させ、外国との条約締結・特権譲与について日本政府と事前に協議することが定められた。九月五日に日韓協約が官報で公表されると、原は九日に論評し、協約の規定ではまだ韓国が自主的に外交を行える余地を残していると批判して、実質的保護国化の必要性を強調した[149]。

九月二九日には、同月五日に長谷川好道陸軍大将が韓国駐箚軍司令官に任命されたことに寄せて、目指すべき対韓策はシュターテンブンドであると明快に述べた上で、外交・財政の二顧問に加え長谷川大将の任命により軍事の実権掌握へ一歩を進めたと評価した[150]。シュターテンブンド(staatenbund)とは国家連盟のことで、通常ドイツ帝国が該当すると考えられており[151]、原もドイツ帝国を構成するヴュルテンベルク王国やバイエルン王国を念頭とする対韓策を提唱したものと見てよい。日露戦争後の一九〇七年七月二九日に伊藤博文が新聞記者団に対して、「彼の日耳曼聯邦ウルテンブルグの如く、韓国を指導して勢力を養成し、財政経済、教育を普及して、遂には聯邦政治を布くに至るやう之を導くが我利益也」と演説した[152]ことを踏まえると、原がその三年前に同様の認識を披歴していた事実は、両者の間で何らかの意思疎通があった可能性をうかがわせる。さらに一〇月九日には、長谷川大将の赴任に際して、韓国兵が日本の駐在官や居留民に危害を加える事態が発生したとして、韓国軍の解散を勧告している[153]。

一一月一六日に桂首相・小村外相と懇談した席で、五月三〇日の元老会議と三一日の閣議で決めた「帝国ノ対韓方針」及び「対韓施設綱領」について説明を受けたのに対し、原は「国際的に保護国となすにあらざれば朝鮮の位地は決定」しないと述べ、列強との条約による保護国化の承認が肝要で、その実現には韓国による条約違反か反抗を理由とする武力行使の外ないとの強硬論を伝えた[154]。この懇談を踏まえて原は、在韓日本人の多数が韓国人を虐待する様は不快であると述べ、「大国民の面汚し」と批判する[155]一方で、韓国宮廷内での排日運動の発生や、英米仏などの列強が宮廷に利権要求を行っている状況を踏まえ、日本政府の優柔不断を責め断固たる韓国政策を要求し続けた[156]。

その後一九〇五年四月七日に開かれた元老会議と翌日の閣議において、①韓国保護国化の完成を図る、②日英同盟協約の継続交渉を行う過程で韓国保護国化に沿った内容への改定を目指す、③露との講和において韓国保護国化を承諾させる、という方針が確認された。原は、この決定を四月一六日の桂首相との会談で伝えられた[157]が、五月になっても桂内閣の韓国への処置がいかに優柔不断であるかを批判し、日本の韓国に対する権利は他国の容喙を許さないものになっているのだから、断固たる措置をとっても異論はない筈と主張している[158]。ただ、日本が韓国を奪おうとしているとの猜疑や危惧が広まっているが、これは日本の真意を知らないものであるとして、韓国保護国化と韓国併合との違いを強調している[159]。原の韓国政策は、外交・財政・軍事の諸権を日本が握り、その状態について直ちに国際的承認を得て保護国としての地位を確固としたものとし、将来的には併合ではなくドイツ型の国家連盟を構想するといった内容であったと思われる。

一九〇四年一一月に京釜鉄道が全線開通する頃になると、韓国での経済開発に向けた議論にも関心を広げていく[160]。たとえば、京釜鉄道に関しては、株主の出資よりも政府の保護助成金が多額となる奇観を呈しているとして、国有化すべきと問題を提起した[161]。韓国の中央銀行を第一銀行とした措置には賛意を表し、営利ではなく公益を重視した経営の重要性を強調している[162]。また、朝鮮での棉花栽培の改良蕃殖を図る目的で紡績業者や貴衆両院議員その他の有志者が集まって棉花栽培協会を組織したと聞くと、これにも賛同して国民の注目を促しているが〔163〕、実は協会の設立には原自身が深く関与していたのである〔164〕。

七月に入り満州貿易のほぼ唯一の輸出入港である営口を占領すると、重要な開港場であり、軍事的必要性のない限り外国人だけでなく日本人の活動も認めるよう要求し、豆粕の輸入が戻れば日本の農家の肥料不足も解消する筈と述べて〔165〕、中国貿易についても論じるようになる。その後も占領地の拡大を踏まえ、英米独仏の商人に先を越されないためにも清韓への視察が重要で、粗製濫造に流れるならば清の貿易市場が欧米諸国の競争者の手に落ちると忠告している〔166〕。

ただし、原は日本による満州・韓国市場の独占ではなく、門戸開放論に立って公正な競争の保障を重視していた。六月二一日・二二日には「抑もわが国は露国の満韓侵略に対し、機会均等の主義によりて門戸開放を主張し、列国とゝもに利益を自由に配分せんと欲したる結果、遂に露国と戦を開かざるべからざるにいたりし次第なるが、日露戦争の有無に拘はらず支那は到底列国の協力して開発せざるべからざる所」〔167〕と述べ、機会均等の尊重、国際協調の重視を主張している。七月にも、「目下世人の清韓経営論は、多くは日本人独りで何もかも占領しようといふやうな傾があるが、あれは宜しくない」〔168〕と記し、日本による満州・韓国市場の独占を明確に否定した。原は開戦前の開戦論批判から転じて、開戦後には他の論者と同じく門戸を閉ざそうとする露に対して市場の開放という世界の大勢にそう日本を対置してみせ、戦争を正当化したのである〔169〕。

遼陽の会戦と沙河の会戦で勝利し日本軍が南満州での地歩を固めると、一〇月二八日、満州での実権が露から日本に移ることで、清では日本が満州を併呑するのではないかとの懸念が広まっているが、これは露の巧妙な宣伝である。日本の学者でそうした議論をしている者もいるが、一個人の私言に過ぎないと述べ、初めて日露戦争後の満州の地位に言及した〔170〕。旅順陥落後の〇五年一月一三日には、大連・安東の二港は早急に開放して列国民に均等に機会を与え、日本に利益独占の野心のないことを示すとともに、軍機保護を名目にいつまでも軍が開放を拒否して商機を清人に先んじられないよう求めた[171]。三月の奉天会戦での勝利をうけて書かれた社説では、原はかなり慎重な態度を表明した。日本の大勝により同情を寄せていた英米を含めて不安を抱く者が出てきて、米には日本人の米への移住を恐れフィリピンへの野心を警戒し、英にはインド・チベット方面への、独には山東省への、仏にはコーチシナへの野心を警戒する声がある。さらに清を同化・訓練して中国で優位を占めるのではとの危惧が列国共通のものとなっているとして、この際日本政府が宣言を出して門戸開放方針を列国に示してはどうかと提言した[172]。

日露間で講和交渉に向けて瀬踏みが始まった七月には、講和が満州に及ぶことを想定して、清が次々と大官を列国に派遣し干渉を誘う策に出ているのは、列国による清への干渉を招く軽挙であると批判し、確かに日本は戦勝により南満州を勢力圏とする権利があるが、善隣のために満州を開放し清の主権を尊重しようとしているのだと強調した[173]。原はこの時点でも、南満州に露が有する利権の日本への譲渡は当然としながら、英米を始めとした列強との協調のために満州市場の開放を重視していた。

右に見てきたように、『大阪新報』で展開された原の韓国・満州に関する主張には、日露戦争後の政友会や政友会と密接な関係にある伊藤博文の東アジア政策を考える際に、踏まえるべき情報が満ちているのである[174]。

◆露への視線

一九〇五年一月二二日、露のペテルブルグで血の日曜日事件が発生し、第一次ロシア革命が始まった。原が最初に露での革命運動を取り上げたのは、この事件の一カ月ほど前の一九〇四年一二月一八日である。この日の社説では、露で憲法制定要求などの運動が盛んとなっている現状を指摘し、明治維新と比較しつつ、露の敗戦が騒乱を激発せしめ、今なお頑迷な専制政治を行っている露政府が和を求め人民に憲法を与えざるを得なくなるのは、日露戦争が文明の義戦であることを示していると評価した[175]。血の日曜日事件後に書かれた論説では、露都での騒動が降伏の前兆と認めることはできないと断りつつ、元来穏健な運動であったにもかかわらず露政府が残酷な武力による鎮圧を行ったことで、列国の悪感情を惹起するかも知れないと、事件の国際的影響に注目している[176]。

当初原は露における革命運動の勢力には懐疑的であった。原は、革命家たちや民衆の平和論が、むしろ主戦論者を勢い付けるのではないかと想定したり、日露戦争への影響を過大に評価して講和につながるといった見方は日本での人心に緩みをもたらすと警戒感を表明していた[177]。ところが四月から六月になると、ストライキや農民の租税・地代不払いに加えて、ポーランドでの一揆、露軍内の革命機運まで生じ、露での内憂は急速に深まった[178]。これに伴い原は、税収の確保が覚束ない情況となって亡国の可能性まであると予測し、日露戦争が露の体制変革につながるかも知れないと、文明の義戦との見方を改めて強調するようになる[179]。原は、設立をめぐって紛糾している露の国会についても説明を加え、欧米や日本の議会とは異なる「ゼムスキー・ソーボル」という僧侶・貴族・商人・農民の四民代表者会議のことで、革命党や急進派は決して満足しないし、何の役にも立たないだろうと推測した[180]。さらに六月には、露皇帝が地方議会の代表者を引見して国民議会召集を約したとの報道を紹介し、もし露がこの結果立憲政治となるならば、「日露戦争は専制野蛮の政府を立憲政治の政府に転じさせた高貴の事業となる」と自賛した[181]。

外交経験が豊富であった原は、一九〇四年一一月八日の社説で、露兵の蛮行を糾弾して赤十字条約に基づき厳しく咎めるよう求めつつ、日本軍は文明の戦闘を継続すべきと述べている[182]。原は露軍の国際法や赤十字条約違反に敏感であり、こうした側面からも日露戦争＝文明の義戦論を展開していく。黒溝台の会戦で勝利を収めた直後の〇五年二月七日には、露が日本における俘虜待遇問題について事実と異なる記事を仏の新聞に掲載したことに触れ、連戦連敗の余り戦場で公法や赤十字条約を無視したり、列国に向かって外交文書をもって日本を讒誣したり、あるいは種々の事実を虚構して新聞雑誌に掲げたりしてきたとして、露への憤りを表明している[183]。講和交渉の開始を前にした六月二四日にも露のハーグ条約違反となる数々の蛮行を取り上げ、これらの事実を列国に訴えて罰則を課すよう外交手段を講ずるべきと主張した[184]。こうした露軍の行為との対比で、原は日露戦争を文明の戦いと位置付け、捕虜の待遇についても相当の配慮を求めていく[185]。

国際法との関連では、一九〇四年一二月七日、バルチック艦隊が中立国に寄港して戦備を整えようとして、中立国が結果的に露に加担しないよう、日本の外交当局に厳格な行動を求めたのを皮切りに[186]、執拗に中立国の義務遵守問題を取り上げている。特に露仏同盟を頼ってバルチック艦隊が仏植民地の港を利用しベトナムのカムラン湾に碇泊した際などには、将来日仏関係に支障が生じると警告を発し、日本政府に適当な手段を取るよう迫っている[187]。この問題をめぐって憲政本党は五月一一日、仏は戦闘圏内に入ったので英に日英同盟第三条を履行し日露戦争に参戦するよう促し、日本は自由行動を取るべしとの強硬な決議を行った[188]。原はこれに対し、中立義務違反を理由に日本が仏に対し戦端を開くならば日英対露仏の大戦争となって、かえって露の術中にはまると戒め、怒りの余り常軌を逸した行動を取らないようナショナリズムの抑制に意を用いている[189]。

5　日露講和問題と『大阪新報』

『大阪新報』が初めて本格的に講和問題を論じたのは旅順陥落後の一九〇五年一月である。そこで原敬は、戦争の終局の目的である露の復讐戦の可能性を断つまでは、戦争を終息させるべきでないと述べ、早期講和論に明確に反対した[190]。二月にも、講和は開戦の目的を達するだけでなく、露が復讐戦を断念するものでないと駄目で、まだ満州での決戦が行われておらずその時期ではないと再論した[191]。

ところが、奉天会戦の勝報を得た直後の三月九日、原は大磯に伊藤博文を訪ねた際、今後の長期戦には堪えられないとの見通しの下、相当の地に退いて守ることが得策との見方を示し、伊藤の同感を得ている[192]。四月一六日に西園寺政友会総裁への政権授受をめぐって桂首相と交渉した場でも、これ以上戦争を継続しても何の利益もないので、早期講和を図るに越したことはないとの考えを披瀝した。このように原は日本側が戦力の限界に達しつつあると認識していたが、同じ席で政友会には別個の立場があり、政権に参画でもしていない限り国民の声に雷同するしかないと桂を牽制している[193]。

『大阪新報』でも、講和には他日露が復讐戦を行えない十分の保障と多額の賠償金が必要で、一時の平和をもたらす偽装的なものであってはならず、いまだその時期ではないと繰り返すとともに、賠償金への期待感を表明した[194]。また、講和条件を云々する者がいるとして、敵国の政治家や商売人が探りを入れるために平和説を流したりするのに乗ってはいけないし、戦争が継続しているのに挙国一致を乱してもいけないと、警告を発している[195]。講和問題については、原個人の認識と『大阪新報』の論調は必ずしも一致しないのである。

原は国際世論への工作の重要性も唱えた。たとえば三月七日には、露が日本に対する中傷や買収工作を弄して日本の野心や黄禍説を言い立て、列強の均衡が崩れるなどと猜疑心を煽る外交を展開していると警戒を求め、日本には他国の領土を侵略する野心はなく列国との平和を望んでいるのだから、外交当局者は列国の猜疑心を一掃する手段を講ずるべきであると述べている[196]。五月六日にも、日本の連戦連勝により列強には日本への賞賛が広がっている反面、驚愕や恐怖も生じて「恐日病」が広がる兆候が出ているとして、政府や民間識者には日本の真意や目的を解説する務めがあると強調した[197]。

原が講和への期待感を表明したのは、日本海海戦の結果をうけた六月上旬である[198]。六月一〇日、セオドア・ローズヴェルト米大統領が講和の仲介を申出たことが外務省から公表された。原はこの報を歓迎しつつ、重要なのは講和条件であるとして、改めて日露戦争の目的が日本の自衛と東洋永遠の平和の確立にあるのだから、露が再び極東に野心を起こさず復讐戦を企てられないようにする条件を確保できないならば、戦争継続も止むを得ないと論じた。早くも露は賠償金を受け入れないとの見通しを示している点も注目される[199]。

米大統領の仲介報道以後民間で次々に表明された過大な講和条件については、無責任な私議が横行して外交の障害とならないように世論は慎重でなければならないと主張した。七博士が講和条件をめぐって発表した私見に関しても、政治家の領域に踏み込んで外交の妨げになっていると批判し、軽率な行動を戒めた[200]。また、講和交渉は相手もあり仲介した第三国もあるのだから、賠償金が多いほど領土も広いほど良いが、国際談判にはそうした強硬論が得策であるとは限らないし、領土の獲得が場合によっては禍根を残し永遠の平和どころか確執の基にもなると忠告している[201]。さらに、六月二八日に政友会と憲政本党が同時に講和問題と題する宣言を発表すると、その文章が簡潔で概括的であることを評価し、民間で講和条件を公表する者が多いのは無責任であって、両党の態度は政党の成熟を示すと自賛した[202]。

このように原は領土・賠償金の獲得について慎重な姿勢をとったが、樺太上陸作戦が始まり、露の全権がウィッテに決まる七月になると、樺太の割譲は領土の回復という側面もあり当然との立場をとるなど[203]、次第に強硬論へとシフトしていく。恐らく「御用新聞」のレッテルを貼られる事態を懸念したのであろう。七月下旬には、制海権を握っているのだから海軍と陸軍が共同してカムチャツカ半島を占領してはどうかと提案し[204]、戦勝国にとって不利であるとして講和談判が進行していない現状での休戦に反対を表明した[205]。満州での戦闘で一度でも敗れると列国の干渉を呼び込む可能性があると述べて、講和より戦争の行方が重要であるとも力説した[206]。そして、八月になって講和交渉が始まると、改めて日本側の希望は露を東アジアから駆逐して東洋永遠の平和を維持することであると述べた上で、戦勝国の当然の権利として戦費の賠償と領土の譲渡を求め、そうした条件が確保できなければ戦争を継続するしかないと力んでみせた[207]。

一方で原は、八月一四日に桂首相と会見した際に、政友会への政権受渡しを前提として、いかなる条件で講和が成立しても賛成する意向を表明した。日英同盟協約の改定内容と来日した米のタフト陸軍長官との間で協定を結んだことも聞いた[208]。これらの情報をうけて『大阪新報』では、列強の講和への見方に注目して、日本側の講和条件は控えめなもので、英米だけでなく仏独なども当然と評価しており、露のみ抵抗している状況だから譲る必要はないと断言した[209]。ただ日英同盟協約の改定に関しては、継続には全面的に賛成としつつ、インドにまで適用範囲を拡張するなど必要以上に任務を重くすることには慎重な姿勢を早くから明らかにしている[210]。

他方で原は、ウィッテが渡米直後に新聞社を利用して米世論の同情を惹こうと躍起となっているのに反し、小村寿太郎全権が移動中も沿線の米国民に姿を見せず声明さえも出そうとしないのは外交に不熟練という他ないと、小村外交への批判も忘れていない[211]。その後も露が巧みに新聞を利用して講和での自国の立場を宣伝している点に注目して、日本側も秘密主義を解き放ち新聞政略を用いるよう忠告している[212]。

八月三一日に講和交渉の妥結とその内容が伝わると、各新聞は九月一日から一斉に講和反対論を掲載した。三日夜には早くも大阪中之島公会堂で講和問題市民大会が開催され、五〇〇〇名余りの参加者があった[213]。五日には東京で国民大会が開かれ、その後日比谷焼打事件が起きた。

『大阪新報』は九月三日、高橋光威執筆の「冷静ノ判断」と題する社説を掲げたが、「御用新聞」ではないかとの批評もあり社内に動揺が生じた。原は古河鉱業の鉱山を巡回するために盛岡に立ち寄ったところであったが[214]、そこから山田敬徳・高橋・富樫万次郎に宛てて書簡を送り、「冷静ノ判断」の内容を支持し、「御用新聞」などといった風評に頓着することなく、これまで通りの論旨を繰り返し主張すれば、時間の経過とともに同感を表する者が多くなる筈と指示した。原は、講和問題へ対処する方針として、①講和の成立は国家の利益である、②講和条件の不十分は当局者の責任である、③仏は普仏戦争での敗北により賠償金五〇億ルーブルと領土を割きながら非常の発達を遂げており、償金がない位のことは何でもない。そうした気概がなければ国家の発達を期すことはできない、④今後の急務は戦後の財政をどう料理し国力の発達を促進するかである、⑤講和条件の不満足で責められるべきは当局者で、国家は当局者の私有物でないのだから、当局者が責められて辞職したからといって、国家は当然の仕事をするしかない、との項目を列挙して申し送った。その上で、有識者と一般社会との間には大きな差があり、徒に有識者だけを喜ばせ多数人の人気を失うのはよくないので、その辺をよく手加減して編集するようにとも付け加えた。

さらに原は、賠償金のなかったことについて、以下のように日清戦争の賠償金の多くが軍事費に充てられその後の軍拡財政の膨張を来したことを引き合いに出し、国家にとって「利益」とまで述べた。

実際ヲ申セハ償金ヲ取ラサルカ為メニ困難スルハ政府ノ財政上軍事費ノ始末ニアリテ、民間ノ経済ニ取リテハ日清戦争ノトキノ如ク償金ヲ取ツテモ直接ニ恩恵ヲ蒙ラサル次第ニ付、却テ不生産的ノ軍事設備ニ償金ヲ濫費サレテハ跡始末ニ困ル様ノ次第ナリ、故ニ償金ノ取ラサリシハ国家ノ為メニ利益カモ知レズ

ただし、このような高尚な議論は政府の弁護にもなりかねないので、紙面には出さないように言い含めている[215]。

新聞経営に携わる原らにとって、日比谷焼打事件での『国民新聞』の遭難は衝撃的であり、あまりに正直

な議論は「御用紙」との疑いを招き、どうしても避けねばならなかった[216]。現に大阪でも、大阪毎日が講和会議の情報を補完するために行った『国民新聞』とのニュース交換などを理由に、『大阪新報』や大阪朝日から「半御用」新聞とか国民新聞の流れをくむものとの批判にさらされ、弁明に追われる事態が生じていた[217]。『大阪新報』は一カ月ほど前の「よしあし草」に「●御用新聞の東西提携」を載せ、東京の御用新聞と大阪の御用新聞が同じような議論を唱え同じような弁護を政府のためにやって、自分の新聞の繁昌を吹きたて他社の悪口を四方に撒き散らしていると、『国民新聞』と大阪毎日を揶揄する[218]など、大阪毎日との関係を悪化させてまで「御用紙」批判の火の粉が自社に降りかからないように配慮していた。原は、大阪毎日と御用新聞のなすり合いとなる事態も想定して、講和関連の特ダネ記事を連発している大阪毎日の米国通信員カール・オラフリンは、ニューヨークヘラルドの社員でかつ「露国機関紙之社員」でもあるいかがわしい人物であり、大阪毎日と『国民新聞』が「御用同志之連合」である材料は沢山あると山田と富樫に伝えている[219]。

大阪毎日との対立は、同社の本山彦一社長が大阪毎日社の株主でもあった原を除名するとの意向を示すまで悪化するが、原はできるものならしてみたらよい、その場合は本山社長等の「非行」を挙げて非難し、それでも懲りないならば株主を巻き込んで攻撃する意思があると告げ、喧嘩を買う姿勢を示した[220]。結局、その後原が除名された様子はなく[221]、両者の争いはうやむやの内に消滅したようである。日露講和問題をめぐっては、各紙とも噴出するナショナリズムを背景とする世論の高揚を前に、「御用紙」との批判を回避することに努めざるを得ない状況にあり、その主張は自己規制の下にあった点に留意せざるを得ない。言論活動の自由を常に念頭に置いていた原も、この点では例外ではなかった。

原敬の戦争認識——おわりに

本稿では、原敬による大阪新報社の経営と『大阪新報』での主張を検討してきた。以下では原敬が『大阪新報』で展開した主張の要点を改めてまとめてみたい。

第一に、日露開戦となるまで開戦論に与しなかった点が注目される。確かに原の主張は『東京日日新聞』と同じく、無暗に強硬論を唱えるのではなく、戦争は最後の手段として外交交渉に徹し平和に局を結ぶことをよしとするもので、戦争そのものを否定したり批判したりした訳ではない。しかし、元老から一般の国民に至るまで平和を望んでいるとの確信、対立する桂内閣の無能な外交に責任を帰し第五次伊藤博文内閣への交代を掲げることができた政治的立ち位置から、最後までぶれることなく開戦を迎えたのである。

しかし開戦論を批判していた原は、開戦とともに一気に「飛躍」して戦争の正当化に迫られる[222]。そこで原が繰り返したのが、露の専制政治と日本の立憲政治との対比であり、日露戦争は露の敗戦によって野蛮な専制政治から立憲政治へと転換させるための文明の義戦であるとの論理であった。開戦後になっても、原の桂内閣への対決姿勢は変化せず、戦時下における桂内閣の非立憲的措置を取り上げて論難し、戦時国債の発行に注文を付けるだけでなく、内務省を中心に展開された勤倹貯蓄政策が経済・社会の委縮をもたらし不景気を招くとして徹底した批判キャンペーンを行い、政府による過度の経済への干渉には正面から異議を唱えた。また、露探騒ぎによる言論の自由への威嚇や緒戦の戦勝によるナショリズムの暴発にも注意を払い警告を発した。こうした『大阪新報』の言論には批判もあったが、原は日露戦争での戦勝について露の専制政治に対して日本が立憲政治であることにその要因を求め、文明の義戦であると主張することで、戦時下における政党の活動と自らの言論の擁護を行っていく。

もう一つ原は、満州市場を独占・閉鎖して門戸を閉ざそうとする侵略的な露と、門戸開放・機会均等という世界の大勢にそう協調的な日本という、戦争正当化の論理も提示した。原は、桂内閣の韓国政策を優柔不断として追及し、韓国の保護国化について国際的に承認を得て一気に完成させ、将来的にはシュターテンブンド(staatenbund)を目指すとの興味深い提案をしつつ、日英同盟協約における清と韓国での機会均等規定を踏襲し、満洲だけでなく韓国も門戸開放して公正な競争を保障すると主張したのである。

旅順開城後に講和が話題になり始めると、原は開戦の詔勅で掲げた目的だけでなく、露による復讐戦の可能性を断つ内容の講和条件を求めた。日露戦争をこのように意義付ける限り、安易な早期講和論に乗る訳にはいかなかった。戦力の限界を認識し政界内ではそうした発言を繰り返していた原であったが、新聞界が作り出した世論の高揚に拘束されて『大阪新報』での講和論は次第に強硬となっていった。しかし、原は自らの認識と『大阪新報』での報道姿勢との分裂について極めて自覚的であった。講和条約成立直前からは政権授受に向けて露骨な講和批判に与せず、大阪毎日を「半御用」新聞と批判することで自社への「御用新聞」批判を回避するという、際どい手段を使って難局を切り抜けたのである。

講和については、日清戦争での賠償金の使途を引き合いに出して、無賠償により「軍事設備」への濫費を回避でき、むしろ国家の利益かも知れないと評している点が重要である。原は講和後の政権受取りを目前にして、軍の統制と軍拡財政の抑制を政権の課題と認識し、講和を評価したのである。

こうした視角からすると、台湾統治に論及した一九〇四年一〇月一七日の社説が注目される。そこで原は、児玉源太郎台湾総督が参謀次長に次いで満州軍総参謀長をも兼務することになり台湾総督の任務を尽せていないとして、近年では台湾での統治が強固となって軍人を煩わす必要はなくなったと思うので、総督府官制を改正して軍人でない人物を任命するのが適当と考える。文官が陸海軍に命令できない理由もないと断言した[223]。この認識の延長上で、第一次西園寺内閣の内相に就いた原は、講和で獲得した南樺太の長官を武官専任としないことで陸軍を納得させた。さらに原内閣の折には、台湾総督府官制を改正して武官専任制を廃止する[224]。

原はまた、一九〇三年一〇月一二日の「よしあし草」で、陸海軍大臣が内閣と進退を共にしない点を問題視し、英米などでは軍部大臣は軍人の職務ではなく内閣と政見を同じくする人が当たっていると指摘して、暗に軍部大臣文官制論を主張している[225]。この点についても、後に首相となった原は、ワシントン会議に加藤友三郎海相が全権に任じられた際、自らが臨時海軍大臣事務管理を兼摂することで、軍部大臣への文官登用に向けて布石を打った[226]。

元来原は、国民の多くが実は戦争を望んでいないという確信を有していた。そのことに加え、日露戦争を通じてナショナリズムの高揚により自らの政治的言論が制約される経験を積み、戦争の結果軍の勢力と軍事費の肥大化を避けることの重要性を強く意識するようになる。原は、起こってしまった日露戦争は受け入れたが、戦争回避の政治的意義について一段と認識を深めたのである。

註

1——岡満男『大阪のジャーナリズム』(大阪書籍、一九八七年)。
2——新修大阪市史編纂委員会編『新修大阪市史』第六巻(大阪市、一九九四年)。
3——小野秀雄「大阪府新聞史(後編)」(『新聞研究』六二号、日本新聞協会、一九五六年)。
4——小野秀雄『日本新聞発達史』(毎日新聞社、一九二二年)。大阪朝日に掲載された戯画とは、「大阪新報と大阪毎日」と題して両紙が「御用」と書かれたテニスの球を打ち合う一九〇五年九月九日付のそれと思われる。
5——升味準之輔『日本政党史論』第二巻(東京大学出版会、一九六六年)、三谷太一郎『日本政党政治の形成——原敬の政治指導の展開』(東京大学出版会、一九六七年、一九九五年に同会から増補版を刊行)、テツオ・ナジタ著、佐藤誠三郎監修・安田志郎訳『原敬——政治技術の巨匠』(読売新聞社、一九七四年)、山本四郎『初期

政友会の研究――伊藤総裁時代』(清文堂、一九七五年)

6――原敬文書研究会編『原敬関係文書』別巻(日本放送出版協会、一九八九年)。

7――山本四郎『評伝原敬』上・下(東京創元社、一九九七年)、上巻二九一頁、下巻五一頁、五九〜六三頁。

8――佐々木隆『日本の近代14　メディアと権力』(中央公論新社、一九九九年)二五四〜二五八頁。

9――松尾尊兊「原敬と財界」(同『わが近代日本人物誌』岩波書店、二〇一〇年)五〇〜五三頁。

10――原敬全集刊行会編『原敬全集』上巻(一九二九年、一九六九年に原書房から覆刻)一〇八八頁。

11――「よしあし草」は、一八九七年七月から九九年六月まで大阪で発行されていた浪華青年文学会(後に関西青年文学会と改称)の機関誌と同名であり(前掲『新修大阪市史』第六巻八八〇〜八八三頁)、ここから命名したとも考えられる。

12――新出「原敬関係文書」三九七六-九、(年欠)四月一二日付山田敬徳宛原敬書簡。

13――『国民新聞』一九〇三年四月三日付。

14――『大阪新報』一九〇五年三月二四日付。

15――『原敬全伝』(日本評論社、一九二六年、二〇〇六年に御厨貴の監修により、ゆまに書房から歴代総理大臣伝記叢書10・11として覆刻)の共編者。山田敬徳が大阪新報社長になる際に入社し、原敬が社長を退任した後も同社に残った。ただし、恐らく原の推薦で『南部史要』編纂の詰めの作業を任されて一時同社を離れる。一九一〇年には政友会の機関紙となった中央新聞社に移っている。なお、『原敬全伝』には、原による大阪新報社の経営に関する記述は僅か七行しかない。

16――『原敬日記』一九〇三年三月一七日条。

17――宮武外骨・西田長寿編『明治大正言論資料20　明治新聞雑誌関係者略伝』(みすず書房、一九八五年)一二九頁、『西日本新聞百年史』(西日本新聞社、一九七八年)一一〇頁、高橋明雄『原敬内閣書記官長　高橋光威の生涯』(財団法人大慈会、二〇〇三年)八二頁。

18――原敬は一九〇五年七月上旬に新潟県を巡回しているが、その際高橋の将来における衆議院選挙への出馬を念頭に、帰郷して同道する意向があるか尋ねる書簡を送っている(『原敬日記』一九〇五年七月三日〜九日条、新出「原敬関係文書」三九七六-六九、同年六月二六日付高橋光威宛原敬書簡)。

19 一九一〇年七月に大阪新報社を辞めて北海タイムス社に移るにあたり、辞職が不正等によるものでないことを証する原の推挙状を求めている（原敬文書研究会編『原敬関係文書』第三巻書翰篇三、日本放送出版協会、一九八五年、四一一～四一二頁）。

20 『大阪新報』一九〇五年五月二八日付に「告別」が掲載されている。

21 一九〇四年八月に、原敬題字、法学博士井上密序文による『戦時労働社会観』を刊行している。

22 慶應義塾政治科卒、後に長崎県会議長となる。

23 『峡中新報』と原敬については、有泉貞夫『明治政治史の基礎過程』（吉川弘文館、一九八〇年）第一章補論二、伊藤之雄「若き原敬の動向と国家観・自由民権観――郵便報知新聞記者の明治十四年政変」（『法学論叢』一七〇巻四・五・六号、二〇一二年）参照。

24 『大阪新報』一九〇四年七月一〇日付「よしあし草」―「●従軍記事と日露合戦記」、一九〇五年七月三〇日付「よしあし草」―「●満州の実業通信」。小川は一八五五年生、一九一九年没。尾張藩士の家に生まれ、大阪新報社には大阪朝日新聞から移ってきた。彼については佐藤清彦『奇人小川定明の生涯』（朝日文庫、一九九三年）があり、小川の人生を見事に活写しているが、大阪新報社時代の小川については新聞が入手できず分析できなかったとしている。

25 小田垣は一八九〇年一〇月創刊の『若越自由新聞』主筆、九二年七月からは『大阪朝報』記者を務めている（宮武外骨・西田長寿編前掲書三九頁）。ただし、小田垣は一九〇四年七月二一日に大阪を発し一〇月一二日には帰阪しているので、従軍期間は限られている。

26 この点で、日露戦争における大阪新報社の従軍特派員を小川定明一人とした佐藤清彦前掲書の記述は訂正する必要がある。

27 岡保生「資料　松崎天民日記（抄）下――明治三十五年三月～四月」（『文学』岩波書店、一九八七年三月号）。

28 新出「原敬関係文書」三九七六‐一二、一九〇三年一一月二七日付富樫万次郎宛原敬書簡。

29 同右三九七六‐三〇、同年一二月一四日付山田敬徳宛原敬書簡、同三九七六‐二一、同年一二月二〇日付山田敬徳・富樫万次郎宛原敬書簡。

30 『大阪新報』一九〇五年六月一日付。

31——新出「原敬関係文書」三九七六－四四、一九〇五年三月一日付山田敬徳・富樫万次郎宛原敬書簡。

32・34　同右三九七六－五七、同年四月一〇日付山田敬徳・富樫万次郎宛原敬書簡。原敬文書研究会編『原敬関係文書』第九巻書類編六（日本放送出版協会、一九八八年）に収録されている一九〇六年九月末調「二　内務省関係書類〔承前〕（九）新聞・雑誌関係書類〔承前〕6地方新聞雑誌通信内情調　三十九年」一七六頁。

33——同右書所収の同資料九六頁。「脈絡」欄に「日露戦役当時ハ大阪新報ニ通ジ居タリ」との記載がある。新出「原敬関係文書」三九七六－三六、一九〇四年二月一八日付山田敬徳・高橋光威・富樫万次郎・星野範三郎宛原敬書簡、同三九七六－三二、同年二月二六日付山田敬徳宛原敬書簡参照。

35——『大阪新報』一九〇四年四月三〇日付。

36——新出「原敬関係文書」三九七六－一八、同年二月二五日付富樫万次郎・星野範三郎宛原敬書簡によると、原は九州での売捌人に関して野田卯太郎に相談している。

37——『原敬日記』一九〇三年一一月八日条、『大阪新報』一九〇四年五月二四日付・八月一日付など。原は、大阪瓦斯報償問題以来、政友会出身の鶴原定吉大阪市長に批判的報道を繰り返してきた山田敬徳ら大阪新報社幹部に対し、報道姿勢の転換を指示している（新出「原敬関係文書」三九七六－四二、一九〇五年二月一一日付山田敬徳・富樫万次郎宛原敬書簡）。

38——原敬文書研究会編前掲『原敬関係文書』別巻、「雑纂五新聞関係書類（一）大阪新報関係書類1山田敬徳業務聯絡書簡（2）・（7）」、新出「原敬関係文書」三九七六－一七、一九〇三年一二月五日付山田敬徳宛原敬書簡。

39——新出「原敬関係文書」三九七六－四一、一九〇四年一二月六日付富樫万次郎宛原敬書簡。商業登記広告掲載紙の指定を受けることが営業に持つ意味に関しては、有山輝雄『徳富蘇峰と国民新聞』（吉川弘文館、一九九二年）一六三～一六四頁参照。

40——新出「原敬関係文書」三九七六－二七、一九〇三年一二月二六日付富樫万次郎宛原敬書簡。

41——同右三九七六－二五、同年一二月二三日付富樫万次郎宛原敬書簡。

42——日露戦争開戦後に号外で後れをとった読売新聞が、一九〇四年五月七日に始めた「電報通信」をまねたものと思われる（読売新聞百年史編集委員会編『読売新聞百年史』読売新聞社、一九七六年、二二三頁、同別冊、資料・年表二一五頁）。

43 ――『原敬日記』一九〇三年一〇月二九日条。

44 ――原敬文書研究会編前掲『原敬関係文書』別巻、「雑纂五新聞関係書類（一）大阪新報関係書類1山田敬徳業務聯絡書簡（8）」。

45 ――『大阪新報』一九〇三年一二月二日付「社告」。

46 ――原敬文書研究会編前掲『原敬関係文書』別巻、「雑纂五新聞関係書類（一）大阪新報関係書類1山田敬徳業務聯絡書簡（4）」。

47 ――この間原は四月一〇日から五月一三日まで大阪及びその周辺に止まり大阪新報社の事務整理に当たったが、開戦以来種々の計画を要し、軍事輸送に伴う交通の不便もあって紙数の増加が意の如くならない中での値上げであった（『原敬日記』一九〇四年五月一三日条）。

48 ――新出「原敬関係文書」三九七六-五六、一九〇五年四月九日付山田敬徳宛原敬書簡。一九〇四年一二月三〇日に原が陸奥家との関係で古河鉱業の経営に参画する話が出た際にも、『大阪新報』が日露戦争のために赤字で急に経営から離れることはできないと述べている（『原敬日記』同日条）。

49 ――新出「原敬関係文書」三九七六-六七、一九〇五年六月二三日付山田敬徳宛原敬書簡。この他に販売拡張のために配布した無代紙の負担も重かったようである（新出「原敬関係文書」三九七六-四六、同年三月三日付富樫万次郎宛原敬書簡）。この点については、有山輝雄前掲書一四一〜一四二頁参照。

50 ――新出「原敬関係文書」三九七六-五〇、同年三月三〇日付山田敬徳宛原敬書簡、同三九七六-五四、同年四月二日付山田敬徳宛原敬書簡。

51 ――奈良岡聰智『加藤高明と政党政治――二大政党制への道』（山川出版社、二〇〇六年）七一〜七五頁、小宮一夫「日露戦争期のメディアと政治」（東アジア近代史学会編『日露戦争と東アジア世界』（ゆまに書房、二〇〇八年）、櫻井良樹『加藤高明――主義主張を枉ぐるな』（ミネルヴァ書房、二〇一三年）第五章3参照。原は一〇月九日に加藤高明を訪問した際に、同紙引受けの話を直接聞き（『原敬日記』同日条）、一九〇五年一月二五日には新聞事業について種々の協議を行っている（同前書同日条）。

52 ――新出「原敬関係文書」三九七六-五四、一九〇五年四月二日付山田敬徳宛原敬書簡。

53 ――当時地方新聞も含めて多くの新聞が「日独郵報社」からの「伯林電報」に依拠した理由については、有山輝雄

『情報覇権と帝国日本Ⅰ――海底ケーブルと通信社の誕生』(吉川弘文館、二〇一三年)二九九頁参照。また同書によると、日露戦争時大阪朝日が京阪神でのロイターとの独占契約を結んでおり、海外情報の面で『大阪新報』は大きく遅れをとっていた。

54――『大阪新報』一九〇五年六月二五日付。

55――新出「原敬関係文書」三九七六‐五九、同年五月一四日付山田敬徳・富樫万次郎宛原敬書簡。

56――『大阪新報』同年七月一日付、新出「原敬関係文書」三九七六‐六六、同年六月一九日付山田敬徳・富樫万次郎宛原敬書簡、同三九七六‐六九、同年六月二六日付山田敬徳宛原敬書簡。

57――新出「原敬関係文書」三九七六‐七〇、同年七月二一日付山田敬徳・富樫万次郎宛原敬書簡。

58――同右三九七六‐五四、同年四月二日付山田敬徳宛原敬書簡、同三九七六‐五六、同年四月九日付山田敬徳宛原敬書簡。

59――同右三九七六‐二二、一九〇三年一一月三〇日付山田敬徳宛原敬書簡、同三九七六‐二三、同年一二月五日付富樫万次郎・星野範三郎宛原敬書簡など。

60――原敬文書研究会編前掲『原敬関係文書』別巻所収の前掲「地方新聞雑誌通信内情調　三十九年」。

61――藤村道生「開戦世論の構造」(信夫清三郎・中山治一編『日露戦争史の研究』河出書房新社、一九五九年、一九七二年に改訂再版を刊行)、鳥海靖「対外危機における日本の新聞論調――日露戦争と満州事変の場合」(『中央公論　歴史と人物』九号、一九七二年)など。

62――片山慶隆『日露戦争と新聞――「世界の中の日本」をどう論じたか』(講談社、二〇〇九年)。石川徳幸『日露開戦過程におけるメディア言説――明治中期の対外思潮をめぐる一試論』(櫻門書房、二〇一二年)でも、主戦論・非戦論の論理が考察されている。

63――『大阪新報』一九〇三年一〇月二二日付社説「政友会の通牒を読む」。一〇月一六日に政友会本部が各支部に送った通牒は、『政友』第三九号(同年一一月一五日付)五一～五二頁に掲載されている。

64――『大阪新報』同年一一月六日付社説「政党の現況」。

65――同右同年一一月五日付社説「秘密の範囲」。

66――同右同年一〇月二八日付「よしあし草」「●国民沈黙の真相」。

67――同右同年一〇月二〇日付・二一日付社説「外交と虚喝」。対露同志会については、宮地正人『日露戦後政治史の研究――帝国主義形成期の都市と農村』（東京大学出版会、一九七三年）第三章第一節一、酒田正敏『近代日本における対外硬運動の研究』（東京大学出版会、一九七八年）第四章第一節参照。

68――『大阪新報』一九〇三年一〇月二八日付社説「政治家の矛盾」。

69――同右同年一一月一〇日付社説「対露派の挙動」、一一月一八日付社説「同志会の処分」。

70――同右同年一二月二日付社説「外交と議会」。

71――同右同年一〇月六日付社説「解決遷引の害」、一〇月一二日付社説「気怯すること勿れ」、一〇月二三日付社説「外交問題と貿易」、一一月一六日付社説「人気の動静」。

72――同右同年一〇月一九日付「●外交問題と経済界（一）」。原は日記の一九〇四年二月一一日条に、「一般国民中実業者は最も戦争を厭ふも表面に之を唱ふる勇気なし」と記しており、この連載でそうした財界の意向を政府に示そうと意図したものと思われる。

73――同右同年一〇月二〇日付「●外交問題と経済界（二）」。

74――同右同年一〇月二一日付「●外交問題と経済界（三）」。

75――同右同年一〇月二二日付「●外交問題と経済界（四）」。

76――同右同年一〇月二三日付「●外交問題と経済界（五）」。

77――同右同年一〇月二五日付「●外交問題と経済界（七）」。

78――同右同年一〇月二八日付「●外交問題と経済界（十）」。

79――同右同年一〇月二九日付「●外交問題と経済界（十一）」。

80――藤村道生前掲論文。ただし、中橋徳五郎大阪商船社長は『大阪新報』同年一〇月三〇日付「●平和協商後の財政　中橋徳五郎氏談」で開戦支持を表明している。

81――『大阪新報』一九〇三年一一月二三日付社説「名誉ある平和」。政友会支部などの決議は『政友』第三九号（同年一一月一五日付）・第四〇号（一二月一五日付）に多数掲載されているが、大半は判で押したように「速に時局を解決し」に類した文言が入っている。

82――『大阪新報』同年一一月二九日付社説「薄志者の軽挙」。

83――伊藤之雄『立憲国家と日露戦争――外交と内政一八九五～一九〇五』(木鐸社、二〇〇〇年)二四二～二四三頁。
84――『大阪新報』一九〇三年一一月一七日付社説「財政計画」。
85――同右同年一二月六日付社説「両党提携」。
86――同右同年一一月三〇日付社説「新政党」、一二月一〇日付社説「議会の開会」など。
87――この内一九〇四年一月五日から八日までの分が、前掲『原敬全集』上巻一〇八九頁から一〇九二頁に収録されている。
88――『原敬日記』一九〇三年一二月八日～一〇日条。
89――同右書同年一二月五日条。勅語奉答文事件については、長井純市『河野広中』(吉川弘文館、二〇〇九年)一八九～一九三頁参照。
90――『大阪新報』一九〇三年一二月一三日付社説「又々解散」、一二月一五日付社説「外交の成行」、一二月二二日・二三日付社説「第十九議会顛末」、一二月二六日付「よしあし草」「●奉答文の蔭武者」。
91――同右同年一二月二一日付社説「外交問題如何」。
92――同右同年一二月二九日・三〇日付社説「外交時局」。
93――新出「原敬関係文書」三九七六－二七、同年一二月二六日付富樫万次郎宛原敬書簡。
94――『大阪新報』同年一二月三一日付社説「時局と狼狽」。
95――この間の経緯に関しては、千葉功『旧外交の形成――日本外交一九〇〇～一九一九』(勁草書房、二〇〇八年)一二七～一三〇頁に詳しい。日露開戦前における韓国政府の中立化構想などをめぐる動向に関しては、海野福寿『韓国併合史の研究』(岩波書店、二〇〇〇年)第二章第一節、小川原宏幸『伊藤博文の韓国併合構想と朝鮮社会――王権論の相克』(岩波書店、二〇一〇年)六一～六三頁参照。
96――『大阪新報』一九〇四年一月一五日付社説「政府誠意なし」、一月二二日付社説「時局の真相を示せ」(いずれも前掲『原敬全集』上巻、一〇八一～一〇八五頁)。
97――同右書一〇八六～一〇八八頁。
98――『原敬日記』一九〇四年一月三一日条。
99――新出「原敬関係文書」三九七六－三八、同年二月二日付山田敬徳・富樫万次郎宛原敬書簡。

100——『原敬日記』同年二月一一日条。
101——『大阪新報』同年四月一二日付社説「海軍の炭山買入」。
102——同右同年七月二九日付社説「軍事費支出の責任」。
103——同右同年八月二〇日付社説「京釜鉄道の補助」。
104——同右同年一〇月一四日付社説「百三十救済問題と議会」、一一月二七日付社説「百三十銀行救済に関する政府の責任」。
105——同右同年九月一五日付社説「戦争と憲政」。
106——同右同年一〇月二一日付社説「議会召集」。
107——『原敬日記』同年五月一六日条、一九〇五年四月二日条、六月二五日条、七月一二日条など。戦時公債の発行と戦後への影響に関しては、神山恒雄「日露戦時公債の発行とその影響——鉄道国有化に着目して」(東アジア近代史学会編前掲書所収)参照。
108——『大阪新報』一九〇四年五月一八日付社説「第二回募債条件」。
109——同右同年五月一九日付社説「募債の時期にあらず」。
110——同右同年五月二七日付社説「資本家の決心」。
111——同右同年一〇月五日付社説「第三回募債条件」。
112——同右同年一〇月七日付社説「財政当局者の慢心」。
113——同右一九〇五年二月一八日付社説「第四回募債条件」、二月二一日付社説「財政上の今日主義」。
114——同右同年三月二五日付社説「外債の条件如何」、三月二八日付社説「外債成立につき」。
115——同右同年七月一日付社説「外債成立説」、七月九日付社説「外債の募集」。
116——『原敬日記』一九〇四年一二月九日条。
117——同右書同年一二月八日条。桂・原間における政権授受の密約交渉に関しては、升味準之輔前掲書四五六〜四六〇頁、伊藤之雄前掲書二五五〜二五六頁参照。
118——『大阪新報』同年一二月二八日付社説「織物業者の躍起運動」。
119——同右同年一二月二九日付社説「実業家と憲政」。

120――同右同年一二月二四日付社説「政府の無定見」、一九〇五年一月二六日付社説「政府責任を知らず」。鉱業法改正に関しては『原敬日記』一九〇五年二月四日条参照。
121――『大阪新報』一九〇五年二月二〇日付社説「不当決算事件」、二月二二日付社説「不当支出と政府の責任」。『原敬日記』同年二月二五日条・二六日条にも事件に関する記述がある。
122――『大阪新報』同年三月二五日付社説「政党の信用」。
123――山中永之佑監修、山中永之佑・飯塚一幸他編『近代日本地方自治立法資料集成』3〈明治後期編〉(弘文堂、一九九五年)四六一~四六五頁。
124――『大阪新報』一九〇四年四月一六日付社説「人気刷新」。
125――同右同年四月一七日付社説「戦後の経済界」。
126――原敬全集刊行会編前掲『原敬全集』上巻三三〇~三三四頁に収録されている大阪毎日所載の論説「職工条例」。
127――『大阪新報』一九〇四年一二月一六日付社説「産業トラスト流行の兆あり」。
128――同右一九〇五年二月三日付社説「合同の利と専売の弊」。
129――同右同年八月三日・四日付社説「事業の合同」。
130――同右同年八月九日付社説「銀行と事業」。
131――『原敬日記』一九〇四年三月二九日条。
132――『大阪新報』同年四月二五日付社説「露探の風説」。秋山定輔「露探」事件については、佐々木隆前掲書二一六~二一八頁、奥武則『露探――日露戦争期のメディアと国民意識』(中央公論新社、二〇〇七年)第三章参照。また、日露戦争後も含めた秋山定輔の政治活動に関しては、櫻井良樹『大正政治史の出発――立憲同志会の成立とその周辺』(山川出版社、一九九七年)第四章が詳しい。
133――『大阪新報』同年四月二六日・二七日付社説「大誤解」。
134――同右同年四月三〇日付社説「外交の辞令」。
135――同右同年八月二七日付社説「戦勝と外国在留者の注意」。
136――同右同年九月一日付「よしあし草」「●高慢なる褐色人」。
137――同右同年五月八日付社説「多望なる戦局と今後の忍耐自重」。

138　同右同年五月二三日付社説「大決戦と国民の覚悟」。
139　同右同年八月二九日付「よしあし草」「●あせる勿れ」、九月七日付「よしあし草」「●一度発表して欲しい」、九月一〇日付社説「旅順の攻撃」。
140　同右同年一〇月一〇日付社説「旅順戦況の発表」。
141　同右同年一一月二三日付社説「目下の戦局」。
142　同右同年一二月二日付社説「二百三高地の占領」。
143　同右同年七月四日付社説「韓国の排日熱」、七月二三日付社説「韓国の排日熱」。
144　韓国荒蕪地開拓案については、山口宗雄「荒蕪地開拓問題をめぐる対韓イメージの形成、流布過程について」(『史学雑誌』第八七編第一〇号、一九七八年)、君島和彦「日露戦争下朝鮮における土地略奪計画とその反対闘争」(旗田巍先生古稀記念会編『朝鮮歴史論集』上巻、龍渓書舎、一九七九年)、森山茂徳『日韓併合』(吉川弘文館、一九九二年)一〇二～一〇三頁参照。
145　『大阪新報』一九〇四年八月三日・四日付社説「韓国荒蕪地問題」。原は同年七月二八日に山本権兵衛海相と会談した際にもこの問題を取り上げ、開拓案の妥当でない旨を山本に説いている(『原敬日記』同日条)。『政友』第四九号(同年七月二五日)・第五〇号(八月二五日)も時事欄でこの問題について触れているが、評価は慎重に避けている。
146　『大阪新報』同年七月二五日付「よしあし草」「●朝鮮における開墾問題」。
147　片山慶隆前掲書第四章第二節。
148　『原敬日記』一九〇四年五月一六日条、七月二八日条。
149　『大阪新報』同年九月九日付社説「日韓協約」。
150　同右同年九月二九日付社説「長谷川大将の新任務」。
151　中村進午『国際公法論増補第六版』(清水書店、一九二二年)二〇七～二〇九頁、坂井栄八郎『ドイツ近代史研究――啓蒙絶対主義から近代的官僚国家へ』(山川出版社、一九九八年)二三三～二三五頁参照。
152　小川原宏幸前掲書一八七～一八九頁参照。
153　『大阪新報』一九〇四年一〇月九日付社説「長谷川大将の赴任」。

154——『原敬日記』同年一一月一六日条。この元老会議と閣議で決定された対韓政策については、海野福寿前掲書一三二〜一三三頁、小川原宏幸前掲書第一章第二節第二項参照。
155——『大阪新報』同年一一月二〇日・二一日付「よしあし草」「●大国民の襟度」。
156——同右同年一二月一三日付社説「果敢なる対韓経営」、一二月二二日付社説「撥乱反正」、一九〇五年二月二三日付社説「対韓策の実行」、五月四日付社説「韓国経営の緩慢」。
157——『原敬日記』一九〇五年四月一六日条。四月七日の元老会議と翌日の閣議での決定事項に関しては、小川原宏幸前掲書九八〜一〇〇頁参照。
158——『大阪新報』同年五月四日付社説「韓国経営の緩慢」。
159——同右同年五月一五日付社説「日韓の親交」。
160——同右一九〇四年一二月二六日付社説「韓国における営利事業」。
161——同右同年一一月六日付社説「京釜鉄道は国有とすべし」。
162——同右一九〇五年一月一七日付社説「清韓経営と金融機関」、三月一八日付社説「清韓経営(運輸、金融)」、三月二九日付社説「韓国の金融機関」。
163——同右同年四月一九日付社説「朝鮮における棉花栽培」。
164——『原敬日記』同年三月二八日条、四月一二日条。
165——『大阪新報』一九〇四年七月三〇日付社説「営口の占領と満州貿易復旧」、八月二日付社説「占領地の利用」、八月九日付社説「満韓貿易の拡張」。
166——同右同年九月二五日付社説「満韓視察」、一〇月四日付社説「日清貿易の将来と注意」。
167——同右同年六月二一日・二二日付社説「戦後の亜細亜貿易」。
168——同右同年七月一三日付社説「外国貿易(五)」。
169——開戦論の中にあった満州市場を独占・閉鎖しようとする露への批判が掬い取られて、開戦後の戦争正当化の論理へとつながっていく経緯については、加藤陽子『戦争の論理——日露戦争から太平洋戦争まで』(勁草書房、二〇〇五年)第三章参照。
170——『大阪新報』一九〇四年一〇月二八日付社説「清人の杞憂」。日露戦争下の満州問題については、千葉功前掲書一五六～一五九頁参照。

171――『大阪新報』一九〇五年一月一三日付社説「占領港市の開放」。

172――同右同年三月二四日付社説「列国の猜疑」。

173――同右同年七月一九日付社説「清廷の小細工」。

174――日露戦争後の政友会内の対韓策については、ひとまず小川原宏幸前掲書二九七頁参照。また、原敬内閣期における原の朝鮮同化論、および「朝鮮自治論」への対応については、森山茂徳「日本の朝鮮支配と朝鮮民族主義――一九二〇年代の「朝鮮自治論」を中心として（北岡伸一・御厨貴編『戦争・復興・発展――昭和政治史における権力と構想』東京大学出版会、二〇〇〇年）参照。

175――『大阪新報』一九〇四年一二月一八日付社説「敵国の革命運動」。

176――同右一九〇五年一月二七日付社説「露都の騒乱と列国の感情」。

177――同右同年一月二五日付社説「平和説に耳を傾くべからず」、二月二日付社説「惰気を催ふす勿れ」。

178――高田和夫「一九〇五年革命」（田中陽児・倉持俊一・和田春樹編『世界歴史大系　ロシア史2　18～19世紀』山川出版社、一九九四年）三四九～三五六頁。

179――『大阪新報』一九〇五年四月八日付社説「露国の窮状」、四月一四日付社説「露国革命の機運」、五月一日付社説「敵国の苦悶」。

180――同右同年五月三日付社説「露西亜の国会」。

181――同右同年六月二三日付社説「露国の騒乱」。

182――同右一九〇四年一一月八日付社説「悪むべき露兵の蛮行」。

183――同右一九〇五年二月七日付社説「敵人の虚構讒誣」。

184――同右同年六月二四日付社説「露軍の蛮行を如何せん」。

185――同右同年一月一〇日付社説「捕虜の待遇」。

186――同右一九〇四年一二月七日付社説「波艦隊と中立港」。

187――同右一九〇五年四月二三日付社説「仏国の責任」、四月二四日付社説「海上の危険」、四月二五日付社説「厳正中立か」、四月二七日付社説「緩慢なる外交」。

188――『東京日日新聞』同年五月一二日付「○仏国中立問題（憲政本党の決議）」。
189――『大阪新報』同年五月一六日付社説「軽挙を警む」、五月一七日付社説「対仏問題」。『原敬日記』同年五月一二日条、五月一三日条も参照。
190――『大阪新報』同年一月二一日・二三日付社説「戦争の継続と国家の大計」。
191――同右同年二月一一日付社説「価値なき講和説」。
192――『原敬日記』同年三月九日条。
193――同右書同年四月一六日条。
194――『大阪新報』同年四月三日付社説「無用有害の講和談」、四月七日付社説「戦後の危険」「露国と償金」。
195――同右同年四月五日付社説「無益なる講和条件談」。
196――同右同年三月七日付社説「列国の猜疑」。
197――同右同年五月六日付社説「恐日病の流行」。
198――同右同年六月二日付社説「列国の評判」、六月四日付社説「露国の苦悶」。
199――同右同年六月一二日付社説「講和談判の媒介」、六月一四日付社説「東洋永遠の平和と日露の談判」。
200――同右同年六月一五日付社説「無責任なる私議を排す」、六月一七日付社説「学者の講和論」。
201――同右同年六月二〇日付社説「世論と外交」、六月二一日付社説「平和の保障」。
202――同右同年六月三〇日付社説「二大政党の対講和決議」。六月二八日に政友会在京議員総会が決議した文章は、『政友』第六二号（同年七月二五日付）四五頁に掲載されている。
203――『大阪新報』同年七月六日付社説「薩哈嗹の価値」、七月一一日付社説「我軍の樺太上陸」、八月五日付社説「樺太平定」。
204――同右同年七月二〇日付社説「制海権の利用」。
205――同右同年七月二三日付社説「休戦説」。
206――同右同年七月三一日付社説「講和よりも戦争」。
207――同右同年八月八日付社説「談判の成行如何」、八月一三日付社説「露国政府と講和」、八月一六日付社説「講和の進行」。

208――『原敬日記』同年八月一四日条。八月二二日と二六日にも、原は桂首相から講和交渉の状況について聞いている。
209――『大阪新報』同年八月一八日付社説「講和条件と列国の輿論」。
210――同右同年五月八日付社説「日英同盟拡張に就て」、七月二五日付社説「日英同盟の継続」、七月三〇日付社説「日英同盟の拡張」。日英同盟協約の改定をめぐる各紙の論調については、片山慶隆前掲書一一六～一二〇頁参照。
211――『大阪新報』同年八月六日付社説「小村全権の外交振」。
212――同右同年八月二〇日付社説「露国の新聞政略」。
213――前掲『新修大阪市史』第六巻第三章第六節3。
214――『原敬日記』によると、原は一九〇五年九月四日東北の各鉱山視察のために盛岡に向かい、一五日にようやく帰京している。
215――新出「原敬関係文書」三九七六－七五、同年九月三日付山田敬徳・高橋光威・富樫万次郎宛原敬書簡。原敬全集刊行会編『原敬全集』下巻(原書房、一九六九年)所収の逸話・挿話「新聞は売れずとも構はない」や高橋明雄前掲書では、高橋光威が講和条約の早期締結の必要性を主張する社説を掲載したために部数が減って、山田・富樫が高橋に論調を改めるように求めたが拒否、原敬の指示を仰いだ結果高橋の主張通りでよいとの返事があったと記されている。ここで触れている社説が九月三日付の「冷静ノ判断」に該当すると思われるが、現存している八月二三日までの『大阪新報』には早期講和を唱える社説は見当たらない。
216――新出「原敬関係文書」三九七六－一〇、同年九月一〇日付山田敬徳宛原敬書簡。
217――毎日新聞百年史刊行委員会編『毎日新聞百年史』(毎日新聞社、一九七二年)八四～八五頁。
218――『大阪新報』一九〇五年八月九日付「よしあし草」。大阪毎日の九月一〇日付「硯滴」欄には、「大阪新報には我毎日の電報が国民新聞と同じだからといつて毎日を御用新聞となし国民と御用金を山分をして居る絵が出て居る、大阪日報は大阪新報連日の社説を抜記して其変説を責めて其仮面を立派に引剥で居る」と記されており、『大阪新報』による大阪毎日への「御用紙」キャンペーンが行われていた様子がうかがえる。
219――新出「原敬関係文書」三九七六－一〇、同年九月一〇日付山田敬徳宛原敬書簡。前掲『毎日新聞百年史』によると、米を重視した原が、大阪毎日新聞の社長だった時に、カール・オラフリンをワシントン駐在の特別通信員として契約した経緯があり、原はオラフリンを熟知していたものと思われる。

220——新出「原敬関係文書」三九七六—七八、同年九月一九日付山田敬徳・富樫万次郎宛原敬書簡。なお、『大阪新報』はこの時期、講和反対論を展開して発行停止処分となった大阪朝日の代用紙の役割を果たしているが、朝日新聞百年史編修委員会編『朝日新聞社史』明治編(朝日新聞社、一九九〇年)には、このことに関する記述はない。

221——原敬は日露戦後も大阪毎日新聞社の出資者名簿に名前を連ねている(原敬文書研究会編前掲『原敬関係文書』別巻、「雑纂五新聞関係書類(二)大阪毎日新聞関係書類1　社員総会関係」)。

222——加藤陽子前掲書第三章参照。

223——『大阪新報』一九〇四年一月一七日付社説「台湾総督」。当該期の児玉源太郎については、小林道彦『児玉源太郎——そこから旅順港は見えるか』(ミネルヴァ書房、二〇一二年)第四章5、第五章1〜5を参照。

224・226 植民地長官武官専任制廃止の過程と原首相による臨時海軍大臣事務管理兼摂については、川田稔『原敬　転換期の構想——国際社会と日本』(未来社、一九九五年)第三章第二節二参照。

225——『大阪新報』一九〇三年一〇月一二日付「よしあし草」「●東西政事家の相違(六)」。原は軍部大臣現役武官制が制度化される以前、一八九八年七月四日から一四日まで大阪毎日に連載した論説「政党内閣」において、明快に軍部大臣文官制論を展開していた。大阪毎日の論説を含め、原の軍部大臣論については、三谷太一郎前掲書五一〜五二頁参照。

第Ⅱ部

第一次世界大戦と政党政治の確立

第3章 原敬の政党政治
――イギリス風立憲君主制と戦後経営

伊藤之雄 *ITO Yukio*

原内閣の政治権力と目指したもの――はじめに

一九一八年(大正七)九月二九日、原敬は首相となり、政友会を背景に日本史上初めて本格的な政党内閣を組織した。この内閣については、山県有朋や山県系官僚閥と対抗・妥協しながら、しだいに彼らを圧倒し、原が主導して日本の外交・内政を動かすようになっていったことが明らかにされてきた。またその外交は、米国など列強との協調外交で、シベリアからの撤兵も積極的に進めたことも通説となっている。さらに、国内で高まってきた普通選挙運動に対しては、即行に反対で、普選法案が出されると第四二議会を解散し、公共事業を積極的に提示して一九二〇年五月の総選挙に圧勝し、普選運動をいったんは鎮静化させたことについても、実証的な研究が進展してきた[1]。

原内閣の外交・政治に対する研究が深まってきたにもかかわらず、これまで同時代の西欧の君主国の政党内閣と比べ、どのような特色や類似性・違いがあるのかについては、積極的に議論されてこなかった。この点に関しては、とりわけ、現在も政党政治発達のモデルとされているイギリスの同時代の政党内閣と比較し、類似しているのか否かについて検討する必要がある。原が何を目指して政党（政友会）や政党政治の発達に尽力してきたのかも、本質的なところが判断できないからである。

日本近代の政治史研究において、イギリスの政党政治との比較が積極的になされないのには、三つの理由がある。

その第一の理由は、日英の君主制に対する理解の不足である。日本においては近年に至るまで、ウォルター・バジョットの著作にしたがい、イギリスの国王（君主）は君臨すれども統治せずとして政治に関与せず、庶民院（下院）で多数を占めた党の党首が自動的に首相として政権を担当すると理解されてきた。また、日本の近代の天皇は専制君主で、いつでも首相を辞任させることができ、日本とイギリスの政治制度はまったく異なる、と主張する研究も少なくなかった。

しかし、近年のイギリスでは、近代君主（国王・女王）の政治関与の実態の研究が進み、君主は植民地も含めた国家全体の統一の象徴としての役割のみならず、政争の調停者として重要な役割を果たしていたことが明らかにされた。有名な例の一つは、一九三一年（昭和六）八月に、庶民院（下院）第一党の労働党を背景とする第二次マクドナルド内閣が経済危機に直面し、マクドナルド首相が退任した際にジョージ五世が取った行動である。その頃、挙国一致内閣を作るべきであるという空気が、保守党・自由党や労働党の一部で形成されていたので、ジョージ五世は、庶民院第一党の労働党の意向でなく、退任するマクドナルド首相の助言に従い、マクドナルドに挙国一致内閣を作ることを依頼した。マクドナルドは保守党や自由党、旧労働党の一部を背景に、第三次内閣を組閣した。国王は庶民院の多数を形成すると予想されるグループの意向を尊重したのである[2]。

これに対し伊藤博文らの協力を得て、近代日本の天皇制（君主制）の基礎を作った明治天皇も、一般に思われているほど強く政治に関与していない。「天皇親政」のたてまえはあるが、伊藤博文らや山県有朋を含め政界中枢からも、強く関与することが望ましくないと考えられており、同天皇は主に調停的な関与を行ったにすぎない。大正天皇は、調停的な機能も含め、ほとんど政治に関与できなかった。

昭和天皇は、有力な助言者のいない状態で、若く政治経験のないままに践祚《せんそ》（事実上の即位）し、イギリス風の立憲君主制を理想としながらも、当初は政治との関わり方に混乱を生じた。しかし、基本的に明治天皇らの作った天皇制の政治関与の枠を意識して、軍部の統制に迷いながらも、日常の政治関与を抑制し、調停的に関与するのを原則とした[3]。

すなわち、日英の君主の役割には共通点があり、君主の存在を前提にした日本とイギリスの政党政治は比較可能といえる。

イギリスの政党政治と積極的に比較されない第二の理由は、原敬の政友会入り前の研究が不十分で、若い時期に原がどのような政治構想を持っており、それが政党に入るまでにどう展開していったのかが、一貫した形で十分に明らかにされていなかったからである。筆者はすでに、原が青年期からイギリスの立憲政治を理想と論じていたことを検討した[4]。

イギリスの政党政治との比較が積極的になされない第三の理由は、原内閣の政治権力の実態の研究が不十分で、それが軍や宮中（天皇側近と宮内省）なども統制するまでに至っていないように理解されているからである。そのような理解の下では、国政のほぼすべてを統制したイギリスの政党内閣と比較するのは意味がないということになる。このような見方の背景には、近代日本の政党政治は、イギリスとは比べ物にならないほど発達が遅れた、日本的なものであった、というイメージが根強いことがある。

原内閣が外務省・内務省・大蔵省など一般官庁を統制下に置いていたことは、これまでの研究でも触れられ、また当然のこととされてきた。統制が難しいのは、陸・海軍と宮中である。陸・海軍も内閣による統制は容易ではないが、軍関係の予算の通過を保証できない、と軍を威嚇することで軍の妥協を引出し、内閣の統制に服従させることは、政党内閣でなくとも大物首相の下では可能であった。

さらに難しいのは宮中である。明治天皇が経験を積み政治に影響力を及ぼせるようになった一八八七、八年以降も、天皇の信任の厚い伊藤と山県有朋元帥の両元老は、宮中に大きな影響力を及ぼし続けた。これは明治天皇が君主機関説的な天皇のあり方を理解し、日常は政治関与を抑制する方が政治の円滑な運営にとって望ましい、と判断したからである。

一九〇九年（明治四二）の伊藤の暗殺後、一九一二年に明治天皇も没すると、大正天皇が政治の経験がなく病弱であったことも加わり、山県が山県系の宮相や宮内官僚も使いながら、ほとんど一人で強い影響力を振うようになった。内閣による宮中の統制が困難なのは、山県という陸軍や枢密院も統制していた元老がいたという問題だけでなく、陸軍や海軍のように予算で威嚇して宮中を統制下に置くことはできないからであった。宮中の予算問題は天皇と直結する要素が強いので、正当な理由の下、慎重に配慮すれば削減も可能だが、それらなしに行動をすれば、逆に内閣が攻撃され、窮地に陥ることになる。

近代日本の君主制研究と政党政治研究の一環として、筆者は原首相による宮中の統制を分析した。この結果、山県が皇太子妃選定問題で一九二一年（大正一〇）二月に大打撃を受けると、原が皇太子渡欧問題や摂政設置問題を通して宮中に統制を及ぼしていったことを、それ以前の宮中への原首相の影響力の拡大過程とともに、明らかにすることができた。また同じ一九二一年二月以降の時期に、原首相は田中義一陸相を通し、田中陸相の後任人事にまで関与するほど、陸軍への影響力を増大させている。与党政友会が衆議院の第一党であったことや、大正天皇が病気で政治関与がない点も含め、原首相はこの時点でイギリス風の立憲君主制の政党内閣を形成した、と結論づけた[5]。

以上の筆者のこれまでの研究を踏まえ、本章では、原の青年期のイギリスを理想とする政党政治・君主制観がその後も発展し、原内閣期にイギリス風の立憲君主制を形成していく土台となっていくことが見えてくるであろう。

また、原の青年期の外交観はその後も維持され、国際環境の変化に応じて展開していくことも明らかになるだろう。

さらに、本書の課題である第一次世界大戦のインパクトという観点から、戦後経営を行うことと、イギリス風立憲君主制の政党内閣の形成とを関連づけて、原内閣をとらえ直す。

原は第一次世界大戦の開戦後一カ月ほどで、戦後への準備も考えなければいけないとも論じ、開戦一年後の一九一五年(大正四)八月には、戦後に向けて外交・国防・内政の大改革が必要だという戦後経営の方向を示した。さらに内閣を組織する一年以上前の一九一七年秋には、大戦後の戦後経営構想の大枠を作っていた[6]。それが原内閣の中でどのように具体化して政策が大きく刷新されるかを、同内閣の外交や、内政についての四大政綱等の位置づけも含めて検討する。

以上に加え、イギリス風の立憲君主制の形成という観点から、これまでの筆者の研究の実証成果を利用しながら、参謀本部の動向を明らかにする新出史料等による事実も加え、陸軍統制・宮中統制がどのような段階を経て、どこまで達成できたのかを検討する。とりわけ陸軍統制については、これまで積極的に論じられていない原内閣成立直後からの動きも考察し、原内閣によってどのように統制されてゆくのかを明らかにする。

まず原の青年期から段階を追って、政治外交観の発達を検討してみたい。

1 イギリス風の立憲君主制・協調外交という理想を持った原の成長

◆青年期から外交官時代の原の政治外交観

一八七五年(明治八)一月、一八歳の原敬は、新潟でフランス人のエヴラール牧師に学僕として仕えながら、清国は国土も広く人口も多く、産物も不足していないのに、諸列強からしばしば辱めを受けているとみて、国のあり方について論じた。清国がこうなった理由は、君主専制であり、君主が賢くないため統治ができず、また愛国者がいないからである、と主張した。原は、開明の国(日本)が隣にある、と論じているので、清国と対比し、日本の維新後の改革をある程度評価していたといえる[7]。

このように、専制国家では国の安全保障すら確保することができないと考える原は、『郵便報知新聞』の記者であった一八七九年一一月から一八八一年一月にかけて、全ヨーロッパの中でイギリスは「富国」であり「工産」にも富む、とその国力を評価した。のみならず、イギリスの政治を、選挙による政権交代を実現しているとして評価した。それに対し、フランスについては、政党が政権を授受しているが、政権を争うにあたって「執拗の極端に走」ると、あまり高く評価しなかった。またロシアの専制政治を批判した。当時、日本は自由民権期で、各地に民権政社ができていたが、原は、まだ日本には「真正なる政党」はないと断じて、イギリス等の政党との違いをはっきり認め、日本の現状に批判的であった。その原も、一八八一年三月から、政府は国会開設の方針を決めるべきだと主張するようになった。「自由民権」主義者になったといえる。しかし原は、民権派の未熟さと藩閥政府の進歩性を認めており、藩閥政府のみを一方的に批判する「自由民権」主義者とは一線を画していた。

『郵便報知新聞』の記者になる前、すでに原はエヴラール牧師にフランス語を学んだ上に、官費の司法省法学校で約二年五カ月の間フランス語等を学び、中退後さらに中江兆民塾でフランスの啓蒙思想などをフランス語文献の講読を通して学習していた。このため原は新聞記者になっても、フランス語を通して、欧米の実情のみならず、歴史や思想までもかなり深く理解できるようになっていたのである。その中で原は、政治の目的を「公利」を求めることに置いた。「公利」という用語は、中江兆民がフランスの啓蒙思想を日本に紹介する中で、使った言葉である[8]。ここで原が言う「公利」とは、大日本帝国という国家を構成する人々全体のために、といった意味である。しかし、列強を中心とした世界で、しだいに帝国主義の時代に疑問が生じる中、本章で述べていくように、原は当時の日本の政治指導者の中で、最も戦争に慎重な一人となり、列強協調外交や日中「親善」等を唱えていく。すなわち、日露戦争以後、とりわけ第一次世界大戦以後に、原の「公利」という価値観は、米国のウィルソン大統領の提言に力を得て、日本を主対象にしながらも、しだいに東アジアや世界に広がりを見せていくといえる。

話を戻すと、原は『郵便報知新聞』の記者時代は外交について積極的に論じることはなかったが、同社を辞め、一八八二年(明治一五)四月に、二六歳で『大東日報』(大阪で発刊)の主筆になり、壬午《じんご》事変が起こると、同年八月には積極的に外交論を展開するようになった。原は朝鮮の「討伐」は難しくないが、その後にどのような「実益」があるのか、良く考慮して日本は行動すべきである、と帝国主義の時代にあっても安易な出兵論・開戦論を戒めた。また朝鮮を植民地化するのではなく、平和な交渉で朝鮮を近代化すべきだと論じた。原は、具体的問題に即して、日本が行う外交の目標と、外交の目標を実行するのに日本は国力(軍事力も含む)があるのか、また日本の外交政策の効果や副次的影響、主要国や国際社会がどのように日本の行動を評価するのか、等を冷静に総合的に判断して外交を行うべきだ、と主張したのである[9]。

その後、原は日清戦争をはさんで、陸奥宗光外相に外務省通商局長・外務次官として仕え、陸奥外交を間近に体験した。陸奥は衆議院の多数党の総裁となり、政党内閣の首相となることを目指しており、原は腹心として期待されていた[10]。

原が陸奥外相から何を学んだかを、直接に知る史料はほとんど残されていない。しかし、陸奥が日清戦争と講和や三国干渉への対応を、後世に書き残したもの〔11〕から推定できる。

それは第一に、国際社会で孤立しないように列強との協調を重視するとともに、列強が必ずしも一枚岩でないことを承知し、列強間の対立も見抜くことである。さらに外交を主導する国を見分け、その後の国際関係を構想し、日本の国力を考慮しながら、それに対応して日本の利益を図ることであった。

第二に、日本国民も含め、一般人民は対外硬的言動に傾きがちであるので、その強いナショナリズムを緩和しながら、政府支持に向わせるように配慮した外交を行うことである。陸奥は戦争時や講和条件等をめぐり、一時的に一般国民は情緒的に対外硬論に傾くのが常であるが、それに影響されると、列強から孤立しないようにする合理的外交ができないと見ていた。

おそらく原はこの陸奥の外交観によって、新聞記者時代に深めた自分の外交観を磨き、再確定した。本章で以下に述べていく原の外交観は、陸奥の大枠を踏襲したものである。ただし、原は帝国主義の時代にのみ生きた陸奥とは異なり、第一次世界大戦の末期から国際平和思想が広がっていくと、それに対応した外交観も展開させていく。これらは、現代の国際関係や外交を考える上でも、有効な外交観である。

以上に述べたように、原は二〇歳代半ばの新聞記者時代に、イギリスの政党政治（立憲君主制）への理想と、日本が独りよがりにならない国際協調の外交観を持ち、外交の実務や陸奥からの刺激を得て、より現実への洞察を深めたものに発展させていった。

◆原の政党内閣論

日清戦争後、第二次松方正義内閣と大隈重信および進歩党（立憲改進党を中核にできた政党）の提携が断絶する前後に、原は「政府と政党」（一八九七年一〇月二八日～一一月三日）を連載した。また、第一次大隈重信内閣（隈板内閣）が憲政党（自由党と進歩党が合同）を与党としてできた直後に、「政党内閣」（一八九八年七月四日〜一四日）を連載している。いずれも原が編集総理を務める『大阪毎日新聞』紙上である。この二つの記事は基本的に同じ観点から書かれており、四一歳から四二歳の原の政党政治や政党に対する考え方がわかる。

それは第一に、現在の政党は欧米におけるものと大きく異なっており、十分に発達していないが、政党をなるべく発達させ、「真正なる政党内閣」ができるようにすべきである、という見方である。そして、政党内閣は遅かれ早かれ必ず実現すると覚悟することが重要である、とも見た。

原は日清戦争前までの日本の政党を、国家の利益・不利益を気にせずに、「政府の事」については何でも反対するに過ぎなかったとする。日清戦争後に、政府と自由党、次いで政府と進歩党が提携したのは、憲政の進歩と見る。

しかし原は、進歩党と松方内閣の提携については、党論を一致させ主義において内閣と大体一致した上で提携しているわけではない、と批判的であった。また、政党が主に就官や利益を得ることを求めて藩閥内閣と提携している、とも糾弾する。しかし、かなり先の将来に、政党が「輿論《よろん》」の多数の支持を得て政府を乗っ取るようになるまで、「政府も政党も提携の甘美に酔ふ」段階があるのは仕方がない、ともとらえた。

原は現在の日本の政党を、欧米のものとは違い、「極めて雑駁《ざっぱく》なるもの」で、「主義も綱領」もほとんど明らかでない、ととらえた。したがって、政党の「首領」であっても、一党を統御できず、多くは党員に迫られ党員におもねることで、やっと地位を保っているようである。「首領」の参謀と称される人々であっても、「学識名望若《もしくは》経歴」において、他の党員に比べて秀《ひい》でているわけではない。このため、一人が大臣等の官職を得れば、他の人々もそれを得たがり、就官要求は限りなく膨張していく。就官は決してほめるべきことではないが、「今日の場合は之を勢なりと評する外な」い、と論じた。

原は第二に、真の政党内閣は陸海軍大臣も含めて、その「党に同情を表する者」でなくてはいけない、と内閣としての一体性を重視した。

したがって第一次大隈内閣が成立するにあたって、明治天皇の思召しで桂太郎陸相(長州、山県系官僚)・西郷従道海相(薩摩派)が留任したことについて、これまで「藩閥」として攻撃していた「他人」を閣僚に「交ゆる」と、原は批判的であった。

また原は、陸海軍大臣は「純然たる行政官」であり、内閣更迭と同時に更迭すべきものであり、「必ずしも武官に非らざれば任命することを得ざるものに非らず」、軍人以外の人を任命できる、とまで論じた。外国においても例があることで、「新奇」な考えでもない、とも言及する[12]。原は、文中で明示はしないものの、イギリスの政党内閣の基準から政党内閣のあるべき姿を提起している。

この後、一九〇〇年(明治三三)一〇月一九日に創立直後の立憲政友会を与党として第四次伊藤博文内閣が成立しても、原は最初の組閣時に入閣できなかった。

この雰囲気を、原は事前に察知していた。一〇月一五日に伊藤に面会した際に、伊藤が「絶対的に今回入閣出来ずとも限らされとも、万一入閣出来さる時は」云々と話したからである[13]。そこで原は西園寺に、次のような入閣の支援を求める手紙を書いた。その中に、入閣を強く求めるあまり実際に行うのは難しいであろうがとの断りつきながら、軍部大臣に就任してもかまわない、という文言が出てくるのが注目される。


もし入閣するとせは小生之方にては、其刻も申上候通、何れ之省にても異議無之候。人は海陸軍之外など申候へ共、海陸軍にても少し他国にも実例有る通文官より御採用之事に御断行之御決心なれは、小生は夫れも辞せさる所に候得共、是れは到底行はれ間敷[14](以下略)

右の手紙の文言から、原はできるならイギリスのように軍部大臣を文官にしたいと考え、今は無理であるが将来には文官制を実現しようと考えていたことが読み取れる。これは、原が二〇歳代半ば以来、イギリスの政党内閣を理想としてきたことの延長でとらえることができる。

軍部大臣文官制を理想とするのみならず、原は第三に先の記事で、欧米においては議員に多数を得て内閣を組織するが、日本においては内閣を組織したので「議員に多数を得るが如き観あるは事実なり」と論じたように、日本とイギリス等の違いをよく認識していた。

以上に述べた基準に照らすと、大隈首相・板垣内相らは第一次大隈内閣を「純然たる政党内閣」と吹聴しているが、自由党・進歩党・藩閥の連立内閣にすぎない。閣員も多少有能な人物もいるが、内閣成立以来の行動から評すると、普通の人と見る外ない。その下に至っては、就官熱の結果任命されただけなので、ほとんど論じる必要すらない、と原は批判した。

原は初めから、第一次大隈内閣に「多くを望む者」ではなかった。しかし原は、隈板内閣を「一歩にても、政党内閣たるに近からしめ、彼等をして充分に其主義によりて、国政を料理せしめんことを望」む、と成立直後の内閣を、公平な視点で論じることも忘れていなかった[15]。

なお、原は大阪毎日新聞に入社して多くの政論を書くが、イギリス風の政党政治を目標とすべき云々とは一言も触れていない。その後、政友会入りし、政党のリーダーとして活躍するようになっても同様である。

その理由は、すでに大隈重信や板垣退助がイギリス風の政党内閣を目指すと公言しており、原は彼らを、イギリス政治の実質も深く理解せず、そのまま安易に日本に適用しようとしている、と批判的に見ていたので、彼らと同類に見られたくなかったからであろう。また、政党の発達が不十分で、政党の側にもイギリス風の政党政治を実現する十分な実力もないのに、理想を公言し、政党関係者を自惚《うぬぼ》れさせてはいけないと思った。さらに、山県ら保守派から不必要な反発を招くべきでもないと考えたのである。

◆清国の将来への見通しと外交論

原が『大阪毎日新聞』の編集総理を経て社長となった時代、日清戦争後の日本外交の焦点となったのは、列強の中国分割の恐れと、義和団の乱による東アジアの国際秩序の変動であった。

しかし原は、清国がにわかに消滅する傾向はないともとらえた。その理由は、列強が清国の土地を占領したとしても一部分であり、それを全国に及ぼす国力がないとみたからである。清国は重要な土地を奪われ、「微弱なる国」となって存続することは、「近き未来」における現象だ、と論じた[16]。近い未来、列強であっても清国全土を占領する力がない。ましてや日本一国が清国を「扶掖《ふえき》」（助ける）する云々とは、現実味のない議論だ、と原は考えた。一〇年程度の範囲において、正しく鋭い状況判断であり、原は外交は日本の国力をよく認識して行うべきだ、という原則を十分理解していた。

一八九八年から九九年にかけて、日本においては対清外交の姿勢として、「清国保全論」と清国「分割論」のいずれが良いかという議論がジャーナリズムの大きな焦点となった[17]。二大政党の一つ、旧改進党系政党の党首格である大隈重信の「扶掖」論は「保全論」の一種である。

原は「保全論」について、清国の滅亡を防止し「保全」するという意味であろうが、列強が清国要地を占領したまま「保全」するのか、列強の占領や「朝鮮の独立」以前の状態まで戻して保全するのかの定義すら定かでない、と見た。その上で、「机上の議論」としてはとても良いが、「実地問題」としてはほとんど価値がない、と切り捨てた。

「分割論」に対しても、清国を「各国」〈列強〉の間に分割すべしという説であろうが、このような方針を定めることは、世界に対する関係においてできるものでもないし、なすべきでもない、と批判する。ポーランド分割の例を見ても、分割した領土の配分が難しく、まず「各国」〈列強〉間の秘密の交渉が必要である。清国に関しては、列強に清国分割の「深意」があるかどうかは知らないが、露・英・独・仏や他国も、一国として「清国分割」を口外している国はない。「遠き未来」は知らないが、「各国」においても分割で得た土地を維持する国力があるとも思われない。各国における「清国分割論」は無責任な風説以外に聞くことができないので、日本のみ「清国分割」を国論と定めるごときは「暴論の極」である、とこれも切って捨てた[18]。

それなら日本は、どのような対清政策を取れば良いのだろうか。原の見るところ、欧州情勢と東アジアへの列強の進出は、密接に関係していた。近年はギリシア問題も一段落したようで、欧州の事情に関し各国の間に「危機の迫るもの」がなく、ロシアのみならず、英・仏・独の諸国も「東洋に手足を伸ばすの余裕を生じ」た。日本は朝鮮に関してロシアと「権力平均」を保たねばならず、清国に関しては、露・仏・独を一方とし、イギリスと日本が他の一方となり、「権力平均」を保たねばならない。その「権力」が幸いに「平均」を失わなければ、「東洋の平和」は維持されるので、とりわけロシアの挙動には注意し、冷静な対応をする必要がある、と主張した[19]。

一八九九年（明治三二）三月に山東省で排外主義の義和団が起こり、それはしだいに北京に向けて広がっていった。翌年三月、原は清国民がしばしば外国人に危害を加える罪の大半は、清国政府がみだりに「排外的気焔」を高め、国民を善導する方針を取らないからだ、と批判した。また、清国が国力を自覚せず、外国人の援助を借りなくても十分やっていける、という態度を示すのも排外心を高めている、と見た。原は清国が大勢を自覚し、「親切なる友邦」（日本）の「指導助言」を借り、大いに国事を改良することを望んだ[20]。原は、清国が近代化を目指して日本の援助を求めるべきなのに、外国人排撃の姿勢を改めない、とその態度を残念がった。

したがって一九〇〇年六月、義和団が勢力を増して北京に迫ると、清国に対する原の評価はさらに下がっていった。原は、清国は政治上に統一を欠くばかりでなく、風俗言語においても統一がない、と指摘した。南清と北清の人民は、相互に他国のように思っているくらいだ、と見た。また今回の事件も、北清の中でも北京・天津付近に限られているので南清など清国の各地に広がることはない、と予想した[21]。

日本人も含め列強の公使館員や警備の将兵、居留民は北京の公使館区域に籠城し、義和団の攻撃から身を守ろうとした。六月二〇日、義和団はドイツ公使を殺害し、公使館区域を清兵とともに攻撃を始めた。清国はそれを防ぐどころか、翌日、列強に対して宣戦布告した。

原は清国といっても「今日の如き攘夷家ばかり」だったわけではなく、日清戦争の前例に照らしても、「万国公法」(国際法)を守ろうとする「開化主義の人」がおり、実力者の李鴻章は「開化主義の人」を信用していた、と清国の近代の歴史から冷静に清国をとらえた。しかし、今回の清国の処置は「言語道断」だと批判した[22]。

各国公使館の護衛兵は、居留民からの義勇兵を合わせても五〇〇人にもならず、列強は救援の兵を送った。国際法では通常、他国に暴動が起きても干渉することはできない。しかし今回の暴徒の場合、列強の代表者および居留民に危害を加えることを目的としている。さらに清国政府は鎮圧する意思がないか、あっても鎮圧できない状態なので、列強が兵を送って代表者および居留民を保護する権利がある。このように、原は国際法上の出兵の根拠を、新聞紙上で解説した[23]。

六月二八日付で原は、清国に出兵した場合、各国は連合軍として行動すべきだと主張した。それは、咸豊《かんぽう》帝《てい》の時代の一八五六年から六〇年にかけて、アロー戦争で英仏が清国に出兵した時にも、互いに「敵前に功名を争うて」一致協力姿勢を欠いたからである。また原は、日本は初めて列強と共同行動を取るのであり、「列強との比較は容易に世界の公議に上る」はずだ、と見た。日本軍が大沽《ダークー》砲台の占領に目覚ましい働きをしたことは、すでに「世界」に伝わっていると思う。今回の事件にとどまらず、将来列強との関係において、間接的にも直接的にも少なからぬ利益があるものと信じる、と原は列強の一員として日本が共同行動に参加することの利益を説いた[24]。

このような原の外交観は、主要国や国際社会がどのように日本の行動を評価するかや日本の国力等を、冷静に総合的に判断して外交を行うべきであるという、二〇歳代半ばの原の外交観の延長上にあった。清国の分割は容易ではなく、そもそも無責任な風説に過ぎず、分割はなすべきではない、との原の見通しも確かであった。また当面は、「東洋の平和」のため、ロシアの動向に注意し、露・仏・独とイギリス・日本の「権力平均」を保つことの重要性も論じている。この見通しも、筆者が明らかにした日露戦争の開戦過程を考慮すると、有効なものであった[25]。

◆外交・対外思想と国民の関係

一八九九年七月に原は、外交と国民の関係について述べた。外交というものは、世界各国に派遣した公使(現在の大使)や領事を通して時々刻々入る情報に通じている者が、外国に駐在する日本の代表者として、あるいは日本の代表者として日本駐在の外国の代表者を相手に、行うものである。したがって、外交と称するものは国民一般においてはほとんど了解できるものではない、と原は見た。原は、外交の細部について国民は意見を述べるべきではなく、専門家である外交官らに任せるべきだと考えていたのである。これは、外交の専門家でない陸軍や海軍も外交に介入すべきではない、との主張にもつながっている。

他方、国民は「対外思想」を持つべきであり、「対外思想」に富んでいる国民の上に立つ政府は、担当者による多少の技量の差を別にして、良好な外交ができる、と原は論じた。「対外思想に富んだ国民」とは、外国に対してどのようなことをすれば良いか、外国からこのような影響を受けるので、それに対してどのように備えなければならないか、常に攻究を怠らぬ国民である。「対外思想」に関連し、原は外国を敵視するのでなく、外国と競争すべきであり、実業は始終外国と競争していなくてはならず、それに勝つことで初めて国力を発達させることができる、と述べた[26]。

また、原は言う。交通の発達によって外国との実業上の競争はますます激しくなっていく。日本が成長して外国から対抗相手と見なされるようになると、工場を見せてくれない等の「排斥」は免れない。しかしそれはどの国でも同様で、各国は互いに他国の立場を尊重した上で、競争に対応していかねばならない[27]。

それに加え原は、外国人が日本において資本を投下して事業を起こし、利益を得ることを忌むような、とりわけ中国人を排斥するような、日本人に根強く残っている「対外思想」を批判した。これは、外国の資本を日本に導入することは、日本の商工業の発達につながるからである。また、中国人を排斥することは理由がなく、「文明の主義」に反するのみならず、「内地開放」の趣意にも反する。このように原が見るからである[28]。

以上のように原は、軍事力よりも実業(経済)における競争を重視し、日本人が外国人を排斥しない「外交思想」を持ち、日本や世界の秩序もそのような方向に動くことを理想とした。これは、第一次世界大戦後に出現してくる潮流を先取りしたものであった。また原は、国民がこのような方向の「外交思想」を持ち、各人が国際秩序の形成に対応すべきと考えたが、すでに述べたように個別の外交交渉に国民が介入することは戒めた。国民の排外主義や対外硬論が外交を拘束するのを警戒したからである。

2 原による軍と官僚統制の手法と山県系官僚閥との対抗

◆陸海軍への理解と軍事知識

すでに述べたように、原は入閣したいあまり、一九〇〇年(明治三三)一〇月に陸相でも海相でも担当できるという気持ちを、西園寺の支持を得て、伊藤に伝えようとした。なぜ原には、陸相や海相でも担当できるという自信があったのだろうか。

一つには、外務省の代表として、行政改革等の委員会に参加し、陸・海軍の同格のエリート軍人と議論することで陸軍海軍両省の組織や軍事を理解していったからであろう。

一八九三年三月二二日に原（外務省通商局長兼取調局長）は、児玉源太郎陸軍次官（後に陸相）らとともに行政改革等の委員会委員に任命された。三月二七日はこの委員会は、午後一時に始まり午後一〇時まで続くほど、早い時期から熱心に行われ、七月二〇日にだいたい終了し、九月二七日までのべ二三日間も続いた。原は、「最初は半日にて終る見込なりしも、終日又は夜の十一時にも及びたることありて各員議論を戦はしたるなり」と回想している。また、同委員会では、官制のみならず予算編纂の様式も決定した[29]。

この委員会で、原が陸軍山県系官僚閥のエリートである児玉次官と、どのような議論や交流をしたのかは不明である。しかし、各省の官制のみならず、予算編成の様式まで討論し決定する過程で、陸軍省や海軍省の実態も理解し、陸軍に関し児玉から得た知識も少なくないと推定される。

原と児玉は、その後、日本と朝鮮国仁川間の海底電線敷設の件の会合（一八九六年一〇月一六日）でも会っている[30]。原と児玉の関係は、会議の時は意見のやり取りをするが、それ以外の時には特に個人的に交際することはないという、成長し地位を得た者の普通の人間関係であったようである。他方、海軍のエリートである山本権兵衛は、その後、一九〇〇年一〇月までの『原敬日記』に原に会った者として特に登場しない。

もう一つ、外交官原の行動で特徴的なことは、たとえば朝鮮公使として一八九六年七月七日から一〇月四日までの漢城（京城）滞在した短い間にも、積極的に現地にいた陸軍将校と接触したことである。七月二一日、原は新任披露かたがた、朝鮮国の李完用外部大臣はじめ高官ならびに外国の外交官、日本公使館・領事館の高等官らを招いて夜会を開いた。その翌日にも、日本の守備隊将校およびその他の軍人ならびに公使館・領事館高等官を招いて夜会を開いた。

伊藤内閣に代わり松方内閣ができ、自分の公使辞任が近いとわかっても、原は軍人たちとの交流を深めた。

九月二〇日、日本守備隊員中で電信保護のために派遣された者が、日本の憲兵と任務を交代してすべて戻ってきたので、兵士一同に酒二樽とスルメを贈った。当地にいる憲兵（七〜八名）にも酒肴を贈り、病院にもアヒル一〇羽、鶏二〇羽、ビスケット一箱を贈って慰労し、将校には園遊会を開いて招待し、その時に写真を撮影した[31]。このように、憲兵も含め日本軍将兵と交流を試みたので、原公使は彼らからの信頼を深めたようである。

宇佐川一正中佐（韓国公使館付、後に陸軍中将）が、漢城（京城）の測量の残りを行うため、時機をみて技手を派遣する件を問い合わせてきたので、原は差支えないだろうと答えた。また守備隊長新山少佐は、兵卒が「遊歩」する件について相談してきた。原は、士官が付き添っているなら差支えないが、王宮周辺または遠方に行く時は、前もって朝鮮国側に通知しておく方が「穏当」だろう、と言い置いた[32]。このように駐屯地から「遊歩」の形であれ、兵を出すことについても、原公使は判断した。

原が日本に戻るため漢城を離れる一〇月四日には、公使館員・領事館員や居留民の有力者のみならず、守備隊将校も、南大門や龍山まで送りに来た。また、船で龍山から仁川まで行く際も、守備隊兵士数名と巡査二名が護衛として同行した。原は仁川で、彼らに酒肴をごちそうして別れた。東京に戻ってからも、日本公使館・領事館の幹部らのみならず、宇佐川中佐、野津大尉、影山少佐らに手紙を書いた[33]。

原はイギリス風の政治を将来の目標とし、政党内閣の首相になることを夢見ていた。その際には、文官の首相として軍を統制しなくてはならず、軍人の気質を理解し常識的な軍事知識も必要である。原はそれらを意識して、陸軍将校たちとの交流を積極的に求め、彼らも原に親しんだのだろう。

また原は、軍事知識自体への関心も強く、その大枠をつかんでいった。その一例を示そう。

原は天津領事からパリ公使館書記官に転任を命じられ、天津から帰国する前に、一八八五年七月一三日から一八日まで、北京を見学している。その一五年後、清国で北清事変が起こる。列強は公使館員らを救出するために出兵した。この事変に際し、原は一五年前に見た公使館の状況を回想し、公使館の防衛と清国兵や義和団の攻撃について、新聞紙上で論じた。

原によると、各国の公使館は、「交民巷街《チャーミンシャンチェ》」の同じ所に集まっており、邸宅は広いものもあるが、「とても戦争の防禦」ができる場所ではない。したがって、清兵でも義和団でも、少し勇敢に攻撃してくれば、列強側の水兵が四、五〇〇名いたところで、また公使館員が義勇兵となって戦ったところで、到底今日まで存在できるはずのものではない。

これらの事情から考えれば、もし今日まで各国公使が生命を保っていたとすれば、中国人のやり方が「緩慢」であるためか、何か別の理由があったのであろう、と原は推定した[34]。

同じ記事で原は、一五年前に北京に寄った際に、公使館付武官として福島安正陸軍大尉がいたことを、回想している。福島は北清事変の時、陸軍少将に昇進しており、清国臨時派遣隊司令官として出征していた。原が北京の列強公使館の防衛が極めて難しいと断定的に述べているのは、一五年前にそのことを福島大尉に質問し、そのような回答を得たからであろう。

このように、原は軍事に関心があり、様々な機会に軍事知識を深めていったのである。これは原が、外交官として軍事面も含め日本の安全保障を深く考え、また将来大物政治家、少なくとも有力外交指導者になろうと自覚していたからである。こうした姿勢でいたからこそ、原は一九〇〇年一〇月に陸相か海相になっても十分にやれる、と西園寺を通して伊藤博文に訴えようとしたのだった。

しかし、第一次西園寺内閣では内相となり閣内に重きをなしたが、その前半においては、重要問題であるにもかかわらず、内務省が直接関係ない問題で、原が十分に関われないことがあった。

その一つが、日本陸軍の満州からの撤兵問題である。日露戦争が終了しても満州に軍政が続いていることに対し、一九〇六年(明治三九)三月、イギリスは元老伊藤博文(韓国統監)に善処を求めてきた。清国もそれに不満を持っていた。そこで、元老伊藤は、外務省に命じて満州問題解決案を作成させ、五月二二日に西園寺首相に「満州問題に関する協議会」を開かせた。

出席者は、伊藤・西園寺の他、山県有朋ら四人の元老、寺内正毅陸相・斎藤実海相・林董外相・阪谷芳郎蔵相ら四閣僚、前首相の桂太郎大将、児玉源太郎参謀総長、山本権兵衛(前海相)ら陸海軍の首脳の合計一三名であった。この会議は日露戦後の大陸政策を決める重要な会議である。ところが、原内相は招かれなかった。会議では南満州の軍政の中心であった関東総督を平時組織に改め、軍政署を順次廃止することが決定した[35]。

もう一つは、陸軍の軍備拡張要求への対応である。陸軍は日露戦争中に最高で約七〇万人の兵力を展開させた、戦後に平時の体制に戻しながらも、戦時中の一七個師団体制は維持した。

それにもかかわらず陸軍は、さらなる師団数の増加を求めた。このため、一九〇七年度予算と一九〇八年度予算を作成するにあたり、陸軍の軍備拡張要求に西園寺内閣は悩まされた。一九〇七年度予算の作成過程の一九〇六年一一月二〇日には、寺内陸相は、西園寺首相と阪谷蔵相の予算方針に不満で、自ら辞任して内閣を倒すことすら考えた。こうした厳しい状況に直面し、西園寺首相は陸軍の山県に次ぐ実力者で、影響力を持つ桂前首相(大将)や、元老山県(元帥)、元老井上馨・松方正義の協力を得て、阪谷蔵相・寺内陸相・斎藤海相との妥協を探る交渉を行って乗り切った。この結果、一九〇七年四月の帝国国防方針では、陸軍は二五個師団を目標とすることが認められたが(戦時に約一〇〇万人の兵力を動員できる)、実際は同年九月に一九個師団に増加させるにとどめた。

このような過程に、原内相は直接には関わっていない。第一次西園寺内閣の前半においては、政友会の党務や内務省に関わることには、原内相は大きな力を振った。しかし軍備と財政に関しては、西園寺首相が、桂や元老の支援を得て、それなりに主導権を発揮し、陸軍の要求をかなり抑えたため、原は直接関わることができなかった[36]。

原が軍事・財政・外交にかかわる重要問題に関与できるようになるのは、一九〇七年七月一〇日の韓国統治に関する元老と桂大将や主要閣僚の会議からであった。この会合は、伊藤博文韓国統監が、ハーグ密使事件にどう対応すべきか、高宗《コジョン》の譲位も考慮に入れ、訓令を政府に求めてきたことにより、首相官邸で開かれたものである。参加者は、山県有朋元帥・松方正義・大山巌元帥・井上馨ら四元老、桂太郎大将(前首相)と、西園寺首相・斎藤実海相・寺内正毅陸相・林董外相・阪谷芳郎蔵相と、原内相ら主要閣僚であった[37]。首相は当然として、原以外で出席した閣僚は、軍事・外交・財政で保護国としての韓国統治に直接関わりを持っていた。内務大臣として内政を担当する原が、閣議以外で、韓国のような外国に関する元老たちとの会議に出たのは初めてであった。閣内や党内での原の実権が一段と強まったからであった。

この会議では、直ちに断行はできないと留保をつけながらも、山県と寺内が、高宗が明治天皇に譲位すべきだという併合論を述べた。また、六日後の手紙で、山県系官僚の長谷川好道韓国駐箚軍司令官は、明治天皇が韓国皇帝を兼ねることを寺内陸相に主張した。山県や山県系官僚は韓国併合を具体的な目標として考え始めたのである[38]。原は七月一〇日の会議で、①今日の事態以上のことが起きたら適当の処置を取ることは伊藤に一任すべきである、②高宗の譲位も必要であるなら差支えないが、その辺は伊藤に任せる方がよい、③「終局の目的は保護国となしたるとき既に決定し」ている、と発言し、林外相の支持を得た[39]。原は伊藤に任せるべきだと主張することで、山県らの併合論が高まらないようにしたのである。

これ以降、原は後に大物内相として軍事・財政・外交にまで関与するようになった。さらに三度の内相時代を通し、同じ閣僚として寺内正毅・石本新六・上原勇作らの陸相、山本権兵衛首相(海軍大将)・斎藤実海相らと交渉していく中で、さらに軍事関係に対する理解を深め、対応の仕方を会得し、陸・海軍の有力者との信頼関係を形成していったと思われる。彼らの立場からすれば、原は陸・海軍予算の決定のために支持を得る必要のある衆議院第一党政友会の最高実力者であった。彼らは可能な限り原との連携を深めようとしたのである。

この中で、第二次桂内閣下であるにもかかわらず、一九一一年六月の陸軍人事に原が影響を及ぼした例すら出てくる。それは盛岡市に本部を置く、騎兵第三旅団長の本多道純少将が六月一五日付で軍馬補充部本部長に栄転したことである。六月一九日付で、笠井信一岩手県知事は、次のような手紙を原に書いている。

御高配に依り本多少将も愈々《いよいよ》軍馬本部長に栄転、大に悦ひ居り候。右に付過般御手帋〔紙〕拝受之節、小生の多忙と同氏の出張と相互行違ひ、面談の機を得す、……（中略）……本日久し振にて面会致し閣下御高配の事を話し候処、同氏も非常に感謝罷在候。実は今回の位地に付ては希望者甚た多く、有力なる運動者有之たるに付、到底お鉢は廻らぬ歟《か》と存したるに、今回の辞令に接したるは閣下ご高配の為めなりし事を了知したりとて、大に感謝致し居られ候。尚同氏は従来斯《かか》る御高配の事を承知せさりし為め礼状も差し上けすとて恐縮罷在りたれとも……（下略）……[40]

この手紙の内容は、原が本多少将を軍馬補充部本部長に栄転できるよう陸軍の有力者に話をし、前もって笠井知事に知らせておいたが、笠井は本多に話す機会がなかった。本多は、その地位には希望者が多く有力候補者もいたので自分が就くのは難しいと思っていたところ、思いがけず辞令を受けた。それが原の尽力の効果であると笠井知事から聞かされ、非常に感謝するとともに、原の高配のおかげと知らなかったためお礼状も差し上げなかったことを恐縮している、というものである。

本多は一九〇九年四月一日に騎兵第三旅団長に任命されているので、軍馬補充部本部長の人事問題が起きる頃までに、原は盛岡別邸で二回の園遊会（一九〇九年九月一〇日、一九一〇年五月二二日）、母リツの米寿を祝う会（一九一〇年五月二三日）と茶話会（一九一〇年一〇月一日）を開き、地元の名士等を招いている。園遊会の方は新聞記事が出席者を簡単にしか記載していないので、本多が出席したかどうか確認できない。リツの米寿の宴には、本多は妻を伴って出席した（第六章）。茶話会には、本多は高橋連隊長を従えて出席し、最後まで残って、清岡等《ひとし》（前清岡市長）・小野慶蔵（大地主、盛岡銀行取締役）など、盛岡市の原派の有力者と歓談した。いずれの宴にも笠井知事も出席している[41]。

以上から、原と本多騎兵旅団長・笠井知事は原の催す園遊会や祝宴・茶話会などを通して親しく交際しており、互いに人柄を良く知っていたと推定される。原は本多を好ましい人物と思い、陸軍の長老である桂首相（大将）か寺内正毅（大将）を通して、本多を軍馬補充部本部長に推薦し、本多の就任が実現したのであろう。

こうして原は、首相となっても、陸海軍を十分に統制できる実力を身につけていった。

◆信頼できる部下をみつける

次に、原の官僚統制の手法を伺わせる二つの例を紹介しておこう。

一九〇〇年（明治三三）一二月二二日、原は逓信大臣に任命されると、田健治郎《でんけんじろう》逓信総務長官（逓信次官）に仕えている松本剛吉（田と親しい前警察官僚）を、芝公園の自宅に招いて、田に留任するよう話してほしい、と依頼した。松本は後に、元老山県有朋、山県の死後は元老西園寺公望の私設秘書になる人物で、保守的思想の持ち主であるが、口が堅く、誠実な人柄であった。松本は原と、人を介して「一八九六年」に原の「外務省政務局長」時代に面識を得ていた、という。田は松本の説得もあり、逓信次官の留任を承諾し、松本がこのことを原に報告すると、原は大変満足した[42]。おそらく原は、松本からか前任逓相の星亨から、田総務長官の仕事ぶりを聞いていたのであろう。

一九〇六年一月七日、西園寺内閣が成立した晩、原は水野錬太郎神社局長兼内相秘書官を芝公園の自宅に招いた。それまで水野は原と何の関係もなく、初対面であった。水野が秘書官の兼任をやめてもらいたいと申し出ると、原は「自分は内務行政の事は全く素人であるから、今暫く秘書官として助けて貰いたいと言はれた」。水野は原の申し出を承諾した。水野は原について、さらに次のように回想している。

原氏は極めて明朗で、官僚的でなく、人事は固より内務行政について凡て私に相談し、且よく私の意見を用ひて呉れた。私は原氏のこの態度に心服し、誠意を以て原氏を補佐した。従って原氏と私の関係は単に上官下官の関係でなく、個人としても親密になり、相互に信頼し合った[43]。

外務省や農商務省での官僚歴があり、逓信大臣の経験もある原であるが、内務省は初めてなので、信頼できる内務官僚として水野に相談し、内務省の統轄に役立てた。政友会の最有力者であるにもかかわらず、原はこのように謙虚で、新しいことを学ぶ意欲があった。

水野は青年時代から立憲政治の完成を期するには政党によらなければならぬ、という考えを持っていた。それは、一八九六年に自由党総理の板垣退助が内相となった時に、水野は内務省参事官兼内相秘書官であり、板垣の感化があったからという。また水野は官僚でありながら政党員と交際往来するので、先輩友人より注意を受けたこともあるという[44]。水野の場合も、原はこうした姿勢を誰かから聞いていたのであろう。

◆山県有朋・山県系官僚閥との対抗

以上のように原は、自分に協力する各省の官僚たちから、あまり自分が知らない省の事情を学びながら、担当省を掌握していった。特に原は、国内行政の核となり、選挙の管理も担い、かつ山県系官僚閥が統制している内務省を重視した。第一次・第二次西園寺内閣、第一次山本権兵衛内閣と、三度も内相を務め、帝国大学出の新進の官僚を抜擢していくことで、内務省の山県閥を弱体化させていった。他方、第三次桂太郎内閣下の一九一三年一月に、桂首相は新党結成の方針を発表し、政友会に対抗するため、桂系官僚を政党に参加させ、第二の「官僚の系列化」「官僚の政党化」を実施した。一九一四年(大正三)に立憲同志会(旧桂新党)等を背景に第二次大隈重信内閣ができると、政友会に反発する帝大出の官僚は、同志会に接近し「官僚の系列化」が促進された[45]。こうして内務省の山県系官僚閥は解体され、一九一〇年代半ば以降、内務省では政友会・同志会の二大政党の影響が強まった[46]。

また原は、貴族院の山県系会派茶話会や無所属派による支配も弱体化しようとし、第一次西園寺内閣下で、一九〇八年三月二五日に貴族院の山県系以外の会派から、堀田正養(貴族院の会派の研究会の有力者)を逓相に、千家尊福(同、木曜会有力者)を法相にした。しかし、貴族院の山県系支配はなかなか弱まらなかったが、山県系は、「官僚の政党化」で内務官僚を支配下から失っていったので、同系の新しい貴族院議員を補充することが困難となり、寺内内閣期になると、弱体化への危機感が意識されるまでになった[47]。

その後、第一次世界大戦下で高まってきた大正デモクラシーの潮流が間接的に貴族院にも及び、山県系支配への反発が強まった。こうして、貴族院の山県系支配は、原内閣が成立して一年経った一九一九年末には終わり、山県系は貴族院の第三勢力になっていった[48]。

こうして、一九一八年九月に原内閣ができた際、原にとって克服しなければならない山県系官僚閥は、陸軍と宮中(宮内省)・枢密院だけになってしまっていた。しかし、大正デモクラシーの潮流の中で、貴族院ですら動揺し、衆議院に対抗しようとする意識を失いつつある中で、それまで積極的に政治的な動きをしてこなかった枢密院は、原内閣の脅威ではなかった。原にとっての大きな課題は、陸軍と宮中に影響力を及ぼし、元老の中心である山県有朋の勢力を削ぎ、陸軍や宮中を原首相や内閣の統制下に置くことに絞られた。

原内閣によるイギリス風立憲君主制を目指した動きの考察に入る前に、原首相が目指した政策との関連で重要である、原による第一次世界大戦の戦後経営構想について、検討しておきたい。

3 第一次世界大戦後への原の「戦後経営」構想

◆大戦後を考慮して大隈内閣を批判する

大隈重信内閣下で、一九一四年(大正三)八月に第一次世界大戦が始まった。その一カ月後、第三四議会召集の前日にあたる九月二日に政友会議員総会が開かれた。原総裁はそこでの演説の中で、「目前〔に脱カ〕ある所の軍事、即ち戦闘行為をして其目的を達せしめると云ふことゝ、国家将来の為に相当の考慮を費すと云ふことゝは別問題であります[49]」と述べた。

当時の国民は、戦争は日本などの連合国が勝つか、またドイツなどの同盟国が勝つか、あるいはどちらにも勝利のない形で終わるのか等、戦争の展開と戦争による直接の影響に関心を集中させていた。この状況下で原は、目前の戦争への対応と大戦後も見通した対応とは別問題である、との注目すべき提起をしている。原はどうしてこのような視角を持つことができたのであろうか。後に述べるように、大戦後の「戦後経営」について論じる場合に、原は、約一〇〇年前のナポレオン戦争や、日清戦争・日露戦争の戦後に言及している。原は青年時代から歴史的視点を持っていたので、大戦後への視角を自然に提起できたのである。

もっとも、第三四議会召集前のこの演説では、戦後を見通した対応について、相当の機会において発表し、国家のために我々は非常なる尽力をしなければならないかとも思う、と本格的な提示はしなかった。ただ、数年間の懸案であった行政・財政整理で相当の剰余金を残している、と指摘して、その使い道が大切であることを述べるのみであった[50]。第一次大戦が始まって一カ月の段階では、戦争の実情や見通し、日本への影響もわからず、具体的な戦後への対応策を示せないのは当然である。しかし原は、早い時期から戦後を見すえて、外交や内政を考えるという視角を持っており、大戦の状況がわかるにつれ、以下に見るように、段階的に具体的な対応策を出していく。

この頃、原は元老山県や井上馨・松方正義との対談で、米国との提携を重視することを説いていた。米国との同盟は不可能であるが、中国問題を解決するには、米国との摩擦を起こさない戦略を取る必要があると考えたからである。ひとたび米国と対決することになれば、欧州諸国は少しも頼りにならない、とも見ていた[51]。

日露戦争後に、戦勝の賠償として日本がロシアから受け継いだ旅順・大連の租借期限は、三〇年であるので、一〇年も経たずに一九二三年(大正一二)に切れることになっていた。このような中国問題を解決しないと、日本は安心して旅順・大連に投資もできなかった。その解決にあたって、強引なことをすれば、中国の反発を買うのみならず、米国と対決し、欧州の支持も得られず、国際的に孤立することになる、と原は心配したのである。したがって、十分な情報が入ってこないとは言いながら、原は後に二十一ヵ条要求として問題になる大隈内閣の対中交渉が不安であった。

一九一四年一二月に大隈内閣は衆議院を解散し、翌年三月二五日に総選挙が行なわれることになった。総選挙に向けた演説で、原は、外交の状況は十分にわからぬが、各方面の情報によると、戦争中には連合各国は表面においては日本に「厚意」を表するのであろうが、連合各国も米国や中国も日本に対して決して「好感」を有していないように見えるので「憂慮」にたえない、と論じた[52]。原は大隈内閣の外交が展開するにしたがい、大戦後の日本が孤立することを危惧し始めたのである。政友会幹部で後に原内閣でも蔵相となる高橋是清(前蔵相)も、一九一五年四月二〇日、ニューヨークの実業家シフに宛てた手紙で、大隈内閣の中国外交を原と同様に心配していた[53]。

原は、同じ演説で国防等にも言及した。国防計画は戦争の実態に応じて定めないといけない。日清戦争・

日露戦争の後、日本は国防計画を改めたように、大戦後も同様のことが必要となる。したがって、大戦前から陸軍が求めていた二個師団増設要求は、大戦の状況を見ながら再検討すべきである。また原は、鉄道の延長・港湾の修築改良などの公共事業の積極方針も維持すべき、とも主張した[54]。

大隈内閣は、欧米列強の関心がヨーロッパ戦線に集中しているのを利用して、二十一ヵ条要求を中国の袁世凱政権に突きつけ、大部分を強引に承認させた。なかでも、最終的に撤回したものの、第五号要求は中国を保護国化しようとする内容で、米英の強い不信と中国の反発を招いた。その結果がわかると、一九一五年六月以降、原は大隈内閣の外交を批判し、中国に対して「親善の途」を尽さず、列強に対して「猜疑心」を去ることを努めない結果として、「世界を聳動《しょうどう》（世の中の人の耳を驚かす）する」ような大騒ぎを起して、得るところのものは平凡なものである、と断言した。さらに、欧州の大戦乱の結果が東洋にどう波及するかを考慮するとき、日本がどのような境遇に立つかを考えると実に憂慮にたえない、とまで論じた[55]。

一九一五年一二月には高橋是清が、第一次大戦の行方は不明であるが、戦争がどのように終局しても、資本の活動の競争はますます激しくなる、と見通しを述べた。特に英・独・米の資本の活動の競争が中心となるが、米国の資本は東洋に対しては英・独のように活動を激しくすることはない、と高橋は見た[56]。高橋が原と同様に、戦後を考えた議論を提示し、戦後に経済競争がますます激しくなることを指摘した意義は大きい。ただし、ドイツが戦後も経済力を維持すると見たことや、米国が東洋に経済活動を積極的には行わないとの予測は、誤っていた。原もドイツの未来は予想していないが、米国の動きへの見通しなど、米国観は原の方が確かであった。

第一次世界大戦は、二年近く経っても、どのように終結するのか、どちらが勝つのか、予測ができなかった。米国が連合国側に立って参戦するのは一九一七年四月である。この時点で米国は参戦、一九一六年六月以降、原は「戦後経営」という用語を使って第一次世界大戦の戦後に向けた内政改革について、さらに具体的に考えようとするようになった。

原は、大隈内閣末期、六月一九日の政友会神奈川県支部総会で、対中国外交、「戦後経営」、農村経済を「三大問題」として論じた。対中国外交は、これまで原が論じてきたことと同様で、日中「親善」がうまくいっていない中で、大戦終了後に欧州諸国は東洋に向って来るので、結果は恐るべきものになるだろう、とするものであった。「戦後経営」については、大戦によって敵味方双方に大きな損害があったので、戦後に各国はその回復を図ろうと活動を活発化させるから、日本は直接影響を受けるはずであり、今より十分の準備を整えて備えるべきだ、と論じた。しかし、原は具体的な内容を示していない。農村救済についても、米価の調節よりも、産米の増加を計り、国内需要を満たすと共に、海外に輸出できるよう努力すべき、と述べる程度であった。これにも、産米増加に関する具体策は示されていなかった[57]。

同年一〇月一五日に開催された政友会東北大会(仙台市)で、原は内政刷新の内容を少し具体的に打ち出し、大戦後を見通した外交と内政の刷新の提言を行った。この大会が開かれたのは、大隈内閣が倒れ寺内内閣が成立して間がない時であった。

演説で、原はまず、大隈内閣は一昨年から昨年にかけて、中国に向って二十一ヵ条の「非常な要求」をし、その要求が行われないため、「讒謗罵詈《ざんぼうばり》」を加え、強硬な態度を取ったが、かえって中国から「排斥を買った」と、大隈内閣を批判した。また中国の袁世凱政権が帝政を採る問題にも、日本にとっては帝政でも共和制でも差支えないのに、「警告」を与え、いたずらに中国の反感を買った、と論じた。

また、各列強は「非常の猜疑」を持って日本を見るようになった。今は第一次世界大戦のため外国は東洋に向って何ら手を伸ばすことができない。これに乗じて日本は野心をたくましくしている、との観念を一般に与えたということは、「非常な事」である。列強の日本への猜疑心も除去しなければならないことである[58]。

このように原は、大隈内閣の外交を中国との関係、連合国である列強との関係の両面から、日本は孤立する恐れがある、とこれまで同様に批判した。原は日本が孤立しないよう、外交を最も重視している[59]。

外交に次いで原は、大隈内閣の内政に話を移し、米価調節・蚕糸救済などで大隈内閣は成果を挙げることができず、一八九二年以来となる選挙干渉を、一九一五年総選挙で行ったと批判した。また、第一次世界大戦後の「戦後経営」の準備もしておかねばならないのに、できていない。「戦後経営」は内政を改良しなければできず、非常な力を必要とするので、大隈内閣にはできなかった。「農民経済」や商工業も不振である。義務教育はすこぶる盛んになっているが、中等・高等教育のための学校の数が少なく、多くの生徒は「高等の教育」を受けかね、皆その方向に迷っている。第一次世界大戦後の「大波」が来た時にはどうやってこれに応じるのか[60]。原はこのように大隈内閣を批判し、政友会総裁としての外交・内政改革への自信を示した。原は第一次世界大戦後に列強が東洋に向って来ると予想した。そこで、日本は連合国列強や中国との関係を良好にし、国力を増大させるための内政改革をしなければならない、と主張したのである。

このように考えたのは約一〇〇年前のナポレオン戦争の歴史からの教訓である、と原はここで初めて示す。ナポレオン戦争が終わると、列強は「外に向つて力を注ぎ殖民等が盛んに起つた一方に貿易の拡張を促した」と原はとらえた。原は、当時と現在は異なることも少なくないが、第一次世界大戦後も各国とも「自分の国の勝利を博する」ため、他に向って利益の獲得を図るのは当然とみた。このため、大戦が終われば「東洋には大波が寄せてくる」のはわかり切ったことである、と結論づけた[61]。

◆大戦後を見通した原の「戦後経営」構想を

原は、一九一七年(大正六)九月一六日の政友会東北大会(山形県鶴岡町)、九月一八日の秋田市の官民合同の原歓迎会、九月一九日の青森市の官民合同の原歓迎会での三つの演説で、第一次世界大戦後の「戦後経営」

構想の大枠を、約一年前とは違い、さらに本格的に示した。これは、一年前の政友会東北大会で提起した主張に、ロシア革命や米国の参戦という新情勢を組み込んで、体系化したものであった。

国際情勢については、連合国のロシアに「革命騒動」が起き、国情は安定せず、軍隊の士気や国民の愛国心はほとんど想定することができないほどである、と原は見た。米国が参戦し、二〇〇万の募兵を断行し、無数の艦船・飛行機等の新造に着手したが、これによって欧州の戦局がどのようになるか、今の所は確知できないが、戦争がますます長引く可能性もある。中国は、南方派・北方派の内閣の運命はどのようになるのか、対独宣戦に次いで実戦はどの程度まで進行するのか、定かでない。

このように戦争の見通しや中国の将来は定かでなく、日本は大隈内閣の外交の失敗によってほとんど「孤立の位地」に立っており、真に容易でない。今日の状態では、大戦は当分継続するものと思わざるを得ないが、いったん戦争が終わると、各国は戦争によって蒙った損害を補うため、大発展をしようとする。この時になると、国力を充実し国富を増進し得る国と、そうでなく衰亡する国とに分かれるので、「戦後の経営」は実に戦争以上に大変である。日本は大戦に参加し、「連合国と共に戦争の仲間入」りをした以上は、相互間の便益を図る必要があり、実戦上、軍需品の供給上、財政経済の運用上で「多少の犠牲を払」いつつ、最終的に「国威国光を発揚」するようにすべきである、と原は見た。

国内的には、戦後に備え産業の振興と国力の発展を図るべきであり、まず生産費を減少させ、貿易品の販路を拡張する必要がある。そのためには、教育機関の充実と教育制度の改正に加え、鉄道の延長と改良・港湾の修築・道路の延長と改良などを行って、交通機関を発達させることが必要である。また東北振興のためにも、交通機関の発達は重要である。

さらに大戦後も軍備は「特殊な条件」が設けられないかぎり、列強の軍備は縮小することはなく、日露戦争後に軍備が一変したように、大戦後には軍備に必ず大きな変化が生じるであろう、と原は見た。これは日本国民が大いに考慮しないといけない問題である。

また原は、今日の日本はあたかも大熱に冒された病人のようなもので、回復できなければ日本の安危に関わる、と大戦中のバブル的な公共に安住している日本の現状と、日本人の精神の浮かれ様を厳しくとらえた。それは、日本の経済は大戦の「余慶」により一時的に順調であるが、これは決して永続するものではない、と見ていたからである。原は、このような経済界が好況である時に、日本が大戦後の準備を十分に行っておくべきである、と論じた[62]。

以上の論の中で注目されるのは、第一に、軍備に関し、「特殊な条件」が設けられない限り、大戦後も軍備は縮小することはない、と述べていることである。すなわち、原は軍備についての厳しい予測をしつつも、逆に「特殊な条件」が設けられて軍備が縮小することを、言外に望んでいたのである。また、約二カ月後の政友会関西大会（一一月二一日、政友会近畿・東海・四国・中国の四団体連合大会、大阪市）の演説で、原は国防問題は、いかなる場合においても「財政の如何《いかん》」を考慮せざるを得ない、と国防問題への財政上の制約を明言している[63]。原は、日本の安全保障のために必要な国防を重んじるが、できるなら、産業基盤を整える国内改革を重視したい、と従来の構想の延長で考えていたことがわかる。

第二に、生産費を減少させるため、鉄道の延長と改良・港湾の修築・道路の延長と改良を行って、交通機関を発達させようとしていたことである。これは、日露戦争前から原が主張してきた鉄道の建設などの交通機関の発達[64]を再論しているのではない。

それまでの鉄道政策は、財政的に限界がある中で、行政・財政整理等を行って捻出した資金で、工事も容易で益金の見込める場所や軍港など軍事的に重要な場所を、優先的に建設しようとするものであった。その上で、出た益金によって、同様の論理でさらに鉄道を建設していくのである。

ところが、第一次世界大戦中の好景気によって、日本政府や日本に財源の余裕ができた。正貨保有高を例にとっても、一九一四年末は三億四一〇〇万円であったものが、一九一七年末には一一億五〇〇万円と、約三・二倍になっている。これで鉄道建設の機械や資材を輸入しやすくなる。一九一七年秋から原によって唱えられたのは、財源の余裕を背景に、生産費を減少させるため、戦後経営の一環として、これまでにない規模で、全国的に大鉄道網など交通網を整備しようということであった。

原総裁は以上のような第一次世界大戦の「戦後経営」について、例年議会後に設置されている政友会臨時政務調査会で審議させた。一九一七年は四月二〇日に総選挙があり、第三九回特別議会があり（六月二一日召集、七月一四日閉会）、議会の「暑中休暇」（当時の代議士は夏に選挙区に戻る）になったこともあり、第一回政務調査会総会は一〇月四日から開かれた[65]。これは、原が考えを固めた「戦後経営」の枠に沿って検討を求めるのに、都合が良かった。

4　原内閣の成立とイギリス風立憲君主制の胎動

◆原首相と田中義一陸相・加藤友三郎海相

一九一八年（大正七）九月二九日、原は衆議院の第一党である政友会を与党として組閣した。原は田中義一中将を陸相とし、陸軍をしだいに統制していった。まず、組閣前の原と田中との関係から見ていこう。

原と田中との初対面は、その約六年前、田中が陸軍省軍務局長時代に元老井上馨の紹介で、「増師」問題を説明に来た時であった。田中は「山県らにも信用せられ近頃欧米より帰朝し色々の考もある男なり」というので、会見したのである。その後、約四年前の一九一四年一〇月九日にも、政友会代議士の小泉策太郎宅で田中（少将で第二旅団長）と会見している。続いて同年一一月七日、三〇日等と、小泉宅で田中に会ったり、小泉を介して田中から山県等の情報を得たりした。小泉の話では、田中は他日を期すためだろうか、今はほとんど「政友会員の如き情況」であった[66]。

一九一四年六月に政友会総裁となった原は、山県ら陸軍の情報を得るため、長州出身で陸軍の山県系のエリートである田中と、積極的に会うようになったのである。田中が今後も順調に出世すれば、数年以内に有力な陸相候補者になるかも知れない、と考えてのことだろう。他方、田中は政党が台頭する時代を見て、陸相となっても政党との連携がなければ務まらないし、山県系の首相になるとすれば、さらに政党の協力が必要であると考え、政友会総裁となった原に接近してきたのであろう。原と田中の会見は、政党嫌いの山県に察知されないように、小泉宅で行われた。

しかし、一九一六年三月一六日を最後に、原と田中の小泉宅での直接の会見はなくなり、原は小泉を通して田中からの情報を知るだけになった。また、一九一八年四月上旬に原は、外務省時代以来の友人の内田康哉（前外相）に、シベリア出兵論は田中義一参謀次長らが山県を動かして寺内正毅首相を出兵に向けて圧迫しようと企てているようである、と話している[67]。原は、日本独自にシベリアへ出兵することに反対である。シベリア出兵という原にとって最も重要な政策をめぐって、田中とは相容れないことを、原は承知していた。

それにもかかわらず、政権が近づいた九月一六日に、原は田中と会見した。これは陸相を得られるかどうか、陸軍の内情を探る意味もあるが、参謀次長という陸相目前の地位にあり、山県のお気に入りの田中が原に服従するなら、連携を強めようという意味合いであった。

会見では、以前同様に田中は原に好意を示した。原がシベリア出兵をめぐる外交上の重要事実や軍備上のことについて話すと、田中は原と大体同論のように言った。すでに原は、シベリア出兵自体は止められないと寺内内閣や山県・陸軍と妥協しており、西部シベリアへの出兵だけは止めさせたいという立場になっていた[68]。原にとって、田中のシベリア出兵についての過去半年の言動よりも、この日に田中が原に従う姿勢を示したことの方が重要であった。

シベリア出兵に関しては、寺内内閣下の一九一八年七月にチェコ軍救援を目的とした共同出兵をしようと、米国が日本に提言がしてきた。兵力は両国とも陸軍七〇〇〇名とするが、米国に事前に相談するという条件で日本は一万名まで出兵できると、米国から日本に提案された。ところが、寺内内閣や陸軍は、米国に相談なく次々と部隊を増派し、一〇月中旬までに北部満州（中国東北地方）からバイカル湖以東のロシア三州（ザバイカル・アムール・沿海）に約七万三〇〇〇名の将兵を展開していった。田中との会見は、このように原のあずかり知らぬ所で、寺内内閣により出兵の規模が拡大されていく最中であった。

九月二五日、元老山県有朋らの推薦にもかかわらず組閣の大命を辞退した西園寺公望からの連絡で、原は西園寺と東京ステーションホテルで会見することになり、閣僚候補者について話した。その際、一般の閣僚には山県系を選ぶことができないが、陸相・海相については寺内元帥および元老山県元帥の意見を聞くのが妥当なので、陸相には山県系を入れることができる、と原は西園寺に述べた。さらに、陸相は田中義一（参謀次長）ではどうかという説もあり、海相は現任海相の加藤友三郎で良いだろうと、連携のできている田中の名を、さりげなく西園寺に伝えた[69]。

西園寺との右の談話から、原は、陸海軍大臣の人選の慣行の変化にまで精通していることがわかる。元来、陸相の人選は、元老山県元帥を中心に、陸相（寺内）や山県に準じる存在となった桂太郎大将が相談して行っていた[70]。また海相は、山本権兵衛が海相を引退した後は、山本が中心となり薩摩海軍の有力者と相談して人選してきた。ところが、海軍の汚職事件であるシーメンス事件で海軍が大打撃を受け、山本権兵衛内閣まで倒れると、海相の人選に山県が口を出すようになった[71]。

表に出ないこのような軍部大臣の人選の慣行の変化すら、原は掌握した上で、交渉した。そこに原の政治指導の凄《すご》みが出る。従来、軍事の専門家集団として陸軍・海軍が、統帥権独立を掲げて、それぞれ陸相・海相の人選権を分有していたものを、山県が侵した。おそらく原は、将来、首相がその権限を握ることにつながるチャンスととらえ、山県の作った新慣行に乗ることにしたのだろう。

九月二七日、原はいよいよ念願の大命を天皇から受け、正式に組閣にとりかかった。まず寺内首相、次いで山県を訪ねた。加藤海相の留任については、寺内に自分でその名を挙げた。しかし、山県から特に警戒される恐れのある陸相の人選については、知人として田中ら三人の名を挙げたが、「深く其人物を知らず」と特定の人物名を出さなかった。山県の口から田中の名を言わせ、原が「快諾」するという用心深い方法を取った。こうして陸相が田中に、海相が加藤に決まった。

◆原首相・内閣主導でシベリアからの減兵をする

組閣後しばらくすると、田中陸相は原首相を訪れ、陸軍次官に山梨半造中将（教育総監部本部長）の名を挙げ、現次官の山田隆一は師団長とし、福田雅太郎を参謀次長に、前陸相大島健一を青島守備軍司令官に任じ、現司令官の本郷房太郎は軍事参議官に上げたい、と原の「内意」を求めた。原が承諾したので、一〇月七日朝に内奏することになった[72]。陸軍の枢要人事について、天皇に内奏する前に陸相が文官の首相に内々の同意を求めることは、形式的であっても、陸軍の重要人事に文官の首相が関与することになる。田中は「統帥権」にも関わる人事権の運用をめぐって、政党内閣の実力ある首相、原に協力の姿勢を示したのである。

さて、米国は日本がシベリアへの派兵数を一方的に急増させていったことを、日米共同出兵宣言の侵害とみなし、一九一八年一〇月末までは穏やかな対日非難を、一一月一六日になると強い非難を日本にしてきた[73]。

元来原首相は米国との共同出兵には賛成したが、予算面からも多数の派兵には反対であったので、米国の日本非難とは直接関わりなく減兵を検討した。一〇月一八日、田中陸相はシベリア方面の出兵に関し、本年分として一億円の予算があるが、陸軍内にはそれでは不十分だと色々申し出がある、と原に伝えた。しかしこの費用の範囲内で支出するよう、不必要な兵は越冬させずに召還し減兵すれば良い、ただしこのことは公表できない、とも田中は原に告げた。原は全面的に田中の意見に賛成した[74]。

その後一二月一八日、首相官邸で、内田外相・田中陸相・加藤海相と会談し、田中陸相からシベリア減兵について提議し、原が同意する形で、四人の合意を形成した。一九日の閣議でも減兵は異議なく決定された[75]。

さらに二二日には外交調査会でも、病気で欠席した田中陸相に代わり、加藤海相が約七万の兵力を半減させる減兵を提案した。その理由として、第一次世界大戦の休戦条約も調印されたことや、ロシアの「過激派」の情況もやや静穏になったこと、財政上で費用の節減の必要があること等とともに、米国から苦情が来ていることを、加藤は挙げた。内田外相は、残留兵員は約三万名になると補足し、外交調査会も、この方針に同意した[76]。

二五日、田中陸相は、シベリアより半数以上撤兵のことは天皇の裁可を得たので参謀本部に通牒《つうちょう》して実行することにした、と原に伝えた。あらかじめ参謀本部に相談すれば様々の議論もあると思ったので、決定後に公示して一切の議論を抑止した、とも田中は述べた[77]。

この後、一九二〇年六月にチタ及びハルビンからの撤兵に関し、外務省・陸軍省が起草して、参謀本部に相談せずに閣議で決定し、参謀本部に通牒したところ、参謀本部側は強く反発した(本章五節第二項)。したがってこの一九一八年一二月段階での田中の原首相への話は、少しオーバーであり、一応の話は参謀本部側に伝えていたのだろう。

いずれにしても日本は、一九一八年一〇月と一二月に二回にわたり減兵措置を行い、シベリア・東支鉄道の管理を日本による独占的管理から国際的管理に移行させること、等を容認した[78]。このように原内閣は、財政上の問題から、また米国との協調の立場から、シベリアからの減兵を進めた。

しかしその後も、ウィルソン大統領らは日本による北満州・シベリアへの膨張を断固阻止すべき、との強い対日不信感を持ち続けた[79]。米国は大隈内閣・寺内内閣の外交政策への強い不信を持っていたため、原内閣になって新しい外交が行われ始めても、一部の日本理解者を除き、ウィルソン大統領など米国の日本不信の思潮は大きく変わらなかったのである。

対日不信のため米国は、一九二〇年一月八日、日本に事前の予告なく米国のシベリア現地軍司令官が現地の日本派遣軍司令部に、米国の撤兵方針を通告した。正規の外交ルートによらない現地での通告というのも、異例であった。それにもかかわらず米国の撤兵決定を知ると、原首相は日本の撤兵に向けて決意を新たにした[80]。

寺内内閣の時にシベリア出兵に反対であった原は、政権を担当して三カ月ほどで、田中陸相と連携して、シベリアからの兵力半減の方針を決め実行した。原首相は純軍事的問題に配慮しつつも、その後も着実に撤兵への道を進めたのであった。

同様に以下で述べるように、原首相は、田中陸相に一九一九年度の陸軍の軍備拡張要求を撤回させ、陸海軍の経費の整理についての合意も達成していく[81]。

組閣後、原首相は陸・海軍から示された軍備充実計画が予想以上に膨大であることに驚いた。当時問題になっていた陸・海軍の軍備の要求は、組閣後数カ月で掲げられた政友会の四大政綱中の国防の充実の項目でわかる。それに関して、陸軍の要求に従い、二五個師団を完成(未編成の四個師団を実現)し、平時に二五万人、戦時に四倍動員すれば一〇〇万人の兵力となることを掲げることになる。海軍に関しては、八八《はちはち》艦隊(戦艦八隻、巡洋戦艦八隻を基幹とする大艦隊)二隊を完成させることを掲げるようになる。原にとって幸いであったのは、組閣のかなり前から意思疎通のあった田中義一陸相や、留任を好ましいと思った加藤友三郎海相が、原内閣に非常に協力的であったことである。二人はシベリアからの減兵にも賛成であった。高橋是清蔵相と田中陸相との調整の中で、陸海軍の充実要求は一九一九年度は提出せず、一九二〇年度からまず海軍拡張を優先し、次いで陸軍を拡張していくことで、合意ができた。

原は、国防充実を唱導しているので、必要な事項ならば決行するのにやぶさかではないが、予算全体とのバランスが必要だ、との立場であった[82]。原は陸軍の充実にも配慮し、一九二〇年度から八カ年の年度割ということで、年平均三七〇〇万円を割り当てた。これは、寺内内閣当時に大島健一陸相が考案していた、年平均一〇〇〇万円の一八カ年計画と比べ、年平均額が四倍近くの増加となる。議会で予算を成立させてこの計画を実施していくのは、一九二〇年度以降の課題となるが、山県はひとまず満足し、田中陸相の顔も立った。

原首相は、陸軍・海軍の膨大な軍拡要求に対応して一応長期的な年度計画を承認したが、軍備を必要かつ十分なだけ整備するつもりであったが、合意された計画の数字通りに実施する気はなかった。互いの信頼を深めてきた高橋蔵相との内談で、原首相は、一九二〇年度予算編成の頃〔一九一九年秋〕には欧州の戦争も終結し、軍備上にも軍縮のような問題も生じると思われるので、今日は「〔軍拡のための〕増税」をする時機ではない、と述べている[83]。

実際に第一次世界大戦が終結したのは一九一八年一一月一一日で、パリ講和会議が翌年一月一八日から始まるが、海軍軍縮を重要課題としたワシントン会議が開催されたのは、一九二一年一一月一二日からである。したがって、軍縮という国際的圧力を予算編成に利用できるのは、原の予想より二年後の一九二二年度予算編成からとなった。しかし、原の見通しは基本的に的確である。とりわけ、陸海軍拡張を一九一九年度は実施せず二〇年度から行うように一年延期したことで、陸海軍拡張費の執行を減少させることができた。初めての世界大戦が終わった後の時代への卓越した見通しの上で、円熟した政治手法が取られたといえよう。

◆三・一運動を鎮め原内閣が朝鮮統治を掌握する

一九一九年（大正八）三月一日、京城（ソウル）で学生たちは朝鮮の独立を要求してデモを始め、一般市民も合流した。この三・一独立運動は朝鮮各地に広がり、三月下旬には警察や官公署などを襲撃し放火を行うなど、激しいものになっていった。

三・一運動が朝鮮各地に広がる大騒擾になったことに対し、四月四日、閣議で歩兵六大隊と騎兵による補助憲兵四〇〇人を朝鮮に増派することになった。これは、長谷川好道朝鮮総督（陸軍大将）が単に増兵および憲兵の増派を申し込んできたのに対し、田中陸相が断乎たる処置を取ると提案したのにもとづいたものであった。この閣議決定は、翌日、原首相によって奏上され、正式なものになった[84]。

原は三・一運動への対応を通し、朝鮮（日本領である植民地）で事件が起こり派兵する場合、武官でもある植民地総督よりも、内閣が主導権を持つとの原則を作ろうとした。陸軍の長老でもある元老山県や参謀本部等の関与はなかったようである。これは、政党を背景とした内閣が軍事も含めすべてに責任を持つという、イギリス風の政党政治の慣行を形成する一歩でもあった。

増兵の効果もあって、五月に入ると運動は鎮静していった。朝鮮総督府によると、運動の参加者は延べ数十万人、騒擾箇所は約六二〇、運動側の死者約五五〇人、官憲側の死者は八人、一般の死者一人と、前年の米騒動以上の大きな騒擾となった。

三・一運動が起きる三カ月以上前、一九一八年一一月二三日、原首相は、武官である朝鮮総督を軍政と分離し、国防の指揮は陸軍が直轄し、総督は武官でも文官でも可能なように法を改正したい、と田中陸相に提案した。翌一九一九年一月一五日、田中陸相は田中の発意として原の意見を実行したい、と原の提案に同意した。また、二月初めまでに、原は田中陸相から、南満州の日本の植民地の責任者である関東都督を武官から文官にする同意を得、田中は陸軍の長老の寺内正毅元帥（前首相）の同意も得た[85]。しかし、朝鮮総督についての話は進展させられなかった。

その後、山県系の長谷川総督の下で三・一運動が起こり、山県系官僚閥を中心とした武官による朝鮮統治が失敗したことは、誰の目にも明らかになった。原はこの事件を利用して一気に朝鮮総督を文官としようとし、田中陸相の合意を得たようである。原の意図は朝鮮総督を文官とし、軍政を分離し、陸海軍の指揮権は陸相・海相を通して内閣が実質的に握り、文官総督による行政分野も含め、閣議ですべて決定しようというものである。文官総督にすれば、これまで陸軍の山県系に掌握されていた朝鮮総督や総督府中枢の人事権を、内閣が握ることができる。原は文官総督実現のため、山県の反対を弱める方策として、三・一運動の責任をとって辞任する長谷川総督の後任に、元老山県の嗣子の山県伊三郎（内務官僚、総督府政務総監）を充てようとした。

しかし山県は、文官総督の提案を田中陸相から聞くと、伊三郎採用のことも含め拒否した。田中によると、陸軍内部にも文官総督に反対があった。そこで、田中陸相が調整し、三・一運動前の原の提案のように、朝鮮総督を武官・文官のどちらでも良いことにし、長谷川の後任に、斎藤実海軍大将を充てることになった。斎藤は海相もつとめた海軍の有力者で、当然のことながら山県系ではなかった。結局、八月二〇日に朝鮮総督府・台湾総督府両官制改正が公布され、文官・武官いずれの総督でも良いということになった。また、軍人である憲兵を中心に朝鮮の治安を維持していたものを、原首相は、憲兵制度は辺境と治安の悪い地域に限って存続させることとし、その他は内地と同様に警察が治安を担当するように変更した。

その間、四月一二日には、原と田中陸相とが合意したように、関東都督府が廃止され、民政は文官の関東長官が、軍政は武官の関東軍司令官が責任を持つ体制に変更された。関係する南満州の植民地においても、陸軍の指揮権は、陸相を通して内閣が実質的に握る形になったのである。

このように原首相は、三・一運動を鎮める一方で、軍事面や植民地の統治も含め、政党内閣が国政全体に責任を持つという慣行の形成に向けて、歩を進めた。

◆宮中問題での元老山県有朋の主導と原首相の挑戦

原首相と内閣による陸軍の掌握は進んだが、田中陸相を除き、山県や山県系官僚は、原内閣に潜在的に強い対抗意識を持ち、取って代わるチャンスを狙っていた。原内閣が成立しても内大臣・宮相・次官・内蔵頭《くらのかみ》（宮内省の財政の責任者）・侍従長など宮中関係の重要ポストの人事がなされていない。内閣が交代しても宮中の人事は変わらないのは、これまでの慣例であった。原首相といえども、元老山県がほぼ掌握していた宮中関係の人事にすぐには関与できなかったのである。

他方、大勲位に叙すことや、授爵・陞爵《しょうしゃく》（爵位を高くすること）などの恩典については、原首相は元老山県に挑戦を始めた。

まず、一九一八年（大正七）一二月三日、原首相が山県に、西園寺公望がパリ講和会議の全権に内定したことを告げると、山県は、西園寺が大勲位に叙せられるよう望んでいる、と語ったので、原は賛成した。大勲位は天皇から与えられる最高の勲位であり、首相・枢密院議長・各大臣・元帥・陸海軍大将など他のあらゆる資格よりも、儀式の際の宮中席次で上になる。一二月二一日に、西園寺は大勲位菊花大綬章を受けた。

一九一九年一〇月、陸軍出身の元帥でもある寺内前首相が危篤になった際の恩典は、まず田中陸相が山県に、大勲位に叙し従一位に進めて侯爵に陞爵させることを提案した。山県は大勲位と従一位については了承したが、侯爵への陞爵については宮相の考えもあるとして留保した。田中陸相からこの話を聞いた原は、寺内が優遇されすぎると思ったが、承知した。その後、波多野敬直《はたのよしなお》宮相は、元老でもある松方正義内大臣に相談し、寺内への恩典は山県の意思通り陞爵以外を行うことになり、一一月三日の寺内の死去に際し実施された。元老の西園寺への相談はなかった。

一九一八年一一月二五日に決定された益田孝(三井)・園田孝吉(ロンドン在勤領事)・高橋新吉(ニューヨーク在勤領事)の三人の男爵授爵については、寺内内閣で承認されていると、松方内大臣が原首相に一〇月一七日に手続きを依頼してきた。その後一一月二三日に、原と石原健三宮内次官(波多野宮相の代理)とが話し合い、山県に異議がなければ、三人に同時に受爵させることになり、そのように決定し、実施された。

以上のように一九二〇年五月頃まで、恩典に関しては山県の意思が最も重んじられた。原首相も相談されたが、自分で方向性を打ち出すことはできない状況であった[86]。寺内の陞爵について、山県が宮相の考え云々といっているのは、明確な反対の意思を示さずに拒否する山県の手法であり、波多野宮相に発言力があったわけではない。

宮中関係の人事ではないが、枢密院の職務が、条約の批准の可否など、天皇の諮詢に奉答することによって天皇の代わりに事実上決定するという意味で、枢密顧問官の人事は宮中関係に準じるといえる。枢密院議長や枢密顧問官の任命は、憲法上天皇の権限であるが、天皇が枢密顧問官の人選に自ら主導して関与した事例は、今のところ確認されていない。天皇は推薦された人物をそのまま裁可したと思われる。枢密院議長や枢密顧問官の任命は、法令上は、一九〇七年に制定された公式令で首相の副署を要することになっており、首相の輔弼《ほひつ》事項であった。しかし、伊藤博文の死後は慣例的に山県枢密院議長一人が管轄していた。

原敬内閣が成立すると、原首相は山県らが作った枢密顧問官推薦の慣行を変えようと挑戦を始めた。しかし、一九一九年三月一一日に枢密顧問官の欠員補充のため二人の推薦を決定した際には、山県議長の職務を代行している清浦枢密院副議長が山県と相談し、首相には相談のないまま内奏して天皇の裁可を受けた。原首相は山県らのやり方を「専横」と見て不満であったが、すでに内奏を済ませていたので、その通り上奏する外なかった。同年一〇月二五日に、山県が貴族院議員の中から一人を枢密顧問官に任命し、欠員の生じた貴族院議員に別の官僚を登用したい、と原首相に伝えて来た。原は山県に面会した上で、枢密顧問官の推薦は実施したが、貴族院議員への推薦は行わなかった。こうして、原は貴族院議員の推薦を拒否することで、首相の意向を枢密顧問官の推薦等に反映すべきだという意思を、山県に示した。

一九二〇年二月八日、清浦枢密院副議長が山県議長の意を受けて原首相を訪れ、顧問官の欠員を補充するため二名を推薦したいと提案した。原首相に異議のないことを受けて、清浦が天皇に内奏し、原が上奏して、その両名が顧問官に任命されることになった。原首相はこのように、少しずつ枢密顧問官の推薦に首相が関与できる慣行を形成していった[87]。

なお、山県が承認して推進した宮中関係の人事も、世間で批判が高まり事実上撤回を余儀なくされたこともある。それは、臨時帝室編修局総裁土方久元《ひじかたひさもと》(前宮相)が死去したので、後任として一九一八年一一月二五日、田中光顕《みつあき》(前宮相)が任命され、同時に渡辺千秋《ちあき》(前宮相)が親任待遇の顧問となった人事である。二人は西本願寺の須磨別邸を武庫離宮用地として宮内省で買い上げた際に、賄賂を受け取ったとの疑惑で宮内省を去った者たちである。二人の就任は、一九一八年末から一九年初頭にかけてジャーナリズムでも大きな問題となり、議会でも取り上げられる可能性が出てきた。原首相はとりあえず渡辺に辞職を勧め、山県も自分が前面に出ない形で二人の辞任を求めて圧力をかけたようである。結局、渡辺は一九一九年一月一三日に辞表を提出して認められ、田中は五月一日に病気を理由に辞表を提出し、九日に認められた[88]。

◆パリ講和会議での原内閣の新外交と戦後経営の始まり

前節で述べたように、原は第一次世界大戦に伴う国際秩序の大きな変動に対応することを、日本外交の基軸と考えた。原内閣ができる約九カ月前、一九一八年一月八日、米国の大統領ウィルソンは十四ヵ条綱領を発表した。これは、ロシア革命の指導者レーニンが前年一一月に、「平和に関する布告」を発し、講和を呼びかけ、ドイツと休戦したことに対抗するためのものであった。

その最後の一四番目には、政治的独立と領土保全を保障するための国際連盟の設立があった。これらは、ウィルソンが以前から主張していた、大戦後の新しい国際秩序構想であった。

十四ヵ条として提示されたウィルソン主義は、あくまで新しい理想であり、寺内内閣は特に意見を公表しなかった。しかし原は、一九一八年四月二七日に中国南方派の要人唐紹儀と会見した際、唐がウィルソン大統領はリンカーン大統領以来の英才と言うと、原は同感だ、ただし米国の今後の行動はどのようであろうか注目に値する、と答えた[89]。このように、原はウィルソン大統領が十四ヵ条を提言したことに好感を持ち、注目していたといえる。

組閣後二カ月経つと、原は、パリ講和会議の背景となっていったウィルソン主義への期待を公然と示すようになった。世界大戦の結果「文明国人民」(列強の人々)の間に国際関係に対する思想が大きく変わり、人類共同の精神がある程度まで講和会議の精神となった。比較的穏当で公平な意見が多数を占めているので、各国民が将来満足して生存していける結論が出るだろう、と原が期待したからである[90]。また一九一九年二月に国際連盟の草案が伝えられると、原は政府に草案が全部到着していない段階から、関心を示した[91]。

原内閣の成立とともに、対米協調を中心として列強と協調し、中国に過度に関与せず南北統一をゆるやかに促進するという原の外交政策は、内田外相の下、幣原次官(まもなく駐米大使)らが推進し、外務省内に定着していったのであった。なお、原の対米協調を重視する姿勢は、一九〇八年から翌年にかけての米・欧周遊旅行で、米国経済の活力を実感し、米国が台頭することを確信して以来のものである[92]。このように原の国際情勢の見通しには、読み・書き・会話ともに堪能なフランス語と、十分に読める英語を通した、米国への深い洞察があったといえる。また、原首相・原内閣主導でシベリアからの減兵を実施していったことは、すでに述べた。

中国の北方派政権と南方派の妥協についても、組閣後間もない一九一八年一〇月一八日、閣議で日本が中国の両派に様々の根回しをした後、列強と共同して南北妥協の勧告を試みる方針を決めた。原は、一一月二日の天皇への内奏にもそのことを盛りこみ、同一七日には山県との会見で賛成を得た[93]。これまで原は、中国の南北統一は困難と見ていた。しかし中国人が最も望む南北統一ということを促進する行動を日本が取ることで、それが近い将来に実現するか否かにかかわりなく、中国人が日本に好意的評価を与えるようになる。原は、大隈内閣や寺内内閣の、中国北方政権に二十一ヵ条要求のような強引な要求をしたり、南北各派に個別に支援して利益を得ようとしたりするような外交路線を、大枠から変えたのである。

第一次世界大戦の講和会議は、一九一九年一月一八日から六月二八日まで、フランスのパリで開催された。講和会議には、全権として、米国がウィルソン大統領とランシング国務長官、イギリスがロイド＝ジョージ首相とバルフォア外相、フランスがクレマンソー首相とピション外相など、錚々《そうそう》たる人物を出席させた。

ところが日本は、六九歳と当時としては高齢で体調も万全でない元老西園寺公望と、牧野伸顕（前外相）らを全権として派遣したにすぎなかった。原と山県の会見で、パリ講和会議の全権の人選について、山県が原か内田外相が全権となってもよいと話した際にも、原は長く海外に出ていることは不可能であると断っている[94]。これは一見、原が新しい国際秩序の形成に消極的であったように見えるが、そうではない。

ヨーロッパの問題を中心に戦後の新しい秩序形成が問題となる会議で、米・英・仏・伊にくらべ、日本はヨーロッパで血を流しておらず、しかもヨーロッパ事情にも通じていない。その上に公用語の英語やフランス語を使わなければならないハンディもある。原は、自分が全権としてパリ講和会議に行っても何ほどのこともできないと考えたのであろう。議論の内容を理解するのが精いっぱいで、欧米の一流政治家たちを前に、議論の流れを作る発言をすることなどとても無理である、と理想ではなく日本の国力や自分や外務省の能力という現実から、パリへ行かない決断をしたのである。

たとえば、パリ講和会議の全権を務めて帰国した牧野伸顕が、状況を次のように説明している。

どの会議においても彼等は母国語で自由に論弁し、日本の委員はそれを聞き漏さないように努めるだけでも簡単なことではない。ましてや、意見を述べるにしても、すぐに起立しないと、議論は直に他に移るおそれがあり難儀した。

これに対し原が、「推察に余りある事なり」（十分に推察できることで同感である）と、日記に書いた[95]ことからも、原のパリ講和会議で日本全権ができることへの期待の低さがわかる。

講和会議で日本にとって大きな問題となったのは、山東省問題であった。日本は、山東省のドイツ権益の無条件譲渡を要求した。これは一旦、日本に譲渡されてその体面を守り、少し時間をおいて大半を中国に返還する含みを持っていた。

中国側でも段祺瑞や曹汝霖など北京政府の有力者のなかには、日本との対決を回避して、日中「協調」で、山東の経済権益を日本に与え、租借地の返還を実現する考えがあった。しかし、中国のナショナリズムは強く、米国が中国に好意的な態度を取ったので、中国全権は日本との全面対決を選択した[96]。そこで、中国側は、二十一ヵ条要求は脅迫によるものであり、ドイツ権益についての日独の条約は、中国の第一次世界大戦への参戦により消滅した、と山東省権益をすべて中国に返還することを要求した。

しかし、中国が大戦に参戦したといっても、苦力《クーリー》を派遣しただけで派兵したわけではないので、それまでの外交慣行に照らすと、原内閣としては中国の参戦に内実があるとは認められなかった。一九一九年四月二二日、日本全権は日本の要求が入れられない場合は調印しない、との強硬な態度を示した。日本の列強としての体面を守ろうとしたのである。

そこでウィルソン米大統領は、国際連盟構想を挫折させないために日本に譲歩した。こうして、四月三〇日、日本の山東省要求は米・英・仏・日の首脳会議で認められ、五月四日に日本はドイツ権益を受け継ぐ声明を発表した。

もっとも日本の山東省要求は、原首相にとって列強としてのメンツを守る要素が強かったので、長期にわたって、そのまま保持するつもりはなかった。一九一九年五月に原は、日本は講和条約に臨んで、すでに確定された原則に基づき、世界が承認した事実を「公正且《か》つ適法」に主張し、「世界の改造」に貢献する以外、何等の欲望はない、と談話している。しかし、原は日本国内のナショナリズムも考慮せざるを得なかった。約二年四カ月後、米国ワシントンでの米・英・日・仏・イタリア等による太平洋の問題についての会議を前に、一九二一年八月三〇日、原内閣は山東省を中国に還付する問題を閣議で話し合っている。閣議では、青島に共同居留地を設け、鉄道・鉱山は日中合弁とすること等を決めた[97]。

以上で述べてきたように、第一次世界大戦の終結の一〇カ月前から、ウィルソンの十四ヵ条が出される等、予想外に国際協調の空気が出現すると、原はそれに積極的に同調した。前節で論じたように、この空気はむしろ、原が第一次世界大戦中に抱いた理想や淡い希望に共通するものだった。この結果、大戦中の望み通り、原内閣は、米国を中心とした列強協調と、中国の南北妥協を理想とする新しい外交を展開させた。

外交路線と同様に、原首相はこれからさらに強大になっていく米国と日本経済とのつながりを深めるのが日本の発展に重要と考えた。原は多忙の中で、来日した米国財界人と会ったり、日米の民間同士が交際を親密にすることを奨励したりした[98]。

一九一九年八月二〇日、原は政友会東北大会(盛岡市)での演説で、大戦中に機会あるごとに唱導してきたように、平和成立以降、列強各自にその国力を回復しようとして、国際的に特に経済上の競争が実に激しくなっている、等と論じた[99]。大戦後に国際協調の空気が強まったという点では、原の予想以上に良い展開であったが、経済競争が激化するなど、原のほぼ予測した通りの懸念すべき状況が生じたといえる。

経済競争を予想し原首相は、大戦中からの構想に従い、組閣後一二日経った一九一八年一〇月一一日、東京商業会議所主催の昼食会において、すでに公表済みの経済振興策を中心とした主張を、改めて示した。それは最初の議会である第四一議会(一九一八年一二月〜一九一九年三月)を経て、四大政綱と名づけられ、さらに具体的に示された。それは高等教育機関の充実を中心とした教育の振興、産業の奨励、交通・通信機関の整備、国防の充実、の四つの柱からなっていた。もちろん国防の充実は、経済状況や財政とのバランスを考えながら行うつもりであったことは、すでに述べた。

ところで、原内閣のこのような経済政策は、大戦後に政府支出を減らし、金利を上昇させることで経済を緊縮させるよりも、通貨供給量を減らさず、低金利政策を維持し、需要を創出するために生産性を上昇させ生産量を増加させることが有効であるとする考えに基づいていた。これは、高橋是清蔵相が一貫して信じていたこと[100]に、原が共鳴してできたものである。

もっとも高橋は、大戦ブームの終わりには通貨供給量を減少させて経済活動を冷やす必要があることを理解していたが、いつどのように実行するのかは明言しなかった[101]。政友会が公共事業の積極的な実施を公約してしまった手前、党幹部として高橋は原と同様の立場であり、原に強く主張できなかったのであろう。

以上、大戦後に外交と内政を刷新し日本の国力を充実させ、列強との経済競争に勝ち抜くという戦後経営構想を、原首相は持っており、実施していった。これと、日本にイギリス風立憲君主制を形成して、原首相と内閣が全体を統制し政策を実行していくこととは、軍事予算の統制という観点からも密接に関連していたのである。

5　原内閣の安定とイギリス風立憲君主制の形成

◆一九二〇年総選挙での圧勝と社会運動の鎮静

一九一九年（大正八）の第四一議会中に普選運動が高まると、その年の夏には元老の山県有朋は、普通運動がロシア革命のような革命につながるものとして、特に恐れるようになっていた[102]。また同年秋から翌年春にかけて、神戸の川崎造船所争議や官営八幡製鉄所争議など、大きな争議が流行するようになった。普選運動と合わせて、これらも山県の不安の種となった。原首相は、「資本労働の協調」を理想としていた[103]。そこで原と内閣は争議に対し、賃金引上げなど労働者側の待遇を改善するとともに、争議を革命などの政治目的に利用しようとする労働者たちとその組合には厳しい弾圧を加え、争議を解決した。

原首相は普通選挙自体に反対ではなかったが、一九一九年から二〇年の時点で、普選にすることにより急激に有権者を増やすと、政党政治に混乱をもたらし、イギリス風の立憲君主制の形成にとって障害となると見ていた。そこで、一九一九年に第四一議会で選挙法改正案を成立させ、有権者の納税資格を直接国税一〇円以上から三円以上に大幅に緩和し、選挙区制を従来の大選挙区制を原則とするものから小選挙区制を原則とするものに変えた。

原は第四一議会に選挙法改正案を提出した際、普通選挙は数年もせずに実現するであろうが、今日のような「政情民風」では、国民は必要な「訓練と経験」を積むべきである、という考えを漏らしたという[104]。この姿勢は、すでに述べた自由民権運動に対するものと類似していた。

一九一九年の選挙法改正では、有権者数は約一四二万人（一九一七年）から約三〇七万人へと、約二・二倍に増加し、全人口比の五・五パーセントとなり、この後一九二五年の男子普選の実現によって全人口比の二〇・八パーセントまで急増した。原は一九一九年から二〇年の時点で、有権者数を九倍近くに増やすような普選の実施は、立憲政治の健全な発達をもたらさないと考えたのである。普選を実施すれば、労働者たちの発言力が強まるといった問題は、大きな労働争議を鎮めたように、原にとって対応可能であった。それよりも、政党が急増した有権者を掌握するため地方利益誘導や対外硬論に安易に流れがちになり、腐敗していくという問題の方が、はるかに深刻であった(本書、第六章)。

一九一九年の選挙法改正の原にとっての利点は、多数党の政友会が有利になるよう選挙区を小選挙区制を原則としたものに変え、有権者数を大幅に増やし、次の普選への準備としたことに留まらない。大切なことは、全体として有権者数が増大する中、地租有権者数の増加の方が営業税有権者数の増加よりも、絶対数の上でも比率の上でも大きかったことである。それは営業税や所得税には免税点があり、新たな有権者はほとんど生まれなかったからであった。原は普通選挙になれば都市の勤労者や労働者などが有権者となり、有権者全体に占める地租有権者の比率が下がって、農村部を基盤とする政友会が不利になることを見込んでいたものと思われる[105]。

原の政治家としての凄味は、イギリス風の立憲君主制の確立と普通選挙という将来の理想を持ちながら、有権者数を急激に増やすことの危険を察知していたのみならず、秩序ある形で普選を実現させるために、選挙法改正の技術を熟知していたことである。

原は、周知のように、普選が争点となった一九二〇年の第四二議会を二月に解散し、五月の総選挙で圧勝し、普選運動を鎮めた[106]。

◆首相・内閣による統帥権の事実上の掌握

このような原首相の手腕に対し、政党嫌いの山県も、しだいに期待するようになっていった。以降、原に対する山県の態度は好意的になってゆき、イギリス風の立憲君主制の形成を目指す原首相への障害は減少していった。まず、一九二〇年八月の田中義一陸相の辞任問題で、以下で示すように山県が原内閣の存続を希望するまでになっていることを、原は確認する。

すでに述べたように、原内閣成立直後から、原首相は田中陸相と連携し、シベリアに出兵中の日本軍を減兵する方針を内閣主導で決める等、陸軍の統帥に関わる問題にまで内閣の関与を強めていった。

一九二〇年に入ると、シベリアに派遣されている将兵を、ザバイカル・アムール両州から撤収し、満州の東清鉄道沿線および日本海に臨む港町ウラジオストックを中心とする沿海州南部に引き揚げることが課題となった。この方針についても、三月二日に加藤友三郎海相より閣議で説明し(田中陸相が病気で、加藤海相に依頼)、決定した。その後、三月五日に外交調査会の承認を得、二六日に原は山県を訪れて撤兵について話した。田中陸相が山県にシベリア撤兵について説明したのは、原の訪問より一日遅い二七日であった[107]。参謀本部はこれらの過程に積極的に関わることができなかった。

それどころか、チタおよびハバロフスク方面(ザバイカル・アムール両州)の撤兵に関し、外務省・陸軍省が起案し、六月一日に閣議で決定した事項二件の通牒を、六月二日付で陸軍次官は参謀次長宛に送付した。そこには、「兵力の移動等統帥に関する件」を記載してあったが、参謀本部関係者があらかじめ関知していない事柄であった[108]。これは、兵力の移動など統帥事項に関わることは、参謀総長が主管し陸相と相談して決めるとした一九一三年決定の陸軍内の覚書(いわゆる担任規定)違反であった。

ここで担任規定について説明しておこう。陸軍の統帥に関する事項で、予算に関わる事項は、内閣も関与することになり、陸軍省と参謀本部が混成して担当する事項である。担任規定とは、陸軍省と参謀本部のどちらがそれを主管するかを、陸軍内部で決めた規定である。一九一三年の新担任規定では、戦時編成や平時編成の一部などが参謀本部に移り、参謀本部の権限は強化された。また従来より、作戦計画は参謀本部の主管であった[109]。

六月二日付の通牒を受け取った参謀本部では部長会議を開き、対策を審議し、閣議決定事項の二件の通牒を、上原参謀総長より田中陸相宛に「返戻」することになった。上原参謀総長は鎌倉で静養中であったが、急遽帰京し、部長会議の結論を「決裁」し、五日に田中陸相に発送した。その要旨は、通牒の内容は参謀総長が予め承知しない統帥事項に関する件を決議し参謀総長の職権を侵害したものと認め、その実行の責任が負えないので返戻する、というものであった[110]。

その後、上原参謀総長は、せめて「前以て相談位はありそうなものなり」と田中陸相に不満を表し、辞職の意思を示したが、田中は六月一五日に、閣議はそうもいかない、と押し切り、上原の辞任を思いとどまらせた、と原に説明した[111]。上原参謀総長は、原内閣や田中陸相に屈服したのである。

参謀本部においては、六月一九日に陸軍省よりの通牒を「返戻」することのみ中止することになり、その要旨の通牒を上原参謀総長より田中陸相にあてて発送することになった[112]。参謀本部側の陸軍省に対する完敗であった。

右のように、参謀本部（陸軍）への実質的な掌握を強めた原首相と内閣であるが、思わぬ事態、ニコライエフスク事件によってシベリアからの撤兵を妨げられた。これは、一九一九年から二〇年にかけてニコライエフスク港で越冬していた日本陸海軍将兵約三五〇名と日本人居留民約三八〇名が、パルチザン部隊との戦闘に破れ、大半が戦死、俘虜になった一四〇余名も、六月三日に日本軍救援隊が到達するのに先立ち、全員虐殺された事件である。事件が日本に報じられると、ジャーナリズムは「尼港《にこう》の惨劇」を「国辱」として大きく報じ、原内閣や陸・海軍は対応を迫られた。六月一八日には田中陸相・加藤海相が進退伺いを原首相に提出してきた。

これに対し、原首相は六月一九日に大正天皇に陸海相の進退伺の却下を願い出て、裁可を得た。また一八日から二五日にかけて、原首相は、田中陸相・加藤海相・内田外相らと対応策を協議し、高橋蔵相にも、そこで固まりつつあった原首相の腹案について了解を得た。こうして、六月二八日の閣議で、事件の補償のために北樺太を占領し、また戦略上の地点として、沿海州のハバロフスク等には駐兵することが決まった。しかし、チタ方面よりの撤兵は予定通り実行し、シベリア出兵としてはウラジオストックに駐兵を続け居留民を保護するにとどめ、チタ方面の居留民はなるべく速やかに退去させることも、決められた。七月二日の閣議では、田中陸相から配兵および費用について説明がなされ、合意された[113]。

これらの過程から明らかなことは、ニコライエフスク事件を受けてのシベリア撤兵問題にも、原首相が主導し、田中陸相・加藤海相・内田外相や高橋蔵相ら関係有力閣僚の協力を得ながら対応策を固め、閣議で同意を得て実行していったことである。田中陸相が参謀本部側の意向を配慮している可能性はあるが、実質的に原首相や内閣が主導した決定といえる。しかし、ニコライエフスク事件で高まったロシアに対する懲罰と保償を求める国内のナショナリズムに対応するため、原首相や内閣は、北樺太に派兵しハバロフスクに駐兵せざるを得なくなった。このため、シベリアからの完全な撤兵は遅れていった。

◆原首相・田中陸相の参謀本部縮小計画

シベリアからの撤兵をめぐり、原首相や田中陸相らが参謀本部の意思を軽視する行動をとったことに、元老の山県元帥は、軍隊を指揮する統帥権をないがしろにしたと批判的であった[114]。法令的にも、一八八九年三月七日公布の参謀本部条例では、参謀総長は天皇に直隷《ちょくれい》する、とあり、統帥事項に首相や内閣が関与しにくいようになっていた。

しかし原首相と田中陸相は、上原参謀総長らが元老山県元帥の後援を頼み、原首相・内閣（田中陸相）の方針に抵抗してくるなら、陸相の任務を行えないとして田中が辞表を提出することを、一九二〇年九月には考えていた。山県は田中を招いて辞任しないように説得するであろうから、それを機会に、田中の辞表撤回と交換に、陸軍省と参謀本部の権限についての担任規定を取り消すことについて、山県の了承を得るつもりである、と田中は考えていた[115]。

田中の意見に対し原首相は、今日は明治天皇の時代と全く異なるので、「政府は政治上余（全の誤りか）責任」を負って国政にあたる方針に改めないと、将来、皇室に国政の責任が及ぶようになる恐れがある、と田中に述べた。それなのに参謀本部が天皇に直隷するといって、政府の外にでもあるように一にも二にも統帥権を振り回そうとするのは、思慮の足りないことである。それでこの際、これらの弊害を一挙になくすのは、国家と皇室のためである、と原は続けた[116]。これは六月に原内閣・陸軍省側がシベリア撤兵について参謀本部にまったく相談せずに決定し、それを参謀本部側に呑ませた事実を、法令的にも定着させようとするものであった。

威信があり偉大だった明治天皇と異なり、大正天皇が病弱で日常の形式的な政務すら行えなくなっている状況も原は考慮し、首相と内閣が政治の全責任を持つ、イギリス風の政党内閣（立憲君主制）を慣行として確立していこうとした。その際に、参謀総長が天皇に直隷すると規定した参謀本部条例すら改正しようという意欲を示していた。これは陸軍内の覚書である「担任規定」を取り消すという、田中陸相が考えた参謀本部の権限縮小案よりも、さらに積極的な意見であった。

田中陸相は、ニコライエフスク港で日本人居留民が虐殺された責任を取るということで、九月一〇日付で辞表を提出した。一三日に原は山県を訪れて、田中が辞任するなら原内閣は総辞職するつもりである、と暗に示した。その上で、明治天皇の時代とは異なり、今の時勢では単に「聖断」を云々するのは考えものであり、内閣が責任を持って政治を行うことが必要である、とすでに田中陸相に話した持論を、山県に述べた。山県は同意を示し、天皇に田中の辞表をお下げ戻し願いたいと奏上する、と答えた[117]。

したがって、その後も、満州南部の朝鮮との国境地帯である間島《かんとう》地方に、朝鮮に駐屯している日本軍を三〇〇〇名余り派兵する件も、一〇月七日に閣議で決め、九日に原は山県を訪問して告げた（山県はすでに田中陸相より聞き込んでいた模様）。間島出兵も、閣議が主導し山県や参謀本部の意思は特に問われなかったようである[118]。

それにもかかわらず、九月一三日に山県が田中の辞表を下げ戻すよう奏上する意思を示すなど、原に宥和的であることが確認された頃より、上原参謀総長は田中陸相に対して、「穏和」となっていった[119]。このため、上原参謀総長や参謀本部の抵抗を理由に田中陸相が辞表を出し、原首相は内閣の総辞職をちらつかせ、田中の留任と引き換えに、参謀本部の権限を縮小するという、原・田中の計画を実施する手がかりを当分失ってしまった。

しかし、同年一〇月末、原と田中の内談で、田中が結局は参謀本部を陸軍省内に移すことくらいはしたい、と述べるなど[120]、二人の間には参謀本部縮小論が合意されていった。こうして原首相は、内閣で陸軍を統制するという最も困難な課題の一つに関し、田中陸相を通して事実上実現し、将来それを法令によって制度化することも、田中陸相との間で合意していた。

山県は満八二歳で、当時としては相当高齢である。七〇歳を越えた頃から体力の衰えは明らかで、何度も生死にかかわる大病をしていた[121]。老齢の山県が死去すれば、原内閣で始めた陸軍統制の慣行を、原と田中で法制化していくことは、それほど困難ではなかった。

原は外務省の領事・局長・次官・公使時代から、軍人との意思疎通を重視し、軍事知識をしっかり持ち、軍という官僚組織の特質を理解しようと努めてきた。組閣した原は、作戦も含め、軍の問題に関し大局を決めるのに十分な知識を持っていた。その上で積極的に、新しい軍事知識を吸収したり、軍の上級幹部と接触したりしている。

たとえば、一九二〇年一月上旬、閣議において田中陸相がシベリアの日本軍の状況を説明し、日本軍の形勢は刻々危険となっているが、米国が撤兵しないのに日本のみ撤兵することはできないので、緊急の時のためにせめて満州に五〇〇〇〜六〇〇〇の兵力を新たに派兵しておくことを提案した。これに対し高橋蔵相は、費用の観点から強く反対した。

しかし原首相は、現状維持をするなら五〇〇〇〜六〇〇〇名の増兵は必要で、撤兵するにしても増兵なしに現在の兵力のみでは「完全で態度正しき」撤兵は不可能であろう、と発言し、加藤友三郎海相の支持を得た。満州への派兵はこの日の閣議では決まらなかった。その後、一月八日に米国は突然シベリアから撤兵する方針を日本に伝えて来たので、それを補うために日本はますます出兵の必要が増した。そこで、その次の閣議で半個師団（五〇〇〇人強）を派遣することが決まった[122]。撤兵する際は敵に襲撃される恐れが増大するので、むしろ一時的に増兵が必要であることなどの基本的な軍事知識を、高橋蔵相と異なり、原首相は持っていたことがよくわかる。陸軍と利害関係の異なる加藤海相が同意見であることからも、それを確認できる。

また同年八月に、原は田中陸相との内談で、陸軍の改革は陸軍中に改革者があって初めて成功する、と陸軍改革観を述べた。世間の軍閥攻撃の声を利用して外より改革できないわけではないが、将来の陸軍が「無力のものとなる」恐れがあるので、そうした手段は取れない。このように原は続け、田中陸相から、自分は参謀総長を兼任する位にて参謀本部の改革を断行する必要がある、との言葉を引き出した[123]。

さらに、原は首相になってからも、たとえば師団長（第二〇師団）を天皇が直々に任命する親補式に侍立参与したり、会議で召集されて東京に滞在中の各師団長を招待したりする等[124]、軍の上級幹部と積極的に接触した。海軍に関しても同様である。たとえば、当時の日本で最大の軍艦となる戦艦「陸奥」の進水式が横須賀で行われると、貞明《ていめい》皇后が裕仁皇太子や皇子らを同伴して臨御《りんぎょ》したので、原も宮廷列車に陪乗して出席した[125]。

◆原首相と元老山県が共同で恩典を決定

一九一九年（大正八）一一月六日、ヴェルサイユ講和条約の論功行賞について、原は元老山県と本格的に相談をした。その結果、元老西園寺公望（前首相）・牧野伸顕（前外相）ら五人と、内田康哉外相・加藤友三郎海相・田中義一陸相・幣原喜重郎駐米大使（前外務次官）に陞爵または授爵を奏請すること、外交調査会委員の平田東助（前内相）・伊東巳代治（前農商相）・犬養毅（前文相）らにも陞爵または授爵か勲章を奏請することで一致した。

翌一九二〇年八月九日、原首相は講和成立の論功行賞の腹案を書き、山県の承認を求めた。だいたいは前年一一月の通り合意できたが、外交調査会委員は山県の意向で勲章だけとなった。また内閣員で、山本達雄農商相（前蔵相）・高橋是清蔵相（前蔵相）への陞爵または授爵が加わった。原は自らの受爵の辞退についても、山県の合意を得た。

原は山県と合意事項を詰めた論功行賞原案を中村雄次郎宮相（山県系官僚、陸軍中将）に伝え、中村は元老山県に相談した後、元老である松方正義内大臣と西園寺に相談したようである。松方が高橋・山本への授爵・陞爵に反対であることが、間接的に原に伝わってきたので、原は中村宮相にそれが必要であると申し送った。このように、原が原案を作り山県が若干の修正をする形で講和の論功行賞が決定され、九月九日に発表された。

これとは別に、田中陸相を通し、山県の意を反映した山県系官僚二人の陞爵要求が出されたが、原は気が進まなかった。そこで、原の方から実業界に功績の大きい渋沢栄一の陞爵も行う提案をし、九月四日に三人の陞爵が実施された。

ところが、この時期になっても、原首相は宮中の人事には関与できなかった。たとえば、一九二〇年六月一八日に、山県は元老間の合意をとりつけて、山県の意に十分に従わない波多野敬直宮相を辞任に追い込み、山県系官僚の中村雄次郎を宮相に就任させた例がある。この時は、その三日前に山県から田中陸相を通して通告を受け、当日に山県から説明を受けただけであり、原は内心この人事に不満であった[126]。

◆戦後経営の展開

すでに前内閣時代の一九一八年七月に米国が新借款団の結成を日英仏三国に呼びかけていたので、原内閣は満蒙除外の留保を条件としながらも積極的に対応し、一九二〇年五月には妥結を見た[127]。これは、米国を中心とした列強との協調外交を重視し、中国の内政に原則として干渉せず統一を促す方針の一環であった。同年五月に原は、日本において米国の資本を利用する者は、今日は日本の利益のみならず日米人共通の利益を考えるようになった、と米国のモルガン財閥のラモントに伝えた[128]。新借款団成立に満足しているラモントに対する原の言葉として割引が必要であるが、原は日本の戦後経営のためには、真に日米の資本家同士の連携と、中国への列強共同の投資が必要と考えたのであった。

戦後経営の大きな柱としての四大政綱の中の、高等教育機関の拡張など教育の充実、交通機関の普及改善に関しては、一九二〇年三月に戦後恐慌になったにもかかわらず、原は計画を遅らせながらも、これまでにない規模で実施していった[129]。この間、一九二〇年五月の総選挙に臨み、鉄道の建設などの公共事業や教育機関の充実を実行できるのは政友会のみである、と政友会は全国に訴えた。しかし、原首相の発言や原の選挙区の状況を検討すると[130]、原は個別の公共事業を掲げて反対党の地盤を切り崩すなど利益誘導的に政友会の集票を行ってはいないことがわかる。大戦後の状況に適応できるように外交・内政を積極的に刷新していくため、実行力のある政友会を支持してほしいと訴えて、すでに述べた一九一九年選挙法改正の技術的要因も加わり、政友会は一九二〇年総選挙に圧勝したのである。

それでは原は、一九二〇年三月に起こった戦後恐慌とその後の不況への対策については、どのように考えていたのだろうか。

一九二〇年六月二七日、総選挙後の第四三議会を前にした政友会臨時大会で、原総裁（首相）は演説した。その中で原は、近来の経済界の動揺について、反対者（憲政会）は原内閣の対応に種々の論難を試みているようであるが、もし反対者が当時唱導したような通貨を収縮させる政策を実行していたなら、経済界の動揺は今日の比ではない、と憲政会（旧同志会）の経済政策を批判した。幸いにして我々はそのような政策を取らなかったため、今回の動揺が起こっても、相当の処置を行って、救済を行いつつあるので、遠からずしてその効果を見るだろう、と政友会の経済政策と恐慌への対応策に強気の姿勢を示した[131]。

原首相の強気の姿勢を反映して原内閣は、急激な通貨収縮策を避け、「合理的収縮」ないし「具体的調節策」を実行した。これは、各種債券の発行および郵便貯金の奨励によって遊資を吸収し、一般国民の貯蓄心を養成し、あるいは外米を輸入し安価に払下げ、必要物資の運賃を減免し輸出を制限もしくは禁止し、公設市場を設置すること、等であった。また、財政経済調査会に極めて重大なる案件である税制整理問題を諮問した、と原が述べているように[132]、第一次世界大戦を経て日本の経済・社会状況が大きく変わったことに対応するため、負担の均衡を目指して課税体系を修正しようとした。

ここに見られる原や内閣・政友会の経済政策を、これまで述べてきた四大政綱と併せて考えると、生産費用を減少し輸出を促進するため、鉄道建設等の公共事業や高等教育機関の充実を行うが、経済自体には積極的に介入することを抑制する、という自由主義的なものであったといえる。

加えて、原首相は経済を好転させるために、資本家たちに金銭だけを求める思想を改めることを求めた。

一九二〇年八月に刊行された「第四十三議会報告書」では、「殊に投機思惑の旺盛なるに当りては、其影響を受くること又多大なるものあり」、「政府は昨年秋以来此傾向殊に顕著なるを認め、世上に対し警戒したること幾回なるを知らず」と、思惑投機の過熱を批判した[133]。これは、原の考えを反映させたものであろう。

また同年一一月一四日の政友会関東大会（前橋市）で、原総裁（首相）は、財界は「戦時中の好況に慣れて十分の注意を欠き、今や不況に際して徒《いたずら》に悲観する者少からず、彼国民に対して恥なきを得ざるべし」、「我国民の実力は之を日清日露の戦役後に比して雲泥の差あるは争ふべからざる事実なり」と、気持ちを入れ替えれば経済が回復できる実力はあると論じた[134]。

同年一二月五日の政友会東海大会（名古屋市）においても、原総裁は演説で（広岡宇一郎幹事長代読）、財界は大戦中の好況に慣れて注意が足らないものがあり、甚だしいのは思惑投機などを行い、やや不況となると破産する者も少なくない、と見通しの甘い経営者たちを批判し、と財界の公共心と困難の中でも創意工夫をして活路を求める自立心を求めた。

すなわち原は、戦後不況に際して、経済政策を積極的に変える必要を認めず、一般国民の実力も日露戦争後までの時期と比べると伸びているのであり、財界の自覚さえあれば、彼ら自身の努力で不況を乗り越えることができる、と見ていたのである。

◆思想問題への危機感

一九二〇年五月の総選挙後から、翌年二月の皇太子妃選定問題で元老の山県有朋が勢力を大幅に減退させるまでの際立った特色は、原が思想問題への大きな危機感を持つようになったことである。思想問題について、原首相が本格的に発言するようになるのは、一九二〇年八月二六日の政友会東北大会（青森市）の頃からである。

原は、まず四大政綱の実行や国際関係と日本の外交方針を述べ、五大国の一員としての日本国民の自覚を求めた。次いで、経済問題に話題が移り、大戦の間に日本の経済はにわかに膨張したので、富の運用が十分でなく、逆境になると狼狽してなすところを知らない者もいるので、財界の不安につながった、と論じた。その上で、少しずつ状態は回復しているので、前途を悲観する必要はなく、財界の安定を見ることは遠くない、と一部の財界人の弱気を戒めた。

また思想界方面では、日本は維新以来欧米諸国の長所を採用し、日本の短所を補ってきたが、近年はこれまた「遺憾に堪へざるもの甚だ多」い、と状況を憂えた。原は、欧米の新しい思想を何でも「新思想」なりとして、「学識あり」と称せられる人でも「国家に及ぼす害毒の恐るべきものあるに気付かざる」ようなことがあるので、「浅学なる政治家」がこれに雷同し利用しようとする、と批判した。さらに、このようなことは「国家の前途を危くするもの」である、と断じた[135]。

原は思想問題として、第一に、外来の思想をその内容や日本の現状を十分に考えずに日本に取り入れようとする知識人と、それに付和雷同する政治家たちや国民に対して、危機感を抱いた。原のこのような視角は、先に述べたように、原が二〇歳代半ばに自由民権運動の実情を批判的に見た中にすでに見られる（本章第一節）。この萌芽は、一九二〇年一月二〇日の政友会本部での定期大会で、原総裁が行った演説にも表れている[136]。原が社会主義革命までを目指す指導者の関わった労働争議を弾圧し普選運動を嫌ったのは、このためである。

第二に、投機に走る一方で不況になると必要以上に悲観するような、公共心と自立心のない経済人の意識に対する危機感があった。このような意識は、第一次世界大戦による好況という偶然によって出現した、と原は見た。

原は第三に、政府による公共事業実施に過度の期待を抱き、政府への依頼心を持ちすぎるようになった国民の意識に対しても、危機感を持つようになった。一九二〇年八月二七日、鉄道路線の山田線案成立の岩手県下の官民合同歓迎会に出席した原首相は、地方の発達は交通機関の完備だけでできるのでなく、地方の人々が自ら起業して産業を発達させ、その交通機関を利用することによって大きく進む、と「苦言」を述べた[137]。

さらに原は、一九二〇年総選挙で圧勝した後の政友会の現状に対しても、勝利におごって「公利」(原は「国家」のためと表現)を忘れがちになっている、と思想的に不満を抱いていたようである。総選挙後の第四三議会直前の六月二七日の政友会臨時大会での原の演説の中に、次のような部分があることが、それを示している。

深く反対者(憲政会など)の非違を責むるよりは、寧《むし》ろ退て之(政友会に対してあらゆる「讒誣《ざんぶ》中傷」を試み、国家を忘れて唯党利を図るのに汲々としているといった非難をなす行為)を他山の石として見るこそ、却《かえっ》て我党の大を成し、国民の信頼を固うする所以《ゆえん》なるべし。要するに、我党は徒《いたずら》に絶対多数を得たるを喜ぶものに非《あら》ず。此多数の力に依て、政策を実行し民心の安定を図り、以て国家に貢献するを得ることこそ喜ぶべきものなり[138]。

政友会の現状を政友会大会で批判的に述べることは、反対党の攻撃の口実を与える。そこで原は、憲政会などの反対党が政友会に対して誹謗中傷をしている態度を他山の石として見るべきだと、政友会員に訴えかけることで、原が青年時代から主張してきた「公利」を求める姿勢を政友会が忘れてはならない、と自覚を求めているのである。このような演説をする原は、政友会が衆議院の絶対多数を得たことに単純に満足しているのではなく、政友会員が意識改革をし、「公利」のために貢献すべきだと、政党が変わる必要を訴えていた。原の目指すイギリス風の立憲君主制は、政友会が変わるとともに、政府を批判ばかりしている憲政会など野党が政友会以上に変わることで、二大政党が政権を交代できるようになり、より完成していくのであった。

6　原内閣とイギリス風立憲君主制の確立

◆皇太子妃選定問題による山県への打撃と原の陸軍・宮中掌握

皇太子裕仁親王の妃に内定していた久邇宮良子《くにのみやながこ》女王に色覚異常遺伝子がある可能性を考慮し、元老山県有朋は、内定を取り消そうと中心になって動いた。しかし久邇宮側は婚約続行を求め、杉浦重剛が久邇宮側に立って動いたので、それを支持して右翼の活動までも活発となった。これ以上の混乱を起こさないため、一九二一年(大正一〇)二月一〇日、山県系の中村雄次郎宮相の決断で宮内省は婚約内定の続行を公表し、中村宮相と石原次官が辞任した。山県もさらに、元老松方正義内大臣の辞表提出に誘発される形で、山県は二月二一日付で枢密院議長の辞表とすべての官職と恩典の拝辞の申し出を提出し、権力を大幅に減退させた。

婚約内定続行が公表されると、原首相は事態の収拾に積極的に乗り出すようになった。原はまず、山県に辞表提出を早まらないように働きかけ、松方・山県が辞表を提出すると、三月一五日には山県・松方の辞表は天皇から認められるべきではない、という考えを新任の牧野伸顕宮相(前外相)に示した。大正天皇の病気が悪化し、一九二〇年四月から裕仁皇太子が天皇の国務の形式的な代行を行うほどになっていたので、山県・松方らの辞表への対応は、原首相・元老西園寺公望・牧野宮相に主に発言権があるはずであった。結局、原が主導し、右の三人の合意を作り、五月一八日、山県と松方は天皇から留任するようにとの優諚《ゆうじょう》を受けた[139]。原は、左翼運動と右翼運動が高まる中で、このまま元老の権威まで失墜してしまうと社会の秩序が崩壊する、と恐れたのである。

この間、三月末には山県は、原くらい立派な人間は今の世の中にはいない、とまで原を高く評価するようになった[140]。

山県の原への信頼が高まり、山県の権力が衰退したことも加わり、田中陸相の後任問題では、まず原が田中から後任についての相談を受け、山梨半造次官で合意した(四月八日)。それから原が山梨を後任陸相として内奏し(六月二日)、山梨に後任のことを話した(六月七日)。その後、原首相が山梨を同伴して沼津御用邸で療養中の大正天皇のもとに赴き、原も参列して陸相の親任式が行われた[141]。このように原首相は、文官でありながら陸相後任人事に関わるまでに、首相権力を拡大させたのであった。

また、三月から検討が始まり、四月から五月にかけて実施された陸軍関係の恩典に関しても、田中陸相が陸軍の代表として原首相に交渉し、原首相の意向通りに修正された[142]。ここでも、陸軍に対する文官首相の権力拡大が見られた。

原首相はこのように陸軍を事実上掌握していったが、すでに述べたように、ニコライエフスク事件の結果、シベリアからの撤兵は遅れざるを得なくなった(本章第五節)。しかし、その後も撤兵を進め、保障占領している北樺太を除いて、ウラジオストックでの駐兵のみになった。一九二一年春以降、北樺太への駐兵は別にして、原首相と田中陸相は好機ととらえてウラジオストック等からも撤兵することで合意し、同年夏以降、撤兵の方向を固めていった。しかし、以下で述べるような大正天皇に摂政を置くという宮中の重要問題があった。このため、元老の山県が皇太子妃選定問題で薩摩出身ながら山県を支持した上原勇作参謀総長の意向への配慮を見せたので、原首相は強引に撤兵を推進しなかった。また原自身も、撤兵問題よりも、宮中問題に精力を集中させていたといえる[143]。結局、北樺太を除き、すべての日本軍がシベリアから撤兵したのは、原が暗殺された約一年後、一九二二年一〇月二五日になった。

さて、話を一九二一年二月に戻すと、皇太子妃選定問題で山県系の中村宮相が辞任した後、元老の山県と西園寺が宮相の人選に加わることを辞退したので、人選は元老の松方(薩摩出身)が事実上取り仕切った。こうして、薩摩出身の牧野伸顕（大久保利通の次男）が二月一九日に宮相になった。また牧野宮相の人選で、三月九日に宮内次官として、関屋貞三郎静岡県知事（鹿児島県内務部長時代に薩摩系と知り合う）が任命された。宮相就任の話を松方から聞くと、牧野は原首相に就任について打診をしてきたので、原は「同情」の意を示した。宮相原は、組閣の際に牧野を外相の第一候補者としたほどで、原と牧野の関係は良かったが、首相として今回の宮中の重要人事にも大きな影響を及ぼすことはできなかった。これには、原首相が松方や牧野と連携している、と山県から疑われるのを避けるため、自己抑制した一面もあったと思われる[144]。

牧野が宮相に就任した後、皇太子の渡欧の実施や、すでに述べた山県・松方両元老の辞表を大正天皇が却下すること、病気の天皇のために裕仁皇太子を摂政にする段取りなど、宮中の重要問題を、原首相が主導して牧野宮相と相談しながら進めた。

閑院宮《かんいんのみや》に大勲位の頸飾章《けいしょくしょう》を加授することや、浜尾新《あらた》東宮大夫《とうぐうだいぶ》の辞任に伴う陞爵や勲章の授与について等、宮中関係の恩典については、原首相と牧野宮相を中心に事実上決められ、しだいに原首相の主導権が強まっていった。陸軍関係の恩典についても、田中陸相の申し出を受け、原首相が最終的な決定の主導権を握る形で事実上決定された。宮中を掌握した上で、山県らからの支持も確信すると、原は、中村宮相が辞任する前に婚約内定遂行を公表した問題についても、再検討しようと考えたが、暗殺によって再考はなくなった。

このように、一九二一年二月以降、原首相は陸軍のみならず宮中をも統制し、イギリス風の立憲君主制の確立に向けて、首相権力を着々と強化したのであった[145]。

◆戦後経営の改良への模索

組閣直後、予算編成に関する高橋蔵相との対談で、原首相は一九一九年度予算編成の頃には、欧州の戦争も終結するだろうからと、軍縮への期待を示した（本章第四節）。したがって、一九二一年八月に米国より軍備制限並びに太平洋極東会議をワシントンで開催したいという提案が出されると、原首相は積極的に応じた[146]。原はこの会議について、早速八月一〇日の政友会東北大会（札幌）での演説で取り上げ、日本はこの会議に参加し「誠意を以て諸問題を迎へんと欲する」と、党員の前で軍縮や極東問題の解決のための国際協調への意欲を示した。さらにこれらを「列国民の幸福」と「東洋平和」の達成への試みと見た[147]。

すでに述べたように、軍縮をすれば、四大政綱中で国防費を削減しても安全保障が確保でき、交通・通信機関の整備や教育機関の充実等に政府の資金を振り向けることができる。原の望んでいたところである。しかし問題は、一九二〇年三月の戦後不況を経て、軍縮を実施し、交通機関・通信機関・教育機関を整備し、経営者や国民の自覚を求めていくだけで経済は好転するのか、ということである。この点で、自由主義的な経済観の原首相や政友会は、特定の重要産業育成のための思い切った助成金や、企業の合同や合理化などを政府が誘導し、それにより日本経済の体質強化を図る等の政策は取らなかった。

実際の歴史の流れは、周知のように、この後、不況から立ち直る前に関東大震災が起こって日本経済は大打撃を受け、復興のため膨大な震災手形を出し、その処理に起因して一九二七年に金融恐慌が起き、さらに金解禁をしたので一九二九年の世界恐慌の直撃を浴び、一九三〇年から昭和恐慌となっていく。この結果から見ると、原内閣の経済政策は失敗であったともいえる。しかし、関東大震災は偶然の大天災である。震災以降の経済不振には、予想不可能の震災による大打撃と、それ以降の内閣の責任も大きく、すべて原内閣からの責任に帰すのは性急すぎる結論ともいえる。戦後恐慌後の戦後経営としての原内閣の経済政策の評価については、今後の課題としたい。

イギリス風の立憲君主制を進めた原と戦後経営――おわりに

本章は、原敬がイギリス風の立憲君主制の確立を目指して活動してきたという、筆者がこれまで提起してきた論旨を、新しい事実を加えて明確にしたものである。さらに、それと連動させて、原は第一次世界大戦後の戦後経営についても、早い段階から考え、実施していったことを論旨に加え、第一次大戦が日本に与えた衝撃に対応させるため、原が積極的に外交・内政の大刷新を行っていったことを明らかにした。本章の主な論点は、以下の五つである。

第一に、原敬内閣において、原首相と内閣(陸相・海相など)が陸軍・宮中も含めて権力を掌握し、イギリス風の立憲政治実現に向かっていく過程を、①一九一八年九月の組閣から一九二〇年五月の総選挙まで、②総選挙後から一九二一年二月に皇太子妃選定をめぐり元老山県有朋が大打撃を受けるまで、③その後、という三つの段階に分けてとらえた。

原内閣は衆議院の第一党政友会を背景として、陸相・海相・外相以外は政党員で構成されたこともあり、イギリス風の立憲君主制に近づいた内閣であるといえる。イギリス風の立憲君主制と言う場合、公正な選挙で選ばれた庶民院(下院、日本では衆議院)の指導者が首相となり、軍も含め内閣などの表《おもて》と、宮内省や奥《おく》である宮中をも掌握して政治を行うことがまず必要である。また、公正な選挙により、二大政党が政権交代を行うことも必要である。

原はイギリス風の立憲君主制を理想としていたが、政友会自身も未熟だと自覚し、それ以上に憲政会は政権を担当する政党としての発達が不十分であると見て、政友会の次に憲政会に政権を渡すことは考えていなかった。しかし、原内閣はイギリス風の立憲君主制の確立に向けて、大きな一歩を踏み出した内閣といえよう。原はとりあえず法令を変えずに、イギリス風の立憲君主制の実態に内閣を近づけようとした。原が暗殺されることなく長生きしていたら、元老山県有朋の死後、軍関係の法令等を変えるように仕向け、イギリス風の立憲君主制の確立を目指してさらに歩を進めたであろう。

本書の論点は第二に、原は若い頃からイギリス風立憲君主制と列強との協調外交を目指す姿勢を持っており、生涯を通してその構想を深めていったということである。原は二〇歳代前半に、中江兆民から「公利」という考えを学び、新聞記者時代にそれを実現するための政治形態として、穏健な形で政権交代のあるイギリス風の立憲君主制を理想とした。のち、一九二〇年にかけて普選運動が高まると、原は普選即行には反対で、帝国議会を解散して運動を鎮めた。これは有権者が一挙に九倍近くに急増する普選即行論はイギリス風立憲君主制への健全な発達の障害になるとみたからで、普選を漸進的に実現することには賛成であった。

また原は、イギリス風の立憲君主制を理想と表明した時期に少し遅れて、当時の国際社会である列強に承認されないような外交・軍事政策を行っても達成はできず国益に反する、という考えを身につけた。これは、外交や軍事行動は日本の国力に応じたものでないと成功しない、ということでもあった。これらの姿勢は、陸奥外相の下で働いたことにより、さらに磨きがかけられたと思われる。感情的になりがちな日本国民のナショナリズムをどのようにコントロールするかも、陸奥から実地で学んだはずである。原の構想は、四〇歳代前半の『大阪毎日新聞』編集総理から社長の時代にさらに展開した。原は、すぐに実現は無理であると考えつつも、陸海軍大臣は文官で新内閣ができるごとに代わることを理想として唱え始めた。また日露戦争や第一次世界大戦に際しても、開戦に慎重な立場を取った。戦争は行うにしても、勝敗のみならず、戦後の状況を考えた後で開戦すべき、というのが原の考えであった。これは、列強の動向や日本の国力を良く考えて行動することでもあった。

第三に、原は第一次世界大戦が始まると、早い時期から大戦後のことを考え始め、戦後に日本が孤立しないように、特に米国を中心に、連合国との協調や、日中関係を良くしておくべき、と考えたことである。

したがって、第二次大隈重信内閣が行った、中国に二十一ヵ条要求を突き付ける外交を、列強協調も日中「親善」も損なったと強く批判した。また大隈内閣・寺内内閣が行ったような、中国の南方派・北方派いずれかを支援する等、中国の内政に強く干渉する外交にも反対であった。

第一次世界大戦の末期に、ウィルソン主義が出されると、原はそれを積極的にとらえた。組閣すると日本の外交を大きく転換し、米国を中心とする列強協調外交と中国の内政への干渉を抑制するものとした。

ただ、ウィルソン大統領は、大隈内閣の二十一ヵ条要求や寺内内閣のシベリアへの大量の出兵等によって、強い日本不信に陥っていた。また同大統領は、そのこともあり、ウィルソン主義を米国の利権の少ない中国等に性急に適用しようとした。このため、中国で現実に多くの利権を持っていた日本の原内閣の対応との間に、齟齬が生じることもあった。シベリア撤兵も同様で、原内閣は米国との協調を重視したが、前内閣で大量に出兵してしまった後始末は簡単ではなかった。また、ニコライエフスク港事件が起きると、国内で高まったナショナリズムをも配慮せざるを得なかった。結果として、米国が求め、原が理想とするような早期撤兵はできなかった。この点でも、ウィルソン大統領ら米国側からの批判を招いた。しかし原内閣は、その前の大隈内閣や寺内内閣に比べ、対米関係を好転させようとの志向が強く、ある程度対米関係を改善したといえる。

第四に、原は組閣する約一年前の一九一七年秋には、原内閣期に展開する戦後経営構想の大枠を固めており、組閣後にそれをさらに緻密に展開したことである。

原の戦後経営構想は、大戦後は戦争の損害を回復しようとして、列強間の経済競争が激化すると予想し、これに対応して産業の振興と国力の発展を図ろうとするものであった。そのためには、生産費を減少させ、貿易品の販路を拡張する必要があり、鉄道の建設と改良など交通機関や通信機関の発達、教育機関の充実と教育制度の改正等を、大規模に実施しようとした。

原は、政友会内閣で外交・内政の大刷新を行ってこれらを実現し、戦後経営を成功させることを訴えたが、個別の鉄道建設等の公共事業を掲げて、集票をすることはなかった。本書の第六章でも明らかにしたように、従来いわれてきた、原や政友会の「我田引鉄」というイメージは修正されるべきである。

なお、一九二〇年三月に戦後恐慌が起こって以降、原は思想問題への危機感を強めていく。日本国民は外国の良いものを取り入れて日本の短所を補い自立し創意工夫して諸活動を行わなくてはいけないのに、現実にはそうなっていない、という危機感であった。

原の不安の種は、経済人が投機に走り、少し不況になると悲観するなど、彼らに公共心と自立心に欠ける者が少なくないことにもあった。また、国民の政治思想が円熟していないのに、欧米の真似をして普選を求めたり、一部にはロシア革命を理想化したりする者もいたことも原の危機感を強めた。一般国民にも、鉄道建設等の公共事業を求めるが、それを活用して新しい事業を起こす気概が十分でない傾向を、原は見ていた。政党員にも、自らの権力を誇示して利益を求める風潮が見られ、国家全体のために政策を立案・実行していくという気持ちが十分でない点を原は自覚し、何とかしなければいけないと思っていた。

なお、原は戦後恐慌以降の経済不況に際しても、通貨を収縮させず、特に経済に介入する政策を取らなかった。これは、不況からの脱出を経済人の自覚と創意工夫に求める自由主義的経済観を、原が持っていたからであろう。

本章では第五に、原がどのようにして陸・海軍や官僚を統制したかについても論じた。

原は、外交官時代の早い時期から軍人と接し、軍の制度を理解し、基本的な軍事知識も身につけていた。また、外務省や農商務省の官僚であった原は、逓相や内相になると、次官や秘書官との信頼関係を築き、担当する省のことを彼らから謙虚に学び、その上で省を把握していった。原が官僚のみならず、原内閣において軍や宮中まで掌握していくのは、一つにはこのように継続して学び、知らないことはまず謙虚に教えを乞う姿勢で、相手の信頼を獲得したからであった。
もう一つは、特定の省だけを見てその省を掌握しようとするのではなく、政府全体の政策の中でその省のあるべき姿（制度）や政策を考える姿勢を持っていたからである。原は外交も含め国政全体を理解し、次の流れを見通して大きな構想を描き、その中で陸軍や宮中を掌握しようと、慎重かつ着実に動いた。山県は普選運動等の社会運動を社会主義革命につながる（「国体」の安危に関わる）として恐れた。その山県に対し、原は普選や労働運動を鎮静化してみせた実績を武器に、自らの辞任をちらつかせながら、上原勇作参謀総長ら参謀本部を抑えることに山県を協力させた。これはその一例である。原は政党さえ健全に発達すれば、国民の思想をしっかりさせる中核となる。社会運動を過度に恐れる必要はないと考えたからであった。
以上、外交・内政両面において、原は将来へのしっかりとした理想を持ち、それを着実に実現していく方法を常に考え、実行していった。また虚栄を排し、謙虚に学ぶ姿勢を失わなかった。現代の私達も原から学べるものは極めて多いと思われる。

註

1――細谷千博『シベリア出兵の史的研究』（有斐閣、一九五五年）、岡義武『山県有朋』（岩波新書、一九五八年）、三谷太一郎『日本政党政治の形成』（東京大学出版会、一九六七年）、升味準之輔『日本政党史論』第四巻（東京大学出版会、一九六八年）、伊藤之雄『大正デモクラシーと政党政治』（山川出版社、一九八七年）、松尾尊兊『普通選挙制度成立史の研究』（岩波書店、一九八九年）など。

2――Frank Hardie, *The Political Influence of the British Monarchy, 1868-1952*, Harper & Row Publishers, 1969. Vernon Bogdanor, *The Monarchy and the Constitution*, Oxford University Press, 1995.

3――伊藤之雄「山県系官僚閥と天皇・元老・宮中――近代君主制の日英比較」（『法学論叢』一四〇巻一・二号、

一九九六年一一月）、同「原敬内閣と立憲君主制——近代君主制の日英比較」（一）〜（四）」一四三巻四・五・六号、一四四巻一号、一九九八年七月〜一〇月）、同『昭和天皇と立憲君主制の崩壊——睦仁・嘉仁から裕仁へ』（名古屋大学出版会、二〇〇五年）、同『明治天皇——むら雲を吹く秋風にはれそめて』（ミネルヴァ書房、二〇〇六年）、同『山県有朋——愚直な権力者の生涯』（文春新書、二〇〇九年）、同『伊藤博文——近代日本を創った男』（講談社、二〇〇九年）、同『昭和天皇伝』（文藝春秋、二〇一一年）。なお、私は、「明治天皇とその時代」（講演）（『明治聖徳記念学会紀要』復刊第四九号、二〇一二年一二月）において、私の最新の見解として、明治天皇の政治関与の迷いと方針が形成される過程を論じた。

4——伊藤之雄「若き原敬の動向と国家観・自由民権観——郵便報知新聞記者の明治十四年政変」（『法学論叢』一七〇巻四・五・六号、二〇一二年三月）六四〜六五頁。

5——前掲、伊藤之雄「原敬内閣と立憲君主制」（一）〜（四）、同『政党政治と天皇　日本の歴史22』（講談社、二〇〇二年）一五〇〜一六七頁。その後、一九二〇年のシベリア撤兵をめぐる陸軍統制で、原首相は陸軍を統制していた、と陸軍に関し同様の指摘をする研究が出た（小林道彦『政党政治の崩壊と満州事変』ミネルヴァ書房、二〇一〇年、二〜三頁）。川田稔『原敬　転換期の構想——国際社会と日本』（未来社、一九九五年）も、原が「事実上イギリス型の議院内閣制の方向を志向するものであった」（二〇四頁）と評価している。私はこれまで、伊藤博文や原敬ら、明治から大正期の日本をリードした政治家たちが究極的に目指した政治体制について、「イギリスに類似した君主制」「イギリスに類似した政党政治」などとも表現してきた。「類似した」と限定をつけるのは、イギリスの国制（憲法）と大日本帝国憲法とは異なっていたばかりでなく、両国の政治文化も異なっていたからである。また、遠い将来は別として、同じものを目指すのは無理であり、適切でない、と伊藤や原らも考えていたと理解できるからである。ここで「イギリス風」と言う用語に変えて使うのは、私の見解を変更するのではなく、「イギリス風」の方が用語として平明で、標題などにも使いやすいからである。

なお、従来、日本の君主制（天皇制）研究においては、日本の近代天皇は「イギリスに類似した立憲君主」ではなく、専制君主であるとの結論を導き出すのが有力な潮流であった。私の天皇制（君主制）研究は、そうした潮流を批判し、より実態に近い史実を提示することを主眼としている。明治天皇・大正天皇・昭和天皇の個性や時代状況に影響されながら、これまでの研究で、一九二〇年代後半までに、日本は立憲国家を確立し、政党政治を形成し、イギリスより一歩遅れながらも、「イギリスと類似した」立憲君主制を発達させていったこと等を明らかにした。この「イギリスと類似した立憲君主制」は、五・一五事件で崩壊する。その後も昭和天皇は、日中戦争から太平洋戦争に戦火が拡大していく中で、政治への関与を抑制する立憲君主であろうと努めたが、列強との関係悪化を防ごうとして、必ずしも一貫した行動を取らなかった、等と論じた（伊藤之雄「昭和天皇と立憲君主制――近代日本の政治慣行と天皇の決断」〈伊藤之雄・川田稔編『二〇世紀日本の天皇と君主制――国際比較の観点から　一八六七～一九四七』吉川弘文館、二〇〇四年〉、前掲、伊藤之雄『昭和天皇と立憲君主制の崩壊』）。奈良岡聰智も、加藤高明が「イギリスモデルの政治改革構想」を持ち、天皇の直接的政治関与を極力抑制しつつ、儀礼的役割や一定の調停能力に期待し、統治の中心に立つのはあくまで政党内閣だと考えていたことを明らかにした（奈良岡聰智「加藤高明とイギリスの立憲君主制」〈前掲、伊藤之雄・川田稔編『二〇世紀日本の天皇と君主制』〉）。

　これらに対し、古川隆久は、『昭和天皇と立憲君主制の崩壊』の書評の中で、イギリスの立憲君主制と比較する枠組みを「妥当性に問題がある」とする。また私の反論に答える中で、その理由として、「近代日本において天皇のあり方をイギリスの立憲君主制に求める議論があったことは事実だが、それが政界の多数意見になったのはいわゆる政党内閣期のことに過ぎない。山県有朋はもちろん、原敬でさえ第二党に政権を譲るというようなイギリス的慣行を是としてはいなかった」等と論じた（古川隆久書評『図書新聞』二〇〇五年七月二三日、古川隆久「伊藤之雄氏の反論に答える」同二〇〇五年九月一七日）。原敬が第二党に政権を譲ることを考えなかったことは、第二党である憲政会が政権を担うに足る政党と考えていなかったからである。かつては、原敬内閣期に原首相や内閣が陸海軍や宮中まで統制していたことなどの権力の実態が明らかでなく、また原の青年期からの思想分析が不十分であった。さらに、太平洋戦争の敗戦の後、日本は欧米に比べて民主主義の発想や発達がはるかに遅れていた、と過度に卑屈になり、欧米の政治の実態を十分にとらえきれないことも加わり、古川のような見方をする傾向が強かった。しかし、これは歴史の皮相をとらえただけの見解といえる。伊藤博文以来（前掲、伊藤之雄『伊藤博文』、瀧井一博『伊藤博文――知の政治家』中公新書、二〇一〇年）、原敬・昭和天皇に至るまで、また日露戦争後からのジャーナリズムも含め、長期的に日本はイギリス風の立憲君主制を目指していくべきだ、と構想し、そう考えない勢力と対立や妥協を繰り返しながら、立憲政治を発展させたのである。なお、不思議なことに、古川隆久『昭和天皇――「理性の君主」の孤独』(中公新書、二〇一一年)は、裕仁皇太子(昭和天皇)は「イギリス王制」を理想としており、この実現のためには政党内閣制の確立が必須なのである(四一～四二頁)と、昭和天皇を「イギリス王制」を引き合いに出して論じている。この視点は、これまでの古川の著作にはなかったものであり、またイギリスの立憲君主制と比較する拙著の枠組みを「妥当性に問題がある」とした、かつての論と矛盾する。しかも、イギリスの君主制との比較という着想に関して、私たちの先行研究には、まったく触れていない。古川のこのような姿勢の問題については、古川と私の「徹底討論　昭和天皇の決断と責任」(御厨貴司会、『中央公論』二〇一二年九月号一〇九～一一〇頁)で指摘しておいた。

いずれにしても、古川の著作や同時期に出た加藤陽子『天皇の歴史8　昭和天皇と戦争の世紀』(講談社、二〇一一年)も含め、昭和天皇を専制的な君主でないというイメージで描いている。この意味で、近代の天皇はイギリス風の立憲君主に近づいていったとの理解が共有されるようになったといえる。

右のような潮流に反し安田浩は、「法治主義への無関心と似非実証的論法――伊藤之雄『近代天皇は「魔力」のような権力を持っているのか』(本誌八三一号)に寄せて」(『歴史学研究』八七七号、二〇一一年三月)等で、近代日本の天皇を専制君主であるとする見解に固執し、私の近代天皇論への批判を試みている。しかし安田は、天皇の果たした役割を政治過程の中で明らかにするような一次史料をほとんど読まずに論を立てているのみならず、法令を自分の論旨に都合の良いように歪めて紹介したり、研究史に存在しないことすらつけ加えたりしている。研究者としてのモラルを疑う。安田への反論は、伊藤之雄『伊藤博文をめぐる日韓関係――韓国統治の夢と挫折、一九〇五～一九二一』(ミネルヴァ書房、二〇一一年)第九章で詳細に行った。

6――時期や解釈は私と異なるが、高橋秀直「総力戦政策と寺内内閣」(『歴史学研究』五五二号、一九八六年)には、原の「戦後経営」構想の原型は、寺内内閣時代の一九一八年一月二〇日の政友会大会での原の演説に見られる、との指摘がある。同論文は、原は従来、党勢拡張のための地方利益を重視し、軍備充実を政策課題に入れていなかったが、第一次大戦にともなう総力戦に刺激を受ける中で、それをも重視するようになった、と論じている。その後、前掲、川田稔『原敬　転換期の構想』は、第一次世界大戦のインパクトを受け、原が大戦後に向け外交と内政を転換しようとし、一九一六年六月には「戦後経営」についての考えを表明した等と、さらに本格的な視角から論じた。同書については、書評で私の見解を示したことがある(『日本史研究』四一二号、一九九六年一二月)。私の書評には、私も原を評価するが、その私から見ても、川田氏は原を過大に評価しているのではないか、大変動期にあって原ですら捉えきれなかった面をもう少し書き込むべきではなかったか、というトーンがある。しかし、現在の私の見解は、原の洞察の深さや、情報の限界がある中での原の見通しの確かさを評価するという大枠では、川田著書と同じである。本章は、イギリス風の立憲君主制を目指すという青年時代からの原の構想と、第一次世界大戦後の大改革を前提とする政権運営とを、一貫させて新たに論じることを、一つの目的とする。また原は、日清・日露戦争やナポレオン戦争などがもたらした過去の歴史上の変動を踏まえて、第一次世界大戦の進展を見きわめながら、大戦後の世界の大変動を予想し、日本に必要な対応策の大枠や具体的な政策を、少しずつはっきりさせていこうとした。本章では第二に、この観点を取り入れることで、原が従来言われているよりも早い時期から、しかも日本の有力政治家でほとんどただ一人、大戦後の大改革構想を考えていた人間であったことを明らかにする。近年、米国においても、第一次世界大戦の衝撃に対応するため、原首相と内閣は国際協調と平和を求める外交や、高等・中等教育機関の拡充などの大改革を行い、それは明治維新の改革にも匹敵するとまで原らの改革性を評価する研究が出た(Frederick R. Dickinson, *World War I and the Triumph of a New Japan, 1919-1930*, Cambridge University Press, 2013)

7――原敬「送人游于支那序」(原敬関係文書研究会編『原敬関係文書』〈日本放送出版協会、一九八五年〉第四巻、二一頁)。

8――前掲、伊藤之雄「若き原敬の動向と国家観・自由民権観」三九頁。『郵便報知新聞』の記者時代に、原がロシアと比較してイギリスの政治を評価していた、との指摘はすでにある(山本四郎『評伝　原敬』上巻〈東京創元社、一九九七年〉六八頁)。

9――伊藤之雄「若き原敬の国制観・外交観――『大東日報』主筆の壬午事変」(曽我部真裕・赤坂幸一編『大石眞先生還暦記念　憲法改革の理念と展開』下巻、信山社、二〇一二年)。

10――伊藤之雄『立憲国家の確立と伊藤博文　内政と外交　一八八九～一八九八』(吉川弘文館、一九九九年)二二二～二二五頁。

11――陸奥宗光著・中塚明校注『新訂　蹇蹇録』(岩波文庫、一九八三年)参照。

12――田中朝吉編纂(代表)『原敬全集』上巻(原敬全集刊行会、一九二九年)三三六～三四七、三九〇～四一六頁。す

でに三谷太一郎は、「政党内閣」(『大阪毎日新聞』)一八九八年七月五日、六日)の記事を分析して、原が「究極において志向したものはおそらく軍部大臣の任用範囲を文官にまで拡張することであった」と論じている(前掲、三谷太一郎『日本政党政治の形成』五一~五二頁)。
13――西園寺公望宛原敬書状、一九〇〇年一〇月一六日(山崎有恒・西園寺公望関係文書研究会『西園寺公望関係文書』松香書店、二〇一二年)五〇頁。
14――同前。
15――前掲、田中朝吉編纂(代表)『原敬全集』上巻、三九〇~四一六頁。
16――前掲、田中朝吉編纂(代表)『原敬全集』上巻、四五五~四六〇頁。
17――伊藤之雄「日清戦争以降の中国・朝鮮認識と外交論」(『名古屋大学文学部研究論集・史学40』一九九四年三月)。
18――原敬「清国問題」(前掲、『原敬全集』上巻、四六一~四六三頁)。
19――原敬「露国の挙動」一八九九年三月一二日(前掲、『原敬全集』上巻、四四六~四四七頁)。
20――原敬「清国の為に惜む」一九〇〇年三月一二日(前掲、『原敬全集』上巻、五九三頁)。
21――原敬「清国事件」一九〇〇年六月一五日~一九日(前掲、『原敬全集』上巻、六三四~六三五、六三九頁)。
22――原敬「清国と公法」一九〇〇年七月四日、五日(前掲、『原敬全集』上巻、六五〇、六五一頁)。
23――同前、六五一頁。
24――原敬「聯合軍の挙動につき」一九〇〇年六月二八日(前掲、『原敬全集』上巻、六四四~六四五頁)。
25――伊藤之雄『立憲国家と日露戦争――外交と内政　一八九八~一九〇五』(木鐸社、二〇〇〇年)第一部第二章・第三章。
26――原敬演説(社員速記)「香川県実業界の総会に於て」(『大阪毎日新聞』一八九九年七月一八日、一九日)。
27――同前(『大阪毎日新聞』一八九九年七月二〇日、二一日、二二日)。
28――原敬演説(社員速記、七月十四日名古屋経済会に於て)「新条約実施」(『大阪毎日新聞』一八九九年八月一三日、一四日、一五日、一六日、一八日、一九日、二〇日)。
29――『原敬日記』一八九三年三月二三日、二七日、七月二〇日、九月二七日。
30――『原敬日記』一八九六年一〇月一六日、原と児玉の思想的類似性やその関係については、本書第一章の小林道彦「児玉源太郎と原敬——台湾統治と統帥改革・行政整理をめぐる対立と協調」でも明らかにされている。

31——『原敬日記』一八九六年七月二一日、二三日、九月二〇日。

32——『原敬日記』一八九六年九月二五日。

33——『原敬日記』一八九六年一〇月四日、五日、一九日。

34——原敬口演、社員速記「懐旧談」(四)(『大阪毎日新聞』一九〇〇年八月一三日)。

35——栗原健編著『対満蒙政策史の一面——日露戦後より大正期にいたる』(原書房、一九六六年)一二~一四頁。伊藤之雄『元老西園寺公望』(文春新書、二〇〇七年)二二一~二二三頁。

36——前掲、伊藤之雄『元老西園寺公望』二二六~二二八頁。一個師団の兵力は平時では約一万人なので、一九個師団では合計で約一九万人の兵力となる。

37——『原敬日記』一九〇七年七月一〇日。

38——伊藤之雄『伊藤博文をめぐる日韓関係』(ミネルヴァ書房、二〇一一年)五一頁。

39——『原敬日記』一九〇七年七月一〇日。

40——原敬宛笠井信一書状、一九一一年六月一九日(前掲、原敬関係文書研究会編『原敬関係文書』第一巻、四五五頁)。

41——『岩手日報』一九一〇年一〇月四日、五日。

42——松本剛吉「原敬卿ノ薨去ヲ悼ム」一九二二年一一月四日(「松本剛吉文書」国立国会図書館憲政資料室所蔵)。

43——尚友俱楽部・西尾林太郎『水野錬太郎回想録・関係文書』(山川出版社、一九九九年)一五~一六頁。

44——同前、一七~一八頁。

45——奈良岡聰智『加藤高明と政党政治——二大政党制への道』(山川出版社、二〇〇六年)第三章第一節・二節。清水唯一朗『政党と官僚の近代』(藤原書店、二〇〇七年)第四章・五章。

46——同前。

47——高橋秀直「山県系貴族院支配の構造」(『史学雑誌』九四巻二号、一九八五年)。同「山県系貴族院支配の展開と崩壊」(『日本史研究』二六九号、一九八五年)。小林和幸『明治立憲政治と貴族院』(吉川弘文館、二〇〇二年)第三章二。内藤一成『貴族院と立憲政治』(思文閣出版、二〇〇五年)第三部第五章。

48――前掲、伊藤之雄『大正デモクラシーと政党政治』二六～二九頁。

49――「第三十四回帝国議会報告書」（『政友』第一七二号、一九一四年九月二五日）。『政友』は立憲政友会の機関誌。

50――同前。

51――『原敬日記』一九一四年九月二一日、二九日、三〇日。

52――「原総裁の演説」（『政友』第一七八号、一九一五年二月二五日）。

53――リチャード・J・スメサースト著、鎮目雅人他訳『高橋是清――日本のケインズ　その生涯と思想』（東洋経済新報社、二〇一〇年）二五八～二五九頁（原書は、Richard J. Smethurst, From Foot Soldier to Finance Minister: Takahashi Korekiyo, Japan's Keynes, Harvard University Asia Center, 2009）。

54――「原総裁の演説」（『政友』第一七八号、一九一五年二月二五日）。

55――原敬総裁「臨時議会所見」（『政友』第一八一号、一九一五年六月二五日）、同「捨置難き事件」（『政友』第一八四号、一九一五年八月二五日）。奈良岡聰智「加藤高明と二十一ヵ条要求――第五号をめぐって」（小林道彦・中西寛編著『歴史の桎梏を越えて――二〇世紀日中関係への新視点』千倉書房、二〇一〇年）は、二十一ヵ条要求の日本側要求案の作成過程など新しい視点を出している。

56――高橋是清「我邦の前途に就て」（『政友』第一八七号、一九一五年一二月八日）。

57――原敬「三大問題に関する意見」（『政友』第一九五号、一九一六年七月五日）。

58――『政友』第一九九号（一九一六年一一月五日）。

59――そのことは、寺内内閣と政友会が提携の方向へ進むと、原は一九一七年一月二一日の政友会大会で、寺内内閣の対中国方針は大隈内閣と全く異なるもので、誠意を持って日中「親善」を計るものであり、政友会の方針と一致している、と公然と発言していることからもわかる（『政友』第二〇二号、一九一七年二月五日）。もっとも原は、寺内内閣の対中国方針を発言のように支持しているのではなく、大隈内閣よりはるかに良いと見ているにすぎない。

60――原敬「内閣更迭に付」（『政友』第一九九号、一九一六年一一月五日）。

61――同前。

62――「原総裁の演説」（『政友』第二一一号、一九一七年一〇月一〇日）。原は、日本が中国の南方派・北方派のどちらに加担することにも不賛成で、ましてや大隈内閣のように、南方派を助けたり北方派を助けたりして一貫しないことで、中国から反感を受けることが最も悪いと考えた(『原敬日記』一九一七年九月二九日)。また、寺内内閣が中国北方派の段祺瑞政権に対して行った西原借款も、北方派が南方派を鎮圧するための資金に帰したのであり、原の論理からすれば賛成できなかった。しかし、寺内内閣は、原に西原借款の実情を十分に知らせなかったので、原は、段祺瑞政権ができたとしてもただちに援助する必要はないし、とくに米国に対して十分意思疎通の上で実施すべきだ、等の注文をつけた程度で容認する形となった(『原敬日記』一九一七年八月一日、六日)。このように原は、経済成長により軍事的にも強大になると予想される米国との関係を重視した。シベリア出兵についても、「日米親交」の関係においても、また英・仏その他諸国との協力関係においても適当の措置である(「原総裁演説要旨」(一九一八年八月五日、政友会協議員会)、『政友』第二二一号、一九一八年八月二五日)と、日本が孤立しないための米国など連合国の連携としてとらえた。

63――原敬「我党の方針」(『政友』第二二三号、一九一七年一二月五日)。

64――前掲、三谷太一郎『日本政党政治の形成』第二章。前掲、伊藤之雄『立憲国家と日露戦争』六四～七五、一四八～一七〇頁。

65――『政友』第二一二号(一九一七年一一月五日)。

66――『原敬日記』一九一四年一〇月九日、一一月七日、三〇日、一二月六日。

67――『原敬日記』一九一六年三月一六日、一九一八年四月四日。

68――『原敬日記』一九一八年九月一六日。

69――『原敬日記』一九一八年九月二五日。

70――前掲、伊藤之雄『山県有朋』第一一章・一二章。

71――平松良太「第一次世界大戦と加藤友三郎の海軍改革(一)」(『法学論叢』第一六七巻第六号、二〇一〇年九月)。

72――『原敬日記』一九一八年一〇月七日。

73――高原秀介『ウィルソン外交と日本――理想と現実の間　一九一三～一九二一』(創文社、二〇〇六年)一一三～一一六頁。

74――『原敬日記』一九一八年一〇月一八日。

75―『原敬日記』一九一八年一〇月一八日、一二月一八日、一九日。
76―「第六回外交調査会会議筆記」(小林龍夫編『翠雨荘日記』〈原書房、一九六六年〉三五五〜三五六頁)。
77―『原敬日記』一九一八年一二月二五日。
78―細谷千博「シベリア出兵をめぐる日米関係」(同『両大戦間期の日本外交』〈岩波書店、一九八八年〉)五五頁。
79―前掲、高原秀介『ウィルソン外交と日本』二九四頁。
80―百瀬孝「シベリア撤兵政策の形成過程」(『日本歴史』第四二七号、一九八四年一月)九八〜九九頁。前掲、高原秀介『ウィルソン外交と日本』一五〇〜一五四頁。
81―『原敬日記』一九一八年一〇月一八日、一九一九年一月八日。
82―『原敬日記』一九一八年一〇月一八日。
83―『原敬日記』一九一八年一〇月一八日。
84―『原敬日記』一九一九年四月四日、五日、八日。
85―『原敬日記』一九一八年一一月二三日、一九一九年一月一五日、二月三日。
86―伊藤之雄「原敬内閣と立憲君主制――近代君主制の日英比較」(四)(『法学論叢』一四四巻一号、一九九八年一〇月)二〇頁。
87―前掲、伊藤之雄『昭和天皇と立憲君主制の崩壊』八七〜九〇頁。
88―前掲、伊藤之雄「原内閣と立憲君主制」(四)、六〜七頁。
89―『原敬日記』一九一八年四月二七日。
90―『政友』第二二四号(一九一八年一一月二五日)。
91―『原敬日記』一九一九年二月一八日。高原秀介は、原はウィルソンの「新外交」の意味を日本で最も良く理解した一人である、と評価する(前掲、高原秀介『ウィルソン外交と日本』三〇九頁)。その点はまったく同感である。しかし高原は、「その原でさえ、アメリカが唱える原則あるいは理念が単に利益の正当化でなく、それ自体の力を持っていることを本質的に理解していたわけでなく」、そこに「戦前日本のアジア外交をめぐる国際認識の限界が示されている」と論じる(同前)。これはアメリカ史の通説的見方といえる。しかし、以下で述べていくように、山東半島の中国への返還問題に関し、帝国主義の時代的な米国の利害がほとんどない中国に、ウィルソンは自らの理想をかなり強引に適用しようとした。これに日本が反発し、イギリスも日本を支持した。当然のことながら、米国と利害関係が深く、米国が勢力圏と認識しているラテンアメリカ諸国や米植民地のフィリピンに対する米国の政策は、一九二〇年代に転換されることはなかった。日本の利害が深い中国で、ウィルソンがその主義を性急に展開しようとし、原がそれを警戒したといっても、原らの「アジア外交をめぐる国際認識の限界」とは言えない。理念というレベルでは、ウィルソンと原の差はそれほどないように思われる。

92——伊藤之雄『原敬』（近日刊行予定）。外務省においても、第一次世界大戦中から幣原外務次官を中心に、米国との協調を目指す外交への変化が進展していた（西田敏宏「ワシントン体制と幣原外交」川田稔・伊藤之雄編著『二〇世紀日米関係と東アジア』〈風媒社、二〇〇二年〉六八～六九頁）。

93——『原敬日記』一九一八年一〇月一八日、一一月二日、一七日。

94——『原敬日記』一九一八年一一月一七日。

95——『原敬日記』一九一九年九月一三日。原首相や日本の講和会議に対する意識の低さを指摘し、日本は領土分割を伴う戦後処理にのみ視野が限定され、戦後世界の平和構想を自らの問題としてとらえるには至らなかった、と理解するのが通説となってきた（臼井勝美「ヴェルサイユ＝ワシントン体制と日本の支配層」〈橋川文三・松本三之介編『近代日本政治思想史Ⅱ』有斐閣、一九七〇年〉一〇九～一一二頁、麻田貞雄「日米関係のイメージ」〈三輪公忠編『総合講座日本の社会文化史7　世界の中の日本』講談社、一九七四年〉三一八～三一九頁、馬場明「パリ講和会議と牧野伸顕」〈『国学院大学大学院紀要　文学研究科』第二六輯、一九九四年〉四九頁）。しかし、これは講和会議やウィルソン主義等に対する、原敬らの外交思想を十分に検討せず、行動の現象面を中心に考察した結論といえよう。

96——中谷直司「第一次世界大戦後の中国をめぐる日米英関係——大国間協調の変容」（前掲、小林道彦・中西寛編著『歴史の桎梏を越えて』所収）九二～九三頁。

97——『岩手毎日新聞』一九一九年五月一九日。『原敬日記』一九二一年八月三〇日。

98——『原敬日記』一九一九年二月一七日、一二月二日、七日、一九二〇年三月二三日、二五日。

99——「東北大会に於ける原総裁の演説」（『政友』第二三三号、一九一九年九月一五日）。

100——前掲、リチャード・J・スメサースト『高橋是清』二七一～二七二頁。高橋是清は通貨供給量の増加と低金利政策による景気の回復を重視していた（松元崇『大恐慌を駆け抜けた男　高橋是清』（中央公論新社、二〇〇九年）一〇〇、三二六〜三二七、三三七頁）。したがって安易に通貨供給量を減少させようとしないのである。

101——同前。

102——前掲、伊藤之雄『大正デモクラシーと政党政治』三六頁。

103——政友会東北大会における原総裁の演説要旨（『岩手毎日新聞』一九一九年八月二一日）。

104——『岩手毎日新聞』一九一九年一〇月二四日。

105——石井裕晶『戦前期日本における制度改革——営業税廃税運動の政治経済過程』（早稲田大学出版部、二〇一二年）三四一〜三四二頁。坂野潤治『日本近代史』（ちくま新書）三一九頁。

106——松尾尊兊『普通選挙制度成立史の研究』（岩波書店、一九八九年）一七八〜二〇六頁。

107——『原敬日記』一九二〇年三月二日、五日、二六日、二八日。

108——参謀本部「参謀本部歴史」（一九二〇年六月〜一九二四年一二月）（中央-作戦指導-一一〇、防衛省防衛研究所図書館所蔵）八九三頁。『原敬日記』一九二〇年六月一日。

109——森靖夫『日本陸軍と日中戦争への道』（ミネルヴァ書房、二〇一〇年）五一〜五二頁。

110——前掲、参謀本部「参謀本部歴史」（一九二〇年六月〜一九二四年一二月）八九三頁。

111——『原敬日記』一九二〇年六月一五日。

112——前掲、参謀本部「参謀本部歴史」（一九二〇年六月〜一九二四年一二月）八九四頁。

113——『原敬日記』一九二〇年六月一八日〜七月二日。

114——『原敬日記』一九二〇年八月二三日。

115——『原敬日記』一九二〇年九月一〇日。原と田中のこのような姿勢は、上原参謀総長の側にも感じられたようである。一九二〇年八月二五日、上原派の町田経宇第四師団長（大阪）は、「原敬一派は兎角《とかく》我現参謀本部を毛嫌し、田中一味の協調し易き人物を以て改造せんとする」底意を持っているのではないか、と上原に宛て手紙で書いている（上原勇作宛町田経宇書状、一九二〇年八月二五日、上原勇作関係文書研究会編『上原勇作関係文書』（東京大学出版会、一九七六年）四八九頁）。上原派とは、薩摩系の上原勇作を盟主とする陸軍の派閥で、参謀本部を基盤としていたが、山県閥に比べ、はるかに弱体であった。町田は薩摩出身で、陸軍士官学校・陸軍大学を卒業し、軍中央では参謀本部第二部長など参謀本部勤務が長く、典型的な上原派である。
116――『原敬日記』一九二〇年九月一〇日。
117――『原敬日記』一九二〇年九月一三日。
118――『原敬日記』一九二〇年一〇月七日、九日。
119――『原敬日記』一九二〇年九月一四日、二一日。
120――『原敬日記』一九二〇年一〇月二五日。原は、同年九月に高橋蔵相が印刷して配ろうとした「内外国策私見」を批判し、印刷を差し止めたが（前掲、リチャード・J・スメサースト『高橋是清』二七四頁）、「内外国策私見」と原・田中の構想は同じである。原は参謀本部に対する考えは高橋と同じであったが、いたずらに反対者を作るような、配慮のない高橋の手法を批判したのである。
121――前掲、伊藤之雄『山県有朋』三六五頁以降。
122――『原敬日記』一九二〇年一月六日、一三日。これらの増兵について、参謀本部の抵抗が強いから行われたとの見方もなされているが、本章で述べてきたように、実際には原首相や内閣が参謀本部を追い詰めており、その見方は誤りである。増兵や撤兵の遅れは、純粋に軍事戦術上の問題や、国内のナショナリズムへの配慮から生じたものである。
123――『原敬日記』一九二〇年八月一〇日。
124――『原敬日記』一九二〇年四月一日、二九日。
125――『原敬日記』一九二〇年五月三一日。
126――前掲、伊藤之雄「原内閣と立憲君主制」（四）五～六頁。
127――前掲、三谷太一郎『日本政党政治の形成』二六六～二八九頁。
128――『原敬日記』一九二〇年五月一一日。
129――政友会の「第四十三議会報告書」の第六章「重要法案」の「二、鉄道敷設法中改正案」（『政友』第二四四号、一九二〇年八月一五日）、同「第四十四議会重要問題の真相」の「第三章　鉄道」「第八章　教育」「第九章　新規鉄道網」および「第二章　予算」の中の、外務省・内務省・文部省・農商務省・逓信省など各省の新計画（『政友』二五二号、一九二一年四月一五日）がそれらを示している。なお、原内閣の鉄道に関する積極的な姿勢とそれが規定計画通り進展しないことについては、前掲、伊藤之雄『大正デモクラシーと政党政治』で大枠を示した。その後、松下孝昭『近代日本の鉄道政策 一八九〇－一九二二年』(日本経済評論社、二〇〇四年)第八章第四節・第五節は、それらをさらに実証的に深めた。

130――本書第六章、伊藤之雄「原敬と選挙区盛岡市・岩手県」。

131――「第四十三議会報告書」中の第一章「(原)総裁演説要旨」(『政友』第二四四号、一九二〇年八月一五日)。ここで原が問題にしているのは、政友会の「第四十三議会報告書」によると、憲政会が、兌換券発行額の増加・通貨の膨張等を、物価騰貴・国民思想の悪化・国庫歳出の膨張・貿易の退潮・事業の「濫興《らんこう》投機思惑」が盛んとなった表れと診断していたことである。政友会は、通貨の膨張等を日本の経済が著しく増進した事実の表明ととらえた(同前)。これら、原首相・内閣・政友会の強気の姿勢にもかかわらず、一九二〇年七月には、原の選挙区の政友会系新聞ですら、コラム的な記事ではあるものの、経済界の動揺と労働者の失業が、「政府の放漫なる政策」のせいか、事業家の「無謀なる黄金欲」の結果なのか、いずれにせよ、「相当費用を投じ、国家的施設を試むべきである」と、原内閣の政策に不安を示していた(『岩手日報』一九二〇年七月四日、「大渦小渦」)。

132――前掲、「第四十三議会報告書」第八章および、第一章の「総裁演説要旨」。

133――『政友』第二四四号(一九二〇年八月一五日)。

134――「原総裁の演説」(『政友』第二四八号、一九二〇年一二月一五日)。

135――『岩手日報』一九二〇年八月二七日。「東北大会に於ける原総裁の演説」(『政友』第二四五号、一九二〇年九月一九日)も、同じ演説の要旨を掲載しているが、『岩手日報』の記事の方が詳細で具体的である。

136――「我党大会に於ける原総裁の演説」(『政友』第二三八号、一九二〇年二月一五日)。

137――本書第六章、伊藤之雄「原敬と選挙区盛岡市・岩手県」第九節。

138――「総裁演説要旨」(「第四十三議会報告書」第一章、『政友』第二四四号、一九二〇年八月一五日)。

139――伊藤之雄「原敬内閣と立憲君主制」(二)(『法学論叢』一四三巻五号、一九九八年八月)一五～一九頁。

140――前掲、伊藤之雄『大正デモクラシーと政党政治』五〇頁。

141――前掲、伊藤之雄「原敬内閣と立憲君主制」(二)、二〇～二一頁。

142――前掲、伊藤之雄「原敬内閣と立憲君主制」(四)、一〇頁。

143——『原敬日記』一九二一年四月八日、五月三一日、六月二日、七月七日、一二日、二四日、二六日、三一日、八月一九日。前掲、伊藤之雄「原敬内閣と立憲君主制」(三)二～二二頁。

144——前掲、伊藤之雄「原敬内閣と立憲君主制」(二)、一三～一五頁。牧野の伝記として、茶谷誠一『牧野伸顕』(吉川弘文館、二〇一三年)がある。

145——前掲、伊藤之雄「原敬内閣と立憲君主制」(二)一三～一八頁、二三～二八頁、同「原敬内閣と立憲君主制」(三)、同「原敬内閣と立憲君主制」(四)九～一〇頁。

146——『原敬日記』一九二一年八月一九日。

147——「東北大会に於ける原総裁の演説」(『政友』第二五七号、一九二一年九月一五日)。

第4章 第一次世界大戦と原敬の外交指導

——一九一四〜二一年

奈良岡聰智 *NARAOKA Sochi*

『原敬日記』史観を越えて——はじめに

第一次世界大戦後の日本は、大戦中の勢力拡張政策を修正し、国際協調を基軸とする新しい外交を展開した。この外交政策の転換をもたらしたのが、大戦終結とほぼ同時に首相に就任し、強力な政治指導力を発揮した原敬であったことに、異論を唱える者はほとんどいないだろう。大戦後における原の外交指導については、三谷太一郎の先駆的業績〔1〕以来、多くの研究が積み重ねられ、近年では伊藤之雄〔2〕、川田稔〔3〕らの研究によって、考察が深められている。原内閣期における外交の実態についても、近年精緻な実証研究が飛躍的に進んでおり、日中関係〔4〕、日米関係〔5〕、日英関係〔6〕、パリ講和会議〔7〕、ワシントン体制〔8〕、政軍関係〔9〕など、多方面にわたって成果が発表されている。

もっとも、第一次世界大戦期の原敬の外交指導に関して、明らかにされていない点も少なくはなく、いまだ課題が残されているように思われる。その原因の一つは、使用史料や分析対象の偏りに由来する。従来の研究では、原の外交指導に対する分析はほぼ『原敬日記』に依拠する形で行われてきた。『原敬日記』の圧倒的な史料的価値を考えると、それもある程度やむを得ないことであったが、そのために同日記にあまり記載されなかった史実に対しては、研究者の関心があまり向けられてこなかった。

その一つが、政友会内部における外交構想の多様性である。従来、第一次世界大戦中から戦後にかけての政友会の外交政策は、原敬の外交構想とほぼ同一視される形で論じられてきた。しかし、政友会内部に、勢力拡張政策に批判的な高橋是清《これきよ》から、小川平吉のような対外硬派に至るまで、多様な外交構想が存在していたことは、あまり注目されてこなかった。その結果、原がいかに党内の様々な構想を集約し、政友会あるいは原内閣の外交政策としてまとめ上げていったのかという問題は、看過されがちであったように思われる。そこで本章では、原敬の外交指導を、政友会内部の多様な構想との拮抗に着目しながら分析していくことにする。

原とメディアの関係も、これまで十分に考察されてこなかったテーマである。従来の研究では、主に『原敬日記』に依拠して、原の外交構想に対する分析が行われてきたが、原がメディアに対して自らの構想をどのように発信したのかという問題には、あまり注意が払われてこなかった。しかし、原は元来ジャーナリストとして豊富な経験を持ち、メディアの事情によく通じていた政治家であった[10]。第一次世界大戦後は、デモクラシーの風潮の中で、世論が外交に影響力を発揮し始めた時代であり、原は従前にも増してメディアに意識的に対応したはずである。原は、自らの外交構想をいかに語ったのであろうか。本章では、第一次世界大戦中から戦後にかけての原とメディアの関係にも着目しながら、検討を進めていく。

本章では、以上の問題関心のもとで、日本の参戦（第一節）、二十一ヵ条要求（第二節）およびパリ講和会議（第三節）に原がどのように対処したかを考察する。前二者は野党党首としての、後者は首相としての外交指導を分析するものである。史料としては、「内田《うちだ》康哉《こうさい》日記」[11]など近年新たに利用可能となった史料の活用に努める他、政友会の機関誌『政友』および機関紙『中央新聞』、外交専門誌『外交時報』など、『原敬日記』以外に原の外交構想を知る手がかりとなる一次史料を重点的に分析する。また、政友会員の中で積極的に外交構想を発表した高橋是清、小川平吉、戸水寛人《とみずひろんど》ら、原・政友会の外交政策を批判した加藤高明・憲政会についても考察するため、憲政会の機関誌『憲政』、機関誌・機関紙的役割を担った『大観』・『報知新聞』、『欧州戦争実記』、『国家及国家学』、『世界之日本』などの各種雑誌についても系統的な分析を加える。

1 第一次世界大戦の勃発と原・政友会

◆日本の参戦

一九一四年七月二八日にオーストリア＝ハンガリーがセルビアに、八月一日にドイツがロシアに宣戦布告を行うと、八月四日にかけてフランス、ベルギー、イギリスが次々と参戦し、バルカン半島の局地紛争は、ヨーロッパ全土を巻き込む大戦に発展した。第二次大隈重信内閣は、八月四日にイギリスから軍事協力の要請を受けると、八月七日までには早くも閣内を参戦論で統一した。その後、日本の権益拡張を懸念するイギリスが参戦要請を取り消し、日本国内では山県有朋ら元老が拙速な参戦に懸念を表明したが、大隈内閣はそれらを押し切り、日本は八月一五日に対ドイツ最後通牒《つうちょう》を発するに至った。

日本の最後通牒は、ドイツに東アジアからの退去と山東半島の引き渡しを要求しており、回答期限が八月二三日に設定されていた（回答期限が長く設定されたのは、元老の主張により、ドイツに一定の配慮がなされたこと、当時ドイツとの通信が途絶しており、最後通牒がすぐにドイツ政府に届くか不明であったことが主な理由であった）。期限までにドイツからの回答が得られなかったため、日本は八月二三日に宣戦布告を発し、ドイツとの戦争状態に突入した（オーストリア＝ハンガリーへの宣戦布告は八月二五日）。こうして日本は、第一次世界大戦に参戦することになった。八月に参戦したのは、前述の国々を除けばモンテネグロ（隣国セルビアを支援するために参戦）のみであり、世界的に見ても、日本の大戦への反応はきわめて積極的であったと言える[12]。

大隈内閣の与党・立憲同志会、陸軍、実業界は、参戦に積極的であった。ジャーナリズムも同様で、主要な新聞・雑誌は、ほとんどが早くから参戦を積極的に支持した[13]。これに対して、原・政友会は参戦に慎重姿勢を取った[14]。原は、八月四日の日記に「或はナポレオン一世已来の大戦争とならんとする情況に至れり」と記し[15]、早くからこの大戦の歴史的意義を見抜いていた。原は、日独戦争になった場合、山東半島は容易に占領できると考えていたが、その後に外交問題や経済問題が浮上することを懸念していた。日英同盟に基づく義務を免れることはできないが、日本の行動は同盟の責任の範囲内にとどめるべきだというのが、原の考えであった。原の目には、大隈内閣による参戦は対中政策の見通しを欠き、拙速であり、政権維持のために人心を外に向かわせる「小策」だと映っていた[16]。原は、八月一二日付の日記で、次のように大隈内閣の外交を批判している[17]。

「察するに大隈は此外交問題を利用して廃減税の問題を始めとして之を片附けて内閣の基礎を固ふせんと企てたるならんが、是れ国家を弄《もてあそ》ぶものなり」

政友会の幹部も、原の考えを支持していた。大戦が勃発した七月二八日、原は盛岡に帰省していた。東京の政友会本部では、大戦勃発後、一〇日に臨時幹部会[18]、一一日に政調会を開催した[19]。幹部会は、当面の対応を決めただけで、実質的な政策決定は何も行わなかった。政調会では、高橋是清会長のもとで、大戦の経済に対する影響に関して調査を行うことを決定したが、それはあくまで重要な政策決定を行うための補助的役割しか持っておらず、年末にかけて情報収集やヒアリングが行われたのみであった[20]。政友会の高度な政策決定は、幹部の了解を得つつ、あくまで原総裁が中心に行っていた。この年六月に総裁に就任したばかりではあったが、原の党内基盤は既にかなり確立していたと言える。

原は、永江純一幹事長と連絡を取った上で、一二日に帰京し、芝の本邸で永江幹事長、高橋政調会長（元蔵相）、大岡育造総務（元衆議院議長）、奥田義人総務（元文相）ら幹部と相次いで面会し、情報収集を行った[21]。翌日、大岡、高橋が大隈首相を、奥田、元田肇《もとだはじめ》総務が加藤外相を訪問し、外交の経緯を聴取したが、機密にわたる情報はほとんど得られなかった。そこで政友会は、同日に衆議院議長官舎で幹部会を再び開き、翌日本部で開催した協議員会で、政友会としては形勢を観望するという方針を発表した[22]。政府は八月一五日に対ドイツ最後通牒を発したことを発表したが、政友会はドイツ側の対応が明らかになるまで党としての態度決定を行わない方針で、一七日の在京代議士会でもその旨が報告された[23]。

政友会幹部の中で、原以上に参戦に慎重だったのが、高橋是清であった。高橋は、大隈首相を訪問した際、参戦に反対を表明し、「すぐ最後通牒を発しないでも、平和的談判によって解決出来さうに思はれる」と質した[24]。高橋の参戦反対論には、アメリカのユダヤ人資本家のジェイコブ・シフ（Jacob Schiff）の動向が強い影響を与えていた。シフは、日露戦争の際に高橋が行った戦費調達に協力し、その後も高橋と親交を保っていたが、日本参戦の報を聞くと、高橋に電報を送り、日本は中立を維持すべきだと伝えた。高橋はこの電報の内容を原や加藤外相にも伝えたが、大隈内閣を動かすことはできなかった。原は八月二〇日に、日本に失望したシフが、日米協会の副総裁を辞任し、日本関係の債権の周旋《しゅうせん》をすべて断ってきたと高橋から聞き、日米関係の悪化を懸念した[25]。その後も高橋は、日本が戦後に大恐慌に襲われる可能性を指摘する論文を発表するなど、大戦の前途に悲観的見通しを示し、権益拡張への期待を高めていく世論と距離を取り続けた[26]。

原以下幹部の慎重姿勢を反映してのことであろう、政友会の機関紙『中央新聞』は大戦勃発以来、参戦に慎重姿勢を取り、全国紙の中で異彩を放った。同紙は、八月五日の社説「欧州禍乱と日本」において、大戦の隙をついて中国で活動を拡大すべきだとする大石正巳（同志会総務）の意見を批判し、慎重姿勢を取るべきだと説いた。その後も、大戦の東アジアへの波及はやむなしとし、日英の提携を重視すべきだとしつつも、「火事場泥棒」的態度を取るべきではないと主張し、対ドイツ最後通牒が出された後も、慎重に事態を見守る姿勢を維持した。『中央新聞』の社説が参戦方針に同意し、挙国一致を主張したのは、参戦直前の八月二三日になってからであった[27]。

八月中、政友会は大戦に対する態度を明確にしなかったが、九月二日に政友会議員総会を開催し、ようやく参戦を支持することを明らかにした。原は、この総会で「此時局に立至る迄の外交上の措置に於て多少遺憾なきを得ぬのであります」と述べ、早期参戦への不満を表明しつつ、「此際は兎に角目前戦闘行為を為して居るのでありますから、此戦争は其目的を達する様にさせなければなりませぬ」として、政府に協力する姿勢を示した[28]。そのため政友会は、臨時議会（九月四〜九日）においても参戦を批判せず、戦費を含む予算を承認した。原は、予算を承認することによって、高揚する世論からの批判をかわすと同時に、参戦の責任を共同で負わされないよう釘をさし、将来における政友会の政策的フリーハンドを確保しようとしたのであった。このような原・政友会の態度は、同志会やメディアから批判された。例えば、同志会系の『報知新聞』は、九月九日に社説「敢て国民に問ふ　政友会の非戦論」を掲げ、政友会の消極姿勢を厳しく批判した[29]。全国紙でも、『東京日日新聞』や『東京朝日新聞』が、社説で原・政友会を名指しで批判した[30]。

財部《たからべ》彪《たけし》海軍次官、前首相の山本権兵衛など、海軍にも参戦慎重論が存在した[31]。また、前外相の牧野伸顕も、開戦以来の日本の外交振りに懸念を抱いていた[32]。こうして見ると、政友会与党の第一次山本権兵衛内閣の中枢を担った人物が、いずれも参戦に消極姿勢を示していたことが分かる。もしシーメンス事件が発生せず、第一次山本内閣が存続していれば、日本は即座には参戦しなかった可能性があるのではないだろうか。

◆戸水寛人の積極参戦論

八月二三日に日本がドイツとの戦争に突入して以降、日本国内からは澎湃《ほうはい》として権益拡張に対する積極論が噴出した。大戦勃発によって、列強のアジアにおける行動が制約され、それだけ日本の行動の自由が増したことを反映して、それらの権益拡張論は「アジアの盟主」、「東洋平和の担い手」といった意識と結びついたものが多かった[33]。政友会内部にも、原や幹部の参戦消極論に飽きたらない者が相当おり、九月の臨時議会前に戸水寛人が政府弾劾の上奏案提出を主張し、党の方針を説明した大岡育造を高橋光威《みつたけ》が批判するなど、不満の声も上がっていた[34]。この後、政友会からも次第に積極的な権益拡張論が提示されていくことになる。

この時期、政友会で活発に外交論を発表した人物として、戸水寛人、竹越与三郎、小川平吉が挙げられる。このうち戸水は、東京帝国大学法科大学教授としてローマ法などの講座を担当していたが、日露開戦前に主戦論を唱え、いわゆる「東大七博士」の中心人物と目された人物である。一九〇五年には日露講和に反対し、バイカル湖以東の占領を主張したため「バイカル博士」と異名され、あまりに強硬な外交論が政府から問題視され、休職処分となった[35]。翌年に大学に復帰したものの、一九〇八年に戊辰倶楽部《ぼしんくらぶ》から代議士に当選し、一九〇九年からは政友会に所属した（同年大学を退職し、弁護士にも登録）。政治家としての評価はあまり芳しいものではなかったが[36]、論壇でも活躍しており、外交論では一定の影響力を持っていた。

戸水は、八月一八日に執筆した論文「欧州大動乱」を対外硬派系の総合雑誌『世界之日本』に寄せ、大戦の遠因がバルカン半島の民族紛争にあることを指摘し、ゲルマン民族とスラブ民族の対立の経緯について解説した[37]。また同日執筆の論文「欧州大動乱の淵源に就て」を大隈重信主宰の総合雑誌『新日本』に寄せ、こちらでは大戦を拡大させた原因がドイツ皇帝ウィルヘルム二世の野心にあることを指摘し、ドイツの外交政策史について解説した[38]。これらは、大戦勃発の背景に関する時事解説であったが、戸水は政策論にも並々ならぬ関心を有しており、後者の論文において、日本の取るべき進路についても論じた。

戸水は、大戦の影響は極東にも波及すると見ていた。戸水の見るところ、日本ではドイツの大敗を望む風潮が強かった。戸水も、ドイツの勝利は、ロシアに代わってドイツの極東進出を加速させるのみならず、同国がオランダを併合してインドネシアも手中に収めることになるかもしれないので、日本にとって望ましくないと考えた。しかし、ドイツの敗北が日本に有利な国際情勢をもたらすとも思えなかったので、日本のためには、「今回の動乱で欧州列強は共に疲弊し、露国は僅かに勝を得る程度で、茲暫くは東洋にも手足を伸ばせぬ様に〔なって〕欲しい」と希望していた。そして、列強が疲弊している間に、日本人は「一層奮励努力して以て国力の発展を念としなければなるまい」、「戦局が欧州の彼方であると云ふものの決して対岸の火災視すること〔は〕許されない」と訴えた。

戸水は、九月一日には鵜澤總明《うざわふさあき》が主筆を務めた政治雑誌『国家及国家学』に論説「独逸に与へたる最後の通牒」を発表し、かつてドイツが三国干渉を行ったことへの注意を促し、「東洋の平和を維持」するために必要な行動を取ることは、日本の権利にして義務であると主張した[39]。戸水は、日本政府がドイツに発した最後通牒の中で、「膠州湾返還」を掲げたことに不満で、元来は「主張すべき権利は飽《あく》まで主張し、論ずべきは何所までも論じて可なり。正義の主張に対し、何の憚《はばか》るところかあらん」と論じた。しかし、いったん膠州湾《こうしゅうわん》返還を宣言した以上は、必ず中国に返還する必要があるとして、中国への返還が無用であるという論は退けた。もっとも戸水は、無条件返還は断じて不可という立場であり、返還に際して、日本は代償として南満州の統治権を獲得すべきであると主張した。このような戸水の参戦や権益獲得に対する積極姿勢は、日露戦争時の強硬外交論の延長線上にあったと見ることができよう。

◆竹越与三郎の南進論

竹越与三郎は、独自の文明批評で知られたジャーナリスト、歴史家で、一九〇二年以来、政友会所属の代議士でもあった[40]。第一次山本権兵衛内閣の成立に反対して、一時期政友会を脱党したが、一九一四年四月に大隈内閣が成立すると、復党した[41]。竹越は原とは特に親しいわけではなかったが、前総裁の西園寺公望とは深い親交があり[42]、多くの著作や交遊関係を有していたため、党内で独自の存在感を持っていた。

竹越は、日清戦争前からハワイへの移民を提唱するなど、南進論の主唱者であった。一九〇九年には自ら南洋への視察旅行を行い、その旅行記『南国記』を出版している[43]。竹越はこの書物において、南進は日本民族の使命であると説き、「南はもとより無人の地ではなく、無支配の土地ではない」が、侵略から解放へという「王者の道」を採ることで、日本の使命が果たされると主張した。同書は非常に評判を呼び、その後版を重ねた。

大戦勃発は、竹越の南進への意欲を掻き立てた。竹越は、一九一四年八月一七日に雑誌『欧州戦争実記』からの取材に応じ、その談話は九月に論文「空前の大戦乱と国民の覚悟」として発表された[44]。竹越は、大戦は「欧州戦争」というよりも「世界戦争」と言ったほうが適当で、「未曾有の大変」であると捉える一方で、間もなく数回の大会戦が行われ、大戦は年内には終結すると予想していた。竹越の見るところ、日本は既に「世界の問題に対して、事実上列強と共に発言し得る地位」に達しており、戦争終結後に開かれる列国会議に際しても「ポケットに十分なる用意を蓄へ」なければならなかった。竹越は、「火事場泥棒を排斥し、私腹を肥すを屑しとせぬ」としつつ、日本海や支那海を警戒するだけでは「東洋の平和」の確保は難しく、「南洋に対して何等の行動をも取らぬ」のは疑問であるとした。具体的に言えば、竹越はドイツが領有する南洋諸島を占領し、場合によっては、ドイツに併合される可能性があるオランダ領インドネシアをも視野に入れる必要があると考えていた。南洋諸島の占領こそが、竹越の言うところの「列国会議に於けるポケットの用意」であり、「我が国の発言権に最も価値あらしむべき所以」なのであった。

大戦勃発後、日本国内では南洋への関心が一気に高まり、一種の「南洋ブーム」と言っても良い状況が生まれていた。特に、一一月に日本海軍による南洋諸島占領が完了すると、新聞、雑誌には、南洋関係の記事が数多く掲載された。出版された書物の数も多く、一九一四年から翌年にかけて、南洋関係の本が多数出版された[45]。従来から日本の南洋進出論を牽引してきた竹越の『南国記』も、翌年一月に増補版が出版されている。竹越は、増補版のまえがき（一〇月二九日執筆）の中でも、オランダ領インドネシアが列強の一国に併合される可能性を指摘し、南洋進出に対する国民の「憤起努力」を訴えている[46]。同書の新聞広告では、同書が「一世の思想を変じて南方に向はしめたる三叉竹越与三郎先生の名著」であり、「帝国艦隊が占領せるヤルート島を始め太平洋の各島嶼を余さず網羅したり」と宣伝されていた[47]。

◆小川平吉の中国権益拡張論

一方、中国問題に強い関心を寄せたのが小川平吉であった[48]。小川は、東京帝国大学法科大学を卒業後、弁護士として活動する一方で、アジア主義や対外硬運動に共鳴し、一九〇一年の東亜同文書院創立に関わった。一九〇三年に政友会から代議士に当選してからは、日露主戦論を唱え、日比谷焼打事件の首謀者の一人となり、日韓合邦を推進するなど、対外硬派の闘士として活躍した。小川は日露戦争中に政友会を脱党したが、一九一〇年に復帰し、以後政友会を足場に活動を続けた。小川は、戸水や竹越とも交流があった。戸水とは、共に日露主戦論を唱えた同志であったし[49]、一九一五年一月に南洋協会が設立された時には、竹越と共に創立発起人となっている[50]。

明治末期から、中国情勢は流動化を始めていた。一九一一年に辛亥革命が発生すると、第二次西園寺公望内閣は対中不干渉方針を取ったが、民間からは、革命派を支援する動きや内政干渉による権益拡張を求める声が噴出した。一九一三年には、内田良平や川島浪速《なにわ》らが対支連合会（大陸浪人や民間大陸論者の団体）を結成して、南京事件や漢口事件に際して第一次山本内閣の「軟弱」を攻撃し、この過程で阿部守太郎外務省政務局長の暗殺事件が発生するなど、対外硬論が高まった。小川は、辛亥革命に際しては革命派の支援に奔走したものの、山本内閣の時期には、与党の一員としての立場を考慮して、中国に対する内政干渉論には与さず、むしろ政府の不干渉方針を擁護した[51]。また、表面上、対支連合会の結成に関わった形跡はない。

しかしこの間、小川は、中国大陸における権益拡張論に次第に傾斜していった。小川は、一九一三年五月に発表した論文の中で、辛亥革命の際、外交当局はしばしば判断を誤ったと指摘し、東亜同文書院などの民間団体をもっと外交に活用する必要性を指摘した[52]。おそらく小川は、辛亥革命の際の政府の対応が不満で、自らが取った行動についても悔悟していたのではないかと思われる。同年一二月には、小川は政友会の茶話会の席上で、ドイツの膠州湾経営について講演を行い、山東半島への関心を喚起した[53]。一九一四年五月には、上海同文書院専任となった根津一の後任として、東亜同文書院幹事長心得に就任した。

小川は、大戦が勃発する直前に、雑誌『世界之日本』に論文「対支那外交に関して加藤外相に問ふ」を発表し、自らの対中外交論を披瀝している[54]。この論文の中で、小川はまず、「支那保全」、「支那分割」いずれの立場に立つにしても、中国と一番大きな関係を有する日本は、常に「鞏固《きょうこ》なる地歩」を占め、「東洋平和の保證」となるために、「進んで列強を左右し乍ら支那の運命を双肩に荷《にな》ふの覚悟」がなくてはならないと主張している。そして、日本の地歩を中国に築く具体的方策として、第一に、満州及び蒙古における勢力範囲を鞏固にすること、第二に、福建省の他国への不割譲を約束させるのみならず、日本が同地で大いに活躍すること、第三に、中国中部において、次々と利権を獲得している欧米列強に対抗することを提案した。その上で小川は、加藤外相に対して「支那の現状に就て、又た我国政策の成績に就て、楽観して居るのであるか、悲観して居るのであるか」と問いかけ、中国問題は実業家に任せる問題ではなく、外相には「十分の責任を以て国家を背負て立つの慨」が必要であると訴えた。小川は、自分の主張は「侵略の志」のためでも「土地を広く獲得せんと欲する」ためでもなく、「我国是を実行するに遺憾なきを期せんが為」であるとしていたが、中国も欧米列強も是認できないほど大規模な権益拡張を志向していたと見て間違いはないであろう。

このように中国大陸への発展志向を強めていた小川にとって、大戦の勃発はまさにチャンスであった。小川は、日本陸軍が青島《チンタオ》攻撃の準備を進めていた一九一四年一〇月に、『世界之日本』に論文「対支政策の根本義」を発表している[55]。小川はまず、大戦が「世界列国の形勢を一変」し、「東洋に於ける列国の勢に大変化を来す」ものであることを指摘する。そして、この際日本が最も注意しなければいけないのは中国情勢であるが、日本の既往の対中政策は不満足なものであったとして、新たな対中政策を提示した。その最大の眼目は、中国における日本の「超越せる地位」の確立にあった。小川によれば、日本はいずれの列強よりも密接に中国との利害関係を持っており、その領土保全や平和維持に責任を有していた。そのため、日本は単独でそれを実行するだけの決心と実力を要するというのが、小川の主張であった。

小川は、日本が膠州湾を陥落させた後、ドイツに代わって植民地経営を行うのは当然であり、それこそが「領土保全実行の一端」であると考えていた。日本政府は、山東半島の中国への返還を掲げて参戦していたが、小川はそれに大反対で、もし山東半島が中国に返還されるようなことがあれば「我が外交の体面を損する」と考えていた。また、中国には自ら山東経営を行う能力が欠けているため、やがて他の列強に同地を奪われ、「支那分割」の端を開くことになると指摘した。小川は、日本が既に満州権益を獲得している以上は、今後蒙古、中国南部、山東省においても確固たる地位を築くことによって、「支那保全」を実行していかなければならないと訴えた。将来中国が日本に背を向ける場合もたびたび到来するであろうが、その時には実力で中国を押さえつけ、「東亜百年の長計たる我が政策に服従させるより外はない」というのが、小川の意見であった。小川は、論文の最後を「予はこの措置に就きて具体的成案を有すれども、今日之を世上に発表するは外交上有害と認むるを以て、発表することはできぬのである」と結んでいる。この「具体的成案」こそが、翌年の二十一ヵ条要求に結実する、一連の対中要求案であった。一〇月以降、小川はこの案を練り上げ、その実行を政府に迫るべく、大々的な運動を起こしていくことになる。

2　二十一ヵ条要求問題と原・政友会

◆小川平吉の対中要求構想

加藤高明外相の参戦にあたっての狙いは、山東半島自体の獲得よりも、その中国への返還を取引材料として、満州権益の租借期限延長を中国に認めさせることにあった[56]。大戦勃発以降、外務省では来るべき日中交渉に向けて準備が進められたが、陸軍、ジャーナリズム、在野の支那通や大陸浪人の間においても、日中交渉について様々な意見が出されるようになっていった。小川の日記を見ると、彼が一〇月以降、陸軍軍人や対支連合会のメンバーらと頻繁に連絡を取りながら、中国に対する要求案をまとめると共に、世論工作にも奔走することで、こうして動きの結節点としての役割を果たしていたことが分かる。以下、小川の活動とそれに対する加藤外相、原・政友会の対応について見ていこう。

小川は、一〇月一日に加藤外相を訪問し、二時間にわたって外交問題について話し合っている。小川は、かつて政友会を脱党していた時期に、同志研究会という小会派に加藤（当時代議士）と共に所属していたことがあり、加藤と面識があった。加藤外相は、小川の見るところ「支那の事は能く分らない」状態で、例えば、中国軍に日本の顧問を入れることを小川が話すと、加藤が「支那の陸軍を訓練して、若し支那軍が強くなったら日本は困るではないか」と質問し、小川の失笑を買うような状態であった（小川は、当面その心配は不要と応じた）。加藤が「非常に且つ熱心に支那の事につきて質問し、遠慮なく話を」したので、小川もこれに応えて、「自分の知ってる限りを皆話した」という[57]。

小川の日記によれば、この日二人が話し合った内容は、「膠州湾領有件、山東鉄道件、満州開放件、旅大〔旅順・大連〕件、蒙古鉄道敷設権之件、支那内政改革指導強要実行件等」で、小川は「凡《おおよ》そ日本之地歩を確定させるに於いて、将来支那の向背に拘わらず、独力で支那の領土保全を樹立し、東亜大局の基礎を維持する方法」について、「縦横談義」した[58]。小川が、単にドイツの山東半島の権益を継承するのみならず、中国における様々な権益を拡張しようとしていたこと、その中には中国に対する内政干渉的なものも含まれていたこと、欧米列強の動向を顧慮せず、日本単独で中国での足場を固めることを目指していたこと、などがわかる。この時の提案は、翌月に意見書「対支外交東洋平和根本策」としてまとめられることになる（後述）[59]。

その後小川は、連日各方面と積極的に協議を行い、中国権益の拡張策についてプランを練っていった。一〇月三日には、内田康哉元外相、伊集院彦吉元駐華公使および明石元二郎参謀次長と会食を行い、中国政策について話し合った。明石は、当時陸軍上層部の中で、最も権益拡張に積極的であり[60]、「膠州湾之事、支那内政改革之事」に関する小川や加藤外相の説について、種々論じるところがあった。

一〇月九日、小川は東京倶楽部で再び伊集院元公使に面会し、中国問題について話し合った。会談はすこぶる詳細で、二時間半にわたった。小川は、旅順・大連が「我領」であることは「明々白々」であるので、その租借期限の延長は不必要であるという意見であった。主観的な思い込みであるが、小川は、牧野前外相も同意見であると認識していた[61]。他方で、加藤外相と伊集院元公使は、今が租借期限延長の好機だという意見であったため、小川は伊集院に対して、その不可を訴えた。小川によれば、もし一〇〇年後に中国が幸い自彊《じきょう》に至ったならば、旅順・大連は返還しても良いが、今はその時ではなく、従って租借期限の延長も不要なのであった[62]。小川は、一三日には内田元外相とも再び会談し、外交問題について語り合っている[63]。

一〇月一八日、小川は伊集院、内田および三土忠造(政友会代議士)を伴って東京を出発し、諏訪に入った。翌日、一行は伊那に到着し、伊那町有志者主催の時局講演会に参加した。二三〇〇～二四〇〇名もの聴衆を前にして、小川らは順次講演を行った。講演内容は不詳であるが、小川は「日本の外交歴史」や「今後の日本」について、伊集院は「将来日本の発展」について熱心に公演し、聴衆に感動を与えたという[64]。伊集院、内田が小川のことをどう考えていたのかは不明であるが、一連の会談やこの講演会は、小川が彼ら対中外交を担ってきた大物外交官の一定の取り込みに成功したことを意味する。小川にとっては、彼らの取り込みは政府・外務省に自らの対中構想を働きかける運動の一環であったと考えられる。

一〇月二八日には、赤坂の三河屋で二八会という会合が開かれ、内田元外相、陸軍の田中義一少将(参謀本部付)らが参集した。田中は「民間兵器軍需品製出力増加必要之点」について話したというが、これは翌年の二十一ヵ条要求第五号四に反映される内容であったと思われる。小川は日記の中で、田中の意見が自分の持論と同じであると述べ、共感を示した[65]。他方で小川は、大隈首相や加藤外相に対しては、不信感を抱いていたようである。一一月三日に首相官邸で開催された晩餐会の席上、小川は大隈首相に「対支根本策」を断行するよう迫ったが、小川の見るところでは、大隈の態度は曖昧《あいまい》であった[66]。

◆小川平吉「対支外交東洋平和根本策」

一一月七日に青島が陥落すると、小川の動きはさらに活発化した。翌日、小川は前月に加藤外相に申し入れた内容を基にして、対中政策を詳述した意見書「対支外交東洋平和根本策」を書き上げた。この文書は、小川の既発表の論文を洗練させるとともに、さらに踏み込んだ具体的政策を提言したものであり、政界、官界やジャーナリズムに幅広く配布された[67]。以後の小川の行動の根拠を各方面に示した重要な文書なので、やや詳しく紹介する。

小川の理解によれば、ヨーロッパの列強が「支那分割」を進めたのに対し、日本は率先して「支那保全」を唱えてきたが、中国は日本の真意を理解せず、しばしば欧米と結んで日本に対抗してきた。日本の膠州湾攻撃も「東洋永遠の平和を図るの目的」に出たものが明白であるにもかかわらず、中国は官民挙げて日本に対抗しつつある。日本の中国における重責と領土保全の真意を中国側に了解させ、根本的に東洋平和の基礎を確定させる機会は、今日を置いて他になく、日本は以下の三点を実行する必要があるというのが、小川の主張であった。

一、領土保全大局支持に関し、日支両国間に特種なる同盟的協約を締結する事。
一、支那を援助して自彊の道を講ぜしむる事。
一、前二項の趣意を実行するに足るべき保障を得る事。

小川は、これら三点に関し、さらに具体的提案を詳述している。第一の「同盟的協約」とは、「日支両国は同盟して支那固有の領土を保全すべき事」「支那領土を侵犯せんとす〔る〕者ある時は日本は支那と共同し之が防衛の任に膺る事」を意味しており、日本と中国は同盟を締結し、日本が中国の防衛にあたるとされていた。ただし、中国は日本以外の各国に特種権益を与えず、膠州湾の租借地も中国が「自彊独立の実」を挙げるまでは返還しないとされるなど、日本に一方的に有利で、欧米列強の地位を考慮しないものとなっており、中国からも欧米列強からも受け入れ難い内容であった。

第二点目を実行するため、小川は「革命党、宗社党其他政〔派〕の統一調和を図る事」を提案した。控えめに書かれてあるが、革命派を支援すべきだということであろう。日本の在野には革命派を支援すべきだという声が存在していたが、中央政府である袁世凱政権を差し置いて革命派を支援すれば、日中両政府が深刻な対立に至る可能性があった。そのため、日本の歴代政権は、辛亥革命以降、裏面で参謀本部や民間人による一定の革命派支援を黙認しつつも、内政不干渉を原則とし、革命派に冷淡な姿勢を取ってきた。これに対して小川は、革命派を支援するによって、中国に対する日本の影響力拡大をもくろんでいたのであろう。

小川はそれと同時に、「政事組織を改善する事」と、陸海軍の訓練をはじめとして、外交、財政などの各部に「日本人を招聘せしめ内政の大改革を断行する事」も提案していた。中国では、清朝末期から立憲制度の導入や陸海軍の改善のため多くの外国人顧問が雇用され、日本からも有賀長雄(早稲田大学教授、憲法学・国際法学)や青木宣純、坂西利八郎(陸軍軍人)らが顧問として中国に渡っていた。袁世凱政権の統治能力が十分ではなく、中国の統治改善が必要であることは明らかであった。しかし、袁世凱政権は日本のみの影響力が拡大することは好まなかったし、欧米列強も中国における影響力を競いあい、牽制し合っていた。そのような中で、日本のみが影響力を一方的に拡大することは難しかったし、現実的でもなかった。しかし小川は、このような現状を打破しようとして、上述の提案を行ったのである。

第三点目に関しても、小川は様々な具体的な提案をしている。その筆頭に掲げられていたのは、「南満州並に内蒙古を日支両国の共同統治の区域となす事」であった。前述した通り、小川はそもそも満州権益の租借期限延長は不要という考えであったが、その考えはこの意見書でも貫かれており、小川は「旅大租借期限延長の交渉は百害ありて一益なし」とまで述べていた。「旅大の地たる其実我領土と同一なり。其返附と否とは期限到来の時に至って初めて決定するも遅しとなさず」というのが、小川の主張であった。この他小川は、「膠州湾及び山東鉄道は当分の間独逸の権利を継承する事」、北京と枢要の地点との間、山東省、福建省に鉄道を建設することも提案していた。新たな鉄道の建設は、欧米の既得権と衝突する可能性があったが、小川は深刻視していなかった。

小川も、以上三点の実行が容易ではないことは認識していたが、「一大威力と一大決心とを以て之に臨まば事必ず成る可《べ》し」としていた。小川は、袁世凱に赤誠を披瀝してこれらの貫徹を図り、もし袁がこれを容れない時は、断然袁を排斥して引退させるべきだとした。そして、袁世凱の引退後は、日本の「最も有力なる援助者」にして「支那の改造者」たる革命党と提携すれば、前記の三点の実現は可能であるとした。小川は、列強のうちイギリス、ロシアの理解を得ることは可能であるとする一方で、アメリカからは抗議を受けると予想していたが、中国との関係が乏しく、「発言するの資格に乏しき」アメリカからの抗議は退けて可とした。小川は、アメリカからの抗議に対しては「最後の決心を以て之に応ぜんのみ」「要は只断の一字に在り」と断じて、論文を締めくくっている。

小川の意見書は、中国の領土を保全し、東洋平和の基礎を確定させることを目的として強調しており、中国の分割や併合を強行しようとする主張とは一線を画そうとしていた。しかし、ヨーロッパの進めてきた「支那分割」と日本の目指す「支那保全」を対照的なものとして描いている割には、小川の主張は日本の中国における権益を一方的に拡張するものであり、ヨーロッパ列強が行ってきた帝国主義外交との相違は明瞭でない。実際、「中国の自彊」を目指すとしつつ、現実に中国で展開しつつあった満州回収論や山東返還論に対する理解、共鳴は乏しく、小川の主張は「支那保全」の名を借りた強圧的帝国主義外交そのものであったと言って良い。しかも小川の意見書には、欧米列強の既得権への配慮がほとんどなく、これを実際に政策に反映させた場合、強い反発が起こるのは必至であった。総じて言えば、小川の意見書は、中国、欧米双方に対する配慮に欠ける、強圧的な中国権益拡張論であった。

小川の意見書は、ほぼ同時期に内田良平によって書かれた黒龍会の「対支問題解決意見」(一〇月二九日起草)[68]、対支連合会によってまとめられた「対支根本政策に関する意見書」(一〇月六日決定)[69]ともかなり重複しており、対外硬派の総意を反映していた。いずれも、翌年一月の二十一ヵ条要求を先取りする内容を含んでおり、小川はその実現に向けて、以後大々的に運動を行っていく。

◆小川平吉による外務省の突き上げ

この意見書を書き上げた夜、小川は明石参謀次長を訪問し、「対支策実行方法」について三時間にわたって協議した[70]。青島が陥落した今、同地に大軍を長い間留めておけなくなるというのが、小川が憂慮するところであった。一一月三日の会談の際、大隈首相は、青島が陥落したら一個連隊のみを残して他は日本に帰還させると語っていたが、小川はこれを「好々爺的太平予算」と酷評していた。この日の参謀本部の会議では、青島からの撤兵期日が話題になっていたが、明石は撤兵期日を強いて明言しなかったらしい。小川はこれを、「外交上之必要を察するによる」ためであると、好意的に受け取った。

一一月九日、小川は意見書の謄写版を作成した。この日、小川は内田元外相、伊集院元公使と会って、「頗る酔う」ほど酒を飲んだが、おそらくこの意見書を渡したものと思われる。一〇日、小川は明石に電話をして、山東半島への駐兵継続に外務省が「頗る冷淡」なのを聞き、「熟図」する必要性を感じた[71]。小川はさっそく夕方に参謀本部を訪れ、明石と対中政策について話し合った。「先ず極力撤兵を阻み、断乎として後事を決心するを約すを欲す」というのが、小川の意見であった。小川の「満州共同統治之案」を聞いた明石は拍手し、「妙案」であると称えたという。小川は、一〇月二六日と一一月二八日には、海軍の秋山真之軍務局長とも会った。秋山は、革命党の利用を熱心に説き、小川は「同一」の意見だと応じている[72]。

一一月一六日、小川は加藤外相を訪問して意見書を手渡し、「対支外交之件、及撤兵延引之件、革命党利用之件等」に関して、一時間にわたって論じた[73]。加藤は、「当に最善努力を尽くすべし。決して方向を誤らず、必ず地歩を築き、後人をして大成せしむ」などと応じたらしい。加藤外相としては、小川の意見書はあまりに強圧的で到底受け入れられるものではなかったが、無下に扱って反発を買うのも得策ではないので、慇懃《いんぎん》に宥《なだ》めたというところであろう。一方、自分の意見に同調しない加藤の態度を見た小川は、「蓋し勇断に乏し」と切歯扼腕《せっしやくわん》した。この頃から小川は、大隈内閣に見切りをつけたようで、二一日に明石参謀次長と会談した際に「新内閣成立を待ちて素論決行を欲す」と述べたり、二三日に元老松方正義を訪問した際には、「最有力新内閣の樹立」を勧めたりしている[74]。

小川は、弁護士として鹿児島の秩禄訴訟の裁判に関わっていた関係で、この時期松方邸を訪問する機会がしばしばあり[75]、その際に自らの外交構想も松方に訴えている。一一月一四日には、松方に意見書を示して、「日本帝国発展之方法」を訴えたところ、松方は大いにこれに賛意を示し、「予は已《すで》に三たび外相に忠告し、小策を去り、小問題を去るを以て、根本的解決を下すを勧めり」と語った。小川が、いよいよ奮励努力するつもりであることを「熱誠が面に溢れる」様子で語ると、話はその後数刻続いた。松方は、山県は「已に匙《さじ》を投げ、予則ち一人挺身努力するも、目的を達せず已まず」と漏らし、小川と長時間「慷慨談論」したという。

松方が加藤の外交指導に強い不満を持っていたのは事実であるが、その理由は、列強や中国への配慮に欠けるのを懸念したことと、元老に外交文書を示さないなど独断が目立ったためである[76]。その意味で、松方の対中外交構想は小川のそれとは全く異なっていたのであるが、敢えて小川に同調したのは、一種のリップサービスと、対外硬派の中心人物の一人である小川から情報を入手しようとしたためであろう。なお小川は、清浦奎吾を通じて、元老山県有朋についての情報入手も試み、山県が大隈内閣に不満を持っていることを確かめている[77]。

以上のように、小川は要路に猛烈に働きかけを行う一方で、在野の対外硬派や中国の革命派を支援する支那通の糾合に努め、宮崎寅蔵（滔天）、萱野長知、古島一雄、亀井陸良や東亜同文会、有隣会（内田良平や小川が一九一一年一一月に設立した革命派支援の団体）、対支連合会関係者らと会合を重ねた[78]。内田良平とも対中政策や対支連合会の運営について連絡を取り合っている[79]。また、萱野を通じて孫文ら革命派の動向は常に把握し、一一月二九日には孫文本人とも会っている[80]。

小川が重視したのは、彼らを組織化し、大衆運動を起こすことであった。小川は、既に一〇月六日に、宮崎、萱野、古島ら対支連合会のメンバーと支那問題有志発起会を開き、「帝国政府をして支那之反省自覚を促し、益唇歯輔車之実を挙げさしむ」ことを決議していた。この日にまとめられた意見書「対支根本政策に関する意見書」(前述)は、外務省に送付されている[81]。正確な時期は不明であるが、一〇月から一一月と思われる時期に、対支連合会のメンバーは、直接大隈首相、加藤外相を訪問し、満蒙問題の根本的解決を要望してもいる。大隈は、「彼れ一流の調子で之を迎へ、至極同感の意を表した」が、加藤は「日本国民として諸君の希望せられるところは尤《もっと》もであるが、それは孫子《まご》の時代にでもならなければ実現の出来ぬことと思ふ」と応じ、その後の質疑応答も一向要領を得なかったという。そのため、メンバーの中には、加藤外相に見切りをつけ、倒閣運動を起こそうという者まで出たが、その前に組織の拡大強化を図ることになった[82]。

一一月二三日には、精養軒で各派から二六名が集まって会合を開き、二七日には、各派有志の二〇〇名が集まって対支問題意見交換会を開催した[83]。この会は、一二月四日に、恒常組織である国民外交同盟会へと発展した[84]。同会の構成員は、在野の支那通や大陸浪人のみならず、政友会、同志会、国民党、中正会の代議士やジャーナリストにも広がっており、政界にかなりの影響力を持つものと考えられた。小川は、内田良平(黒龍会理事)、伊東知也(国民党代議士)、田鍋安之助(東亜同文会評議員)らと共に、同会の評議員に選出された。なお、国民外交同盟会は間もなく大隈内閣の態度が煮え切らないのを見て、倒閣の決議を行った。そのため、大竹貫一(同志会代議士)や松平康国(早稲田大学教授、史学・漢学)ら大隈内閣に近いメンバーは脱退して、一二月一五日に国民義会を結成することになる[85]。

以上の権益拡張を求める声は、加藤外相・外務省に強いプレッシャーを与えたと考えられる。実際加藤は、一一月一四日にある政府高官に宛てた書翰の中で、次のように真情を吐露している。

「是より外交上に関し種々の注文有之。之れに応じ切れざるは申す迄も無之、万々心痛罷在候。」[86]

のちに小川は、「彼〔加藤〕は後に聞く所に依ると閣議に是を示して種々相談もしたと云ふ事であったが、吾が輩の大体の方針を採用することが出来ず、却って其の一部のみを採用し」た、「当時加藤外相の提出した二十一ヶ条の要求は、その内吾が輩の意見を採用したと見るべきものも確かにあるのである」と振り返っている[87]。これは小川の主観的な観察であるが、加藤の伝記が強調している通り[88]、加藤外相が小川をはじめとする国内の強硬論に配慮をせざるを得なかったのは事実であろう。小川が主導した運動は、政府の二十一ヵ条要求の原案作成にも強いインパクトを及ぼしたと考えられるのである。

◆政友会における権益拡張熱の高まり

原・政友会は、以上の動きとどのように関わったのであろうか。小川は、この間頻繁に原総裁に面会している。小川の日記を見る限り、小川は一九一四年一〇～一二月の間では、一〇月一三日、一一月三日、二〇日、二四日、三〇日、一二月四日、一九日、二〇日、二六日、三〇日に原のもとを訪れている[89]。会談内容は、議会対策が中心であった。九月以降、政界では、一二月の通常議会に向けた鍔迫り合いが激しくなっていった。大隈内閣は、少数与党政権だったため、衆議院解散をちらつかせながら、予算成立を目指して、政友会の切り崩しや国民党の取り込みのために様々な工作を続けていた[90]。一方原は、政友会内の結束と国民党との連携を保ちながら、大隈内閣に対抗しようとしていた。原の最大の関心は、政友会に不利な形で解散に追い込まれ、衆議院の過半数を失うことを何としてでも回避することにあり、そのために、元老、高橋是清、後藤新平、田中義一らと頻繁に連絡を取り、各方面に解散阻止を働きかけていた[91]。国民党や対外硬派とのパイプを持つ小川の存在も貴重であり、原が彼にたびたび面会したのは、野党内の情報を入手するためだったと考えられる。

小川は、原との面会中、しばしば自らの推進する対中構想を原に訴えた。例えば、一一月二〇日には対中問題の経過に関連して、元老、貴族院、対支連合会、中国にいる同志の状勢について報告している。小川によれば、原「総裁の所見は予と同一で、符節を合するが如し」という様子で、これを見た小川は、政府打倒への思いを新たにした旨を日記に記している。また小川は、加藤外相との面会については原に予め伝え、「吾が輩の建策が若し政府の採用する所とならば国家の為に、又東洋大局の為に最も幸福である、もし又採用せられなければ進んで彼を攻撃するのである」と談じ合ったと、後に振り返っている[92]。

対中政策については、原と小川の意見は正反対であったと言って良い。原は、政友会に参加して以来、一貫して対外硬派を抑制する立場を取ってきた。ポーツマス講和条約締結に際しては桂内閣を支持し、政府批判を慎んだし、辛亥革命後も、世論の沸騰を無視する形で対中不干渉方針を貫いた。原が参戦に慎重であったことは前節で見たが、この姿勢はその後も全く変わらなかった。原は、日本海軍による南洋諸島の占領が開始したという報道を聞いた時、将来の日米対立を懸念した[93]。また、山東半島を中国に返還すべきだという考えで一貫していた[94]。原は、講和後に山東半島を返還する際には、国内世論の反発から、日比谷焼打事件程度のことが起こるかもしれないが、「是れ恐るるに足らず」と日記に記している[95]。原がこの時政府にいれば、与党内の強硬論を抑え、中国権益の拡張に慎重姿勢を取ったのは間違いないだろう。

両者の対中外交構想が全く異なっていたにもかかわらず、小川が原の理解を得たと思い込んだのは、原がそれを敢えて問題にせず、適当にあしらっていたためであろう。驚くべきことに、一九一四年一〇〜一二月に小川と原はかなり会っていたにもかかわらず、その事実は、『原敬日記』に一切記されていない。さらに言えば、対支連合会の動向や国民外交同盟会の結成についても、全く記述はない。おそらく原は、小川や対支連合会のことを苦々しく思いながらも、政友会の結束と大隈内閣への対抗が最重要課題と見定め、彼らの権益拡張論への批判は敢えて控えていたのであろう。彼らの対中構想に対する懸念が記されていないのは、彼らの主張が非合理であることが原にとっては自明で、日記に記すまでもなかったためであろう。原としては、彼らをある程度放置しておいても、自らの主導権や政友会内の統制は揺るがないという自信もあったのだと思われる。

一〇月三日から一四日にかけて、赤道以北のドイツ領南洋諸島が占領され、一一月七日に青島が陥落すると、国内世論は次第に沸騰し、それに呼応する形で、政友会内でも権益拡張熱が高まっていった。陸軍による青島攻撃に際して、攻囲軍の慰問と視察のため、衆議院各派は代表者を青島に送り込んだ。政友会からは川原茂輔《もすけ》が参加したが、彼は帰国時の談話で、山東鉄道の占領に際して外務省が陸軍に再三横槍を入れ、「軟弱外交」を行っていたことを批判した。また、日本によるドイツ人捕虜の待遇が生温いので、今少し峻厳な取り扱いが必要であると主張し、気炎を吐いた[96]。

青島陥落後、新聞・雑誌上では、山東半島の帰属如何をめぐって様々な意見が出された。例えば、博文館が大戦勃発後に発刊した雑誌『欧州戦争実記』誌上では、四号(一〇月五日発行)から一〇号(一二月五日発行)にかけて、山東半島の処分に関する論説が連続して掲載された[97]。慶應義塾大学教授で外交史を研究していた林《はやし》毅陸《きろく》(中正会代議士)は、論説「膠州湾を如何に処分するか」の中で、膠州湾は日本が自由に処分して良いという考え方を批判した。林は、イギリスや中国の対日不信を避けるとともに、日本国内の「軍国主義の弊」を免れるため、膠州湾占領のため日本が受けた損害を弁償し、膠州湾を非武装化することを条件として、山東半島を中国に返還することを主張した[98]。林は、かつて衆議院で軍部大臣現役武官制を批判し、第一次山本内閣への協力に反対して政友会を脱党したという経緯があり、軍との対決姿勢はいまだ健在であった。

しかし、同誌で意見を発表した専門家の多数は、日本が青島の領有を続けるか、ドイツから山東半島の権益を継承することを主張していた。渋川玄耳《げんじ》(博文館記者)、副島義一(早稲田大学教授、憲法学)、寺尾亨(元東京帝国大学教授、国際法学)、花井卓蔵(弁護士、中正会代議士)、根津一(東亜同文会幹事長)、内田良平(黒龍会理事)らがそうであった[99]。これに対して、政友会代議士の戸水寛人は、日本がドイツに発した最後通牒の拘束性を認め、膠州湾の自由処分は不可能であると指摘した[100]。もっとも戸水は、膠州湾返還の代償が絶対に必要だとして、日本がこの際、懸案の満州の租借期限延長を実現するのみならず、南満州の統治権または警察権を獲得することをも提唱しており、権益の新規獲得にはむしろ積極的であった。

この時期、政友会の機関誌『政友』には、山東権益の獲得を主張する小川平吉の論説が一本掲載された程度で[101]、権益拡張を積極的に求める記事は掲載されていない。『政友』は、政友会本部が発行していた雑誌であり、原や幹部の意向が浸透していたものと思われる[102]。他方で、政友会の機関紙『中央新聞』は、青島陥落以降、権益拡張論に傾斜していった。『中央新聞』は、元来大岡育造(政友会代議士)が経営していたが、一九一〇年に政友会が大岡から買収して合資会社組織にしていた。社長は鶴原定吉(政友会代議士)、理事は吉植庄一郎(政友会代議士)と筒井喜平で、相談役は原、大岡育造、元田肇、杉田定一であった[103]。相談役四名のうち、原を除く三名が対外硬運動に関わりがあることから、『中央新聞』の論調の変化には、彼らの意向が反映していた可能性もある。

『中央新聞』は、青島陥落の翌日に社説「青島陥落の快報」を掲げ、今後の外交交渉の重要性を指摘した[104]。また、一〇日には小川平吉が談話を載せ、日本は青島処分に関して何ら掣肘を受ける言われはなく、山東半島一帯に「優越なる地歩」を占めるべきであるという、従来からの持論を展開した[105]。『中央新聞』は、一一月二三日に社説「外交刷新の急務」を掲載した頃から、急速に政府の「軟弱外交」を攻撃し始め、中国での積極的利権獲得を主張する社説を相次いで掲げた[106]。

これは、政友会内において対中外交論が硬化していたことの反映であろう。小川は、一〇月以来、元田肇（総務）、大岡育造（総務、元衆議院議長）、奥繁三郎（衆議院議長）、永江純一（幹事長）ら政友会幹部と会合を重ね、外交問題についてもしばしば話し合っている〔107〕。小川が『中央新聞』や『政友』の記者の取材を受けていたことも確認できる〔108〕。小川は、『政友』誌上にも、山東半島の返還への反対を訴え、政府に「強硬なる決心」を求める論説を寄稿している〔109〕。おそらく小川による働きかけも、政友会の外交論が硬化した一因であったと思われる。

『中央新聞』の報道によれば、参加者二〇〇名が政府の「軟弱外交」を大々的に批判した、一一月二七日の対支同志連合会の有志懇親会では、政党関係の参加者の過半数は政友会が占めており、その中には、小川の他、小久保喜七、榊田清兵衛、三土忠造、望月圭介、横田千之助、松田源治、小泉策太郎、島田俊雄といった有力な中堅代議士が多数含まれていた〔110〕。一二月四日に成立した国民外交同盟会でも、小川、小久保、榊田、三土、松田、小泉、安藤正純が評議員に加わっている〔111〕。大戦勃発後、軍、財界、メディアなどがこぞって権益拡張を声高に叫び、日本国内が異常な興奮状態に包まれる中で、政友会でも、それに同調する政治家が増え、従来対外硬運動と関わってこなかったような者までもが、権益拡張に積極姿勢を見せるようになったのである。

こうして、政友会を含む国内各方面からの権益拡張熱が盛り上がる中で、大隈内閣は二十一ヵ条要求の原案を一二月三日に閣議決定した。この事実を知らない対外硬派は、その後も政府の攻撃を続け、一二月七日には、内田良平、小川平吉、大竹貫一ら国民外交同盟会の代表者が外務省に押しかけ、加藤外相に「最後の通牒」として「反省」を促した〔112〕。しかし、加藤外相は具体的な回答は行わず、以下のように述べるにとどめた。

「諸君の熱誠なる忠告は余の深く謝する所なれども、政府外交の方針に関しては、今更之を説明すること能はず。而かも政府の方針と諸君の意見と合致すること能はざるは畢竟不徳の致す所にして、誠に遺憾の至りなり。唯此上は従来の方針を継続し、最初の目的を貫徹することに最善の努力をなすべし。」

しかし、国民外交同盟会の面々はこの回答に納得せず、加藤外相との交渉を打ち切って、一層政府攻撃に邁進することに決した。

一方原は、一一月末から解散回避のため、元老や陸軍に対する働きかけに全力を尽くしており、外交論をめぐって党内に亀裂が走ることは何としてでも避けたかった。そのため、一二月三日に開催された政友会大会の演説では、外交は「遺憾ながら甚だ不満足の点ありと思ふ、随て将来に於て此状態より産出して来る所の結果も亦甚だ憂ふべきものがありはせぬかと思ふ」と懸念を示しつつも、既往の外交について繰り返すことは詮なし、外交の実態を公表することは国際関係に照らして考えものであるとして、外交に対する詳しい論評は避けた[113]。

通常議会は一二月八日に開幕した。政友会からは、小川、戸水、竹越や松田源治らが質問に立ち、政府の外交を強く批判した[114]。特に、政府が対ドイツ最後通牒の中で山東半島の返還を掲げたことに対しては激しい批判が加えられ、加藤外相は、ドイツが最後通牒を受諾しなかった以上、日本政府もその文言に縛られないという釈明的答弁を行うことを余儀なくされた[115]。もっとも加藤は、山東半島の返還が日中交渉の「殆ど唯一の代償条件」だと認識しており[116]、これを交渉中の取引材料に使った上で、最終的には返還するという方針に変わりはなかった。そのため日本政府は、翌年四月末に、山東半島の返還を声明するに至る[117]。このように、世論の突き上げに直面して、加藤外相が一貫性を欠く説明をしたことが、第一次世界大戦後まで山東問題が紛糾した一つの原因になる。

しかしその後、議会での焦点は、予算およびその前提となる二個師団増設を認めるかどうかに移っていった。そして、政友会が政府の求める二個師団増設に反対して、その一年延期を主張した結果、大隈首相はついに一二月二五日に衆議院を解散した。投票日は三月二五日とされたため、二十一ヵ条要求をめぐる外交交渉は、選挙戦と並行して進められることになった。

◆二十一ヵ条要求をめぐる外交交渉

一九一五年一月一八日、日置益駐華公使は袁世凱に二十一ヵ条から成る対中要求を突きつけ、交渉を迫った[118]。日置公使は、列強からの干渉を防止するため、袁世凱に要求内容を外部に漏らさないよう、厳に申し入れた。また日本では、加藤外相が国内の主要新聞の幹部を集めて、日中交渉に関する記事論評をできるだけ控えるよう要請し、彼らの了承を得た。秘密交渉によって列強の干渉を防止し、できるだけ早く交渉に決着をつけようというのが、加藤外相の考えであった。

しかし袁世凱は、すぐさま中国や欧米のメディアに交渉内容をリークし、対日批判を盛り上げることによって対抗しようとした。中国の新聞は、一月二七日頃から日本の要求に関する風説を掲げるようになり、二八日の『申報』には、早くも日本の要求が二十一ヵ条から成ることが正確に報じられた。『ペキン・デイリー・ニュース』など中国で発行されていた英字新聞、『ニューヨーク・タイムズ』『ワシントン・ポスト』などアメリカの新聞でも同様の報道があり、日中交渉の開始は一月中には世界中が知るところとなった。

日本のメディアは、当初大隈内閣の要請を慮り、日中交渉の開始についてごく簡潔にしか報じないものも多かった。この傾向は、与党同志会系のメディアに顕著であった。例えば、『名古屋新聞』は、一月中には二二日に日置公使と袁世凱が会見したことを簡単に報じたのみで、日中交渉開始についての記事を掲載したのは、二月四日になってからであった[119]。『報知新聞』も、一月二四日に社説「日支の新交渉」を掲げたものの、しばらくは短い記事で様子を見ており、交渉開始を一面で大きく報じたのは、二八日になってからであった[120]。一方、日中交渉開始を積極的に報じ、政府を鞭撻《べんたつ》する新聞も存在した。東京・大阪の『朝日新聞』がその代表で、両紙は早くも一月二〇日に日中交渉の開始を正確に報じ、二三日には号外を発行して、要求内容のスクープまでした(政府の要請により、その後取り消し)。以後『朝日新聞』は、二十一ヵ条要求の報道を大々的に行い、一貫して要求貫徹の論陣を張った[121]。

年初から大隈内閣の「軟弱外交」を批判していた『中央新聞』[122]も、日中交渉に強い関心を示し、開始早々から積極的な報道を行った。一月二一日には、日置公使が袁世凱に要求を提出したが「何等の反響なかりし」と報じ、日中交渉が開始されたことを初めて伝えた[123]。その後も、北京駐在の特派員からの情報をもとに現地の様子を報道し、二五日には社説「対支交渉」を掲げ、「外交不振」のため、「最善の努力を尽して、最善の効果を収むべし」と論じた[124]。同紙は同日に、「根本的に支那の政治を指導すべき実権を収むべし」などと主張する内田良平の談話も掲載しており、対中強硬策で政府を突き上げようとする姿勢は明らかであった[125]。

その後も、『中央新聞』は一貫して政府の「軟弱外交」を批判し、対中強硬策を主張し続けた。『中央新聞』は、中国各地に独自の情報網を持っており、中国の新聞が日本の要求が「過大」だと批判していること、中国各地で日本製品のボイコットが発生していることなど、現地情報を次々と報じた[126]。八日には、日本の要求案が二十一ヵ条または二十六ヵ条から成ると報じ、このままでは日中戦争の懸念があると論じた[127]。しかし、同紙は交渉がまとまらないのは「不誠実」な中国政府と「軟弱」「拙劣」な日本政府の姿勢にあるとし、交渉打開のための具体案としては、「胸襟を開いた」交渉や、中国への特使派遣を提案する程度であった[128]。

このように『中央新聞』の主張は、基本的に、中国に対する譲歩は一切無用という強硬論一辺倒であった。

そのため同紙は、政府の外交を大々的に批判する国民外交同盟会の動きを、引き続き好意的に報じた[129]。他方で、同会に参加していた小川平吉、小久保喜七ら政友会員も、加藤外相に対する批判を続けた[130]。

二月一九日、原は、総選挙前に党の結束を固める政友会連合大会において、演説を行った[131]。原は、現下憂慮すべき問題の第一として外交を取り上げ、政府関係者以外、「天下の識者は一人として此外交に満足を表する者はなからうと思ふ」と語った。原は、政府の外交が機宜を失していると断じ、もし外交文書が公開され、外交の真相が明らかになれば、「実に世間が驚くべき状態であらうと思ふ」と皮肉った。また、連合各国は戦争が継続している間は表面上日本に厚意を表するだろうが、アメリカや中国は日本に不信感を持っており、戦後日本がいかなる状態に立ち至るかは憂慮に堪えないとも述べた。

原は、進行中の日中交渉については、多少知り得たこともあるが公表は控えるとして、「成るべく我国利国権を傷けざるやう、十分なる成功を祈って止まぬのであります」と述べている。ここで注目すべきは、原が要求案の貫徹を迫るのではなく、むしろ逆に日本の要求案が強硬に過ぎることを示唆していることである。原は、外交なるものは「徒に強硬を装ふて出来得るものでもない、殊に国内の人気を外に向けるといふが如き外交の小策は、最も排斥せざるべからざる事であり」、「斯様なる外交を以て国家の前途を安泰に導くと云ふことは、甚だ覚束なき事であります」と指摘した。原は、諸外国への影響や党内の対外硬派からの反発を考慮して、多くを語らなかったが、原の外交批判の眼目が、政府の「強硬外交」批判にあったことは明らかであった。原の演説は、党内の亀裂を表立てないように慎重な言い回しをしつつ、自らの主張を簡潔・率直に述べて筋も通しているという点で、見事なものであったと評し得るだろう[132]。

三月一〇日、日本政府は、武力的威圧によって交渉を妥結させるため、中国駐留兵の交代時期の前倒しを名目に、兵力の増加を行った。これ以後、交渉の難航を知った国内の新聞各紙の外交論は、「不誠実」な中国政府と「拙劣」「軟弱」な日本政府に対する批判一色になっていった。『中央新聞』も、社説の中で、政府が外交は円滑に進行していると言明してきたにもかかわらず、日中関係の危殆が迫っていると伝えられている状況に疑問を呈し、出兵を要する事態を招いた政府当局者を批判した[133]。また、内田良平、鎌田栄吉(貴族院議員、慶應義塾塾長)、秋元興朝(貴族院議員)、犬養毅(国民党党首)ら識者の談話を掲載して、外交の「失敗」を批判した[134]。一八日に談話を載せた目賀田種太郎(貴族院議員)に至っては、閣僚たちの引退まで主張した[135]。原は、この増兵は選挙に利用するためのものと見ており、日記に「如何にも権力の濫用にて又愛国を濫用するものなり」と批判を記している[136]。

三月一三日には、アメリカ政府がブライアン・ノート(第一次)を発し、日本の対中外交を牽制した。『中央新聞』を含む日本の新聞各紙はこれに注目し、日中交渉のさらなる難化を懸念した[137]。原も、日記にこの事実を記し、注目している[138]。

三月二五日、第一二回総選挙の投票が行われ、政友会は惨敗を喫した(与党同志会が過半数を獲得)。しかし、政友会の外交批判は収まらなかった。むしろ、日中交渉が明らかに難航していたため、原・政友会は、来るべき臨時議会に備え、一層外交批判を強めた[139]。二十一ヵ条要求問題は、政府に不手際が多々あることが明らかで、どんな立場からも批判しやすかったため、少数党に転落した政友会が結束を保つための結集点になり得るテーマであったと言えよう。

四月末、交渉はいよいよ行き詰まり、決裂の可能性も出てきた。ここに至り加藤外相は、最後通牒によって交渉を妥結させることを決心し、元老の助言を容れて第五号を削除した上で、五月六日に中国に対して最後通牒を発した。原は、その前日の日記に「対支外交は兎に角失敗を極めたるなり」と記した[140]。また、五月六日の日記では、政府が異論を唱える者を「国賊」「袁探(袁世凱のスパイ)」呼ばわりするため、識者が口を閉ざして黙視している状態になっていることを嘆じた[141]。原は、日本側の要求が過大に過ぎたのが失敗の根本的な原因だと考えていた。それゆえ、五月九日に中国が最後通牒を受諾したという報を聞くと、日記の中で、この交渉を「我は支那の拒絶に遭ふて、譲歩に譲歩を重ねて段落を告げたるものの如し」と総括した[142]。

◆二十一ヵ条要求批判

五月二五日、日中間で二つの条約（山東省に関する条約、南満州及東部内蒙古に関する条約）と一三の交換公文が結ばれ、二十一ヵ条要求をめぐる外交交渉はようやく終結した。これに先立って、原は政友会臨時大会における演説で、政府の外交を批判している[143]。まず原は、現在の最重要課題が外交であると指摘し、政府関係者以外、「国民一人も此外交の状態に満足は致しませぬ」と述べた。そして、「其の交渉は果して支那に善隣の道を尽したであらうか、果して我が国利国権を拡張し得たのであらうか」と参加者に問いかけた。原は、参戦時に自分が懸念した通りの展開になっていることを指摘し、「今日の対支状態を見ては吾々は安心して其為す所に委することは出来ないと思ふ」「要するに此外交は失敗なりと申して憚らぬと思ひます」と断じた。

一方、小川平吉は、雑誌『欧州戦争実記』に論文「東洋永遠の平和の基礎が出来たか」を寄稿し、日中交渉を総括している[144]。小川によれば、今回日中間で条約などの締結に至ったものの「多くは既定の事実、又は当然の権利に属する事柄」であり、「東洋永遠の平和」を確保する基礎を築くものではなかった。日本の要求のうち第五号が、多少この「根本の問題に関連したもの」であったが、これを放棄したのは、小川に言わせれば、「政府当局者の失策の重大なる一事件」であった。また、日本にとって当然の権利を獲得するために、わざわざ軍隊を動かし、最後通牒を発し、ひいては欧米諸国からの不信を招いたのも、拙劣であった。さらに、膠州湾の返還も「断じて許す可からざる事」であり、小川は、いったん占領した土地は「決して捨てざるの意気覚悟があらねばならぬ」と主張した。このように小川は、従来通り原と正反対の立場から、加藤外交を強く批判した。

それでは、他の政友会員は、二十一ヵ条要求をどのように評価していたのだろうか。ここに、雑誌『国家及国家学』が日中交渉妥結直後に行ったアンケートを基にした特集記事「対支外交是非」という好史料がある[145]。この記事は、同誌編集部が貴衆両院の有力者に日中交渉の評価を尋ねたものである。自由回答方式のため、人によって回答の仕方は様々であるが、政友会の有力議員も多数回答しており、当時の二十一ヵ条要求に対する評価を知るのに極めて有用である。以下、主な政友会所属議員の回答を列挙・引用する（五〇音順）。

●小泉策太郎

徒らに、善隣の誼を失ひ列国の反感を挑発せしに止まり、毫も所謂根本的解決の意義に触るる所なし。〔中略〕寧ろ初めより之を為さざるに若かず。誠に残念千万の次第なり。

●小久保喜七

今回の対支外交は非常に失敗にして、国民たるものは一日も早く、かかる当局者の引責退職を要望するの権利を有すと確信仕候。

●児玉亮太郎

対支外交に就て、支那領土保全は我帝国の自衛策上、極めて必要なること勿論にして、〔中略〕現内閣が対支外交上に於て、右必要なる基礎工事を為すの機会を逸したるは返す返すも遺憾千万。

■小林源蔵

〔前略〕対支外交は徹頭徹尾帝国の失敗に帰し、千載一遇の時に際会して帝国の利益を収むる能はざりしは勿論、国威の損傷建国以来未だ嘗て嘗めざりし処なり。就中膠州湾の還付は恨事に堪へず。

〔後略〕

■清水市太郎

対支外交は帝国の威信を中外の失墜すること大なり。縁日の植木屋よりも以上の不信用のものたり。再三売買価額を減却せるのみならず、目的物以上の景物を付与せり。青島還附之なり。〔後略〕

●高橋是清

言行に於て、義もなく、智もなく、信もなく〔中略〕大御心に対し奉り、恐多き次第なり。他日欧州戦乱平定するに際し、我外交上に一大禍根を残せしにあらずやの感を持す。

■高橋光威

小生は現当局者の対支外交の失敗を見て痛憤罷在候。〔中略〕支那の意思如何に不拘独力支那を援け、整然として支那の要地に確然不抜の勢力を樹立して以て、平和保障の立脚地点となさざる可からず候。然るに現当局者は、此千載一遇の好機を逸し去れり、嗟又嗟。

■戸水寛人

加藤外務大臣は、独逸に対し、最後通牒を発する以前に、更に青島還付の事を、英国に向け約束したる結果、今回支那に対しては、日本の主張を貫くことを得ざることと相成遺憾に御座候。

■堀切善兵衛

日支交渉は大失敗と存じ候。蓋し交渉の目的は、

一、東洋永遠の平和の基礎を確定する事。

一、日支両国の親善。

一、第三国の猜疑を避くる事。

を必要と為す。〔中略〕(一)(二)(三)の目的に対し、悉く反対の結果を来したるものと断言す。青島

を景品に供したるに至っては言語道断なり。

・元田肇

一、帝国の威信を失墜したること

一、隣邦の交情を害したること

一、列国の侮蔑と悪寒を来したること

以上の事、憂慮罷在候。

・横田千之助

袁氏の人物手腕は加藤男に勝ること万々なり。〔中略〕加藤男個人の外交事毎に機宜を失し、遂に屈下するの陋態に終りたるものと思料す。

このうち、原と最も考えが近いのは、大戦後の外交への影響を懸念していた高橋是清であろう[146]。小泉、元田、横田らは、対外硬派がよく用いる言葉も使っているが、さらなる利権獲得の必要性には言及しておらず、それほど強硬姿勢ではないようにも見える。これに対して、小林、清水、高橋光威、戸水、堀切（■を付した）は、膠州湾の還付に反対するなど、かなり強硬である。このように、政友会員には、日中交渉が妥結した後も、政府の「軟弱」姿勢を批判する者が少なくなかった[147]。

こうした状況を反映して、五月二二日に開会した第三六議会では、加藤外交の「軟弱」を批判し、第五号を含むより多くの要求を中国側に呑ませるべきだったと主張する質問演説が少なくなかった[148]。政友会からは、小川平吉、元田肇が衆議院で質問に立った。特に小川は、加藤が「吾々の最も大切なりと信じる」第五号や第三号二項の貫徹の誠意がなかったこと、膠州湾を中国に還付しようとしていること、排日運動を取り締まっていないことなどを痛烈に批判し、加藤外相を激怒させた。

これに対して、原は、本来日中間で「談笑の間に」解決できたはずの事柄が、あまりに強圧的な要求の提出や拙劣な交渉方法によっていたずらに紛糾してしまったと考えていた。そこで、珍しく自ら衆議院で質問に立った原は、「外交なるものは〔中略〕徒に強硬を装ふて出来得るものではない」「日本は将来孤立の位置に立つ」などと激しい言葉を用いて、加藤外相を批判した。原は、それまでと同様、対外的影響や党内情勢を考慮してあえてあまり具体的な追及は行わなかったが、加藤にも原の真意は伝わっていたものと思われる。しかし加藤は、答弁で自らの非は決して認めず、逆に「談笑の間に」解決できたはずの問題を長年放置してきた原・政友会の「怠慢」を攻撃した。こうして、原と加藤の論戦は平行線をたどった。その後も、原と加藤は政党の大会での演説を通して論戦を続けたが、二十一ヵ条要求の日本外交への悪影響を批判する原と、外交的成果を擁護する加藤の間の溝は埋まらなかった。加藤が二十一ヵ条要求に対する弁明を止めるのは、長い野党時代を経て、一九二三年になってからのことである。

原敬は、日本の参戦から二十一ヵ条要求をめぐる外交交渉の過程で、欧米列強との協調、日中の友好維持という観点から、日本外交に一貫して批判を行った、数少ない政治指導者であった。政友会は、大戦勃発当初は原の指導に服し、参戦や新たな権益獲得に慎重姿勢を見せていたが、やがて青島が陥落すると、国内各方面の権益拡張論に呼応する形で、権益拡張の要求が強くなっていった。二十一ヵ条要求問題に対しても、中国側により多くの要求を認めさせるべきであったとする強硬な意見が多かった。こうした声が高まったのは、政友会内に少なからず存在していた、小川平吉を代表とする対外硬派の動きが活発化したからであった。原は、彼らをある程度放置し、そのエネルギーを大隈内閣批判に向けさせるとともに、自らは穏健で現実的な外交構想を堅持し、機会があるごとにそれを提示した。また、その考えを元老にも伝え、意思疎通に努めることで、将来の政権獲得に備えた。大戦初期の政友会の外交構想は必ずしも一枚岩ではなかったが、原の優れた外交感覚と巧みな党員指導によって、それが大きな問題として表面化することはなかった。大戦中の日本は、その後も反袁政策、シベリア出兵など、勢力拡張政策を続行し、原は大隈内閣、寺内内閣を鋭く批判し続けたが、原の政友会に対する指導力は揺るがなかった。このように、野党党首として党内の外交構想をめぐる対立をうまく封じ込めたことが、政権獲得後の強力な外交指導の基礎になったと見ることができるだろう。

3　第一次世界大戦の終結と原・政友会

◆原敬内閣の成立

一九一八年九月二九日、原敬内閣が成立した。当時、第一次世界大戦は既に終結間近と見られており、大戦後の秩序作りに対応できる体制が必要だと考えられていた。もちろん、原自身にとっても、大戦勃発以来批判を続けてきた勢力拡張政策からの転換は、最重要政治課題の一つであった。そこでまず問題となったのは、外相の人事であった。

原内閣の外相に就任したのは、内田康哉（前駐露大使、元外相）であった。内閣成立に先立つ二五日、原は西園寺公望との会談の際、「不充分なれども常に余に同意し来り」「始終余と外交上の意見を同じたれば」という理由により、牧野伸顕（臨時外交調査会委員、元外相）を外相に推す考えを伝えていた[149]。牧野は、第一次山本内閣の外相として対中不干渉政策を取り、原と対中政策構想が近かったし[150]、シベリア出兵に際しては、臨時外交調査会で原と共に英米との協調を主張して、寺内内閣に対峙していた[151]。二七日に組閣の大命が原に降ると、原は牧野と長時間会談し、外相就任を依頼したが、牧野は「講和も近く来らんも知れず、到底自分の力に及ばず」と述べ、「衷心」から固辞した。牧野が翌朝正式に就任を断ったため、原は「親友の間柄にもある」という理由で、内田に電話で就任を交渉し、承諾を得た[152]。

原は、二五日の西園寺との会談の際、山県有朋が外相に珍田捨巳（駐英大使）を推していたという話を聞き、「内田康哉の方宜し」と応じている[153]。山県は内田を信頼せず、その後しばしば内田に対する不信を原に語ったが、原はそれに反論している[154]。同じ陸奥宗光門下で、第二次西園寺内閣の外相として辛亥革命後の対中外交を共に舵取りした内田に対し、原は信頼を寄せていた[155]。他方で、内田も原のことを信頼しており、のちに内田は、外相を受諾した経緯を「故原首相と永年の関係よりして、其懇請に応じ閣員となりしこと」「原氏と特別の関係よりして朝に立ちしもの」と振り返っている[156]。

以後、原首相と内田外相は緊密に連携しながら外交を進めた。原内閣期の外交は、原が大局的な舵取りを行う一方で、内田が実務的に原の外交指導を忠実に支えるという役割分担であったと言える[157]。のちに内田は、原首相からは「外交上全幅の信任」があったと回顧している[158]。また、原内閣の末期には、珍田捨巳が内田に対して、原「首相は君をして近来の好外相となし」ている、「首相が真に老兄を依頼し、万事を委任し居れるものの如く、愉快に堪へざりき」と語っている[159]。原と内田の間には大きな対立はなく、両者の関係は政権の全期間を通して良好であった。

◆パリ講和会議の基本方針

原内閣の成立後間もない一九一八年一一月一一日、第一次世界大戦は終結した。原は、既に首相就任時の政友会員に対する演説で、長きにわたった大戦によって「我国情を一変せんとするが如き形勢」になっていることに注意を促していた[160]。また、終戦後間もなく新聞記者の求めに応じた談話の中では、大戦の結果「文明国人民の国際関係に対する思想が一変」し、彼らの間に「新精神」が生まれたのではないかと述べている[161]。原は、従来は個人の道徳は国家に適用すべきものとは考えられてこなかったが、それが変化しつつあること、各国民間の同情の念、人類共同の親愛の念とも言うべきものが生じつつあり、国家が自国の利益だけ図れば良いという思想は漸次容れられないようになるであろうことも指摘した。そして、「如何なる利己背信の行為」を行っても構わないという主義のドイツが敗戦を喫したことには、国家として注意が必要だと述べ、暗に日本も外交政策を転換する必要があることを示唆した。原は、翌年一月の政友会大会において、「今や世界を挙げて大変動の時運に際会」しており、対応を誤れば「国家百年の禍害を貽すべし」とまで述べている[162]。原は、第一次世界大戦による世界の変化を日本において最も的確に理解していた政治家の一人であったと言っても過言ではないだろう。

連合国は、一〇月末から休戦協定の準備と講和会議開催地の選定に入り、一一月一日、原内閣は、珍田捨巳駐英大使、松井慶四郎駐仏大使を連合国間の協議に参加させることを決定した。ただ、講和会議に大使を派遣するかについては、にわかに決定し難く、この日は陸海相に随員を選定するよう指示したのみであった[163]。やがて戦争が集結し、講和への動きが具体化し始めると、新聞各紙は、欧米政府が元首級の政治家を講和会議に派遣する見込みであることを報じ、日本の全権大使の人選に関しても、様々な噂、意見を掲載した。元老の西園寺公望、元首相の山本権兵衛、大隈重信、参戦時の外相の加藤高明、元外相の牧野伸顕、後藤新平、臨時外交調査会委員の伊東巳代治などが、有力候補として挙げられた他、原首相や内田外相自らが出席すべきだという意見も少なくなかった[164]。

原は、自分や内田外相が長期間国を空けることは、不可能であると考えていた[165]。また、加藤元外相の起用についても、全く考慮しなかった。加藤は、寺内内閣期にはシベリア出兵反対で原・政友会と歩調を合わせ、原内閣成立も明確に支持していた[166]。そのため原は、内閣成立直後に挨拶のため加藤を訪れた際、「幸に内田も内閣に居れば其辺含みくれよ」と伝達し、日記にもわざわざ「党派を異にするも個人としては友人関係にあり」と記している[167]。しかし、既に見た通り、原は大戦初期の加藤外交を徹底的に批判してきたし、野党第一党の党首でもある加藤を全権に推すことは、考えられなかった[168]。この他、原は伊東巳代治が全権就任を希望していると見ていたが、これも「不可」という考えであった[169]。

原首相は、一一月一五日に内田外相と全権の人選を相談しているが、二人がまず候補に挙げたのは、牧野伸顕であった。牧野は、元々外相の候補に挙げられていたし、臨時外交調査会委員として既に大戦後の新しい外交政策の策定にも関与していた[170]。もっとも原は、もし西園寺公望が全権を引き受けてくれれば最上だとも考えており、一一月一七日に山県と相談した結果、まず西園寺に交渉し、断られた時は牧野に依頼することになった。原が、牧野および既に連合国との交渉を開始していた珍田、松井の三人を講和会議に派遣することになれば、珍田が主に働くことになるだろうという見通しを示すと、山県は「安心なり」と応じた[171]。

原は、一八日に高橋光威内閣書記官長を西園寺のもとに派遣して、全権就任を求めた。西園寺は、「牧野を派遣して然るべし」と返答する一方で、「自身進んで一遊を試み度考すら之ありたる様の次第なれば篤と勘考すべし」とも述べ、考えが揺らいでいた。二一日には、原が西園寺と会見し、直接全権就任を依頼したが、西園寺は「事情千万推察するも出掛くる勇気なし」と述べ、結局内田外相か牧野に依頼するということになった。原はいったん西園寺説得を断念したが、ここで粘りを見せたのが内田であった。内田は、牧野も容易に承諾するかどうか分からないので、引き続き西園寺を説得することを提案し、同日に両者が再度西園寺を訪問することになった。その結果、原の提案により、西園寺と牧野を派遣することを公表するが、西園寺は当分健康状態を見ることにし、牧野を先発させるということで決着した。

原は、この決定を踏まえて、同日牧野に面会し、全権就任を依頼した。牧野はいったん辞退し、加藤高明を推したが、原が強く就任を求めた結果、ついに翌日就任を承諾した[172]。その後一二月に入ってから西園寺が病気を理由に辞意を漏らし、原が書翰を送って説得するという一幕もあったが、最終的には西園寺も「老軀を犠牲に供すべきに付安心せられたし」と確答するに至った[173]。翌年一月には、各国の全権人数に合わせて、伊集院彦吉駐伊大使をさらに全権に加えることになった。こうして、パリ講和会議の全権は、西園寺、牧野、珍田、松井、伊集院という五名に決定した。原は、内田の助力を得つつ、全権選定で強いリーダーシップを発揮したと言って良いだろう。

原は、日本政府がパリ講和会議に臨む基本方針を決定する上でも、リーダーシップを発揮した。原は、一一月一七日の山県との会談で、パリ講和会議に臨む基本方針について語り、山県からも同意を得た。『原敬日記』の記述を要約すると、以下のとおりである[174]。

- シベリア出兵問題は、講和会議問題から分離し、出兵した関係国の協議に譲る。
- 青島の問題は、大体においてドイツの一切の租借権を放棄させて、これを中国に還付させ、専管居留地を設置することは先年宣言したとおりとする。ただし、後日枝葉の問題を解決するまでは、日本の意の通りに処理する。
- 南洋諸島の処分は、イギリスと歩調を一にする。
- ウィルソンの十四ヵ条には日本に関係することが多いので、それに対しては主張を行い、他は列強と歩調を一にする。

このうち、青島の問題についての記述が一見分かりにくいが、これは従来青島など山東半島を中国に返還するかどうかが不明確だったものを、最終的に返還することを明確にした点で、画期的な政策転換であった。この方針は、一九日の臨時外交調査会で了承され[175]、二二日には閣議決定された。原は日記の中で、「従来の処置は或は返還するが如く或は領有せんとするが如き態度なりし」と振り返り、山東半島の返還を無用とする議論もあるので、この決定を行ったと記し、政策転換の意義を強調している[176]。もっとも、その後決まった具体的な交渉方針としては、山東半島を直接中国に返還するのではなく、いったん日本がドイツの権利を継承した後で中国に返還し、しかも講和条約の中にはドイツから日本への権利譲渡のみ規定するよう主張することになったため、この政策転換は分かりにくいものとなってしまった。特に中国では大戦勃発当初から山東半島の直接返還を求める声が強かったため[177]、中国全権としてはこの方針を受け入れ難く、講和会議開催後、山東問題で日本全権と鋭く対立することになる。

一二月八日、牧野全権は、パリに向けて出発するに先立って、臨時外交調査会に外交意見書を提出し、国際連盟創設への積極的対応や中国政策の転換を柱とする「新外交」の主張を表明した[178]。牧野の主張に対しては、寺内正毅前陸相、田中義一陸相や伊東巳代治から反駁がなされ、牧野は、今後領土拡張を一切しないという趣旨ではない、本会の決議を請うのではなく単に自身の心得として披露したまでだなどと弁明せざるを得なくなったが、原は「予は之〔牧野らの意見〕に賛成するを吝まざるなり」「主義として賛成を表するの外なしと思考す」と、牧野に好意的な意見を表明して、議論を総括した[179]。原は、日記にも、日本が列国から野心を疑われているという牧野の主張に対し、「田中陸相、寺内委員等多少弁明らしき事を云ひたるも余の見る所にては、外国の疑念を抱き居るは事実なれば、之を去る事を努むるは当然の事と思ふと云ひたり」と記しており、牧野に共鳴していたのは明らかである[180]。牧野が出発後も、臨時外交調査会では伊東巳代治や犬養毅らが種々牧野のことを批判したが、原は一貫して牧野を擁護している[181]。

◆パリ講和会議の開催

講和会議の実際の交渉においては、日本全権団は日本の個別利益の確保に力を注ぐ以外は、大勢順応的な消極的姿勢に終始することが多かったため、「サイレント・パートナー」と揶揄《やゆ》された。そうなった原因は、講和会議の主題がヨーロッパ中心であったこと、全権団の人数や語学力の点で日本に大きなハンディーがあったことなどにあるが、少なくとも原首相、牧野全権が講話会議に臨んだ基本姿勢は、「大勢順応」に終始するという消極的なものではなかった。原は、大戦後の世界の趨勢の変化を的確に捉え、大戦中の日本外交に対する批判に立ちながら、新しい国際秩序への適応や勢力拡張政策からの転換を真剣に模索していた。したがって、二月に牧野全権から交渉方法に関する問い合わせが来た際、原は、直接日本と関係ない事柄についても「正義と認むる範囲に於て遠慮なく意見を述ぶべし」と指示している[182]。

講和会議は一九一九年一月一八日に開会した[183]。講和会議に際して、日本政府が重視したのは、①人種平等提案、②赤道以北の旧ドイツ領南洋諸島の割譲、③山東半島の旧ドイツ権益の継承の三点であった。このうち、②については比較的問題が少なく、南洋諸島は国際連盟の委任統治領となり、日本はその受任国として施政権を及ぼすことになった[184]。他方で、①については英米やオーストラリアなど、③については中国から強い反対があったため、交渉は難航した。①については、四月一一日の採決で全会一致が得られなかったため、日本の提案は不成立となり、日本は牧野全権が行った主張を会議の議事録に記載させることで妥協した[185]。日本国内ではこれに反発し、国際連盟脱退を主張する声も上がったが、原は冷静で、日記に次のように書き残している[186]。

「之が為めに国際連盟を脱退する程の問題にも非らず、結果行はざるも、現状より不良となるにもあらざるに付体面を保つ事を得ば可なりと云ふ事は、伊東始め皆同感なり。」

他方で、③の山東問題は、日本政府が講和会議中最重要視していた問題で、基本方針で譲歩するつもりはなかった。交渉が大詰めを迎えた四月二一日、原内閣は、「絶対に我主張を貫徹せしめざるべからず、万一多数を容れざる場合には連盟条約に調印せずして訓令を乞ふべし」という強硬な訓令を全権に送付した[187]。

臨時外交調査会で絶対に譲歩しないことを主張した伊東巳代治や犬養毅に対して、原は「単に調印せずと云ふ丈けにては跡の始末付くものに非らず」と語っており、万が一日本の要求が受け容れられなかった場合、何らかの現実的対応をする心積もりも持っていたようであるが[188]、原も大原則を譲るつもりはなかった。

結局山東問題は、四月三〇日に日本の要求通りの決着を見た[189]。中国では、これに対する不満から五・四運動が発生し、中国全権はヴェルサイユ講和条約への調印を拒否することになる[190]。原は、五月二二日にアメリカの銀行家アボットとの会見の際、「支那が山東問題に付騒動するは謂れなき事なり、日本は約束通支那に還附すべし、支那は兎角他国の力を借りて日本を圧伏せんとするは日本の許容すべからざる所なり」と語り、山東半島を返還するという方針を改めて示すと共に、そうである以上、中国側の反対運動は許容できないという考えを明らかにした。アボットが、二十一ヵ条要求が中国人に悪感情を与えたので、何とか処置ができないかと言うのに対し、原は「在野当時に於て絶対に反対せし問題なり。去りながら条約として現存する已上は一朝之を廃棄すべきに非らざれば、緩和の方法を取り居れり」と語った[191]。原は、二十一ヵ条要求以来の日本政府の山東問題への対処を一貫して批判してきたが、条約が現に存在する以上は、それを尊重して外交を行うべきだという考え方であった。しかし、中国側はこれに納得せず、山東問題の解決はワシントン会議まで持ち越されることになる。

◆パリ講和会議批判

政友会の大勢は、大戦中の勢力拡張政策からの転換を図る原内閣の外交方針を支持していた。大戦初期に積極的に参戦や権益拡張を主張していた戸水寛人は、大戦後はメディア、政友会いずれにおいても目立った活動を見せていない[192]。同じく大戦初期に南洋への進出を説いていた竹越与三郎は、第一一回総選挙で落選して以来政治活動を止め、著述に専念していた。政友会の機関誌『政友』は、従来通り原の方針に沿った堅実な報道を行っていた。機関紙『中央新聞』はこの時期社説を掲載していないが、政府を正面から批判する記事は見当たらず、社論は政府支持であったと考えられる[193]。

対支連合会、国民外交同盟会などの対外硬派は、パリ講和会議に際して、人種差別撤廃問題や山東問題で政府批判を展開したが、大戦中に比べてその活動は振るわなかった。前者に関しては、日本全権が人種差別撤廃条項を講和会議で提案して以降、要求の貫徹を求める集会が何度か開催されたが[194]、日本の提案が不成立に終わると、運動はやがて終息した。山東問題は、四月二八日に交渉が妥結して以降、国内の各方面から中国批判と政府に断固たる措置を求める意見が上がった[195]。このような声を背景として、国民外交同盟会は、六月七日に内田外相に対支借款問題に関する意見書を提出し[196]、八月一九日には外交問責大会を開催した[197]。もっとも、この運動も二十一ヵ条要求の時のような盛り上がりを見せることはなかった。

これらの運動が盛り上がらなかったのは、日本全体が大戦の終結と戦後の新しい国際秩序作りを基本的に歓迎していたためであろう。参戦時にあれほど熱狂した世論は、その後の対中国政策の混迷、シベリア出兵や米騒動を経て、勢力拡張政策を積極的に支持しなくなっていた。新聞各紙は、講和会議において日本が大戦中に獲得した権益を確保することを求め、山東問題に対する対応など個別の問題で政府を批判することはあったものの[198]、戦後の「平和主義」「新外交」の風潮を歓迎しており、これに正面から異を唱えた全国紙は存在しなかった[199]。

政友会内も同様の雰囲気だったため、党内の対外硬派の活動は振るわなかった。小川平吉は、一九一八年一二月一七日に開催された支那問題連合大会に出席して、杉田定一(政友会)、安達謙蔵、大竹貫一(憲政会)、古島一雄(国民党)ら政党政治家や、内田良平、五百木良三ら国粋主義者と会合しているが[200]、その後、国民外交同盟会の活動に関わった形跡は、少なくとも表面上はない。小川は、講和会議で山東問題が決着した後、新聞紙上の談話で政府を鞭撻したり[201]、政友会総務として内田外相を訪問して外交方針を糺し、「人種問題と山東問題」と題する意見書を公表したりするなど[202]、山東半島をはじめとする中国権益を確保する必要性を強く主張したが、日中関係が紛糾した原因は大隈内閣の外交に由来するとして、むしろこれを憲政会批判に利用した[203]。杉田定一ら、山東問題で強硬論を主張した他の政友会員も、同様であった[204]。その意味で、政友会の外交政策は、原内閣のそれの枠内にあったと言って良い。ヴェルサイユ講和条約成立にあたっては、政友会は祝賀会を開催し、元田肇総務が党を代表して祝辞を披露している[205]。

一方、野党第一党・憲政会の加藤高明総裁は、勢力拡張政策からの転換、「新外交」への適応という考え方を原と共有しており、原内閣のパリ講和会議への対応を基本的に支持した。加藤は、人種差別撤廃問題が今後解決困難になったことを「痛嘆に堪えざるなり」と評し、日本が山東問題に関する説明を他の列強に積極的に行わなかったことに不満を表明したものの、日本が重視していた主張を通したことをむしろ評価した。特に、加藤は山東問題の当事者だっただけに、山東問題が「満足なる解決を見たるは、邦家の為大に慶賀に堪えざる処なるが、日支条約締結の責任者たる予には、其感一層深きものあり」と語っている[206]。

もっとも、憲政会の党人派は、人種差別撤廃問題、山東問題を原内閣攻撃の材料として積極的に利用した。四一議会(一九一八年一二月~一九一九年三月)において、憲政会からは武富時敏、小寺謙吉らが質問演説に立ち、原内閣を攻撃した[207]。講和会議後も、関和知、望月小太郎らが、人種差別撤廃条項の不成立、山東問題をめぐる日中関係の紛糾は政府の責任であると主張し、「外交失敗」「屈辱外交」と批判した[208]。八月一九日に国民外交同盟会などが主催した外交問責大会には、憲政会から大竹貫一、田中善立が参加している[209]。

憲政会系の新聞・雑誌も、原内閣批判を展開した。『報知新聞』は、講和会議開催以降、外交批判の論説を多く掲げ、政府の「軟弱」や「不手際」を批判した[210]。大隈重信が主宰した総合雑誌『大観』も、大隈や望月小太郎ら憲政会員の論説を掲げて、原内閣を攻撃した[211]。しかし、これらの批判に対する支持は広がらなかった。原も、憲政会や対外硬派の講和会議批判のことをほとんど気にかけていなかったものと思わ

◆ 原内閣期の外務省主要ポスト（本省）

<table>
<tr><th>外務次官</th><th colspan="2">政務局長</th></tr>
<tr><td>幣原喜重郎 1915.10-1919.9</td><td colspan="2">小幡酉吉 1916.11-1918.10</td></tr>
<tr><td rowspan="4">埴原正直 1919.9-1922.12</td><td colspan="2">埴原正直 1918.10-1919.9</td></tr>
<tr><td colspan="2">芳澤謙吉 1919.9-1920.10</td></tr>
<tr><td>亜細亜局長</td><td>欧米局長</td></tr>
<tr><td>芳澤謙吉 1920.10-1923.5</td><td>松平恒雄 1920.11-1923.9</td></tr>
<tr><td>通商局長</td><td>条約局長</td><td>情報部長</td></tr>
<tr><td>埴原正直 1918.6-1918.10</td><td>松田道一 1919.7-1920.9</td><td rowspan="2">伊集院彦吉 1920.4-1922.12</td></tr>
<tr><td>田中都吉 1919.1-1922.6</td><td>山川端夫 1920.9-1925.8</td></tr>
</table>

◆ 原内閣期の外務省主要ポスト（在外公館）

<table>
<tr><th>駐伊大使</th><th>駐独大使</th><th>駐華公使</th></tr>
<tr><td>伊集院彦吉 1916.5-1920.9</td><td rowspan="2">日置益 1921.1-1923.8</td><td>林権助 1916.8-1918.12</td></tr>
<tr><td>落合謙太郎 1920.9-1926.6</td><td>小幡酉吉 1918.12-1923.7</td></tr>
<tr><td>駐英大使</td><td>駐米大使</td><td>駐仏大使</td></tr>
<tr><td>珍田捨巳 1916.7-1920.9</td><td>石井菊次郎 1918.4-1919.10</td><td>松井慶四郎 1916.2-1920.9</td></tr>
<tr><td>林権助 1920.9-1925.8</td><td>幣原喜重郎 1919.11-1923.2</td><td>石井菊次郎 1920.9-1928.2</td></tr>
</table>

れ、日記にも記述がほとんどない。人種差別撤廃を求める有志と面会した日の日記には、「日本が国際連盟脱退を主張せば各国は非常に困却する様に単純なる考にて、単に強硬のみを主張するに因り、余は左様に単純なるものに非らざる事を大体に告げたり」と記されている[212]。

◆外務省の主要人事

ここで、原内閣期の外交を支えた外務省についても見ておこう。この時期の外務省の主要人事は表のとおりであるが、多くは原首相と内田外相が相談の上で決定していた。原内閣発足時の外務次官は、幣原喜重郎であった。幣原は、加藤高明の義弟（共に岩崎弥太郎の娘と結婚）だったため、原は大隈内閣期には幣原を加藤系と見て、警戒していた[213]。しかし、原内閣期に入ると、幣原は原からの信頼を獲得し、退任を申し出ていた石井菊次郎の後任として、駐米大使に抜擢された。幣原の後任には、埴原正直政務局長が就任した。原は、両者の人事を決定した日の日記に「対米問題多き今日、速やかにその人を要したるによる」と記しており[214]、決め手になったのが日米関係に対する配慮であったことが分かる。

駐華公使は、原内閣発足の一カ月後に、退任を申し出ていた林権助から小幡酉吉《ゆうきち》政務局長に交代することが決定した(正式任命は一九一八年一二月)[215]。この人事は、原内閣が進めようとしていた対中政策の刷新と密接に関わっていた。小幡は、原内閣の発足後、内田外相から新しい対中政策方針の取り纏めを命じられ、「対支根本方針」「対支借款善後に関する方針」という文書を起草した[216]。これらは、日中間に現存する誤解を根本的に除去するため、従来の侵略主義を放棄すること、対中外交機関を統一することなどを柱としており、その後の原内閣の対中政策の基本方針となるものであった。この文書は、一九一八年一〇月二九日の閣議で承認されているが、同日に小幡を駐華公使にする人事も了承されている。これは、小幡が新しい対中政策の実行役を任されたことを意味する。原は、小幡の力量を信頼しており、松方正義が小幡のことを批判した時には、反論を行っている[217]。

なお、駐華公使を退任した林権助は、新設の関東庁のトップである関東長官に任命された。この職は、原首相のイニシアティブにより、従来武官に限定されていた関東都督が、文官でも任命可能に変わったものであり、新長官は原の対中政策刷新の一翼を担うことが期待されていた。そのため原は、林が赴任する際、「諸事面目を一新」するように内訓している[218]。

原内閣で抜擢された幣原、埴原、小幡は、いずれもこの後、一九二〇年代日本の国際協調外交を担った人材である。日米関係や通商関係の重視、対中不干渉方針など、原外交と幣原外交には連続性があることが指摘されるが、それは原が抜擢した人材とその後のキャリアを見ても、裏付けられると言える。

原の外務省人脈は、宮中の掌握にも有効に活用された。パリ講和会議全権という大任を果たした牧野伸顕は、原首相の意向を受けて、一九二一年二月に宮内大臣に就任した。牧野は、原と連携しながら宮中改革を進めるとともに[219]、同年三〜九月の皇太子裕仁親王の外遊を実現させた[220]。国際感覚を活かし、「開かれた皇室」を目指した改革は、外務省出身の原、牧野ならではであったと言えるだろう。裕仁親王の外遊にあたっては、駐英大使を退任後、一九二〇年一〇月から枢密顧問官を務めていた珍田捨巳が東宮外遊供奉長を務めた。珍田は、外遊終了後、東宮大夫、侍従長として引き続き裕仁親王（昭和天皇）を支えた。また、元駐英大使で、一九一七年から宗秩寮総裁を務めていた井上勝之助も、一九二一年一〇月に式部長官に就任し、牧野、珍田とともに宮中を固めている。

◆外務省機構改革

パリ講和会議は、外務省の人材不足、情報発信力の弱さなど、日本外交の実力不足を露呈した。そのため、講和会議に参加して危機感を覚えた若手外交官たちは、帰国後に門戸開放、省員養成、機構の拡大強化を外務省幹部に求めることに決し、一九一九年九月二〇日頃、外務省革新同志会が結成された[221]。この動きは、すぐに原首相にも伝わった。九月一五日、原は帰国した牧野全権と会談し、若手外交官から「我外交官の刷新」の申し出があったことを聞いた。牧野は、原に「公使館の者不充分なり、又語学の力も不足なり」と伝えたが、原もこれに同感の意を表明した。こうして、一〇月二〇日、外務省内に制度取調委員会が設置され、埴原次官以下一二名が、①門戸開放、②経費充実、③組織改造、④国民外交について検討することになった。この委員会の設置が、内田外相のみならず、原首相の意向にも拠っていたことは、新聞でも報じられていた[222]。同委員会は、翌年五月に「制度取調委員会報告書」を外相に提出し、門戸開放、外交的知識の啓発、組織の充実などを提案した。

この報告書の提出の前後から一九二三年にかけて、外務省は大規模な機構改革を行い、組織を充実させていった。一九二〇年四月には、外務省革新運動の中心的課題の一つとされていた情報部が設置されることになり、伊集院彦吉前駐伊大使が初代部長に任命された（ただし、官制上の正式設置は一九二一年八月一三日）[223]。原首相は、日記に「情報局の必要は久しき以前よりの事なれども決行に至らず、夫が為めに講和会議等に於ても我国の損失多かりしに因り先頃之を新設」したと記し、新任の情報部員を午餐に招待している[224]。

この年八月、原内閣は官吏任用制度の改革を行い、各省に勅任参事官を設置した[225]。外務省にも勅任参事官が設置され、政友会代議士の林毅陸が起用された。この人事は、原首相の意向によるものであった。原は、自分の秘書官を昇任させようという大臣が多かったが、それでは「将来政局に立たんものをして、行政事務を見習はしむる」という目的を達することができないので、外務省では林を起用したと日記に記している[226]。

林は、慶応義塾大学政治学科の教授として、ヨーロッパ外交史などを担当していた[227]。一九一二年、政友会から代議士に初当選したが、翌年、山本内閣の成立に反対して脱党し、以後政友倶楽部、中正会などを経た後、一九一七年七月に政友会に復党した[228]。林は、大戦勃発前から、ヨーロッパ外交に関する学術的著作を数多く発表し[229]、啓蒙的役割に対する意欲も強く持っていた。大戦勃発後は、外交政策の提言も積極的に行ったが、早くから山東半島の中国への返還を主張するなど、穏健な意見の持ち主であった（第二節で前述）[230]。大戦後も、新しい外交の潮流に適応することを主張し[231]、パリ講和会議には政友会を代表して派遣された[232]。原は、林が外交の専門知識や国際感覚を実務に活かすことを期待していたのであろう。

外務省では、パリ講和会議前後に政務局、通商局の事務が膨大になったため、条約局を新設していた（一九一九年七月）。しかし、その後も事務量の増大は続いたため、一九二〇年一〇月に政務局が亜細亜局、欧米局に分割された。初代亜細亜局長には芳澤謙吉、欧米局長には松平恒雄が任命された。以後外務省では、一九三四年まで四局体制が続くことになる[233]。

在外公館については、敗戦によって国土が大幅に縮小したオーストリア＝ハンガリー帝国の大使館が公使館に格下げとなった(一九二〇年一〇月に戦後初代の臨時代理公使が着任)。他方で、大戦中同じ連合国の一員として日本との関係が深まったベルギーについては、内田外相から公使館を大使館に昇格する提議がなされ、原内閣は一九二〇年一〇月の閣議でこれを了承した(実際の大使館昇格は翌年五月)。原は、いずれブラジル公使館も諸外国に倣って大使館に昇格せざるを得ないと考えていたが[234]、これは一九二三年五月に実現に至る。

◆原の外交構想

原は、首相在任中、議会での演説・答弁、政友会での演説や新聞談話などを通して政治構想を発信したが、一九二〇年に入ると、外交専門雑誌『外交時報』のインタビューに応じ、自らの外交構想についてより詳細に語り始めた(いずれも口述筆記による論説の形で発表)[235]。従来原は、閣僚を務めていた時には、議会や政友会以外の場で、自らの外交構想について詳しく語る機会は多くなかった。それは、世論の反対に抗して日露講和に賛成したり、二十一ヵ条要求問題の時のように、党内の対外硬派に一定の配慮をせざるを得なかったりした状況を考えると、やむを得ないことであった。しかし、今や原内閣の権力基盤は安定化し、原が率直に自らの外交構想を語ることは、以前に比べて容易になった。また、日本の国際的地位が向上し、デモクラシーの風潮が高まる中で、首相が自ら内外に外交構想を語ることは、時代の要請でもあり、原はこうした動きに積極的に応えたと見ることができる。原は、一九二〇年から翌年にかけて、『外交時報』に四本の論説を発表しているが、これらは大戦後の原の外交構想や国際秩序観を明確に語ったもので、同誌編集部からも「従来外交に対する興味を疑はれたる原首相が、帝国外交の現状を陳述」したとして歓迎された[236]。以下では、従来ほとんど分析されていないこれらの論説を分析していきたい[237]。

一九二〇年六月、原は『外交時報』に「帝国外交の近状——西伯利の近情、日英同盟、日米の将来、対支問題」と題する論説を発表した[238]。この論説は、パリ講和会議後における日本外交の基本方針を体系的に説明したものである。原は冒頭で、日本と各国との関係が順調に進みつつあることは、「世界の平和の為め欣快とする所」であるとして、日本はヴェルサイユ講和条約の条款を履行し、東亜全局の安全を保障し、世界の平和に貢献する覚悟を要するのは当然であると語った。

その後、話題は個別政策に移っている。まず原は、シベリア出兵の目的について、「日露の経済的関係を恢復せんことを希望する以外、何等他意あるものでは無い」と語った。原は、出兵は自衛の措置で、国際協調の延長に他ならないので、今後シベリアが安定し、チェコスロバキア軍の送還が終了すると同時に、日本軍は「喜んで撤退を実行し得るに至る」と述べている。これは、原が組閣以来進めてきた漸次撤兵政策を、改めて表明したものであった[239]。

次いで原は、日英関係について、日本とイギリスの関係は良好で、何ら変更すべき必要は認めないと語った。原によれば、日英同盟の目的と精神は、当初から一貫して「東亜に於ける安定と静謐《せいひつ》とを擁護する」ことにあり、「一国又は民族を目標として結ばれたもの」ではなかった。従って日英同盟は、「国際連盟の大義と扞格《かんかく》侵犯」することはなく、むしろ国際連盟の「補足的分章」と言っても差し支えないものであった。原は、世界平和を祈念する者は、「日英両国の緊密なる親交を希望して已まざるを確信」すると述べて、この話題を締めくくっている。

原は、当時日英同盟の廃棄が問題になっていたことを念頭に置いて、これを語ったと思われる[240]。一九二〇年春頃から、日本、イギリスのメディアでは日英同盟の存続問題が本格的に議論されるようになっていた。これは、国際連盟規約と軍事同盟が一般に両立するかが問題になっていた他、日英同盟の期限が一九二一年七月に迫り、同盟を廃棄する場合、その一年前に通告する必要があったためであった。辛亥革命以降、日英両政府は東アジアの外交問題に対して、次第に共同行歩調を取ることができなくなっていたが、原はこの事実を切実に感じていたはずである。にもかかわらず、あえて上記の言い方をしたのは、日英同盟がいまだ日本にとって有用であると考え、その存続を希望していたからである。原は、できれば日英同盟は存続させたいと考えていた。

続いて話題は日米関係に及び、原はアメリカの名士が最近日本に来遊し、意見交換を行ったことに「欣快」の意を表した。そして、両国の名士が互いに頻繁に往来し、互いの国情を理解すれば、両国の関係は一層緊密になるだろうと述べ、「国民と国民との接触了解は、政府と政府との交際以上、更に有力なる効果を齎らします」とまで述べた。この考え方は、日米間の民間外交を推進していた渋沢栄一の立場に通じるものがある[241]。原は、東北振興問題などを通じて渋沢と交流があり、渋沢から民間外交の動きについて色々と話を聞いていた可能性が高い。実際原は、首相時代、前述のアボットをはじめとして、アメリカの民間人にもかなり会っている。

原は、日本の使命が「東洋の平和を保障する」ことにあり、そのために中国と親交を重ね、その資源を開発して、「亜細亜の共存同栄」を図る必要があると指摘した。この点からすると、アメリカにとっての中国が「投資問題」が主であるのに対し、日本にとっての中国は「国民的死活の問題」であり、両者を同一視すべきでないことは、アメリカの識者が諒察してくれることを信じると、原は述べている。この指摘は、原が日米関係と日中関係の連関を強く意識していたことを示している。

最後の話題は、中国問題であった。原は、中国の将来を悲観せず、むしろ「前途の光明」を認めていると語った。原は、近い将来中国の政治的分裂状態が妥結と安定に至り、中国が日本と共に「東亜自全の責務」を分担することを期待していると述べ、そのために日本が「同情的声援」を与えつつあるとした。五月に成立した新四国借款団については、列強の対中政策上「新紀元」を画するものとして歓迎し、中国を再建する上で効果が挙がることを確信していると語った[242]。もっとも、日本の満蒙などに対する特殊権益が列強から承認されたことに満足の意を表し、パリ講和会議の結果が尊重されるべきだとも述べており、日本が合法的に獲得してきた既得権に関しては、中国に譲歩しないことも示唆した。

◆原敬「世界に誤解されたる日本の国民性」

おそらくこの論説が好評だったのであろう、原は、同年一〇月に再び『外交時報』誌のインタビューに応じ、論説「世界に誤解されたる日本の国民性（日本は果して軍閥国なりや）」として発表した[243]。この論説は、具体的な外交構想ではなく、日本人の国民性や日本の国柄について語ったものであり、いわば原の「日本人論」であった。原は、目下政府当局者であるので、意見を公表することは甚だ困難であるが、外国人の日本観には「不詮索に基づく誤解」が少なくないため、それを解くために意見を開陳したと、談話に応じた動機を語っている。

原によれば、外国人は日本人に対して三つの誤解をしていた。第一の誤解は、「日本国民は侵略的民族である、好戦国民である、軍事以外の文化を欠如する民族である」という誤解であった。原の見るところ、この種の誤解には、日本の歴史を無視し、日本の文学芸術を度外視し、国民生活の実相を探求しないという欠点があった。

原はこれが誤解である根拠として、日本が他国を侵略し、異民族を征服した歴史がないことをまず挙げた。原の見方によれば、日露戦争は「自衛の義戦」であり、朝鮮、樺太、満州を取得したのは、「東洋平和の禍根を一掃し、東亜の安定を永遠に確保したるもの」であって、欧米列強も賛同したものであった。目を日本国内の歴史に転じれば、日本史上の争いの多くは政争で、他国のような残虐な征服や虐殺は行われたことがなかった。また日本では、近代の世論政治と形式こそ違うが、実質的には民意政治が古くから行われていた。さらに、日本の美術はそのほとんどが仏教の影響を受け、日本文学も概して平和を憧憬し、太平を謳歌したものであり、これらは日本国民がいかに平和的、信仰的国民であるかを物語るものに他ならなかった。

原に言わせれば、日本国民はどちらかといえば「引込思案の国民」で、悪く言えば「萎靡退嬰《いびたいえい》の風」があった。また、一家の生活が成り立っていれば、活動を厭い、安逸を貪るのが日本国民の風習であり、地方の大多数の国民は、父祖の仕事を継承して、家を守るのを人生と心得ていた。原は、こうした「悠暢緩慢《ゆうちょうかんまん》」な国民に、「主戦主義の野心」や「他国を侵略する危険」はある筈がないと主張した。

第二の誤解は、「日本は自国一国の都合のみに打着して他国を念頭に置かず、利己に偏して世界共通の利益を藐視《びょうし》する」というものであった。そのため、外国には「日本の発展は世界の脅威であるから、世界文明の為めに日本の発展は好まない」という見方があり、原はこれを「驚き入った曲論」であると批判した。

原は、日本が第一次世界大戦にあたって連合国の勝利に莫大な貢献をしたことに注意を促し、大戦中のオーストラリアやインドの平穏は、日本の双肩にかかっていたと指摘した。また、日本がかつて国際法に背き、国際間の信義を蹂躙した例がないことを指摘し、「国際間の義務を重んじ友邦の信義を尊重する」国として、「恐らく日本の右に出づるものはあるまい」という見方を示した。もちろん原は、二十一ヵ条要求をはじめ、従来の勢力拡張政策には問題もあったことは認識しており、それを念頭に置いて「個々の事件、例へば過去の対支政策の如き、一二誤解の資源たりしものは絶無とは云へない」とも語っている。ただ、原はそれらは「当時の当局者の用意と巧拙如何の問題」であった、「必ずしも日本の伝統的手段ではない」と指摘している。日本は独善的な国家ではない、またそうあってはならないと原は言いたかったのであろう。

第三の誤解は、「日本は軍閥国であり、日本の政治は軍閥の支配する所であり。日本の対外方針は軍閥の立案強行する所である」というものであった。もちろん原は、従来軍が政治を種々圧迫してきたことは百も承知であり、「日本の軍部は過去に於いて一種の傾向を有し、多少の欠点を認められて居た」ことは率直に認めた。しかし原は、軍部が政治を支配し、対外政策を強行するようなことは、「今日に於いては断じて有り得べからざる所である」と断定した。原によれば、議会政治が発達し、完全な責任政治が行われている今日、そのようなことは国民が許さないとも語っている。この辺りには、原の政党政治に対する自信が示されているとも見ることもできるだろう。原は、日本の軍備は国家を防御し、東洋の平和を保障する最低限度のものであることも指摘し、軍備拡張に対する消極姿勢も示唆している。

最後に原は、一部外国人の日本人観が誤解にすぎないことを再説し、日本人の使命も欧米人の目的も、「等しく世界の平和、人類共通の理想に到達せん事を希求する」ことであると語った。そして、世界の文明国が人種や国籍の如何を問わず、各国民の生存を全うさせ、その幸福と向上を保障する道義的観念こそが「正義人道」であると指摘し、当時問題になっていたカリフォルニア州の日本人移民問題が、アメリカ人の道義的観念によって解決されることに期待感を表明した。最後に移民問題に触れていることから判断すると、原は、日米関係の緊張を除去するため、アメリカの対日誤解を解く必要性を強く感じて、この論説を発表したものと思われる。

◆原敬「東西文明の融合」

一九二一年一月、原は「東西文化の融合」と題する論説を『外交時報』に発表した[244]。この論説は、原の「文明論」と言うべきもので、原が自らの外交構想の背景にある文明観、国際秩序観を語ったものである。原はまず、平和回復後三年目を迎えるにあたり、講和条約の実施が着々と緒に就き、国際関係が安定化しつつあることを、人類の平和のために祝した。原は、世界が「平和実現の世界に在り」と指摘し、人類の使命は、今日のような平和を永遠に継続し、各国民の利益、幸福、安全を均等に保障し、戦争絶滅の保障をより有効、確実にするために努力することであると述べた。

もっとも原は、戦後の世界を楽観視していたわけではない。原は、「人類終局の理想たる、絶対平和の実現」までには、まだ「多大の歳月と格段の工夫努力を要する」とも指摘した。また、戦後の世界民心が熱烈に新理想を憧憬し、ウィルソンの十四ヵ条やソ連の社会主義が登場した結果、いわゆる「改造論」が流行したが、原の見るところ、それは戦争に対する「反動的亢奮《こうふん》状態」を脱し得ないものであった。そのため、人心の空虚はいまだ完全には癒やされず、思想の動揺も安定せず、世界はいまだ新たなものの出現を渇望しつつあるかに見えるというのが、原の見立てであった。

それでは、「人類向上の新目標」は、いかにすれば見出すことができるのであろうか。原は、それは「超邁なる哲人の出現を見ざる限り、少数人士の容易に発見し、把握し得る所ではな」く、「各民族の接触、各国民の諒解」、すなわち「東西文明の調査融合」によってのみ到達可能だという考えを示した。

原は、「従来世界文明の標識は白人が独占する所」であったと指摘し、白人の文明は、特にその科学的文化において一日の長があることを認めた。しかし原は、第一次世界大戦の原因が白人文明の欠陥と軋轢に由来したことを思えば、将来の平和維持は「各民族共同の負擔」であり、「東西文明の共同責任」であることを悟らなければならないとした。言い換えれば、「各国民、各民族は世界平和の為めに各自の文明を持ち寄りする義務あると同時に、又持ち寄りを為すの権利あるを忘れてはならない」というのが、原の主張であった。

原は、具体例として国際連盟に言及し、その基本理念である「正義人道」「四海同胞」は、既に数千年前に東洋文明が喝破したもので、何ら新奇のものではないと指摘した。すなわち、原の見るところ、「白人文明が未曾有の大惨劇の結果、初めて案出したる国際連盟の基本道念」は、実は「数千年来東洋に育成され来れる人道主義」に過ぎないのであり、大戦後の「新理想、新平和策」は、「東洋文明の本質を研究し、東西両文明を調査融合する」ことによって発見できるのであった。原は、東洋文明の優越を指摘していたわけでは決してない。その証拠に、西洋において、フランスの前首相ポール・パンルベー(Paul Painleve)が東洋文明の特質を重視し、「東西両文明の提携」を提唱する議論を行っていることを指摘し、それを「流石に敬服を禁ぜざる所」と評している。

原の考えによれば、東洋文明の特質は一言では尽くし難いが、中国に「最も古き文明」「最も超脱したる雄大なる思想」が存在する一方で、中国文明の中のあるものは、日本において完成していた。また、中国でその精髄が喪失して、日本においてのみ体現されたものもあった。日本文化の根底には、西欧のそれとにわかに軽重を断じ難い特質があるにもかかわらず、日本人はとかく自分の本質を表現するのが拙劣なため、従来その真価を疑われ、誤解を招くことがしばしばあった。他方で、欧米人も東洋文明との接触が浅いため、これを白人文明に取り入れる努力を怠ってきた感があった。戦争は「同質文明の競争軋轢」によって開始され、異質文明の無理解は「平和の破裂」につながる。これに対して、異質文明が接触と理解によって相互の長所を取り入れ、短所を補えば、単に戦争の原因を根絶するのみではなく、相互の幸福を増進し、人類の精神を豊かにし、ますます平和を維持できるようになる。問題は、「西洋対東洋」あるいは「日本対ある一国」ではなく、世界の識者は、「東西両文明を融合したる新理想」を作り上げ、それを「永久平和の標識」「戦争絶滅の新方策」たらしめなければならない。これが、原が提唱する究極の目標であった。

以上を踏まえた上で、原は、日本の果たすべき役割についても考察を加えている。原によれば、日本国民は「自主、自由、平等の民族」であり、その愛国心は強制の結果として生じているのではなく、内発的なものであった。また、日本が「専制主義的国家」「侵略主義の民族」だというのは、あまりに日本の国情を知らない誤解であり、日本は「徹頭徹尾対内的には自由平等の国で、対外的には平和協調の国」であった。原は、日本の全ての政治・外交政策はもちろんのこと、国内の労資問題や社会問題も、ことごとくこの理念に基づいて取り扱われるとした。日本の国民生活には永久に「弾力」があり、「階級的確執」や「社会の根本的破壊を企てられる危険」を感じないというのが、原の見立てであった。

原は、日本文化が「世界の文明に寄与すべき資質」を備えていると確信すると同時に、日本が白人文明を取り入れ、これと協合して「世界平和、人類の向上」に貢献するべく努力していると表明した。また、世界の有力者が日本を正確に理解して、日本文化の精髄を採取することによって、世界共同の利益増進に供することを熱望しているとした。最後に原は、日本が「世界の永久平和に貢献すべき満幅の誠意」があると述べ、そのための機会均等を要求して、論説を結んでいる。

本論説は、原が自らの外交構想の根底にあったものを語っているという点で、極めて興味深い。第一次世界大戦勃発直後から、原は欧米列強とりわけアメリカとの協調を重視してきた。また、大戦後は「新外交」の理念に積極的に呼応し、国際協調外交を推進してきた。しかし、これらの外交指導は、単なる欧米の模倣や追随ではなかった。原は、西洋における思潮の変化を的確に把握し、取り入れた上で、日本が独自の思想と立場に基づいて、外交政策を策定するべきだと考え、かつそれを実践してきたつもりであった。「東西文明の融合」とは、その端的な表現に他ならず、原の国際協調外交が、単なる欧米からの借り物ではなかったことが分かる。

原は東洋文明の優れた点を指摘しつつも、それによって西洋文明を排斥するような独善に陥っていない。むしろ、フランスの政治家の議論に着目していることからも分かるように、西洋から大いに学びつつ、日本独自の立場や役割について考えるというのが、原の基本姿勢であった。また原は、東洋文明すなわち日本という単純な見方にも立っておらず、中国文明に対して一定の敬意を持っていたことも窺われる。この論説は、原の優れたバランス感覚と知性の高さが、彼の外交構想を根底で支えていたことを示していると言えよう。

◆ワシントン会議への道

一九一九年に締結されたヴェルサイユ講和条約は、山東半島の最終的帰属を規定せず、中国全権が調印を拒絶するなど、東アジアの問題の解決を先送りしたものであった。翌年には、世界的な戦後不況と各国の財政逼迫のため、軍備制限の気運が高まり、その実現が課題として浮上した。また、一九二一年に期限を迎えることになっていた日英同盟の更新も、大戦後の東アジアの秩序形成の上で、大きな問題であった。こうした問題を解決するため、アメリカのハーディング大統領は、ワシントンで国際会議を開催したい旨を、一九二一年七月に発表した。

日本では、これを「国難」と受け止め、警戒する見方もあったが、原内閣は、これをむしろ東アジアの安定化や軍縮実現のための好機と捉え、すぐに参加を決定した。アメリカから会議開催の打診があった際、原が内田外相に「我より進んで相当の提議をなし、進んで会議に参加の返事をなしては如何」と語っていること[245]、国内の政治課題に対処するため、自らが全権として渡米することはできなかったものの、全権(加藤友三郎海相、幣原喜重郎駐米大使、徳川家達貴族院議長)の人選にイニシアティブを発揮していたことからも分かる通り[246]、原はワシントン会議に積極的に対応する考えであった。

原はワシントン会議開催前、日本の基本姿勢を示すべく、アメリカの新聞各紙からのインタビューに進んで応じた[247]。また日本国内でも、会議参加の意義を積極的に示そうとした。その一環として、原は一九二一年九月に、『外交時報』に論説「恒久平和の先決考案(華盛頓会議に際して日本国民の世界観を陳ぶ)」を発表している[248]。この論説は、先に発表した「世界に誤解されたる日本の国民性」「東西文明の融合」を敷衍して、自らの世界観を披露するとともに、ワシントン会議に臨む日本の基本姿勢を表明したものである。

まず原は、大戦後の平和熱を「一時の流行」とか、「欧州大戦の惨劇に伴う反動的風潮」と見なす見解もあるが、これには「予は全然服する事が出来ない」とする。その上で原いわく、「本来人類は神の顕現であるから、其の本性は愛であり、平和である」[249]。にもかかわらず、ある民族が他民族に優越性を貫徹しようとするので、戦争が発生する。すなわち戦争は、「人間の性能の一部に潜在する悪魔性が、不自然に跳梁する一時の現象」であるが、平和が人類の本性であるから、人類はこの悪魔を放逐して、平和の世界に永遠の幸福を求めなければならない。したがって、全人類が「今や絶対に戦争を嫌忌し、四海同胞の自覚の下に永遠の康寧を渇求するに至った」というのは正しい見方である。

しかし、理想と現実には常に距離があり、「現前の世界が既に絶対平和の完域に達したりと見るは、稍や早計の観がある」。翻って考えると、戦争の原因は、「人類生活の不均衡」に存する。大戦前のヨーロッパ列強は、この不均衡を調節しようとして苦心したが、失敗に終わった。今後いかなる平和運動が起こっても、この不均衡が排除されない限り、効果は挙がらない。世界の恒久平和を願う者は、まずこの根本原因を理解しなければならない。

したがって、「人類の世界観を洗練」させ、「恒久平和に関する各国民の意識を明瞭」にすることが、戦争防止の先決である。そのために必要なことは、第一に、いかなる民族も多民族の自殺を強制し得ないことを自覚すること、第二に、世界の民族は対等であることを自覚すること、第三に、世界の物資を各民族になるべく普遍的に供給することである。以上が、原が述べている戦争防止、平和維持のための方策の骨子である。

続けて原は日本に目を転じ、以下のように論じている。原いわく、「従前我が日本は往々にして軍国主義乃至好戦的民族と云ふが如き誤解を受けた事がある」が、それは誤解である。そもそも日本は、「坐して外力を俟つ」状態に甘んじていたら、独立すら危うい状態であったが、列強に反発、対抗してきたがゆえに、「東亜の重鎮として世界の平和に多大の貢献を為すに至った」。今や日本は、国際連盟の「幹部の一員として世界の平和を維持し、後進民族の指導啓沃《けいよく》に任ずる資格」がある。現実の世界は依然として不均衡で、真の恒久平和はなお遼遠である。日本も、膨大な人口と物資の欠乏に苦悩し、生活の脅威に直面している。日本は、極東の平和や世界の安定のため、自らの持つ資質を涵養するとともに、世界の各民族にまず衣食住の安定を得させることが重要である。また、各民族に、平等の機会と幸福を享受させることが必要である。以上が、原が思い描いていた、世界における日本の役割であった。なお、原は以上の議論を行うにあたって、イギリスの新聞『タイムズ』の中国特派員であるブランド(J.O.P. Bland)の議論を参照していた。

以上のような世界観を述べた後、原は当面の外交方針を簡単に紹介している。まず原は、アメリカとの親善、イギリスとの関係が極めて大切であることを指摘した。後者に関しては、日英同盟が現に継続中で、「友誼関係は将来一層緊密を加ふるは勿論である」とも述べ、日英同盟の更新に前向きな姿勢を示した。「日米の接近と日英の親交とは、世界に於ける不安の要素を鎮定し、平和の確保に無二の作用を発揮するものである」というのが、原の主張であった。

原は、中国外交に関しては、中国内部の事情にみだりに外力を加えるべきでないとして、内政不干渉の方針を示した。中国には国内政情の自発的改善を勧告し、その経済的真価を発揮できるようにして、「人類共同の福祉を増進」するというのが、原の対中政策の主眼であった。新四国借款団についても、日本が中国における門戸開放、機会均等の主義を発揮したものであり、日本は今後ますます中国に対して「友誼的の考慮」をめぐらせる必要があると論じた。シベリア出兵に関しては、同地域の秩序恢復を望む以外には、何ら野心を有さないという従来の説明を繰り返した。

結論として原は、「日本はただ国際間の正義に立脚し、列強の友和協調を重んじ、国民的栄誉並に国民的生存権を適当に運用して、以て文明の向上、人類福祉の増進、世界恒久平和の確保に任ぜんと欲するものである」とした。そして、アメリカから招請されたワシントン会議においても、「更に進んで世界の開放、障壁の撤廃、人類生活の安定と云ふが如き根本原理の討究を重ね、参加列強の間に完全なる一致を得て、宇内の平和を確保し、各国民の差別的観念を一掃して、人類全体の福祉を増進せんことを切望して已まざるものである」と表明した。来るべきワシントン会議は、原が組閣以来推進してきた国際協調外交をさらに発展させると共に、原がこれまで訴えてきたように、日本に対する世界の誤解を解き、日本の東アジアにおける新しい役割を内外に示す機会となるはずであった。しかし、原は一九二一年一一月に暗殺され、ワシントン会議開催を目にすることはなかった。原が生きていたとしても、ワシントン会議の結果はあまり変わらなかったであろうが、原であれば、少なくともワシントン会議の意義やその後の日本外交の見取り図について、より明確に内外に発信することはできたのではないだろうか。

大戦後の日本外交の基本路線――おわりに

本章では、第一次世界大戦期の原敬の外交指導を、政友会内の外交構想の変化や原とメディアの関係に着目しつつ、分析してきた。本章が明らかにしたのは、主に以下の四点である。

第一に、日本の参戦に対する原・政友会の対応について、明らかにした。第一次世界大戦の勃発に際し、第二次大隈重信内閣は、加藤高明外相のリーダーシップのもとで、即座に参戦するという思い切った決定を行った。陸軍、財界、メディアはこぞって、参戦を支持し、権益拡張を期待した。これに対して原は、日米関係や日中関係の悪化を懸念して、参戦に極めて慎重であった。高橋是清ら政友会幹部も原を支持し、政友会は党としても慎重姿勢を鮮明にした。もっとも、政友会内にも参戦積極論者が居り、その後権益獲得に対する期待が日本国内で高まるにつれて、政友会内でも権益獲得熱が高まっていった。

第二に、二十一ヵ条要求問題に対する原・政友会の対応について、明らかにした。原は、参戦以降も慎重な外交姿勢を堅持し、国内の権益獲得に対する期待を批判的に見ていたが、政友会内では逆に中国大陸や南洋への進出への積極論が目立つようになっていった。特に、小川平吉はそのリーダー格で、彼は対外硬派と連携しながら政府に圧力を掛けるべく大々的な運動を行った。二十一ヵ条要求提出に際しても、政友会内では、政府以上の強硬論が多かった。これに対して原は、強硬外交論を放置しつつ、政府を現実主義的・合理主義的観点から一貫して批判し続けた。総選挙の惨敗の中で、党の結束を維持しながら、自らの外交構想を維持した原の党内指導は、見事なものであった。

第三に、パリ講和会議に対する原・政友会の対応について、明らかにした。原は、第一次世界大戦後の新秩序の登場を基本的に歓迎し、積極的に呼応しようとした。それは第一次世界大戦中の外交批判の上に立ちながら、アメリカの台頭、中国ナショナリズムの高まりといった大戦後の新しい事態を的確に把握し、それに積極的に対応しようとするものであった。結果的に日本は、パリ講和会議においてそれほど積極的な役割を果たさなかったが、原は大戦後の新しい外交の理念に共鳴し、それに基づいて勢力拡張政策からの転換を実現した。野党憲政会には、原内閣の外交に対する批判も多かったが、政友会の大勢は内閣を支持し、やがてそれが日本全体の主流的な意見になっていった。なお原が、パリ講和会議後の外務省の機構改革を積極的に推し進めたことも明らかにした。

第四に、原の第一次世界大戦後の国際秩序観や外交構想について明らかにした。原は、大戦前に閣僚を務めていた時には、政府の外交政策の対外的発信にそれほど熱心ではなかったが、大戦後のデモクラシーと国際協調の雰囲気に応じて、積極的に自らの構想を発信する姿勢に転じた。原は、議会や政党における演説のみならず、雑誌『外交時報』や新聞においても、対中不干渉、日米協調など、重要な外交方針について積極的に説明を行っている。原は外交政策の転換の背景にあった自らの理念や世界観についても語っているが、本章では特に、原が「東西文明の融合」「恒久平和」といった明確な普遍的理念を持っていたことも明らかにした。

こうして見ると、この時期の原の外交構想が見事なまでに一貫性を保っていたことに改めて驚かされる。欧米とりわけアメリカとの協調を外交の基軸に据えた点、中国との親善を追求し、大陸への勢力拡張に抑制的であった点において、原の外交構想は第一次世界大戦期を通して一貫していた。また原の大戦初期からの主張は、大戦後の外交を先取りするものでもあった。原は、一九一八年に首相の座に就くと、大戦初期からの外交批判の上に立ち、大戦末期に新たに浮上してきた問題にも的確に適応しながら、強力なリーダーシップによって、外交政策の転換を推進した。そしてそれは、一九二〇年代に長く外相を務めた幣原喜重郎らによって継承された。原の外交指導は、まさに一九二〇年代の日本の国際協調外交の基本路線を設定したのである。

註

1——三谷太一郎『日本政党政治の形成——原敬の政治指導』(東京大学出版会、一九六七年、増補改訂版一九九五年)。

2——伊藤之雄『大正デモクラシーと政党政治』(山川出版社、一九八七年)、同『政党政治と天皇』(講談社、二〇〇二年)。

3——川田稔『原敬　転換期の構想』(未来社、一九九七年)。

4——近年の代表的研究として、川島真『近代中国外交の形成』(名古屋大学出版会、二〇〇四年)、三谷太一郎『ウォールストリートと極東——政治における国際金融資本』(東京大学出版会、二〇〇九年)、酒井一臣『近代日本外交とアジア太平洋秩序』(昭和堂、二〇〇九年)、中谷直司「勢力圏外交秩序の溶解：新四国借款団設立交渉(一九一九〜一九二〇)と中国をめぐる列強間関係の変容」(『同志社法学』五九巻四号、二〇〇七年一一月)がある。

5——近年の代表的研究として、高原秀介『ウィルソン外交と日本　理想と現実の間　一九一三-一九二一』(創文社、二〇〇六年)、簑原俊洋『排日移民法と日米関係』(岩波書店、二〇〇二年)、中谷直司「ウィルソンと日本——パリ講和会議における山東問題」(『同志社法学』五六巻二号、二〇〇四年七月)、同「対列強協調から対米協調へ：日本外務省の政策構想の変容　一九一六-一九一九」(『同志社法学』五八巻四号、二〇〇六年九月)がある。

6――近年の代表的研究として、Phillips Payson O'Brien ed., *The Anglo-Japanese Alliance, 1902-1922*, Routledge, 2002, 村島滋「二〇世紀史の開幕と日英同盟――一八九五－一九二三年の日英関係」、イアン・ニッシュ「同盟のこだま――一九二〇－一九三一年の日英関係」（細谷千博、イアン・ニッシュ監修『日英交流史　一六〇〇－二〇〇〇』一巻、東京大学出版会、二〇〇〇年）、拙稿「チャールズ・エリオットと第一次大戦後の日本政治――一九一八～一九二六年」（『法学論叢』一五八巻五・六号、二〇〇六年三月）がある。

7――近年の代表的研究として、Naoko Shimazu, *Japan, Race and Equality: The Racial Equality Proposal of 1919*, Routledge, 1998, ＮＨＫ取材班編『理念なき外交「パリ講和会議」』（角川文庫、一九九五年）がある。

8――近年の代表的研究として、麻田貞雄『両大戦間期の日米関係――海軍と政策決定過程』（東京大学出版会、一九九三年）、服部龍二『東アジア国際環境の変動と日本外交　一九一八－一九三一』（有斐閣、二〇〇一年）、西田敏宏「東アジアの国際秩序と幣原外交　一九二四～一九二七年」（一）～（二・完）（『法学論叢』一四七巻二号、二〇〇〇年五月、一四九巻一号、二〇〇一年四月）、同「幣原喜重郎の国際認識――第一次世界大戦後の転換期を中心として」（『国際政治』一三九号、二〇〇四年一一月）がある。

9――近年の代表的研究として、浅野和生『大正デモクラシーと陸軍』（慶応義塾大学出版会、一九九四年）、小林道彦『政党内閣の崩壊と満州事変　一九一八～一九三二』（ミネルヴァ書房、二〇一〇年）、平松良太「第一次世界大戦と加藤友三郎の海軍改革　一九一五～一九二三年」（一）～（三・完）（『法学論叢』一六七巻六号、二〇一〇年九月、一六八巻四号、二〇一一年一月、一六八巻六号、二〇一一年三月）がある。

10――その一端は、本書第二章の飯塚論文を参照。

11――「内田康哉日記」は、小林道彦・高橋勝浩・奈良岡聰智・西田敏宏・森靖夫編『内田康哉関係資料集成』第一巻（柏書房、二〇一二年）に所収。原文書は「内田康哉関係文書」（氷川町竜北歴史資料館所蔵）所収。同文書のマイクロフィルム版は国立国会図書館憲政資料室所蔵。

12――日本の参戦外交については、拙稿「参戦外交再考――第一次世界大戦の勃発と加藤高明外相のリーダーシップ」（戸部良一編『近代日本のリーダーシップ――岐路に立つ指導者たち』千倉書房、二〇一四年）、拙稿「第一次世界大戦初期の日本外交」（山室信一・岡田暁生・小関隆・藤原辰史編『現代の起点　第一次世界大戦』第一巻、岩波書店、二〇一四年）、Peter Lowe, *Great Britain and Japan 1911-1915*, Macmillan, 1969, 斎藤聖二『日独青島戦

争　秘大正三年日独戦史』別巻二（ゆまに書房、二〇〇一年）、拙著『「八月の砲声」を聞いた日本人――第一次世界大戦と植村尚清「ドイツ幽閉記」』（千倉書房、二〇一三年）を参照。

13――大戦勃発当時の日本の世論については、前掲、拙稿「参戦外交再考」、前掲、拙稿「第一次世界大戦初期の日本外交」、拙稿「第一次世界大戦初期における日本の外交世論――参戦と二十一ヵ条要求をめぐって」（一）～（三・完）（『法学論叢』一七四巻五号、六号、一七五巻二号、二〇一四年二月、三月、五月）を参照。慶應義塾大学法学部政治学科玉井清研究会『第一次世界大戦参戦と日本のマスメディア』（同研究会、二〇〇六年）も当時の日本のメディアの動向を知る上で有用である。

14――大戦勃発に対する原の反応については、前掲、川田稔『原敬』二〇～三七頁も参照。

15――原奎一郎編『原敬日記』四巻（福村出版、一九六五年）一九一四年八月四日。以下では、『原敬日記』からの引用の際は巻数を省略する。

16――『原敬日記』一九一四年八月一四日。

17――『原敬日記』一九一四年八月一二日。

18――出席者は、大岡育造、奥田義人、元田肇（以上総務）、高橋是清（政調会長）、永江純一（幹事長）ら八名であった（『東京朝日新聞』一九一四年八月一一日）。

19――出席者は、高橋是清（政調会長）、水野錬太郎、橋本圭三郎（以上政調会理事）、戸水寛人（政調会外務部長）、井上角五郎（同大蔵部長）らであった（『中央新聞』一九一四年八月一二日夕刊）。

20――『東京朝日新聞』一九一四年九月四日、一五日、二六日、一〇月五日、一二月一三日。このような政調会の役割は、憲政会も同様であった（拙著『加藤高明と政党政治』山川出版社、二〇〇六年、一八六頁）。

21――この他、床次竹二郎、安楽兼道にも面会している（『原敬日記』一九一四年八月一二日、『東京朝日新聞』同年八月一三日）。

22――『東京朝日新聞』一九一四年八月一四日、一五日。

23――同右、一九一四年八月一八日。

24――『大隈侯八十五年史』第三巻（大隈侯八十五年史編纂会、一九二六年）一八二～一八三頁。

25――前掲、原奎一郎編『原敬日記』四巻、一九一四年八月一七～二四日、前掲、高橋義雄『萬象録』巻二、同年八

月五日。なおシフは、大戦中一貫してアメリカの中立維持のために尽力した(Naomi W. Cohen, *Jacob H. Schiff: A Study in American Jewish Leadership*, Brandeis University Press, 1999, chapter6)。

26――高橋是清「戦後の財界に就て」(『大正公論』四巻一一号、一九一四年一一月)。大戦勃発当初の日本経済への悲観的見通しは、阪谷芳郎(元蔵相)や井上準之助(横浜正金銀行頭取)も表明しており、財政家や金融家の間で一定の広がりを持つ意見であった(阪谷芳郎「戦後の経済戦争」『大正公論』四巻一一号、同年一一月、同「戦時の財政経済策」『経済時報』一四三号、同年一一月、井上準之助「国際金融の杜絶より受けた我貿易上の大影響」『実業之日本』一七巻一八号、同年九月)。もっとも、同志会に近い添田寿一(前日本興業銀行総裁)のように、大戦の前途に楽観的見通しを示す金融家もいた(添田寿一「我経済界大発展の好機と其の発展策」『実業之日本』一七巻一八号、同年九月)。

27――社説「帝国の地位」(『中央新聞』一九一四年八月九日)、社説「対独最後通牒」(『中央新聞』同年八月一八日)、「八月廿三日」(『中央新聞』同年八月二三日)。

28――『中央新聞』一九一四年九月三日。

29――社説「敢て国民に問ふ　政友会の非戦論」(『報知新聞』一九一四年九月九日)。

30――社説「政友会の態度　何ぞ其曖昧なる」(『東京日日新聞』一九一四年九月四日)、社説「外交上の功過(政友会の解釈)」(『東京朝日新聞』同年九月七日)。

31――平間洋一『第一次世界大戦と日本海軍』二〇～二八頁。

32――馬場明『日露戦後の日中関係――共存共栄主義の破綻』(原書房、一九九三年)五五九～五六一頁。

33――日本の中国認識に関する研究は数多いが、第一次世界大戦が画期であることを強調した論考として、古屋哲夫「アジア主義とその周辺」(同編『近代日本のアジア認識』緑蔭書房、二〇〇一年)を参照。

34――『東京朝日新聞』一九一四年九月一三日。

35――戸水の経歴や学問的業績については、深谷格「戸水寛人の民法学――土地利用権に関する研究に焦点を当てて」(『同志社法学』六〇巻四号、二〇〇八年九月)、「戸水寛人博士著作目録」(吉原達也氏ホームページ、http://home.hiroshima-u.ac.jp/tatyoshi/　二〇一四年一月六日アクセス)を参照。

36――例えば、「戸水寛人と寺尾亨」(鵜崎鷺城『人物評論得意の人・失意の人』東亜堂書房、一九一二年、一四六～

一五三頁)、「附焼刃の戸水寛人」(燧洋高橋鉄太郎『当面の人物フースヒー』フースヒー社、一九一三年、八八～八九頁)を参照。

37——戸水寛人「欧州大動乱」(八月一八日執筆、『世界之日本』五巻九号、一九一四年九月)。

38——戸水寛人「欧州大動乱の淵源に就て」(八月一八日執筆、『新日本』四巻一〇号、一九一四年九月)。

39——戸水寛人「独逸に与へたる最後の通牒」(『国家及国家学』二巻九号、一九一四年九月一日)。

40——竹越与三郎の評伝として、高坂盛彦『ある明治リベラリストの記録　孤高の戦闘者竹越与三郎伝』(中公叢書、二〇〇二年)を参照。

41——『東京朝日新聞』一九一四年四月一九日、二三日。

42——竹越は陸奥宗光と西園寺から高く評価され、一八九六年に陸奥が創刊した『世界之日本』主筆に迎えられ、第三次伊藤博文内閣では西園寺文相の下で秘書官、文部省勅任参事官を務めている。西園寺との交遊は終生続き、西園寺の伝記『陶庵公：西園寺公望公伝』(叢文閣、一九三三年)も執筆している。

43——竹越与三郎『南国記』(二酉社、一九一〇年)。

44——竹越与三郎「空前の大戦乱と国民の覚悟」(一九一四年八月一七日談、『欧州戦争実記』一巻二号、同年九月五日)。

45——大戦勃発後の日本における南洋熱については、矢野暢『「南進」の系譜　日本の南洋史観』(千倉書房、二〇〇九年)五三～六〇、二二九～二五〇頁を参照。

46——竹越与三郎「重刊南国記に題す」(一九一四年一〇月二九日執筆、同『増補　南国記』二酉社、一九一五年一月)

47——『東京朝日新聞』一九一五年一月五日。

48——小川の経歴については、伊藤隆「小川平吉小伝並に主要文書解題」(小川平吉関係文書研究会編『小川平吉関係文書』一巻、みすず書房、一九七三年)を参照。

49——戸水寛人『回顧録』(戸水寛人、一九〇四年)二頁、一一頁、一四一～一四四頁。

50——南洋協会編『南洋協会二十年史』(南洋協会、一九三五年)二～九頁。

51——小川平吉「外交と言論」(『政友』一三九号、一九一二年三月)。

52――小川平吉「平生の施設が肝要也」(『新世紀』一巻一号、一九一三年五月)。
53――小川平吉「独逸の山東経営」(『政友』一六三号、一九一四年一月)。
54――小川平吉「対支外交に関して加藤外相に問ふ」(『世界之日本』五巻七号、一九一四年七月)。
55――小川平吉「対支政策の根本義」(『世界之日本』五巻一〇号、一九一四年一〇月)。
56――詳細は、前掲、拙稿「参戦外交再考」を参照。
57――小川平吉「青島戦争と対支根本政策建言――大隈内閣の二十一箇条要求」(前掲、小川平吉関係文書研究会編『小川平吉関係文書』一巻、五八六~五八八頁)。原文書は「小川平吉関係文書」書類の部五八〇(国立国会図書館憲政資料室所蔵)。
58――「大正三・四年記録」(以下「小川平吉日記」)一九一四年一〇月一日(前掲、小川平吉関係文書研究会編『小川平吉関係文書』一巻)。原文書は「小川平吉関係文書」書類の部九七四。
59――「小川平吉日記」一九一四年一一月八日。
60――第一次世界大戦勃発時の日本陸軍の動向については、山本四郎「参戦・二十一ヵ条要求」(『史林』五七巻四号、一九七四年五月)、小林道彦「世界大戦と大陸政策の変容 一九一四~一六年」(『歴史学研究』六五六号、一九九四年三月)を参照。
61――実際には、牧野前外相は穏健な対中外交構想を持っており、参戦以降の日本外交の動向を非常に懸念していた(前掲、馬場明『日露戦後の日中関係』五五九~五六一頁)。
62――「小川平吉日記」一九一四年一〇月九日。
63――「小川平吉日記」一九一四年一〇月一三日。
64――『信濃毎日新聞』一九一四年一〇月二一日。
65――「小川平吉日記」一九一四年一〇月二八日。
66――「小川平吉日記」一九一四年一一月三日。
67――「小川平吉日記」一九一四年一一月八日。小川の意見書「対支外交東洋平和根本策」は、「小川平吉関係文書」の中に四種類の草稿が収められている。表題、署名の有無など若干の違いはあるが、内容はいずれもほとんど同一である(「小川平吉関係文書」書類の部六九九、七〇八〔二種類所収〕、七二〇)。小川平吉「対支外交東洋平和根本策」（小川平吉関係文書研究会編『小川平吉関係文書』一巻、八二一～八六頁）は、このうち「小川平吉関係文書」書類の部七〇八所収の一つの目の文書を翻刻したものであるが、同書で「十二月」「十二月初七」と記されている部分は、「一一月」「一一月初七」の誤りである。「小川平吉関係文書」書類の部六九九には、この意見書の配布先と思われる人名リストが収められている。実際に配布されたかどうかは不明であるが、小川が重視していた人物が分かり興味深いので、以下に列挙する（リストは和紙を左右に区切り、左右各頁に七列ずつ人名が毛筆で記載されている。以下では、右頁の上列から下列、左頁の上列から下列の順に記載した。棒線が引いてある人物（配布済みを意味するものと推定される）の前には■印を付した。人名に付されている爵位や役職名、判別困難な人名、重複している人名は省略した。フルネームが分からない者は、史料に記載されている通りに記載した）。■加藤高明、■明石元二郎、寺内正毅、原敬、奥田義人、元田肇、大岡育造、高橋是清、山本達雄、永江純一、小林雄吾、武藤金吉、床次竹二郎、牧野伸顕、内田康哉、伊集院彦吉、■神尾光臣、■堀内文次郎、■田中義一、高島鞆之助、福島安正、徳川慶久、牧野忠篤、波多野敬直、入江為守、早川千吉郎、林田亀太郎、後藤新平、寺尾亨、内田良平、福田和五郎、松浦厚、■犬養毅、■頭山満、徳川家達、関亮、秋山定輔、大竹貫一、花井卓蔵、小松啓吾、加瀬禧逸、小山完吾、白岩龍平、清浦奎吾、柏原文太郎、根津一、山内嵓、亀井陸良、■萱野長知、古島一雄、葛生修亮、■副島義一、山県有朋、松方正義、倉知鉄吉、山本条太郎、大隈重信、八代六郎、岡市之助、若槻礼次郎、武富時敏、尾崎行雄、大浦兼武、坂田重次郎、松井慶四郎、小池張造、秋山真之、鈴木貫太郎、小泉策太郎、板倉中、小谷五郎、井戸川辰三、美和作次郎、塩谷恒太郎、田健治郎、財部彪、曽我祐準、徳富猪一郎、河野広中、柴四朗、五百木良三、大谷誠夫、村松恒一郎、三宅雄二郎、阪谷芳郎、渡辺千冬、森正隆、古賀廉造

68――『小川平吉関係文書』第二巻、七四～八二頁、『日本外交文書』大正三年第二冊（外務省、一九六五年）九三五～九四六頁。内容については、初瀬龍平『伝統的右翼内田良平の研究』（九州大学出版会、一九八〇年）一七九～一八三頁を参照。

69――『日本外交文書』大正三年第二冊、九二七～九二九頁。

70――「小川平吉日記」一九一四年一一月八日。

71――「小川平吉日記」一九一四年一一月一〇日。

72——「小川平吉日記」一九一四年一〇月二六日、一一月二八日。

73——会見は元々一一月一一日に予定されていたが、おそらく加藤外相の都合により、一六日に延期された(「小川平吉日記」一九一四年一一月一一日)。加藤は、小川との会見に気が進まなかったのかもしれない。なお小川の意見書は、加藤外相に直接手渡されたが(小川平吉「東洋平和之根本策」「小川平吉関係文書」書類の部七二〇)、外務省には、小池張造政務局長宛に送付されたものが残されている(『日本外交文書』大正三年第二冊、九四六〜九五二頁)。

74——「小川平吉日記」一九一四年一一月二一日、二三日。

75——「小川平吉日記」(一九一四年一〇月〜一九一五年五月)を見る限りでは、一九一四年一一月一四日、二三日、二七日、一二月六日、一九一五年一月九日、五月三日に訪問している。

76——例えば、『原敬日記』一九一四年八月一二日、九月二九日、一一月二三日を参照。

77——「小川平吉日記」一九一四年一一月二九日、一二月一日。

78——有隣会、対支連合会については、前掲、初瀬龍平『伝統的右翼内田良平の研究』一三五〜一三六頁、一七三頁を参照。

79——「小川平吉日記」一九一四年一一月四日、五日、二六日、一二月一日など。

80——「小川平吉日記」一九一四年一一月九日、一四日、一六日、二六日、二九日など。

81——「小川平吉日記」一九一四年一〇月六日、『日本外交文書』大正三年第二冊、九二七〜九二九頁。

82——黒龍会編『東亜先覚志士記伝』中巻(原書房、一九六六年)五七〇〜五七二頁。

83——「小川平吉日記」一九一四年一一月二三日、二七日、『中央新聞』同年一一月二八日。

84——国民外交同盟会については、前掲、初瀬龍平『伝統的右翼内田良平の研究』一八四頁を参照。

85——『報知新聞』一九一四年一二月一六日、『東京朝日新聞』同年一二月一七日。国民義会の活動については、都築七郎『政教社の人びと』(行政通信社、一九七四年)一八九〜一九九頁を参照。

86——一九一四年(推定)一一月一三日付川上親晴(警視総監)宛加藤高明書翰(小原騮馬編『西南秘史　川上親晴翁伝』鹿児島県加治木町史談会、一九四二年、二七四頁)。

87——前掲、小川平吉「青島戦争と対支根本政策建言」五八七頁。

88——伊藤正徳『加藤高明』下巻(加藤高明伯伝記編纂委員会、一九二九年)一九八〜二一一頁。
89——ただし、一一月三日は原邸を訪れているが面会したかどうかは不明。
90——実際、一九一四年一二月二五日の衆議院解散当日、政友会は一八名の脱党者を出している。
91——玉井清『原敬と立憲政友会』(慶應義塾大学出版会、一九九九年)第一章第二〜三節。
92——「小川平吉日記」一九一四年一一月二〇日、前掲、小川平吉「青島戦争と対支根本政策建言」五八七頁。
93——『原敬日記』一九一四年一〇月七日。
94——『原敬日記』一九一四年九月三〇日。
95——『原敬日記』一九一四年一一月五日。
96——川原茂輔「青島視察」(『欧州戦争実記』一〇号、一九一四年一二月五日)、『東京朝日新聞』同年一一月二〇日。
97——『欧州戦争実記』については、小林啓治『総力戦とデモクラシー　第一次世界大戦・シベリア干渉戦争』(吉川弘文館、二〇〇八年)九五〜一二一頁を参照。
98——林毅陸「膠州湾を如何に処分するか」(『欧州戦争実記』四号、一九一四年一〇月五日)。
99——根津一「名を去り実を取るを要す」、花井卓蔵「戦勝国の権利を尊重せよ」(『欧州戦争実記』九号、一九一四年一一月二〇日)、渋川玄耳「青島陥落の後」、内田良平「先づ夫までは返さぬ事」、副島義一「還否共に帝国の意志」、寺尾亨「志那改造が根本」(同上一〇号、同年一二月五日)。
100——戸水寛人「青島還附の代償に就て」(『欧州戦争実記』九号、一九一四年一一月二〇日)。
101——小川平吉「山東の処分と我が国是」(『政友』一七四号、一九一四年一一月二五日)。
102——この時期の『政友』の奥付には、小林雄吾が編集人、政友会会報局が発行所として記載されている。小林はのちに『立憲政友会史』の編集も行っており、原や幹部の信任を得ていたと考えられる(小池靖一監修、小林雄吾編『立憲政友会史』全四巻、立憲政友会史編纂部、一九二四〜二六年)。
103——『中央新聞』一九一五年一月一日。鶴原は一九一四年一二月に死去し、社長の座は吉植庄一郎が継いだ(森山昭『郷土の先覚・吉植庄一郎』北海道北竜町ポータル、二〇〇八年、http://portal.hokuryu.info/pioneer 二〇一四年一月二七日アクセス)。なお、大隈内閣発足の頃から、高橋光威、児玉亮一郎が『中央新聞』の編集に関わるようになったと言われるが、いつまで、どのような形で関わっていたのかは不明である(登龍商店出版部編『原宰相を輔けたる児玉亮太郎』登龍商店出版部、一九二三年、一〇三～一〇四頁)。
104――社説「青島陥落の快報」(『中央新聞』一九一四年一一月八日)。
105――小川平吉「青島処分」(『中央新聞』一九一四年一一月一〇日)。
106――例えば、社説「対支外交は絶望」(『中央新聞』一九一四年一一月二六日)、社説「利権の獲得」(同上、同年一一月二七日)、社説「山東省の鉄道」(同上、同年一二月一日)、社説「外相と支那問題」(同上、同年一二月八日)。
107――「小川平吉日記」一九一四年一〇月七日、一〇日、二六日、一一月一日、一二月四日。
108――「小川平吉日記」一九一四年一一月九日。
109――前掲、小川平吉「山東の処分と我が国是」。小川は同論文で、青島に「単に専管居留地を有するに止ま」るようなことがあってはならないと主張している。これは、加藤外相の意向を知った上での、明確な牽制であろう。
110――『中央新聞』一九一四年一一月二八日。
111――『中央新聞』一九一四年一二月五日。
112――『中央新聞』一九一四年一二月八日。
113――一九一四年一二月三日政友会大会における原敬演説(『政友』百七五号、同年一二月二五日)。
114――『中央新聞』一九一四年一二月九日、一〇日、一一日。
115――『中央新聞』一九一四年一二月一〇日。
116――『日本外交文書』大正四年第三冊上巻、一六七頁。
117――同右、三三七頁。
118――以下、二十一ヵ条要求をめぐる日中交渉については、拙稿「加藤高明と二十一ヵ条要求――第五号をめぐって」(中西寛・小林道彦編著『歴史の桎梏を越えて――二〇世紀日中関係への新視点』千倉書房、二〇一〇年)を参照。
119――『名古屋新聞』一九一五年一月二二日、二月四日。
120――『報知新聞』一九一五年一月二三日、二八日夕刊、社説「日支の新交渉」(同上、同年一月二四日)。
121――この一端については、後藤孝夫『辛亥革命から満州事変へ　大阪朝日新聞と近代中国』(みすず書房、一九八七年)八七～九九頁を参照。
122――『中央新聞』一九一五年一月六日、社説「対支外交問題」(同右、同年一月一四日)。
123――『中央新聞』一九一五年一月二一日夕刊。ただし、交渉開始が一九日であったと誤って伝えていた。
124――『中央新聞』一九一五年一月二三日、二四日、社説「対支交渉」(同右、同年一月二五日)。
125――内田良平「根本に触れぬ対支外交」(『中央新聞』一九一五年一月二五日)。
126――例えば、順天野史(在北京)「日支交渉事件の形勢」(『中央新聞』一九一五年二月四日)、北溟生(在満州)「注目すべき独公使の怪腕」(同上、同年二月六日夕刊)、金陵学人(在上海)「長江の形勢と日本」(同上、同年二月一五日)、北溟生「日支交渉と満州風雲」(同上、同年二月二七日夕刊)など。
127――順天野史「大部分は拒絶の方針」(『中央新聞』同年二月八日)。
128――社説「外交不振の罪」(『中央新聞』一九一五年二月二日)、社説「外交要件」(同上、同年二月一一日)、社説「対支談判の故障」(同上、同年二月一九日)、社説「機宜を得よ」(同上、同年二月二一日)、社説「対支交渉の責任」(同上、同年三月五日)、社説「日支交渉」(同上、同年三月九日)。
129――『中央新聞』一九一五年二月一日。
130――小川平吉「対支根本方針」、小久保喜七「議会から観た加藤男」(『中央公論』一九一五年二月号)。
131――一九一五年二月一九日政友会連合大会における原敬演説(『政友』一七八号、同年二月二五日)。
132――原が三月二二日に党員に発した通牒にも、同趣旨のことが記されていた(『中央新聞』一九一五年三月二三日)。
133――社説「政府の態度」(『中央新聞』一九一五年三月一六日)、社説「日支交渉如何」(同右、同年三月二一日)。
134――『中央新聞』一九一五年三月一五日夕刊(鎌田栄吉談)、一五日(内田良平談)、一六日夕刊(秋元興朝談)、一六日(犬養毅談)。
135――『中央新聞』一九一五年三月一八日(目賀田種太郎談)。
136――『原敬日記』一九一五年三月一〇日。
137――『東京朝日新聞』『東京日日新聞』『報知新聞』一九一五年三月二〇～二三日、『中央新聞』同年三月二一日、二四日夕刊。
138――『原敬日記』一九一五年三月二〇日。

139――社説「日支交渉如何」(『中央新聞』一九一五年三月二八日)、社説「支那の態度」(同上、同年四月三日)。
140――『原敬日記』一九一五年五月五日。
141――『原敬日記』一九一五年五月六日。
142――『原敬日記』一九一五年五月一一日。
143――一九一五年五月一五日政友会臨時大会における原敬演説(『政友』一八〇号、同年五月二五日)。
144――小川平吉「東洋永遠の平和の基礎が出来たか」(『欧州戦争実記』二七号、一九一五年五月二五日)。
145――「対支外交是非」(『国家及国家学』三巻六、七号、一九一五年六月一日、七月一日)。
146――高橋は二十一ヵ条要求をめぐる外交交渉の行方を危惧し、交渉中にその旨をニューヨークにいるジェイコブ・シフに伝えていた(リチャード・J・スメサースト著、鎮目雅人・早川大介・大貫摩里訳『高橋是清　日本のケインズ――その生涯と思想』東洋経済新報社、二〇一〇年、二五九頁)。
147――なお、大戦勃発以来、外交問題に対して積極的に発言してきた戸水寛人、竹越与三郎は三月の総選挙で落選し、この時期目立った発言はしていない。竹越は、その後、二十一ヵ条要求がいたずらに中国人の権利を傷つけ、猜疑心を挑発したことを批判する論説を発表している(竹越与三郎「時論数則」『中央公論』一九一五年九月号)。もっとも、持論の南進論は主張し続け、一九一六年には、南洋のオランダ植民地の占領まで提唱した(前掲、高坂盛彦『ある明治リベラリストの記録』二二二～二二四頁)。
148――三六議会における二十一ヵ条要求をめぐる論戦については、前掲、拙著『加藤高明と政党政治』一六五～一七〇頁を参照。加藤の二十一ヵ条要求に対する弁明については、同上二〇四頁、二一四頁、二三五～二三七頁を参照。
149――『原敬日記』一九一八年九月二五日。
150――千葉功『旧外交の形成　日本外交一九〇〇～一九一九』(勁草書房、二〇〇八年)二五四～二六四頁。
151――細谷千博『シベリア出兵の史的研究』(有斐閣、一九五五年、のち岩波現代文庫、二〇〇五年)。
152――『原敬日記』一九一八年九月一八日～一〇月四日。
153――『原敬日記』一九一八年九月二五日。
154――『原敬日記』一九一八年九月二五日、一九一九年六月一九日、一九二一年九月二二日。

155――拙稿「内田のキャリアと人脈――第一次外相就任まで」、小林道彦「中国政策と内田――第一次外相・駐露大使時代」(前掲、小林道彦他編『内田康哉関係資料集成』第一巻)。

156――「内田伯遺稿　一二」「第二　原首相遭難ト伯ノ態度」(前掲、小林道彦他編『内田康哉関係資料集成』第一巻)。そのためもあって、内田は原首相が死去した際、後継の高橋是清に外相辞任を申し出ている(ただし、元老の慰留で留任する)。

157――西田敏宏「国際協調外交と内田――第二次外相・枢密顧問官時代」(前掲、小林道彦他編『内田康哉関係資料集成』第一巻)。

158――前掲、「内田伯遺稿　一二」「第二　原首相遭難ト伯ノ態度」。

159――「内田康哉日記」一九二一年九月二四日。

160――一九一八年一〇月五日政友会協議員会における原敬演説(『政友』二二三号、同年一〇月二五日)。

161――原敬「講和と新思想」(『政友』二二四号、一九一八年一一月二五日)。

162――一九一九年一月一九日政友会大会における原敬演説(『政友』二二六号、同年一月二五日)。

163――『原敬日記』一九一八年一一月一日。

164――例えば、『東京朝日新聞』は全権に加藤高明を推していた(社説「講和特使の人選問題」『東京朝日新聞』一九一八年一一月二一日)。『東京日日新聞』は、加藤高明または伊東巳代治が全権の最有力候補であると見なし、彼らの任命が困難な場合には、原首相自らが講和会議に出向くべきだとした(社説「講和使節の人選」『東京日日新聞』同年一一月二〇日、社説「首相自ら出馬せよ」同上同年一一月二三日)。『報知新聞』は、大人物を全権に起用し、渋沢栄一など大物経済人をそれに同行させるべきだとした(社説「講話大使と倶に経済家派遣」『報知新聞』同年一一月二三日)。

165――『原敬日記』一九一八年一一月一七日。

166――拙著『加藤高明と政党政治』二〇五〜二〇六頁。一九一八年七月一五日に床次竹二郎と会談した加藤は、以下のように語り、原支持を明らかにしている。「加藤曰、洵に然り。此問題(寺内内閣後継問題)に就ては全く同意見なり。余は飽迄で貴党の後援をなさん。幹部は少くとも余と共に進むを得べし。原君に伝言せられたし。国家の為に安心して尽力呉れたしと。」(「南弘日記」一九一八年八月二日、「南弘関係文書」国立公文書館所蔵)。

167——『原敬日記』一九一八年一〇月四日。
168——原は、一一月一七日の山県との会談で「世間には加藤高明適任との説あるも加藤は我国第一の外交家とも思はざるのみならず、内政上其他に於て不可なりと思ふ」と語っている。山県や西園寺も加藤の起用には反対していた(『原敬日記』一九一八年一一月三日、一七日、二一日)。
169——『原敬日記』一九一八年一一月一七日。
170——小林龍夫編『翠雨荘日記　伊東家文書』(原書房、一九六六年)二八一~二九三頁。
171——『原敬日記』一九一八年一一月一七日。
172——『原敬日記』一九一八年一〇月一八~二三日
173——『原敬日記』一九一八年一二月一四日、一六日、一八日、二〇日。パリ講和会議における西園寺については、伊藤之雄『元老西園寺公望　古希からの挑戦』(文春新書、二〇〇七年)第六章を参照。
174——『原敬日記』一九一八年一一月一七日。
175——『原敬日記』一九一八年一一月一九日、前掲、小林龍夫編『翠雨荘日記』二九四~三一四頁。
176——『原敬日記』一九一八年一一月一九日、二三日。
177——Xu Guoqi, *China and the Great War: China's Pursuit of a New National Identity and Internationalization*, CambridgeUniversity Press, 2005, pp.81-113.
178——前掲、中谷直司「ウィルソンと日本」。
179——前掲、小林龍夫編『翠雨荘日記』三四二頁。
180——『原敬日記』一九一八年一二月八日。
181——『原敬日記』一九一九年二月一五日、一九日。
182——『原敬日記』一九一九年二月三日。
183——パリ講和会議全般については、マーガレット・マクミラン著、稲村美貴子訳『ピースメイカーズ　一九一九年パリ講和会議の群像』上下(芙蓉書房出版、二〇〇七年)を参照。原内閣のパリ講和会議への対応については、前掲、服部龍二『東アジア国際環境の変動と日本外交』三四~四六頁、前掲、千葉功『旧外交の形成』三八五~三九七頁を参照。

184――等松春夫『日本帝国と委任統治　南洋諸島をめぐる国際政治　一九一四―一九四七』(名古屋大学出版会、二〇一一年)五二～六四頁。

185――詳細については、Naoko Shimazu, *op. cit.*, 前掲、NHK取材班編『理念なき外交「パリ講和会議」』、船尾章子「大正期日本の国際連盟観：パリ講和会議における人種平等提案の形成過程が示唆するもの」(『〈中部大学〉国際関係学部紀要』第一四巻、一九九五年三月)、永田幸久「第一次世界大戦後における戦後構想と外交展開：パリ講和会議における人種差別撤廃案を中心として」(『中京大学大学院生法学研究論集』第二三巻、二〇〇三年三月)を参照。

186――『原敬日記』一九一九年三月三〇日。

187――『原敬日記』一九二一年四月二一日。

188――『原敬日記』一九二一年四月三〇日。

189――前掲、中谷直司「ウィルソンと日本」。

190――五・四運動に関する近年の研究として、斎藤道彦『五・四運動の虚像と実像――一九一九年五月四日北京』(中央大学出版部、一九九二年)、ラナ・ミッター著、吉澤誠一郎訳『五四運動の残響――二〇世紀中国と近代世界』(岩波書店、二〇一二年)、Stephen G Craft, *V.K. Wellington Koo and the Emergence of Modern China*, The University Press of Kentucky, 2004, pp.30-60を参照。

191――『原敬日記』一九一九年五月二二日。

192――おそらくこれは、戸水が大戦中の好景気に乗じて濫造された多くの泡沫会社、幽霊会社の設立に関わり、社会的信用を失ったためであると考えられる。大戦中の「虚業家」としての戸水の活動については、小川功『虚構ビジネス・モデル　観光・鉱業・金融の大正バブル史』(日本経済評論社、二〇〇九年)を参照。

193――なお、『中央新聞』からは菊池悟郎が特派員として派遣され、現地の状況を詳しく報じていた(例えば、菊池悟郎「講和会議を傍聴す」『中央新聞』同年六月一四日夕刊を参照)。

194――『東京朝日新聞』一九一九年二月七日、三月二四日、四月二四日。

195――例えば、建部遯吾「国際的過激派」(『東京朝日新聞』一九一九年四月三〇日)、大木遠吉「真の国論を起せ」、関直彦「連盟より脱退せよ」(同右、同年五月一日)、佐藤鋼次郎「英国誼を破るか」(同右、同年五月二日)、鎌田栄吉「米支の迷妄を破れ」、仲小路廉「主張貫徹は当然」(同右、五月三日)。
196――『東京朝日新聞』一九一九年六月八日、前掲、初瀬龍平『伝統的右翼内田良平の研究』二三九～二四〇頁。
197――『東京朝日新聞』一九一九年八月二〇日。
198――原は、パリ講和会議に際して、日本の利害を考慮せずに全権を批判する新聞もあることが不満で、中央新聞社長の吉植庄一郎(政友会代議士)らを視察のためパリに派遣している(『原敬日記』一九一九年四月一〇日)。
199――例えば、社説「講和の根本方針」(『東京朝日新聞』一九一八年一二月一〇日)を参照。パリ講和会議に対する日本のメディアの反応については、慶應義塾大学法学部政治学科玉井清研究会『パリ講和会議と日本のマスメディア』(同研究会、二〇〇四年)を参照。
200――『東京朝日新聞』一九一八年一二月一九日。
201――小川平吉「政府鞭撻国論喚起」(『東京朝日新聞』一九一九年四月三〇日)、同「我が既得の地位」(同右、同年五月二七日)。
202――小川平吉「人種問題と山東問題」、「政友会総務の外相訪問」(『政友』二三〇号、一九一九年六月五日)、『東京朝日新聞』同年五月一二日、一七日。
203――そのため憲政会は、江木翼総務の名前で弁駁書を発表している(『憲政』二巻四号、一九一九年六月一〇日、六二～六四頁)。
204――杉田定一「我決意を示せ」(『東京朝日新聞』一九一九年五月三日)。
205――元田肇「講和条約成立を祝す」(『政友』二三二号、一九一九年八月一五日)。
206――一九一九年七月六日憲政会関東大会における加藤高明演説(『憲政』二巻六号、同年七月二六日)。第一次世界大戦終結前後の加藤の外交構想については、前掲、拙著『加藤高明と政党政治』二〇九～二一一頁を参照。
207――『東京朝日新聞』一九一九年一月五日、三月二一日。
208――関和知「外交失敗の原因」、望月小太郎「帝国の屈辱外交」(『憲政』二巻五号、一九一九年七月一〇日)。
209――『東京朝日新聞』一九一九年八月二〇日。
210――社説「差別撤廃問題の先決」(二月八日)、社説「東洋モンロー主義は如何」(四月一五日)、社説「排日と排貨」(五月一二日)、社説「排貨と現閣」(六月一三日)、社説「断じて譲歩を許さず」(八月二九日)など。

211——大隈重信「ベルサイユ会議に望む」「支那・濠洲並に我使臣に与ふ」、望月小太郎「我国外交の一大危機」（『大観』二巻三号、一九一九年三月）、大隈重信「平和会議の現状に鑑み国民の自覚を促す」「排日暴動の亡国的哀調」（『大観』二巻七号、同年七月）など。
212——『原敬日記』一九一九年五月一日。
213——『原敬日記』一九一五年一〇月三〇日、一九一七年七月三一日。
214——『原敬日記』一九一九年九月一一日。
215——『原敬日記』一九一八年一〇月二九日。
216——小幡酉吉伝記刊行会編『小幡酉吉』（同会、一九五七年）二二七～二二九頁。
217——『原敬日記』一九一九年五月一一日。
218——『原敬日記』一九一九年五月八日。関東庁の設置については、栗原健編著『対満蒙政策史の一面』（原書房、一九六六年）第二章、前掲、千葉功『旧外交の形成』四八～四九頁を参照。
219——伊藤之雄「原敬内閣と立憲君主制　近代君主制の日英比較」（一）～（四・完）（『法学論叢』第一四三巻第四～七号、一九九八年七～一〇月）。
220——波多野勝『裕仁皇太子ヨーロッパ外遊記』（草思社、一九九八年）。
221——外務省革新同志会および制度取調委員会については、外務省百年史編纂委員会編『外務省の百年』（原書房、一九六九年）七三九～七五七頁、前掲、千葉功『旧外交の形成』四五～四八頁を参照。
222——『東京朝日新聞』一九一九年一〇月一五日、二五日、一二月一二日。原は、翌年に帰国した珍田捨巳、伊集院彦吉と会見した際にも、外交人員の不足や外交機関の拡張・刷新について聞いているが、日記に「此点は色々の人より聞く事にて、切に感じたるものと思はる」と記し、理解を示した（『原敬日記』一九二〇年一〇月一六日）。
223——『東京朝日新聞』一九二〇年三月三一日。
224——『原敬日記』一九二〇年五月一一日。
225——改革の詳細については、拙稿「政務次官設置の政治過程——加藤高明とイギリスモデルの官制改革構想」（四）（『議会政治研究』六九号、二〇〇四年三月）を参照。
226——『原敬日記』一九二〇年八月二四日。この記述は、新聞報道とも合致している（『東京朝日新聞』同年八月二五日)。

227——林の経歴については、林毅陸『生立の記』(林喜八郎、一九五四年)を参照。

228——『東京朝日新聞』一九一七年七月一二日。

229——代表的なものとして、林毅陸『欧洲近世外交史』上下巻(第三版、慶應義塾出版局、一九一四年九月二〇日)、同『最近の欧洲外交』(慶應義塾出版局、一九一四年一一月五日)、『三国同盟と三国協商』(冨山房、一九一四年一一月二八日)がある。

230——林毅陸「対支外交に関する私見」(『世界之日本』五巻七号、一九一四年七月)も参照。

231——林毅陸「講和の基礎問題」(一)～(七)(『東京朝日新聞』一九一八年一二月四～一二日)、同「神聖同盟と今次の国際連盟」(『実業之日本』二二巻一号、一九一九年一月)。

232——『原敬日記』一九一九年四月一〇日、『東京朝日新聞』同年四月一〇日、一三日。

233——一九三四年六月に亜細亜局が東亜局に改組され、欧米局が欧亜局、亜米利加局に分割されることによって、外務省は五局体制となる。

234——『原敬日記』一九二〇年一〇月一九日。

235——『外交時報』については、伊藤信哉『近代日本の外交論壇と外交史学——戦前期の『外交時報』と外交史教育』(日本経済評論社、二〇一一年)を参照。

236——『外交時報』三七四号、一九二〇年六月。

237——原が『外交時報』に発表した四本の論説のうち、『原敬全集』に収められているのは、「世界に誤解されたる日本の国民性(日本は果して軍閥国なりや)」のみである(『原敬全集』上、原敬全集刊行会、一九二九年、一一二八～一一三六頁)。管見の限り、これらの論文に対する詳しい分析はこれまで行われていない。

238——原敬「帝国外交の近状——西伯利の近情、日英同盟、日米の将来、対支問題」(『外交時報』三七四号、一九二〇年六月)。論説のもとになった口述筆記は、五月一七日に行われた。

239——原がシベリアから漸次撤兵を進めていたことについては、前掲、川田稔『原敬』を参照。

240——日英同盟の廃棄問題については、John Ferris, Armaments and allies: the Anglo-Japanese starategic relationship, 1911-1921, Phillips O'Brien, Britain and the end of the Anglo-Japanese Alliance in Phillips O'Brien ed., *op. cit.* を参照。

241——渋沢栄一が民間外交を推進していたことについては、木村昌人『日米民間経済外交　一九〇五－一九二一』（慶應通信、一九八九年）、同『渋沢栄一　民間外交の創始者』（中公新書、一九九一年）、片桐庸夫『民間交流のパイオニア　渋沢栄一の国民外交』（藤原書店、二〇一三年）を参照。

242——新四国借款団については、前掲、三谷太一郎『ウォールストリートと極東』、前掲、酒井一臣『近代日本外交とアジア太平洋秩序』、前掲、中谷直司「勢力圏外交秩序の溶解」を参照。

243——原敬「世界に誤解されたる日本の国民性（日本は果して軍閥国なりや）」（『外交時報』三八三号、一九二〇年一〇月）。

244——原敬「東西文化の融合（平和維持の先決要務）」（『外交時報』三八八号、一九二一年一月）。日清戦争以降、日本では大国意識が高まり、東西文明の調和・融合が日本の使命であるという主張が盛んに行われるようになった（松本三之介・野村浩一「国民的使命観」『近代日本思想史講座』八、筑摩書房、一九六一年）。その代表的な論者である大隈重信は、日本が東洋の盟主であるということを強調し、日本の大陸進出を積極的に肯定した（細野浩二「「脱亜」論としての東西文明融合論——大隈重信の対外論とその一展開」『史観』第一〇〇冊、一九七九年三月、神谷昌史「「東西文明調和論」の三つの型——大隈重信・徳富蘇峰・浮田和民」『大東法政論集』九号、二〇〇一年三月）。これに対して、原の唱えた「東西文明調和論」は、第一次世界大戦後の世界平和確立のための主張であり、大陸進出に否定的であるという点において、大隈のそれとは対照的である。

245——『原敬日記』一九二二年七月一九日。

246——前掲、小林道彦他編『内田康哉関係資料集成』第一巻、三九一～三九八頁。

247——前掲、川田稔『原敬』二四四～二四五頁。

248——原敬「恒久平和の先決考案（華盛頓会議に際して日本国民の世界観を陳ぶ）」（『外交時報』四〇五号、一九二一年九月）。

249——原は青年期にキリスト教に入信した経験を持つが、この表現にはキリスト教からの影響が感じられる。もっとも、原が演説、論説や日記の中でこのような表現をするのは、管見の限り、極めて稀であった。

第5章 原内閣の経済閣僚
——高橋是清と山本達雄

伊藤孝夫
ITO Takao

経済政策の担当者たち——はじめに

原敬内閣において経済政策を担当した二人の閣僚、蔵相・高橋是清と農商務相・山本達雄は、ともに日銀出身の経済人であり、また、政友会入党は第一次山本内閣入閣時の同時という、遅れてきた政党人である。第一次大戦により日本経済が大きな転換を遂げた状況の下、組閣にあたり原が、この二人を山本内閣当時の布陣のまま、それぞれの職に配したことは、まず彼らの経済専門家としての見識に信頼を置いていたからだと見てよいであろう。

ほぼ同年齢の高橋と山本（また、山本と原が同年）の経歴には、一覧にしてみると軽い驚きを覚えるほどの、一致あるいは平行関係が認められる[1]。ともに武士階級最下層の出身として幕末に生を享《う》けた両者は、経済的条件のゆえに一般的な教育機会には恵まれず、高橋の場合は、多分に偶然的に実現した渡米経験という非正規の学修、そして山本の場合は、小学校教師をして学資を貯め二〇歳を過ぎてやっと上京を果たすという苦学の体験を経て、その職業活動の最初の手掛かりを得た。

もっとも、平行関係といいつつ、その前半生を彩る色調は対照的でもある。若くして身に付けた英語能力を武器とした高橋は、しかしその『自伝』(上塚司編『高橋是清自伝』千倉書房、一九三六年)に活写されている通りの破天荒ぶりを三十代半ばまでは発揮して、起伏の多い人生経路をたどる。一方の山本は、本格的就学の出遅れの自覚から商業学校に転じて実務を学び、同郷の先輩・荘田平五郎の紹介により三菱に職を得たと目されることなど、堅忍して乏しい機会・少ない資源を生かして一定の地位を得た。穿《うが》った見方をすれば、財政家としての高橋の冒険を辞さない「積極主義」と山本の慎重を期した「健全主義」の対照は、すでにそれぞれの前半生の経験から獲得された処世訓に通ずるものだったと解せられなくもない。

井上準之助の言葉として伝えられる次のような人物評は、両者の発想法の対比をよく伝えてくれているように思われる。

〔山本・高橋の両先輩には井上は始終世話になり教わるところが多かったが〕先例のあるような事件ができたら山本さんのところに聞きに行くとよい。手にとるようにおしえてくれて大いに参考になる。そして、先例のないような事件には、高橋さんのところに行くに限る。必ず即刻いい考えを出される。〔2〕

また、以下の郷誠之助の評言は、その思考法の相違が、両者の行動の分岐と関連づけられると示唆しているものである。

〔高橋は〕天才的の閃きの多分にあつた人だ。……あの人が一時山本達雄などとソリの合はなかつたのは、山本の方は所謂正統派経済学で、平凡な軌道に乗つて来た人。高橋は奇抜な、そのかはり時々脱線する天才的なところがあつたからだ。〔3〕

ただし、彼らの経歴を虚心に観察してみると、両者の対立、あるいはライバルとしての関係のみを強調することは必ずしも正当なものとは思われない。前半生において互いに全く離れて動いていた両者の軌道が固く結び付いたのは、川田小一郎総裁の下、ともに日銀幹部としての抜擢を受けた一八九三年(明治二六)のことである(なお同時に幹部となった人々として他に、鶴原定吉・河上謹一・薄井佳久ら)。いわば川田学校の同期生として高橋と山本は、川田の亡くなった九七年以後も互いに相補い、協力し合って歩みを続けていたように映る[4]。まず原内閣以前の両者の関係について、簡単に確認してみたい。

1 原内閣以前の両者の軌跡

◆川田学校の同期生

一八九三年に高橋と山本を幹部に抜擢した川田日銀総裁は、次いで九五年(明治二八)、高橋を横浜正金銀行に本店支配人として送り込み(九七年四月より副頭取)、さらに山本には、高橋を援助するために同銀行取締役を兼任させた。高橋に正金銀行の業務刷新を期待した川田の視線の先には、明らかに金本位制実施の準備という課題が横たわっていた。ロンドンで受領された莫大な清国賠償金の管理という、正金銀行が大きな役割を果たす業務は、その課題遂行の鍵となるものであった。川田の背後には、金本位制確立の悲願達成に邁進する松方正義の姿もある。

川田は、九七年(明治三〇)一〇月一日の金本位制実施を見届けるようにして、同年一一月七日、在職中に亡くなった。山本はこの時、園田孝吉正金銀行頭取とともにロンドンに出張中であり、翌年一月に帰国した。川田の後任となったのは岩崎弥之助であったが、高橋の自伝によると、新総裁やその周囲の幹部たちと山本

【山本達雄】(1856～1947)
豊後臼杵藩下士・山本確(禄高一三石余り)の次男として出生
同郷の先輩として荘田平五郎(1847～1922)がおり、山本に三菱入りを助言する

1877　上京し慶應義塾入塾、翌年、三菱商業学校に転ずる

1881　大阪商業講習所教員　翌年、教頭
1883　郵便汽船三菱会社(のち日本郵船)に勤務、川田小一郎を知る

1890　日本銀行(川田総裁)に勤務

1893　日本銀行支配役・営業局長兼株式局長
1895　川田の指示により、横浜正金銀行取締役を兼任する　金本位制実施準備のためロンドンに派遣される
1896　川田没、岩崎弥之助が日銀総裁就任、高橋は山本を横浜正金に誘うが、山本はとどまる
1898　日本銀行総裁
1899　日銀幹部が一斉に辞表を提出、高橋を副総裁に任命
1903　日本銀行総裁退任、貴族院勅選議員となる

1909　日本勧業銀行総裁に就任
1911　第二次西園寺内閣・蔵相、緊縮予算を堅持する
1913　山本内閣・農商務相、立憲政友会入党
1918　原内閣・農商務相

―― ◆◆◆ ――

1921　高橋内閣・農商務相
1924　政友会脱党、政友本党顧問

1932　斎藤内閣・内相

1936　2・26事件後、「高橋翁記念事業後援会長」になる

【高橋是清】（1854～1936）
幕府絵師・川村庄右衛門の庶子として江戸に出生、仙台藩足軽・高橋覚治の養子となる

1867～69	アメリカ生活
1873	文部省出仕、英語教員など
	78年頃、共存同衆の討論会において保護貿易論を主張、自由貿易論の馬場辰猪と論争
1881	農商務省に勤務し知的財産制度の研究に従事
	前田正名の「興業意見」作成に協力、興業銀行条例をめぐり大蔵省と論争
1886	特許制度視察のため欧米各国へ派遣中、パリで原敬（30歳）と初めて会う
1889	ペルー渡航、鉱山開発計画失敗の後始末をする
1892	前田・品川弥二郎らの紹介で日本銀行（川田小一郎総裁）に勤務
1893	日本銀行西部支店長（馬関・九州地区）
1895	川田の指示により、横浜正金銀行本店支配人となる
1897	横浜正金銀行副頭取、輸出入業者への融資事業に着手
1898	井上馨より、外債発行の可能性打診を託されて欧米視察
1899	日本銀行副総裁
1904	日露戦争の戦時公債募集のため渡米英
1905	貴族院勅選議員
1906	横浜正金銀行頭取兼務
1911	日本銀行総裁、山本蔵相の金利引上・金融引締め論に反対
1913	山本内閣・蔵相、立憲政友会入党
1918	原内閣・蔵相
	―― ◆◆◆ ――
1921	高橋内閣・蔵相兼任
1924	衆院選出馬、加藤護憲三派内閣・農商務相（→農林相・商工相兼任）
1927	田中内閣で、金融恐慌の事後処理の間だけ蔵相
1931	犬養内閣・蔵相、金輸出再禁止
1932	斎藤内閣・蔵相
1934	岡田内閣・蔵相

との折り合いを心配した高橋は、山本に正金銀行に頭取として移ってきてはどうかと勧めた。一〇日ほど経って山本からは、「日本銀行内部の空気も、やや緩和せられて来たから、先だっての頭取一件のことは見合せて貰いたい」と挨拶があり、高橋は安堵したのだという(『高橋是清自伝』「正金銀行支配人時代」)。

九八年(明治三一)二月から九月まで高橋は、井上馨より外債発行の可能性打診を託されて欧米に出張する。その帰国後の九八年九月から同年末までの高橋の日記の存在が知られている[5]。この間の一〇月に岩崎総裁は辞職し、山本が第五代日銀総裁に就任するのだが、日記によれば高橋は、河上・鶴原から依頼されて山本宅を訪れるなど(一〇月一一日)、その経緯にも関与している。高橋が、正金銀行副頭取としての用務で日銀を訪れるほか、「常盤屋」・「湖月楼」といった料亭での定期的な会合で山本と日常的に顔を合わせていること、行員採用その他につき山本の紹介で高橋を訪れて来る人物が多いこと、などもわかる。一二月二八日の記事では「山本総裁ヨリ用談アル趣申越タルニ付、日本銀行ニ行キ運動云々秘密談アリ。(ただちに相馬永胤・正金銀行頭取と相談し)明日他重役ト秘密ニ議シ三万支出ノコトトス」と、山本の依頼を受けた工作費支出のことを記述している。この「運動」は、一二月二六日の記事にも見える日銀課税問題に関わるものと考えられるが[6]、高橋が山本から秘密工作の相談を受けるほど、両者が信頼関係によって結ばれていることが窺われる。

◆日銀総裁・副総裁として

一見、順調に滑り出しかに見えた山本新総裁の周辺では、しかし急速に人間関係の緊張が高まり、それは翌九九年(明治三二)二月の日銀幹部連袂辞職事件となって暴発した[7]。山本総裁に反発する幹部たち、鶴原定吉・河上謹一・薄井佳久の三理事をはじめとして、理事・局長・支店長の職にあった一四名のうち一〇名までが一斉に辞職するという、前代未聞の事態が生じたのである。高橋の「自伝」は、対立の進行を危惧した高橋が、融和を試みようとしたことなどを語る[8]。いずれにせよ、高橋は苦境に陥った山本を支援するため、三月には正金銀行を辞して日銀副総裁に就任することになったのである。

正・副総裁として日銀の舵取り役を務めることとなった山本・高橋にとって、重要な決定事項の一つが、金利政策すなわち公定歩合の設定である[9]。金本位制確立以来、公定歩合は高水準に据え置かれており、とくに九八年三月には、直近の十年間での最高水準である八・七六%に達していた（一般にこの時期には公定歩合は日歩で表示されるが、本章では年率表示で統一する）。総裁に就任した山本はまず金利引き下げに舵を切った。九八年一二月から翌九九年七月までに公定歩合は五度の改定により五・八四%にまで引き下げられる。また日銀課税と引き換えに準備金増額が認められ（九九年三月一〇日法律第五五号）、それまで八五〇〇万円であった日銀の保証準備は一億二〇〇〇万円に増額された。これらの措置は併せて、輸出奨励のため潤沢な低利資金を提供することを意図するものであった。

しかし、この時期の日本経済は貿易収支の慢性的な輸入超過傾向を示していた。入超は最終的に正貨流出で決済され、これが継続すれば金本位制維持の危機を招く。これが二〇世紀を迎えた日本が直面していた財政・金融問題の根源である。正貨流出を防ぐため、貿易赤字が大きくなったときは、金利引上げで通貨流通量を縮小し、物価を下落させて輸入減少・輸出増加を図り貿易収支を改善する、というのが金本位制の下での古典的通貨政策の定式である。

いったん金利引下げに舵を切ったものの、一九〇〇年（明治三三）に入り輸入超過の形勢を観望した山本総裁は、定式通りに金利引上げに動き、公定歩合は同年七月に再び八・七六%の高水準に戻された。なお財界では、金融引締で民間にのみ負担を強いるべきでなく、政府も財政緊縮すべきであるという主張がなされた。すなわち「官業過大」が民間金融を圧迫しているので、民間経済復調まで政府事業の一部中止または繰延べをなすべきという議論であり、山本もこれに賛同している[10]。

北清事変勃発による対中国貿易途絶が引き金となってついに不況が到来し、〇〇年末から〇一年前半にかけて銀行動揺が西日本を中心に波及した。原敬が〇一年一一月に頭取に就任することになる北浜銀行も、同年五月に「取付け」騒ぎを受けている。

一方、銀行動揺に対処するため一九〇〇年末から西日本に出張していた高橋副総裁は、この間に注目すべき見解を示している。そもそも金利政策について高橋は、外国資本が自由に流入するという経済環境にはない日本において「金利の高低が資金の集散に効力を及ぼすこと極めて薄弱」であり、「されば我国に於ける金利の昂騰は往々事業を抑制し、商工業者を窘迫するに止まる」と、金利引き上げに批判的であった[11]。高橋は〇一年二月二六日に大阪の銀行集会所招待会で行った講演においても、金利政策の効能を疑問視している。日本経済の根本的問題は資金の不足にあるといい（ただしこの時の高橋は、外資導入については「子孫に累を残す」ものとして否定的である）、また財政整理の主張については、「俗耳に入り易い」ものの、政府事業の圧縮が経済救済には繋がらないといい、財政緊縮論とは一線を画す。結局、高橋は解決の鍵を輸出奨励に見出すが、最大の輸出産業である生糸・絹織物業が資本の少ない製造者に託されて組織的な輸出拡張策をとることができていないことを指摘して、「故に私は中産以上の人に向って、我国の製産《ママ》に力を注ぎ、その智力労力資力を輸出品製造に専ら傾注することを希望する……これを以て私は最上の途であると考へて居る」という[12]。

金利政策に関して高橋は、このように早くから「反・古典的」な定式の提唱者であった。すなわち、入超・正貨流出への対処として、「金利引上げ→通貨収縮→輸入減少・輸出増加→貿易収支改善」と描く古典的定式に対して、「低金利維持→輸出産業振興→輸出増加→貿易収支改善」という定式である[13]。常識にとらわれない高橋の自由な発想の真骨頂を示すものであろう。ただし、このようないわば輸出志向型経済発展方式は、実際のところ二〇世紀初頭の日本ではまだ即効的な実現可能性を欠いていたのではないか、という反論も可能である。事実、高橋自身が講演で言及しているように、この時点での日本の輸出産業は幕末以来の生糸が頼りであり、またこの間に成長を見せた綿紡績業は、綿製品の国内自給と中国・アジア地域への輸出を可能にする一方、欧米からの機械輸入と原産国からの綿花輸入の一層の拡大を招き、貿易収支の改善には貢献していなかった。

〇一年（明治三四）後半から貿易収支が黒字に転換し正貨準備が増加し始めると、日銀は公定歩合の引下げに動き、〇二年三月から連続して改定された金利は、〇三年三月には五・八四％まで下げられた。山本総裁からすれば、以上の操作と結果は古典的定式通りの金利政策運用の有効性を証明するものであろう。一方その有効性に懐疑的であった高橋副総裁にしても、金利引下げ自体に異存はないはずである。高橋の『自伝』は、この〇三年の金利引下げに際し、蔵相の承認を求めに行った山本がいつまでも戻らず、逆に高橋が蔵相官邸に呼ばれて説明をさせられた、という経験を記す。すなわち、再び入超に転じない保証はないとして、金融緩和への反対を表明する曾禰荒助蔵相に向い、高橋は、金利政策に最も重きを置いて夜昼となく研究している日銀当局者の意見は尊重されるべきであると弁じ、やっと認可されて山本と二人で銀行へ戻れた、と。しかし同年一〇月の任期満了時、予想に反して山本総裁は再任されなかった。再び高橋の『自伝』によれば、この更迭に納得できない高橋は、桂太郎首相や山県有朋に直接面会してその不当を訴えた結果、退任する山本の功績に報いるため、山本を貴族院勅選議員として遇することになったのだという（『高橋是清自伝』「正金副頭取から日銀副総裁へ」）。後任総裁に松尾臣善理財局長を充てた曾禰蔵相の意図は、ロシアとの緊張が高まるなか、戦時に備え日銀運営を完全に大蔵省の指揮下に置こうとするものであった、といわれる。

こうして一〇年に及んだ銀行家としての山本と高橋の併走はいったん途切れた。山本は貴族院議員となったが主に鎌倉で悠々自適の生活を送り、日露戦争の激動にもほぼ傍観する立場であるにとどまった。一方の高橋が戦時外債募集で大活躍することは周知の通りである。なおその功績により、高橋も〇五年に貴族院勅選議員に任ぜられた。

◆正貨問題の影の下に

日露戦争は日本の置かれた国際的環境を大きく変えたが、その経済的環境をそれほど変えたわけではなかった。戦後、再び入超基調の貿易収支が続くなかでの金本位制維持は、ロンドンにある在外正貨を核に、政府・日銀・横浜正金の間で、あたかも精巧なガラス細工のような繊細な機構と役割分担によって支えられ続けていたのである[14]。

一九〇六年（明治三九）に高橋は、日銀副総裁のまま正金銀行頭取を兼任する。日露戦争外債募集に際し高橋に随行し、そのまま一九〇七年までロンドンに滞在した深井英五は帰国後、日銀外事部主事として在外正貨管理の枠組みづくりに取り組んでいた。深井によれば、日銀副総裁・正金頭取兼任時代の高橋は、「両行間の事件に関しては自ら進んで意見を表明せず、部下の交渉に任かせ、最後の決断を松尾総裁に待つと云ふ大体の態度であつた」というが[15]、高橋が個人として、当時の日本経済の急所を最も見通しうる位置にいたことは疑いない。

日露戦後恐慌に際して金利は下落し、そのまま低金利が続くなか、〇九年（明治四二）から一〇年にかけて貿易収支も好転し、一〇年三月には公定歩合は四・七五％と金本位制確立後の最低水準となった。積極的投資を呼び込む経済環境である。〇九年、日本勧業銀行総裁として久しぶりに金融界に復帰した山本達雄は、勧銀の業務を都市部宅地の不動産担保貸付にも積極的に拡大する方針をとった[16]。

しかし一一年（明治四四）に入ると再び貿易収支が悪化し、定式通りならば金利引上げが必要となる局面を迎えた。そのさなかの同年六月一日、高橋は第七代日銀総裁に就任する。就任に先立つ五月二九日、桂内閣は正貨事項に関する会議を開催して正貨流出への対応協議に着手していた[17]。七月上旬、日銀は高橋総裁名で正貨準備維持に関する意見書を提出し、これを基礎に、八月一〇日に再度開催された正貨事項会議においては、外債発行にともなう正貨収支と自然の経済作用による正貨収支を区別し、後者のみを公定歩合決定の基準とするという方針が確定された。この方針は、正貨問題の深刻性を認識しつつ、しかし外資導入についてはなおその必要を認めてこれを推進しようとするものとして理解される。

このように正貨問題が枢要な政策課題である状況下で、同年八月三〇日、第二次西園寺公望内閣が成立、その蔵相として山本達雄が名を連ねた。原は、すでに六月八日の西園寺との相談で、来るべき蔵相候補は、「日本銀行に高橋是清を挙げたる今日に於ては彼と対抗」できるだけの人物でなければならず、興銀総裁の添田寿一か勧銀総裁の山本くらいの人物が望ましい、と語っている(原敬日記同日条)。原には、すでに高橋に対する高い評価があり、これに匹敵する人物として山本が視界に入っていることが分かる。なお山本の入閣について、桂が不快感を示していたことはよく知られている[18]。

内閣において同僚となった原は、しかし山本の頑固ぶりに直面して手を焼く羽目になる。最初に両者間に持ち上がったのが、野田卯太郎の勧銀総裁就任問題であった。総裁を辞した山本の後任として、原が野田を候補に挙げて了解を求めたところ、山本はこれを頑として受け付けなかったのである。山本の反対理由は、政府金融機関である日銀や勧銀といった組織の長に政党人はふさわしくない、という単純な原理原則論であり、原がどう説得しても聞き入れる気配がない(日記同年九月六日条など)。関係悪化を心配して、豊川良平・朝吹英二・近藤廉平など山本旧知の三菱関係者が、両者を会食させたりして融和を図ろうとしているほどである(日記同年一〇月一四日・一一月三〇日・一二月二六日条)。

しかし原が最も深刻に山本と衝突することになるのは、その財政方針をめぐってであった(以下も日記各日条)。九月二五日、原と松田正久に面会を求めた山本は、日銀金利引上げの方針(九月二七日に実施、四・七五%から五・四八%に引上げ)を説明するとともに、「輸出入の不平均並に正貨の不足を大体説明し、消極主義を取らんとするの意向」を表明したので、原は「政費は可成節約すべきは勿論なるも、産業の発達即ち国力発展に必要なる事は努めて之をなさざるべからざる旨」を告げ、松田も「消極主義との標榜は見合はす方可ならん」と忠告した。しかし山本の姿勢の背後には財界や、これに理解を示す元老たちの意向があった。一〇月五日には、井上馨の希望により「正貨準備」を主題として西園寺・原・山本と高橋総裁が参加して会合が開かれている。これに続き一一月二〇日には、首相官邸を井上馨と渋沢栄一が訪れ、山本と原も列席する会合が開かれ、井上邸に実業家十人ばかりが会合した結果であるという、財政緊縮を求める意見書が示された。原は「その論陳腐」、「山本が大蔵省より提議したると殆んど同様の申出」と受け止めたが、元老・財界の政府事業縮小論とこれに同調する山本蔵相の姿勢は、鉄道建設事業推進を重視する原と鋭く対立するものであった[19]。

第二八議会(一一年一二月〜一二年三月)での明治四五年度予算案の審議に関しては、山本は歳入歳出の均衡に言及するにとどめ、大幅な緊縮方針にまでは踏み込まなかったが、山本は次年度のより厳しい緊縮実施を決意していた。考えてみれば、二個師団増設問題の政治過程は、この山本蔵相の「決意」という条件を抜きにはあり得ないものである。

一方で、金融当局において、山本蔵相の緊縮方針に反対していたのが高橋日銀総裁であった。高橋の回想によれば、蔵相は「金利をもつと引上げてデフレーションをやれといふ。さう無理をしてはいかぬと言ふのが私の理論、日本銀行の利息を引上げろというのが大蔵省の意見であつた」、そこで辞任覚悟で「大蔵省の方針と、自分等日本銀行の方針と、いづれを採るか正さうといふ決心をし、西園寺公に意見書を出した」、しかし音沙汰がないので原を訪問して尋ねてみたところ、原は「実はどうも大蔵省には困つて居る。吾輩も君の議論と同じで、兎《と》に角《かく》君の意見書は見たが、全然私と同感だつたが大蔵省とは合はぬ。あれには実に困つて居るところだ」と語った、その後、内閣が倒れてこの件はそのままとなった、というのである[20]。原の日記で見ると、一二年(大正元)八月三〇日に「午後日本銀行高橋是清来訪、金貨問題其他財政経済の問題に付意見申出あり、余の持論と全然同一なり、山本蔵相の意見には反対の点多し」とあるのがこの会見に相当し、また高橋の意見書は、「日本銀行の正貨準備について」と題して『原敬関係文書』に収録されているものがこれに該当すると考えられる[21]。この文書は、正貨準備維持の対策として、甲・緊縮策と乙・輸出産業振興策とを対置し、その得失を論ずるという形式をとっているが、その説明はもっぱら前者の非を弁じ後者を推奨する、というものであって、すでに〇一年初頭に高橋が述べていた金融政策の論理を詳細に展開したものであるといってよいであろう。高橋の反対にもかかわらず、公定歩合は一二年一一月には六・五七%にまで引き上げられたが、西園寺内閣が総辞職に至ったのは、その翌一二月のことであった。

◆山本権兵衛内閣の三閣僚

一三年(大正二)二月二〇日、政友会支持の下に成立した山本権兵衛内閣において、内相・原は再び山本達雄と閣僚として相まみえた。しかし今回、山本は蔵相ではなく農商務相に回り、高橋是清が初入閣して蔵相となった。入閣の条件として山本・高橋の二人は政友会に入党した。

原にとって、財政・金融緊縮論への反発で意気投合したことのある高橋を財政責任者として迎えたことは、恰好の盟友の出現といえたであろう。当面の大正二年度予算案は、第三次桂内閣の若槻礼次郎蔵相が前年度予算に経費節減・事業繰延の圧縮を加えて準備していた案を踏襲するよりなく、また山本内閣は経費節減のための行政整理実施を再優先課題としていた。しかし原と高橋の間には、当初から積極財政主義堅持について一致するところがあった。同年九月二二日には、原と高橋は外債募集による鉄道建設案で合意した。さらに一〇月二日、山本農商務相主宰の午餐会が開かれた際のやり取りを、原は以下のように記している(日記同日条)。鉄道・朝鮮事業費のための外債募集に反対する松方に対し、反駁しておいた旨を高橋が語ったところ、原も「老人の言を聴くことは到底不可能」と賛同したが、「山本農相は昨年の往掛りもある事とて松方の意見に同意の様」であった、と。三者の間では、金融・財政方針について高橋・原の提携が形作られ、山本はそこから距離を置いていることが分かる。

一三年中に山本首相宛に提出された「正貨の収支に関する問題」という文書において高橋は、正貨問題の解決は「産業貿易ノ発達ヲ図リ……輸入超過ノ趨勢ヲ転回シテ輸出超過タラシムル」ほかにないという持論を述べ、今後の予想として、輸出産業の発展により大正九年頃から出超となるものとすれば、大正一三年までには外債償還もほぼ完了し、正貨収支への懸念は終息するであろうという見通しを示している[22]。収支改善に限っていえば、現実には第一次世界大戦下、高橋の予想をも覆して早期に実現されてしまうのであるが、しかしこの時点では、この見通しは例外的な楽観論に属するものであったといえよう。しかも高橋・原が積極主義の経綸を本格的に打ち出す暇もなく山本内閣は退陣し、大隈重信内閣では、若槻そして武富時敏が蔵相となって厳格な緊縮方針、それも外債募集を原則停止する「非募債主義」が標榜されるに至った。

この状況下、日銀営業局長となっていた深井英五は、あらためて正貨管理の枠組み作りに取り組み、横浜正金副頭取の井上準之助を主たる交渉相手として協議を進め、これが一四年(大正三)七月の大蔵省・日銀・横浜正金三者協定として結実した。しかし八月には世界大戦が勃発し、「大苦心を経て成立せしめたる取極」が「無用に帰した」ことは周知の通りである[23]。

2　原内閣経済政策の両輪

◆米価危機

第一次大戦下の日本経済は、貿易収支が出超への劇的な転換を示したことのみにとどまらず、一五年(大正四)夏からの投機熱が激しい物価高騰を惹き起こして、これが低所得層を直撃した。消費者物価はつづく一六年から一九年までの三年間で二・二倍となり、これは第一次大戦直後を除外すると、近代日本で経験された最も激しい物価上昇局面である。寺内正毅内閣は一六年(大正五)一〇月の成立直後から物価対策に取り組むが、周知の通り、結局この問題が政権の命取りとなったのである。

最大の焦点となった米価対策について、しかしこれに先立つ一四・一五年には豊作と朝鮮米移入のため暴落が生じ、大隈内閣が設置した米価調節調査会では、米価維持の目的での「恒久調節策」の検討が始められていた[24]。鈴木梅四郎(国民党)などは、この調査会での検討が消費者の利益を考慮せず地主層の利益擁護に偏重しているという批判を浴びせているところであったが、一六年以後には反対に米価高騰の局面を迎え、問題状況は一変した。

寺内内閣で物価問題を担当する仲小路廉農商務相は、対策の切り札の一つとして、一七年(大正六)九月に暴利取締令(大正六年農商務省令第二〇号)を発布した。これは、米穀類・鉄類・石炭・綿糸及綿布・紙類・染料・薬品の七品目(翌年、肥料も追加)について、買い占め・売り惜しみが行われている場合に戒告し、従わない場合には刑罰を科すことを可能にするものである(実際に罰則は、同年一〇月から翌一八年八月にかけて二一件につき適用)。第四〇議会(一七年一二月~一八年三月)では、物価対策が焦点となるとともに、この暴利取締令の是非が議論となった。

同議会では憲政会・政友会・国民党がそれぞれ「物価調節ニ関スル建議案」を衆議院に提出したが、最も徹底した政府批判を展開したのは憲政会であった。物価高騰の元凶は「通貨膨張」にあるとする憲政会は、適切な通貨収縮策を講じない政府の対応の誤りを糾弾したうえで、暴利取締令については、法律によらず行政命令によって臣民の「営業の自由」を侵害する同令は憲法違反であり直ちに廃止すべきである、と主張した(二月一九日本会議・紫安新九郎、同月二一日本会議・斎藤隆夫など)[25]。政友会・国民党は、暴利取締令違憲論には与せず、また物価対策としての通貨収縮論にも同調しなかった。委員会における協議を経て衆議院の議決としては、政府は「輸出品ノ制限若クハ禁止、海陸輸送力ノ敏活、関税及通貨等ノ按配ヲ図リテ之カ調節を行い「更ニ将来ニ渉リテ物価ノ平準ヲ保ツニ必要ナル政策」を定めて実行せよという、総花的な建議となり、暴利取締令についてはその適用について、将来一層の注意を求める、という附帯決議がなされるにとどまった（三月一六日本会議、なお採決にあたり憲政会は、暴利取締令は速やかに廃止すべし、という修正動議を提出したが否決）。

議会終了後、一層の物価高騰に対し仲小路農商務相は、四月一六日には全国の取引所に対する一時的な取引停止、同月二五日には政府による外米輸入・管理制度の導入（勅令第九二号・同九三号、同二六日農商務省令第一三号）、さらに六月一五日には、取引所における投機的取引として米価上昇の原因となっているとみた「小口落」（仲買人が、委託を受けた売り客と買い客の注文を自分の手元で相殺決済すること）を禁止する（勅令第二二九号・取引所令改正）などの措置を重ねた。しかし七月二三日の富山県魚津に始まる騒擾は全国に波及し、八月一六日の穀類収用令（勅令三二四号・緊急勅令）の発布が最後の努力となって、ついに政権の命脈は尽きた。

◆組閣直後の動き

一八年九月二九日に発足した原内閣は、本章冒頭にも記したとおり、山本権兵衛内閣での布陣を引き継いで、高橋を蔵相、山本を農商務相とした。

周知の通りその「四大政綱」は、教育・交通施設・産業通商振興・軍備の四項目への積極的な財政資金投入を計画するものである。しかし喫緊の物価対策に即していえばこの政綱は、前議会での「建議」に、物資輸送能力向上の点について対応している程度である。憲政会は原内閣発足当初から、物価問題への対応に批判の目を向けた。

憲政会はすでに前議会で、物価対策の根本は通貨収縮に置かれるべきという態度を明らかにし、八月一〇日の政務調査会決議もこれを確認している(原内閣成立後、一〇月三〇日の政務調査会でも再決議)。『憲政』第一巻第二号(九月一〇日発行)に「米価調節論」を掲載した下岡忠治は、暴利取締令など「干渉政策の排除」とともに、通貨収縮の必要をあらためて力説し、また「政友会の高橋是清は、物価の騰貴は通貨の膨張に原因するものに非ず」と認識し「金融政策について極端なる放任主義を抱持して居る様である」と言及して、政友会の姿勢を疑問視している。

事実、高橋はこの時期、物価対策として通貨縮小や貿易抑制を説く議論に対しては、「好景気の為めに物価の騰貴が起つた」のであるから、「殊更に金利を引揚げて事業の興らぬ様にし、そして多分の金が労働階級に這入らぬ様にする」ような人為的な景気抑制策は排すべきである、という議論を展開していた[26]。高橋、そしておそらく原の、日本経済の現状診断は、貿易収支を一気に改善した大戦以来の好景気はなお基本的に持続するもの、という強気の読みを基礎としていたと考えられる。高橋の場合、その経済構想はこの後、著名な「東亜経済力樹立ニ関スル意見」(一九二一年五月)における、壮大な東アジア経済圏の理念へと結びつけられていく。

それにしても新内閣にとって米価対策は必須であり、その課題は直接には山本農商務相の担うところである。そして山本が就任後にとった最初の措置は、「暴利取締令は恰《あたか》も伝家の宝刀の如し、深く筐底に蔵して容易に抜くべからず」と、暴利取締令適用を「棚上げ」するという声明であった。

当時の農商務官僚たちはこれを回想して、以下のように、市場への直接的な干渉の排除を山本新大臣の信念と受け止めた。

山本達雄さんが大臣になられてからは、政策が一変しまして……暴利取締令はこれを実行しない。いわゆる伝家の宝刀はさやに納める。（副島千八）」、「山本さんはずっと続いて、米穀政策というものは、米価を調節するという政策はどこまでも避ける、どうしても米穀の数量調節ということで行かなければナチュラルでないという固い信念で、いつでもやって来た。（石黒忠篤）」「仲小路さんは極端な管理論者で、外米の雨を降らせというわけだ。……山本さんが来た。それで結局思想はレッセ・フェールなんだ。（河合良成）」[27]

一〇月一日の最初の閣議で、山本は「前内閣に於て米穀買入をなしたるも其の効なきに因り之を撤廃すべき旨」を提議した。とくに仲小路前農商務相の最後の努力の産物であった穀類収用令（緊急勅令）は、ついに発動されることはなく、また次議会で承諾は得られず（山本は形式的には承諾を求める件を議会に提出したが、これをどうしても通す熱意は示さなかった）、翌一九年四月五日には失効したのである[28]。

原も、米価対策に関する山本の以上のような方針を当初は支持し、一〇月一一日の東京商業会議所の午餐会における演説では、現時の経済救援策に関し「不自然の処置又は法令を過信するの処置は之を改め、自然の趨勢に順応して相当の処置をとるべき」と語っている。また、米価調節調査会に代えて寺内内閣が設置していた臨時国民経済調査会は、一一月一二日に第二回総会が首相官邸で開かれたが、この場で、原は前内閣による米価管理方策の諮問を撤回し、米価について現内閣は「成ヘク自然ノ趨勢」に立ち返らせる処置をとっていると説明して、今後の恒久的対策の慎重な検討を求めた[29]。

外米輸入についても、外国米管理規則（農商務省令第一三号）は廃止する一方、緊急勅令によって米穀輸入税を撤廃し（一〇月三〇日勅令第三七三号）、自由な輸入に委ねる方針を基本とした。しかし「自然の趨勢」といいつつも、こと米価に関してあたかも市場にすべてを委ねるかのような方針には、まもなく原自身は違和感を示し始める。

◆物価高騰やまず

輸入税撤廃によっても外米輸入拡大の動きが鈍いことを憂慮した原は、一二月二一日には「山本農相引籠中の処押して来訪」し相談、同月二三日には山本のほか、高橋・野田・内田の各閣僚が同席する協議において「結局余の意見にて外米を有ゆる手段にて取寄す」ことを内定、翌二四日の閣議で外米百万石買入輸入を決定した。ところがその翌日の二五日になると、米買入の見込みについて、農商務省の調査に反し米の不足はないはずと、諸表を持参して主張する高橋に、それでは米価問題は大蔵省で爾後担当してはどうかと山本が応酬し、原が両者をたしなめ相互に協力しあうよう説示するという一幕があった[30]。

高橋は政府による米輸入には反対のようであったが、翌一九年(大正八)一月七日の閣議で原は、産米の不足と否とに関わらず、米輸入の方針は国民に安心を与えるため必要であると指摘し、一月一〇日の閣議では、第四一議会に向けて「米問題に付山本高橋の意見根本的に相違に付答弁二途に出ては妙ならずと考へて両人に注意」したところ、高橋は「此問題は一切山本農相に譲りて自分は一言せざるべし」といったが、肝心の米輸入の実施について「山本農相如何にも熱なき」様子であった、という。このように原は、高橋と山本の見解の相違に足を取られつつも、自ら主導して外米輸入を実施したうえ、以後も繰り返し、消極的と見える山本に対応を督促している。

また原は、米増産のため開墾助成法案を議会に提出するとともに(大正八年四月五日公布・法律第四二号)、「大開墾会社」の設立を計画し、二月二八日には渋沢栄一以下の財界首脳を、三月六日には東西の財界人六四名を官邸に招いて協力を求め、「帝国開墾会社」の設立を目指したが、追加予算での補助案は否決され不成立に終わった(渋沢らは、こののち一九二〇年に政府補助なしに「中央開墾株式会社」を発足させた)。

この間、元老山県は原内閣の米価対策に不満を募らせていた。すでに前年末、一八年一二月二八日の会見でも米価問題に関する憂慮を原に伝えていた山県は、一九年六月一九日の原との会見では「山本農相の余りに消極的にて用心深き」ことを冷笑する風であったが、かねて山本・高橋両閣僚の関係について山県の許に「種々悪評を持込む者もありと」聞いていた原は、両者について弁護に努めた。その後も米価には下落の兆しがあらわれず、山県はやがて「米価公定」策の持論を原に向って説くようになる(一〇月一三日、一一月六日など)。

一方、米価を含む物価対策として、かねて通貨縮小の必要を提唱していた憲政会と同調する議論も強まり始めた。七月二五日の閣議で、こうした議論に反駁するため、高橋が物価対策としての金利引上げを不可とする意見の公表を主張したところ、山本は「日本銀行自己の考にて金利を引上るも可なり」と述べたが、原は「結果に至りては大差なし、依て物価引下げの目的のみを以てしては不可なれども絶対に金利は動かすべからずと主張するの必要もなき事」と議論を引き取った。八月一日の閣議で、高橋がひきつづき「物価調節の為め金利引上を要すとの世論に対し、其不可を論じたる意見書」発表のことを提議し、原は「通貨膨張は外国貿易の関係に出たる事を今少く明瞭にし、外国貿易にさわりて不景気を醸す事は国家の不利なれば俄かに行ふべからざる事」、また「金利は絶対に動さずとの感念を世上に起さしめざる様に修正すべく注意」し、結局、高橋はこれを自己の私見として発表することになった。こうして八月七日に発表された高橋の「物価政策私見」は、「金利引上政策に依て一般的に通貨の縮小を図らんとせば必ずや其の増発の主原因たる対外的発展を抑圧し之を萎縮せしむるの結果となるべく」と、人為的通貨縮小が景気ことに対外取引に悪影響を及ぼすことを指摘するものとなっていた。

ところがこの間の八月五日、原に面会を求めてきた井上準之助日銀総裁は、「目下物価騰貴甚しきに因り何とか工夫を要すとて、山本農相及び高橋蔵相に内談せしも一致を得ず」と訴えたので、原は意見を書面にして提出するよう求めた。九月一二日に高橋は、日銀総裁(井上)・副総裁(木村清四郎)より金利引上げの申出があったことを原に報告して相談したが、原は「今日直に実行する事は考物なり（高橋蔵相の是迄の主張も顧慮するの要あり）、……日銀幹部も或は世論に動かされたるも知れず、兎に角こゝ姑《しばら》くは延期する事に日銀重役に申渡す事」と指示した。

この間に政府物価対策への批判は貴族院でも高まり、一〇月四日には、貴族院各派代表が原を来訪、物価問題につき政府の適切な対策を求める覚書を提示した。そして同日、高橋蔵相は、「先月末差止め置きたる日本銀行利子引上は本日二厘引上げの事発表せしめたり」と原に報告を行った。一〇月六日、公定歩合は六・五七％から七・三〇％へと、五年ぶりに七％台まで引き上げられた。さらに一一月一九日にも再引き上げを行って公定歩合は八・〇三％となった。これは一九〇五年以来の高水準であり、このあと一九二五年まで継続されるが、その後一九五〇年代までにわたって最も高い水準の金利である。

一方、米価対策の具体化について原内閣は、臨時国民経済調査会に代わり、会長を原、副会長を高橋・山本として新たに設置された臨時財政経済調査会（大正八年七月九日勅令第三三一号・臨時財政経済調査会官制）に諮問する方針を決定した。もっとも九月二六日の閣議で、山本は「農商務省は今回の財政経済調査会にはもはや関係せずして宜しき様に解釈し居たりと云ふ」ので、原は「其誤解なることを説示」し、九月三〇日には、糧食充実問題を財政経済調査会に諮問して確定すべきことを示した覚書を山本に手渡した。一〇月一〇日に臨時財政経済調査会第二回総会が開かれ、諮問第一号「糧食の充実に関する根本的方策如何」に関し、特別委員会を設置することを決定した。原は趣旨説明の演説も行い、とくに、①開墾助成、②米麦混食の奨励、③旧藩時代の常平倉に相当する需給調整機構の検討、の三点に言及した[31]。このうち「米麦混食」は、のちの委員会の検討ではほとんど扱われなかったものであるが、原自身は、その習慣を養成することは「国家ノ利益」とまで表現して非常に熱心であった（原の家庭でも実践していた）。

調査会の糧食問題特別委員会は一二月までに八回の会合を開き、一二月一一日の会合でいったん「答申案」を作成、翌二〇年からの会合では財政事情を勘案した実行案を検討することとなった。

一九年の後半から年末にかけて、原は米価対策の成果が現れないことに明らかに焦りを感じている。山本の指示によって適用を「棚上げ」された暴利取締令についても、原は自身で適用の可能性を考慮した。一〇月一一日に山本に「暴利を貪る者を放任し置く事を得ず、若し放任する時は議会に於て丁度暴利者を弁護するが如き不都合の立場となる」と内談した原は、同月一六日には、鈴木喜三郎司法次官を呼び、「物価騰貴に付買占をなす者を不問に置く事」はできず「差向き綿糸買占大阪辺に甚しと聞くとて取調」を命じた。しかし一一月九日、東京・大阪での調査結果の報告を受けて、山本はやはり暴利取締令適用は見合わすことを原に進言した。原はこれを了承したが、「〔かねて山本に〕到底取締励行の勇気あるべしとは思はざりしが果して右の如き頗る手ぬるき事を云ふ」と不満げに記している。なお原は、山県が農相更迭論を伝えて来た際には「そんなに閣員を容易に入替の出来るものに非らず」といなしているが（一二月六日）、自身、西園寺に向っては「物価問題より山本農相の事に談及し政務に不熱心にて且つ往々窃に外間に対し自己の意見を行はれざる様に漏らし困却す」と不満を打ち明けていた（一〇月一五日）。

◆衆議院解散へ

年が明け一九二〇年（大正九）を迎えて、第四二議会での審議が始まった。この議会に原・高橋はその本領たる積極主義の大型予算案を提出した（ただし、第四二議会は解散で前年度予算施行となったので、選挙後の第四三特別議会で追加予算を成立させた。最終的に大正九年度予算の一般会計歳出は、前年度より三億三千万も多い一三億九六百万余りとなり、三〇％以上の拡大となった）。しかし議会では、歯止めの見えない物価上昇を前にして、政府の無策を糾弾する質問が集中した。

まず一月二三日・二四日の貴族院本会議では、仲小路廉が質問に立ち、政府の物価対策は全く不十分である、なぜ暴利取締令を発動しないのか、「自由放任成行任せ政策」によって目的を達し得るという考えは誤りではないか、などと追及した。山本はこれに対し、暴利取締令を全く発動しないといっているわけではないが、前内閣での運用を調べ、また現実の市場取引を調べても、物価騰貴は定期・先物取引が主因となって生じており、現物の買い占めしか確実に取締ることができない同令は効果がないから発動しないのである、と説明し、また米輸入については、できるだけ商人の手で自然に入るようにして、不足する分だけを政府が買い入れる方針が適切であると判断している、と答弁している。暴利取締令の不適用方針について、このように山本は自身の見識をきちんと提示してみせていることが分かる。

一方、同じ一月二三日の衆議院本会議では、浜口雄幸が原内閣の経済政策を、以下のように全面的に批判した。現在の好景気はもはやこれ以上続くものでなく、今回の大規模な予算案は景気が後退すればたちまち歳入不足に陥るであろう、そもそも政府物価対策は無定見であり、憲政会が提唱している通貨縮小論には、貿易の発展を阻害するからいけないと反論を発表しておきながら、昨秋には突然二度の公定歩合引き上げが行われた、しかもその理由づけは投機の抑制であって通貨収縮ではないという、しかし投機熱の旺盛を国民の自制力の乏しさとする前に、政府自身が確固たる方針を示さないからこの事態を招いたのであって、民間の投機熱の旺盛は政府がこれを煽ったものといっても過言ではない、大戦期以来の好況に対して、まもなく反動不況が到来することは確実であり、速やかに引締めを行って他日の反動を予防する策を講じておくべきではないのか、と。答弁に立った高橋は、我々はそのような「悲観論」はとらない、物価調節について「浜口君と私とは不幸にして、根本に於て観念が違ふ」のであって、人為的な通貨縮小によって物価引下げを行うという政策は我々の方針ではない、と言明した。

貴族院本会議では二月一六日・一七日に若槻礼次郎が、政府は物価高騰の原因が通貨膨張であるとは認めないのか、と質したのに対し、高橋はあらためて「日本の物価騰貴の主なる原因は畢竟は海外貿易の発展及び海外の事業、邦人が海外に於て事業を営む、其発展に帰する」と言明した。同じ質問は山本にも向けられたが、山本はその答弁は蔵相に委ねると繰り返しつつ、ただし、一般論として通貨膨張が物価騰貴の原因となるということを、総理も蔵相も否定してはいないと思う、しかしその縮小の方法については急激な手段を避け実際に照らした考慮が必要であると思う、と述べている。

こうして白熱した経済政策論争が戦わされているさなかの二月二六日、普選問題を理由として、原は満を持して衆議院解散に踏み切った。ところが三月一五日、原が党本部に協議会を開き、来るべき総選挙に対する方針を訓示したこの日、株式市場では株価が大暴落を起こした。ついに本格的な戦後恐慌が発生したのである。

原は、五月に予定された総選挙に絶対の自信を持っていたであろうし、また事実、結果はその通りに政友会の圧勝となったのであるが、恐らく選挙までの期間中に原を最も不安に陥れた要素はこの経済情勢であったであろう。戦後の経済動向に対する高橋・原の強気の読みがはずれ、憲政会が警告していた通りの景気後退が否定しがたくその姿を現してきたとき、投機熱の横行・バブル経済を惹起した責任が政友会にある、という浜口雄幸の糾弾が、原の脳裏に去来したことがなかったとはいえまい。

3　経済危機克服方針の確定まで

◆財界救済

二〇年三月一五日に続き、四月七日に再び発生した株価暴落により、各地の株式取引所は休業に追い込まれた(一二日まで)。四月一二日には日銀が株式取引所への救済融資実施の方針を発表して沈静化を図ったが、一三日に再開された株式市場は再び暴落、翌一四日に立会停止となり、結局これ以後五月まで、一カ月近くに及ぶ株式市場閉鎖を余儀なくされたのである〔32〕。

この間の四月九日、高橋を往訪した原は、「目下株式界安定を欠き不安に駆られ居るに付財政当局の所見を公表して安定を計るべき旨内談」を行った。その結果が四月一四日の蔵相談話となるのだが、その内幕について、当時、大蔵書記官であった津島寿一の回想がある。すなわち、スペイン風邪のため療養中であった津島が四月一三日、久しぶりに高橋邸を訪ねたところ、今から木村日銀副総裁が来るのでその相談にもとづき、現下の財界混乱に関する声明文を立案せよといわれた、対策の核心は日銀から救済資金を出すというところにあるのだが、木村は慎重でなかなか言質を与えない、「高橋翁が『よく我慢して聴いておるな』とおもったほどであった。が、結局、このままでは政府としては立場にも困るであろうから、日銀としてはよく玉石を鑑別して、何とか適宜の融通をすることについて、重役会で相談しようということに話が纏った」、大臣談話の案文は日銀の重役会に附議され、大蔵省内でも回示されたうえ、印刷に付して一四日午後に発表された、また津島は、大阪で一六日に開かれる政友会近畿大会で原が発表する予定の声明文も起草して原邸に届けた、と〔33〕。

四月一四日発表の「蔵相所感」の眼目は、「日本銀行ハ……諸銀行ニ対スル融通ノ方針ノ如キ、玉石ヲ能ク見別ケテ機宜ヲ失ハス特別且緊急ノ必要アル場合ニ事情大ニ諒トスヘキ不得止《やむをえざる》モノニ対シテハ臨機融通ノ方法ヲ講スル事ト信スルノテアル」という――まわりくどく留保の多い――一文に尽きているが、また一方でこの「所感」は、好況に馴れて旺盛となった投機思惑について、政府は昨年来十分に警戒を与えていたのに、これに耳をかさず今日の財界変調に遭遇して卒然窘窮するという有様であるのは遺憾である、今後は投機思惑に対して各自適当の節制を加えることが緊要である、そうすれば現下の金融状態も速やかに立ち直り経済界はますます健実に発展を遂げることができるであろう、といった弁明や注意、楽観的観測を含むものであった。

日銀は四月一六日に救済措置に関する支店長宛通達を出したが、特別融通は個々の銀行・企業の救済ではなく、あくまでも経済一般に及ぼす影響の観点から行うものであり、救済を求める当事者に対しては、その責任の所在を明らかとし整理を求める、などの厳格な方針を明示していた。しかし四月三〇日に横浜の茂木商店および七十四銀行破綻の情勢が伝えられた際には、波及するところが大であるとして、高橋・山本が原と相談し、日銀正副総裁も招いて協議の結果、日銀から救済資金を支出することに決定した。

五月一〇日、総選挙が行われ、政友会圧勝の形勢は数日のうちに明らかになった。しかし経済情勢は楽観を許さず、七十四銀行は五月二四日に結局、休業に追い込まれた（八月には整理案を発表）。原は、五月二五日の閣議で、財界救済問題につき「中傷誤解流布し、反対党は之を利用して思もよらざる影響を見る様なれば政府の趣旨を十分に公表するを可となす」と発議している。

六月四日・八日の閣議では、原は蚕糸業者から救済の陳情があることを告げて山本に対策立案を促した。一八日までに山本・高橋が協議し、勧銀を経由して日銀から一千万円を製糸・養蚕業に貸し出すことを内定したが、六月二二日になって山本は中止を言い出した。原と野田は再交渉を勧めたが「山本打切ると云ふに付其意に任せ」、ただし後日、野田を通じ井上総裁と交渉して成立させた。ここでも、救済融資という形式での市場介入に消極的な山本と、必要な政策的措置をあまねくとろうとする原との、それぞれの姿勢の対比が垣間見えている。

◆第四三議会の論戦

七月三日、第四三特別議会・衆議院における最初の演説において原は、今議会で提出を予定する追加予算案と法律案を簡単に説明したのち、一言添えておきたいこととして、政府が「諸種の計画を実行致しましたが、それに拘らず近来財界の動揺を見るに至りましたのは、頗る遺憾とする所」であるが、現在は「鋭意是が救済を講じまして、財界の安定を得るに深甚の注意」を致しているから「遠からず其効果を見るであらうと信ずるのであります」と述べた。ここでの経済問題への言及の仕方には謙虚な姿勢も感じられるが、実は、議会開会に先立つ六月二七日の政友会臨時大会で原は、総選挙での絶対多数獲得を「我が国民の健全なる意思の発表」と自賛しつつ、財界の近況に言及して、反対者は種々の論難を政府に対して試みているが、そもそも彼らの提唱していたような政策を実行していたならば「此経済界の動揺なるものは決して今日の比ではなかつたらうと思ふ。左様な謬れる政策を執りましたならば殆ど之を救済することも不可能であつたかと思ふ」、そうした言論に迷わず、反対者たちの言うような政策を取らなかったのは幸いであった、と、憲政会に対し挑発的ともいうべき言明を行っていた(『政友』第二四三号)。

七月六日衆議院本会議における浜口雄幸の質問は、財界混乱を、ニコライエフスク事件(五月二五日発生)と並置して「我国の内政竝に外交上に現れたる二大失政の結果を遺憾なく暴露するもの」と断じ、「経済失政」に対する烈火のような糾弾を行ったものであった。浜口はいう。通貨膨張を抑え物価調節を行うべきだという議論は、両三年前から識者の間に唱えられ我々も早くから提唱していたし、貴族院諸氏からも主張されたのに政府は耳を傾けなかった、自分の見るところでは昨年五月頃が、日銀の金利を引き上げて投機思惑の熱狂を防ぐべき時機であった、ところが八月に蔵相は、大胆にも金利引上げに反対の意見を発表して投機熱を煽り、時機を失した一〇、一一月になってやっと金利引上げを行ったのである、先日の議場において原首相は、財界動揺を予見できない出来事であったかのように述べたが、この事態は当然の結果なのであり、本当に予見できなかったというのならば不明の譏《そしり》を免れず、予見はしていたが予防できなかったというのなら無能・無誠意というべきである、また先の政友会大会において原首相は、反対党の提唱する政策を実施していたならば財界の動揺は今日以上になっていたであろうなどと述べたが、これは全く、子供が喧嘩をする時に使うような負け惜しみに過ぎない、二年に及んだ経済政策論争は、事実の審判において勝敗が決せられたのである、敗軍の将は兵を語るべからず、これでも政府は放漫政策の非を悟らず、責任を認めないというのか、と。

浜口の演説の終わりには議場は騒然となった。原は登壇せず、高橋が答弁に立った。その論旨は基本的に、これまで繰り返し発表されてきた所見の再説であるが、「憲政会の政策をとっていたならば、財界の動揺は今日の程度ではない」という言明の注釈としては、「若し是が政府の圧政に依て金融を梗塞し、信用を縮小して不景気を生じたものならば」、財界は政府に不信を抱き、現在行われているような、政府・財界一致しての救済をなし得なかったであろう、とした。

貴族院でも、阪谷芳郎によって財界動揺に対する政府の責任をただす質疑があった(七月五日貴族院本会議)。なお貴族院では、仲小路廉より、山本農商務相が取引所における「小口落」を復活させたことに対する質疑もなされた(七月九日貴族院本会議)。小口落は一八年六月に投機抑制策として仲小路が禁止したものであるが、取引所関係者からは復活を求める声が強く、六月に山本が事実上、解禁させたのである(大正九年六月三日勅令第一八二号)。山本が答弁に立ち、これは投機を奨励するものではもとよりなく、取引所の活動を円滑にして財界の動揺を鎮めるためのものである、と説明している。

こうして第四三議会では、選挙に勝利した政府与党側が、意外にも守勢に回る状況が生じていたのであるが、会期後半に島田三郎が、高橋、山本、それに中橋徳五郎の三大臣に関し、根拠の薄弱な、株投機にまつわる瀆職疑惑なるものを取り上げたところから、むしろ脱線・紛糾して終幕を告げた。

ところで山本は、この通貨政策論争についてどう見ていたのだろうか。本章でも拾い上げておいたいくつかの断片的な発言からは、通貨縮小の主張を高橋のように、頭から否定する態度ではなかった節も窺えたものの、金融問題は蔵相の管轄であるとして、自らの見解を表明することには終始禁欲的であった。そしてこの年の一一月に、幹部として政友会中国四国大会で演説した際には、高橋の主張を肯定して、党の政策を模範的に弁護してみせている。曰く、「我党は経済政策上夙《つと》に積極進取の方針を以て進み来りしは国民周知の通り」であり、「反対党の主張せる如き急激に過度なる通貨縮小は、金融の梗塞を来し産業に打撃を与へ遂に帝国興隆の気運を阻害するものとして、断乎として之を排斥したのであります」、不幸にして戦後の景気反動が訪れたのであるが、政府は救済策を講じようやく動揺も沈静化しつつある、「若しも反対党の言ふ所に随ひ、経済界の景気高潮に達せる時に於て突如として人為的通貨縮小を行ひたらんには、其の影響は蓋し今回以上に恐るべきものありしならんと信ずるのであります」と(『政友』第二四八号)。

山本はこうして公式に高橋の主張を支持してみせているし、農商務相としては、暴利取締令の不適用や小口落禁止の解除など、市場不介入の信念を頑固に守って首尾一貫させている。山本の姿勢は公然たる批判者たちからのみならず原からも、しばしば過度に消極的と見られているが、議会答弁を求められたときには、自らの見識に裏付けられた丁寧な説明を行っており、その職責は全うしているといってよいであろう。なまじ経済政策通としての「見識」をもつがゆえに扱いにくいものの、閣僚として山本は、最終的には内閣の方針にも従い、高橋とともに原の政治運営に重要な貢献をなしているとと評価してよいように思われる。

◆糧食問題の決着

ところで、高橋・山本の二人の経済閣僚はこの後、内閣としての米価対策の最終的な確定過程においても、その「見識」を発揮して、以下にみるように、原を振り回す結果となっている。

臨時財政経済調査会に諮問されていた糧食問題の検討は、一年を経て、特別委員会で米価安定のための需給調節機構(いわゆる常平倉)導入の方向へとまとめられつつあった。一〇月九日に原は、調査会総会での方針決定を念頭に、「常平倉の如き其資金を要する事多き事柄は、臨時費は時機を見て公債に依るの外なく、其他は特別会計を設定するの外なし、又此等事務を扱ふ為め農商務省に糧食局を創置するを可とす等の方針」

を山本に指示した（特別会計は実現するが最終的に局の設置などはなされず）。また同日、原は山県にこの構想を伝えたところ、「山県は至極賛成にて、先年伊藤等常平倉の如き愚作なり、金だにあれば糧食に不足なしと云ひたるに対しては、自分は不服ながらも之に抗争する事を得ざりしが、矢張之を必要とするが如し」と満足気で、原と意見の一致を見た。

調査会は一〇月三〇日に第五回総会を開き、さらに第六回（一一月一〇日）、第七回（一一月一七日）、第八回（一一月三〇日）、第九回（一二月一日）と会を重ねたが結論には至らなかった。総会では常平倉構想に対し、鈴木梅四郎らが米専売案を対案として提出したほか、浜口雄幸が財政上の困難と消費者の利益の無視という観点から批判し、水町袈裟六（元大蔵次官・前日銀副総裁）、小山健三（第三十四銀行頭取）らがこれに同調した。前田利定（貴族院議員）の動議により、新しい特別委員会を設置して慎重に審議することとなったが、一二月四日から二三日まで六回にわたって開かれた特別委員会では、結局、若干の修正を付したうえで再び常平倉案を提案することに決した。

いずれも長時間に及んだ上記の総会の全てに、原は会長として出席し、自ら議事を進行させている。「国家重大の問題に付余は此際何とか基礎を確立せんと欲する所なり」（日記一〇月三〇日条）と、米価対策の確立に原は強い意欲を示していた。ところがこの原の指導に反して、直接の担当部局の責任者である山本・高橋が、どうも協調的ではないのである。

一二月三〇日、原は、「財政経済調査会の特別委員に於て、常平倉案決議し、来月一二日を以て総会に附議する事に内定せしに因り、政府の議の一致を期する為め」、高橋・山本、及び次官・農務局長、横田法制局長官を官邸に召集したが、これは「高橋蔵相は米価を法律にて定むべしと大蔵当局にも不似合なる議論あり、到底行はるべきに非ざるに因り、之を緩和 旁《かたがた》此小集をなしたるなり」という。高橋は常平倉構想に批判的であり、それをするくらいなら米価公定のほうがましだ、というのである。なお、需給調節のために必要な特別会計の法律案は法制局で起案することとなった。

明けて二一年(大正一〇)一月一一日の閣議において、明日の調査会総会での決定を前に、その実行に関する政府の方針・必要な法案の大要を協議したところ、山本が「去三十日の打合会の趣旨にも拘らず、一般会計より六千万円繰入云々の旧案を持出したるに依り其の不可を注意」した。また高橋の米価公定の主張については、折衷案として、「非常の場合には、政府は最低最高を公定し得るの権利を留保する」ものとしてまとめたが、今度は山本が、非常の場合であろうとも米価の公定はしないということを議会で表明しているので「甚だ説明に苦しむとて反対の意を」表したが、その説明はできないわけであるまい、と原はその場を収めた。

翌一月一二日、調査会は午前一〇時五〇分、会長の原が特別委員会からの報告を促して開会した[34]。前田委員からの報告ののち、討論ではまず、鈴木梅四郎・浜口雄幸がこれまで通り反対を表明した。ところが出席者たちを驚かせたことに、これに次いで高橋が「私は此席に於ては大蔵大臣として又本会の副会長としては沈黙を守るが相当であらうと考へて居りましたが、如何にも此問題が重大な問題であるが故に一言述べたい」と前置きし、常平倉案について「唯今浜口君からも弊害百出すると云ふ懸念を述べられたが、私もそれと同感である」と、延々と反対論を開陳し始めた。慌てた原は「ちょっと大蔵大臣、どう云ふことか知りませぬけれども、……今は唯だ此特別委員の報告に付て可か否かを討論して居るのであります、政府が之に対してどうするか、政府が之を採るか採らぬかは別に論じて宜しいやうに思ひます」と止めに入った。休憩ののち午後一時五〇分に再開、特別委員の報告を一括して採決することとなり、二七名のうち二二名の賛成を得て原案は可決された。反対者は鈴木・浜口のほか、古在由直(東京帝大農学部教授)、そして、高橋と神野勝之助(大蔵次官)であった。日記に原は、「昨日の打合にも拘らず、高橋の脱線的態度には困る次第にて、畢竟自負心強く、而して山本農相とは事ごとに反対にて、毎々困らする次第」と記し、「公然反対を外に向て表するは内閣統一にも迷惑の次第なるに因り、会議終了後、横田千之助、岡崎邦輔等に高橋に其態度を改めしむる様注意すべき旨内示」した、という。

四月に米穀法(大正一〇年四月四日法律第三六号)と米穀需給調節特別会計法(四月四日法律第三七号)とが成立し、内閣成立以来の課題であった米価問題に、原は一応の解答を与えることができた。こうして導入された需給調節の枠組みは、しかしその後次第にその性格を変え、結果として昭和期の農業恐慌を経て、戦時期の食糧管理制度へと繋がるものとなったことは周知の通りであるが、今は措く。原内閣の二人の経済閣僚が、政策通としての自負の下、首相の指導に従順とは言い難く、原に手を焼かせていたことは以上に見てきたとおりである。ただしこうした行動が、党派的な動きや思惑とは無関係に、いわば「無邪気」に純粋な政策の主張として現れてくるのが、高橋・山本の政治家としての特徴であるように思われる。そしてそれであればこそ、原の、彼らに対する信頼も、究極的には損なわれることはなかったのだといえよう。

おわりに——高橋・山本のその後、あらためて原との関係をめぐって

原の没後、高橋と山本が袂を分かったことは周知の通りである。まず、高橋内閣での内閣改造問題では、山本は元田肇・中橋徳五郎らに荷担し、高橋の意図を挫《くじ》く形となった[35]。さらに山本は、除名された元田・中橋の復党をいったん斡旋したが、ついには二四年(大正一三)に彼らと共に脱党し、政友会分裂を演出する結果となったのである。

ところで高橋には、よく知られた「東亜経済力樹立ニ関スル意見」(一九二一年五月)に体現された政策構想があった。二〇年一〇月に正式発足した四国借款団成立後の中国情勢を背景に、高橋がこの「意見」にどのような意義をこめたのかの検討は、外交情勢に関する多くの変数の分析を前提に慎重になされるべきであり、

いまここでは深入りしない[36]。しかしいずれにせよ、この意見書での高橋は、戦時下に「二十億円ノ正貨ヲ所有」するに至った日本の「経済的実力充実」に、戦後恐慌の発生後も依然として強い自信を抱き、積極的なアジア規模での政策展開を構想していたことが分かる。一方の山本に、このような雄大な規模の構想を抱いていた形跡は認められない。

さて、高橋と山本との関係に戻ると、こうして離隔したと見えた両者の経歴は、もう一度交わることになる。三二年(昭和七)、五・一五事件後に組閣された斎藤実「挙国一致」内閣において、高橋は蔵相、山本は内相として再び同僚となったのである。議場に並ぶと、斎藤を入れて「三長老」の風格で、高橋が元気いっぱいの答弁をして戻ってくると、山本は「君は実によい声だね」「今の答弁はなかなか立派だつたよ」など囁いて、にこにこしている、という調子で(『山本達雄』五一八頁、大池真の回想)、和気藹々の風だったという。また高橋が主導する景気回復のための「時局匡救」予算では、山本は内務省主管の土木事業費を最大限に組んで協力し、「山本さんは消極財政家ではないよ、と内務省の役人たちが眼を丸くした」という(同書五〇六頁)。四〇年に及ぶ両者の協力関係は、一時の対立の時期を経て、実はこのように最晩年まで維持されていたことを看取できるのであるが、しかし斎藤内閣期、高橋が軍部との間に抱えていた緊張関係において、それを側面から支援するだけの政治的気力は、もう山本には残っていなかったようにも見える。二・二六事件のあと、山本は「高橋翁記念事業後援会」の会長を引き受け、遺族の生活にも気を配ったという。

このように、幾重にも絡まりあう軌跡を歩んだ二人の個性ある人物が、原内閣の柱石としてその経済政策を指導した。本章では、この二人に焦点を合わせながら原内閣の経済政策を検討してきたが、その政治環境は一九二〇年三月の戦後恐慌発生によって二分される。大戦景気の継続を前提に強気の積極政策を企図した原・高橋の方針は修正を迫られ、経済界救済が喫緊の課題となった。しかもそれらの実行にあたっては、古典的な市場原理に固執する山本と、「自由自在」な高橋の構想がしばしば交錯し、原をも翻弄する局面が見られた。にもかかわらず原は最後まで、この二人の経済専門家に対する信頼を根本的には失うことはなかったものと観察される。

戦後恐慌の発生を原内閣の経済失政、と断罪した浜口の議論の是非はともかくとして、結局、二〇年三月のこの株価暴落を起点として、日本経済は長い景気停滞期に入る。明治後期の、脆弱であった当時の日本経済の舞台裏を知悉していた高橋からすれば、あるいはこの程度の変調は自信を喪失するには足りないものと映っていたかもしれないが、結局、その後の日本経済は、本格的浮上の契機をつかめないまま、金融恐慌を経て昭和恐慌の谷底へと転落していくことになる。高橋が再び経済政策通として脚光を浴びたのは、この恐慌からの脱却過程での努力においてであったが、高橋はその潜在的な起点にも関わりあっていたのである。

経済政策の評価は、歴史上の事象においてすら、活発な経済理論上の争点——金融政策と財政政策の関係など——たりえるものであり、本章ではその評価に立ち入ることは差しひかえたい。しかし他方で、戦後恐慌に直面しての極めて困難な状況においても、二人の経済閣僚を御しつつ、積極的に指導力を発揮し続けていた原の姿は、十分に視野に収めることができたと考える。結局のところ、このような原の確固たる指導の姿勢こそが、この時期において経済不安を払拭し、経済を安定化させる最大の要因となっていたことは否定されないであろう。

註

1——高橋と山本に関してはともに、もちろん少なくない資料も残存するものの、その個人文書について戦禍等による滅失・散逸の影響を比較的大きく受けたことが知られており、一次資料にもとづく綿密な人物研究はなお不足しているように思われる。もっとも、周知の通り高橋の評伝は、今村武雄の著書(『評伝高橋是清』時事通信社、一九四八年)をはじめとしていくつも著されており、スメサーストによる評伝が現時点では最も本格的なものであろう(リチャード・J・スメサースト『高橋是清　日本のケインズ——その生涯と思想』鎮目雅人・早川大介・大貫摩里訳、東洋経済新報社、二〇一〇年)。一方、山本の伝記としては、伝記編纂会編『山本達雄』(一九五一年)、子息の山本達郎による私家版『山本達雄小伝』(一九九二年)のほかに、拠るべきものはない。

2——大蔵省大臣官房調査企画課編『大蔵大臣回顧録　昭和財政史談会記録』(大蔵財務協会、一九七七年)「大蔵大臣の思い出」三二〇頁、斎藤虎五郎(日銀営業局調査役、のち群馬大同銀行頭取)の回想。

3——郷誠之助『財界随想』(慶應書房、一九三九年)三〇九頁。

4——今村武雄は、高橋の政友会総裁就任後の両者の関係を解説して、「山本は日銀時代から高橋の先輩であり、党歴も古く、……あとの雁がさきになつたのであるから、おもしろくなかつたにちがいない」としているが(『評伝高橋是清』一〇六頁)、日銀において両者は必ずしも先輩・後輩の関係にはないし、また、両者が山本権兵衛内閣入閣時に同時に入党したことを別の箇所では正しく記しながら、この箇所では山本の方が党歴が長いかのように誤解を与える記述となっている。両者の関係は従来、政友会分裂時の行動から逆算して過度に対立的に捉えられてきたように思われるが、今村の記述もこうした傾向を代表するものであろう。

5——東京大学経済学図書館よりデジタルアーカイブとして公開。復刻として、前田亮介「東京大学経済学部資料室所蔵「高橋是清日記　明治三十一年」」、『東京大学日本史学研究室紀要』第一五号(二〇一一年)。なお津島寿一は、二・二六事件から間もない一九三七年に自身が古文書展示会で購入し、横浜正金銀行の当時の頭取である大久保利賢に寄贈したという高橋の「日銀副総裁時代」(そうであるならば、一八九九年二月以後)の日記に言及しており(津島寿一『高橋是清翁のこと　芳塘随想・第九集』芳塘刊行会、一九六二年、五四頁)、この日記との関係が推測できるが詳細は明らかでない。

6——日本銀行百年史編纂委員会編『日本銀行百年史』第二巻(一九八三年)第三章2、『山本達雄』二三六〜二四四頁。

7——事件の概要について、吉野俊彦『日本銀行史』第三巻(春秋社、一九七七年)五二五〜五四六頁、など。

8——『高橋是清自伝』「正金副頭取から日銀副総裁へ」。ただしこの自伝記事の新聞連載当時すでに、これを見た河上から事実関係の一部訂正を求める書翰が届き、刊行された自伝に編入されているし、山本の伝記では高橋の観察と細部で異なる山本自身の説明が引用されている。

9――以下、前掲『日本銀行百年史』第二巻、第三章4、神山恒雄『明治経済政策史の研究』(塙書房、一九九五年)第三章を参照。

10――一九〇一年四月一八日、東京交換所組合銀行春季懇親会席上の演説、『東洋経済新報』一九三号。

11――『東洋経済新報』一九四号。なおこの演説の趣旨自体は、各銀行における堅実な貸出業務遂行の必要を説くもの。

12――『東京経済新報』一九五・一九六号「財界救治策に就て」。

13――この時期の高橋の金融論の独自性は、佐藤正則「明治三十四年前後における高橋是清の日銀金融政策」(『社会経済史学』五〇巻五号、一九八五年)で指摘されているが、しかしこの佐藤論文が、山本と高橋とをすでにこの時点から政策的に厳しい対立関係にあるものと描いている点は疑問なしとしない。財政・金融観の相違は確かに存在し、その後の両者の軌跡に反映されているといえようが、こののち一九〇三年までの金利引き下げの実施におけるように、日銀総裁・副総裁時代の両者はなお、おおむね同調・協力していたと解し得るように思われる。

14――小島仁『日本の金本位制時代　1897~1917』(日本経済評論社、一九八一年)、前掲神山『明治経済政策史の研究』第五章、等を参照。

15――深井英五『回顧七十年』(岩波書店、一九四一年)八八頁。

16――なお、下重直樹「山本達雄の政治指導と地方経済――大正初期における勧銀・農工銀ラインを中心に」(『社会文化史学』第四九号、二〇〇七年)は、山本の政治基盤として、慶應人脈・「三田派」とともに、「勧銀・農工銀ライン」の地方人脈があるという仮定の下に、それらの動静を探る試みであるが、私にはそれらの動きと山本との密接な結びつきが十分に論証されているようには思われなかった。山本の政治的行動は、とくに経済通としての自己の経綸にその都度規定されているものであり、特定の党派的動きから演繹されるものとは見えない、というのが私の見方である。

17――前掲『日本銀行百年史』第二巻第三章6・8。

18――伏見岳人『近代日本の予算政治1900~1914』(東京大学出版会、二〇一三年)二一八頁、若槻礼次郎『古風庵回顧録』(読売新聞社、一九五〇年)第二章第八節、原敬日記八月三〇日条など。

19——財政緊縮論は井上馨のほか、松方正義の持論ともなっていた。一二年九月一七日に原が松方と面談したところ、松方は「大に政費を減じ又外債を絶対に募集せずと云ふ極端なる消極論」を説き「山本蔵相とは松方十分話合居る」と原は観察した(日記同日条)。

20——高橋是清「原君や牧野君らのこと」『随想録』(千倉書房、一九三六年)。

21——原敬文書研究会編『原敬関係文書』第九巻(日本放送出版協会、一九八八年)七〇二頁。

22——前掲『原敬関係文書』第一〇巻(一九八八年)二二九頁。

23——前掲深井『回顧七十年』一〇八〜一一四頁。

24——以下、川東竫弘『戦前日本の米価政策史研究』(ミネルヴァ書房、一九九〇年)を参照。

25——明治憲法に「営業の自由」を保障する明文の条文はないが、『憲法義解』には、二二条の解説に「凡そ日本臣民たる者は帝国疆内に於て何れの地を問はず、定住し、借住し、寄留し、及び営業するの自由あらしめたり」との言及がある。しかし一六年(大正五)一一月一五日の大審院判決は、秋田県警察犯処罰令に違反した営業行為の取締事件について、「営業の自由は憲法二二条が保障するところであるから同警察犯処罰令自体が違憲である」とした上告を斥け、「帝国憲法第二十二条ハ居住及移転ノ自由ヲ認タルニ止マリ」、命令によって営業取締をなすことを禁ずるものではない、と言明している。

26——「米価と通貨問題」『高橋是清経済論』(千倉書房、一九三六年)。

27——産業政策史研究所編『商工行政史談会速記録』第二分冊(一九七五年)一二六頁、一三五頁。

28——副島千八によると、「寺内内閣総辞職の前夜、仲小路大臣をたずねた際に、私に、一度でもよいから穀類収用令を適用してくれということをおっしゃった。……(しかし)私は元来適用しないという腹であったから、大臣の話に背いて適用しなかった」という(前掲『商工行政史談会速記録』第二分冊、一二六・一二七頁)。

29——国立公文書館所蔵「臨時国民経済調査会要覧並附属書類」。

30——以下、原敬日記の記述を基礎としているが、これらの経緯については原の観点に即して、金原左門『大正期の政党と国民』(塙書房、一九七三年)にすでに言及がある(一三三〜一五一頁)。ただし同書は、物価対策に関し原内閣は「状況追随的」で「体系的な統治策を見失っている」という低い評価に終始している。本章ではこの経緯を原と高橋・山本との関係を考察する素材として扱っているが、原自身についていえば、物価対策に関する理念や実行手段についてしばしば閣僚間での見解が一致しないという条件の下においてすら、常に指導力を発揮して相応の努力はなされている、という評価の下に観察している。

31——国立公文書館所蔵「臨時財政経済調査会書類・十ノ一第二回総会議事速記録」。

32——以下、戦後恐慌の概況については、『日本銀行百年史』第三巻（一九八三年）、「世界戦争終了後ニ於ケル本邦財界動揺史」日本銀行調査局編『日本金融史資料』明治大正編第二二巻（一九五八年）所収を参照。

33——前掲津島『高橋是清翁のこと　芳塘随想・第九集』一一二〜一一三頁。

34——国立公文書館所蔵「臨時財政経済調査会書類・十之七総会議事速記録諮問第一号」。

35——もっとも、伝記『山本達雄』の記述は、「山本は最初改造問題の埒外に在つた」が、「高橋の中橋、元田に対するやり方が余りにも拙劣」であったため「中橋らに同情するやうになつた」と、この経緯を説明する（四三一頁）。

36——これに関する比較的最近の業績として、従来の研究を整理し、さらに文書の成立過程をも考証した、小林道彦氏の研究がある（小林道彦「高橋是清『東亜経済力樹立ニ関スル意見』と井上準之助」『北九州市立大学法政論集』第二九巻第一・二合併号、二〇〇一年）。以下、小林氏の分析に従っていくつかの論点を整理しておくと、この構想は、①英米との協調の下に中国本土に積極的に投資活動を展開しようとするものであり、満蒙権益に執着する（後年の田中内閣のような）立場とは対極にあること、②井上準之助の構想を受容して、四国借款団が代表する国際的枠組みを尊重する姿勢を示すものとなっていること、③原敬はこの意見書を「今行はれもせざる書生論」と評したが（日記一九二一年六月一四日条）、これは人種競争論的なレトリックや英米と対峙する「世界三分ノ勢力」といった空想的な表現に向けられた批評であって、実際の対中国政策における原と高橋の対立を示すものとは必ずしもいえないこと、むしろこの時点では、二十一ヵ条要求の成果確保を重視している浜口との隔たりを際立たせているものであること、等である。

第Ⅲ部

政党政治の基盤の確立

第6章 原敬と選挙区盛岡市・岩手県
――国際環境に適応する新しい秩序観と体系的鉄道政策

伊藤之雄 *ITO Yukio*

原敬・政友会は地方利益誘導を唱えて勢力を拡張したのか――はじめに

原敬は一九〇〇年（明治三三）に伊藤博文の創立した立憲政友会に参加し、同年一二月に第四次伊藤内閣の逓信《ていしん》大臣に就任、内閣が一九〇一年六月に倒れて以降も、最高幹部の一人として党をリードした。一九〇三年七月に伊藤が政友会総裁を辞任し、西園寺公望が第二代総裁となると、原と松田正久は西園寺を支えて党の分裂を防ぎ、日露戦争後の一九〇六年一月に第一次西園寺内閣ができる基礎を作った。

西園寺内閣は、一九〇八年七月まで続き、内相となった原は、内閣の後半には、担当の内務省のみならず、外交や軍備問題も含めた財政など、内閣の重要問題すべてに影響を及ぼせるようになった。すなわち、原は一九〇八年七月頃には西園寺内閣・政友会の最も実力ある人物となっていたのである。また政友会も、原の党指導により、衆議院の第一党として安定した。こうして日露戦争後は、政友会総裁の西園寺と山県系官僚の桂太郎大将が交互に政権を担当する、いわゆる桂園時代が、大正政変が起きる一九一二年一二月まで続いた。

原の率いる政友会はその後、第一次山本権兵衛内閣でも薩摩派と連携して政権を組織し、反対党の同志会を与党とする大隈重信内閣下で行われた一九一五年総選挙で敗北した以外は、衆議院の第一党であり続けた。この間、原は一九一四年六月に第三代政友会総裁となった[1]。

このように政友会が勢力を伸張させ維持できた主な理由を、三谷太一郎は、原敬が議会で帝国鉄道会計法を制定し、鉄道の建設と改良を特別会計とし、狭軌鉄道の延長と改良を推進したことに求める。国民の間には鉄道新設要求が強く、政友会の地方組織は地方の鉄道新設要求を汲み上げ、政友会は党勢を拡大したとする[2]。三谷の研究は先駆的研究として、政友会や日本政党政治の形成に関する研究の中で、今なお大きな地位を占めている。

ところが、三谷は原が狭軌鉄道による全国的な鉄道網の形成を重視し、帝国鉄道会計法制定に尽力したことは論証しているが、原に実質的に率いられた政友会が、いわゆる「我田引鉄」的政策を行って党勢を拡大したことの論証は行っていない。三谷は、当時の政友会に批判的な新聞記者であった細井肇が書いた政治評論『政争と党弊』(一九一四年)によって、政友会が鉄道による利益誘導で党勢を拡大したとの主張をしているだけである[3]。

また、三谷は政友会地方大会・地方総会・支部決議によって、地方の要求を鉄道建設等の地方利益要求が主要なものであったと断定している。しかし、例えばその根拠として三谷が挙げている一九〇二年秋から冬のそれらの地方の要求は、二八の決議のうち、行政・財政整理二五、地租増徴継続反対二五に対し、鉄道建設等の地方利益は五にすぎない。すなわち、地方の有力者たちは、できるなら鉄道建設をしてほしいとの願望を持っていたが、財政状況や経済の好不況を十分に考えている。このため、鉄道建設の実現可能性も考慮し、単純に常に鉄道建設要求のみを掲げているのではないのである[4]。

三谷の研究は、一九六〇年代の高度経済成長期で財源が豊富な日本において、自由民主党政権が公共事業を媒介として支持を得ていたことを、一九〇〇年から一九一〇年代半ばまでの財源難の日本に少し性急に投影したものといえる。

実際の原は、二〇歳代半ばの新聞記者時代から、藩閥や士族層といった特権意識を批判し、「公利」の追求を目標とすべきとの考えを持っていた。その上で英国風の立憲政治や商工業立国を遠い目標とし、鉄道網についても、産業振興のみならず、知識や情報を日本全土に行きわたらせることにより、政党政治の基盤を育成する観点からも重視していた。外交は軍事も含め、列強に代表される国際社会が承認するものでなくてはならない、との協調外交の考えを持っていた。また、「自由民権」には賛同したが、欧米の思想等を深く考えずに、日本にそのまま適用しようとする多くの自由民権運動家には批判的であった[5]。

このような原敬が、国民の支持を得るため、どのような訴えをしたのかは、鉄道建設要求に性急に結びつけず、原の言動に即してじっくりと考察する必要がある。原は一九〇二年に衆議院選に盛岡市選挙区から初出馬して当選し、その後は対抗馬が立たず無投票で当選し続けた。本章では、第三章(拙稿)でも扱った原の外交・内政全体にわたる理念や政策にも言及しながら、それらとの関連を考慮し、盛岡市選挙区の選挙民と原との関係[6]を検討する。そのことを通し、原がどのような理念と手法を持って、政友会の党勢を維持・拡大したのかの一端が見えてくるであろう。

1　日清戦争以降の盛岡市の政治と原

◆一八九六年に原が帰郷し総選挙の立候補を打診する

一八九六年(明治二九)六月一一日、原敬は朝鮮国在勤の特命全権公使に任命された。その三日後、妻貞子《さだこ》を同伴し墓参と法事を兼ねて盛岡市へ向かった[7]。この前に原が郷里の盛岡を訪れたのは、郵便報知新聞記者時代、渡辺洪基《ひろもと》に随伴して東北・北海道を周遊する途中、一八八一年八月二八日午後から三一日朝までの三日間ほどであった。実に一五年ぶりの帰省で、貞子にとっては初めての盛岡行きである。

一五日午前八時過ぎ、原夫妻は盛岡に着いた。一六日夕方より、盛岡市参事会員はじめ官民有志者数十名が、盛岡城跡公園のすぐ北、盛岡市内丸《うちまる》の高級料亭「秀清閣《しゅうせいかく》」に集まり、原を晩餐に招いた。席上、原は、盛岡は近来やや発達してきており、日清戦争の影響で今後ますます発達していくであろうから、発達を図る一方、他方では将来に反動が来ても挫折しないよう、十分注意することを望む、と講演した[8]。

この時の出席者の一人であった大矢馬太郎（のち盛岡市長、岩手県会議長、衆議院議員）は、後に原が首相になった時の祝賀会で、二二年以上前の「秀清閣」の歓迎会を、次のように回想した。「原氏は種々話されたが『私は今日の地位を以つて満足するものではありません』と云つた一句だけは今も記憶に残つて居る、当時は偉いことを云ふ人だと思つて居た」[9]。久しぶりに郷里に帰り、有力者たちが開いてくれた歓迎の宴に臨んで、気持ちが高ぶったこともあるだろう。しかしそれよりも原には、政党政治を実現する等の大きな目標があったのである。

一七日は、午後三時より教育家たちの発起による「杜陵館《とりょうかん》」での会合に出席した。そこで原は、「東北人別《わ》けて岩手県人は忍耐に乏し」いので、「後進子弟の其方向を誤らず、一意貫徹を要する」旨を演説した。発起人たちは原の来訪を機会に、「後進会」を組織することにした。盛岡市で、成功を収めた「先進」の人々と、これから育つ「後進」たちとの交流を図るためである。発起人は次のような人々であった。

中河原寛（盛岡市議・二級・前市参事会員）・斎藤左一・新渡戸仙岳（藩校「作人館《さくじんかん》」に学ぶ、盛岡高等小学校校長、岩手師範学校卒、のち岩手県教育会長）・田鎖直三（教育関係有力者）・上村才六（盛岡市議・三級、後に『岩手日報』の社長）・平野重次郎（盛岡市議・二級）・坂牛祐直（盛岡市議・三級）・日沢清道（仁王小学校教員、のち盛岡小学校

長)・大光寺忠観(三年後には盛岡城南尋常小学校長になっている)・日戸勝郎

会合は一同「茶菓談笑の間」に終わり、有志一同は盛岡駅まで原を見送り、万歳を唱えて原の「前途の行を壮にした」。原は午後六時の汽車で東京に向った[10]。

朝鮮公使として赴任する前の帰省の目的は、墓参と法事のみではなかった。陸奥が外相を辞任し、次の状況に備えようとしたことを考慮すると、自分が総選挙に出馬することを念頭に置いての、地元の状況視察を兼ねたものだったと思われる[11]。

「後進会」発起人一〇人の特色は、盛岡市の小学校教育にたずさわる若い幹部たちが目立つことである。また発起人の中に、盛岡市議が四人(うち一人は市議以上の有力者である市参事会員を経験)いるが、市の最有力者たちを網羅してはいなかった。彼らは、原に新しい息吹を感じて集まってきた人々といえ、後述するように、一九〇二年に原が総選挙に盛岡市から初出馬した際の有力支援者三五名とは、まったく重ならない。一八九六年六月の帰省は、原の選挙地盤作りとは直接結びつかなかった。

この時点では、岩手県は全県五区(定員各一名)で、直近の一八九四年九月の総選挙では、自由党が四名当選し、原の親友の阿部浩(内務省社寺局長)も無所属で当選していた。外務次官を経験し、阿部よりも官僚歴で上である原が当選する余地は一般的にはあるといえても、原は総選挙に立候補する具体的な手応えを感じられないまま、盛岡をあとにしたのである。

以下、一九〇二年総選挙で原の対抗馬となった清岡等《ひとし》(前盛岡市長)が立候補に至るまで、市長に就任した日清戦争前からどのような活動を行ってきたのかを、簡単に検討したい。

◆清岡市長の就任

盛岡市は、一八八九年（明治二二）四月一日に市制を施行し、初代市長には目時敬之が五月二九日に就任した。目時市長は任期を約二年残し、一八九四年二月二七日に病気ということで辞任したので、三月一三日、盛岡市会の市長候補者の選挙会が開かれた[12]。当時の市制によると、市会は市長候補者を第一〜第三まで選び、天皇が三人から一人を選び、裁可を与えることになっていた。天皇はほとんどの場合、市長の第一候補者に裁可を与えた。しかし、市制の初期において、市の所在する府県の知事の内務省への具申にもとづいて、第二候補以下の候補者が裁可を得る場合もあった。

市会での選挙の結果、市長の第一候補に堀内政定（旧南部〔盛岡〕藩士、旧盛岡県権大属《ごんのだいぞく》、西南戦争に際し編成された新撰旅団第八大隊の幹部）・第二候補者に清岡等《ひとし》（岩手県属《ぞく》）・第三候補者に鵜飼節郎（岩手県の自由党幹部）が選出された。三月二九日、清岡に盛岡市長就任の裁可が出、三〇日に清岡は市長に就任した[13]。三〇歳であった。

第二候補の清岡が市長に裁可されたのは、前任市長の目時敬之が、京都府庁に職を得て辞任する際に、岩手県庁で知り合いとなった一歳年下の清岡を、後任に推薦したからであった[14]。おそらく岩手県知事から内相ルートで、三人の候補のうち清岡が最も良いという上申が天皇に届き、天皇は清岡を市長に裁可したのであろう。助役は、前任の目時市長の助役であった関定孝が継続して務めた[15]。

清岡等は、文久三年（一八六三）一〇月二八日に清岡行三・郁子夫妻の子として生まれた。等が幼い頃、行三は釜石鉱山で働いていた。等が一〇歳になる一八七三年（明治六）に盛岡学校が開設されると、彼はそこに入学したらしい。一八七六年に小学三級を修了し、父行三が秋田に転任したので、秋田の太平学校（二年後に秋田師範学校と改称）に入学した。盛岡学校の開校時代に在籍した人物として、北田親氏《ちかうじ》（後に、岩手県課長から盛岡市長[16]）・大矢馬太郎（後に衆議院選で清岡を支援・盛岡市長）・二双石忠治（後に清岡を支援）らがいた。

清岡は一八八〇年に秋田師範学校中学部を首席で卒業、同年一〇月東京に出て、商法講習所、次いで三菱商業学校に学び、一八八一年八月に退学して三越呉服店で働き、商売の実地を見聞した。この年、父行三が病気になり、不況も重なって、清岡は秋田に戻り、父が前年に設立した秋田織物会社を解体する後始末を行った。翌一八八二年に清岡は、岩手県庁の衛生課に就職し、市長に選ばれるまで県庁に在職した[17]。

清岡は市長に就任した時点から、「北上派《ほくじょうは》」と呼ばれる盛岡市の有力実業家を中心とした主流派閥に支持されたようである。このグループは、「実業派」、あるいは同派が盛岡市の主要な実業家を集めているので、そのグループの名を取って盛岡交話会もしくは実業交話会などとも呼ばれるが、本章ではわかり易くするため、以下「清岡派」と呼ぶことにする。

反清岡派である憲政本党系の一九〇一年三月の記事は、次のように清岡派について説明している。清岡は市長になって以来、市長の特権を使い、市会および市参事会と「北上派〔清岡派〕」を操り、「公義を第二」としているという[18]。「北上派」の名称は、一八八五年に創立された北上《ほくじょう》廻漕株式会社を中心とした、盛岡市の派閥である。北上廻漕会社の初代社長は太田多助で、息子小二郎《こじろう》が副社長であった。父の死後、小二郎が一九一六年に会社が解散するまで社長を続け、副社長を工藤啓蔵が務めた。この会社の役員を中心に盛岡交話会が生まれ、同会の事業として盛岡銀行・盛岡電気会社が生まれた。彼らは「紳商派」・「実業派」ともいわれた[19]。清岡反対派の新聞記事は、一八九四年三月に県庁の吏員から三〇歳の若さで市長になった清岡が、その後七年で実力者となり、「北上派」が清岡派と言われるほどになったことを示している。まず、その清岡が一九〇〇年三月に市長に再任されるまで、どのような盛岡市の発展構想を持って活動したのかを検討しよう。

◆日清戦争後の盛岡・秋田県間の横断線への関心

岩手県には、民間の日本鉄道(現在の東北本線)が、すでに一八九〇年一一月一日、東京の上野と盛岡間の営業を始め、一八九一年九月一日には、上野と青森間全線で営業を開始していた。これは東京－神戸間の東海道本線につながる、日本列島の幹線鉄道であった。

また、一八九二年六月に鉄道敷設法によって盛岡付近より太平洋岸の宮古か山田(現在の山田線)、もしくは大船渡に至る鉄道が予定線となった。このため盛岡市では、盛岡より岩手県宮古(もしくは岩手県山田(宮古より三陸海岸を南下))に至る線路への期待が高まった。また、この線路と連続して盛岡より西に秋田県横手に至る線路(現在の田沢湖線に近い)も予定線となった。こうして宮古から盛岡を経て横手に達するという日本鉄道を横断する線が、盛岡の経済発展を目指す大きな目標となった[20]。しかし、二つの横断線は鉄道敷設法の二期予定線であり、着工するには一期予定線に昇格することを鉄道会議と帝国議会で認められた上で、帝国議会で予算を通さなくてはならず、建設への保証は十分ではなかった。

一八九四年七月には、盛岡－宮古間、盛岡－横手間の予定線を実測するため、鉄道局から技術者らが派遣されたので、盛岡市では清岡市長も含んだ市参事会員と市会の鉄道委員一〇名が協議した。清岡らの尽力の結果、九月末までに宮古地方・岩泉地方など予定線沿線の有志者も建議運動に加わることになった。一〇月一四日には盛岡市内の有志百余名が鉄道運動のため集合した。鉄道技術者たちは一〇月下旬に東京に帰ったが、一二月二四日には、清岡市長らは内務省に阿部浩(社寺局長、前鉄道事務官、南部藩士の子で原の親友)、鉄道局に原口要(鉄道技監)を訪れて、二つの路線建設について陳情した[21]。

このように清岡は盛岡市長として、盛岡市を経由する岩手県・秋田県の官営横断鉄道の建設促進の運動を、一八九四年七月から熱心に行い始めた。

日清戦争後は、第九議会下で一八九六年一月から二月にかけて、再び官営横断鉄道の問題が盛岡市で盛り

図1　岩手・秋田・青森の鉄道計画および敷設線

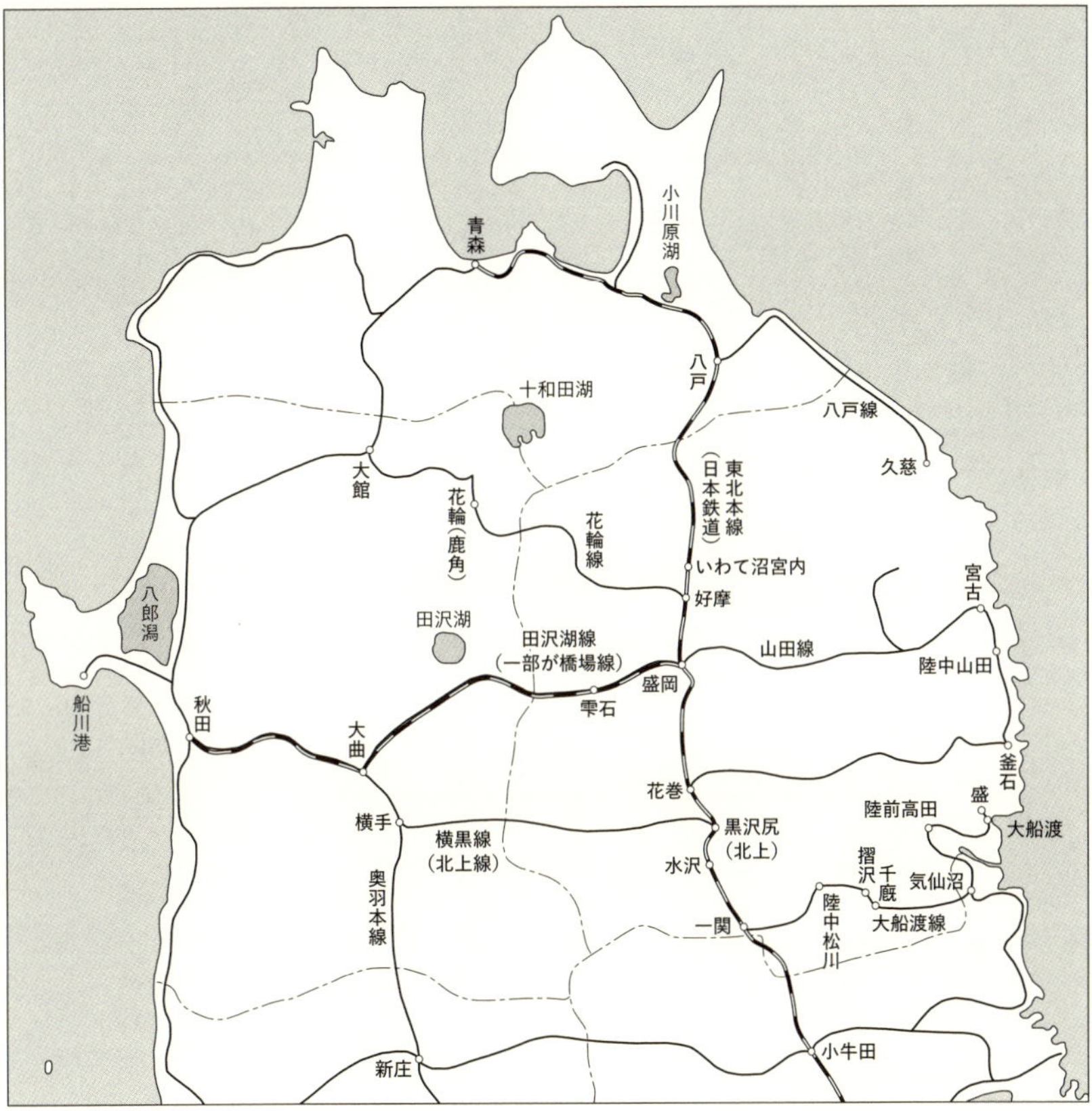

上がった。この特色は第一に、第九議会において望月右内《うない》(和歌山県選出、鉄道同志会)から、岩手県黒沢尻(現在の北上市)もしくは花巻より秋田県横手に至る鉄道を第一期予定線に繰り上げる法律案が提出されたため、横断線のうち、盛岡付近から秋田県に通じる路線が焦点になったことである。この法律案の路線は、盛岡市を直接の起点としていないが、盛岡駅まで日本鉄道でつながっており、盛岡市の発展に通じる。一月一四日、市参事会員・鉄道委員が会合し、伏見宮の日清戦争凱旋《がいせん》のご機嫌伺いに清岡市長が東京に行き、この鉄道の運動をすることになった[22]。

第二に、東京で清岡市長らは、阿部浩(群馬県知事に任命直後)・一条忠郎(鉄道事務官)など、これまでのように、同郷の内務省有力者とその伝手《つて》で鉄道局幹部を訪れただけでなく、より広い範囲の人々に鉄道建設を訴えたことである。それは、鉄道同志会の望月右内(和歌山県選出)ら代議士、陸軍の軍事鉄道調査の主任である寺内正毅陸軍少将(参謀本部第一局長事務取扱)、小野義真(日本鉄道社長)らにまで広がった[23]。

第三に、東京での運動は、原が出馬する一九〇二年の総選挙で原を支援した人々も含んだ、盛岡市が一致団結したものだったことである。その中には、佐藤清右衛門(清岡派、岩手県で一番の納税者、後に原敬を支援し清岡と争う)・下飯坂権三郎(自由党、代議士、岩手県選出)・平田箴《ただし》(弁護士、自由党の「老将」)・三田義正(実業家、清岡派でも自由党系でもない)・北田親氏(のちの盛岡市長)・菊池美尚(清岡派、盛岡銀行取締役)・宮杜《みやもり》孝一(弁護士、自由党、後に原を支援し清岡と争う)・小野慶蔵(清岡派、後に原を支援し清岡と争う)らが含まれていた[24]。おそらく清岡は、一九〇二年総選挙に立候補することを前年夏に決意した段階では、このような運動の実績から、彼ら盛岡市内の有力者の多くが支援してくれるものと期待していたと思われる。

第四に、盛岡(岩手県)から秋田県への横断線として、秋田県横手に通じる線が考えられ、第九議会での横手に向かう線が法案として提出されたが、運動を通し、盛岡付近から秋田県の鹿角《かづの》郡を経て大館《おおだて》に至る鉄道線路(奥羽本線に接続、現在の花輪線)も検討されるようになってきたことである。これは、寺内陸軍少将ら陸軍の責任者が、盛岡付近より鹿角郡を経て大館に至る線路が国防上必要である、と発言したからである。秋田県鹿角郡には、小坂銀山・尾去沢鉱山・阿仁鉱山・荒川鉱山があり、その意味でも重要で、清岡市長はそれら鉱山の関係者とも鉄道に関して会合している。

なお、清岡らは鉄道同志会に、横手に至る鉄道の起点を、黒沢尻または花巻に加え、盛岡からのも比較線とすることを申し込んだ[25]。

その後、同年六月までに清岡市長らは秋田県への鉄道路線として、奥羽官線(のちの奥羽本線)の大館－花輪－盛岡を最重点目標とすることにした。これは、すでに述べた陸軍と鉱山の要因に加え、青森－弘前から奥羽官線を経て福島に至る距離が最も短いからであった。

さらに清岡らは、一八九六年六月に、盛岡駅を起点とし花輪を経て秋田県大館に至る約七五マイル間に、民営鉄道を敷設し運輸営業する目的で、奥羽中央鉄道株式会社を創立し、その資本金三六〇万円を募集することを決定した。清岡らが奥羽中央鉄道株式会社の創立認可を逓信省に出願したところ、この路線が同省の鉄道会議にもかけられ、官営鉄道としても有益な路線であると認められた。その後、奥羽中央鉄道会社創立の件は、逓信省から書面不備を理由に差し戻され、再度の申請したものの再び差し戻されたままの状態で、一九〇〇年九月になった[26]。

民間の奥羽中央鉄道会社を創立する話は立ち消えとなったものの、盛岡を経由して東西に東北地方を横断する鉄道を建設する計画は、盛岡市から秋田県花輪を経て大館に行く官営鉄道建設促進を第一の目標として、清岡市長ら有力者たちの最も重要な課題であり続けた。盛岡から東へ、三陸海岸の宮古(山田)に向う路線に比べ、西へ秋田県と結ぶこの路線に関心が集まったのは、奥羽線と連絡ができ、いくつかの有力な鉱山もあるので、陸軍の支援が期待できるからである。それに加え、運動の中心となった清岡が秋田県師範学校中学部を卒業するなど、秋田県との関係が深かったことも影響していたであろう。

◆鉄道問題・選挙法改正と清岡市長

伊藤博文が立憲政友会を創設する約半年前、一九〇〇年二月、第一四帝国議会衆議院に鉄道敷設法中改正案が提出された。この中には、岩手県関係の予定線を改正し、秋田県横手より岩手県釜石に至る鉄道ならびに秋田県大館より岩手県好摩《こうま》(日本鉄道線に連結)に至る鉄道を、第二期予定線に挿入する案が含まれており、可決された。これと同時に盛岡より宮古(もしくは山田)に至る鉄道が第二期予定線から削除された。しかし衆議院のこの決議は、貴族院では会期が足りず審議未了となり、法案としては成立しなかった[27]。

この法案は貴族院で審議未了に終わったものの、新たに秋田県と結び、盛岡市を起点としない二線を予定線に入れ、盛岡市を起点とし三陸海岸の宮古(山田)に向う鉄道を削除するものであった。前者のうちの一つ、大館から好摩に至る鉄道は、大館から花輪を経て盛岡に至るものとほぼ同一の線路であり、鉄道敷設法の改正がなされるなら、奥羽中央鉄道会社の創立を待たず、国庫支弁で官営鉄道が起工されるものである。清岡市長は「今後終始注意を怠らざる様」にしたいと評価した[28]。

後者の盛岡–宮古(山田)間の路線の削除については、清岡市長は、甚だいわれのない次第で、この線路は現行法律のままですえおいて、東西両海岸の連絡を企てるべきである、と考えた。そこで、直接の関係を持つ盛岡・宮古ならびに沿道各地の有志諸氏は大いに声を高くして予定線の削除等の不幸を見ないようにしたい、と論じた[29]。

清岡市長は、衆議院で盛岡–宮古(山田)間の路線が予定線から削除されたことよりも、大館–花輪–好摩間の路線(日本鉄道を通し盛岡駅まで連絡できる)が予定線として可決されたこと等を先に論じている。このように、清岡ら盛岡市の有力者の運動は、盛岡と大館(秋田県)を結ぶ西の横断線を重視していたことが注目される。それは、一八九六年六月に奥羽中央鉄道会社を創立する決議をして以来の方向ともいえる。

清岡市長は、盛岡経由で東北地方を横断する鉄道建設を促進する運動に加え、都市部を衆議院の独立選挙区とし、盛岡市など都市部の意向を国政に反映させやすくしようという運動も行った。

この動きは、第三次伊藤博文内閣が第一二議会（一八九八年五月一四日召集、六月一〇日解散）に衆議院議員選挙法改正法案を提出したことが契機となった。選挙法改正法案は、日清戦争後に産業革命が進展し、商工業者や都市部の経済的比重が高まったことに対し、伊藤首相らが都市部の発言力を増加させようとしたものである。その内容は、すべての市を独立選挙区とし、市部選出の代議士数を、現行法の全代議士の五・七パーセントから二三・九パーセントへ急増させようというものである。あわせて、有権者の納税資格を地租一五円以上を納める満二五歳以上の男子から引き下げ、地租五円以上もしくは所得税または営業税三円以上を納める満二五歳以上の男子とし、有権者を五倍以上に拡大しようとした。選挙区も小選挙区制を原則とするもの（二人区もある）から、大選挙区制を原則とするものに変え（郡部は府県単位の大選挙区制）、投票は単記・無記名制を取ることに改正しようとした。しかし、第三次伊藤内閣が選挙法改正法案を提出した第一二議会の頃には、商工業者たちはまだ選挙権拡大の問題に強い関心を持っていなかった[30]。

一八九八年六月、衆議院の自由党・進歩党両党が合同して憲政党を結成し、地租増徴に反対したので第三次伊藤内閣は倒れ、選挙法改正法案も成立しなかった。

その後、選挙法改正が問題になるのは、一八九九年二月、山県内閣が選挙法改正法案を第一三議会に提出する前頃からである。この法案は、第三次伊藤内閣が第一二議会に提出した選挙法改正案と基本的に同内容であった。これに対し、全国の商工業者たちは、市部を独立選挙区とし、郡部に比べ人口当たりの代議士数が多く設定された、都市部優先の選挙法改正運動に熱心に取り組み始めた[31]。

盛岡市においても、清岡市長は東京に行き、一八九九年一月一九日以降、市内の有力資産家で盛岡市参事会員の久慈千治《くじせんじ》（自由民権運動に参加、のちに原を支援し、清岡と争う）、盛岡市参事会委員ではあるが新興の人物である宮杜孝一（のちに原を支援、弁護士）らと連携して、市部を独立選挙区とする選挙法改正を目指し、活動を始めた。政党や貴族院議員に働きかけたり、各都市委員と集会したりする等の運動であった[32]。

しかし、山県首相や同内閣は元来この選挙法改正に賛成でなく、伊藤との対立を避けるために同法案を議会に提出したにすぎなかった。貴族院の山県系は、同法案の可決に消極的であった。また衆議院側も市部独立選挙区は認めても、市部選出議員の割合を急速に増加させることに反対であった。このため同法案は成立しなかった[33]。

都市を独立選挙区とする選挙法改正は、一九〇〇年二月二三日、山県内閣下の第一四議会でようやく成立した。すでに述べたように、山県首相や同内閣は、元来この改正に消極的であり、この改正を成立させたのは、伊藤博文の尽力と都市商工業者の運動のおかげであった。成立した選挙法改正案は、三万人以上の市を独立選挙区とし、市部選出議員の割合を一六・五パーセントとするものであった。妥協の結果、本来の伊藤内閣案に比べ、市部選出議員の割合が七・四パーセント少なく、有権者の納税資格は直接国税一五円から一〇円に下がったにすぎなかった[34]。

清岡市長は、この第一四議会においても、市部独立選挙区を求める運動に、市参事会員の宮杜孝一と市議の坂牛祐直とともに尽力したようである。選挙法改正が帝国議会で可決されて一〇日ほど経つと、三月四日に清岡と宮杜・坂牛ら三人は、市参事会員・市会議員一同に「秀清閣」に招待されて慰労された。さらに三月五日、委員として市参事会員二人と市会議員五人、および工藤啓蔵（清岡派）市会議長が清岡を訪れ、市長の留任を勧告した。これは清岡市長の任期六年が終わろうとするにあたり、清岡の市長としての活動が市会など市の有力者に評価されたからであった[35]。

以上で重要なことは、一八九四年に清岡が市長になって以来一九〇〇年三月まで、一九〇二年総選挙で原敬を支援するようになる人々も、清岡市長とともに東北横断鉄道促進運動や市部独立選挙区となることを求める運動をしてきたことである。清岡は、二年後に彼らが原を支援し、清岡と争うようになるとは、夢にも思わなかったであろう。次に一九〇二年の総選挙で原と清岡とが対立する関連で、原を支持した政友会の地盤につながる自由党から憲政党（旧自由党系）の盛岡市や岩手県の地盤と、清岡や清岡派の関係を検討したい。

◆盛岡市の憲政党（旧自由党）地盤と清岡派

初期議会期に岩手県の自由党員の活動が確認される早い例は、一八九二年（明治二五）八月七日に水沢町（現・水沢市）で総会を開いて諸決議をしたことである。その中で、八月二八日に開く自由党東北会の開設準備の委員を選んでいる。選ばれた一九人中で、盛岡市関係と確認される者は、谷河尚忠（衆議院議員、前郡長・県会議長、もと南部藩士）・伊東圭介（前代議士、南部藩医の子で「作人館」等に学び、代言人〔弁護士〕となる、自由民権運動に参加）・宮杜孝一（弁護士）・鵜飼節郎（南部藩士の子、自由民権運動の中心人物で、自由党以来の「老将」）の四人である[36]。このうち、南部藩関係者が三人、自由民権運動の活動家は二人いる。宮杜と鵜飼は、のちに原が一九〇二年の総選挙に初めて立候補する際、熱心に支援する。

翌一八九三年三月二〇日、一関町《いちのせきまち》（現・一関市）で岩手県自由党員春季大会が開かれた（来会者約一〇〇名）。そこでは、座長を伊東圭介（前掲）が務め、幹事三名が選挙されたうち、伊東と宮杜孝一の二人が盛岡市関係者であった。四月五日に花巻で開かれた自由政談演説会の弁士も、四名中に谷河・伊東・宮杜（いずれも前掲）の三人の盛岡関係者がいた[37]。

その後、自由党岩手県支部の創立を決める自由党員の大会は、六月四日に谷河を座長として、盛岡市「陸奥館」で開かれた（来会者一三〇余名）。支部は六月一五日に盛岡市内丸《うちまる》に設置され、幹事三人中で伊東・宮杜の二人が盛岡市関係者であった[38]。

一八九四年三月一日の総選挙には、自由党は岩手県第一区に谷河尚忠、第二区に宮杜孝一、第三区に伊東奎介と、五区（定員各一で計五名）のうち三区に盛岡市関係の候補者を立て〔39〕、谷河が当選した（岩手県全体では、自由党からは谷河も入れて三人当選）。当時の選挙は立候補制ではない。有権者は被選挙権のある者のうちから、住所に関わりなく誰に投票しても良かったので、住居地以外でも当選できた。同年九月一日の総選挙でも、前回と同様に候補者を立て〔40〕、谷河と伊東が当選した（岩手県全体では自由党は四名当選）。

このように、岩手県の自由党の中で、盛岡市関係者の果たす役割は重かった。これは、岩手県の自由党が南部藩関係者（士族）を有力な基盤としていたからである。その状況は、自由党が憲政党と名称を変えても、以下に示すように継続していく。

一八九八年七月二四日、憲政党（旧自由党と旧進歩党〔改進党〕系の合同した政党）岩手県支部が発会式を行うと、活動の中心となる幹事四名の中に、内山政雄（弁護士）・高橋嘉太郎《かたろう》（のち郡部選出の政友会代議士）・平田箴《ただし》（弁護士）の三人がいた〔41〕。盛岡市関係は内山・高橋・平田の少なくとも三人おり、憲政党支部の中で盛岡市関係の比重が高い。

その後、同年一〇月に憲政党が憲政党（旧自由党系）と憲政本党（旧進歩党系）に分裂しても、旧自由党系が多かった岩手県支部の動揺は小さかった。憲政党幹部の末松謙澄（前逓相）らが仙台に遊説に来て、一八九九年一月六日・七日に実業家招待会・支部大会を行うと、岩手県支部幹部の内田も仙台に赴いて参加した〔42〕。同じ末松らの一行が、一月八日に盛岡に到着、翌九日に「杜陵館《とりょうかん》」で有志懇話会を開いた。参加者は三〇〇余名で、大地主・郡会議員・弁護士・実業家らであった。下飯阪権三郎（憲政党、衆議院議員）が開会の辞を述べて、末松らの演説が始まった。工藤吉次（盛岡市、弁護士）らがその場で入党した。続いて同館で開かれた懇親会で、自由党支部以来の幹部の宮杜孝一が挨拶した。注目すべきは、末松一行のために、盛岡市商工会（清岡派の工藤啓蔵が会長）が発起して懇親会が「秀清閣」で開かれ、石井省一郎（前岩手県知事、貴族院勅選議員）の他、清岡派の清岡等（盛岡市長）・一ノ倉貫一（岩手商工銀行頭取）・工藤啓蔵（盛岡市会議長）らも出席したことである（出席者は、多額納税者・大地主・市議・県議・銀行会社重役ら、一〇〇〇余名）[43]。清岡や清岡派は、憲政党に入党はしないが、憲政党の有力者との関係を作っておこう、という姿勢であった。

次いで、一八九九年春に憲政党の星亨《ほしとおる》一行の遊説があり、五月八日に盛岡市で演説会が開かれた（藤沢座、聴衆三五〇〇余名）。午後六時より、盛岡有志による一行招待大懇親会が開かれた。清岡市長は発起人を代表して開会の辞を述べ、選挙法改正について市部独立選挙区とする運動に一方ならざる配慮を得たのを感謝した。この会にも、清岡派の有力者佐藤清右衛門（地主）・村井弥兵衛（呉服・反物・綿糸問屋）・菊池美尚（盛岡市議、一級）・大矢馬太郎（大地主）・太田小二郎（北上廻漕社長）らも出席している[44]。清岡市長や清岡派は憲政党に好意を示し続けた。

一八九九年秋の府県議選を前に、憲政党岩手支部でも選挙対策の総会を、七月一七日に開いた。そこでは委員五名が決められ、選挙に関する一切の事務を委託された。この五名のうち盛岡市関係者は、初期議会以来の自由党支部幹部の宮杜孝一（弁護士）・鵜飼節郎の他、内田正雄（弁護士）も加えて三人を占めていた[45]。なお、自由党系の新しい憲政党になって以来、末松らや星らの一行の盛岡遊説などがあり、この頃までに岩手県の新規の憲政党入党者は、四三八人あった[46]。しかし、入党者はあっても、清岡派などの有力者が入党しておらず、結局、自由党の系譜を継ぐ憲政党は、しだいに盛岡市の新興の弁護士グループが中心となり、自由党以来の有力者が補う形になっていった。

一八九九年秋の県議選当選者は、憲政党の候補者分類によると、憲政党（自由党系）が一五人、准憲政党が二人、憲政本党（進歩党系）が一一人、中立が二人、と准憲政党員も含めると憲政党が県会で「絶対的多数」を占めた[47]。憲政党の政派分類として割り引く必要があるが、府県議選は全国的にも憲政党が躍進し、岩手県においても憲政本党よりも勢力を得たことには間違いない。ところが、憲政党が准憲政党と分類した盛岡市選出の唯一の県議の工藤啓蔵は、清岡派の有力者であり、清岡派は、後に政友会に入党せず、一九〇二年総選挙で原と激しく争ったように、准憲政党とはいえない。盛岡市は政治と経済の面で、清岡派が押えており、憲政党は大きな影響を及ぼすことができなかったのである。すなわち、この後、一九〇〇年に選挙法が改正され、岩手県は盛岡市部区(定員一人)と郡部区(定員五名)になるので、原が岩手県から総選挙に立候補するとすれば、盛岡市からよりも出身地の本宮村のある岩手郡を地盤に郡部から出る方が、憲政党(一九〇〇年九月から政友会に改組)の地盤が強いので、楽であった。

もう一つ注目すべきことは、すでに述べたように、清岡や清岡派が一八九九年に末松らや星ら憲政党の遊説一行が来ると、積極的に好意を示していたことである。

さらに、一九〇〇年の第一四議会で選挙法改正が実現し、市部独立選挙区になったことについて、清岡市長は、伊藤博文や板垣退助、憲政党(旧自由党)の最高幹部である星亨ら総務委員が尽力したことを、十分に評価していた[48]。

後述するように、一九〇〇年九月一五日の立憲政友会創立に際し、創立事務所から清岡市長に入党を求める手紙が出され、さらに末松謙澄も直筆の手紙で入党を勧誘したのは、清岡らのこのような姿勢が関係していた。清岡や清岡派が政友会に入党していれば、清岡は盛岡市選挙区から、原は郡部区から出馬し、二人が対決することはなかったであろう。

次に市部が独立選挙区となった一九〇〇年の選挙法改正以降の盛岡市選挙区の状況をみてみよう。

◆盛岡市衆議院新選挙区の状況

一八九八年(明治三一)八月の岩手県での総選挙とその後の政党移動や、代議士の死去に伴う補欠選挙を経て、一九〇二年総選挙の候補者が話題となる同年四月段階では、次の五人が代議士であった。いずれも、清岡派や盛岡市の商工業者の代表者ではなかった。むしろ、地主の利害を代弁し、地租増徴に反対した憲政本党（旧進歩党）がやや多かった。

大隈英麿《ひでまろ》（一区、憲政本党、南部（盛岡）藩主の次男、米国のプリンストン大学卒。大隈重信の養子となり大隈の長女クマ子と結婚）、山崎庸哉（二区、憲政本党）、佐藤昌蔵（三区、政友会）、下飯坂権三郎（四区、政友会）、鈴木文三郎（五区、憲政本党）

一九〇〇年の選挙法改正で、盛岡市が定員一名の独立選挙区、郡部は定員五名の大選挙区となり、岩手県全体では一議席増え六名となった。選挙法の改正によって盛岡市部の代表者が一人代議士になれることが確定したが、政友会創立により、盛岡市・郡部ともに選挙地盤が流動化する可能性もあった。

盛岡市の有権者は三一六人である。内訳は、商業者二二一人（呉服・小間物・米穀・生糸・薬種など、あらゆる商品販売業）、工業者二五人（鉱山・請負・建築・製造・活版印刷業など）、地主および農業二一人、金貸業一一人、料理店（そば屋など）八人、銀行会社社員九人、官公吏九人、弁護士・公証人・医師六人、旅館業三人、貴族院勅選議員一人、家令一人、貸座敷業一人である。政友会に批判的な新聞は、このうち党籍のある者はわずか四、五人であると報じた[49]。

一九〇一年一月、地元紙『岩手日報』は、岩手県下における鉄道問題について、「有志の奮起を要す」と論じた。この新聞は、清岡等市長ら当時の市の主流派である清岡派に近い新聞である。

同紙がまず論じたのは、盛岡方面より秋田県へ、花輪（現・秋田県鹿角市花輪）を経て大館に達する鉄道（鹿《か》角《づの》鉄道、現在の花輪線）を建設し、官線鉄道の奥羽線（現在の奥羽本線）と連絡させることであった。この運動は一八九六年頃より盛んになった。この鉄道の沿線には小坂・尾去沢・阿仁など有名な鉱山が存在し、それらと盛岡地方と物産をつなげれば、殖産振興の上で大きな役割を果たし、また軍事上にも必要であることは、軍事当局者においても認められている、と以前と同様の主張を繰り返した。

また、奥羽官線鉄道は、山形県内の積雪・烈風や板谷峠〔山形県と福島県の県境〕のような難所で、列車の運行を中止したり運搬力を減少したりする支障があるが、〔大館から鹿角鉄道経由で日本鉄道（現在の東北本線）を通って〕北海道・青森・弘前と東京との距離を近くすることができる、と論じた。

その上同紙は、盛岡地方にとって盛岡・宮古間の鉄道建設（現在の山田線）も「一大必要」を感じなくてはならない、とも主張した。

この鉄道は、前年の一九〇〇年二月に衆議院で〔第二期予定線から〕削除された〔貴族院では審議未了で削除は成立せず〕が、盛岡地方の有志はこれに甘んじて黙従すべきではない、この鉄道は岩手県下の実力の要素である東海岸一帯の「宝庫の鍵」となるものである、と表現した。

この他、岩手県下には「大船渡《おおふなと》といひ磐仙《ばんせん》といひ」なお研究調査すべき鉄道がないわけではないが、さしあたりこの二線について信じるところを述べた、として記事はしめくくられた[50]。なお、「大船渡」線とは、後述するように、この段階ではまだ路線が固まっておらず、日本鉄道（のちの東北本線）から大船渡に達する鉄道という意味であった。

清岡派系のこの記事からわかる特色は、清岡市長ら「実業派」は、一九〇一年一月段階で現在の花輪線と山田線にあたる鉄道建設を重視し、盛岡を中心に秋田県西部と岩手県東部（海岸部）を結び、盛岡地域の繁栄を図ろうとしていたことである。またこの二線のうち、特に花輪線を優先課題と考えていたことである。この姿勢は、後に述べるように、清岡が市長を辞めて、原敬の対抗馬として一九〇二年総選挙に立候補する際にも確認できる。

その後、一九〇二年一月、憲政本党系の地元紙『岩手毎日新聞』は、近頃盛岡には鹿角《かづの》鉄道（盛岡から秋田県鹿角を経て大館への鉄道）が通るとか、電燈会社を設けるとか、陸軍歩兵五連隊が移転してくるとか、誠に良い話ばかりあるそうだが、実際どこまで進んでいるのか教えてほしい、等と地元の産業振興につながりそうな施設が実現できない不満を訴えた。また、東北大学創立について、東北の各県みな尽力しているようだが、設立されたところが我々の利益は少ない、と断言する。ついては「当世流行の利益交換」として盛岡－宮古間の官設鉄道復活、いや速成問題でも担ぎ出してはどうか、と提言した[51]。

政友会創立前後に各地域に地元への地方利益を求める声が日本全国に高まったことの反映として、そうした声が盛岡市においても根強く残っていた。しかし、それらがなかなか実現できないことへのいらだちも募ってきていた。

2 政友会最高幹部としての原の帰郷

◆原への政友会系の期待

原は一九〇二年（明治三五）の総選挙で都市の独立選挙区となった盛岡市から初めて立候補した。政友会創立前後から、原の立候補までの盛岡市の選挙区の状況を簡単に見てみよう。

一九〇〇年九月一五日に、伊藤博文を総裁として立憲政友会が創立されると、旧憲政党員（旧自由党系）は入会手続きを取らなくても自動的に政友会員となった。岩手県では、九月三〇日までに旧憲政党員以外で新たに政友会に入党した者は、わずか八人であり、その後一〇月・一一月の二カ月で一三人が入党して、合計二一人となったにすぎない[52]。これは、同じ東北の宮城県（一一月までに一四〇人）、福島県（同、五七人）、秋田県（同、二五人）と比べて少なく、山形県（同、一八人）や青森県（同、三人）よりは多かった。

政友会では一一月末までに、岩手県も含め三二道府県に支部創立委員を嘱託した。岩手県では盛岡市関係の、工藤啓蔵（清岡派）・清岡等（盛岡市長、清岡派）・鵜飼節郎（自由民権運動以来の活動家）・宮杜孝一（弁護士、自由党・憲政党支部幹部）・内田正雄（弁護士・憲政党幹事）・工藤吉次（弁護士・憲政党に入党）ら四六人が嘱託された[53]。政友会では盛岡市の有力実業グループである清岡派を含めて、岩手県支部を発足させたいと構想していることがわかる。

東北地方では、一九〇〇年一一月一日に宮城県支部が創立されたのが政友会支部創立の始まりである。次いで、同月一一日に山形県支部が、二五日に福島県支部が創立された。福島県支部創立と同日同所で東北会の大会が開かれ、旧自由党時代と同様に、東北各県の支部のまとまりとしての地方団（東北会）も発足した[54]。

しかし、政友会の岩手県支部はなかなか発足しなかった。一九〇一年六月二一日に政友会幹部の星亨総務委員（前逓信大臣、自由党以来の党人派）が暗殺され、二六日に葬儀が行われると、宮杜孝一が岩手県支部を代表して会葬した。しかし、その時点で岩手県支部はまだ発会式を行っておらず[55]、正式の支部ではなく事実上の支部を代表しての参列であった。

一九〇一年九月一五日に政友会創立一周年記念会を東京の本部で催す頃になっても、岩手県支部は発足していなかった。この時は会の後、同日正午に芝紅葉館で開かれた伊藤総裁の送別会に下飯坂権三郎代議士（岩手四区選出）が出席している。下飯坂が岩手県の政友会会員を代表して、一周年記念会に参列したのだろうが、その後、一〇月になっても岩手県支部は発足していない[56]。

岩手県支部の発足が遅れたのは、以下に述べていくように、盛岡市の経済界・政界の中心で、岩手県政にも大きな影響力のある清岡派が、政友会への入党を躊躇していたからであった。清岡盛岡市長は、政友会から支部創立委員を嘱託された。しかも後述のように、伊藤博文の娘生子《いくこ》の夫でもあり、党幹部となる末松謙澄（前逓信大臣）から直接に入党を勧誘されたにもかかわらず、入党しようとはしなかった。清岡派を組み込んだ岩手県支部にしようとすると、支部の発会を遅らせざるを得なかったのであろう。原の故郷である岩手県の政友会の状況は、このように頼りないものであった。

この間、一九〇〇年一二月、原は逓信大臣として第四次伊藤内閣に入閣し、東北で初めての大臣として、とりわけ東北地方で注目された。これを祝い、原の親友の阿部浩(千葉県知事、南部藩士の子)らが発起人となり、一九〇一年一月二五日に帝国ホテルで岩手県人による祝賀会が開かれた[57]。盛岡市では、関定孝助役・宮杜参事会員(弁護士、政友会)が、祝賀会に参加するため、一月二四日に盛岡駅から東京に向い、清岡市長は駅で見送った。他に、三田俊次郎(岩手病院長、政友会)・青木正興・上野広成・富田小一郎の四人も東京に向った[58]。

清岡市長の下で、盛岡市は関助役と宮杜参事会員を派遣する形となり、清岡市長も駅まで見送って、原の就任に祝意を表している。しかし、緊急の重要案件がないにもかかわらず、清岡市長自ら祝賀会に出席しなかったところに、原や政友会に対する清岡と支援者である清岡派との心の距離が見られる。これが、一九〇二年総選挙で原と清岡との一騎打ちに至る伏線である。

同じ一九〇一年六月、山県系の桂太郎内閣ができ、原は逓相を辞任した。その四カ月後、東京の原宅に同居していた母リツが約五年ぶりに郷里に帰るのに付き添い、原は一〇月五日に東京を出発して盛岡に帰り、母を兄の家に送って、一五日に東京に戻った[59]。

この間、原の行動で目立ったのは、立憲政友会の最高幹部の一人として、盛岡市や岩手県民に接し、党勢の拡大と自分の選挙地盤の育成を図ったことであった。

六日、原が盛岡に到着すると、市有力者の政友会員や親族・知人が盛岡駅に出迎えた。その夜には、政友会の鵜飼節郎・宮杜孝一(盛岡市会議長、弁護士)ら数名に晩餐に招かれた。鵜飼は安政五年五月に盛岡に生まれ、県の御用掛を務めた後、西南戦争に警部補(小隊長)として参加した。その後、自由民権運動に加わり、国会期成同盟の主唱者の一員となり、第一回総選挙にも自由党から立候補するが敗北した。衆議院議員に当選してはいなかったが、自由民権運動以来の自由党系の活動家として、政友会支部で重きをなしていた[60]。

宮杜は自由党以来の幹部で市会議長を務める名士であるが、新興の人物であった。翌日も、四五名の党員が、原の宿である高与《たかよ》旅館に詰めた[61]。

一〇月八日夕方には、山県の腹心の平田東助系の北条元利知事[62]が原を訪れたので、「秀清閣」で晩餐をともにし、原は県政の状況を聞き、政友会との意思疎通の道を開こうとした。九日には、六日の答礼として政友会の盛岡の有力者数名らとともに晩餐をした。一三日午前には、政友会市部創立事務所に行き、政治の談議をした。

また原は、盛岡中学校校友会、旧藩校の同窓生・先生たち三〇名ほど（秀清閣）、市内有志者八〇余名（同前）などの招きにも応じ、それぞれに演説や談話をした。また出発予定の一四日にも、日詰町有志から招かれたので、盛岡を出発し、日詰の懇親会で演説し、夜七時過ぎに日詰駅から東京に向った。

これらの会で原が行った演説の内容は、①国の富強隆盛を図るには、商工業の振興が必要で、伊藤総裁らが市部独立選挙区を実現したのも、そのためであり、商業地としての大阪の繁栄が貿易によるものであることを、当地も学ぶ必要がある、②そのためには学問の程度を高めることが必要である、③また東北弁は東京や他地方ではなかなか通じにくいので、東北人自ら克服する覚悟が要る、④いずれにしても、「不屈」の精神と「独立心の養成」が必要だ、等である[63]。

また原は地元紙の記者の取材に応じ、政友会はいつでも内閣を組織できる程度に準備している、と自信を示した。地元の産業については、岩手県は東北六県の中で、青森県には勝っているかも知れないので尻から二番目だ、と厳しい認識を公言した。金利が高く、商工業は発達しておらず、鉱山開発・開墾・水産・養蚕などは希望が持てるが、すべてにおいて事業を真面目にやり通すという「忍耐」がなければならない、とも述べた[64]。

つまり原は政友会が政権を担当すれば、日本の産業振興を最も適切に行えるが、それには盛岡・岩手県など各地方民も独立心を持ち、広い視野で、「忍耐」強く各地方にあった産業を振興、商工業をも発展させなければならぬ、と訴えた。また、それを担う将来の人材の育成のための教育や、東北方言克服の重要性についても述べた。この原の姿勢は、公共事業の利権を持ってくるから政友会を支持せよ、といった安易な利益誘導とは異なっている。

なお、原が盛岡に来た理由について、地元紙は墓参や旧交を温めるため以外の理由があることを、早くからつかんでいた。原が盛岡市を去る日、当地の政友会員および親族・知人・市内実業家ら百余名が、駅で見送った。原は日記に「官民見送り来る者多し」と書いたように[65]、原は政友会や自分の地盤形成について、かなり満足したと思われる。もっとも次項で述べるように、清岡盛岡市長に政友会に入党して盛岡市選挙区から立候補するように勧告したのに、はっきりした返事がなかったことが、気がかりであった。

◆清岡の総選挙立候補に向けた動き

すでに述べたように、清岡の市長の任期六年が一九〇〇年四月に終了する前、三月五日に市参事会員や市会議員の代表者たちが市長の留任を勧告した。この時、三六歳の清岡は意気軒昂《けんこう》であった。ところが清岡は、留任して市長を続けることにあまり積極的でなかった。その理由として、六年前の市長就任以来、「自己の利害」は顧みず「公務に尽力」し、任期満了の後は潔く退職しようと考えていたことを挙げた。また任期中に「脳病」のために激務に耐えられないと退職を考えたこともあり、「新陳代謝は天然の道理」で市のためには新任の市長を迎える方が利益である、と述べた。さらに、二、三年来話が起こっている水力電気事業を成功させる等、市長を辞めても市のために尽す覚悟である、とつけ加えた[66]。

清岡のいう水力電気事業とは、一八九六年六月に、清岡市長や清岡派の村井弥兵衛（盛岡銀行取締役会長）・菊池美尚（盛岡銀行取締役）・太田小二郎（北上廻漕社長、盛岡銀行取締役）らが東京付近の工業を視察し、動力として蒸気から電気に変わりつつあることを知ったことに始まる。その後、八月に盛岡に鉱山監督署が設置され、盛岡出身の戸川省次郎が秋田県鹿角《かづの》郡に水力発電所を作って、小坂鉱山に電燈を設置すれば一割の利益を上げられる、と報告した。これに刺激を受け、清岡市長は盛岡に水力電気事業を起こす計画を進めようとした。一八九八年五月、盛岡市役所は盛岡商工協会に対し、同市に水力発電事業を起こす方法を諮問した。研究を積んだようだが、商工協会からは何らの答申がなかった。

同年七月、岩手県庁においても北上川等より分水して農業用水として利用し、最後に電気を起こす計画のため、技手山本武之進らに測量させ、技師の用瀬松太郎が設計をした。

その後、一九〇〇年一月の盛岡市会で、水力電気事業を起こし工業の発達を図るため利害を調整する委員一〇名を置く建議が出され、一〇名の委員が選出された。翌二月、委員たちは北上川・中津川・簗川《やながわ》の三つの川とも二百馬力以上の水量なので、目的には十分であるとの報告書を市会に提出した[67]。

しかし、盛岡市に電気事業を起こす動きが市会で高まってきたとはいえ、まだどうなるかわからない事業のために市長を辞めたいというのは、不自然である。市長在任中に「脳病」かかったことがあり健康に自信がないというなら、電気事業を創業する仕事にも健康は必要である。清岡市長が市参事会や市会の代表者に留任を望まない理由として挙げたものは、いずれも説得的ではない。

清岡は東北横断鉄道建設促進や市部独立選挙区問題で東京等へ出張して活動しているうちに、衆議院議員となってさらに地位を上げ、年来の目標を実現したいと考えるようになり、市長を一期で辞めたいと思ったのであろう。当時の盛岡市長の地位は、必ずしも高くない。市長になる前、清岡が県庁の属にすぎなかったことは、すでに述べた。清岡の後任の市長候補として名が出た北田親氏も、岩手県の属（下閉伊《しもへい》郡長から第四課長）であったが、清岡に留任を勧告し、市長候補者を辞退した[68]。

結局、清岡は自分があくまで市長再任を固辞すると、市長の後任をめぐり、憲政党（旧自由党）・憲政本党

（旧進歩党）の争いを引き起す恐れがあり、盛岡市に官立の高等農林学校（現・岩手大学農学部）を誘致する運動等に「非常の不利益」となると考えた。こうして、市のためにあと半年か一年くらいは市長に在職することを承知した[69]。

その後、市会で清岡が再び市長候補者となることが正式に決まり、一九〇〇年四月二日に裁可を受けた。四月七日に清岡市長は、神奈川県大磯の伊藤博文邸「滄浪閣《そうろうかく》」を、菊池美尚・久慈千治・小野慶蔵とともに訪れた。清岡らが、本年に伊藤が北海道に漫遊する際は盛岡に立ち寄って実業上の談話をしてほしい、と懇請すると、伊藤は承諾した[70]。ここでも、後に立憲政友会となる新党設立をめざしていた伊藤に、清岡らが好意を示していたことがわかる。なお、一緒に伊藤を訪れた四人のうち、久慈・小野の二人が、一九〇二年総選挙では原敬を支持して清岡と対立することになる。

その後、清岡市長は同年七月から八月にかけ、盛岡方面より秋田県大館に通じる鉄道（後の花輪鉄道）発起人会を開くなど、盛岡を経由する東北横断鉄道のうち、岩手・秋田を連絡する西側部分の運動に力を入れた[71]。

また、米国のディヴィッド・スター・ジョーダン博士が研究のために来日し、一九〇〇年八月六日に盛岡市に立ち寄ると、清岡市長（盛岡市教育会会長）は盛岡中学校構内で講演会を開き、「高等教育の価値」というテーマで話してもらった（通訳付き）。約六〇〇名もの聴衆が集まった。その夜、清岡らは、市役所近くの料亭「秀清閣」にジョーダン博士を招いて、茶話会を行った。翌日、ジョーダン博士は青森に向けて出発した[72]。

ジョーダン博士は清岡市長の印象を、聡明かつ活動的でアメリカ的な人間であった、と回想している[73]。このように清岡市長は文化人としても振る舞い、米国人の学者からも人柄が評価された。

◆清岡等や清岡派の政友会入党拒否

一九〇〇年（明治三三）九月一五日に立憲政友会が創立される前になると、先に述べたように、九月七日付で同党創立事務所から入党を求める手紙が清岡市長に届き、さらに九月二四日付で末松謙澄（前逓相、政友会総務委員）から入党を勧誘する手紙が届いた[74]。

しかし清岡や清岡派は、政友会に入党しなかった。この理由は第一に、政友会が今後どのように発展するのかわからず、また山県有朋ら藩閥官僚系とも対立したくなかったので、とりあえず様子を見ようとしたのであろう。市部独立選挙区の実現を求め、清岡がともに活動した全国各市同志連合会斎藤己三郎からは、九月一〇日付で清岡市長に宛てて印刷した文書が届いた。そこには、伊藤博文に対しては各市同志の好情は深く表しておくが、我等市民同志はしばらく「中立の地」に立ち、慎重に「政海の風潮」を「精察」し、来たるべき時運発展の好機を待ち、おもむろに進退を定めたいので御同意下さい、と書いてあった[75]。

清岡市長は、同年一一月一〇日に山県系官僚の北条知事らも招き、「秀清閣」で盛岡市の実業を発達させるための会合を開いた。その際、清岡は、会合で出た意見の中で採用すべきものは岩手県庁または政府（伊藤博文内閣）に開陳したい、等と演説した[76]。元来、清岡市長らは県庁の知事ら藩閥官僚と関係が深く、清岡の姿勢からも、彼らが山県系の北条知事にも期待していたことがわかる。

清岡らが政友会に入党しなかった第二の理由は、清岡派中心の盛岡市の政治と実業の秩序を崩したくなかったからであろう。清岡らは選挙法改正で市部独立は求めたが選挙権拡張は求めなかったことから、彼らの意識が推定できる。また、一八九二年の盛岡市会議員選挙人名簿で比較すると、清岡を支持する清岡派（北上派）の方が、政友会に入党する弁護士の宮杜ら新しい勢力に対し、納税額が多く、明らかに収入の格差があった[77]。清岡らは政友会に入党することで、新参者として彼らの風下に立つ恐れがあることを嫌ったのであろう。

さて、一八九八年八月一〇日に第六回総選挙が行われたので、衆議院の解散がなくとも任期の四年が満了する一九〇二年八月には総選挙が実施されることになっていた。盛岡市が独立選挙区となって初めての総選挙であり、一年前の一九〇一年七月になると、「自称候補者」が多いと予想された。その候補者の有力な一人とみなされたのは、清岡市長であった。もう一人話題となったのは、宮杜孝一（弁護士、政友会）であった。宮杜は第一回総選挙以来、衆議院議員になろうとして立候補していたというが、一度も当選できずにいた[78]。

憲政本党系で清岡派に批判的な『岩手毎日新聞』は、清岡市長のことを、「小属吏の才」はあり、金力のある「北上一派」を崇拝し、また官吏と市民とにお世辞をふりまくことはできるが、帝国議会の一員となるような資格はない、と攻撃した。この記事に対し清岡は日記で、明年の総選挙で清岡の当選を妨げ、「進歩党（憲政本党）臭味の三田義正氏（前市議、二級選挙人）をかつぎ出さんとするの謀計」とみた[79]。

これらからわかるのは、清岡は、いずれ市長を辞任して次の総選挙に立候補しようと一九〇一年七月には決意していたことである。また、その際の対立候補として予想されたのが宮杜孝一や三田義正（憲政本党系）で、原敬が盛岡市から立候補するとは想定していなかったことである。すでに述べたように、原が前年一〇月に盛岡市にやって来て総選挙に出馬する姿勢を示していたのを、清岡は知っており、おそらく原は出身地の岩手郡本宮村等を中心の地盤として郡部区（定員五人）から立候補すると思い込んでいたのであろう。

その後、九月一五日になると、憲政本党系の『岩手毎日新聞』は、数日前には清岡が市長の辞表を提出したと報道したが、清岡系（北上派系）の『岩手日報』はそのような事実はない、と否定した。

清岡はまだ市長の辞表を出していなかったが、九月一六日には大矢馬太郎、一七日には太田小二郎・村井弥兵衛など清岡を支える同派の有力者と会い、一八日には政友会の宮杜孝一と会うなど動きを活発にした。清岡は一九日に盛岡市参事会を開き、市長の辞表を「家事の都合」ということで提出した[80]。

清岡の市長辞任は、一〇月一日の市会で認められた。一〇月六日にはすでに述べたように、原敬が母リツの帰郷を送りがてら盛岡にやって来た。清岡は他の市有力者らとともに、盛岡駅に原を出迎えた[81]。清岡は総選挙に立候補するにあたり、政友会からも支援を得て確実に当選したいと考え、前逓相で政友会幹部の原に敬意を表したのである。

一〇月八日夜に、清岡が北条知事の招きで「秀清閣」に行くと、原も来ており、「快談」して一二時に帰宅した。九日は、原の招きで清岡は原を高与旅館に訪問した。総選挙での盛岡市選挙区の候補者のことを話題に出されたので、清岡は市の有志者とも協議を遂げ、かつ熟考して返事をすると約束した[82]。

後述するように、一九〇二年三月一四日の原の日記によると、この時原は、清岡に政友会に入党するよう求め、そうしないなら盛岡市選挙区から政友会員を立候補させることを止められない、と勧告した。原はこの機会に清岡や清岡派を政友会に入党させ、清岡派も引き入れて政友会岩手県支部を円満に発足させようとしたのである。

しかし清岡は、まさか原自身が盛岡市選挙区から立候補するとは思っていない。そのことは、清岡と親しい二双石忠治（盛岡学校の同窓）の手紙からもわかる。清岡に宛てた二双石の手紙には、一〇月九日に北田親氏（盛岡学校の同窓、岩手県属〈第四課長〉）と会ったところ、宮杜孝一が市選挙区から総選挙に立候補しようと野心を持っており、清岡に注意してほしいと伝言があったことが述べられていた。さらに、宮杜は立候補するため、過日宮杜と三田俊次郎（岩手病院を設立し、院長、盛岡市議）らで金田一勝定《きんだいちかつさだ》（清岡派、盛岡市会議長、盛岡銀行取締役）を「イジメ」かつ「市政刷新振《ママ》（派カ）」などと唱導したこと。その狙いは、三田は岩手病院について何か清岡に怨みを抱き、この仇を返そうとの「悪念」を持っているからであること。宮杜は何か市財政の穴を拾って会計検査院に持ち出し、清岡を辱め、その虚に乗じて総選挙に出馬しようとするものであることも報じていた[83]。

このように、政友会から立候補する者がいたとしても、落選し続けている宮杜であるとの情報が、県庁の北田を通して信頼できる形で改めて入ってきたのである。このため清岡は、政友会入党について原に積極的姿勢を示さず、その後も真剣には考えないまま過ごすことになった。

それでも清岡は、原の好意をつなごうと尽力する。一〇月一〇日に原を招待する会を開催するため奔走し、一二日に盛岡中学校で原が生徒に演説すると、清岡も聞きに行き、午後三時から「秀清閣」で「旧友」が会して原を招待する会があったので、参加した。一三日には、原を招待する会を清岡が力を尽して行い、集まった者は八十余人で盛況であった。一四日には、原が東京へ出発するので、盛岡駅まで見送った[84]。

同じ一〇月一四日、盛岡市会で清岡の後任の市長候補者が決まった。第一候補は関定孝（市助役）、第二候補は金田一勝定、第三候補は大矢馬太郎（清岡派、清岡と盛岡学校の同窓、市参事会員）であった。市会の意向は、関を市長の適任者ということであるので、清岡市長は県庁に北条知事を訪問し、市会の模様を述べ、関に任命の裁可があるように請願した[85]。その後、市会の意向通り、関が市長に裁可されて就任した。

◆政友会岩手県支部の発足

原が直接勧誘したにもかかわらず、清岡や清岡派が政友会に入党する気配を見せないので、一九〇一年一一月二八日、政友会岩手県支部は秋季総会を開き、役員を選定した[86]。名実ともに岩手県支部が発足したのである。

寄り合い所帯となった他の府県支部と同様に支部長は置かれず、最も重要な役員である幹事には、鵜飼節郎（自由民権運動の活動家で、自由党以来の幹部）・内田正雄（憲政党以来の幹部、弁護士）・宮杜孝一・平田箴《ただし》（代言人から弁護士、一関町出身、旧自由党以来の幹部、衆議院議員）・小野哲之助の五人が選定された[87]。自由党以来の幹部である宮杜・鵜飼・平田らが支部の中心であったことがわかる。また次項で述べるように、一九〇〇年頃になると盛岡市では、宮杜・内田という弁護士たちを中心とする新興勢力が、清岡派と対抗しようと動き始め、このグループはすでに憲政党に入党していた。また、彼らも盛岡市を拠点としていたことから、政友会岩手県支部はその前身の自由党や憲政党支部同様に盛岡市の人物を中心に設立されたといえる。

憲政党（旧自由党）の継続として政友会入りした衆議院議員佐藤昌蔵と下飯坂権三郎は盛岡市とは直接関係しない人物で、七六人の評議員の一人となったにすぎない。先に述べた、盛岡市に関係する宮杜・内田や鵜飼・平田は、幹事と常議員（一五人）と評議員を兼任していた[88]。

以下で述べていくように、宮杜らは一九〇二年の総選挙で原を支援し、その後、一九一〇年になると宮杜は盛岡市の政友会の中で、主流として大きな勢力を持つようになっていく（第五節第五小見出し）。次項では、話を少し戻して、宮杜など盛岡市の新興勢力が政友会創立以降にどのような形で清岡派に挑戦し始めたのか、清岡派の対応はどうであったのかを検討する。

◆盛岡市内の政友会系新興勢力の台頭

一九〇〇年九月に立憲政友会が創設されると、初期議会の自由党以来の岩手県支部幹部であった宮杜孝一を中心とする弁護士グループは政友会に参加し、盛岡市の政界・経済界主流の清岡派に対抗しようとした。まず総選挙の前年、一九〇一年一月には、岩手県農工銀行の重役選挙に関し、政友会派は重役一同を「改造」しようと希望し、清岡派は重役をすべて再選しようとして対立した。一九日に「秀清閣」に、政友会側からは佐藤昌蔵・下飯坂権三郎両代議士と内田正雄（弁護士）の三人が、「実業派」（清岡派）からは工藤啓蔵（北上廻漕副社長）・菊池美尚（盛岡銀行取締役）・平野常次郎（石油・砂糖・和洋小間物等の商人）の三人が会合して、協議したがまとまらなかった。そこで翌日選挙となり、「実業派」が勝利した。清岡市長は、これまでの尽力の甲斐があったと喜んだ[89]。

次いで四月の盛岡市議半数改選に際し、実業団体である「交話会懇話会」(清岡派)の推薦する候補者に対し、宮杜孝一・横浜幾慶・小山美武・内田正雄(前出、政友会)・野村政成(以上、弁護士)と加藤澄・斎藤秀五郎の七人は、彼ら独自の候補者を立てようとした。宮杜・横浜・加藤は、すでに「交話会懇話会」の市議候補者に推されていたが、彼らの中からもっと多くを市議にしようとしたのである。

「交話会懇話会」と弁護士らのグループの交渉はまとまらず、両者は市議選で争うことになった。このため、今回の市議選は「市制施行以来未曾有の劇甚なるもの」となった。当時の制度で市議選は、有権者の納税総額を上から三分の一ずつ区切って、一級・二級・三級と分けて投票がなされた。三級(五人と補欠一人、四月一六日実施)では内田と斎藤が落選、二級(五人と補欠一人、四月一七日実施)でも加藤・野村・横浜・斎藤(三級と二つに得票あり)の四人が落選、一級(五人、四月一八日実施)では宮杜と加藤のみが当選し、横浜・野村(いずれも二級と二つに得票)・内田(三級と二つに得票)の三人が落選した[90]。

結局、弁護士グループは、清岡派(「交話会懇話会」)で宮杜・横浜・加藤の三人が市議推薦候補となり、当選が可能であったにもかかわらず、さらに多くを求めて戦ったため、宮杜と加藤の二人が当選しただけになった。

その後、一八九九年九月二四日の県議選で当選し、県会議長にまでなった工藤啓蔵[91](清岡派)が辞任し、一九〇一年五月六日の岩手県議補欠選挙が行われた。この選挙では、「実業政友」両派(清岡派と政友会)が、政友会の宮杜(市議)を推し、宮杜が有効投票のほとんど全部を得て当選した[92]。このように、清岡派は、遅くとも翌年には予定されていた総選挙で、自派から代表者を当選させようと考慮したのであろうか、政友会系との妥協と和解をしようとしていた。また、清岡派(北上《ほくじょう》派)の最高幹部の一人太田小二郎(北上廻漕株式会社社長、盛岡銀行取締役)は「共存共栄に非ざれば成功を見ることは不可能」・「平等利益」等と唱えていた[93]。このような姿勢も、少数派である政友会との和解を目指す行動につながった。

3 原と清岡の一九〇二年総選挙の戦いの始まり

◆原が盛岡市から出馬する

地元の清岡派系新聞『岩手日報』に、総選挙の立候補がらみで原の名が初めて登場するのは、総選挙の四カ月前、一九〇二年(明治三五)四月一一日である。そこでは独立選挙区となった盛岡市では、市の有力実業家の団体交話会が四月一〇日夜に集会を開き、いよいよ清岡等(前盛岡市長)を推すことに決定したと報じられた。政友会がこれに納得せず、同会の面目にかけても相当の候補者を立てるとすれば、原を担ぎ出すなら「多少場面の賑《にぎわ》ふことになる」が、原は「市の形勢実状に就ては先刻承知のことなれば」簡単に立候補はしないと考えられる、とも論じられた[94]。

すでに同年三月中旬、坂本安孝(藩校「作人館」に学ぶ、第九十国立銀行頭取、岩手県議などを歴任)が東京に原を訪れ、盛岡市からは清岡前盛岡市長を選出したいので、代わりに郡部から原を推したいと申し出た。一四日にも同様のことを言ってきた[95]。坂本安孝は安政三年(一八五六)六月一二日に生まれ、自由民権運動に参加し、一八八一年の自由党結党と同時に入党した[96]。しかし、一八九〇年代には自由党・憲政党に関わっておらず、実業派に転身し、清岡派になったといえる。

すでに述べたように、清岡が政友会に入党しないなら政友会員を盛岡市に立候補させることを止められない、と原は昨年すでに清岡に勧告していたが、清岡から返事がなかった。しかし、清岡派の最有力人物で、坂本とも相談していると見られた太田小二郎が、政友会入党について清岡の返事がないことを批判しているとの噂があったので、〔清岡が政友会に入党する余地を残すため、〕原は坂本に、熟考するとのみ答えておいた。その日、原は東北会に出席し、選挙に関する件等を談話し懇親会を開いた。翌一五日には、親友の阿部浩（千葉県知事、南部藩士の長男）が訪れ、盛岡市選出候補者に関して内談した[97]。

原は盛岡市の有力者が政友会に入党し出馬するなら、自分は郡部から出馬しても良いと考えたが、そうでないなら自分が盛岡市から出馬する覚悟であった。原は自信満々である。逓信大臣になったことや、前年春から中央で政友会を主導していたからである[98]。

その後、仙台市の政友会の候補者調整のため、原は四月四日に同市に出張した。すると、翌五日に盛岡市から宮杜孝一（盛岡市会議長、弁護士）・平田箴《ただし》（弁護士、前岩手県会議長、衆議院議員）・横浜幾慶（弁護士、東北学院卒）ら政友会岩手県支部幹部が原を訪れ、原に盛岡市からの出馬を求めた。横浜も、盛岡市でも特に収入の多い層には入っておらず、新興の人物といえる[99]。原は「盛岡市の平和」を害せず、市民多数で円満に推薦するなら喜んで出馬すると答えた。宮杜らは市内の有力者と交渉して、必ず推薦状を送ると述べて、直ちに盛岡に帰った。

清岡が政友会に入党しないため、原は盛岡市から立候補することに傾いていた。この原に盛岡市からの出馬を積極的に働きかけたのが、宮杜・横浜両弁護士らの、前年に市議選等で清岡派に挑んだ盛岡市内の新興勢力であった。

四月九日、盛岡市の衆議院議員候補者に関し、宮杜孝一・内田正雄（弁護士、政友会）・横浜幾慶・梅内直曹（弁護士、政友会、盛岡市議、一級）の四人が、清岡派の村井弥兵衛（盛岡銀行取締役会長、呉服・太物・綿糸問屋）・太田小二郎（北上廻漕社長、盛岡銀行取締役、清岡派の最有力者）・菊池美尚（前盛岡市議、盛岡銀行取締役）と清岡（前市長）の四人に会見を申し込んできた。

村井・太田・菊池の三人は、清岡を候補者とすることで一致していたので、清岡を会合に参加させず、太田の家において、太田ら三人で宮杜ら四人に会見した。宮杜らは候補者として原を推したいと申し出、太田らはあくまで清岡を選出したいと主張し、合意に至らなかった。この日に「秀清閣」で交話会（清岡派の実業団体）の会合があり、太田らは宮杜らとの会見について報告し、清岡を候補者として推薦し、他の有権者と協議して当選させることを満場一致で可決した。太田はこのことを深夜に清岡に伝えに来た。

翌一〇日、二双石忠治（清岡と盛岡学校の同窓生）が来訪し、清岡に同日の交話会（清岡派）の会合に出るように求めたので、清岡が出席すると、太田が代表して清岡を衆議院選挙の候補者に推薦したと述べ、承諾を求めた。清岡は、「国家の為めには誠意を以て真面目に尽力し清廉身を持するの覚悟」があると、推薦の厚意に報いることを答えた。一一日、清岡は衆議院選の候補者に推薦された件で岩手県庁に北条元利知事を訪ねた[100]。

前年六月に山県系の桂太郎内閣ができた際に、当時市長であった清岡は、平田東助農商務大臣のみに祝電を送っている[101]。おそらく山県系官僚の政友会切り崩し策として、平田は北条知事を通し清岡とつながりを深めていたのであろう。

なお、すでに述べたように、一九〇一年夏から秋にかけて、清岡が盛岡市長を辞任して衆議院選に盛岡市選挙区から出馬しようとした時、地元で予想された有力候補者は、宮杜孝一（弁護士、政友会）くらいであった。清岡は、太田・村井ら有力実業家からなる清岡派と北条知事の支援があるので当選は間違いないと信じ、立候補のため予定通り市長を九月に辞任したのである。翌一〇月に、原に政友会から立候補するように勧められた際も、対抗馬は宮杜で、原が立候補するとしても、出身地本宮村のある郡部から出ると考え、政友会と中立を保ちたい実業家の支持者の関係からも政友会入党を承諾しなかったのであろう。ここに至って、原が盛岡市選挙区から出馬すると通告されても、清岡は引き下がるわけにはいかなくなっていた。

一九〇二年四月九日に「交話会」（清岡派）の推薦を得て、清岡は原に、政友会からの出馬を断る長文の手紙を書いた。一二日に原に届いたその手紙には、交話会（清岡派）が政党に関係ない人を出馬させようとして清岡を推した、と記されていた。

そこで原は一五日、一七日と、盛岡市からの出馬について、阿部浩（藩校「作人館」以来の友人、千葉県知事）と相談した。阿部は久慈《くじ》千治（盛岡市参事会員、旧清岡派、大地主、盛陽会社鉄工場社長）・小野慶蔵（盛岡市議、旧清岡派、地主で、盛岡銀行取締役・第九十銀行取締役）とも協議しており、「必ずしも勝算なきに非るべし」というので、原は立候補の決意をした。一七日に原は、北条岩手県知事と面会し、出馬の決意を伝えた[102]。原はいよいよ盛岡市から出馬するにあたり、先に支持を伝えてきた宮杜ら、弁護士を中心とした政友会系新興勢力や、親友の阿部を通し、小野や久慈のような清岡派の実業家・地主の切り崩しを行った。小野や久慈は経済的な有力者であるが、清岡派の中枢でないので、切り崩しの対象となったのであろう。

その後原は、宮杜と鵜飼の名で発した宮杜の電報を受け取って、四月二〇日付で二人に手紙を書き、宮杜・鵜飼で協議し、小野慶蔵らとも相談した上で必要であるならいつでも出馬を承諾したと発表する、という意思を示した。また原は、単に政友会員から求められて出馬するという形ではなく、盛岡有志者から求められたという形にする方が「将来に都合」が良いと思う、と提言した[103]。

この手紙から、原に出馬を勧めた中心は、宮杜・鵜飼・小野という盛岡市の政友会員の有力者と、阿部に切り崩された小野・久慈ら清岡派だった有力者とわかる。原は、政友会を正面に出さず、盛岡有志者から求められた形にするのが将来に都合が良い、と提言し、盛岡市の幅広い勢力を結集させようとした。これは、選挙に勝利した後は、盛岡市の一致を図るため、清岡支持者とも和解しやすい形であった。

その後、原を推す有力者たちは、四月二五日に「盛岡市実業有志者」名で、原を盛岡市選出の衆議院議員候補者に推薦したことを「特別広告」に出した[104]。宮杜・鵜飼ら盛岡市政友会幹部は、原の意向に沿って行動したのであった。

さらに原は、四月二九日の地元紙に、四月二二日付で盛岡市の有権者に立候補の意図を明らかにした。それは、①盛岡市の候補者に立つよう、実業者・友人・その他政友会員より強く勧誘を受けた、②他府県において推薦されるよりも、郷里より選出される方が自分の本懐であるので出馬を決意した、③すでに候補者がいるのみならず、今後更に二、三の候補者が出るかも知れないが、貴下においては「不肖の赤誠」を御諒察し何卒ご支援下さい、等の内容のものであった。特に政策の抱負は示していない[105]。

原の支持者は、四月下旬段階では政友会系の有力者を中心に、一部に清岡派だった有力者も加わったものであったが、六月半ばまでに広範囲の人々の間に支持を広げ、原が勝利を確信するに至った。その要因を考えるため、次に、原の政治姿勢を見てみよう。

◆その後の政治姿勢の原点となる原の政見表明

盛岡市の有権者は三一〇名である。原は一九〇二年(明治三五)五月四日に、賛成者は九七名に達したとの電報を受け取った。その後、久慈が来訪し、選挙の模様はさらに良い、と報告した。六月初めに、小野・久慈から帰省を求める電報が来たので、原は六月五日から盛岡に滞在し、七日に実業交話会を「杜陵館」で開いた(来会者は五〇〇名弱、うち有権者は一五〇名ほど)。一〇日には政談演説会を、芝居小屋の「藤沢座」で行った。午後一時の開会の前に一二〇〇余名が集まり、入場できない者も出た。どちらの会でも、原が演説した。なお六月八日段階で、有権者の中で原は一四〇名の確実な支持を得るに至ったが、一方、清岡は八〇余名にとどまった、と原派では分析した。原の勝利へ向け、大勢がすでに定まったので、原は六月一五日午後六時、東京へ向けて盛岡を離れた[106]。

すでに述べた、六月七日と六月一〇日の二つの会での原の演説は、『演説速記』として印刷され、六月二七日に発行された[107]。それぞれ一九頁と一〇頁で、合計二九頁にもわたる原の演説は、この時点の原の政治姿勢を示しているのみならず、その後も原内閣成立前まで、原は同様の政治姿勢を取り続けるので、興味深い。

原の演説の特色は、第一に、国際環境の変化を述べ、その中で日本が立憲政治および国力を発展させてきたのを論じることである。

原は七日の実業交話会において、演説の初めの方で、日本は「大国の仲間入り」をして「対等の位置」には数年前より立っており、日清戦争や近頃の義和団の乱の出兵に関しても「世界の人の目を驚かして」いる、と述べる。同時に、それにもかかわらず「一般の国力、一般の人智発達の程度」は、欧米に比べてなお及ばないところが甚だ多い、と論じた[108]。

また原は、明治維新以来、日本の国力の発達は著しいとして、福岡県の一部(門司地方)や福井県の特産の羽二重《はぶたえ》(高級絹織物)などを例に挙げた[109]。

一〇日の政談演説においても、冒頭で原は、明治維新以来、外交・内政ともに発達し、一八九〇年には憲法も実施され、今日の立憲政治が「拓《ひら》かれた」と論じた。こうして「古《いにしえ》の階級的政治」は「全く廃《すた》れて」国民が「皆な政治に参与して」国家の利害を荷うまでになった。また一八九四年には条約改正が成功し、列強と「対等の位置に立」つことができ、東洋においては日本の向背によって「東洋の治安に関係を及」ぼすまでになった[110]。

原の演説の第二の特色は、政治家や立憲政治のあるべき姿を正面から訴えることである。

特に、一二〇〇名という多数の人々を集めた一〇日の政談演説会においては、政治家のみが国家に対して義務を尽すのではなく、どのような事業を営んでいても、どのような「位置」にあっても、国民が残らず国家を重視しなければならないが、政治家たるものは常に国家を重んじなければならない、と論じる。それは、今日は外交上も「最も複雑を極め」容易でない時であり、内治においても「行政の進歩」も図らなければならず、財政も強固にし、民間における経済の発達も図らねばならないからである。

また原は、「国民の意思を発表する場所」は議会の他にはなく、議員一人ひとりが「善良」でなければ、彼らが集まった議会が良くなりようがない、等とも論じた[11]。

原の演説の特色は、第三に、鉄道建設などの公共事業を地方利益として積極的に掲げて支持を拡大しようとは一切しないことである。

原は参加者が相対的に少なかった七日の実業交話会の演説でのみ、鉄道建設問題に言及した。秋田県は鉄山があり、秋田市辺りの織物もなかなか進んできているので、今に鉄道が秋田まで続いて、また奥羽南線に接続して福島まで通じるようになったら、大いに変化するかも知れない、等と原は論じる。しかし原は、奥羽南線はすでに開通しているが、どれだけ地方の発達を助けられたのかを判断することは、誰にも目に見えるものではないので難しい、と鉄道万能論にも水を注している[12]。以下にも述べるように、原は鉄道頼みにするのではなく、自ら産業を興そうとする地域の人々の意思の力を何よりも重視していた。

いずれにしても鉄道への言及は、合計二九頁にわたる二回分の演説の速記集のうち、半頁にも満たない。日露戦争前の財源難の当時において、建設費用と経済利益のバランスを考慮すると、ほとんど実現の可能性のない盛岡市を経由する東北横断線を取り上げて、盛岡市民を煽ることは良くない、と考えたからであろう。これは原の盛岡市民や日本国民への誠意であった。

この姿勢は、七年半後、一九〇九年一二月一八日に東京市で開かれた政友会関東大会で原が行った、「我党の実行主義」という題の演説にも現れている。

演説の中で原は、反対党がいたずらに租税の軽減を多くすべきだと主張するのを批判し、できる限り減税するのは良いが、できないものを「多きを貪《むさぼ》つて、一時言論の快を叫ぶ訳には参りませぬ」と述べた。さらに、日露戦争の講和条約時に、五億の償金を取るべし、ある者は一〇億の償金を取るべし、またある者は二〇億の償金を取るべし等と言ったが、実際は全く取れなかった。多額の償金を取るべきだと言った者の方が愛国心に富んでいるように聞こえたが、責任を重んじる者は、その「声を壮大にして快を貪る」ことはできない。政友会は各種の問題に対し、未だかつて「無責任なる言論を為して、一時の快を貪りしことはない」[113]。

なお、一九〇二年六月一〇日の政談演説会においては、原は「国家に対する大体の観念のみならず、一郡一地に対する事柄」においては、また実際について考察しなければならない、とする。しかし、先の「有志者の会合」において「地方に対する観念は一応述べて置きましたから、今日はその問題に立入」らない、と述べるに留まった[114]。

原の演説の特色は第四に、盛岡市や東北地方が、日本の他の地域や地方に比べて停滞していると見て、新しい産業を興す努力をすることを求めることである。これは、鉄道と関連づけられずに論じられている。原は東北を、関西と比べて「余程の差」がある、と遅れていることを認める。また北海道は「非常な進歩」をし、福岡県や福井県も盛んになっており、東北地方でも山形・福島・仙台等は繁盛しているが、盛岡は停滞している、と論じた。しかし、福岡県には県の興隆をもたらした石炭があるが、岩手県地方にも各地に鉱山がある。また福井県の羽二重も外国に盛んに輸出するまでになったが、偶然にそうなったのではなく、盛衰と困苦を克服して今日に至った。当地の盛岡市・岩手県においても養蚕が毎年いくらか進んでいるので、将来に望みがないとはいえない、等とも述べた[115]。

第五に、原が郷里に愛着を抱いていることを少し丁寧に述べ、中央で相当なる地位がないと郷里の役には立てないことを、さらりと述べたことである。

原は郷里にいないので「極めて郷里に冷淡なる」ような評判がある、と認めつつも、同意はできないと語った。長年外交官として条約改正や日清戦争等に尽力し、郷里の名前を汚さないような仕事をしてきており、「郷里に背か」なかったと明言できる、と原が話すと、拍手が起こった[116]。

また原は、「郷里の奴隷となって終身働いて見た所が相当なる地位も力もないときには、何の役にも立つまいと私し《ママ》は信ずるのである」と述べ、「拍手大喝采」を受けた[117]。これは、政友会から出馬せず対立候補となった清岡等への当てこすりでもあった。

なお、一九〇二年六月のこの二つの演説にはっきりとは出ていない原の政治姿勢が一つある。それは軽率な対外強硬論に対する批判である。原はその後、常に盛岡市選挙区民にもそれを訴えていくことになる。

それをよく示す例が、日露戦争の開戦まで半年もない一九〇三年八月二七日に、「杜陵館《とりょうかん》」で開かれた有志招待会での原の演説の次の部分である。

〔例の満州問題について〕随分騒然として世間に議論を生じ、その議論中には対外硬と申して強硬なる態度を以て当るは国家のため得策であると、頻《しき》りに論じて居る人もあるが、その他の多数は先づ以て声を潜めて密《ひそ》かに国家を憂慮しつゝ居るといふ次第である、この有様は実は外交思想の一進歩に相違ない、一の事件のある毎に、国民喧然として騒ぐやうでは、とても真の外交が出来るものではない、ゆえに一般の国民は篤と事の或〔成の誤り〕行を考へて沈着して居るといふことは、慥《たし》かに外交思想の一進歩に相違ありませぬ[118]。

4　原の当選と、原派と清岡派の和解

◆「公利」を求める原に幅広い支持が集まる

話を一九〇二年（明治三五）総選挙に戻すと、原は八月に当選を果たした約一週間後に、日記に選挙区での対立について分析している。それによると、清岡を支持するのは、村井弥兵衛（盛岡市参事会員、市議、盛岡銀行取締役会長、清岡派）・太田小二郎（前掲）等の「市の富豪と称せらるゝ者多数」である。また岩手県庁は、表

面上は中立であるが、実際には清岡派に便宜を図った。すでに述べたように、北条知事は山県の腹心平田東助系とみられたが、原は、桂内閣の清浦奎吾法相らの策略によるとみた。

原は、だいたい「富豪に反抗する一部」、原を信頼する一部、清岡派を喜ばない者たちから真っ先に支持を取り付け、さらに、盛岡市の刷新はこの選挙によって行われるべきと信じた者へ支持層を広げていった。とりわけ、盛岡市青物町《あおものちょう》・仙北町《せんぼくちょう》・川原町《かわはらちょう》・鉈屋町《なたやちょう》・材木町などは、一、二を除く他、初めから原に賛成した[119]。

盛岡の城下町は、城を中心に、まず五〇〇石以上の高知衆《たかちしゅう》の邸宅や役宅を配置した。内丸は御屋敷町である。次いで、商工業者の町を配置した。呉服町、紺屋町、鍛冶町、本町《ほんちょう》、材木町などである。初めから原に賛成した地域は、盛岡の城下町の近世以来の中核をなした伝統的地区とは異なる場所が多いことが特色である。

たとえば、当初から原を支持した青物町は近世に仙北町の新小路(枝分かれ)として誕生し、仙北町のような大きな店はなく、庶民対象の小店が立ち並び、それとともに生活に必要な野菜作りも行われていた[120]。同じく原を支持した仙北町は、少し遅れて六月から原派となった大地主の佐藤清右衛門(盛岡市議、盛岡銀行取締役)の住居地である。隣の青物町に比べ、大きな米屋や酒屋などがあったが、青物町と同じく盛岡市の南端である。さらに原は少年時代に、仙北町の寺田直助塾で学んでいた[121]。鉈屋町は原家の菩提寺の大慈寺《だいじじ》がある町で、旧盛岡城下警固の惣門から南東へ向かって伸びる一本筋の町並みで、町の南東端である[122]。材木町は盛岡市街の東北端の商店街であった。仙北町も材木町も、農村部から米等を売りに来る農民を相手としていた商店街で、清岡派とのつながりは薄い。

すなわち原は、清岡派の旧体制下で盛岡市の発展が沈滞気味となっていたので、すでに述べたように親友の阿部の協力を得て、清岡派の有力者であったが中枢ではなかった小野や久慈を切り崩し、清岡派内の一部にまで支持を広げた。さらに清岡らの体制の中では末端にすぎなかった層を結集していった。

とりわけ、原支持に変わった仙北町の大地主の佐藤は、原より一〇歳年長で、当初は清岡派であった。北上《ほくじょう》廻漕会社が発足した時は取締役となり、清岡派の実業団体である盛岡交話会の中心的存在で、盛岡銀行の初代取締役会長にも就任していた。彼は、岩手県一の多額納税者であった[123]。

興味深いことは、清岡派であった岩手県最大の資本金の会社、盛岡銀行(一八九六年五月設立で資本金七〇万円、本店盛岡市)の経営陣が二分されたことである。取締役の佐藤清右衛門・小野慶蔵が原を支持し、取締役会長の村井弥兵衛と取締役の太田小十郎が清岡を支持した[124]。

このように原に支持が拡大した理由は、すでに詳細に述べた六月七日と一〇日の原の演説に見られるような、幅広い識見を持った大物政治家原敬が、「公利」を求めて誠実に活動することへの期待があったと思われる。

このことは、清岡の演説と原の主張を比べてもわかる。選挙戦の終わりの一九〇二年八月六日に、清岡は「杜陵館」で次のような演説をしている。①岩手県の商工業は衰退しているので、県立工業学校ができた今、とりわけ商業教育の充実が必要、②商工業の発展のためにも、市部独立選挙区からは商工業者の代表を選出しなければならず、盛岡市では白分である、③政党は立憲政体の下では必要であるが、政友会は宣言は立派であったが今は伊藤総裁すら持て余すほどで、政党の弊害は克服されていない、④今回の選挙では政友会が過半数を占めることができず、第二党の憲政本党も一〇〇内外の議席を得るだろうから、市部の実業家を代表する中立議員がキャスティング・ヴォートを握って商工業の振興を実現していく、⑤具体的には、行政の刷新と財政整理、海陸軍の軍備拡張は国力に応じたものにする、外交関係を整備して国際的地歩を進め、東洋問題に着目する、また⑥教育の普及を図り国力によって小学校経費にも支出する、高等教育の充実のため、要地に高校・大学を置く、交通機関を整頓し、運輸交通の便を図る、等である[125]。

これらは、政友会批判や政友会が過半数を取れないとの予想、中立議員がキャスティング・ヴォートを握って政策をリードすることを除けば、原や政友会がこれまで主張してきたことと同じといって良い。

原と清岡の政策の中で、根本的に異なる点も一つある。それは清岡が、盛岡から鹿角《かづの》（秋田県）を経て大館《おおだて》（秋田県）に達する線路の早期着工を、次いで盛岡から宮古もしくは山田に達する線（盛岡市と三陸海岸を結ぶ）の着工を主張したことである。清岡は、この線が東北横断線として最も良く、盛岡市はその中心となり商業が繁栄すると論じた[126]。

これまで見てきたように、原はこうした公共事業をめぐる地方利益を選挙の争点とすることに「公利」の観点から反対であった。またこの選挙でも、そうしたことを正面からは主張していない。しかも清岡も認めているように、清岡は日清戦争前から盛岡市長となり、盛岡市を経由する東北横断鉄道建設を求めて運動してきたが、見通しは立たず、盛岡や岩手県の商工業は衰退したままであった。

すなわち、この総選挙における原と清岡の最も大きな対立点は、第一に、実現の可能性を深く考慮せずに政策を主張するのではなく、盛岡市や岩手県の発展、さらにそれと密接に関わる日本の発展のための政策や未来像を現実に立脚して提示しているかどうか、ということであった。また第二に、その政策や未来像を、候補者が本当に実現できるかどうかという点での、候補者の実力・誠実さ・候補者を支える組織を総合的にとらえた選択であった。鉄道などの地方利益が実現の見通しが容易に出ない中、清岡派という旧来の伝統的勢力への不満を持つ層が、中央の第一党である政友会の有力幹部である原に期待したのである。

◆原の支持組織の特色

清岡派系の新聞は、原の支援者の中核として「参謀総長」小野慶蔵（地主、盛岡銀行取締役）・「参謀」宮杜孝一（弁護士）の名や、東京の原との連絡役、また「兵站部詰」として久慈千治（地主）らの名を挙げていた。久慈は一九〇二年（明治三五）四月三〇日に東京に着き、五月五日まで滞在し、原と選挙の打ち合わせをするなど、原との連絡役を務めた。また六月三日には、市内仙北町の大地主の佐藤清右衛門（前掲）らが原に盛岡に帰省するよう連絡があった。さらに六月一日には、市内仙北町の大地主の佐藤清右衛門（前掲）らが原に支持を表明し、彼らが中心となり、「第二部」と称する原の賛成一派もできた。六月一二日に佐藤清右衛門宅で懇親会が開かれ、原が出席したところ、市内川原町・仙北町・青物町と、本宮村辺までから、八〇名程の来会者があった。本宮村は盛岡市選挙区とは異なるが、原への地方民の期待の一端を表している[127]。

すなわち、盛岡市における原の選挙運動の中心は小野慶蔵と久慈千治・宮杜孝一らで、小野は全体の中心、久慈は原との連絡役や資金収集と管理面を担当していたといえる。このように原の支援グループは一枚岩というより、今回の総選挙を契機に、いくつか背景の異なる支援グループが集合してできたものであった。清岡派が原の支援者たちを「混成師団」等と呼んだのはその実態をそれなりに表している[128]。

この他すでにふれたように、阿部浩（千葉県知事）は、原の選挙支援の活動に半ば公然と関わった。また反対派の新聞は、兄恭《ゆたか》も原の応援活動をしていると報じた[129]。

政友会と対抗している桂内閣の下で、岩手県の郡長という立場にありながら、原の兄恭が弟の選挙をどれほど支援したのかは、十分に確認されない。しかし南部藩の藩校「作人館」以来の親友阿部は、桂内閣の不興を買って総選挙後に千葉県知事の職を失うことも覚悟して、原を支援した。結局、阿部はこの選挙の半年後に新潟県知事に左遷されたが、約三年後に政友会の第一次西園寺内閣ができ、原が内相となると、一九〇六年一二月に貴族院議員に勅選され（新潟県知事を兼任）、一九〇八年三月には東京府知事に栄転した。阿部は政治的にも親友の原の下で働き、原と一蓮托生の人生を歩むようになったのである。

これら原支援の組織に加え、原への支援が広がっていった理由は、原の人柄が、従来は盛岡市の政治において必ずしも発言が期待されていない多くの有権者を引きつけたことである。「下町の酒造家村井（源三、盛岡市議、酒の醸造販売、鉈屋町）さんは原派の有力なる運動者」「原派の運動者鉈屋町米屋内藤祐吉」、「市内馬町の馬商連は油三」と協議して原派のために尽力[130]などと、清岡派の体制では自発的に活動することのなかった、中小商店主など、中堅の実業家層が原を熱心に支援した。

それは原が東北出身の初めての大臣という大物であるにもかかわらず、権威ぶらないので、盛岡市で親しみを持って迎えられたからである。現在なお、盛岡市民は原敬のことを「原先生」とは呼ばず、親しみをこめて「原サン」と呼んでいる。この呼び方は、最初の選挙の期間中の五月下旬に地元の新聞に現れていた。

原の支援者のひとり「村源」こと村井源之助（前盛岡市議、薬品販売、ビール・葡萄酒・洋食品・缶詰類等販売、肴町）が原の前で、自分は「ケチな素《そ》町人」だから礼儀作法は知らぬと言って胡坐《あぐら》をかいたところ、原はにっこり笑い、「いや夫《それ》がいい、我輩も其《そ》の方が勝手がイゝ」と一緒に胡坐をかいて、すっかりうちとけたという[131]。

◆清岡等に圧勝する

原は盛岡市での選挙戦に入っても、岡山県政友会支部総会に出席したり、岩手県郡部区の政友会候補者の調整を行ったりするなど、政友会有力幹部である総務委員として、主に自分の選挙区以外のことで働いた。また妻貞子の父で恩人の中井弘《ひろむ》（前京都府知事）の遺産の管理問題も処理し、六月一三日にはすべてを長男の中井龍太郎に戻した。大阪市夕陽ケ岡で営まれた陸奥宗光夫人亮子の三周忌法要にも、原は参列した[132]。陸奥は原を外務省通商局長・次官等に抜擢し、原は陸奥を師と仰いで外交や政治を学び恩を感じていたので、多忙な中でも夫人の三回忌にまで出席したのである。このように原は多方面に忙しかったが、盛岡市で着実に基盤を育成し、六月半ばまでに当選を確実にした。

劣勢になった清岡派は、系列の新聞で原や原支持者への誹謗をさらに強めた。その一つは、原の支持者が少ないと公言することである。原の支援者たちは、原の盛岡への帰省を機会に「カラ景気」「付け景気」のために政談演説会を開いたが、七日の実業交話会に集まった有権者は五〇余名に過ぎないと[133]、原派の推定の約三分の一の数を報じたのである。

二つ目は、盛岡市長を務めた清岡は「土着派」であるとし、それに対比し、原があまり郷里に帰らなかったことで、盛岡に対して「冷淡且つ不親切」と攻撃することであった。原は国務大臣・全権公使や新聞社社長・銀行頭取となり、「盛岡人」としてはあまりに「立身栄達」し過ぎたので、小さな「ムサ苦しい郷里」などに尽力する程の考えも時間もなかったが、伊藤の新党に身を投ずることになったので、衆議院議員の肩書をつけるために出馬したのだ、とも報じた[134]。

しかし、これらの原への攻撃は、あまり効果はなかった。

すると清岡派は、原がキリスト教信者であるので仏法受護の有権者を惑乱しようとしている、という記事まで掲載した[135]。

総選挙の投票を前に、八月七日、八日と両派の選挙運動は「激甚」となった[136]。原派は前日より各町の担当部署を定め、八月一〇日の当日は、朝から順次町ごとにまとまって、徒歩で投票に繰り出した。他方、清岡派はばらばらに投票場に行っただけだった。夕方には、〈原の当選を祝う〉市内大懇親会を一三日に開くことが発表された。翌一一日、投票結果が判明した。投票総数二七二(有権者三〇二)の内、原は一七五を得て、九五の清岡に圧勝した。原に投じられた票のうち二票が無効とされたので、実質的に原は一七七票を得たことになる。この得票数は当初の見通しからほとんど変わっていない[137]。

この時に選挙事務の中心となったのは、新渡戸宗助であった。新渡戸は、新渡戸稲造の従兄弟で、嘉永二年(一八四九)に盛岡に生まれ、幼少より和算を得意とし、岩手県属より郡長に抜擢され、二戸《にのへ》、稗貫《ひえぬき》、下閉《しもへ》伊《い》の各郡長を歴任した。後に実業に転じ、坂本安孝と提携して岩手日報社(社長は坂本安孝)を起こし、鉄道その他の請負事業を営んで成功した。この選挙で、新渡戸が原に報告した得票数は、開票の結果と「同点数」であったという[138]。

敗北した清岡は、すでに見たように、学識とかなり広い視野を持ち、盛岡市長就任以来、盛岡市や岩手県の発展のため尽力した。地域の政治家としてかなりの水準であったが、まさか原が対抗馬になるとは思わず、総選挙で失敗した。原という、能力的にも経歴的にも、この時期の岩手県や東北地方でも比類ない政治家を相手にすることになったのが、清岡の不運であった。

さて、岩手県郡部区（定員五人）の当選者は、一ノ倉貫一（中立、清岡派、岩手県農工銀行頭取）・高橋金治（憲政本党）・大隈英麿（憲政本党）・松本与右衛門（政友会）・鵜飼節郎（政友会）であった。選挙前は、政友会は岩手県全体で五人中二人（四〇パーセント）であったのに対し、今回の選挙で六名中三名（五〇パーセント）になった。原は岩手県の政友会の地盤を強めたといえる。全国的には、政友会が若干勢力を減退させながらも衆議院の過半数を維持した。清岡派は、最も重要な盛岡市部区で清岡等が落選したが、郡部区では一ノ倉貫一が当選し、衆議院にも足場を残した[139]。

総選挙後、八月一三日の原派の「大懇親会」は会費五〇銭（現在の約一万円）で行われ、会場の「杜陵館」には四〇〇名ほどの人が来会した。この会には、原派・清岡派を問わず来会するように案内したが、清岡派の来会者は少なかった。原は演説を行い、その速記を印刷した[140]。

「大懇親会」への清岡派の参加が少なかったので、原派は四日後の八月一七日に、清岡派がよく利用していた料亭「秀清閣」において、「元原派元清岡派を合同して懇親会を開」いた[141]。盛岡市の政争の和解を求めるこのような考え方は、すでに述べたように、一九〇一年の市会議員選挙の後においても、清岡派側から敗北した宮杜ら（政友会）側に、補選の県議のポストを渡す形で採られたものである。原は清岡派への和解を求めたのであるが、選挙のしこりはすぐには解けなかった。

清岡派は同年一一月一〇日、「秀清閣」に村井弥兵衛・中村治兵衛・菊池美尚・大矢馬太郎・一ノ倉貫一・太田小二郎と清岡が集まって、同派系の岩手日報社の改革について相談した。結局、清岡が同社の主幹となり改革を進めることになった[142]。

◆一九〇三年総選挙での盛岡市の「平和一致」の確立

総選挙の四カ月半後の一九〇二年(明治三五)一二月二八日、衆議院が地租増徴継続に反対の姿勢を示したので、桂内閣は衆議院を解散した。こうして、翌年三月一日に、また総選挙が行われることになった。清岡は自分が主幹である『岩手日報』の一九〇三年初刊に、出馬についての意向を告げた[143]。このため、一月初めから清岡派支持の同新聞は、市部から再選を目指す原に対し、清岡派は対抗馬を探っている、というような報道をした。しかしそれは、確固たるものとも報じられなかった[144]。清岡は条件が整えば出馬するとの意向を示したのである。

これに対し、一九〇三年一月初めには、まず鶴飼節郎(岩手県郡部選出の政友会代議士)が清岡に立候補を辞退するように働きかけ、梅内直曹(盛岡市議)・三田俊次郎(岩手病院院長、盛岡市議)・宮杜孝一(盛岡市会議長)ら、前回の総選挙で原を支援した有力者も同様の働きをした。この結果、清岡は、盛岡市の経済的な最有力者層で同派幹部の太田小二郎(前掲)・村井弥兵衛(前掲)・大矢馬太郎(前掲)・平野常次郎(石油・砂糖・和洋小間物等の商人)に相談し、一九〇三年総選挙への出馬を断念することにした。その後、一月二二日、二三日の二日間、清岡と大矢が東京の原を訪れ、電燈その他の事業を起こすにも「市の平和一致」が必要であると、清岡は無条件で選挙出馬を断念することになった。また、表向きの仲裁者を、関定孝盛岡市長に定めた[145]。二七日、清岡派の有力者たちもこの条件を承諾した[146]。

市長の関定孝は、すでに述べたように、南部藩士の子として生まれ、裁判所書記等を経て、一八八九年

(明治二二)九月八日に盛岡市助役となった。清岡盛岡市長が総選挙立候補のため辞任すると、一九〇一年一〇月二八日に三七歳で市長に就任した。一九〇二年総選挙における原と清岡の争いにおいては、特にいずれにも表立って肩入れしていなかった。

一九〇三年一月二七日、盛岡市の「秀清閣」で、原派の宮杜孝一・内田正雄・梅内直曹らの弁護士と、久慈千治(地主)、清岡派の大矢馬太郎・太田清助(盛岡銀行支配人)・平野常次郎らが、総選挙の候補者推薦に関し協定した。それは、清岡が候補を辞し同志者一致して原を推薦するのは、盛岡市の「融和を図る」ためであり、「将来一致共同して公益を増進」するというものだった。原は八二票も離されて落選した者が「市の融和云々」というのも適当とは思えないが、彼らの顔を立てて承認した[147]。このように原は、敵対する者は撃破するが、そうした者でも降伏してくれば名誉を守ってなるべく味方に引き込む、という剛と柔の手法を使いこなした。

二月一日、清岡は「秀清閣」の盛岡交話会員(清岡派)の会合(出席者四十余名)で、総選挙の立候補を辞退すると演説した[148]。

この間、原は政友会維持費と選挙費用等について、党本部で松田正久ら幹部と会合したり、横浜市部選挙区(定員三人)に加藤高明(前外相)と奥田義人(前法制局長官)を選出することについて、横浜市の有力者らと調整したりした。また義父中井弘(前京都府知事)の銅像建設の協議もする等、様々なことを処理している[149]。政友会最高幹部の一人としての余裕すら感じられる。

原は二月二日夕方に東京を出発、翌日盛岡駅に到着し、定宿にしていた高与《たかよ》旅館に投宿した。すでに見たように、清岡が立候補を断念していたので、昨年反対した者も多く駅に出迎え、旅館にも訪問客が多数やってきた。原派・清岡派一致して原を推すことになったので、四日には「杜陵館」で「有権者有志大懇親会」が開かれた。発起人は関定孝盛岡市長の他、宮杜孝一(盛岡市会議長)ら原派六人、村井弥兵衛(前掲)ら清岡派四人である。出席者は二〇〇人ほどであった[150]。

「大懇親会」の演説で、まず原は、前回の総選挙以来、盛岡市の「融和と協同一致」を願ってきたが、今回「清岡君」が候補を辞退し、その支持者も原を推してくれるのを「深く感謝する」と述べた。さらに、総選挙は「一身一家の私事」ではなく、憲法・法律によって与えられた「公けの権利」を施行するについて争いをしたにすぎないのである、と原則を述べた。しかし「人情の弱点」として、その争いが互いの交際にも影響を及ぼしているが、それは「道理」においてあってはいけない。これを機会に、「市民一致協同」の旧状態に立ち返り、盛岡市の「将来の利益」と「福利」を増進することを希望する、と論じた。清岡も、「市の平和を図り進歩を図る」ために立候補を辞退した、と演説した[151]。ここでも、憲法や立憲政治の目的としての原理・原則を強く意識し、「人情」や清岡派のメンツという現実を考慮した原の柔軟な態度がみられる。「大懇親会」の後、両派の有力者が瀬川屋で宴会を開き、原も出席した。

二月五日には「杜陵館」で政談演説会が開かれ、原は第一七議会の経過や政府予算への数字をあげて節減の余地があるとの見解を述べ、鉄道建設は鉄道事業中より生じる益金で行うように法改正をすべきことや、政局の現状について演説した。原は日記で「五百名」ばかり来会し「満場余席なし」と書き、清岡派系の新聞は、「聴衆四百余名」で大変「盛況」であった、と報じた[152]。いずれにしても盛会だったことには間違いないが、演説会の出席者数の認識が少し違うところに、清岡派のわだかまりが見られる。

原は二月六日の夕方の汽車で、東京へ向かった。原派、清岡派の中にも今回の解散・総選挙で原派との和解の機会ができたという者がいる一方、清岡派の太田小二郎や村井弥兵衛らは「遺憾」の念を捨て去っていないようである、と原は見た。東京にもどると、さっそく全国の選挙に関する件を処理、和歌山市や神戸市の候補の応援のための出張も行い、伊藤総裁と政局について内談する等、多忙な生活が続く。

投票日が近づくと、原は二月二五日に盛岡市に戻った。選挙事務所は二〇日に開かれており、旧清岡派の大矢馬太郎・平野常次郎・菊池美尚も総選挙についての幹部協議に来会した。三月一日に投票が行われ、盛岡市部には対立候補者がなく、原が二九六名の有権者中、二三八票を獲得して当選した。清岡に投票した者も四名いた。翌日、市内有権者の懇親会を「秀清閣」に開き、原は演説をした。旧清岡派の新聞は、この懇親会を「呉越の感情」を一気に洗い流し、「渾然《こんぜん》たる融和の下に」行われ、数百人が集まって「近世無比の盛況」だったと報じた。もっとも、一九〇三年三月総選挙を経て、清岡等らの派が、すぐに原や政友会の支持基盤になったわけではない。当面は、衆議院選で盛岡市部区に対立候補を立てて原と争うようなことはしない、という消極的な原支持であった[153]。

たとえば、一九〇三年八月二六日に原が盛岡に帰省した際も、清岡は駅に出迎えた形跡がなく、二九日の「秀清閣」での原主催の園遊会にも出席していないようである。ただし、九月一日に原が東京に戻る際には、盛岡駅まで見送っている[154]。後述するように、旧清岡派がほぼすべて原の支持基盤になったと確認されるのは、一九一一年夏である。

話を戻すと、一九〇三年三月の総選挙では、岩手県郡部（定員五人）においては、政友会から松本与右衛門・鵜飼節郎が再選された。前年八月の総選挙では、松本・鵜飼は四位・五位と下位の当選であったが。今回は松本がトップ当選（二〇五二票）、鵜飼が四位（一七七七票）と、前回よりも好成績であった。また郡部から無所属で当選した阿部徳三郎は、一九〇三年一二月三日に政友会に所属を変えた。残りの二人は、高橋金治（憲政本党）と一ノ倉貫一（帝国党、旧清岡派）であった。こうして岩手県では、定員六人中、原を含め政友会が四人を占めるようになった[155]。

以上、一九〇二年八月、一九〇三年三月の総選挙を通し、原は盛岡市に基盤を定着させ、岩手県の政友会も勢力を強めたといえる。この他に注目すべきは、二つの総選挙で原を熱心に支援することで、盛岡市の新興勢力のリーダー宮杜孝一（弁護士）が、盛岡市や岩手県の政友会員の中心的位置に近づいたことである。

一九〇四年三月一七日の西園寺公望総裁の招待会（政友会の両院議員と各支部代議員、一六〇余名出席）には、原の他、帝国議会議員でもない宮杜が阿部徳三郎（郡部選出衆議院議員）と共に出席していることも、その傍証になる。

5　日露戦争後の盛岡市・岩手県での原の勢力確立

◆園遊会と総選挙

原は一九〇三年（明治三六）八月二九日に盛岡城址公園のすぐ北、内丸にある「秀清閣」で園遊会を開いたのを皮切りに、一九〇七年以降は原則的に毎年園遊会を盛岡市で行っている。

原は内相に就任して一年一〇カ月経った一九〇七年（明治四〇）一一月に、兄と同じ仁王小路《におうこじ》に宅地を買い入れた。さらに多少隣地も買い入れるつもりであった。先年来盛岡に邸宅を設けるべきだと勧める者が多かったのと、母リツが存命中は毎年帰省することが必要で、しかも一九一〇年にリツは八八歳になるので祝宴を開くことを考えており、毎年の避暑で他に行くより盛岡に帰る方が得策と思ったからである[156]。ここに、後に古川端《ふるかわばた》別邸とよばれる原の盛岡別邸が立てられた（現在は、跡地にホテル東日本盛岡と七十七銀行が建っている）。この別邸は、原の号から「一山荘」、あるいは老母に孝養を尽す意味から「介寿荘《かいじゅそう》」とも呼ばれるようになった。

一九〇九年九月一〇日には完成した盛岡別邸（古河端別邸）が会場となり、園遊会が開かれた。それ以降も同様に、毎年のように開催された（表1）。園遊会が行われなかったのは、一九一二年（明治天皇の諒闇中）、一九一四年（昭憲皇太后（明治天皇の皇后）の諒闇中と母リツの死）、一九一八年（兄恭の死、米騒動と原内閣の成立で多忙）、一九二〇年（内閣運営に多忙で短期間しか帰郷できず）の四年である。原が暗殺された年である一九二一年の八月八日が、最後の園遊会となった。

園遊会の来会者は、一九〇〇年代は四〇〇名から六〇〇名で（一九〇七年八月の七百有余名は少し水増しの数字か）、一九一〇年代になると八〇〇名から一〇〇〇名ほど招待し、五五〇名から八〇〇名ほどになった。首相在任時の最後の園遊会は一七八四名を招待し、一四〇〇名ほども来会した。これは盛岡別邸での九回目、「秀清閣」時代も含めて一二回目の園遊会であった。

来会者は、一九〇七年八月の園遊会の描写を例に見ると、「会衆は官吏に実業家に政党員にあらゆる種類階級を網羅し、即ち是れ地方の精華たり名流たるものに属せり」[157]とある。このように地方の様々な有力者を網羅したものであった。その費用は、一九〇七年には七六九円三六銭であったのに対し、招待者・参加者が多くなるにしたがって増加し、一九一九年には二五七八円二銭、一九二一年には三三三九円四銭（現在の約一二〇〇万円相当）にまでなった。

原が一九〇二年総選挙に盛岡市部区から初めて立候補した時の盛岡市の有権者は、三一六人である。また、一九一九年の選挙法改正で有権者が大幅に増えた一九二〇年総選挙での岩手県第一区（盛岡市）の有権者は、一七二七人である。原は当初から、有権者の人数程度を招待し、有権者が増えるにしたがって招待者を増加させていったといえる。

一九〇三年の総選挙から、盛岡市部区で原に対する対立候補がいなくなり、しかも一九〇六年に第一次西園寺内閣に内相として入閣すると、威信が強まり、原の選挙地盤はさらに固まった。有権者の数程度招待状が出される園遊会は、参加者が中央政界で活躍する大物政治家に直接接して楽しむことができる場として、原の選挙地盤を強めるのに、重要な役割を果たしたと思われる。

一九〇八年総選挙において、原は内相として選挙干渉をすることなく、政友会の過半数確保に成功した。この選挙期間中、原は内相や政友会最高幹部としての仕事が忙しく、一度も郷里に戻らなかった[158]。

この総選挙においても、同年四月二一日には政友会岩手県支部と盛岡実業有志から、盛岡市部区の候補として原を推薦する、との広告が地元紙に掲載された。また同じ日の選挙記事に、盛岡市は原の一人舞台を持続し、反対の側に現れるべき者はありそうに思えない、と報道された[159]。

結局、原の対抗馬は現れず、五月一五日の投票結果は、四四二票中有効投票は四三八票で、すべて原

	『原敬関係文書』別巻	備考	盛岡市の有権者
	記載なし		316人
	記載なし	『原敬日記』には「官民七百余名を招」いたとある。『岩手毎日新聞』(1907年8月20日)には「官民数百名」を招待とある。	
	記載なし	『原敬日記』には「盛岡市知人七百余名」を招いたとある。	645人
	—	原が盛岡別邸(古川端別邸)に初めて入る。	
	記載なし	『原敬日記』には官民700余名を招き、雨天だが中ごろより晴れ、540余名の来客に周旋など合わせて600余名位だろうとある。	
	記載なし	母リツの米寿祝いの一環、『岩手毎日新聞』(1910年5月24日)は参会者約600余名とする。	
	記載なし	庭園がほぼ完成したので、樹木の寄付をした者および懇親の紳士を招く。	
	537人(833人に招待状)	『原敬日記』に朝まで雨だったが、午前中より晴れて午後は晴天(園遊会は午後2時より)。笠井知事のみならず、河村秀一陸軍少将(騎兵第3旅団長)も出席(『岩手公論』1911年7月29日)。	
	茶話会に67人(73人に招待状)		
	652人(903人に招待状)	1912年は明治天皇の諒闇中で園遊会をせず、1913年は9月1日に園遊会を開く予定であったが、暴風雨で延期。『岩手毎日新聞』(1913年9月13日)には、600名が来会とある。	前年に717人
	85人	昭憲皇太后(明治天皇の皇后)の諒闇中と母リツの死去で園遊会を行わず。	
	760人(1020人に招待状)		
	記載なし	「県下知名の官民を網羅」	
	82人		
	1017人に招待状		
		1918年7月4日に兄恭の死去	
	820人(1062人に招待状)		
	1400人(1784人に招待状)	途中で大雨で混乱、最後の園遊会	前年に1727人

表1　盛岡での園遊会

回	年月日	場所	参加者	
			『原敬日記』	『岩手日報』
1	1903年8月29日	秀清閣	400余人	記事なし
2	1907年8月20日	秀清閣	記載なし	700有余名
3	1908年7月26日	秀清閣	記載なし	記事なし
※	1909年8月25日	—	—	—
4	1909年9月10日	盛岡別邸 （古川端別邸）	600余人	来会者は400人位 （八百数十人に案内状）
5	1910年5月22日	盛岡別邸	600余人（800人程度招待）	記事なし
☆	1910年10月1日	盛岡別邸	茶話会に140人を招く	参加者140～150人
6	1911年7月28日	盛岡別邸	540人（800余人に招待状）	600余人
☆	1911年10月9日	盛岡別邸		
7	1913年9月12日	盛岡別邸	700余人（900余人に案内）	記事なし
☆	1914年10月21日	盛岡別邸	茶話会に約90人	100余人
8	1915年10月5日	盛岡別邸	751人（1000人を招待）	600人余
9	1916年8月29日	盛岡別邸	760人（1000人余を招待）	700余人（1000余人に招待状）
☆	1916年10月30日	盛岡別邸	観楓会に80人（120余人を招待）	記事なし
10	1917年8月28日	盛岡別邸	760～770人の来会 （1020人ほど案内）	来会者700人
11	1919年8月22日	盛岡別邸	来会者800人	「官民」およそ1000余人
12	1921年8月8日	盛岡別邸	1500人ばかり来会（案内1700余人）	記事なし

備考：災害等で園遊会を行えない時などに、代わりに主だった者のみを招待して、茶話会を行った（☆印）。

敬と記してあった(有権者は六四五人)。岩手県郡部区(定員五人)においては、政友会から阿部徳三郎が二位(二七七九票)・村上先が三位(二七一〇票)と、前回の一九〇四年同様、政友会からは二人の当選にとどまった。前回の総選挙後、無所属で当選した阿部が政友会に入党し、選挙前に政友会は郡部区で三議席を占めていたので、一歩後退といえる。

この選挙の争点は、政友会が増税やむなしと論じたのに対し、野党第一党の憲政本党は非増税を主張したことであった。両党が争点をはっきりさせ、対決した結果、前回の一九〇四年総選挙に比べ、政談集会の数が飛躍的に増加した。しかし、その裏面では「買収の醜運動は従来の通り」であったことは、めでたくないと地元紙は報じた[160]。もっとも買収云々は政治家個人のレベルの問題で、原が岩手県郡部の政友会勢力を拡大しようと、内相としての立場を利用して無理な干渉をした形跡は確認されない。

◆鉄道建設・改良への原の理念

一九〇七年(明治四〇)八月の原内相歓迎会で、北田親氏盛岡市長は歓迎の辞で、「内政を整理し財本を充実し以て戦勝に因りて得たる効果を全うするは固《もと》より現内閣の施政に待たざるべからず」、「閣下箇《こ》人として我地方の事業経営に関し指導斡旋さらるゝの多き」等としか、原内相の業績を述べていない[161]。このことからも、原の岩手県等、地方に対する政策は、個別の公共事業等を媒介に反対党の地盤を強引に切り崩そうとするものではなかったことがわかる。

原は、各地方の求める鉄道建設要求などに、どのように対応しようとしていたのだろうか。それは、原が内相とともに鉄道を管轄する逓信大臣も兼任するようになった、一九〇八年三月一三日の閣議での、原の発言と併せて考えるとわかる。

この閣議で、原は従来の主張である鉄道の建設改良費は鉄道収入(益金)をもって充てることに加え、鉄道のため特別公債を発行することを述べ、閣員の同意を得た。こうして鉄道特別会計をいっそう拡張し[162]、建設と改良を促進する制度を作ろうとしたのである。

注目すべきは、原の鉄道政策と政友会との関係は、一般に言われているように特定の鉄道の建設や改良を条件として、有権者に政友会への支持を安易に訴えるものではなかった。それは、原が盛岡市選挙区や岩手県等での演説で何を訴えたか、本章で検討していることによってもわかる。

原の方針は、全国に狭軌鉄道網を敷設する制度を作り、不必要な軍拡を抑制したり行政・財政整理を行ったりした上で、効率的な経済運営をすることで、財源を作り、利益を見込める路線から優先的に鉄道に投資する、というものである。合理的な鉄道政策を実施することで、鉄道の収益金から鉄道の建設や改良の財源が生まれる。加えて、その鉄道によって日本の産業が発達すると税収が伸び、さらなる鉄道財源ができる。原の政治権力を使えば、盛岡市や岩手県関連の鉄道建設がある程度できたかも知れない。しかし、「公利」を求める原の観点からすると、そのような権力を用いることは、日本の国益に合致せず、政党を腐敗させて立憲政治の発達を阻害する。したがって行うべきではなかった。

そこで原は、岩手県に関連した、すぐに実現の可能性のない鉄道建設の促進を訴えたり、結果として盛岡市や岩手県の人々の欲求を煽ったりしなかった。合理的な政策体系により、着実に鉄道の建設ができるのだと有権者を説得し、政友会への支持を拡大しようとした。

このような原の方針が、どうして盛岡市や岩手県の選挙民に受け入れられていったのかを理解するため、政友会岩手県支部や政友会東北大会の決議を次に検討したい。

◆政友会岩手県支部・東北大会の要求と原

本章の「はじめに」で述べたように、政友会創立後、同会の地方大会・地方総会・支部決議は、鉄道建設等の地方利益要求が主要なものであった、とする見解は誤りであることを、改めて確認しておきたい。

一九〇三年八月一四日の政友会岩手県支部臨時総会でも、七月に伊藤博文総裁が心ならずも辞任し西園寺公望が総裁に就任して党が動揺している状況にかんがみ[163]、党支部は西園寺を総裁に推戴したのを是認する、ということが決議の最初に掲げられた。また決議には、「中央地方の財政行政を整理し民力の休養を謀り国運の発達を期す」というのはあったが、岩手県関連の鉄道建設促進などの個別の地方利益に関するものはなかった[164]。

その後、一一月二二日に仙台市で開かれた政友会東北大会（原敬は満場の推薦で会長席に着く）でも、個別の地方利益に関する決議はない。行政・財政整理や外交に関し、政府に速やかに時局を解決し、「帝国の利権を伸張」させる等があったのみである[165]。

もっとも、一一月二四日に開かれた政友会岩手県支部総会の決議には、「大船渡港開港」問題のみが甲号決議に登場する。しかし、それは甲号決議の四番目で、一番から三番は、根本的な行政・財政整理、外交に関して政府に「機宜」を失わせないようにする、県および裁判所の廃合は根本的な整理でない以上は反対、というものであった[166]。また、鉄道建設に比べれば、「大船渡港開港」は費用のかからないものであった。

日露戦争中の一九〇四年一一月二〇日の岩手県支部総会でも、交戦の目的を達することや軍費は辞せないが、財源については極めて慎重の調査を要す、時局に鑑《かんが》み政費の緊縮を図ること、等が決議されたが、地方利益的なものはなかった[167]。

以上のように、日露戦争前の不況で財源難の中で、戦争が起きるかもしれない緊張が高まる状況下で、鉄道建設等の個別の地方利益要求は現実的でない、と政友会地方幹部や選挙民も理解していたと推定される。日露戦争中も同様であった。

日露戦争後、一九〇六年九月一五日に札幌市で開催された政友会東北大会（原は出席せず、本部より大岡育造が出席）では、東北大学の速成と札幌農学校を大学に昇格させる、東北・北海道における鉄道・港湾施設の充実を図る、等の地方利益的要求が建議書の中心に入るようになった。同年一二月、政友会と対抗していた野党第一党の憲政本党も第二三議会の「申合覚書」で、交通機関の拡張および改良の速成、港湾修築の速成、実業学校の増設など、地方利益に関することを、冒頭の一〜三に掲げた[168]。日露戦争が終わり、西園寺内閣ができて政友会が政権を担当したことで、各地で公共事業への期待が高まったので、政友会東北大会でも地方利益に関するものを提示するようになったのであろう。また、憲政本党が地方利益を掲げたことへの対抗の意味もあったと思われる。

後述するように、第二次桂内閣下で、一九〇九年初め、岩手県出身の後藤新平逓信大臣は、東北振興問題で、岩手県の大船渡港築港問題や大船渡鉄道建設問題への関心を示し、政友会の切り崩しを行う構えを見せた（第六節第一小見出し）。この時点で鉄道院は、大船渡鉄道の路線として、花巻－遠野－大船渡のルートを主として考えており（第一一節第五小見出し）、後に一関－気仙沼－大船渡のルートで実際に作られたものとは異なる。なお、起点の東北本線の花巻は、後藤の郷里水沢に比較的近い。

同年八月三〇日に青森市で行われた政友会東北大会での決議は、これまでになく公共事業（個別の地方利益）要求が並べられたものになった。それは、青森港の築港、大湊鉄道の敷設、青森県に国立畜産専門学校や国立医学専門学校を設立すること（一〜四）に始まり、東北帝国大学の完成（五）や、岩手県に関わる横手－黒沢《くろさわ》尻《じり》間の鉄道（横黒線）および大船渡鉄道の速成（八）など、東北会の関わる東北・北海道の個別の地方利益要求が一三項目も提示された[169]。これは桂内閣の後藤逓相が東北振興に関連し、個別の地方利益を提起して政友会を切り崩そうとしていることへの対抗策であったろう。また冒頭に青森県の要求が四項目も掲げられたように、東北大会が開かれた政友会青森県支部の特性もあった。しかし、焦点を定めずに各県の公共事業を列挙して要求しても何の意味があるのか、という問題も残る。

この一〇カ月後、一九一〇年六月一二日、原は政友会静岡県支部大会で演説した。この演説の主題は、立憲政治の発達と挙国一致による日露戦争の勝利が関連していることや、税制整理と税負担の均衡を政友会が行ったこと、等であった。公共事業に関しては、「交通機関の発達、即ち鉄道港湾の改良若《も》しくは建設」を最も急務とする、と政友会の交通政策を一般的に述べるだけで、個別の地方利益的は提示しなかった[170]。

同年一一月二一日の政友会岩手県支部総会の決議では、主要な甲号として、憲政擁護に努め武断政治を排し、産業は積極方針を取ることを主張し、交通機関の普及は第一要素であるとしてより多くの線を建設するために、広軌鉄道を設けることに反対した[171]。これらは、東京－下関間を広軌鉄道に改良することを主張する後藤逓相ら、桂内閣の鉄道政策に反対する原の構想を反映していた。

しかし、同支部総会決議中の乙号には、岩秋鉄道〔岩手県と秋田県を結ぶ鉄道で、特定の路線ではない〕の速成、大船渡鉄道の成功、盛宮間交通〔盛岡と三陸海岸の宮古間の鉄道等〕の完成という個別の地方利益要求が列挙された[172]。これも後藤逓相らの地方利益の提示に対抗する意識があったからであろう。

この後、盛岡市内や市会では盛岡－宮古間の鉄道〔山田線〕を中心に、秋田県側へ盛岡－大館間の鉄道〔花輪線〕や盛岡－大曲間の鉄道〔現・田沢湖線〕の建設を求めようという運動が高まった。市会では、一九一〇年一二月二六日付で平田東助内相と笠井信一岩手県知事に宛てた三鉄道建設促進の意見書が決議され、宮杜孝一市会議長の名で出された。北田親氏盛岡市長は、翌一九一一年一月一六日付で、手紙をつけて原にこの意見書を送付した。また、政友会岩手県支部幹部の鈴木巌〔のち衆議院議員〕も、同年三月一六日付で盛岡－宮古間の鉄道建設の尽力を願う手紙を原に送った[173]。しかし、原はこのような要望に対し、特別に活動した形跡がない。すでに述べたように、合理的な鉄道建設観を持っていたからである。

この九カ月後、一九一一年八月一〇日に政友会東北大会が盛岡市で初めて開催された。後述するように、この大会の費用は原がかなり負担しており〔第五節第六小見出し〕、政友会の最高幹部としての原の地位も加わり、原の全面的な影響下で行われたといって良い。

そこでの四つの決議は、まず外交の拡張と内政の刷新、財政経済の調和が出て、三番目に鉄道の普及と港湾の改良並びに治水事業の完成が登場したにすぎなかった。四番目には、積極の方針により産業の発達を図り、東北振興の実を挙げる、というのが掲げられた。しかも、一九〇九年に青森市で開催された東北大会と異なり、政友会が交通政策に積極的であることを改めて提起するだけで、個別の公共事業(地方利益)の列挙はなかった[174]。

この変化は、原が可能性の少ない個別の地方利益で国民を煽ることを好まないことに加え、桂首相は八月末に政友会に政権を譲ることを密約しており、後藤逓相の地方利益提示の脅威がなくなっていたことも関係しているであろう。

原が内相となった第二次西園寺内閣下で、同年一一月一一日に開かれた、政友会岩手県支部総会では、主要な甲号決議では、産業の積極方針と交通機関における港湾と鉄道の連絡という、原も主張している一般的な政友会の方針が掲げられたにすぎない。また乙号決議でも、東北振興の方針として、県下国有林野の市町村への下付と牧畜植林の調和発展、治水政策の実を挙げる、水産政策の確立、産牛馬政策の改善、鉱床調査と富源の開発、道路開削の普及等がまず掲げられた。次いで、大船渡線及び岩秋線鉄道の成功、盛宮間交通機関の完成が掲げられたにすぎない[175]。このように乙号の東北振興策の中でも、個別の公共事業(地方利益)は後退させられた。

東北振興事業の中に、当初は第二次桂内閣の後藤逓相らによって、鉄道建設要求などの個別の地方利益要求が入っていた。しかし後述するように、第一次山本権兵衛内閣下で、原内相は東北振興事業から個別の公共事業(地方利益)項目を削ってしまった(第六節第二小見出し)。

これらの事実と、すでに述べた一九一一年の政友会東北大会や岩手県支部総会での決議は、原の方針を反

表2　盛岡での母リツの米寿の祝い

1910年5月21日	兄恭が「秀清閣」に近親者を招待して宴会。リツは新調の衣服で出席。
同5月22日午後	原の盛岡別邸で園遊会。来会者600余人(800人ほど招待)。八幡町・本町の芸者110余名。芸者の演芸のほど良い所で、リツが近親者と共に祝いの衣服で出て、来客に挨拶。知事笠井信一が来客を代表して祝詞。
同5月22日夜	盛岡別邸に近親者を招待し、祝宴。余興に狂言・芸妓の手踊。リツを上座に「一同歓を極めたり」。
同5月23日	原と兄恭の名で、笠井知事夫妻・大矢市長夫妻・小野慶蔵夫妻・騎兵旅団長本多道純夫妻らを晩餐に招待。リツも臨席。余興に芸者手踊・瀬川屋娘義太夫など。
同5月24日	原と兄恭の名で、地方裁判所長・検事正・騎兵連隊長や佐藤清右衛門ら、原を支援する有力者19人を晩餐に招待(23日の招待者の次のクラスの名士)。余興は芸妓手踊。リツは挨拶のみ。
同5月25日	原と兄恭の名で、村井弥兵衛・関定孝(盛岡市助役、前盛岡市長)・清岡等(前盛岡市長)・宮杜孝一(盛岡市会議長)ら23人を晩餐に招待。余興やリツの挨拶は24日と同じ。
同5月26日	原と兄恭の名で、政友会幹部の平田箴(前衆議院議員、弁護士)・内田正雄(弁護士)・鵜飼節郎(前衆議院議員)・梅内直曹(盛岡市議、弁護士)ら18人を晩餐に招待。余興やリツの挨拶は24日と同じ。
同5月27日午後	リツの懇意の婦人を招待。21日に「秀清閣」に招待したが、22日に招待していない人々らも、加えて招待。余興は七軒町・芸妓手踊など。リツは晩餐をともにし、「満足至極」。

備考：1　出典は『原敬日記』。職業経歴は筆者が本章で使用した史料より確定。
　　　2　5月28日にも出入りの者、目下の増築に従事の職人、庭園の造営に従事の者に酒肴をふるまった。

映しており、同一の方向性を示していたといえる。原は地域の人々の中にある、個別の公共事業(地方利益)要求を、地域の人々の願望としては理解しつつも、それらを政治に直接に反映させることは良くない、と考えた。当面において国家としての体系的で合理的な事業に合致しない公共事業は煽り立てないようにして、地域の人々の眼を、より全体的で重要な課題に向けさせた。つまり、公共事業を個別の地方利益的にではなく、国家全体の利益を踏まえて秩序立てて実現していこうとしたのである。

◆日露戦争後の岩手県での原の威信

原は最初の妻貞子とは折り合いが悪く、一九〇五年(明治三八)一二月に離婚した後、一九〇八年一月には浅《あさ》を入籍して正式な妻としていた。一九一一年七月一四日、原は浅夫人と、原の腹心で私設秘書的な高橋光威《みつたけ》代議士(新潟県選出)を同伴し、午後一時に盛岡駅に着いた。途中、宮城県境から岩手県に少し入った一関駅から阿部徳三郎衆議院議員（岩手県選出、政友会）が出迎え、水沢駅からは笠井信一岩手県知事、高橋嘉太郎《かたろう》衆議院議員（政友会）ら政友会幹部が出迎えて、同車した。また、水沢駅・黒沢尻駅・花巻駅では、各々の郡長以下がホームに出て原を出迎えた。盛岡駅には、県庁高等官、北田市長および市吏員、各小学校長、各銀行・会社社長、市内の主な有力者等が、駅が狭く感じるほど多数出迎えた。原は挨拶をした後、人力車で盛岡（古川端）別邸に入った[176]。

原が帰省の際に、県境に近い駅もしくは盛岡駅に知事らが出迎えに来るのは、原が内相となった一九〇六年の九月から始まり、内相を辞任した一九〇九年八月になっても続いた[177]。しかし、主な駅頭に岩手県各郡の郡長までが出迎えるのは、一九一一年七月の今回の帰省で初めて確認される。当時は桂内閣で、当然のことながら原は入閣していない。それにもかかわらず、帰省した際の原の地元での信望と威信は絶大なものになっていた。原が衆議院第一党の政友会の実質的な最高権力者として、桂内閣との提携等に大きな影響力を持ったからである。

ところで、原の母リツは、文政六年（一八二三）一〇月一四日に南部藩槍術指南の山田家に生まれ、一九一〇年（明治四三）に数えで八八歳（満八六歳）になった。原はリツの米寿の祝いを、盛岡別邸で一九一〇年五月二一日から二七日まで一週間にわたって行った。すでに述べたように、盛岡別邸を建てた目的の一つは、リツの米寿の祝いをするためであった。

原の威信を反映して、宴には笠井信一知事夫妻はじめ、大矢馬太郎盛岡市長（旧清岡派）夫妻・騎兵第三旅団長本多道純少将夫妻ら、盛岡の官公署、政友会関係、実業家など有力者が参集した（表2）。

◆原支持を前提とした盛岡市内の勢力争いと原の調停

すでに述べたように、一九〇二年（明治三五）の総選挙で原は清岡等《ひとし》と争ったが、一九〇三年の総選挙前に原派と清岡派は和解し、旧清岡派も原を支援することになり、それ以降、原の対立候補者はなかった。このように、原の選挙区である盛岡市の地盤は安定していたが、そのことは原の選挙地盤が常に一枚岩的に強く団結していたことを意味しない。

その例として、盛岡市長の選定をめぐって、一九〇二年の総選挙以来原を推してきた本来の原派と、同選挙では清岡を支援した旧清岡派との主導権争いがある。この両派は、総選挙では原を支持するものの、盛岡市の問題をめぐっては水面下で争った。

一九〇六年五月に、関盛岡市長が辞任し、北田親氏が市長に就任した際は、内田正雄（弁護士、政友会）らが清岡らに通告する形になり、旧清岡派は相談に加えられなかった[178]。

ところが、翌一九〇七年七月になると、北田市長不信任問題に関し、旧清岡派の清岡・太田小二郎らは活動を始めた。清岡は八月一五日に原内相が帰省すると、駅まで出迎えたり、一八日の菊池美尚（旧清岡派）宅の原内相招待会に出席したりした[179]。

このように清岡らは原内相に敬意を表しつつも、九月一二日に北田市長が辞表を提出した後、一〇月に入ると、旧清岡派の村井弥兵衛も加わって、後任市長問題に関して活発に動くようになった。清岡はそれを背景に、北田市長や地元政友会の有力者宮杜孝一（弁護士、原の初出馬から原支持）とも相談し、一〇月一一日には旧清岡派の大矢馬太郎（岩手県農工銀行・盛岡電気株式会社等の取締役、地主）を市長候補者とすることを内々で決め、大矢も快諾した。こうして一〇月二五日、盛岡市会で大矢が市長の第一候補として当選、一一月一三日に裁可書が届き、大矢が市長に就任した[180]。

今回の北田市長辞任から大矢市長就任への過程では、本来の原派が選定した北田市長への批判が高まっていたので、清岡ら旧清岡派が主導権を握り、彼らの系統の大矢市長を実現させた。しかしこれは原派内での地元の争いであり、この程度のことに原が関与する必要はなかった。

もう一つの例として、一九一〇年春から起きた盛岡市の植林問題がある。盛岡市では財政難を緩和するため、市営で植林事業を行い、将来、その利益で市財政の窮乏を緩和しようとする構想が出てきた。これを強く推進したのが宮杜市会議長であった。それに対し、大矢市長は植林事業に消極的であった。この対立がもとで、五月五日までに、大矢市長・関定孝助役（前盛岡市長）・市参事会員のすべてが辞表を出し[181]、五月三〇日には市会議員一六名が辞任し、盛岡市政が機能しなくなった。宮杜市会議長を批判して辞職した市議の中にも小野慶蔵（本来の原派）・三田俊次郎（同前）がいる。また小野は、市議辞職の件を清岡と相談していたように[182]、これは原派内の本来の原派と旧清岡派の対立ではなく、新興勢力である宮杜の台頭をめぐる盛岡市政の混乱であった。

盛岡市政の混乱にもかかわらず、原は同時期に予定通り母リツの米寿の宴を行い、五月二二日の園遊会に市内有力者すべてを招いた。招待会には、二三日に笠井知事夫妻らと共に大矢市長夫妻を、二五日には関（盛岡市助役、前市長）・清岡（前盛岡市長）らと共に宮杜を招いた[183]が、原は特に市政に介入しなかった。これは、市政をめぐる原派の内紛の実情を原がしっかりと掌握していないので、とりあえず形勢を見たのであろう。

この夏も、原は家族らを同伴して通例の帰省を行い、八月六日から盛岡別邸に滞在した。八月一三日、清岡が村井弥兵衛・太田小二郎（旧清岡（北上）派の有力者）と共に政友会に入会するとして原を訪れた。原は、宮杜らを招いて「旧北上派に対して悪感を起さ」せる言動を慎み、「党内の融和にも努むべき」と、じっくりと諭した。盛岡市もこれで原ならびに政友会に一致するようになった、と原は見た。こうして八月二〇日に、清岡の政友会入会が発表された[184]。清岡は、一九〇三年総選挙に際し、原と和解した後も、原や政友会へのわだかまりを残していた。原が盛岡に帰省した際、清岡が原を盛岡駅に出迎え、さらに見送りをするようになったのは、その選挙から六年以上経った一九〇九年五月であった[185]。

他方、市会議員の辞職に伴う一九名の補欠選挙は、一九一〇年八月二三日から二五日の三日間に分けて、それぞれ三級・二級・一級と、有権者の納税区分で行われることになっていた。しかし、市政研究会派は独自に候補を選定し、政友会系主流派と争う姿勢を示した。市政研究会派とは、盛岡市内の政友会系を中心とした主流派に対し、「市政革新」を求めるグループで、政友会系も含んでいた。これに対し、原は宮杜を招き、盛岡市と政友会の前途について反対派と妥協し、将来の一致を害しないように諭し、同意させた。その後、柄内秀政と小野慶蔵(政友会主流派)を招いて、事情を説明した。旧清岡派の菊池美尚と清岡等(市政研究会)らも原を訪れて妥協云々を言うので、宮杜が妥協を承諾したと話しておいたところ、最初の市議選の二日前に妥協が成立した[186]。原は、盛岡市内の政友会系を中心とした主流派と、市政研究会の争いに対し、まず政友会主流派で争いの中心となった宮杜に妥協するよう説き伏せ、政友会系を中心とした争いを妥協に導いていった。このように、一九一〇年になると、盛岡市会内の原派の内紛に対し、原はじっくりと観察した上で積極的に調停を行い、成功したのである。

妥協ができたので、八月下旬の市議補選で一九人の市議が当選し、市会が再組織されると、市会が候補者を選定する市長と助役の後任が問題となった。すでに八月三日に大矢市長・関助役が正式に辞任していたが、九月二七日に関が再び助役に就任し、市長の事務を代行した[187]。市長にも大矢を再び選ぼうという声もあったが、批判の声もあった。九月上旬の水害で被害を受けたことも加わり、大矢は市長就任辞退の意思を示した[188]。

盛岡市内の有力者間の市長選定の合意の形成は混迷を極めた。たとえば鵜飼節郎(前衆議院議員、自由民権運動に参加、政友会員で旧来の原派)も市長に就任の意欲を示し、高橋嘉太郎(政友会、衆議院議員)が支持し、藩校「作人館」以来の原の親友である阿部浩東京府知事に手紙で相談したらしい。阿部はできる事ならば双手を挙げて賛成する所、等と返事した。また鵜飼は、阿部浩と高橋光威(原の秘書的な衆議院議員)の二人が、鵜飼が市長になることに好意的であるとの手紙を添えて、支援を求める手紙を原に送ってきた[189]。

さらに、原が東京に戻るため盛岡駅を出発する前日の一〇月七日になると、小野慶蔵らが、相談した結果であるとして、原に後任市長の推薦を依頼してきた。しかし原は、市会の決議がどのようになるか予想できず、また今回の水害で市民の中に「過大の欲望」もあるので誰が市長となっても困難であることを理由に、じっくりと協議することが必要なのに出発前で時間がない、と指名依頼を断った。原は「毎度ながら市会も市の情態も困つたものなり」と、盛岡市の状況を日記に記した[190]。

以上のように、原は総選挙で盛岡市部区の有権者が原を推す限りにおいて、市内の政争には不用意に介入しなかったが、一九一〇年になると市会内の内紛に対しては、積極的に調停し、妥協させていった。しかし、突然の市長の指名の求めには応じなかった。これは、地元で原が不必要な政治権力を振い、一時は解決しても不満を残すよりも、地元で一定の秩序が形成されるのを待つ慎重な政治姿勢である。以下で述べるように、まず盛岡市で、少し遅れて岩手県で原の権力基盤が強まっていくのは、強引でないバランスの良い政治関与を行ったからでもあった。

一一月六日、ようやく市会で市長の候補者選定の選挙が行われた。第一候補に北田親氏(前盛岡市長)、第二候補に宮杜孝一(前出)、第三候補に清岡等(前出)が選ばれた、慣行通り第一候補の北田が市長に勅任され、一二月二日に就任した。

その後、旧清岡派の平野常次郎も政友会に入党したが、翌年八月になっても大矢馬太郎(前盛岡市長)ら旧清岡派の人々はなかなか入党しなかった[191]。

◆旧清岡支持派を政友会に組み込む

翌一九一一年六月五日には、政友会支部総会と盛岡交話会(一九〇二年の原の初出馬時には清岡派の市有力商工団体)が「秀清閣」で開かれたように[192]、清岡が政友会に入党したこともあり、政友会支部幹部と交話会が一体化した。また八月には、北田市長も政友会に入党した。地元の非政友会系新聞でも、岩手県では政友会の勢力が年々増大し、県会・郡会・盛岡市会のいずれにおいても主な議員は政友会に所属している、と報じられるまでになった[193]。

同年九月二四日の県会議員選挙を経て、政友会は県会の定員三一名のうち、一七名（まもなく無所属の大矢馬太郎〔盛岡市選出、旧清岡派〕が政友会に所属し、一八名となる）と准政友会一名と、過半数を得た。この結果、県会役員選挙では議長・副議長と、六名の参事会員（大矢も含む）全部を政友会で占めた。同様のことは、東北地方において、青森県・山形県・秋田県でも起きた[194]。

盛岡市のみならず、岩手県や東北地方での原の勢力拡張は、個別の地方利益に頼ることなく、着実に進んでいたのである。

この夏七月一四日から八月二五日まで、原は盛岡別邸に滞在した。例年の夏の帰郷である。八月一〇日には政友会東北大会を開催した（盛岡市「杜陵館」）。盛岡市での東北大会開催は、初めてであった。夕方からの演説会も盛況であった。

原は、岩手県選出の衆議院議員に政友会大会での役割を割りつけた。大会の費用に関しても、政友会岩手県支部員らは、最初は盛岡市の政友会への同情者の寄付によることにしていたが、原は政友会の大会は党員が費用を支弁すべきものとの原則から反対し、党員が地位に応じて金を出し、不足の分は原がすべて払うことにした。また会計（予算・決算）を明瞭にすべきである、と訓戒した[195]。

同じ頃、盛岡市会議員の多数が北田親氏市長と共に政友会に入党したので、支部幹事らの発意で、「杜陵館」で懇親会を開いた。原も出席し、「輿論《よろん》」がようやく政党を必要と認めるようになった歴史から、政友会が創立以来行ってきたことがらについて、大要を述べた。加えて、党員は信用を尊び、党員間には互に譲り合う「美徳」があるべき、と訓示した。ここで原の言う「輿論」とは、多くの国民の単なる意見という意味での「世論」とは異なり、物事に十分な判断力のある自立した国民の意見を指している〔196〕。

こうして旧清岡派は、一九一一年夏までには盛岡市の政友会の基盤に組み込まれた。また原は、総選挙に初出馬してから約九年で、費用負担の面も含め、政友会岩手県支部にも極めて強い影響力を振るえるようになった。

翌一九一二年五月の総選挙の際には、一九一二年四月五日に盛岡市実業家の有力者の団体である盛岡交話会（旧清岡派の団体）例会で、原を推すことが提議され満場異議なく決定されるまでになった〔197〕。四月一九日には、盛岡市の有志数名が、同市有権者が多数連印した書面を原のもとに持参し、原を同市より衆議院議員に推薦する申し出を、これまで同様に行った〔198〕。

投票日の翌日には、五月一五日の投票日の様子を、「原敬氏の独舞にて至極平穏無事なる」と報道されるほど、今回も原の選挙区は無競争で安定していた。原の選挙事務所は、高級料亭「秀清閣」に設けられ、この時も新渡戸宗助（新渡戸稲造の従兄弟、岩手県郡長を歴任、実業に転じる）が、原の初出馬以来の主任となって、大矢馬太郎（盛岡市長、旧清岡派）・宮杜孝一（弁護士、本来の原派）・内田正雄（弁護士、本来の原派）・平野常次郎（石油・砂糖・和洋小間物等の商人、旧清岡派）らの諸氏をはじめとして、市内の有力者が入れ代わり立ち代わり詰めかけた〔199〕。本来の原派のみならず旧清岡派も積極的に原を応援していることがわかる。また、旧清岡派が会合の場など拠点としていた「秀清閣」に原の選挙事務所が設けられたことも、原派が旧清岡派を本当に組み込んだことを象徴している。

盛岡市部区の選挙結果は、総数七一七人の有権者のうち、五二六名が投票（うち有効投票五二二票）で、原は五二一票を得て当選した。棄権者が一九一名いるので、有権者の七二・七パーセントの票を得たことになる。

郡部区では、福田善三郎（国民党）二八八〇票、工藤吉次（政友会、弁護士）二七一四票、柵瀬《さくらい》軍《ぐん》之《の》佐《すけ》（国民党）二三二二票、阿部徳三郎（政友会）二二九二票、鈴木巌（政友会）二二三四票が当選し、政友会は前回よりも一

名多い三名であった。岩手県市部区・郡部区に合わせて定員六名中、選挙前に政友会は三名であったものが、初めて四名当選した。政友会が岩手県で着実に勢力を拡大させているといえる[200]。

◆総選挙の公認者の人数を削減させる

この一九一二年総選挙の期間中、原は第二次西園寺内閣の副総理格の内務大臣としての公務に忙しく、一度も郷里に戻らなかった。しかし、四月三〇日に岩手県支部の幹部が東京に原を訪れて選挙の相談をすると、郡部に政友会の候補者が続出するのはいけないと諭し、三名に限るか、止むを得なくとも四名の候補者にとどめるべきである、と注意した[201]。原の注意を受けて、政友会岩手県支部ではいったん推薦した政友会候補者泉田健吉に辞退させる等、候補者の数を減らし、最終的に市部の他、郡部は阿部徳三郎・村上先・工藤吉次の三人を推薦した[202]。

こうして岩手県支部は、郡部の推薦候補者数という点では原の指導に従った。しかし原は推薦候補となった村上を好ましい候補者とは考えておらず、原の私設秘書的存在の鈴木巌に村上を落選させるため運動を続けさせた。結局、鈴木の他に志賀和多利《しがわたり》という政友会員も運動を続け、非推薦の鈴木が当選し、推薦された村上（一八二一票）と非推薦の志賀（八三四票）が落選した[203]。

このように、原は誰を岩手県支部の推薦候補者にするといった細かいレベルまでは立入らず、岩手県の政友会の力量を考え、推薦候補者の人数を指導する程度であった。このため岩手県支部の郡部の候補者調整は十全とはいえなかった。しかし、推薦が得られなかったことで、政友会員の候補者から選挙後に原が怨みを買うよりも、各候補者の力量と選挙民の判断にゆだねる建前を取って、鈴木に村上を落選させて原の意思を実現したことは、賢明な対応であったといえる。

なお、この総選挙では岩手県郡部区の政友会候補者の政見に関し、興味深い史料が残されている。

原が好ましい候補者とみた鈴木巌（非推薦、当選）は、「諸事同会（政友会）の主義綱領に則り行動致すべきは勿論《もちろん》に候得共、特に東北発展の為めに誠意尽力」したい等と主張し、鉄道などの個別の地方利益的なものには触れていない。

ところが村上先（推薦、落選）は、地租五厘減に反対し八厘減とすることに努めた、という減税の活動の他、横手・黒沢尻間鉄道（横黒線）および盛岡・宮古間鉄道（山田線）速成に尽力したい、という個別の公共事業も強調している。

また志賀和多利（非推薦、落選）は冒頭から、日本の内治外交について、半分ほどの分量を費やして述べているが、それに続き全体の三分の一ほどの分量で、横手・黒沢尻間の鉄道を五年以内に一部竣工することや、大船渡港を修築し、そこに連絡する鉄道（大船渡線）の建設促進をする、という個別の公共事業を主張した[204]。

すでに述べてきたように、総選挙に際し、原はすぐに実現の可能性のない鉄道建設等の公共事業を正面から地方利益的に掲げることはしなかった。岩手県の政友会候補者の中にも、鈴木のように原と類似した姿勢を取って当選する者もいた。他方、村上や志賀のように、地元に関連する個別の公共事業の促進を一つの柱として掲げる候補者もいた。当然のことながら、各候補者が何を掲げるかは、政友会本部や県支部の指導するところではなかったからである。原が鈴木を使って村上を落選させたのは、地方利益誘導にあせる村上を好ましいと見ていなかったことも一つの要因であろう。また、個別の公共事業促進を主張した推薦と非推薦の二人の候補者が両方とも落選していることから、不況で財源難のこの時期において個別の公共事業を掲げることは、必ずしも支持を拡大する有利な要因とはならなかったといえる[205]。

以上に述べたように、政友会は地方利益誘導を使わずに、与党であっても野党であっても、岩手県で着実に勢力を伸ばしていった。一九一一年八月、北田盛岡市長は原を迎えて、「先生は政治界の大立物で既に内務大臣としては大久保内務卿以来の人物だといはれ」ている、と最大級の賛辞を送るまでになった[206]。

◆政友会岩手県支部の内紛の調停

原は旧清岡派を政友会の基盤に本格的に組み込み、自らの基盤をさらに強固にすると、岩手県レベルの政友会の内紛に以前よりも積極的に関わるようになった。その一例が、岩手県選出の多額納税者の貴族院議員中村治兵衛（旧清岡派、前盛岡市会議員・市参事会員・盛岡銀行取締役、呉服太物商）の貴族院議員の在任期間の問題である。貴族院の多額納税議員は、各道府県の多額納税者という少数の間で互選して選ばれ、任期は七年である。

一九一一年（明治四四）に中村が岩手県から多額納税議員に立候補する際に、横山久太郎・大矢馬太郎（旧清岡派、盛岡市長）らは話し合いで、中村は三〜四年もすれば任期の途中で引退して他に譲ると信じていた。ところが四年経った一九一五年になっても、中村はそのことをまったく気に留めていないようで、大矢はすべて公私の職を去り、中村の「不徳義を詰問」する、と主張するようになった。そこで太田小二郎（旧清岡派、盛岡銀行取締役）らは東京に原を訪れ、そのようになっては盛岡の有力者間の対立を生じると、原に調停を求めた。

原は当時の事情を何も知らず関係もしていないので、妙案がなかったが、原が帰郷するまで何もしないように、と大矢に電報を打った。これに対し、大矢は長文の不穏な手紙を原に送ってきた。しかし、原の帰省が病気のために遅れ、盛岡には四日間しか滞在できなくなったので、東京に戻る前日の一九一五年六月一一日に中村を招き意向を聞き、円満に解決する道があれば内談する、との考えを示した[207]。

東京にもどってから原は六月一三日付で大矢に手紙を出し、中村は相当の時期に退任すると自分は確信しているので、ご信用下されてその時期までは万事原にご一任くだされば幸甚と思います[208]、と丁寧な文言で大矢に自重を促した。大矢は一六日付の返書を原に出し、この問題に関し現在は少しも意に介していない、と原に一任することを伝えて来た[209]。

このように原は、多額納税者の貴族院議員の在任期間をめぐる原派内での争いを、丁寧な物腰ながら威厳を持って調停した。結局、中村は一九一六年九月まで五年間貴族院議員を続けて任期を二年残して辞任し、大矢がその後任として一二月から貴族院議員となり、残りの任期を務めた。

なお、原が地元の盛岡市や岩手県に権力を確立した後も、一九〇二年総選挙でも見られたような原の親しみやすい人柄は変わらなかった。そのような原への評価は、東京から盛岡に来る原を「迎ふる記者も回を重ぬるに随つて其親しみの加はるは争ふべきにあらず」[210]、「極めて平民的な総裁」[211]等、政友会系・非政友会系いずれの新聞報道にも共通するようになった。

ところで、母の米寿を祝う園遊会は、前年の盛岡別邸の園遊会にならっているが、母リツや一族が登場したことや、兄恭《ゆたか》が原家の代表として挨拶をしたことが異なっている。原は原家の代表として、あくまでも長男の恭(前岩手県郡長)を立てる姿勢であった。この姿勢は、原の生涯続いた。後述するように、一九一四年六月の母リツの死に際しても、盛岡に戻って看病に努め、「孝心深き原敬氏」と報じられた。母は蔵を一棟売却して東京での勉学の費用を作るなど少年時代の原を助けてくれた[212]。母の死の四年後、一九一八年七月四日に兄恭が病気で亡くなった際も、見舞いのため六月二六日から盛岡に滞在し、連日「父に仕ふるが如く」看病し、慰めに努めたという。恭も藩校「作人館」の秀才であり、青年時代に東京で、南部英麿(旧南部藩主の次男)付を勤めた。英麿に随って米国に留学する話があったが、母や弟達のことを考えて辞退し、大きな機会を逃した[213]。原は郡長になることにすら苦労し、郡長のまま終わった兄の無念さを、原はよく理解し感謝していたのである。

立身出世してからも原は母や兄の恩を忘れず、母への孝行と兄への敬意といった近世以来の伝統的な規範を忘れない姿勢を貫いたところに、原が盛岡市や岩手県で人気を高めた一因があった。

6 東北振興事業への期待

◆東北振興事業と鉄道建設要求

話はさかのぼるが、東北地方では一九〇二年(明治三五)秋に大凶作に見舞われ、その痛手が癒えないうちに、一九〇五年秋、再び厳しい凶作となった。同年一二月三日、岩手県では盛岡市「杜陵館《とりょうかん》」で、凶作救済県民大会が開かれ、あふれんばかりの人々が参集した。そこでは、凶作地田租の特免、凶作地救済の土木事業のために県債を起こすこと等(甲号)の他、岩手県に師団を設置すること、大船渡港開港の援助(乙号)といった、個別の地方利益に関わる決議もあげられた。それ以降、東北地方の凶作救済に対して関心が高まっていった[214]。

しかし東北地方が経済的に不振な状況は変わらず、一九〇七年(明治四〇)八月一八日、野田卯太郎(桂・井上馨に目をかけてもらっている政友会前幹事、福岡県選出)は原内相に東北振興策等を建策した[215]。政友会幹部として東北地方選出の代議士たちの要望を受けたのであろう。同年冬になると、村井弥兵衛(多額納税貴族院議員、旧清岡派)は、東北地方を振興させるため、東北出身の多額納税貴族院議員の会合を企画した。

この問題には桂太郎大将(前首相)も関心を持っていたので、桂邸に村井ら多額納税議員が集まり、山県系官僚の平田東助(前農商相)・野田も同席した。益田孝(三井の幹部)も出席の予定であったが、病気で欠席したという[216]。

ひとくちに東北地方といっても、秋田県が最も発達し、山形県・福島県はそれに次ぎ、岩手県・青森県と宮城県の仙台市以北の開発がはなはだしく遅れている、と一九〇八年初め頃には岩手県の新聞紙ですら認めていた[217]。

同年一月から三月にかけ、第二四議会下で東北振興への関心が高まった。一月末に政友会では野田が中心となり、東北実業振興について党の政務調査会に建議案を提出し、調査委員を設けることになった[218]。野田は東北六県を視察した結果、鉱山・山林・鉄道等の施設経営が必要なのはもちろんであるが、さしあたり金融機関を整備するのが急務と考えていた。この結果、政務調査会内に東北実業振作調査会が設けられ、二月二五日の初会議で、野田が主査に推挙された。三月一〇日の同調査会では、金融の欠乏を勧業銀行から地方の農工銀行に対して働きかけて改善する、日銀に商業上必要な金融を一層検討させ、政府に産業調査会を設置させ、東北および全国一般にわたる調査をすることになった[219]。

このように、政友会を与党とする西園寺内閣下で東北振興が問題となるが、三月の政務調査会では、東北のみの振興を図るのは一地方に偏するとして、全国を通じて調査を行うことになった。政友会では東北地方の鉄道や港湾などの公共事業を提示して、党勢拡大を図ろうとする姿勢はまったく見られない。すでに述べたように、原は、経済的に合理的な政策で日本全体の発展を図り、東北地方も豊かになるように構想しているのであり、東北地方に焦点を当てた振興策には、必ずしも熱心でなかったのである。東北出身だから権力がある地位に就くとすぐに東北に利益を与えるのは、政党のリーダーとして正しいあり方ではないと原は確信していた。またそのような政治家として見られるのを嫌ったのである。

さて、一九〇八年七月に西園寺内閣が倒れると、山県系官僚を中心に第二次桂内閣が成立し、岩手県水沢出身の後藤新平（前満鉄総裁、桂系官僚）が逓信大臣に就任した。

すると、原が欧米旅行中であった一九〇九年初めの第二二議会下で、東北振興が大きな話題となってきた。注目すべきは、衆議院の桂系（山県系）の会派の大同倶楽部《だいどうくらぶ》（代議士三〇名）が東北振興を唱え、岩手県の大船渡築港問題を今回の議会に提出することに決定したことである[220]。大同倶楽部は、岩手県はもちろん東北地方に議席を有していないので、これは後藤逓相を中心に、岩手県などの東北地方の政友会や第二党の憲政本党を切り崩そうとする策動といえよう。大船渡は後藤の出身地の水沢に比較的近いが、財政難の中で大船渡築港等を行うには相当の公債を発行する必要があり、東京－下関間の広軌鉄道建設という後藤の構想と、矛盾するものであった。

その後、この議会では大船渡鉄道(この時点の鉄道院は、花巻－遠野－大船渡間を想定、すでに測量終了、第一期線には入っていない)の建設促進の方に関心が移った。後藤逓相も趣旨に同意した上で、衆議院で建設促進の建議案が可決された[221]。こうして桂内閣下で東北振興問題が、後藤逓相の出身地に比較的近い特定の場所の築港や鉄道建設という個別の公共事業に結びついた。

東北振興への関心が高まると、盛岡市でも旧清岡派の清岡等(前盛岡市長)らは、一九〇九年八月一二日に、東北六県多額納税者の会合を行う件を打ち合わせた。さらに同月二六日に、東北振興談話会を結成する準備を始め、九月初めには清岡はその準備で多忙であった[222]。同年九月初めまでに、東北振興談話会が結成されたようである。原はこの段階で、桂内閣が推進する東北振興の動きを、政友会への切り崩しの手段として警戒するようになった[223]。

その後一九一〇年にかけて、地元岩手県において東北振興と関連づけて陸羽横断鉄道(岩手県下の宮古湾－盛岡市－秋田県の船川湾)や大船渡鉄道など、鉄道建設という具体的な公共事業促進の要求が強まった。それは、すでに述べたように政友会の岩手支部総会の乙号要求にも見られるようになった。この横断鉄道に関し、一九一〇年九月には秋田県大曲町長らが盛岡市に来訪し、清岡らと相談し、翌年三月には本来の原派の小野慶蔵・宮杜孝一、旧清岡派太田小二郎・清岡らの一致した動きとなった[224]。

後藤内相を擁する第二次桂内閣下で、東北振興問題が地方利益要求と結びつき始めたのである。このような体系性のない地方利益要求が出てくることは、すでに述べた鉄道政策(第五節第二小見出し)など原の地域振興策にとって望ましいことではない。とりわけ、今回は広い意味での山県系に政友会が切り崩される恐れのあるもので、慎重にその動きを抑制しなければならなかった。原のお膝元である盛岡市の北田親氏市長が、次のように語っているのは、盛岡市民にとっての原の存在意義や原の市民への姿勢をよく示すと共に、原の地盤ですら後藤逓相の動きに影響されている現状を、改めて確認できる。

原敬は矢張り盛岡市から〔二年後の総選挙に〕出るだろうが……（中略）……尤も盛岡市から出さねばならぬのだろうか〔がカ〕、アノ人は地方的政治家ではないから、横断鉄道などもひつかゝつてる以上、郡部からでも地方的人物を是非一人出して置く必要があると思ふ[225]。

◆鉄道建設を伴わない原の東北振興事業構想

原は、桂内閣下の東北振興論を、その声が「無益」であり各自が実効を挙げる時は振興は自然とできる、と岩手県に帰省の際に演説していた[226]。第二次西園寺内閣の内相（一九一一年八月～一二年一二月）、山本内閣の内相（一九一三年二月～一四年四月）として入閣した際、桂内閣や桂系政党によって地方利益要求に火がつけられた東北振興問題にどのように対応するかは、原自身の課題となった。しかし、財源難で既定計画ですら削減する状況で政府が東北地方に特別の予算をつけるのは、「公利」を追求する原としては現実的でなかった。

そこで一九一三年七月二七日に、益田孝（三井幹部）・野田卯太郎（政友会幹部）という桂内閣下で東北振興問題に関係した二人を招き、この問題について懇談した。三一日には、渋沢栄一・益田孝・岩崎久弥ら有力実業家三〇名ほどが原内相官舎に集まり、同問題について相談した[227]。

その結果、八月三日に東北振興会が創立された。会の目的は、東北の産業を振興し、福利を増進するとされ、会頭には渋沢栄一、委員には益田孝・大蔵喜八郎・大橋新太郎・志村源太郎・根津嘉一郎・村井吉兵衛ら著名な実業家が名を連ねた。事務所は渋沢・益田と関係の深い大日本蚕糸会内に置かれた。さらに、六〇名程度の実業家が会員となったが、その多くは年五〇円以上という会費を出すだけの存在で、会の運営は振興会の委員によって行われていたようである[228]。

その後、原は八月一九日から高橋是清蔵相（仙台藩士の養子）を伴って東北各地をめぐり東北振興を訴え、盛岡市も訪れ、八月二五日に歓迎会に臨んだ。原は、東京の有力実業家と連携して東北振興を行うことを述べた。高橋は、外債と正貨準備の関係から行政・財政整理が急務であることを論じ、東北の振興は「世界の大勢」より是非その策を講じるべし、と話を締めくくった[229]。彼らの話には、ほとんど実現の可能性のない個別の公共事業の提示はなかった。

原の構想は、東北地方民が自立心を持ち、東京の有力実業家たちと連携して、政府の資金をあまり当てにせずに東北振興を行うべきだというもので、高橋も同様であった。この結果、東北地方に新しい産業が起き、日本経済や政府の財政の状況も良くなったら、政府は東北地方にも交通網を充実させる新たな資金を投下しようというものである。しかし不幸なことに、この八月末に東北地方に大水害が起き、関心は東北振興から水害復旧になってしまった。

それでも原は、同年九月から一〇月にかけて、高橋蔵相から東北振興については大会社を起こして事業を進めるべき、との熱心な意見を聞いた。また、東北振興会の会合を内相官邸で開き（渋沢栄一ら実業家三十余名参加、高橋蔵相も出席）、渋沢や益田と東北振興会の件で会談した。渋沢や益田は東北地方に支部を置く提案をしたが、原は東京において相当の計画を立て、それから地方に向って賛同を求める方が良いとの意見を述べ、彼らの同意を得た[230]。

すでに述べたように、原は東北の人々の自立心が東北振興に重要だと考えていたので、東北振興事業の方針が定まらないのに支部を置いて、各支部から体系性のない提案を集めても、事業は進展しないと考えたからであろう。原は「自由民権」を支持したが、一八八〇年代の自由民権運動には批判的であった（第三章第一節第一小見出し）。同様に、東北振興事業に関しても、地元からの要求の単なる集積を過大に評価しなかったのである。

7　第一次世界大戦と盛岡市・岩手県での政友会の勢力拡大

◆母の葬儀から見る地元での強い基盤

山本権兵衛内閣が海軍の汚職事件であるシーメンス事件で辞表を提出し、一九一四年（大正三）四月一〇日に元老たちが大隈を後継首相に推薦することを決めたという情報が入った翌日、原は母リツの病状が良くないとの知らせを受けた。リツは当時としては極めて高齢の満九〇歳になっており、前月の下旬から足が腫れるなど、体に変調があった[231]。

原は山本内閣の内相を正式に辞任した後、一七日に盛岡に向い、一八日午前六時二〇分に盛岡駅に着いた。早朝にもかかわらず、駅には岩手県の政友会幹部や衆議院議員、岩手県の内務部長・警察部長という県知事に次ぐ県庁の第二・第三の高官ら、二〇〇余名が出迎えた。閣僚を辞めても原への期待は衰えを見せない[232]。

五月四日からは、昭憲皇太后の大喪予算案を審議するため、第三二臨時議会が招集されることになっていたので、原は五月二日に一二時間かけて東京に戻った[233]。

政友会の相談役会などの党務を済ませ、五月七日に議会が閉会した日、原はリツの容体がさらに悪くなったとの報を受けた。すぐに盛岡に出発することにし、八日の一二時前に盛岡駅に到着した。急な帰省にもかかわらず、駅のプラットホームには堤定次郎知事以下、多数の「官民」が出迎えた。背広に中折れ帽子姿の軽装の原は、出迎えた人々に一々丁寧に会釈しながらホームを出て、人力車で盛岡別邸に入った[234]。リツは言葉を発することはできず、九日午前一時一五分、永眠した。

リツの葬儀は、五月一二日に行われた。当日は夜来の雨であったが、正午頃には止んだ。午後一時に予定通り、原の盛岡別邸と同じ仁王小路《におうこうじ》町内にある、兄の原恭《ゆたか》の自宅から出棺した。喪主の恭、その後ろに原敬が共に黒の紋付仙台平の袴で付き添い、親戚一同が続いた。狭い道路は人で埋まっていた。葬列が休憩所となった盛岡別邸の前を通ると、そこに待ち受けた数百人の会葬者も加わり、混雑は一層激しくなった。一般会葬者は歩いて続き、会葬者はおよそ一五〇〇名にも達した。

葬列は仁王小路より内丸《うちまる》に出て、岩手県庁前、盛岡市役所前、「秀清閣」前を過ぎて、中津川にかかった中の橋を渡り、呉服町・六日町を経て、穀《こく》町・新穀町に出て、寺の下より原家の菩提寺である大慈寺《だいじじ》に到着した。沿道は市民が人垣をなし、原は「盛岡にては未曾有の葬式なりき」と記した。ただし、葬儀自体は、だいたい旧藩時代の原家の格式を準用し、諸事簡単に行った[235]。

リツの葬儀の会葬者は、岡崎邦輔（党の最高幹部の相談役）・永江純一（党幹事長）ら党幹部や、水野錬太郎（前内務次官）・岡喜七郎（前内務省警保局長）らの原の腹心の官僚、堤岩手県知事・北田盛岡市長ら地元官庁の幹部、小野慶蔵・大矢馬太郎（盛岡市会議長、前盛岡市長）・宮杜孝一（前盛岡市会議長）ら盛岡市の政友会有力者など、様々な分野を網羅していた[236]。

リツの葬儀を通し、リツや原が盛岡市民から親しまれており、また反対党の大隈重信内閣下においても、原の威信や権力基盤が揺らいでいなかったことがわかる。六月一八日、政友会総裁を事実上引退していた西園寺公望を継いで、原は第三代政友会総裁に就任した。

◆野党となった一九一五年総選挙でも盛岡市・岩手県で勝つ

大隈内閣下で議会解散の結果、総選挙は翌一九一五年三月二五日に行われることになった。原の選挙区盛岡市では、いつものように原を盛岡市から推薦することを、主な有権者八十余名が推薦状に調印して一月下旬に確定した[237]。

一月末の地元の新聞では、選挙区民の大部分が候補者に対して推薦状を送って立候補を「懇請」し、それを受けて候補者が喜んで推薦に応じるような関係で出馬する衆議院議員は、六〇〇人中何人いるだろうか、と原と支持者の関係をたたえた。さらに、このような盛岡市民の「立憲的」な行動と意気は、「実に泥中に見る清浄限りなき蓮花のそれにも似たらずや」と論じた。原は二月五日付で、「諸君の御声援」を得たいという依頼状を、盛岡市の主な有権者に送った[238]。

同志会など政友会の反対党を与党とする大隈内閣下で議会が解散され、総選挙となっても、原総裁の地盤はまったく揺るがなかった。この選挙期間中、原は一度も盛岡市や岩手県に行かなかった。東京に留まって第一次世界大戦にともなう日本の欧州出兵問題、中国問題などの政治・外交問題等を検討したり、大隈内閣に対する元老の動向についての情報収集を行ったり、全国の選挙指揮に明け暮れたりしていたのである。通信手段が未発達な当時において、日本や政友会の重大事に際し、東京にいないと十分な政治指導ができないからである。

まず原は、年明けの一月一一日の演説で、自分が内相として臨んだ一九〇八年・一九一二年の総選挙で、選挙干渉の害悪を生じる恐れのあるものは一切斥け、議員の当選予想報告すら廃止したことを取り上げ、大隈内閣が噂されるように選挙干渉を行うとすれば「憲政の危機」であると論じた[239]。

盛岡別邸の執事の山口宮治も、日常は別邸の運営についてしか原への「報告」に書かないが、今回はめずらしく大隈内閣の選挙干渉という政治問題について、原に書き送っている。それによると、盛岡市の佐藤某ら三人が来訪し、①昨年一二月の解散後に巡査が来て政友会に関係ある各人の姓名を聞きに来た、②〈原の当選がほぼ確かな〕盛岡市ですらこのようなので、郡部においてはさらに厳重な「取調」を行っているのだろう、③今回は、知事から県の官吏に「干渉の内諭」があったようで、中には「憤怒」した者もいるという、④選挙干渉については、刑事と制服の〔角袖正服〕巡査を配置し、運動者を抑制し、政府党に投票させる方針を取るという、⑤岩手県でも郡長・警部〔警察署長等〕および県庁内の更迭があり、宮川泰一のような高利貸の属官を事務官に昇進させ、郡長・警察署長に「選挙違反を以て運動者を罰する」と言っているという[240]。

原は次いで二月一九日、政友会連合会の席で、総裁として総選挙に向けて演説した。そこでは第一に外交問題を取り上げ、大隈内閣の外交は各国の対日感情を十分に考慮していないので、大戦後に日本がどのような状態になるか憂慮している、と批判した。原は何よりも米国と中国の感情を心配した。その他、「増師問題」、大隈内閣の「消極政策」、「政府の選挙運動」等を批判した[241]。原は後に二十一ヵ条要求として問題になる大隈内閣の外交を最も問題視していることがわかる。政友会の盛衰に関わるような選挙に際しても、原は「公利」を考え、公共事業を安易に争点にしなかったのである。

地元の政友会系新聞は、原が対中国外交や内閣の「総選挙行為」に関し、「最も痛烈なる攻撃を加へたるは実に国民として」満足できる、と原の演説を評価した[242]。

三月二五日の投票まで、いつもの通り盛岡市には原の対抗馬は現れず、原の得票は初めて六〇〇票を越え、「六一七票という空前の数」を得て当選した。有権者数が前回は七一七名、今回は八〇二名（ただし選挙当日までに一八名が失格になったので実質は七八四名）であったが、棄権者は前回の一九一名に比べ、今回は一六七名と減少した。岩手県郡部（定員五）も、政友会公認の平井六右衛門・工藤吉次・阿部徳三郎が皆当選し、他の二人の当選者は与党同志会の候補者であった[243]。

盛岡市民が当選確実な原に対し、これほどまでに投票したのは、大隈内閣下の総選挙で政友会が同志会等大隈系政党に押され気味になっている空気を察知し、原への変わらぬ支援の気持ちを投票という形で表し、原を元気づけようとしたためであろう。原は母リツの葬儀の際と同じように、この総選挙において盛岡市民や岩手県民の強い期待と温かい応援に改めて気づいたと思われる。

ところが、この総選挙は原の予想に反して、全国的には政友会の大敗であった。二カ月後の第三六特別議会に臨んだ衆議院議員の数は、政友会は一〇四名(解散当日一八四名)にすぎなかった。これに対し、同志会一五〇名(同九五名)、同じく大隈内閣与党の中正会三六名(同三六名)、無所属団(大隈伯後援会と無所属)五七名であり、これらの三政派を合わせると二四三名にも達した。

原は日記に、意外にも我が党は昨年議会開会当時(二〇二名)に比べて約半減してしまい、「我党約十年の過半数」はこれにて大敗に帰した、書いた。大敗の原因を、与党側の投票買収、警察の政友会候補者への圧迫や地方庁での得票予測などの「選挙干渉」のためである、と原は断言した[244]。

しかし、原因はそれのみではない。ドイツの根拠地膠州《こうしゅう》湾の青島を日本軍が陥落させたという明るいムードや、一九一五年に入って経済にも好転の兆しが出てきたことも、大隈内閣側に幸いした。そして何より国民は、七七歳と高齢ながらエネルギッシュで明るい大物政治家大隈重信に、日露戦争以来の疲弊と不況による沈滞した空気の打破を期待したのであった。実際、選挙期間中の大隈人気にはすさまじいものがあった。

◆第一次世界大戦後への原の対応と岩手県・東北地方

さて、原は大隈内閣の末期の一九一六年秋には、第一次世界大戦の戦後を考慮して国政を行うべきだ、と強く考えるようになった、一九一六年一〇月一五日の政友会東北大会で、原はその考えを次のように示している。

大隈内閣は二十一ヵ条要求によって中国の強い反感を買ったばかりか、連合国である列強にも、大戦で欧米が中国に関与できないことに乗じて日本が野心を増大させている、と潜在的な敵意を与えた。こうして日本は外交上、大戦後に国際的に孤立する可能性を高めたのみならず、内政上も大隈内閣は、農業・商工業・教育のいずれに向けても、大戦後を見据えた改革を行っていない。このように述べて、原はいずれ政友会が政権を担当すべきであるとの意欲を暗に示した[245]。

この東北大会での決議は、①内政の刷新と綱紀の振粛、②「外交を振作し」東洋平和の基礎を確立し日中親善の国策を実行する、③世界経済の大勢にかんがみ産業貿易の発展に関する施設をなす、④農村の救済と振興、⑤教育の改良と教育費の国庫補助の実行の五項目を掲げ、最後の六項目として、東北振興について、治水事業ならびに港湾修築の速成、交通機関の普及、金融機関の完備が掲げられた[246]。このように、個別の公共事業は掲げられず、公共事業に関する項目は六番目に掲げられたにすぎなかった。

東北大会の後、原は盛岡に戻り、一一月一日まで盛岡に滞在した、その間、たとえば遠野《とおの》町で講演会を行うと、およそ三〇〇〇名もの聴衆を集めた。原は、第一次世界大戦が日本に及ぼす影響や、大戦の終局に際しての日本国民の覚悟について話し、前大隈内閣の「秕政《ひせい》〔良くない政治〕を列挙」、現寺内内閣に対するいわゆる是々非々主義の方針を示した。原が「正々堂々たる態度」で一時間以上にわたり、「諄々《じゅんじゅん》と説述」したので、会場いっぱいに集まった聴衆に「偉大の感化を与」えた[247]。ここでも原は、岩手県に関わる個別の公共事業については述べなかった。

同年一二月一一日の岩手県支部総会では、宣言で、第一次世界大戦の結果は未だ予想することができないが日本の地位はますます重くなっている、等と第一次大戦の行く末にも言及された。決議中の甲号では、日中親善と東洋平和の確立、国民道徳の大本の培養と教育内容の充実、義務教育費を少しずつ国庫支弁とする、農村の振興、と個別の公共事業要求とは異なる四項目が掲げられた。その後に、第五項で、交通は日ごとに進む趨勢にかんがみ改善を期する、というのが掲げられた程度であった[248]。ここでも同様に、個別の公共事業は提示されなかった。

いずれも、右に挙げた一九一六年一〇月の政友会東北大会における原の演説の大枠を踏襲したものであった。もっとも、政友会東北大会や岩手県支部総会の宣言書や決議においては、原の演説ほど、第一次世界大戦後を視野に入れた外交方針や、それと関連した内政改革の必要性は、提示されていない。これは政友会の地方大会や県支部総会の宣言書や決議をまとめる地方幹部が、原ほど確かな外交観やそれと関連づけた内政観を持っていなかったからである。

さて、第一次世界大戦の結果、日本は中国や欧米への輸出を伸ばし、貿易収支は一九一五年から黒字となった。黒字額は一九一七年にかけて増大し、一九一七年は五億六七〇〇万円にも膨らみ、正貨(金)の保有高は一一億五〇〇〇万円にまで達した。国内経済も一九一五年から好況が続いた。

こうした状況を背景に、一九一七年秋になると原は大戦後への見通しと対策をよりはっきり提示するようになった。

外交に関しては、大戦はいつ終了するか予測がつかないが、大隈内閣の二十一ヵ条要求の結果、日本は中国とも連合国の欧米列強とも関係が悪化し、「孤立の位地」に立っている、というものであった。寺内内閣は大隈内閣の外交の失敗を矯正しようとしているが十分ではない、とも見た。それにもかかわらず、ナポレオン戦争後などのこれまでの歴史にかんがみると、大戦後に各国は、戦争による消耗を取り返そうと、あらゆる手段を取ってくると予想されるので、日本の戦後経営は戦争以上に各国との競争になる、と原は見た。

そこで日本は戦後に備え、国内改革をし、産業の振興と国力の発展を図るべきであり、まず生産費を減少させ、貿易品の販路を拡張する必要がある。そのためには、教育機関の充実と教育制度の改正に加え、鉄道の延長と改良・港湾の修築・道路の延長と改良などを行って、交通機関を発達させることが必要である。また東北振興のためにも、交通機関の発達は重要である。さらに、大戦による軍備の変化に対応して国防問題にも対策を行うことも課題である。原は以上のように論じた。原は過去一〇〇年間の世界の歴史を踏まえて、大戦後に世界がどのように変わるかという確かなヴィジョンを描き、日本の対応を提言したのである。

その上で原は、野党第一党の憲政会（立憲同志会の後身）を、野党の時は「大言壮語」したにもかかわらず、政権を取っても抱負を実行しないのは、別人になったようである、と批判した[249]。

ここで原が、日本の経済状況の好転を背景に戦後に向けた備えとして、教育機関の充実と教育制度の改正に加え、交通機関の発達という公共事業を積極的に行う方針を打ち出したことが注目される。また、第一次大戦により、大戦に本格的に加わっていない日本の軍備が、時代に適応しなくなっていることに対応し、国防問題の解決も提示された。これらは、一年後に原内閣が成立して後、一九一九年一月から政友会の内政改革のための四大政綱として体系化されていく。

このような原総裁の姿勢は、党内に伝わっていった。たとえば、一九一七年九月一六日の政友会東北大会（山形県鶴岡町〔現・鶴岡市〕、原も参加）での決議からも、そのことがわかる。

「決議」の甲号では、同盟協商の約を尊重することや、対中国外交には「益々善隣の途を収め」るとして、欧米列強や中国との協調が一、二に掲げられたことは、これまでと同様である。三には選挙法の改正と選挙界の刷新（内容不明）が挙げられた。しかし、四には学制の改正が出され、五には鉄道を速成し産業の発達に役立てる、という甲号決議にあまりなじまない公共事業まで出た。公共事業など具体的な、また個別のものを掲げる乙号決議では、高等学校・実業学校の増設、鉄道の速成、港湾の修築、河川の改修など、公共事業が個別の事業名が挙げられない形で順に並べられた[250]。

このように、政友会は原総裁の指導の下で、財源的な余裕を見越して、大戦後を見通す大きな政策体系の中で、鉄道などの公共事業を積極的に行うと提示したのである。しかし、特定の公共事業を提示して、地方利益誘導的に支持を集めるのではなかった。公共事業一般への積極的な姿勢に加え、以下で見るように寺内内閣との提携も有利に作用し、政友会は岩手県・東北地方で勢力を伸ばし、全国で勢力を回復していく。

◆一九一七年総選挙に全国でも勝つ

一九一七年（大正六）秋まで進めた話を少し戻そう。大隈内閣は、山県有朋ら元老の信任を失って、一九一六年一〇月に倒れた。原総裁は、山県系の寺内正毅が組閣できるように動いた。大隈内閣の方が外交に害悪を及ぼすと見たからである。寺内内閣組閣の翌日、大隈重信・加藤高明が中心となり、先の大隈内閣の与党であった同志会を中心に憲政会を組織して、加藤が総裁になった。加藤は山県系の寺内内閣との提携を好まず、憲政会の主導権を握ると、寺内内閣との対決姿勢を深めていった[251]。

一方原は、第一次護憲運動に政友会が参加して以来山県と政友会の関係が悪化し、政友会と寺内内閣との関係がはっきりしていなかったので、寺内内閣への姿勢を「是《ぜ》々《ぜ》非《ひ》々《ひ》主義」とし、中立姿勢を保った。

一九一七年一月二五日に、憲政会・国民党が内閣不信任案を提出して衆議院が解散となると、第一三回総選挙に向けて、原は寺内内閣と政友会の提携を成立させた。その関係の下で原は、政友会候補者に政府が金銭の補助をしないことなどを内閣に要求し、政府の政友会切り崩しを防いだ。また、憲政会が金銭を武器として投票を集めると予想し、政府に取締りに特に注意するよう求めた[252]。

かつて、第一次および第二次西園寺内閣の内相として選挙干渉をしないように努めた原であったが、前大隈内閣の選挙干渉のすさまじさに、やられた以上はある程度はやり返して多数党の地位を奪回する、という強い意気込みを示したのである[253]。

また寺内内閣（政府）より政友会員に選挙資金を援助することを、原は「政友会の歴史を汚し」、「党員の依頼心を増長」させると見て、苦しみながらも同志者の出金のみで候補者を支援すべきと考えていた。この時

表3　第三九特別議会開院時の各派の議員数

党派(会派)	第39議会開院時	第38議会解散時
政友会	159名(41.7%)	111名(29.2%)
憲政会	121名(31.8%)	197名(51.8%)
維新会(寺内内閣系)	43名	-
国民党	35名	28名
無所属・その他	23名	44名
欠員		1名
合計	381名	381名

出典：『議会制度百年史〔院内会派編・衆議院の部〕』より

点では、政友会には一方より補助を受けながら知らぬ顔で他よりも補助を受けようとする候補者がいた[254]。原の課題は、できるだけ自立した選挙民に支えられた、自立した衆議院議員による政党政治を実現することであった[255]。

原は、政友会の実力に自信を持ち、同党を衆議院の多数党として復活させようと意欲満々であった。解散後まもなく一月二九日に、原は党の領袖たちを集めて、選挙事務を本部で統一すること、領袖はじめ党務委員の全員が選挙に全力を尽くして働くことを決めた[256]。

この総選挙でも、原は地元の盛岡市選挙区にはまったく帰らず、東京で総裁として選挙の指揮を取った。寺内内閣側は、同内閣系の「中立候補」者を擁立する一方、同内閣の選挙対策の会議に政友会幹部の出席を求めてきた。原はその会合に、党最高幹部の総務委員や幹事長を派遣した。選挙戦も後半に入った四月初めにも、寺内内閣は政友会への資金援助として金を持参してきたが、原は金額も確認せずに返却した[257]。

四月二〇日に投票があり、二二日までに大勢が判明した。政友会は第一党となり、原は憲政会を打破しようとした「目的は達したる」が、原から見れば「最上」・「中」・「下」の予想のうち、「中」であった[258]。

原が「中」と見たのは、「最上」は一七〇名内外の当選と予想したのに、総選挙後の第三九議会時の政友会議員は一五九名にすぎなかったからである(表3)。そうはいっても、議会解散時に比べ、憲政会は大幅に議席を減らして衆議院の第二党に転落したので、政友会は寺内内閣系の維新会と連携しても、国民党と連携しても、衆議院の過半数を制することができるようになった。原は当初の目的を達したのである。

◆一九一七年総選挙前後の「政友会王国」盛岡市・岩手県

次に、この総選挙の前後における盛岡市の状況を眺めてみよう。

原は総選挙の前年、例年通りの夏の墓参りを兼ねた帰省として、一九一六年（大正五）八月一二日午前九時半頃に盛岡市に着いた。この後、九月一日に政友会北信八州大会に出席のため新潟に向って出発するまで、二〇日間盛岡に滞在した。九月一日の出発は午前四時二〇分と早朝であったにもかかわらず、大津麟平知事をはじめ「官民有志多数」の見送り人があり、盛岡駅構内はたいへんな「雑踏」となった[259]。その間、原は、すでに述べたように、多額納税貴族院議員の中村治兵衛が出馬の時に約束した通り、任期の途中で辞任する方向で調停を行い、円満に解決させていた。

また八月二九日には、例年通り盛岡別邸で午後三時から園遊会を催し、一〇一七名を招待したところ、七六〇から七七〇名もの来会者があって盛会であった（表1）。来会者は「県下知名の官民を網羅」し、会場内のおでん、すし、そば屋、ビアホール等の各種模擬店や、盛岡市の八幡町《はちまんちょう》・本町《ほんちょう》総出の「美妓」の舞踊や接待に「十二分の感興を尽し」た。原は「満面に微笑」を浮かべつつ歓待に努めていた[260]。大隈内閣の下の一九一五年総選挙に政友会は大敗したにもかかわらず、盛岡市での原の威信や原への支持はまったく揺るがなかったことが、ここでもわかる。

寺内内閣に代わって後、原は一九一六年一〇月に政友会東北大会（仙台市）に出席したついでに、すでに述べたように、一六日から一一月一日まで盛岡に滞在した。

原は一九一六年の夏と秋の二回の帰省に際しても、盛岡市や岩手県の人々は原に個別の公共事業を露骨に求めるようなことをせず、原の話を熱心に聞いた。これは、最初の立候補以来、原が意識して形成してきた関係であった。原は故郷の人々の節度ある変わらぬ期待を感じ、心を癒されたであろう[261]。同時に、憲政会を打倒し、政友会も含めて政党を改良し、原・政友会内閣を作り、第一次大戦末期もしくは終了後の内外の変動に対応し、日本の新しい方向性を打ち出そうと決意していたのである。

寺内内閣で議会が解散されると、原を盛岡市選挙区に推薦する慣例となった推薦状が、大矢馬太郎(前掲)ほか五〇名の盛岡市議や実業家たちの連署により、一九一七年三月二日付で作成された。それを平野久兵衛、三田義正が原のもとに持参した、その中には、原の「御素志」である「真正の国利民福」を増進する根本的政策を確立し、「世界に対す国運進展の機を逸する事」がないよう、御尽力いただきたい、との文言があった[262]。推薦状にはこれまで同様、個別の地方利益がまったく書かれておらず、原が日頃唱えている主張が反映されていた。

選挙戦においては、三月下旬に原と大矢が政友会郡部区候補の公認決定の調整に関与した。三月二九日には、原の他、郡部区公認候補者として高橋嘉太郎(前掲)、工藤吉次(明治法律学校卒、弁護士)、阿部徳三郎(明治大学卒業、弁護士)の三人が政友会本部と岩手県支部の推薦候補として広告された[263]。

一九〇三年総選挙以降と同様に、盛岡市選挙区には原の対抗馬は立たず、盛岡市の政友会関係者の関心は、原が何票取るかであった。彼らは「貴重なる選挙権を放棄するのは一種の罪悪である」と棄権防止に努めたので、それまで公平を保つと棄権していた県庁職員も投票するようになり、大津知事も原に一票を投じた[264]。

この結果、原は五七八票を得て当選、郡部も政友会公認候補三人が全員当選した。憲政会は郡部で二人当選したにすぎないので、岩手県は政友会四、憲政会二と、「政友会王国」であり続けた[265]。

元来政友会が弱く、一九一五年総選挙で大敗した東北地方全体においても、政友会三一(前回一八)、憲政会一六(前回二八)と、政友会が大勝した[266]。これは地租増徴に反対した憲政本党(旧改進党系)以来の、大地主を中心とした東北地方の憲政会の地盤が崩れ始めたことを意味する。

すでに述べたように、原は連合国である列強や中国との協調関係を外交上で確立する必要があるとの見解や、第一次大戦後に列強との国力を中心とした激しい競争が起きるであろうとの見通しを持ち始めていた。近い将来に実現性のない地方利益を提示するのではなく、世界的な枠組みの中で、鉄道など公共事業も含め日本全体の産業振興を図り、その中で岩手県や東北地方も伸びていくべきで、地元民も自立心を持つべきだと考えた。この原の理念に、岩手県や東北地方でも共感が広まっていったからこそ、政友会のこのような勢力伸長があったのであろう[267]。

◆東北振興事業を政友会が主導する〈東北振興事業から鉄道建設要求をはずす〉

すでに述べたように、東北振興事業は、第二次桂内閣下で、東北地方にいくつかの公共事業を行う地方利益を中心としたものとして、まず取り上げられた。その後、第二次西園寺・第一次山本内閣の時に、原内相が渋沢栄一・益田孝ら東京の有力財界人を中心とし、東北地方民の自立心に訴える民間の経済活動的なものに方向づけした。原は日本経済の現状と経済効果を考慮した交通網を、鉄道を中心に港湾なども含めて全国的に形成して、日本の国力全体を強めようと構想していたので、「東北振興事業」の名のもとに混乱させられることを嫌ったのである。

その後、原・政友会の東北振興事業というイメージは、政界中枢に定着したようである。大隈内閣成立後、一九一四年六月末に原総裁と大隈首相が宮中で出会って雑談をした際にも、大隈は「東北振興、あれは何んとかせざるべからず」と述べたほどである。ただし、原は大隈との談話を、大隈は「人をそらさずして頻りに法螺《ほら》を吹くまでの事」であると見た[268]。

しかし、原にもまして、渋沢や益田のような財界人の方が熱心であった。同年一〇月八日、渋沢は、先日益田と東北振興について会合し、月末頃に少人数で相談することになったので出席してほしい、と原に依頼した。原は高橋是清（仙台藩士の子、前蔵相）と二人で出ることを約束した[269]。渋沢や益田が熱心であったのは、彼ら自体に東北開発構想があったからである[270]。

この会合は同年一一月六日に開かれ、渋沢・益田・大橋新太郎の財界人、旧南部藩士の子弟で殖民学者の新渡戸稲造（東京帝大教授）、原と高橋が出席した。議論の後、原は政治上で処理する方がふさわしい件は政府に処置させる事とし、拓殖兼物産会社のようなものを設立することを提案した。その目的を、①東北地方の物産の販路を開いて売りさばくこと、②会社が自ら開墾その他相当の事業をなすこと、③低利の資本を供給することとした。高橋も、会社か協会かを起こして目的を立てたい、と述べた。さらに原は、内相在職中に北海道拓殖銀行を拡張しても良いと考えたことを、明らかにした。結局、渋沢のもとで見込書のようなものを起草し、相談することになった[271]。

原は東北振興の具体策として、拓殖兼物産会社のようなものを作るとの方向を定めたのである。東北振興事業の中に、個別の公共事業という地方利益を含めないのは、これまでの原の方針である。また、原が政友会として実現の可能性のほとんどない個別の公共事業を掲げて、党勢を維持・拡張する路線を取らないことは、一九一五年三月の総選挙に向け、二月一九日に原が政友会連合会の席で行った演説にも見られる。総選挙後、一九一五年七月二〇日に開催された政友会東北大会（福島市、原も総裁として参加）での決議においても、個別の公共事業は掲げられず、四番目に治水事業の完成、五番目に陸海の交通運輸を便利にすることが掲げられたにすぎない[272]。このことからも、原が地方利益を掲げるのを抑制しようとしていることがわかる。

同年一〇月に、東北振興会は「東北振興に関する意見書」を公表した。そこには、「特別地価修正の件」（寒冷で生産性が低い東北の地価を下げ、地租を減額する）等の他、東北拓殖会社設立が盛り込まれていた。これは内地殖民を行って土地を開拓する他、生産物の製造販売も行う会社で、資本金一〇〇〇万円とし、株式を東北地方および広く一般経済界より募集することになっていた[273]。

東北拓殖会社構想は、日本の保護国であった韓国に作られた東洋拓殖会社と設立当初の資本金は同じで、類似している。東洋拓殖会社は韓国政府が三〇〇万円出資（田畑の現物出資）し、日本政府が八年間、毎年三〇万円ずつの補助金を出した。これに対し東北拓殖会社構想は、すべて民間資本であることが大きく異なっており、東北の人々の自立を求める原の気持ちや、民間の経済活動の促進志向と合致している。また政府が事業や人事を監督し、株主に五分の配当を保証する規定は、明治期の民営鉄道への政府支援にならったものである。原は東北振興会の事業を、政友会発展の党略的な手段としてみなしていなかった。

〈東北振興事業への関心の弱まり〉

その後、東北振興会は各議員に拓殖会社構想の実現を呼びかけた。他の振興策を含め、第三七議会（一九一五年一二月～一九一六年二月）を前に東北振興論は盛り上がった[274]。東北六県の県会議員たちを中心に東北振興会に呼応する動きが高まり、東北振興同盟会が作られた。東北振興同盟会は、東北六県の県会議長らを東京に派遣し、一九一六年二月二日、帝国ホテルに原や東北振興会の幹事らを招待した。原はこの問題もやっと実行の「好運」に際した、と演説した[275]。この動きの中で、同志会員等もにわかに東北振興を唱え始めた。政友会でも、東北出身の貴衆両院議員が会合し、原と高橋も出席して相談した[276]。

しかし結局、第三七議会を契機とした東北六県県議らの東北振興同盟会の動きは、それまでの東北振興会での議論を拡散させる結果となったようである。何も具体的な進展がないまま第三八議会（一九一六年一二月～一九一七年一月二五日解散）を迎え、すでに述べた一九一七年四月の総選挙に突入してしまった。

原や東京の財界有志よりなる東北振興会の振興事業は、個別の地方利益的な公共事業を提示しておらず、東北六県の県議たちの脳裏に整理されないまま漫然と存在する過大な期待に、十分に合致しなかったのである。他方、すでに述べたように、原総裁は第一次世界大戦後に備えるため、一九一七年秋に体系的な政策を打ち出し始めており、その中で交通機関の発達という公共事業は、生産費を低下させるという点から重要な柱であった。しかし、原はそれを東北振興事業の中に入れて、東北地方のみの利益を図る印象を与えることを好まなかった。原は、全国的な交通機関の発達策という枠の中で、東北振興も行われるという形にしたので、狭い意味での東北振興事業は停滞していったのである。

東北振興事業の中心であった東北拓殖会社構想の結末を見てみよう。一九一八年九月に原内閣が成立すると、最初の議会である第四一議会（一九一八年一二月～一九一九年三月）で、原首相と渋沢栄一の意向を反映して、帝国株式会社案として予算の追加案が会期末に近い三月一五日に提出された。しかし、衆議院を通過したが貴族院で審議未了となり、成立しなかった。そこで翌一九二〇年一二月、渋沢らは代わりに民間の中央開墾会社を設立した（資本金七五〇万円）。この開墾会社は千葉県の印旛沼干拓など、若干の開墾をしたが、東北の開墾をすることなく、事業は不振を極めていった[277]。

8 原内閣と政友会の飛躍的伸張

◆鉄道建設への原首相の意欲

後述するように、原の東北振興事業が始まった第一次世界大戦前の財政難の時代と、好景気で、鉄道の利益が増えて税収も伸び膨大な正貨を得た原内閣期では、鉄道の建設・改良をめぐる財政状況が大きく異なっていた。原は拓殖会社による東北振興事業を主要政策の一つとはみなさず、期待の高まった全国的な鉄道網の建設という本来の政策を、東北振興も含んだ政友会の日本振興政策の目玉としていくのであった。

米騒動のため寺内正毅内閣が倒れると、一九一八年（大正七）九月二九日に原敬内閣が政友会を与党として成立した。本格的な政党内閣である。原は第一次世界大戦中の一九一七年秋に構想を固めた戦後構想にもとづいて、最初の議会である第四一議会（一九一八年一二月〜一九年三月）に向けて、内閣の政策の形成をリードした。一年前に構想を固めた時と比べて、大きく変化した点は、一九一八年一一月一一日にドイツが休戦協定に調印して第一次世界大戦が終わったことである。原は、その前後から連合各国の国際的思想に大きな変化が出てきた、と考えた。

それは、各国の間に「共済の精神」（共に助け合い国家としても「善行」を貴ぶ）が出てきたことであった。原は一年前までは、大戦後各列強は自国の利益のみを考え国力の増強をめざして激しい競争を行うと警戒していたが、この新しい傾向を各国国民が将来満足して生存することにつながり、世界平和のために喜ぶべきことである、と歓迎した[278]。この列強の空気の変化に対応させ、第四一議会に向け、原は大戦後の戦後経営を目指した外交と内政の政策体系を具体化させ、国民に提示した。

外交では、列強との協調と日中の「親善」を図ることである。日中の「親善」とは、中国の内政に過度に干渉せず、南方派と北方派が妥協するよう勧告し、中国の自主性を尊重しながらも、中国が統一し安定するように日本が行動することである。これは日本の中国における条約上の権利を守りながら、中国を援助して良好な関係を作り、中国の豊富な資源を日本の経済発展に利用しようとするものである。また、日本は東洋平和の支持者として世界平和を支持するというように、「五大国」の一つとして、世界平和にも責任を持つことである。当然のことながら、米国のウィルソン大統領の提案した国際連盟についても積極的に後援する姿勢であった。

内政面では、四大政綱を提示して、内政改革の方針を明らかにした。それは、「一、教育の振興（高等教育機関の増設等と教育制度の改革）」「二、産業奨励（物価問題は自然的調節に委ねる、農事改良、海外貿易発展のため領事館の新設、重化学工業の保護奨励および企業の合同と整理、資本と労働の調和)」「三、交通機関の普及改善(鉄道・港湾・道路ならびに通信機関)」「四、防禦主義に基く最低限度の国防計画(航空および「特種兵器」など軍備の近代化と陸海軍の増強)」である。

特に一と三は、第一次世界大戦中の好景気を利用して、政友会年来の積極政策を実現しようとするものである。

この他、原内閣は、選挙法の改正に関し、有権者資格を直接国税一〇円以上から三円以上に拡大させることにとどめ、選挙区を、大選挙区制を基本としたものから小選挙区制を基本としたものに変えた。これは、大戦後に欧米から新しい思想が入り、労働・農民運動等が高まってきたので、秩序を維持しながら改革を進めることを重視したからである[279]。

四大政綱の三で挙げられた交通・通信手段の整備に関し、原内閣は第四一議会に向け、全国的に相当の鉄道整備計画を提出した[280]。

岩手県関係では、第四一議会で花輪線(東北本線好摩から秋田県花輪(奥羽本線大館につながる))・八戸線(青森県八戸から岩手県久慈《くじ》)・大船渡《おおふなと》線(岩手県一関《いちのせき》から宮城県気仙沼までは、第四〇議会で決定、第四一議会で気仙沼・大船渡間を追加)の三線の建設が決まった。また、前内閣までに建設が決まっていた橋場線(盛岡-橋場間、現・田沢湖線の一部)や、横黒線(岩手県黒沢尻《くろさわじり》-秋田県横手、現・北上線)の黒沢尻と横川目間の工事の着工も決まった[281]。

第四一議会が終わると、原内閣は、一八九二年の鉄道敷設法制定以来の懸案であった盛岡-宮古間の鉄道(山田線)建設のための調査にも積極的な姿勢を示した。まず、岩手県に赴任したての柿沼竹雄知事(前高知県知事・岩手県内務部長)は、一九一九年五月一四日の歓迎会の席上で、盛岡と宮古の間に理想的新路線が発見されたとの説がある、との旨を述べ、地元の注目を集めた。五月二七日には、宮古-盛岡間、川井-遠野間の鉄道線路比較踏査のため、鉄道院工務局建築技師横尾彦太郎が盛岡に出張してきた。横尾は、両線の踏査はよほど急ぐべき事情があると見え、石丸重美《しげみ》鉄道院副総裁が自分に出張を急がせており、鉄道敷設に適当な路線を発見して東京に戻るのが職責である、と出張の内部事情まで述べた[282]。

このため、五月末頃から三陸沿岸鉄道（現在の三陸鉄道北・南リアス線と山田線）速成の運動と関連して、山田線の速成運動が関連沿線で盛り上がってきた[283]。

このように原内閣は、大戦後の戦後経営方針を具体化させて体系的に示したのみならず、全国的な鉄道網速成の一環として、岩手県の鉄道網形成にも積極的に取り組んだので、原首相への期待と原の権威はさらに高まった。そのことが、以下で見るように、原首相の帰省を出迎える熱狂ぶりにも現れた。

原は首相になって九カ月後、一九一九年七月二日に初めて帰郷した[284]。七月二日の午前八時四二分に、宮城県との県境を越えて岩手県に入ったところの一関駅で、出迎えの高橋嘉太郎衆議院議員（岩手県郡部選出）と記者二名が原の列車に乗りこんだ。車中には随行の児玉亮太郎秘書官（和歌山県選出衆議院議員）、渋谷千代三執事、東京から同行してきた『やまと新聞』や『中央新聞』の記者、北海道に政治状況の視察に行く中村敬次郎衆議院議員、宮城県北部の小牛田《こごた》駅まで出迎えた久米警察部長が、原首相を中心に座っていた。また一関駅には、平田箴《ただし》（岩手県の政友会幹部、前衆議院議員、一関町で開業の弁護士）を先頭に、一関町官民有志数十名が出迎えた。その後、車中では政治談議や雑談が続いた。盛岡駅には多数の官民が出迎え、原は会釈して人力車に乗って、盛岡別邸に入った[285]。今回は、法事のため、忙しい公務の余暇を見つけての帰省であったが、同行者や途中からの出迎えは、首相になる前よりも少し大げさなものになった。

原は三日には再建した大慈寺の入仏式、四日には母リツと兄恭《ゆたか》の法要を済ませ、午後五時四五分発の列車で盛岡を離れた。上野駅には翌日午前六時に到着し、その日の閣議に出席した[286]。盛岡市民との交流もほとんどできない、慌ただしい帰郷であった。

このため、歓迎会など盛岡市民との交流も伴った実質的な初帰郷は、翌月に持ち越された。八月一七日午後一〇時半に上野駅を出発し（一八日午前一〇時半に盛岡駅着）、二四日午前六時に上野駅に戻る（盛岡駅は前日の午後五時四五分発）という日程で、盛岡に五日間滞在することができた。この帰郷は二〇日の政友会東北大会（盛岡市）に出席することが一つの目的であった。

今回は、前回の帰郷よりも期間も少し長く、公式的な色彩があった。柿沼知事・高橋代議士・久米警察部長らは、宮城県北部の小牛田駅まで出迎えて同車し、一関駅では大矢馬太郎県会議長（前盛岡市長、旧清岡派から原の支持者になり、政友会支部幹部）や政友会員および官吏有志者ら約三〇人が出迎えた[287]。

これまで知事は、岩手県内の県境に近い一関駅に出迎えることはあっても、宮城県北部の小牛田まで出迎えたのは初めてであった。

◆地元で鉄道敷設について初めて積極的に述べる

原は盛岡までの車中で、地方の産業を助長するのは鉄道の敷設にまさるものはなく、鉄道の敷設は、ひとり「地方一局部に有利なるに止まらず、実に大にしては国家の為に多大の利益」をもたらすはずである、等と話し始めた。それで各地方の鉄道は事情の許す限り速成を希望している。三陸鉄道の如きも多額の経費を要するのはもちろんであるが、何とかして実現したい。盛岡・宮古間の鉄道（山田線）については、工事の施行が可能な予定線を発見したということである。この敷設後は、橋場鉄道（盛岡－橋場間）とつながって秋田県船川港（男鹿半島）に連絡させることとなるので、結局、太平洋と日本海とを接続させる状態となる。したがって、沿道各地に至大な利益をもたらすことになる、と原は述べた[288]。

原が盛岡に帰郷した折に、地元の個別の鉄道敷設について本格的に述べたのは、これが初めてであった。ここで挙げられた鉄道は、いずれも日清戦争前後から第一次世界大戦中にかけて地元で敷設要求が高まっていたものである。しかし原は、全国的な狭軌鉄道網を利益の見込めるものから順次作っていく、という合理的構想を持っていた。このため、工事が難しく利用がどれだけ伸びるかの問題が残る。盛岡市や岩手県関係の鉄道敷設については、優先順位が低いとみて、ほとんど言及することはなかった。

近い将来に実現する可能性のないものを、党勢拡張のために取り上げ、地元民に過度な期待を抱かせるようなことをしない。これが原の誠実さであった。しかし、今回はようやく諸条件が整ったので、原は初めて地元の特定の鉄道敷設について論じたのであった。

八月二〇日には政友会東北大会が盛岡市「杜陵館《とりょうかん》」で開かれ、来会者は約一〇〇〇名の盛会であった。原は外交から内政にわたる幅広い視野で演説を行った。中でも、日本は中国に対して何ら野心を有しておらず、日中親善を今後も続け、各列強とも協調していきたい、と外交問題を強調した。東北大会の決議においても、最初に、「国際的正義に基き聯盟与国と協調し、世界の平和に貢献せん事を期す」こと、次いで日中「親善」がうたわれた[289]。原はあくまで、まず新しい国際秩序に対応することを重視し、それとの関連で、交通・教育機関を整備し、国防等を充実させて行っていこう、という正攻法の姿勢を表明した。

二一日は午後一時より、盛岡市内丸《うちまる》の物産館で、官民合同の原首相の歓迎会が開かれ(発起人は柿沼知事・百島地方裁判所長・三吉検事正・北田市長・大矢県会議長の五人)、約六〇〇名も参加する盛会であった。ここでは、原は交通問題と盛岡の位地に着いて演説し、来会者に深い感動を与えた。夜には、「秀清閣」で政友会大会に出席した衆議院議員や県内の政友会幹部、東京と岩手県の新聞記者約八〇名が参加して、原を主賓とした宴会が開かれた[290]。

翌二二日は、午後三時より盛岡別邸で、恒例の園遊会が開かれ、来会者は八〇〇名もあった。前年は開かれなかったので、二年ぶりである。原は、終始上機嫌で食卓の間を回り、来賓と歓談を共にした[291]。

翌二三日午後五時四五分、柿沼知事、奥野騎兵第三旅団長、百島裁判長、三吉検事正、その他実業家や政友会支部幹部ら官民数百名に見送られ、原は「頗《すこぶ》る元気」で東京に向った[292]。

それから三カ月たった一一月二五日に、盛岡市「杜陵館」で開催された政友会岩手県支部大会（出席者は県会議員並びに各地の代表者七〇余名）では、政友会の方針や政友会東北大会出席も兼ねた八月の原の帰省の際の談話や演説を反映した「宣言書」や「決議」が出された。「宣言書」では、外交の刷新・国防の充実・教育の改善・交通の整備・産業の振興などと、「一部流布の狂躁を排斥」し、「公正沈着なる国民意志」の発達に努めることが挙げられた。また、「決議」では乙号に「三陸鉄道並に盛宮鉄道（山田線）の速成を期する」と、建設が決まっていない個別の公共事業が掲げられた[293]。

9 「政友会王国」の一九二〇年総選挙

◆前年までの鉄道建設実績と新計画

第四一議会の鉄道建設案に続き、一年後の一九二〇年（大正九）年二月、第四二議会において、原内閣は新たに敷設予定線として本線路五線（延長約三三四マイル）ならびに軽便線二一線（延長約七七二マイル）、合計約九九六マイルを一九二〇年度以降一〇年間に建設する計画を立て、鉄道敷設法改正案として提出した。当時存在した日本の国有鉄道は六二〇〇マイル（約一万一〇〇〇キロメートル）、私鉄を加えても八二〇〇マイルであった。原内閣の計画は、日本の国有鉄道の距離を一〇年間で一六パーセント増加させようとするものであった。

この中に、盛岡から東へ三陸海岸に向い、宮古より山田まで南下する盛岡・山田間（七九マイル）の山田線が、本鉄道の新路線として入っていた[294]。山田線は、すでに鉄道敷設法で第二期予定線に入っており、議会で第一期線に昇格させ予算をつければ、一九二〇年度から一〇カ年度間に完成することになっていた。

この他、花輪線（好摩線）（好摩－花輪間）と橋場線（盛岡－橋場間）、横黒線（黒沢尻－仙人製鉄所間）は、すでに工事に入っていた[295]。これらは、原内閣が成立してからの実績であった。

この報が岩手県に伝わると、交通機関が完備すれば、「原始以来埋没せる無限の鉱物」や大森林が開発され、「経済的革命」が生じるであろう、と地元紙は見た。そこで、これらの新線が実現されるために、「区々たる地方的利害問題の為めに行はれた鉄道新設及速成運動の如きは断然中止し、県民一致して」政府の方針である予定線計画に基づいて速成に努めるべきである、と論じた[296]。

すでに原内閣は、第四一議会で岩手県関連も含め、鉄道建設促進の実績を作っていた。それに加え、第四二議会で山田線のように早期に着工する線を提示したので、岩手県に見られるように、交通網に恵まれない全国各地域の住民の期待が高まるのは当然であった。まさに、原は二〇年来の願望を、大戦の戦後経営という構想に入れて本格的に実行したのである。

大矢馬太郎県会議長(前盛岡市長)・一ノ倉貫一農工銀行頭取らは六日に東京に行き、近く岩手県選出衆議院議員と連絡をとり、貴・衆両院と政府に「猛烈」に陳情運動を進めることになった。さらに岩手県東部の海岸地方五郡が連絡し、岩手東部鉄道期成同盟会が創立され、今後大々的に促進運動を行うという[297]。

しかし山田線の問題は、盛岡市から宮古まで、あまり人の住んでいない「山間僻地」を通るので、一部分が開通しても利益が見込めず、すぐには投資が回収できないことであった。全線開通して、初めて効果と利益が生じるのである[298]。

ところで、原は鉄道の建設を経済合理性のみの順で機械的に決定していたのではなく、それを原則としながら、敷設運動を行う地元民の熱意も考慮に入れていた。それは原の死から約三年後、岩手県三陸海岸の鉄道敷設運動をしていた人物が、北海道のある鉄道が実現した例を原が挙げて、熱心に運動したので鉄道省が動かされたのだと話していた、と回想していることからもわかる[299]。原は、鉄道建設が可能になった時に、自ら熱心に運動する気力を持っている地域の方が自立心があり、鉄道を生かす新しい産業を起こすことを期待できると考えていたのであろう。

山田線ができれば、盛岡市と岩手県東部が鉄道でつながることにより、両者の経済発展が見込めた。とりわけ、宮古など三陸海岸の鮮魚や北上山系の山間部の木炭・材木の輸送が期待され、さらに釜石まで鉄道が南下すれば製鉄業の振興につながる[300]。日常生活でも大きな変化が予想された。たとえば、これまで盛岡市民は魚の塩漬けか干物しか食べられなかったものが、鮮魚を食べることができるようになる[301]。山田線着工の可能性が高まると、三陸の海岸を南北に連絡する鉄道路線にも希望が出てきた。地元の期待が高まるのは当然である。

山田線建設への期待が盛岡市や沿線住民に高まっていく時、第四二議会中には東京市など大都市で普選運動が盛り上がっていった。しかし、盛岡市などでは山田線への期待は高まったが、普選運動への関心は強まらず、普選運動の「幹部中純然たる運動屋あり」と冷ややかに見ていた。二月二六日、原首相が普選解散を行うと、現行選挙法で選挙が行われる限り普選派が勝利を得ることはないだろう、と政友会系の地元新聞は見た[302]。

◆岩手県・盛岡市での総選挙の様相

議会解散の前日の一九二〇年二月二五日には、原の生まれた岩手郡本宮村の大宮《おおみや》権現の神前で、本宮村民・盛岡市仙北町・仙北組町の町民約五〇〇名が集まり、原首相の無事を祈った(発企者は二人の盛岡市議)。これは、東京で選挙権や首相の辞任を要求し、盛岡市人口の半分にあたる二万人もの群衆が原首相のもとに押し寄せている、というニュースが伝わったからであった[303]。盛岡市や近郊の人々が、原首相を確固として支持していたことがうかがわれる。

議会解散が盛岡に伝わった直後の政友会系の地元紙は、盛岡市では「原敬氏を選挙する事を誇りの一つに数へて」いるので、原への推薦は揺るがない、と原の当選を当然のものとして報じた。今回は、一九一九年に改正された選挙法の下で、岩手県は盛岡市を含め七つの小選挙区に分けられた（市部区を含め岩手県全体の定員は、六名から七名へと増加）。同じ地方紙は、政友会が五、憲政会が二、と政友会が前回より一議席増加させると予想した。また同じ紙面に、解散によってせっかくの鉄道新計画の議会通過が流れ、第二期予定線である盛岡・山田間の敷設も第一期予定線に昇格させることができず、予算もつかず、順調にいっても着工が一年は延びる、と普選解散を、普選派に批判的に嘆く記事が出た〔304〕。

さらに地元紙は、二七日に原から解散の「真意」を聞いた大矢馬太郎県会議長の談話を掲載した。その趣旨は、普選案は衆議院で二〇～三〇名の差で否決できるが、「階級打破」などという「危険な思想」が潜在しているので、国家のために「厳重取締」をする必要があるので解散した、というもので、原が日記に書いた理由と同じであった。同紙は、普選について、東京・大阪・横浜・福岡・愛知等の各府県は「大分騒ぎ立て」ているが、その他の地方では迷惑がっている、とも論じた〔305〕。

岩手県関係の鉄道建設のうち、二月二六日の第四二議会の解散で、法案・予算が成立せず最も大きな影響を受けるのが、山田線（盛岡―宮古―山田）であった。すでに述べたように、大矢は約一年前の普通選挙を求める盛岡市の大会で、座長に選ばれた。しかし大矢は、なぜ普選即行は良くないのかという、原首相の談話を、地元紙に素直に伝えた。このように、原首相と内閣が日本全国に提示した公共事業の一環としての岩手県の山田線の方が、大矢にとって普選即行論よりも重要であったのである。

原内閣は、第四二議会解散で影響を受けた鉄道路線中、一九二〇年度より着手予定と計画していた五線を、緊急事業として総選挙後の臨時議会に提出する方針である、という。その中に山田線も入っていた。この情報は三月上旬に地元に伝えられた〔306〕。

この安心感のためであろう。三月中旬には、北田盛岡市長は、各方面に鉄道が開通すれば産業が著しく発達するのは「自明の理」であるので、「大盛岡の経営」について心ある人々が研究を始めているのは、まさに妥当である、と述べた[307]。また岩手県の各選挙区での選挙で、普選は争点にならなかった。岩手県や盛岡は選挙戦においては、鉄道敷設による交通機関の完備を前提とした未来への希望とあわせて、普選論への敵対感情が広がっていったのである。

三月二九日夕方、大矢馬太郎(岩手県会議長、前盛岡市長)は市内の有力者二〇〇名が連署した原の推薦状を持って東京に向った[308]。これは一九〇二年に原が初出馬して以来、毎回のことであるが、連署の人数が有権者数の増加にともない、二〇〇名と多くなっている。おそらく、三〇日朝に東京に着き、その日か次の日に、原に推薦状を手渡したと思われるが、原の日記には記載がない。とりわけ三〇日は、大正天皇の病状の初めての発表について閣議を行い、また妻の浅が東京帝大病院で腫瘍の手術をする(成功、原は立ち会えず)等、原にとって公私に多忙であった[309]。当選が確実な盛岡市の自分の選挙のことは、相対的に重要事項とされなかったのであろう。

五月一〇日の総選挙の結果、対立候補のいない原は、第一区(盛岡市)で一二五四票という、かつてない票を集めて当選した。第一区の有効投票総数一二六四票の九九・二パーセントであった。もっとも、有権者の二六・二パーセントにあたる四五二名の棄権が出た。

他の岩手県選挙区においても、政友会の候補者全員が当選し、政友会は岩手県七区のすべてを制圧する空前の圧勝であった[310]。政友会系の地元紙でも、選挙の初期において政友会五、憲政会二と予想していたように、政友会の予想を超えて支持が広がったといえよう。地元の原内閣への期待は、異様なまでに高くなったのである。また全国的にも、総選挙後の第四三特別議会に臨んだ衆議院議員の数は、政友会二八一名(総議席の六〇・六パーセント)、憲政会一〇九、国民党二九等と、政友会の空前の勝利であった。

◆第四三特別議会後の岩手県の鉄道建設計画

前議会解散後の情報通り第四三特別議会で、原内閣は前議会で成立しなかった山田線を含む五線を第二期線から第一期線に繰り上げ、追加予算をつけて、敷設を決めた。この結果、盛岡市や岩手県東部の「四十年来の懸案」であった山田線の工事が始まることになった。山田線の工事予算額は二五七四万円で、年度割は、一九二〇年度から一九二九年度まで一〇年計画で、初年度は四万円（測量）、一九二一年度は一三〇万円、一九二二年度は一七〇万円と、一九二七・二八両年度の四五〇万円をピークに増加していく計画であった[311]。山田線は、岩手県関係の他線に比べ、難工事のため、工費が二五〇〇万円以上と高いのが特色である。

こうして、総選挙後の一九二〇年八月段階で起工されたり、起工が決まっている岩手県関係の鉄道網は、山田線の他、橋場線（盛岡－橋場間、総工費七一万三三一二円、一九一九年着工、一九二一年度に完成予定）、横黒線（横手－黒沢尻間、総工費三五五万円、一九一九年度着工、一九二一年度完成予定）、大船渡線（一関《いちのせき》－大船渡間、総工費三八八万円、一九二〇年度着工、一九二八年度完成予定、ただし一関－気仙沼間は一九二四年度に完成予定、気仙沼－大船渡間は一九二八年度に完成の予定）、花輪線（好摩《こうま》（盛岡始発で、東北本線好摩から花輪に向う運行もあり得る）－花輪間、総工費五五一万円、一九一九年度着工、一九二八年度完成予定）、久慈線（八戸－久慈間、総工費三七四万円、一九二〇年度起工、一九二八年度完成予定）があった[312]。

山田線の総工費は、岩手県関係のそれ以外の着工決定（起工済み）五線を合わせても、その七〇パーセントにしかならない。山田線がいかに難工事か、またそれだからこそ起工決定が盛岡市にとって意義があることがわかる。

これらの他、将来の起工が期待されていた路線として、橋場－生保内《いほない》（一〇マイル、第四三特別議会で可決）、川尻－雫石《しずくいし》（三四マイル）、小鳥谷《おづや》－若市《もいち》（五九マイル）、久慈－宮古（五七マイル）、山田－大船渡（四一マイル、釜石経由）、遠野－川井（二八マイル）、一関－槻木（一五マイル、秋田県下の十文字－檜山台（二三マイル）と連絡するもの）

があった[313]。

一九二〇年五月の総選挙の選挙運動中の三月中旬に、日本では株価が暴落し、戦後恐慌が始まった。これに対し原首相は、大局では財界は発展している、と強気であった。原は、大戦後の内政改革構想としての、産業の発展と国家の安全保障のための四大政綱は根本的には適切なものであり、変える必要はないと考えた。また外交面でも、国際協調外交が必要だという考えは変わらなかったが、大戦終了の頃に比べ、列強間の経済競争はますます激しくなっていると見た[314]。

一九二〇年八月二六日の政友会東北大会(青森市、原総裁も出席)では、宣言に、「地方の産業を健実の地に発達」させることが掲げられた。また決議でも、甲号に、「国際的正義」にのっとり「東洋の平和」を確保すること、国民の思想の善導、産業の堅実なる発達の助長が掲げられた。また決議の乙号では、北上川の改修、三陸海岸の鉄道・岩羽鉄道の完成、単科大学および高等蚕糸学校設置等、個別の公共事業を中心に要求が掲げられた[315]。これらは、右に述べた原の考え方や、一九二〇年五月の総選挙で国民が個別の公共事業を求める意識を刺激されたことを反映している。

◆祝賀の「大野宴」と鉄道への期待

さて、原は青森市での政友会東北大会に臨席した後、一九二〇年(大正九)八月二七日午後一時頃に盛岡駅に着き、盛岡別邸に入った。道岡秀彦青森県知事・岡警察部長らは、岩手県内に四〇キロメートルほど入った沼宮内《ぬまくない》駅まで原を見送り、柿沼竹雄岩手県知事・久米警察部長らは、青森県側の尻内(現在の八戸)駅まで出迎え、鈴木ら三人の衆議院議員・大矢馬太郎県会議長(前盛岡市長)らと共に、盛岡に戻った。鈴木や大矢らは政友会東北大会に出席し、帰りに原と同車した。盛岡駅には北田親氏盛岡市長・小野岩手銀行頭取ら、官民有志三〇〇名以上が出迎えた[316]。両県知事がわざわざ隣県まで見送ったり出迎えたりしたこと等から、原首相の威信がいかに高まっていたかがわかる。

同日午後六時から、盛岡城跡の岩手公園で、原を迎えて県下官民合同で盛岡・山田間の鉄道線案成立祝賀会を開いた。来会者は約一五〇〇名もあった。来賓席には、南部利淳伯爵をはじめ、柿沼知事・百島裁判所長・三吉検事正・奥野幸吉騎兵第三旅団長や、地元財界の有力者が並んだ。開会の時刻が近づくと、白髪の原首相が瀟洒《しょうしゃ》な紋服姿で山田秘書官らを従えて来会、大臣席に着いた。六時過ぎ、一発の煙火《はなび》を合図に祝賀会は始まった〔317〕。盛岡が起点となる鉄道線は他に、橋場線・花輪線があるが、山田線成立の祝賀会が盛大に開かれたことで、山田線起工決定の意義がいかに大きかったかが、改めてわかる。

祝賀会は、まず原のお気に入りの北田市長の式辞で始まった。式辞の中で北田は、鉄道敷設法の改正が実現し、盛岡市を中央に、〔三陸海岸の〕山田より日本海の船川湾に達する横断鉄道〔現在の山田線・田沢湖線・奥羽本線など〕が計画されたことへの喜びを述べた。さらに、政府が巨万の資金を使って大事業を行うのに応じ、「地方有志者」は確固とした自覚を持って協力一致し、ますます努力して地方開発を行い、国家の進展に貢献すべきである、と論じた。最後に、原首相および閣員が困難を排してこの一大計画を作成したことについて、深い感謝の気持ちを表した。

次に原が立ち、市長の祝辞のごとく、今回東海岸に通じる鉄道の予算が通過したのは、同地方のみならず、本県全体にとってまことに慶すべきことである、と話し始めた。私は当地に来るたびに痛切に思うのは交通機関の不完備のことで、これについては少なからず心を痛めていた。政府としては財政上すぐに実現できるものではなかったので、少しずつ進め、ようやく今日この計画を見るに至った。国家の隆盛は交通機関の完備によることが多いが、日本は他国に比べて遅れているので、十数年来交通機関の完備を重視してきた。今回、その一端を果たすことになったのは、国家のため慶賀すべきである。

しかしながら、地方の発達は交通機関の完備だけでできるのではなく、地方の人々が自ら起業して産業を発展させ、その交通機関を利用することによって大きく進むのである。まことにおこがましいが、願わくは線路確定とともに大きな決心をして、線路を利用し、国家・地方・一身一家のために尽くすことに努めてほしい。このように原は「苦言」も呈した[318]。

原も、盛岡での腹心北田市長も、鉄道敷設計画の決定を喜び完成を待ち望むばかりでなく、地元で自立心を持ってそれを利用する産業を興し、地域や国家の発展のために尽くすべき、との考えを表明している。北田市長の考えは、原の影響を受けているのであろう。

その後、当日出席していない元田肇《はじめ》鉄道相の祝辞の代読があり、続いて柿沼知事が祝辞を朗読した。柿沼は言う。県民の多年の宿望を入れ、盛岡－山田間をはじめとし、東北本線より東海岸に達するもの、三陸沿岸鉄道の一部をなすもの、および奥羽（本）線に連絡する多くの支線を建設する計画が樹立され、数年以内に県内鉄道網が完成されようとしているのは、極めて喜ばしい。特に盛岡市のごときは、「四通八達の要衝」となり、物資集散の中心地として大きく発展するだろう。官民が一層協力して交通機関を産業振興や教育・文化の発展に利用するよう努め、政府の期待に応えることを望む。

続いて大矢県会議長が、歴代の内閣に顧みられなかった二〇年来の懸案が実現したのは、ひとえに「原首相閣下を得た賜《たまもの》である」と叫んで、拍手を浴びた。さらに、岩手県実業界の中心人物となっている金田一勝定（盛岡銀行頭取・盛岡電気工業社長・岩手軽便鉄道社長）が県下銀行同盟会・電気協会・岩手軽便鉄道を代表して、「本県は鉄道網の実現によって今後は東北の首府たる仙台を凌ぐ」であろう、との祝辞を読んだ[319]。

最後に、「原首相閣下万歳」「岩手県万歳」の三唱があり、午後七時過ぎに式は終わった。

式の後、旧盛岡城の二の丸跡宴会場で、折詰の肴とビン詰酒で、芸妓七十余名も繰り出しての「大野宴」となった。仕掛け花火も納涼の野宴に興を添えた。その後、公園の運動場に約一五〇〇名の提灯《ちょうちん》行列隊がそろい、三発の煙火を合図に、万歳を三唱して市街に繰り出した。行列は市役所前から、中津川にかかる中《なか》の橋《はし》を渡って、呉服町など川の南東側の市街を回り、引き返して上《かみ》の橋《はし》を渡って、本町《ほんちょう》など中津川の北東側の市街を通り、日影門《ひかげもん》から原の別邸に達した。そこでまた万歳を三唱し、稲城小学校右側から北東へと進み、材木町を経て、北上川にかかる夕顔橋を渡って北上川西岸に達し、木伏を南西方向へ（北上川下流へ）と進み、盛岡駅近くの北上川にかかる開運橋で解散した[320]。行列は、盛岡市街のほとんどを回ったのである。

この祝賀会と提灯行列は、盛岡市民を中心とした岩手県民の喜びの表現と、夏の夕涼みの娯楽とを兼ねたものであった。おそらく原は、自分への期待と感謝を肌で感じて素直に喜んだであろう。それと共に、地元民が鉄道建設や盛岡市の将来をあまりに楽観的に考えている様子を見て、鉄道敷設や盛岡市の実業に関してこれから起こるかも知れない、困難な問題も予測して、盛岡市民の自立心を喚起し、かつ自らも身を引き締めたことであろう。

10　鉄道建設と第一次世界大戦後の国際的視野・自立心

◆過度の期待を戒めつつ鉄道敷設法を出す

山田線決定祝賀会の二日後、一九二〇年（大正九）八月二九日午後に盛岡市の物産館において、原首相の歓迎会が開かれた（発起人は柿沼知事・北田親氏盛岡市長・大矢県会議長の三人）。会費は一円（現在の約四〇〇〇円）と低く設定されたこともあり、場内が満員となる八〇〇名もの人々が出席した。来会者は「高等官もあれば八百屋《やおや》さんもあり、裁判官もあれば呉服屋さん床屋さんもあり」と報じられた[321]。原を支援する盛岡の有力者たちも、大正デモクラシーの潮流に対応し、地域振興のために従来よりも少し下の階層も含め、多くの人々を結集させようとしたのである。

この会の演説で原は、初めは利益のある地方に鉄道を敷設する方針であったが、今後は、初めは利益がなくても将来に必要となると思われる方面にだんだん敷設することになった、と方針の変化を述べた。その上で、線路の中には難工事で多額の経費を要するものもある、山田・盛岡間は軍事上の必要もあって認められたが、三陸沿岸線は経費の関係でまだ認められていないので、これらの点を十分理解してもらいたい、と盛岡市民たちの過度の期待を戒めた[322]。また他方で、努力すれば盛岡は将来東北における第一の中心点たるべき地理的事情がある、と激励もした[323]。

なお、歓迎会の演説でも、原は鉄道や地域の発展についてのみ語ったわけではない。原は演説の最後を、日本は世界の「五大強国」の一つに加わったが、列強の中には日本に対し「容易ならぬ猜疑嫉妬《さいぎしっと》の念」を抱いている国がないとも限らないので、国家のため、東北のため、郷里のため、県民の発展・努力を希望する、と結んだ[324]。

原は盛岡に四泊して、三一日夕方、東京に向けて出発した。柿沼知事らは岩手県と宮城県の境である一関まで見送った。

この間、すでに岩手県の鉄道敷設に関し少し触れたように、第四三特別議会(一九二〇年七月)において、追加予算が成立し、一九二〇年度財政計画が固まった。あわせて鉄道敷設法改正案が可決され、盛岡－山田間(山田線)など五路線が第一期建設予定線に繰り上げられた。また二一路線が、官設軽便鉄道として建設されることが決まった[325]。しかし、これらは解散となった第四二議会の委員会で公表された予定線と比べると、はるかに少ない。すでに見たように、岩手県関係でも起工が決定しておらず、期待されている路線が七つもあった。起工が決定した路線を三年から一〇年計画で確実に完成させながら、新路線を起工することは、極めて大変なことであった。

このため、一九二〇年五月の総選挙後の最初の通常議会である第四四議会(一九二〇年一二月二七日～翌年三月二六日)に実際に提示された鉄道計画予算は、物価騰貴の影響で一九二一年度の予定事業を実行するための追加予算が中心であった。一九二一年度の鉄道建設路線五四線のうち、新たに着手できる路線は一六線しかなかった[326]。

その代わり原内閣は、一八九二年制定の鉄道敷設法を改正し、大鉄道網計画をこの議会で作ろうとした。新しい鉄道敷設法では、第一期線と、第一期線より優先順位の低い第二期線の区別をなくし、建設費総額や年限の明示もしなかった。このため、予定線の中からどの路線を選んで着工予算を計上するかは、これまでのように法改正という手続きをしなくとも、その時点の政府の予算案次第でどうにでもなった。また本鉄道と軽便鉄道の区分も撤廃された。

この鉄道敷設法改正案(新鉄道敷設法)は、路線の総延長は六三四九マイル(一〇一五八キロメートル)で、建設費総額は一二億円ほどで、毎年四〇〇〇万円を支出して三〇年間で完成させる、というのがおおよその見込であった。

同法案は政友会が過半数を占める衆議院を通過した。しかし貴族院では、与党や政府の恣意で着工できるので党勢拡張の道具となる、建設予定線が不採算路線である等の批判が出て審議が引き延ばされ、会期切れとなった。原首相は次期議会で成立させることにし、審議未了とした[327]。

この議会の会期中に議会外で、久邇宮良子《くにのみやながこ》女王の皇太子妃内定を破棄させようとした元老山県有朋と、内定続行を主張する良子の父久邇宮が争う等、皇室問題が深刻になった。その後始末に集中するためにも、原首相は、鉄道敷設法改正の実現にはこだわらなかったのである。原内閣が大鉄道網計画を第四四議会に提出し、与党政友会の力で衆議院を通過させた、という事実だけでも、とりあえず実績として選挙民に示すことができた。

ところで、この大鉄道網計画は、原が同年一一月に暗殺されたため、原内閣を継いだ同じ政友会の高橋是清内閣の下、次の第四五議会で成立した。

◆最後の帰省で国際的視野を求める

一九二一年(大正一〇)八月五日午前一〇時一九分、原は盛岡駅に到着した。今回は、浅夫人の他、床次内相・高橋内閣書記官長夫妻・湯地幸平内務省警保局長・川原茂輔政友会総務など百数十名も同行した。これに対し、官民約三〇〇名が、駅に出迎えた[328]。原は一一月四日に東京駅で暗殺されるので、これが生前最後の帰省となった。

帰省で盛岡へ向かう列車の中で原は上機嫌であった。記者の質問に答え、山田線(盛岡－山田間)、久慈線(久慈－八戸間)、大船渡線(一関－大船渡間)、三陸鉄道等のことを話した。さらに、鉄道敷設法案は来議会に再び提出することになるが、これを提出したといっても直ちに鉄道が敷設されるとは予想されないが、とにかく予定計画として決定する訳である、と述べた。

駅の場所については、自分は詳しくは知らないが、鉄道省の方で調査して計画した通りに決定するよりほかに仕方がない、「地方の利益問題で争つて計《ばか》り居ては際限がないからね」と答えた[329]。

原は岩手県関係の鉄道や駅について、地元民に過度な期待を抱かせないように注意しつつも、原内閣・政友会が全国的な鉄道網を作ることに熱心である姿勢を示した。また、他方でそれを個別的な地方利益として扱うことを戒める発言をした。原がこのような発言をするのは、原の意図とは異なり、これまでもふれてきたように、議員個人の当選のためや政友会の党勢拡張の手段として、個別の鉄道路線を安易に利用したがる者が、原の地元の政友会員の中にすら、少なくなかったからである。

この一年四カ月後、政友会を準与党とした加藤友三郎内閣の時、加藤首相(海軍大将)は「政友会に入党せば鉄道敷設するなどのこと断じてなし」と新聞記者に言明するほどであった[330]。原の意図を離れ、とりわけ原の死後に、政友会は地方利益誘導で党勢を拡大しようとする集団に劣化していったのである。

話を原の最後の帰郷に戻すと、一九二一年八月八日午後、原は例年のように盛岡別邸で園遊会を開いた。一七八四人に案内を出し、約一四〇〇人が来会した[331]。これほど多くの人々を招待したのは初めてである。この理由は、原内閣が有権者資格を直接国税一〇円以上から三円以上の男子に拡大したからである。これまでの園遊会の招待者は、盛岡市の有権者数とほぼ同じであった（表1）。原の漸進的な秩序改革という思想を反映していた。

ここまで広げた招待者に対しても、「原さんは凜乎《りんこ》とした紋服《もんぷく》姿に溢れる程の愛嬌を湛《たた》へて原秘書官を随へ、大矢馬太郎県会議長、鈴木〔巌〕代議士・高橋〔嘉太郎〕前代議士らと共に、邸内の入口に立って入り来る人達に対して挨拶を交して」いた[332]。

庭の西北に設けられた舞台では、余興の踊りを八幡町・本町両街の選り抜きの芸妓たちが行い、両街芸妓総出で接待するのはこれまで同様であるが、今回は各料理屋の女将《おかみ》達も加わった。あいにく開始の定刻の午後三時を一〇分過ぎて、客が立て込んだころから、雨が降り出した。しかし、二〇分ほどで再び晴れ、来会者はそれぞれに接待の人から受け取った酒肴の折詰を開いて杯を挙げ、「首相の健康を祝し」て解散した。客が絶えたのは午後五時過ぎであった[333]。今回の園遊会の記事には、以前のような模擬店や生ビールの提供といった内容が見当たらない。おそらく、大勢の人々が楽しむ場所が必要だということと、費用の面から、簡素にしたのであろう。

八月九日午前一〇時二七分盛岡駅発の列車で、原首相は政友会東北大会に出席するため、札幌に向った。駅にはいつものように、官民多数の見送りがあった。山口警察部長は青森まで、柿沼知事は沼宮内《ぬまくない》まで同車して、原を見送った[334]。

一〇日の政友会東北大会は、出席者が二五〇〇余名にも上る盛況であった。原は皇太子の渡欧が成功し、英・仏など訪問国との関係を強めることができたことや、教育の振興・産業の発達・交通機関の拡張・国防の充実などを実施していく、等の決意を示した。また、ワシントン会議で軍縮や太平洋・極東問題を積極的に協議し、東洋平和を永遠に確保したい、と強調した[335]。原の演説の主眼は、鉄道建設等ではなく、国際問題であった。

原は一二日午後六時四五分盛岡駅着の列車で戻り、直ちに別邸に入った。車中では記者に「北海道の進歩発達を語りて、打寛《うちくつ》ろぐは盛岡《くに》さ」と、相変わらず「上々機嫌」であった[336]。

一三日は親戚関係の各寺院に盆詣でをし、最後に大慈寺《だいじじ》に参詣した。一四日は、北田市長らの発起になる、「秀清閣」での官民合同歓迎会に出席する等した（参会者九十余名、柿沼知事・南次郎騎兵第三旅団長をはじめ、官民有力者を網羅）。そこでは、日本は米・英とともに世界の三大国の一つになったのに、国民は十分に自覚していない、等と論じた。たとえば、日本は昔から外国の長所を取って短所を捨て、「日本固有の文明」をいっそう発展させてきたのであるが、近頃は西欧崇拝のあまり、長所よりも、社会主義や同盟罷業（ストライキ）など短所を多く取り入れようとしている有様である[337]と。ここでは、国際問題に関連づけて、国民の思想問題を論じた。原は盛岡市民等の国民が、鉄道に関心を集中させすぎることを戒め、国際的視野を持ち自覚して行動すべきであると、訴えたのである。

原は一七日に盛岡別邸に柿沼知事・南旅団長・大森内務部長・鈴木衆議院議員・北田市長ら有力者中の「親近者」八十余名を招いて、「清宴」を催した。翌一八日、午後六時四六分発の列車で盛岡をあとにし、一九日午前七時に東京に戻った。その日はさっそく、ワシントン会議等についての閣議が待っていた[338]。

原首相が一一月四日に暗殺されると、葬儀は遺言に従い、盛岡市の原家菩提寺《ぼだいじ》である大慈寺で行われた。盛岡市内は、原の死以来、歌舞音曲《かぶおんぎょく》も遠慮して憂愁に満ちていた。原の遺骸が乗せられた列車が、予定通り八日午前一〇時一九分に盛岡駅に着くと、地元の新聞『岩手日報』によると、駅前から霊柩が安置される盛岡別邸までを約四万人の人がうずめ、「原さん」の最後の出迎えをした。同夜、通夜が営まれた。
翌一〇日午後一時、原の葬列は盛岡別邸を出て大慈寺に向い、同寺で葬儀が行われた。『岩手日報』は、会葬者を約三万人と報じている。一九二〇年一〇月一日の国勢調査によると、盛岡市の現住人口は四万一九五五人である。原の葬儀には、盛岡市の成人の大半が参加したのはもとより、盛岡県郡部からも大勢参加したといえる。葬儀は文字通り、「盛岡市民葬」・「岩手県民葬」というべきものになったのである。

11 原敬没後

◆原敬の記憶

〈没後も残る地元での強い存在感〉

原の暗殺後、地元の新聞には、葬儀関係の記事とともに、原の少年時代を追憶する回想談や、暗殺の状況を伝える記事等が多数掲載された。一九二一年（大正一〇）一一月一〇日に葬儀が終わっても、翌年一月一日に原の生涯を伝える記事が載せられるなど、原関連の記事は続いた[339]。

また、大矢馬太郎市会議長の発起で、一一月一七日に盛岡市報恩寺で原の追悼会が行われ、市内の官民一〇〇〇余人が参列した。報恩寺は南部家の墓所でもあり、盛岡一格式が高く、広い境内が「満場立錐の余地」がない有様となった。そこでは、遊座教道（原の生誕地の岩手県本宮村宮沢寺《きゅうたくじ》住職）が、本宮村の原家旧邸の保存会設立を提案した。翌一九二二年一月中旬になると、一六日に盛岡駅に下車し、雪中行軍を行う歩兵三一連隊（弘前、弘前を本部とする第八師団の配下）が、「郷土の偉人故原敬氏の生地本宮村に寄り生家を訪問する」という記事が掲載された。しかし、「時間の都合上」中止されたので、本宮在郷軍人青年団は、中村治兵衛（旧清岡派の有力実業家）宅に臨時に置かれた連隊本部を訪れ、歓迎の挨拶をした[340]。

原の死後まもなく本宮村の原家旧邸が特別なものとして見られるようになり、雪中行軍の立ち寄り先にもなりかけた。それが中止になったのは、本当に「時間の都合上」か、いくら原内閣時代に内閣の下に陸軍が統制されたといっても（第三章）、それに批判的な軍人も部内にいたこともあり「時間の都合」を名目に中止したのか、判明しない。いずれにしても、本宮村の原生家が雪中行軍の対象になるほど、原の死去の直後は、その存在感は強かった。

この間、一二月二一日に盛岡市選挙区（岩手県第一区）で原の死に伴う補欠選挙が行われ、対立候補なしで大矢馬太郎（政友会、前盛岡市長、岩手県会議長）が一一四五票を得て当選した[341]。

すでに述べたように、大矢は旧清岡派（北上派、「実業派」）の人物で、地主で実業家の有力者であり、一九〇二年総選挙では清岡等《ひとし》を支援した。しかし一九〇三年総選挙では、盛岡市が一致して原を支持することに合意し、その後も原を支援し続け、一九一一年秋に県会議員に当選した後、最初の県会で役員に選ばれる頃までには政友会に入党した。原の後継者として大矢が選出されたことは、旧清岡派も含め、盛岡市が原の下に挙市一致していたことを象徴している。

ところが、大矢にとって原の後継者として衆議院議員に選出されたことは、名誉であると同時に重い荷を背負うことであった。第四五議会終了後、一九二二年四月七日に地元の新聞は、「故原総裁の後を継ぎ、盛岡市の名誉ある代表者として選出されたる」大矢馬太郎について、次のように論じた。

吾人は大矢氏を議政の府に送りし以来、氏は議場に於て如何なる大演説を試むべきか、又氏は政党界に於て如何なる大活躍を試むべきかと、日夕《にっせき》、新聞紙を手にせしも不幸にして一たびも氏の姓名を見る能はざりき…（中略）…故原総裁の相続者としては、余りに平凡に済ぐるに非《あら》ずやとの憾《うら》みなき能はず、議員として余りに平凡なる、猶恕《じょ》すべし、先人の相続者として余りに不肖なる、猶恕すべし、されど氏は議員として活躍せる名誉を荷はざるのみか、却つて一種の醜聞を世間に流布せしに至つては、吾人之れを軽々看過する能はず[342]

大矢は岩手県選出貴族院多額納税議員・盛岡市長・岩手県会議長など、岩手県レベルでは華やかな経歴の持ち主であったが、衆議院議員としては、原の死去にともなう補欠選挙で一回当選しただけの新人である。その大矢に、原の相続者として直ちに中央政界で活躍することを求めるのは、あまりに酷である。地元の新聞がそうした要望を抱いてしまうのは、原の存在があまりに大きすぎ、その喪失感を大矢への不満に転化してしまったからである。

地元の新聞の大矢への不満は、一つは盛岡高等農林学校の単科大学への昇格の見通しが立たないことにあった。文部当局において、全国高等専門学校を単科大学に昇格させる話があり、岩手県では盛岡高等農林学校を単科大学に昇格させようとして、県会や市会、市民大会で決議した。大矢は県会議長・市会議長・市民大会の議長として昇格希望の決議に参加し、東京に出向いて熱心に運動した。また大矢は、同問題は文部当局の了解を得たので、成功疑いなし、と報告した。ところがその後、盛岡高等農林の昇格問題の形勢は思わしくなく、地元では、衆議院議員としても何も進展させられない、と不満を募らせたのである[343]。

大矢はこのような問題があるにもかかわらず、選挙民に議会の報告会を開こうとしない、と新聞は批判した。さらに、大矢は「故原氏に比すれば、千里の馬と駑馬《どば》だけの差あり」、「吾人は〔大矢に原氏に求めるような〕かゝる残酷《ざんこく》なる要求は為さざるべきも、サリトテ足下《そっか》も自ら代議士として議政の府に立つ以上は足下相当の意見、抱負は存すべき筈なるに、吾人は之れをだも認むるを得ざるは遺憾千万と言はざるを得ず」[344]。

地元の新聞は、大矢に原に求めるような要求はしないと言いながら、原には直接求めなかった、盛岡高等農林学校の単科大学への昇格という個別の地方利益の実現を求めている。原の死後、原が育成してきた盛岡市の選挙地盤は、直接に個別の地方利益の実現を選出の衆議院議員に公然と求めるようになる形で、劣化し始めた。また大矢は、原と比べ物にならないと比較されながら、個別の地方利益を実現するように求められたのである。

〈原による正当性確保を目指す政友会幹部〉

中央においては、原の暗殺後、一一月一二日に元老西園寺公望らが高橋是清蔵相を後継首相に推薦することを決めたので、政友会も高橋を後継総裁にする方向を固めた。一一月一三日に高橋内閣は発足し、一四日に高橋が総裁に選出された。高橋総裁を承認した政友会幹部会（協議員会）の席上、高橋は、原が採った政治上の主義方針は新内閣においても何ら変更なく存続していく、と挨拶した[345]。

高橋首相は米国を中心とした国際協調・日中「親善」などの外交政策、必要最小限度の軍備（国際的軍縮の潮流を利用して軍縮を行う）、四大政綱の実施など、基本的に原の政策を受け継いだが、一九二〇年恐慌後の財政難に対応するため、公共事業すら縮小しようとした。このため、第四五議会が終わると、一九二二年四月から横田千之助幹事長と連携して内閣を改造しようとした。五月二日になると、高橋首相は閣議で内閣改造の意思を正式に示したが失敗し、六月上旬に高橋内閣は組閣後わずか七カ月で倒れた。この時に高橋総裁に反対した一派が、約一年半後に政友会を脱党して政友本党を作る集団の中核であった[346]。

高橋と横田が一九二二年四月に内閣を改造しようとしていた頃、四月一二日に横田幹事長は、政友会党務委員会で政友会の新政策確立と国民への宣伝に対する意欲を示した[347]。

この直前、横田は政友会の歴代総裁であった伊藤博文・西園寺公望の治績を挙げ、次いで、伊藤・西園寺を合わせた以上の分量を使って、原について「千軍万馬の政戦場を馳駆し来れる老雄」等と称賛する談話を行った。その上で、高橋総裁について、内閣組織の大命を拝し、同時に政友会総裁に推戴されたことや、日露戦争中の外債募集の成果を挙げて、高橋の力量と正当性を論じた。さらに、我々は高橋新総裁の「一大決心と覚悟」とに対し多大の敬意を払い、「原前首相を信任し翼賛せし如くに、一意専心新総裁の大手腕に信頼し、此大政治家をして思ふ存分国家の為に貢献せしむることに努めなければならぬ」と主張した[348]。横田が高橋首相を中心に内閣を改造し、政策を刷新するにあたっても、原の名を出しながら、高橋の下での挙党一致への協力を呼びかけなくてはならなかった。

その後、高橋内閣は内閣改造と政策刷新をめぐって政友会内が割れ、倒閣した。すると六月下旬、改造に反対した反総裁派の元田肇（前鉄相）・山本達雄（前農商相）・床次《とこなみ》竹二郎（前内相）がそれぞれ盛岡を訪れ、大慈寺の原の墓を参拝した。同じ頃、高橋前首相も盛岡に来て原の墓に参った後に、盛岡別邸（古川端別邸）を訪れた[349]。床次ら反総裁派は高橋総裁らに比べて原内閣の中枢にいたとはいえず（第三章第四節～第六節）、高橋らほど、原を敬愛していなかったことは間違いない。しかし、党内の勢力争いということになると、床次ら反総裁派の政友会幹部は、自らの正当性を訴えるため、原の墓への参拝を行った。高橋もそれに対抗して正当性を保持するため、原の墓詣でをしたのである。

なお高橋は、倒閣後の一九二二年九月二六日の政友会東北大会（福島市）での演説で、従来原首相が主張していたような政策に加え、企業の合同・管理経営の改善・能率の増進・学術及び発明の利用・配給の完備・資本の活用など、企業経営のやり方に立ち入る事柄まで強調した。それでも原の政策をたたえ、「この偉大なる先輩の偉業を継承し」大成して、その霊を慰める責任を感じる、と述べた[350]。このため、原の地元の盛岡市では、高橋総裁が「原総裁の死を悼み政友会の政策を高調」した、と報じられた[351]。

原の大戦後の経済に対する考え方は、生産費を下げるため鉄道建設などの公共事業を重視するが、不況にならないよう通貨の流通量を急激に減らさず、課税とのバランスに配慮する、程度の政策であった。個々の企業経営には立ち入らず、経営者の自立心と公共心、創意工夫に訴えた。これは企業活動への政府の干渉を抑制するという意味で、極めて自由主義的な姿勢であったといえる。

ところが高橋の姿勢には、戦後恐慌に対応するため政府が企業活動にも関与を増やしていくという発想が見られ、高橋内閣が継続すれば、そうした政策も展開した可能性もある。それにもかかわらず高橋は、偉大な原の政策を継承すると強調した。死後も原の存在は大きすぎて、高橋が党をまとめていくためには、原の継承を掲げて正当性を得る必要があったためである。

一九二二年五月には、第五回岩手県芸術展覧会で、原の遺墨コーナーが設けられ、一一月の一周忌前後にも、地元の新聞には原関連の記事が掲載された。命日の一一月四日には、盛岡でも墓所の大慈寺で、浅未亡人の他、床次竹二郎(前内相)・横田千之助(前法制局長官)ら政友会衆議院議員ら一〇〇〇人が参列した法要が行われ、東京でも芝の増上寺で、加藤友三郎首相や閣僚、高橋総裁と政友会衆議院議員ら二〇〇〇余人が参列して、法要が営まれた[352]。


〈岩手県支部の内紛を原の名で解決〉

また同年一一月二三日の政友会岩手県支部総会では、大矢馬太郎新支部長が「原さんの霊は生きている」、原の偉業を継いでいく、と挨拶した(盛岡市「杜陵館」、三〇〇余名出席)[353]。ところが、原総裁・首相の下で大きくなった政友会岩手県支部は、原なしでは十分な団結を保つことは困難となっていく。

一九二三年秋の府県議選は、岩手県では九月二四日に投票がなされた。この選挙における盛岡市選挙区の選挙戦と選挙後の岩手県会での政友会の内紛は、原時代に強まっていった政友会岩手県支部の団結がゆるぎ始めたことを示している。

まず、盛岡市選挙区(定員二人)には、政友会から公認候補二人と非公認候補一人が出て争い、堀合由己(非公認)が七三六票、亀嶋重治(公認)が六八〇票を得て当選し、村井源之助(公認)が六二九票で落選した[354]。

村井は、原が一九〇二年の総選挙に初めて立候補した時から原を熱心に支援していた（第四節第二小見出し）。公認候補かつ古参の原派幹部であった村井の落選は、原の時代の終わりを象徴する出来事といえる。

この県議選で政友会は、定員三二名中二四名も獲得した。ところが一〇月二五日に県会が始まると、政友会側が衆議院議員の大矢馬太郎支部長らの配下の幹部派一三名と、県会議員の高橋国治（東磐井郡選出）らの非幹部派一一名に分裂してしまった。原因は、県会議長などの役職配分をめぐる対立で、高橋国治の背後には高橋嘉太郎（前衆議院議員、前政友会岩手県支部長で政友会支部「元老」）がいた。数が劣る非幹部派は憲政会と連携して、県会の主導権を握ろうとした。二六日午後四時から開かれた議長・副議長選のための県会では、政友会非幹部派と憲政会の連携が成立し、高橋国治が二〇票を得、政友会幹部派の上舘市太郎（下閉伊郡選出、一二票）を破った。副議長も佐藤愛助（岩手郡、中立）が二〇票を得、政友会幹部派の柴田半左衛門（気仙郡選出、一二票）に勝った[355]。それのみならず、非幹部派は県会で憲政会と連携して「公道会」という会派を作ろうとしていることまで報じられるようになった[356]。

この政友会岩手県支部の内紛の責任を取り、一一月一日、大矢馬太郎支部長（衆議院議員）は支部幹事の鈴木巖（衆議院議員）に辞表を提出した[357]。政友会岩手県支部は分裂の危機を迎えたのである。

ところが、この時に原の三回忌が迫っていた。一一月四日午後一時から四時頃まで大慈寺で原の三回忌と、三月二日に亡くなった浅夫人の一周忌が併せて行われ、さらに午後七時より報恩寺で、盛岡市主催による「故原宰相追悼会」が催された。この法要に、床次竹二郎（前内相）・高橋光威（前内閣書記官長）ら政友会幹部が参加した。その際、地元紙の記者が旅館を訪れて床次に政友会岩手県支部の内紛について話すと、「原さんの命日に其発祥地からしてそんな事では困るね、吾々も余程考へなければならぬと何事か決心する」ものの様であった[358]。

結局、党本部から党幹部の武藤金吉総務委員がやってきて、一一月一七日の県会閉会後、一八日に手打ちの支部総会を催した。大矢は支部長を継続することになった。武藤は、どのような場合でも多数となれば競争は激しくなり多少の内紛は免れないが、「故原宰相墳墓の地で範を全国に垂れ」るべきであり、結束が乱れる行為は慎んでほしい、と二五〇余名の参加者を前に演説した[359]。

このように、原は死後も、岩手県支部の内紛の和解を助けるなど、その存在感は強かった。

〈四年ほどしかもたなかった原の政治的遺産〉

その後、一九二四年一月七日に、旧山県有朋系官僚であった清浦奎吾を首相とする内閣が成立すると、高橋総裁ら政友会主流は、憲政会・革新クラブと護憲三派を結成して、清浦内閣打倒運動を始めた。これに対し、政友会の床次竹二郎（前内相）・山本達雄（前農商相）らは、清浦内閣を支持して政友会を脱党し、一月二九日に政友本党を結成した。直後の三一日に、衆議院は解散となる。原が作った大政友会は、政友本党一四九名、政友会一二九名と、真っ二つに分裂してしまった。この総選挙の大きな争点は、普選即行か否かであった。政友会は普選即行を党議としては決められなかったが、党内に普選即行を考える衆議院議員が多くなっていた。

岩手県選出の政友会衆議院議員で第一区の原の後継者であった大矢馬太郎は、一月三〇日に政友会を脱党して、無所属となった。岩手県の政友会会員同士が争うことを嫌ったことが直接のきっかけであるが、すでに述べたように、原と比較されてその重みに耐えられなくなったことが背景としてある。他方、自由民権運動以来の「老将」で、原の初出馬の時から政友会員として原を支持した鵜飼節郎は、一月中旬に、高橋総裁は子爵の爵位を返上して「平民宰相（原）が眠る」盛岡から出馬してほしい、と地元の新聞に談話を発表した[360]。

二月中旬、高橋は高橋是賢に爵位を譲り、いよいよ衆議院選挙に出馬することになった。三月二日には、高橋を盛岡市部選挙区から出馬させようと、政友会岩手県支部は「市民大会」を開いた（聴衆一二〇〇人）。三月四日、高橋から立候補承諾の電報が、政友会岩手県支部に届いた。三月五日付地元の新聞は、支部員たちは高橋が承諾した電報を「原敬墓」の前に供えたことを報じた。六日には、三月二日の市民大会の決議を携えて支部幹部が高橋に出馬を勧誘に行くと、高橋総裁が「原総裁の英霊が眼前に髣髴《ほうふつ》する」ようだと述べた、という記事が掲載された〔361〕。

盛岡市選挙区では、政友本党側から地元出身の田子一民《たごいちみん》（南部藩士の子、東京帝大法科を卒業し、内務官僚となり、社会局長・三重県知事）が出馬した。高橋は盛岡と直接縁がなかったこともあり、地元出身の田子との戦いは、容易ではなかった〔362〕。

高橋は選挙運動のため、三月二一日に盛岡市に来ると、さっそく大慈寺の原の墓に参った。そこには原の嗣子の貢《みつぎ》も駆けつけ、高橋と一緒に写真に納まった。この記事は、同日の夕刊に掲載された。すでに原の妻浅は前年三月に死去しており、原家は政友会を支持する形となった。この盛岡遊説で、二三日に高橋は商品陳列所で演説会を開き、一二〇〇名もの聴衆を集めたが、「政争をよそに総裁財政演説」と報じられたように、高橋は個別の公共事業等に触れなかった〔363〕。このような姿勢は、原と同様であった。次いで五月四日にも盛岡を訪れ、原の墓に参った。高橋は地元の新聞記者に、「原君が存世なら必ず護憲のため奮起される」と語った〔364〕。

盛岡市選挙区で原の継承を唱えて墓に参拝したのは、高橋や政友会支部員たちばかりではなく、対立する政友本党側も同様であった。政友本党から立候補した田子を支援するため、三月二九日、同党幹部の中橋徳五郎（前文相）が盛岡にやってきた。中橋は途中の一関駅で、「原氏は政治家の理想的典型だ」と述べ、盛岡に着くと、すぐに大慈寺の原の墓に参った〔365〕。

さて、投票は五月一〇日に行われた。政友会を二つに割った戦いとなった盛岡市選挙区の投票結果は、高橋が八五九票、田子が八一〇票を獲得、高橋が激戦を制した。郡部では政友会四名、憲政会一名、政友本党一名が当選した[366]。政友会は、すべての議席を制した一九二〇年総選挙よりも後退したが、岩手県での勢力を維持したといえる。

岩手県では原の政治遺産を維持できたといえるが、分裂した政友会は、全国的には苦戦だった。第四九特別議会での議席は、憲政会一五五名、政友本党一一五名に次いで、政友会は一〇一名となり、第三党に転落してしまった。その後、政友会は革新クラブ等を合同し、さらに政友本党からの入党者も入れて、一九二五年三月までには第一党憲政会に近づくまでに議席を回復した。

しかしそれよりも、一九二五年四月一三日に高橋が総裁を引退し、田中義一(前陸相)が総裁になったことの意味の方が大きい。田中は総裁に就任して四〇日経つと、高橋前総裁とともに盛岡を訪れ、原の墓に参った。この旅行は政友会東北大会に出席するためでもあった。田中は東北大会で、「庶政の更始一新」を唱えた[367]。これは、田中が原の墓に参りながら、原の政策の根本精神を継承しようというより、変えようとしていることを示す。

実際、田中総裁の下で、一九二五年末までに政友会は米国を中心とした列強との協調や日中「親善」の外交を捨てた。また反対党である憲政会(民政党)との競争で、個別の公共事業を提示して党勢拡大に積極的に使おうとするようになっていった。また憲政党(民政党)も、協調外交・緊縮財政・産業合理化などの新政策大系を提示する一方、有権者数が四倍にもなる普通選挙法案を一九二五年に成立させる前後から、政友会に対抗するため、政権を担当している時は権力を利用して公然と党略的行動を取るようになった[368]。その意味で、原の没後四年も経たないうちに、政友会は外交・内政両面で原の目指したものを変質させてゆき、憲政会も原の理想とは異なった道を歩んでいったといえる。

このように政友会や日本の政党が変質していくのを、原の死後三年目の命日を前に地元新聞の記者も感じていた。一九二四年一一月三日に、次のような記事を掲載した。

大慈寺畔にねむる原氏の眼から見たならば、いまの政党がいかに無力なものであるか、意気地のないものであるか、と情なく思ふだらう。そして自分の政党が二派にわかれてやれ本家だの分家だのと争つてゐるのを見たら全く愛想がつきるだらう。

故原氏の命日を迎へて、政党は一体何を思ひ出すであろうか、原氏の胆力なく機略なく先見なく、実行なく、もし原氏にしてあらば……の嘆にたへぬものがあらう。…（中略）…大慈寺の墓に詣つてみれば分る、原敬墓としるされてある丈だ、平民首相として一代を終はつた、このサツパリした心もちをなぜ政党は分らぬ（の脱カ）だらう。…（中略）…わが原氏はやはり一大政治家として永久に生きてゐる。偉人は死せぬ。それを殺すのは政党であるまいか[369]。

◆原内閣時代に決定された鉄道のその後

〈山田線〉

最後に、岩手県に関わる鉄道で、原内閣時代に建設が決定したり、あるいはその前の寺内内閣で建設が決定していたが原内閣時代で起工させたりした鉄道のその後について、簡単に述べておきたい。なかでも、トンネルが多く難工事の上に途中の沿線にあまり人が住んでおらず、反対派から批判された山田線（盛岡－宮古－山田間）と、最短ルートを取らず、政治的に路線を決めたと批判された大船渡線（一関－気仙沼－大船渡－盛《さかり》間）を中心に論じる。

一八九二年に鉄道敷設法ができた際に、盛岡市付近から太平洋に出て、海陸の連絡を取るという線が、早期には着工しないが、将来の着工の候補線としての二期線となった。この有力な路線の一つが、盛岡－宮古－山田とつなぐ山田線であった。日清戦争前から、山田線建設は盛岡市民や宮古など三陸海岸の沿線住民の願望で、建設を求める運動がなされてきた。

しかし、その後、盛岡の南の花巻から遠野に出て、三陸海岸の大船渡に達する大船渡線（現在の一関－気仙沼－大船戸－盛間の大船渡線とは異なる。遠野までは現在の釜石線に近い、そこから新しいルートで大船渡に達する）が、太平洋に出る二期予定線の路線として有力になってきた。一九〇七年三月六日の第二三議会衆議院「大船渡鉄道鉄業ノ利益ニ関スル建議案委員会」で、山之内一次逓信省鉄道局長は、そのことを公言した。もっとも、工事の費用のみならず、港の関係（大船渡港と宮古港・山田港の比較）、貨物の関係等の調査が残っており、政府の方では敷設できるかどうかまだ決定する時期になっていない、と考えていた[370]。

それから一一年半経ち、原内閣が成立し、全国的な鉄道網を積極的に建設する方針の下で、多くの新線着工の検討が始まっても、山田線は難工事が予想されるため、できる限り費用のかからないルートを見つけるのに手間取った。このため原内閣成立後の最初の議会である第四一議会に、山田線は提案されなかった。山田線は、岩手県関連の路線で第四一議会で決まった大船渡線・花輪線（好摩《こうま》線ともいう、東北本線好摩駅－花輪間）・八戸線（八戸－久慈《くじ》間）に約一年遅れ、第四二議会に提案されたが、野党が普選案を提出したため、原首相は議会を解散した。原内閣は、一九二〇年五月の総選挙で圧勝した後、第四三特別議会で山田線も含めた全国の五線を緊急のものとして建設を決定した。

山田線の工事は、翌一九二一年一〇月一〇日に着手され、原の没後約二年経った一九二三年一〇月一〇日に盛岡－上米内《かみよない》間（九・八七キロメートル）で開業した。しかし当初は決定から一〇年間で完成予定であったが、政府の財源難もあって、宮古まで開通して盛岡と三陸海岸が横断鉄道で結ばれたのは、一九三四年一一月六日で、決定から一四年以上経っていた。さらに当初の目標の宮古より南方の三陸海岸の町、山田まで開業したのは、一九三五年一一月一七日（決定から一五年以上）で、同線は予定を延長し三陸海岸を南下、一九三九年九月一五日に釜石まで開業した[371]。

一九三五年一一月に山田線の盛岡－山田間が開業した際に、地元の新聞は、一年前の宮古までの開業を、次のように振り返った。「鉄路は本県沿岸の心臓部宮古港に達し、開業以来夜に日をついで三陸産鮮魚、閉伊川《いかわ》筋山間部から積出される木炭、材木の輸送が行はれ、地方産業は急激なる進展を示し、文化の向上一段と顕著となりつつある」[372]。

また当初予定の山田線全体が完成したことに関し、記事は、以下のようにも論じた。盛岡より北上山脈を横断する難工事の山田線の建設について、「猿が乗る鉄道を通す必要ありや」との議論も出た、と思い返した。しかしその論は正当ではなく、岩手県は四国にも比べられる大県で、漁業資源・山林資源・地下資源など「無限の富」があるが、県の八割が山林原野で開拓が難しく、横断鉄道の二本か三本を必要とするのは当然で、山田線もその一つだ。

これまで、県庁の役人が盛岡から宮古に来るには歩いて二日、自動車でも朝早く出て夕方にやっと着くほどで、また一般の人は自動車の料金など払えない。これが山田線によって、山田までで盛岡から五時間一六分で着くようになった。岩手県では海を知らずに一生を終える人がかなりいたし、海を見ようとすれば宮城県の南松島か、青森県の北八戸まで行かなければならなかったが、山田線によって一日で海まで往復できるようになった。

さらに回想し、この線は「我れらの原サンの形見の鉄道である。原氏なかりせば、或はこの山田線は永久に実現されなかつたかも知れぬ。原氏は全日本を背負つて立つた世界の宰相でありしと共に、郷土にかへりては、全く比類なき郷土人であつたのだ」、「大慈寺畔に眠る原氏の霊、希くは来りて、今日のこの盛事を見たまはずや」[373]。

記者は以上のように山田線の有用性を論じ、原の功績をたたえた。

道路や自動車が発達していなかった当時において、潜在的な可能性のある地域にとって、鉄道の開通は決定的であった。山田線が山田まで全通した際の地元の新聞の記者は、原が世界や日本全体を考えて政治を行ったことを知っていた。しかし、全通の喜びのあまり、原が岩手県や盛岡市に特別に配慮して政治を行ったかのようなニュアンスも記事に残ってしまった。

その後、山田線は釜石まで延長され、鉄道で釜石が盛岡駅を経て東北本線に、さらには全国につながった（現在の釜石線〔釜石－東北本線の花巻間〕が全通するのは、一九五〇年）。地元紙は、釜石市は天然の良港に恵まれながら、背面の「連絡機関」を欠くため「陸の孤島」と呼ばれてきたが、これで三陸一の良港と製鉄所を有して発展する釜石が受ける利益は莫大なもので、期して待つべきものがある、と論じた。また、日本製鉄株式会社釜石製鉄所長の藤田俊三も、山田線に大きな期待を示した[374]。

山田線からわかることは、原が「我田引鉄」で政友会の党勢を拡大したというイメージは、様々な要素が重なって独り歩きしている、ということである。「猿が乗る鉄道」云々のような当時からあった反対派の原や政友会への批判。すでに述べたように公共事業を党勢拡大に結びつけるような政治が、田中義一内閣下で与党政友会により、目立って行われるようになったこと。山田線が山田まで通じた時のような原への善意からの感謝の記事がもたらした誤解。さらに本章の冒頭で述べたように、一九六〇年代以降に顕著になった自民党による公共事業に関連させた利益誘導。これらが増幅され、第二次世界大戦後に日本の研究者やジャーナリストらによって、原の誤ったイメージが定着してしまったのであろう。

〈大船渡線の路線をめぐる流動性と誤解〉

次に同じ問題を考えるため、大船渡線を見てみよう。この線は、岩手県一関から門崎《かんざき》を経て、最短距離で千厩《せんまや》に行かず、門崎からいったん北上して松川と摺沢《すりさわ》経由で千厩につないだことが、政治的なものだとの批

図2　大船渡鉄道の路線とひとつの構想

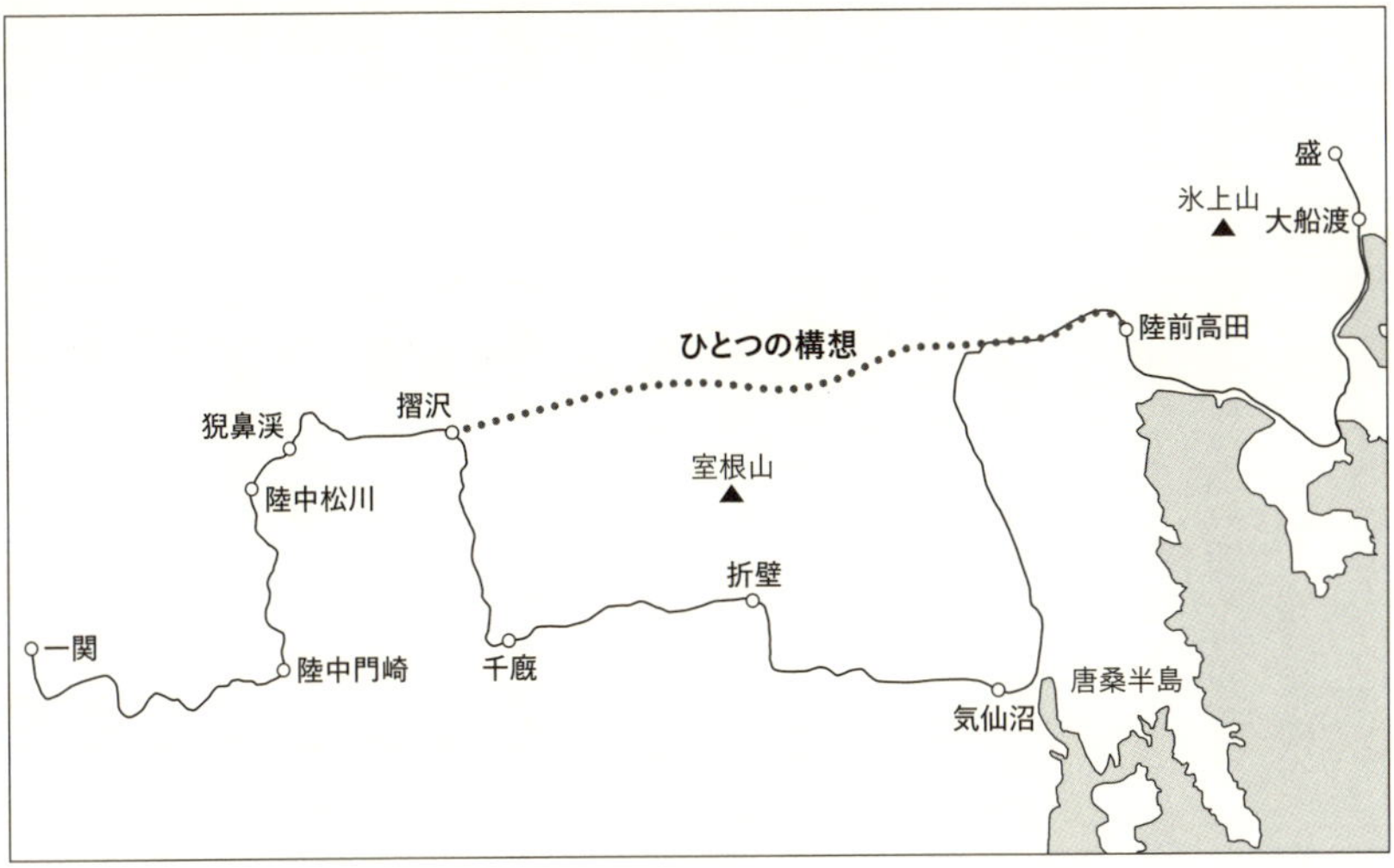

判がある。

　大船渡線の路線決定に関し、宮崎隆次は、「原＝政友会」は、一九二〇年総選挙に摺沢の富豪佐藤秀蔵（前貴族院多額納税議員）の息子良平を、憲政会の有力者柵瀬《さくらい》軍《ぐん》之《の》佐《すけ》の対抗馬として立候補させ、佐藤が当選し、柵瀬が落選した事実をまず挙げる。その結果、副産物として、一関－陸中門崎から千厩を経て気仙沼－陸前高田に至る路線は変更され、陸中門崎から摺沢を通す「我田引鉄」策になった、と論じている[375]。しかし、宮崎が論拠としている盛岡工事局編『盛岡工事局五〇年史』（同、一九六九年、五八頁）には、そうした記述がない。宮崎の引用文献の中でそれに類する叙述があるのは、盛岡鉄道管理局『盛岡鉄道管理局一五年史』（同、一九六六年、五八頁）である。しかし同書は、巻末に「文献目録」は挙げているが、本文のこの叙述も含め根拠を示していないので、真偽がまったく確認できない[376]。さらに同書は、真偽について十分に検証せずに安易に叙述し、明らかに誤っている箇所が目につき、信用するに足らない[377]。それにもかかわらず、宮崎は、同書の山田線に関する部分を、山田線建設は

「技術力よりは〔政友会の〕政治力が与かって」いたことは明らかな例である、として引用している。

そもそも、宮崎論文のいう「原＝政友会」が党利党略で門崎－千厩間が変更されたという、大船渡線の一関－門崎－千厩－気仙沼（宮城県）－陸前高田（岩手県）という路線が、いつどのような形で決まっていったのかについて、これらの文献はほとんど論じていない。まず、それについて簡単に見てみよう。

すでに述べたように、鉄道敷設法ができた際に、第二期線となった盛岡付近より太平洋に出る鉄道としては、山田線が有力視されていた。したがって、山田線より、さらに八〇キロメートルほど南部で太平洋まで達する路線を建設しようとした人々は、民営鉄道を作ろうとした。こうして、一八九七年に「磐仙《ばんせん》軽便鉄道株式会社」が創立されたり、一八九九年に「大船渡開港鉄道鉄業株式会社」の発起人会が開かれるなどした[378]。

「大船渡開港鉄道主唱発起趣意書」は、一八九九年二月付で配布された。五九人の発起人の中には、石井省一郎（前岩手県知事）・大隈英麿（衆議院議員、憲政本党）・下飯坂権三郎（衆議院議員、憲政党）・佐藤昌蔵（衆議院議員、憲政党）らや、盛岡市関係では清岡等（盛岡市長）・久慈千治（大地主、盛岡市参事会員）らがいた。しかし、同鉄道株式会社主唱発起人規約には、「陸前気仙郡大船渡湾を貿易港となすに付、日本鉄道幹線〔のちの東北本線〕より同湾に至る間の鉄道を布設するか為め株式会社を組織する」と目的が記してあるだけで、おおよその路線すらはっきりさせていなかった[379]。路線をはっきりさせないことで、多くの人々を結集し、どこかに横断線を実現しようとしたのである。

しかし、資金的な問題で、会社はとても鉄道建設を着工する見通しを立てられなかった。そこで、一九〇〇年の第一四議会には、「大船渡開港鉄道鉄業国庫補助ニ関スル建議案」が、下飯坂衆議院議員（憲政党）他二七名によって提出された。建議案は、この鉄道の建設費を一二〇〇万円と見積もり、その三分の一の四〇〇万円を政府から補助してもらおうというものだった。建議案は、二月二〇日の衆議院の建議案審査特別委員会を通過し、二二日には本会議も通過した[380]。

しかし、鉄道への補助は放っておかれた。日露戦争後、一九〇六年の第二二議会では、日露戦後経営に関連づけて、再び「大船渡鉄道鉄業ニ関スル建議」が衆議院に提出された。今回は、阿部徳三郎(岩手県郡部区選出、政友会)他九名の提出であった。建議は三月二六日に衆議院本会議を通った[381]。

次いで、翌一九〇七年の第二三議会に、磯部四郎(政友会、東京市部区選出)他六名提出で、「大船渡鉄道鉄業ノ利益補給に関スル建議案」が出された。その内容は、同鉄道が開業しても、株式の利益が年六パーセントに達しない時は、一五年を限って政府が利益を補給する、というものであった。この建議案は、三月二一日に衆議院本会議を通った[382]。

この間で注目されることは、「山田線」のところで述べたように、今後の詳しい調査が必要としつつも、鉄道院が山田線よりも大船渡線を盛岡付近より太平洋に至る官営鉄道の予定線としてふさわしいと考えていると公言したことである。しかも、その大船渡線は後に実際に建設される一関－宮城県気仙沼－岩手県大船渡の路線ではなく、花巻－遠野－大船渡の路線が想定されていた。

その後も、第二四議会(一九〇八年)・第二五議会(一九〇九年)と「大船渡鉄道鉄業利益補給ニ関スル建議案」が衆議院に提出され、いずれも本会議を通過した[383]。この審議で注目されるのは、建議案提出者たちは、大船渡鉄道を官営で実施するなら早く着工ができる一期線にして早期着工するか、それが無理なら民営で建設するので利益を補給してほしい、と政府に二者択一を迫ったことである。ところが、政府側委員の山之内一次逓信省鉄道局長らは、調査中と言って、官営鉄道としての大船渡線についてはっきりとした見通しを示さず、利益補給についても応じる姿勢を示さなかった。当時において鉄道を管轄する逓信大臣であった原敬(内務大臣と兼任)も、一九〇八年三月に、政府は好意をもってこの案について調査を進めていきたい、と答弁したにすぎなかった[384]。

建議案が議会を通過するのは困難でないが、政府の政策にすぐに影響するわけでないのは、大船渡鉄道だけのことではなかった。

また、一九〇九年三月五日の第二回建議案委員会で高橋嘉太郎（政友会、岩手県郡部区選出）が、大船渡鉄道の路線は昨年までは花巻‐大船渡であったが、本年は黒沢尻（現・北上）‐大船渡でないかと質問している。これに対し、政府委員の平井晴二鉄道院副総裁が、花巻‐大船渡から変わっていないと答えた。このように、地元の有力政治家の高橋にも、大船渡鉄道の路線は確固としたものとして認識されていない。さらに重要なことは、後に原首相や政友会が党略的にねじ曲げたとされる一関‐門崎‐千厩間（さらに気仙沼‐大船渡へ）の路線は、大船渡線の建設促進の運動過程においては、鉄道院（政府）側でも、地元岩手県においてもあまり問題にされていない、歴史の浅いものであったことである。

〈突然の大船渡線（磐仙軽便鉄道）決定〉

その後、一九一〇年一一月頃に一関‐千厩を経て気仙沼に至る磐仙鉄道（のちの大船渡線）の問題が再燃し、民営の軽便鉄道として政府の許可を得た。東磐井郡摺沢村の富豪佐藤秀蔵（貴族院多額納税議員、八十八銀行取締役）が中心となって株式募集に奔走したが、一部郡民の反対もあって募集はうまくいかず、磐仙軽便鉄道建設構想は挫折した。

ところが寺内正毅内閣下で、一九一八年一月、鉄道会議に官営の磐仙軽便鉄道（一関‐千厩‐気仙沼）を建設する案が突然提出された[385]。この理由は、第一次世界大戦の影響で、日本はこれまでにない好景気となり、鉄道の貨物・旅客ともに「無限に増加し行く」と、前年六月に報じられたように[386]、鉄道の益金が増加したので、建設に充てられる財政的な余裕ができたからであろう。

後藤新平鉄道院総裁（内相と兼任）は、一九一八年二月一日、第四〇議会の衆議院鉄道敷設法中改正法律案

委員会で、これまで鉄道新線の建設計画をこれほど出したことはないが、将来、第一次世界大戦後の発達のために必要であるという点から地方の求めに応じたい、と本鉄道の建設への積極的な姿勢を示した。さらに軽便鉄道線のごときも、今後十分の要求に応じて建設することに努めるつもりである、と説明した[387]。一関－千厩－気仙沼をほぼ東西に一直線に結ぶ路線が突然議会に出されたのは、おそらく、岩手県関係者の後藤への熱心な陳情があったからであろう。それに加え、北上川に鉄橋を架ける難工事はあるものの、比較的トンネル工事も少ないので難工事は少なく、手頃な経費ででき、東北本線から三陸海岸への懸案の横断線になり、地域経済にとって有意義であると見られたからであろう。

しかし、八カ月前までは、東北本線から太平洋への横断鉄道として、むしろ山田線が論じられていたほどで[388]、磐仙線（のちの大船渡線）は唐突であるといえる。磐仙線案は、三〇・九マイルを総工費三五二万円で、一九二〇年度より着手、一九二四年度に完成する計画で、鉄道会議と帝国議会を通過した。この決定にあたっては、沿線に予定された千厩町・一関町・気仙沼町は特に熱心に運動した。もっとも、一九二〇年度は予算額五万円にすぎず、二一年度七〇万円、二二年度一〇〇万円等と増えていくことから[389]、一九二〇年度に測量をして、実質的な工事は一九二一年度より始まることになっていた。

なお、官営の磐仙軽便鉄道の経費は当初五五万円と報じられたが、すぐに岩手県土木課長の談として、少なくとも三〇〇万円はかかるとの記事が新聞に出た。さらに二月上旬には政府の計画では三五二万円かかると報じられ、最終的にもその額に決まった[390]。本鉄道として敷設された大船渡線（磐仙軽便鉄道の後身）の一関－気仙沼間は、二八八万二〇〇〇円で請け負われ[391]、工事費はほぼ同じで、むしろ大船渡線の方が安い。ここから、磐仙軽便鉄道は軽便鉄道の名を用いているが、最初から本鉄道を作るつもりで計画されたことがわかる。本鉄道として議会で建設の承認を得ようとすると、一八九二年の鉄道敷設法の制約を受け、盛岡付近から太平洋に出る鉄道は一つであるので、二期予定線の山田線を削除し、磐仙線を一期線にしなくてはならない。このような岩手県内部の対立を避け、磐仙線のみを建設するために、本鉄道を建設する暗黙の了解の下に、手続き的には軽便鉄道として議会の承認を受け、本鉄道を建設しようとしたのであった。

〈検討の上での路線修正〉

原内閣が成立し一年一カ月ほどすると、同内閣が全国に鉄道網を作ろうと鉄道建設に積極的であることが伝わっていき、一九一九年一〇月下旬には、千厩町長千葉需《もとめ》（憲政会員）・折壁《おりかべ》村長らが、一九二〇年度から予定の五万円よりも多く支出して磐仙線軽便鉄道（大船渡線）を起工するように、政府に働きかけた。この陳情を原首相は熱心に聴取し、「必ず諸氏の希望を実現すべしと明答」したという[392]。しかし、一九二〇年度の年度割の変更はなされなかった。これはおそらく、寺内内閣期に突然決まった路線が経済合理的に妥当かどうか検討する時間が必要だったので、工事を急ぎたくなかったからであろう。

その後、第四二議会下、衆議院の予算総会後に第六分科会（鉄道院所管）に提出された予算がらみの鉄道計画では、磐仙軽便鉄道（大船渡線）は一関－大船渡間が五二マイルとされていた[393]。後に実際に建設された門崎から北へ迂回し、松川－摺沢－千厩という路線を取れば、一関－大船渡間は六四・五マイルとなる。したがって、この時点では寺内内閣期に決まった路線の変更は考慮されていなかったようである。この路線は寺内内閣期に唐突に決定されたものであるが、政権担当後一年以上経った段階でも、慎重に検討中で、路線変更を党略的に持ち出していないことがわかる。

一九二〇年五月の総選挙に政友会が圧勝した後一一月になると、磐仙軽便鉄道（大船渡線）の路線をめぐって、「線路の争奪の運動が非常に激しく」、政府でも耐えられず、ついに一時測量を中止することになったので、気仙沼では早く同線が開通してほしいとやきもきしている、との報道がなされた[394]。また別の記事で、東磐井郡内に争いがあることが、初めて報じられた。それは、とりわけ南方の千厩町と北方の摺沢村が、同鉄道が自分の町村を通ることが有利であることを主張し、その筋に運動を始めたとの記事である。その折、宮城県では森正隆知事（政友会系知事として有名）が中心となり、東北本線瀬峰駅（宮城県）から気仙沼に至る軽便鉄道を計画し、猛烈な運動を始めた。そこで、平野東磐井郡長は漁夫の利を宮城県に占められるのを憂慮し、千厩町の旅館に佐藤秀蔵（前貴族院多額納税議員）や郡会議員ら有力者を集めた。平野らは懇談の結果、今後一致協力して目的の貫徹に努めることになった。そこでは、互いに運動を中止し、政府の予定線に対し何らの要求または意見を提出しないことを申し合わせたという[395]。

しかし、この申し合わせは守られなかったようである。一九二一年三月末に、大船渡線中の「千厩摺沢地方の線路に関しては同地方の人心一致せず、互ひに小競合を為しつゝあるが如き、当局に取りては誠に迷惑なり、されば其れ等の地方を経由すべき線路の選定は余儀なく立遅れとなるも詮方《せんかた》なかるべ」し、と報じられた[396]。

その後、原の最晩年の一九二一年九月上旬において、大船渡線の第一工区（一関－西磐井郡弥栄《やさかえ》村地内横石）までのルートは決定し起工されていたが、それ以東の第二工区に関しては、千厩町を経由すべき線および摺沢村付近を過ぎる比較線について、地形測量を終え、鉄道省で審査中であった、当地方は政争から線路の争奪が一時盛んであった関係があって、慎重な態度で詳細を調査研究の上選定する必要がある、と報じられた[397]。さらに一一月四日に原が暗殺されるまで、問題となる第二工区の鉄道路線は決定していない。

結局、第二工区は弥栄《やさかえ》－門崎間と短くなり（一九二二年四月一一日着手）、そこから先が第三工区となり、千厩方面に行くか、陸中松川を経て摺沢に行くかが先送りされる形となった[398]。これは、その先の路線を検討するのに時間がかかるからであろう。

その後、一九二二年五月末に『岩手毎日新聞』（一九二二年五月二八日）の「磐仙鉄道の工程」という記事は、第三工区（門崎から長坂（門崎の北）に至る四マイル）は実測終了して線路選定認可になったので、近々工事に着手するはずである、と紹介した。また、盛岡建設事務所では千厩町側の希望も「幾分容れたい」と思って千厩付近の地形測量をしており、その上で「千厩にも便宜な線路」を設計して敷設するという[399]。

この意味は、大船渡線が一関－門崎－松川－摺沢から、千厩を通らずに直接陸前高田に向い、そこから大船渡に行くという新しい路線を作る可能性が出てきたということである。その方が、一関－門崎－千厩－気仙沼－陸前高田－大船渡の路線よりも、良港である大船渡までの距離が短くなる。寺内内閣期に唐突に決まった路線を再検討して修正することは、悪い選択ではない。しかし、東磐井郡の郡都であった千厩町にとっては、鉄道から取り残されることになり、死活問題である。このため猛烈な鉄道誘致運動が始まった。そこで鉄道省は、摺沢から陸前高田に直行する路線と、摺沢から千厩付近を経由する路線を並行して検討し始めたということであろう[400]。

したがって、原の死後、半年ほどで、門崎から直接千厩に行くルートは否定され、北に向かうルートが決まったといえる。その後、摺沢から南下し、千厩を通る路線が決定するまでに、大きな紛争として確認されるのは、一九二二年秋の松川村内の駅の位置をめぐる争いがある[401]。この争いのため、線路の選定ができず、工事が一時見合わせにならぬともかぎらない、と地元の新聞では報じられた[402]。これは、現在の陸中松川駅を設置することで決着した。

その後、護憲三派の加藤高明内閣下の一九二四年七月下旬までには、摺沢から直接陸前高田－大船渡に行く路線は否定され、千厩付近を通ってまず気仙沼へ行く路線が固まったらしい。しかし摺沢から千厩に南下すると、気仙沼への距離が遠くなるので、摺沢から東南に向う路線が設定されたらしい。このため、千厩町を約二一町(約二・三キロメートル)はずれて気仙沼方面に向かうことになったので、千厩町長加藤久松以下、隣接各町村長が、千厩町に駅を設置してもらいたいと、仙石貢鉄道大臣(憲政会)に請願書を提出した。これについて、小野盛岡建設事務所長は、千厩町民の望みをできればかなえてやりたいが、地勢その他の関係上、遺憾ながら希望に添うことができない、と語った[403]。これは前年の関東大震災後、その復旧のために東京・横浜地方などの被災地以外の事業を縮小する必要に迫られたからである。それにもかかわらず、千厩町民の要望を入れ、大船渡線は摺沢から南下して千厩町の中心に行き気仙沼方面に向かうという、距離の長い現在の路線になった。

なお、大船渡線が北に大きく迂回したのは、次項で述べるように、摺沢や松川方面は人口も多かったので、経済的にも期待され、意味のあることであった。宮崎論文は、原の死後に路線が決定され、経済合理性もあったものまで、原の「我田引鉄」と主張しているのである。

〈大船渡線北迂回の効果〉

大船渡線の最初の開業区間は、一関－摺沢間(三〇・九キロメートル)で、一九二五年七月二六日のことであった。一関－門崎間でなく、摺沢まで開通するまで開業しなかったのは、摺沢までつながらないと利益が出ないからであった(表4)。それほど摺沢駅の存在は重要なのである。摺沢駅までの開通に対し、沿線となる東磐井《ひがしいわい》郡長の加藤守道は、本郡の農産七四一万円、林産一三四万円、畜産一四万円で、総生産額は一〇〇〇万円を越え、かつ「未開の天然資源」が少なくないので、「文化の開発殖産興業の振興、商業の繁栄」に期待でき、今後沿線の発展は目覚ましいものになるだろう、と喜びを表した[404]。

工費を見ると、門崎－千厩間が一四〇万円、この間の松川－摺沢間は六〇万四〇〇〇円であり、門崎－千厩間を最短で絡んでも、同程度必要と思われるので、北へ迂回したことで余分にかかった工費は七九万六〇〇〇円程度にすぎない、と推定できる[405]。

すなわち、わずか八〇万円程度の工費の増加で、一年の総生産額一〇〇〇万円以上の東磐井郡の主要部を周回する形で鉄道を通したことになる。また迂回させたことにより、砂鉄川沿いに峡谷美が連なる猊鼻渓《げいびけい》も、

表4　大船渡線各駅の旅客・貨物各駅の収入（単位：円）

年度＼各駅	真滝《またき》	陸中門崎《かんざき》	陸中松川	摺沢《すりさわ》	千厩《せんまや》	5駅の収入合計	松川・摺沢の収入の5駅の収入に占める百分比
1928年	4,094	36,676	37,235	144,233	87,453	309,691	58.6%
	（262）	（14,023）	（17,611）	（80,942）	（40,787）	（153,625）	（64.2%）
1929年	4,253	37,880	41,398	115,395	62,731	261,657	59.9%
	（231）	（12,927）	（20,901）	（55,243）	（26,877）	（116,179）	（65.5%）
1930年	4,453	32,413	29,984	87,052	43,106	197,008	59.4%
	（419）	（9,607）	（13,220）	（38,195）	（18,274）	（79,715）	（64.5%）
1931年	4,370	33,280	26,304	88,292	39,811	192,057	59.7%
	（386）	（10,051）	（11,745）	（43,816）	（15,515）	（81,513）	（68.2%）
1932年	4,035	34,658	28,109	86,578	41,622	195,002	58.8%
	（389）	（14,108）	（15,087）	（46,468）	（18,633）	（94,685）	（65.0%）
1933年	4,651	33,809	35,767	85,017	47,288	206,532	58.5%
	（548）	（14,170）	（20,493）	（46,461）	（20,408）	（102,080）	（65.6%）
1934年	4,230	35,678	44,632	94,490	50,244	229,274	60.7%
	（469）	（15,861）	（28,737）	（55,477）	（22,235）	（122,779）	（68.6%）

備考：1　出典は各年度『岩手県統計書』（岩手県）。
2　上段は旅客・貨物の合計収入。下段の（　　）内は貨物収入。

その沿線となった。

一関－摺沢間開通の二年後、一九二七年七月一五日に摺沢－千厩間（九・三キロメートル）が開通した。高橋国治（岩手県会議長、政友会、東磐井郡選出）は、「世人をして少からず憂慮せしめた問題も今や平和の解決を告げて」盛典を行うに至ったことは、地方の為にも国家のためにも幸福である、と論じた［406］。摺沢にも千厩にも大船渡線を通すということで、一関－千厩間の時間はかかるようになったが、千厩も含め両町村をそれなりに満足させたのである。

その後大船渡線は、計画より四年以上遅れて一九二九年七月三一日に気仙沼まで開業して三陸海岸とつながり、それから北上して、計画より五年遅れながらも一九三四年九月三日に大船渡まで開業、一九三五年九月二九日に大船渡の北二・七キロメートルの盛《さかり》まで開業して工事を終了した。

大船渡線を門崎から北へ迂回させた経済効

果を知るため、千厩駅まで開通した次年度の一九二八年度から、統計の残っている一九三四年度までの、関係各駅の旅客・貨物の合計収入、貨物収入を検討する。注目すべきは、北へ迂回してできた摺沢・松川の二駅のみで、千厩までの五駅の総収入の六〇パーセント程度を占めていたことである。これから、迂回したことは東磐井郡内を大船渡線が巡って収入を上げることに大きく貢献したといえよう。また、その収入は旅客よりも貨物収入が多かったことがわかる（表4）。

北へ迂回しなければ、一関－千厩間（二三キロメートル）の三駅で、迂回した五駅間（三九キロメートル）の収入の四〇％ほどしか得られない。しかも貨物収入が大幅に減少することから、鉄道が地域の産業の発展に貢献する度合いは大きく減少する。

一九三四年を例にとると、貨物の発送トン数の多いものは、摺沢駅では、丸太類（八一〇四トン）、木炭（五四八七トン）、木材類（一四五八トン）などで、松川駅では、石灰石（四一三九トン）、丸太類（二九六七トン）、木炭（一三九〇トン）などである［407］。このように、大船渡線を北へ迂回させたことによって、東磐井郡の林業（丸太・木材・木炭）や鉱業（石灰石）を発展させているといえる。

すなわち、大船渡線の北への迂回は、原首相や政友会の党利党略的行為ではない。この路線設定に沿線の住民の要望が反映されたことは間違いないが、経済的に不利益になるにもかかわらず、政治的に捻じ曲げて北上させたのではない。寺内内閣の時に唐突に決められた路線を再検討した結果、原の没後に、当時の地元民の要望を入れて経済合理的な路線に修正されたものであるといえる。

〈その他の鉄道〉

花輪線は、原内閣下の最初の議会である第四一議会で決定した。一九二〇年一二月に起工し、計画より二年半以上遅れながらも一九三一年一〇月一七日に好摩《こうま》－花輪間の全線が開通、私鉄秋田鉄道によって奥羽本線大館に連絡した。

八戸線（久慈線）も第四一議会で決定した。一九二三年一一月に起工し、一九三〇年三月二七日に全線開業した（計画より一年遅れ）。

この他、横黒線（現・北上線）は、大隈内閣下で一九一六年に第三七議会を通過していたものを、原内閣下の一九一九年五月一日に起工、一九二四年一〇月三一日に全線開業し（計画より三年半以上遅れ）、東北本線黒沢尻駅（現・北上駅）から奥羽本線横手駅に連絡した。

橋場線（現・田沢湖線）は、寺内内閣の時に決まっていたものであるが（その後、路線は少し変更）、原内閣下の一九一九年七月一五日に起工し、一九二二年七月一五日に盛岡－橋場間二三キロメートル余りが開業した（計画より数カ月遅れ）。このように秋田県境に近づいたものの、仙岩峠があり、秋田県に到達しなかった。その後、一九四四年九月に雫石《しずくいし》－橋場間が運転休止となり、レールは鉱石輸送で摩耗した山田線の交換用に使われた。第二次世界大戦後、橋場線が秋田県側の奥羽本線の大曲《おおまがり》と連絡するよう延長され、一九六六年一〇月二〇日に全線開業し、田沢湖線と名称を変えた[408]。現在、田沢湖線は秋田と盛岡を結ぶ秋田新幹線の路線ともなっている。

すでに述べたように、日清戦争前から、盛岡市を経由して三陸海岸と秋田県を結ぶ横断線を建設し、東北本線（当時は日本鉄道）と秋田県側の奥羽本線の東西の連絡もつける、という構想があった。盛岡市の有力者は、鉄道建設を促進するため、宮古など三陸沿岸の人々や秋田県側の人々と連携して運動したが、実現の見通しは立たなかった。この構想が原内閣の時に一気に進展し、盛岡と三陸を結ぶ山田線や、奥羽本線と結ぶ花輪線として、一九三〇年代半ばにかけて実現していった。また、盛岡経由ではなかったが、横黒線は一九二四年秋に開業し、東北本線と奥羽本線を連絡させた。

三陸海岸を青森県八戸から南に、気仙沼まで連絡する鉄道は、横断線の見通しができた後に、岩手県内で要望が高まってきた。これに関しても、八戸線を久慈まで一九三〇年に開通させ、後に開通する大船渡線の気仙沼－大船渡－盛間、山田線の宮古－山田－釜石間とともに、三陸沿岸縦貫線の夢をふくらませるものとなった。

以上のように、原内閣で起工された鉄道は、少し予定よりも遅れながらも着実に建設され、一九七〇年代以降に道路網と自動車交通が進展するまで、地域の産業や文化を支えたのであった。鉄道の地方支線は、時代の変化にともなって「赤字ローカル線」となっていっている。そうだとしても、日本の近代において地方支線が経済・政治・文化等の面で多様な役割を果たしたことは事実であり、経営的にも今のように悪くなかった。これを冷静にとらえる時、地方支線を建設するために尽力した人々の役割、とりわけ、財政のバランスを考慮しつつ、できるだけ合理的に鉄道網を作ろうとした原敬の役割を忘れてはならないであろう[409]。

原が本当に目指したもの・原没後の記憶と有権者たち——おわりに

本章では、これまで原敬の研究に関して本格的に用いられているとはいえない、原敬記念館の所蔵資料、「清岡等文書」(岩手県立図書館寄託)、地元で発行されていた新聞『岩手日報』(国立国会図書館新聞閲覧室所蔵)、『岩手毎日新聞』(岩手県立図書館所蔵)等に加え、大慈会《だいじかい》(原敬遺徳顕彰事業団)所蔵の新出の「原敬文書」も初めて使用し、原敬と彼の選挙区盛岡市や岩手県の関係を考察した。その主な結論は、以下の七点である。

第一に、冒頭で述べたように、原と政友会は鉄道などの公共事業を「我田引鉄」の地方利益誘導的に使って党勢を維持・拡大した、との見解は正しくないことを明らかにした。

原は選挙民に対して、立憲政治を発達させることが重要であり、その中で政党が中心的な役割を果たすべきだ、と早くから訴えた。また言外に、いずれ政党内閣の時代になるべきことも、早くから示唆していた。

そのためには、政党は時代に適合して、実現可能な政策を責任を持って掲げるべきであると考え、反対党を、野党時代に「大言壮語」し、政権を担当すれば実行能力がないばかりか、外交等で失策を行う、と批判した。

それでは、原は、立憲政治の発達にしたがい政党が政権の中枢に入り、あるいは政党内閣ができたとして、何を実行すべきだと考えたのであろうか。それはまず、国際関係の大勢を理解し、日本が孤立しないことである。そのためには、列強間の協調外交と中国との「親善」が必要であると考えた。

しかし、それでも列強間では、経済力や軍事力を背景とした競争が常に存在する。原はこのように考え、それに対応するため、国内的には産業を振興し国力をつけることが必要と考えた。この基軸は、鉄道の建設・改良を中心に、港湾の修築、道路の建設や改良などの公共事業の推進や、教育の充実にあると見た。しかし、日本は第一次世界大戦で好況になるまで、財源に大きな制約があった。原の根本には、それらの公共事業は実際の産業振興に寄与できるところから実現していくべきである、との理念があった。また原は、鉄道など公共事業が実現すればそれを生かして新たな産業を興すことを求め、公共事業がすぐに実現しなくとも、創意工夫して産業を発達させる精神の力を求めた。軍備に関しては、日本の財力の範囲内で、国際環境の変化に対応できる「必要最小限度」のものが必要だと考えた。

これらを実現し、日本の安全保障を確保し、日本人の生活を向上させ幸福を増進するのが、原のいう「公利」であり、「憲法政治」の実現であった。また、南北に分裂した中国から利益を収奪しようとする外交を批判し、中国が統一し近代化することを期待した。原の「公利」の中には、日本に次いで東アジアの人々の幸福まで入るようになった。さらに第一次世界大戦の終了の頃から、東アジアに限らず「世界平和」と他国の人々の幸福までが、原の「公利」の範囲に入れられるようになった。

原は一九〇二年の総選挙に初めて立候補した時以来、状況と場所へのある程度の配慮をしながらも、基本的にこうした理念に基づいた政策を訴え続けた。原は選挙民に地方利益誘導的に公共事業を訴えたことは一度もないし、原の演説の中で中心となるのは、外交や立憲政治や内政全体に関することであり、公共事業の割合は相対的に少なかった。

むしろ原は、選挙民が地域の発展を思うあまり、当面は実現性の薄い鉄道建設などの公共事業にのみ関心を集中させることを望ましいとは思わず、公共事業への過度の関心を他に向けさせたり抑制したりするような姿勢を取った。政友会が党勢を拡大するため安易に地方利益誘導に走ることも、原は同様に抑制した。伊藤総裁・西園寺総裁も類似した理念を持っていたので、原が総裁になる前も含め、原指導下の政友会が全体として地方利益誘導に流れることはなかった。

したがって、原の指導下で、政友会が党勢を維持・拡大していった最大の理由は、地方利益誘導ではなく、原の理念・政策や指導力を含め、政権を担当できる責任ある政党としての政友会が評価されたためである。現在、多く語られる原敬像や政友会像は、原の活動した当時の、藩閥勢力と連携する政友会に批判的であった新聞の論調や、反対党からの批判、一九六〇年代の高度成長期以降に一時的に政党としての理念を失いかけた自民党の利益誘導政策等から、政友会の行動を連想して形作られている。本章で述べてきたように、このような像は根拠が薄弱であり、今や修正されるべきであろう。

第二に、遅くとも一九一六年秋に始まり一九一七年秋には大枠が固まった、原の第一次世界大戦後の戦後経営構想に対し(本書第三章)、盛岡市・岩手県や東北地方が、基本的に原の構想に従って反応したことを明らかにした。

大戦で日本の経済状況が好転したのを背景に、一九一七年秋に原は、戦後経営の基軸として、鉄道建設などや教育機関の拡充という公共事業を提示した。すると、盛岡市・岩手県・東北地方も、全国同様に公共事業を求める支部大会・地方大会決議を掲げて、積極的に反応した。もっとも彼らは、協調外交や内政改革についても、甲号決議の冒頭に掲げたように、公共事業のみにしか関心を示さなかったわけではない。

いずれにしても、大戦後の戦後経営の一環としての公共事業という位置づけの下、一九一八年九月に成立した原敬内閣は、第四一議会(一九一八年一二月〜一九一九年三月)において、岩手県も含め全国的に鉄道等の公共事業の新しい決定を行って、実績を積んだ。さらに第四二議会(一九一九年一二月〜一九二〇年二月解散)で新規の公共事業を提示し、一九二〇年五月の総選挙で空前の勝利を収めた。それらの多くは、一九二〇年代から三〇年代にかけて実現し、地域の経済のみならず文化の発展にも寄与したのであった。

第三に、原は、第一・二で述べた理念と体系的な政策構想に加え、中央での大物政治家(首相になるまでに、逓相と三度の内相という四度の入閣、一九一四年から政友会総裁)という地位を確立することで、盛岡市や岩手県の地盤を堅固にしていったことを明らかにした。

原が帰省する際に、県境に近い駅もしくは盛岡駅に知事らが出迎えに来るのは、原が第一次西園寺内閣の内相となった一九〇六年の九月に始まり、内相を辞任した後も続いた。一九一一年七月からは、主な駅頭に岩手県各郡の郡長までが出迎えるようになった。

第四に、原の盛岡市の選挙区の分析を通して、第一・二で述べた原の政治理念や構想、第三で述べた中央での権力と威信の高まり以外に、原が地域の地盤を固めていった理由を考察した。それはまず、原が大物政治家でありながら気さくで人情味のある人柄であったことである。また原が、初めは選挙区内部の対立に過度に公然と介入しないなどの節度ある姿勢をとったことである。その後、選挙区の事情をつかみ、最初の立候補の際は原と対決した旧清岡派の心服をも得た段階で、選挙区の掌握をさらに強めるため、公然と調停的な介入をしていった。こうして基盤を確保すれば、「公利」のために介入を強める姿勢を取って、盛岡市や岩手県選挙区を掌握しきったのである。

原は一九〇二年の総選挙で盛岡市選挙区(定員一)から出馬し、前盛岡市長の清岡等《ひとし》や彼を支持した清岡派(北上《ほくじょう》派、「実業派」)と正面から戦い、圧勝した。その後、盛岡市選挙区は原一人しか立候補者がないという、原の独壇場となった。

清岡は盛岡市の経済界や市政を牛耳っていた北上派(のちの清岡派)に支持されて市長になった人物であったが、いきなり登場した原に大敗し、その後、再び原に対抗することはできなかった。これは、第一・二で述べた原の理念や構想以外に、第三で述べたように、原が第四次伊藤内閣で逓相として入閣し東北地方で最初の大臣となってから、ずっと大政党の最高幹部や有力閣僚であり続けた大物政治家だったためである。

しかしそれに加え、最初の立候補の時から「原サン」と呼ばれたように、盛岡市民と気さくに接する人柄の魅力によるものであった。このため、盛岡市の有力実業家たちを中心とする清岡派の支援を受けた清岡に対し、原は、最大の資産家の佐藤清右衛門から、制限選挙下の有権者中で最下層の中堅商工業者たちに至るまで、幅広い層の人々の支持を獲得したのであった。その後も原は、毎年のように帰省し、盛岡市の有権者とほぼ同数の人々を招待して園遊会を開き、有権者との交流を楽しんだ。一九〇九年に盛岡別邸(古川端別邸)が完成すると、園遊会はそこで行われるようになった。一九一〇年五月には、母リツの米寿の宴を盛岡別邸で催し、岩手県知事・盛岡市長などの名士から、一般の有権者までを何度かに分けて招待した。中央では内相を務め、内閣と政友会の中枢にいた原が、このように選挙民と気さくに交流を続けたことで、原の基盤はさらに固まっていった。

それに加え政治を離れては、原は母リツや兄恭《ゆたか》、少年時代の恩師に孝養や敬意を払うという、近世以来の伝統的な道徳にかなった行動を取り続けた。このことも、有権者が原に人間的な信頼と尊敬心を持つことにつながったと思われる。

ところで、盛岡市選挙区では、一九〇二年総選挙で原が圧勝すると、旧清岡派は一九〇三年の総選挙以来原を支持したが、数年ほど原支持者の中で本来の原派と旧清岡派の潜在的対立や主導権争いが続いた。さらに一九一〇年までに、本来の原派(政友会)内で宮杜《みやもり》孝一(弁護士、自由党から憲政党の幹部)が盛岡市会議長として市政に大きな勢力を持つようになっていった。すると、本来の原派対旧清岡派という対立ではなく、原派内の宮杜対反宮杜という抗争が、原の地盤である盛岡市で起こり、市長・助役や市議の相当な部分が辞任する事態にまでなった。

このような原支持者内の争いに対し、原は早い時期においては直接介入を避け、地元で事態が収束するのを待って調停する、という慎重な姿勢を取った。こうした原の姿勢もあって、一九一〇年から一一年にかけて、旧清岡派は本来の原派（政友会）と一体化するまでになった。これは原が、盛岡市の自分の選挙区の基盤を強固にしたことにとどまらず、旧清岡派が市域外の県内の実業に関係していることもあり、岩手県内への原の影響力を強めることにつながったと思われる。その後原は、一九一五年総選挙、一九一七年総選挙と、政友会岩手県支部の候補者調整について、しだいに大きな影響力を持つようになっていった。このため、反対党同志会等を与党とする大隈内閣下の一九一五年総選挙においても、岩手県での政友会の地盤は揺るがなかった。

本章では第五に、一九〇二年総選挙の盛岡市選挙区で原と正面から戦うことになった前盛岡市長清岡等と、その支持母体である清岡派の実態について、明らかにした。

清岡等は、盛岡で生まれて岩手県庁に勤め、一八九四年に三〇歳で盛岡市長に選出された。当時の盛岡市は、北上派または「実業派」と呼ばれる実業家グループが市政に大きな影響力を持っていた。本章では、それらのグループを清岡派と統一して呼ぶことにした。清岡は彼らに推されて市長になったのである。市長になった清岡は、実業家グループの要望を受け、盛岡市を経由して三陸海岸から秋田県までを結ぶ東北横断鉄道の建設運動に尽力した。とりわけ、盛岡市から秋田県に通じる鉄道の実現をめざして、各方面に働きかけた。また、商工業者の発言力を増大させるために、伊藤博文が市部を独立選挙区として優先的に衆議院議員を選出するような選挙制度改革を提起すると、この選挙法改正を実現しようと、他市の指導者たちと連携して活動した。

市部を独立選挙区とする一九〇〇年の選挙法改正は実現したが、東北横断鉄道については実現の見通しがまったく立たなかった。清岡は市長の任期が切れる一九〇〇年に再任された。この時も、清岡派に推されたのであるが、清岡本人は市長としての仕事に限界を感じ、新しくできた盛岡市選挙区から衆議院議員に出馬しようと考えていた。同じ一九〇〇年九月に、伊藤博文により立憲政友会が創立されたが、清岡や清岡派の実業家たちは、伊藤との関係の維持に気を配りつつも、山県系官僚の岩手県知事との関係を重視し、政友会に入党しなかった。

その頃、原は伊藤に誘われて政友会に入党し、年来の願望である政党政治家としてのスタートを切った。次の総選挙では、岩手県の盛岡市部選挙区か、大選挙区で一区となった郡部選挙区のいずれかから立候補しようとしていた。また、岩手県に政友会の基盤を拡大することも考えていた。

一九〇一年一〇月、盛岡市長を辞任して総選挙に盛岡市部から立候補しようとしていた清岡に、原は政友会に入党することを勧めた。入党しないなら、市部に別の政友会候補者を立てることも伝えた。おそらく原の基準から見て、清岡は外交や内政上の幅広い見識は不足しているものの、若くて学識もかなりのものであり、盛岡市の実業家層の支持を受けており、盛岡市では最も好ましい候補者であったと思われる。原は、清岡が政友会に入党して盛岡市部から出馬するのであれば、自分は出身地である本宮村を含んだ岩手郡を基盤に、郡部から立候補するつもりだったのであろう。

しかし、清岡は政友会に入党しようとしなかった。これは清岡が盛岡市選挙区から政友会が候補者を出すにしても、落選し続けている宮杜孝一（弁護士）くらいしか候補者はおらず、まさか原敬自身が出てくるとは想像していなかったからである。また、清岡や清岡派の実業家たちが、盛岡市での自らの政治力や岩手県知事・県庁とのつながりを過信していたからであった。

こうして、少しの思惑の違いから、清岡は引くに引けない立場に立ち至り、原と清岡が一九〇二年総選挙で正面衝突することになった。結果は原の圧勝で、清岡の衆議院議員への夢は断たれた。清岡もかなりの人物であったが、予想外に原を相手にすることになったのが不運であったといえる。

第六に、原は没後も強い存在感を残し、後継者となった高橋是清総裁や政友会幹部、盛岡市選挙区の後継者の大矢馬太郎や地方幹部および選挙区民に大きな影響を及ぼしたことを明らかにした。

とりわけ大慈寺《だいじじ》にある原の墓は、一時的に政友会関係者の聖地のような形になり、政友会内に高橋総裁派と反総裁派の対立が生じると、いずれの派の幹部も原の墓に参り、自分の正当性を示そうとした。また、原の存在があまりにも大きすぎた故に、高橋総裁は原時代の財政政策の修正を公然と提案するわけにはいかなかった。

盛岡市選挙区の後継者の大矢馬太郎は、地元ではかなりの経歴の政治家であったが、原の後を継ぐ形で衆議院議員となると、原と比較され、あまりにも見劣りすると攻撃されるようになった。結局、選挙区民の意向もあり、一九二四年総選挙では高橋総裁が爵位を嗣子に譲って同選挙区から立候補することになり、原の後継者となった。

一九二三年秋に県会議長選出をめぐって政友会岩手県支部が分裂状態になった際も、死後も残る原の威信によって和解をするきっかけができ、一一月四日の原の三回忌の後、まもなく手打ちがなった。

しかし、原が政友会や盛岡市選挙区・他の岩手県選挙区に残した遺産は、原の死後四年ほどしか持たなかった。原が貫いた原則は、政策的には、個別の公共事業を利益誘導の対象とせず、国民の排外主義を安易に集票や人気取りの手段とせず、国際規範を重んじ、列強や中国との協調外交を行う、等である。しかし、原が育成し選挙民と共に作ってきた盛岡市選挙区でも、原の死後半年すると、大矢代議士に盛岡高等農林学校の昇格など個別の地方利益を公然と要求するようになった。また、一九二四年一月に政友本党ができて政友会は二分され、盛岡市や岩手県でも旧来の政友会同士が争った。それよりももっと重大なことは、一九二五年四月に田中義一陸軍大将が政友会総裁に就任すると、政友会は明らかに利益誘導的となり、かつ原の行った協調外交から逸脱していったことである。

第七に、原内閣時代に着工されたり建設が決まったりした鉄道について、「我田引鉄」の最たるものとして論じられている山田線や大船渡線を例に、それらが経済合理性を無視して党略的に決まったものでないことを明らかにした。原内閣期を中心に鉄道の地方支線は党利党略によって作られたという議論は、一九六〇年代末以降に鉄道の地方支線が赤字になっていったことをきっかけに起こってきた。また、その証拠として、戦前の同時代における政友会の反対党や反対党系のジャーナリズムの議論が、安易に利用された。

しかし、地方支線の赤字は、経済の高度成長による人口の都市集中や道路整備と自動車の普及という産業・社会構造の変化によって起こったのであり、その責任を原や政友会に負わせるのは理性的ではない。地方支線の多くは、一九二〇年代から一九六〇年代半ばまでの数十年の間地域の産業振興や情報・文化の伝達に、大きな役割を果たした。なお、原首相が路線を変え最も党利党略的な鉄道路線の例だったとされる、大船渡線の門崎－松川－摺沢－千厩間に関しても、原首相の生存中には路線は決まっていなかったこと、また路線を迂回させたことは地域の経済にとって合理的だったことを示した。

私たちは、第二次世界大戦後に作られた史料的根拠が確かでない歪んだ原敬像、原の下での政友会像に、とらわれることをやめるべきであろう。政党政治の理想を地に足についた手法で追い求めた原を謙虚に見つめ、彼に学べば、現代の政治のあり方を反省することができるであろう。その先には、あるべき政治の姿が見えてくるように思われる。

註

1――伊藤之雄『原敬』(近刊予定)。

2――三谷太一郎『日本政党政治の形成』(東京大学出版会、一九六七年)一三三〜一三六、一五五〜一五八、一六四〜一六五頁。

3――同前、一六四〜一六五、一八一頁。なお、三谷は政友会の党勢拡大とは別に、第一次世界大戦後の中国のナショナリズムとアメリカ合衆国の台頭に対し、原は対米協調・中国の南北両派の自主的統一に期待する路線を構想し、中国への軍事的アプローチでなく、経済主義的アプローチを重視したと論じている(同前、二七六〜二八四頁)。三谷の原内閣の外交評価はもっともであるが、本書第三章「原敬の政党政治」第三節で述べたように、原は第一次世界大戦中から、英・米との協調と共に中国の統一を期待し、軍事的アプローチを否定し、日中親善を目指していた。

4――伊藤之雄「日本政党政治研究の課題」(『日本史研究』三四五号、一九九一年五月)。

5――伊藤之雄「若き原敬の動向と国家観・自由民権観」(『法学論叢』一七〇巻四・五・六号、二〇一二年三月)、同「若き原敬の国制観と外交観」(曽我部真裕・赤坂幸一編『大石眞先生還暦記念　憲法改革の理論と展開』下巻、信山社、二〇一二年)。

6――原と盛岡市選挙区の関係についての研究では、宮崎隆次「政党領袖と地方名望家――原敬と盛岡市・岩手県の場合」(『年報政治学一九八四――近代日本政治における中央と地方』岩波書店、一九八五年三月)が先駆的である。宮崎論文は「一般的に、地方名望家は地方利益を政党領袖を通じて中央に要求し、政党領袖はその要求を実現に近づけることによって、支持を調達する」と、三谷の鉄道建設による政友会の党勢拡大という枠組みを前提とする。ところが、岩手県関係の鉄道建設は、東北本線開通後原内閣成立まで、ただの一本もなかった。原内閣期に着工されたものを含めても、岩手県関係の鉄道建設は、東北の他県と比べても遅い。この理由を、宮崎論文は次のように言う。原の人心操縦の基本は、自分に対する支持を撤回する恐れの少ない人々に犠牲を強いるところにあった。原は政友会内での地位安定のために、特に出身地域たる東北会の支持を必要としていたと思われる。そのために原は、鉄道敷設に関しては、地元岩手県を犠牲にしても、東北の他県を優先したのではあるまいか、と。

しかし、「地方利益」が政党の支持調達の主な手段である、との「一般的」な前提は、すでに述べたように疑問である。原の選挙区を扱った宮崎論文も、「地方利益」によって政友会が党勢を拡大したことを論証していない。また、そもそも原が何のために政治を行っていたのかも論じていない。さらに、盛岡市選挙区民が原に何を期待し、原がどのように盛岡選挙区民の支持を維持・拡大したのかについても、ほとんど分析がない。それにもかかわらず、宮崎論文は盛岡選挙区の人々が原に対する支持を撤回する恐れがない、と断言している。

原が政友会内での地位安定のためには出身地たる東北会の支持を必要としていた、というのも実証がない。これは宮崎論文が論証もないまま東北会（政友会の地方団）の役割を過大評価しているのである。そもそも、自由党から憲政党、政友会へと続く自由党系の政党の各地方団は、一八九〇年代を通して弱体化していく。自由党の土佐派支配への反発に対応するため、一八九七年二月から三月にかけ、松田正久らが陸奥宗光を自由党総理にしようとして失敗すると、自由党の最高幹部の権威がなくなる。それから一八九八年半ば頃まで、自由党は一時的に各地方団の連合的なものになり、地方団が党の動向に大きな影響を及ぼした。しかし一八九八年秋以降、星亨らが憲政党（旧自由党系）の主導権を握り、各地方団の発言力は弱くなった。政友会にもこの状況が引き継がれ、各地方団は、増税や講和・護憲運動等で時折決議を上げて、党の最高幹部に要求運動する程度の存在にすぎなくなる（伊藤之雄『立憲国家の確立と伊藤博文――内政と外交　一八八九～一八九八』〔吉川弘文館、一九九九年〕、同「立憲政友会創立期の議会」〔内田健三・金原左門・古谷哲夫編『日本議会史録』第一巻、第一法規出版、一九九一年二月〕、同『立憲国家と日露戦争――外交と内政　一八九八～一九〇五』〔木鐸社、二〇〇〇年〕）。

原が政友会の最高幹部の一人になっていく過程では、伊藤総裁の信頼や総裁との交渉能力、予算を組み替えるような政策立案能力、第一次桂太郎内閣を組閣した桂首相ら藩閥官僚との交渉能力が重要であった（前掲、伊藤之雄『立憲国家と日露戦争』七〇～七一、一五〇～一五六、一六二～一七〇、一七五～一七八、三〇〇～三一九頁）。原は東北会（地方団）の支持で党最高幹部の一人になったのではなく、党最高幹部の一人になって東北会等各地方団への指導力を発揮していくのである。

なお、原内閣が成立するまで岩手県関連の鉄道建設は遅れていたとの宮崎論文の指摘は正しいが、それは原が、鉄道工事が容易で建設費に対して利益が出る路線を優先し「公利」を追求する、という合理性を持っていたからである。経済状況の好転を背景に、本章で述べるように、第一次世界大戦後の戦後経営の一環として、原内閣期には原首相は全国各地と同様に岩手県にも積極的に鉄道建設を促進していく。原内閣期も含めて岩手県関連の鉄道建設が遅れた、との宮崎論文の評価は疑問である。

7――『原敬日記』一八九六年六月一四日。

8――『原敬日記』一八九六年六月一六日。『岩手公報』一八九六年六月一七日、一八日。

9――『岩手日報』一九一八年一〇月五日。

10――『岩手公報』一八九六年六月一九日。「清岡等日記」一八九四年四月一日(「清岡等関係文書」岩手県立図書館寄託)。「後進会」の参加者中には、一八九九年四月一五日に開催された岩手県連合教育会第八回出席者が目立つ。この会員は、岩手県内「各部教育会代表者の参列したる聯合会員」とされた。新渡戸仙岳は事務所長、創立委員四人中にも田鎖・日沢・新渡戸仙岳の三名がいる(坂牛祐直『巌手県名誉録』〈東北堂、一八九九年〉一八七～一八八頁)。新渡戸仙岳については、盛岡先人記念館編『盛岡の先人たち』(同上、一九八七年)一四六～一四七頁。

11――すでに、前田連山『原敬伝』上巻は、一八九七年二月二三日付で朝鮮公使を免じられ、待命中に、翌年九月の総選挙出馬の瀬踏みに帰郷したが、不成功に終わったとしている(三七二～三七三頁)。しかし、原の帰郷は前年である。もっとも、原が総選挙に立候補する希望を持っていたという解釈は、信じてよいと思われる(山本四郎『評伝原敬』上巻〈東京創元社、一九九七年〉二五一頁)。

12――盛岡市史編纂委員会編『盛岡市史　第七分冊明治期下』(盛岡市庁、一九六二年)七頁。「清岡等日記」一八九四年三月一三日。

13――「清岡等日記」一八九四年三月三〇日。盛岡城下を中心に南部氏の支配した藩は、南部藩・盛岡藩の名称を混用するが、ここでは地元での通例の呼称に従い(たとえば、原敬編の『南部史要』)、すべて南部藩と呼ぶ。

14――「清岡等日記」一八九六年一月二九日。

15――関定孝は元治元年(一八六四)一〇月岩手郡米内村に南部藩士関定昌の長男として生まれ(清岡より一歳若い)、小学校教員を経て、一八八五年に裁判所書記となり、盛岡裁判所書記の時、一八八九年九月に市会で盛岡市助役に選ばれて認可され、一九〇一年一〇月二八日に盛岡市長になるまで一二年間助役を務めた。一九〇六年五月一四日、北田親氏が盛岡市長になると、市長を退任。同年九月二九日に江刺郡長に就任し、一九〇八年一月二四日に再び盛岡市助役に就任、一九二〇年一二月八日に死去するまで助役を務めた。関の死去に際し、金田一国士市会議長は、関について、「謙譲で他人の意見は能く傾聴し又部下に対しては温情を以て」導き、市長を助け、助役の「薄給に甘んじて居られる実に得難い模範助役」と語った(『岩手日報』一九二〇年一二月九日)。関は清岡のような野心家でなく、事務を忠実に行う助役向きの性格であったといえる。

16――岩手県名士肖像録刊行会『御大典記念岩手県名士肖像録』(同、一九三〇年)によると、北田は、万延元年(一八六〇)七月二一日盛岡に生まれ、幼少時に郷学を修め、一八八四年(明治一七)警察官伝習所に入り、一年で修了。岩手県巡査から警部に昇進。一関・宮古等の警察署長を歴任する。その後、岩手県保安課長・警務課長・勧業課長等を務め、退職して三陸汽船会社法律顧問を三年間務めた。一九〇六年に盛岡市長となる。「忠実奉公良吏の名高く」「公共事業に貢献」したという。

17――清岡博見「清岡家之人々」(前掲、「清岡等関係文書」)。清岡博見は清岡等の長男。「清岡等日記」一八九六年一月二九日。

18――『岩手毎日新聞』一九〇一年三月二〇日(社説)。

19――前掲、盛岡市史編纂委員会編『盛岡市史　第七分冊　明治期下』八六〜八七、一三四〜一四〇頁。『岩手日報』一九二四年一二月四日。「北上派」は一九〇一年の米の取引で大きな損失を出して倒れ、太田小二郎は勢力を弱め、次いで「実業交話会」が盛岡銀行を中心に盛岡市の経済界の中心となり、金田一勝定が台頭していった、と「北上派」と「実業交話会」を区別してみる見方もある。しかし、その見方を取る著作も、村井弥兵衛は資産が図抜けて多く、「実業交話会長」の栄位は村井弥兵衛が占めるところとなったり、太田小二郎も、後に金田一を助けて動いたりしたと述べている(東京朝日新聞社通信部編、伊藤圭一郎筆『岩手県政物語』(世界社、一九二八年)一六七〜一七三頁)。このように、「北上派」の実力者の村井弥兵衛が引き続き実力を有していることや、太田小二郎もそれなりに復活したことも認めている、また金田一勝定は、一八八九年の第一回盛岡市議選で当選し、市議を務めていたが、その後政治活動はほとんど行っていない。したがって、原の総選挙出馬前から、盛岡市の有力者が政治的にすべて原派に組み込まれた一九一一・一二年ごろまでの盛岡市の政治を理解するために、「北上派」・「実業派」・「実業交話会」を総合して「清岡派」という概念でとらえることは有効であり、わかりやすい。

20――清岡等「鉄道事件の経過報告」一九〇〇年九月一〇日付、「清岡等日記」同日に添付。
21――「清岡等日記」一八九四年七月一九日～一二月二四日。
22――「清岡等日記」一八九六年一月一四日、一六日。
23――「清岡等日記」一八九六年一月二〇日、二二日、二三日、二八日、三〇日、二月一日、八日、九日。
24――「清岡等日記」一八九六年一月一九日。佐藤は、地主で酒造業。岩手県選出の貴族院多額納税議員。
25――「清岡等日記」一八九六年二月一〇日、一三日。
26――清岡等「鉄道事件の経過報告」一九〇〇年九月一〇日付、「清岡等日記」同日に添付。
27――同前。
28――同前。その後、原内閣下で花輪線は、大館‐花輪‐好摩を結んで日本鉄道の後身の東北本線に連絡し、同本線を南下して盛岡駅に至る鉄道として着工された。この方が工事の距離が短くなり、工費が安くなるからである。
29――清岡等「鉄道事件の経過報告」一九〇〇年九月一〇日付、「清岡等日記」同日に添付。
30――前掲、伊藤之雄「立憲政友会創立期の議会」。前掲、同『立憲国家の確立と伊藤博文』一三七～一三八頁。
31――前掲、伊藤之雄「立憲政友会創立期の議会」。前掲、同『立憲国家と日露戦争』三五頁。
32――「清岡等日記」一八九九年一月一九日～二月七日、清岡等「選挙法改正運動の活動報告」一八九九年二月二八日、三月二一日、「清岡等日記」に添付。久慈千治は、盛岡市の三五番目の納税者で市議の一級選挙人。宮杜は、盛岡市の二級選挙人。
33――前掲、伊藤之雄「立憲政友会創立期の議会」。前掲、同『立憲国家と日露戦争』三五～三七頁。
34――前掲、伊藤之雄「立憲政友会創立期の議会」。前掲、同『立憲国家と日露戦争』三七～三九頁。
35――「清岡等日記」一九〇〇年三月四日、五日。坂牛は市議の三級選挙人で経済的には有力者といえない。
36――『自由党党報』第一九号（一八九二年八月二五日）。経歴は、前掲、盛岡市先人記念館編『盛岡の先人たち』二八～二九、三四～三七頁。
37――『自由党党報』第三四号（一八九三年四月一〇日）、同第三五号（一八九三年四月二五日）。一関は、地名（町名・市名）は「一関」、駅名は「一ノ関」と表記される。しかし、本稿ではすべて「一関」に統一して表記する。
38――『自由党党報』第三九号（一八九三年六月二五日）、同第四〇号（一八九三年七月一〇日）。

39——『自由党党報』第五三号(一八九四年一月二五日)。
40——『自由党党報』第六七号(一八九四年七月一〇日)。
41——『憲政党党報』第四号(一八九八年九月二〇日)。高橋嘉太郎は和賀郡二子村(現・北上市)出身であるが、一八九七年に岩手県農工銀行設立委員を県より委嘱されて以来、盛岡に住んだ。また高橋は、一八九九年に岩手毎日新聞社を創立した。平田箴は一関町で開業していたが、一八九九年には弁護士の「盛岡組合」の常議員を務めていることが確認できる(前掲、坂牛祐直『巌手県名誉録』一七四頁)。
42——『憲政党党報』第一巻第四号(一八九九年一月二〇日)(これは新しい憲政党の党報の第四号である)。
43——『憲政党党報』第一巻第五号(一八九九年二月五日)。
44——『憲政党党報』第一巻第一二号(一八九九年五月二〇日)。
45——委員五名の名は、『憲政党党報』第二巻第一六号(一八九九年七月二〇日)による。宮杜も内田も、盛岡市の地租一〇〇円以上の納税者二八人、所得税四等以上の納税者二一人のいずれにも入っていないように、市の資産家ではない(前掲、坂牛祐直『巌手県名誉録』)。
46——『憲政党党報』第一巻第一四号(一八九九年六月二〇日)、同第二巻第一九号(一八九九年九月五日)。その後、政友会創立までに、二一六名入党した(同前、第二巻第二五号〈一八九九年一二月五日〉、第三巻第三八号〈一九〇〇年六月二五日〉、第四巻第三九号〈一九〇〇年七月一〇日〉、第四巻第四九号〈一九〇〇年七月二五日〉)。
47——『憲政党党報』第二巻第二三号(一八九九年一一月五日)。
48——清岡等「選挙法改正運動の活動報告書」一九〇〇年二月二八日、三月二一日、「清岡等日記」に添付。
49——『岩手日報』一九〇二年八月五日。
50——『岩手日報』一九〇一年一月二〇日。
51——『岩手毎日新聞』一九〇二年一月二一日。
52——『政友』第一号(一九〇〇年一〇月一五日)、同第二号(一九〇〇年一一月一〇日)、同第三号(一九〇〇年一二月一〇日)。『政友』は立憲政友会の機関誌。
53——『政友』第一号、第二号。嘱託された者の職業や旧自由党系・清岡派・非清岡派の区別は、筆者(伊藤之雄)が本稿で使用した地元の動向を示す史料から確定した。

54――『政友』第一号～第三号。
55――『政友』第一〇号（一九〇一年七月一〇日）。
56――『政友』第一三号（一九〇一年一〇月一〇日）、同第一四号（一九〇一年一一月一〇日）。
57――『原敬日記』一九〇一年一月二五日。
58――「清岡等日記」一九〇一年一月二四日。
59――『原敬日記』一九〇一年一〇月六日～一五日。
60――『原敬日記』一九〇一年一〇月六日。『岩手毎日新聞』一九〇二年七月一二日。
61――『岩手日報』一九〇一年一〇月八日。高与旅館は、中村与助が経営し、盛岡市役所・岩手県庁に近い盛岡市六日町にあり、「常に官省員の定宿として其名最も古く」と宣伝された一流旅館である（前掲、坂牛祐直『巌手県名誉録』）。
62――『岩手毎日新聞』一九〇三年一月九日。
63――『原敬日記』一九〇一年一〇月八日～一四日。『岩手日報』一九〇一年一〇月一五日。
64――「原敬氏を訪ふ」上・下（『岩手日報』一九〇一年一〇月一二、一三日）。
65――『岩手日報』一九〇一年一〇月一〇日、一五日。『原敬日記』一九〇一年一〇月一四日。
66――「清岡等日記」一九〇〇年四月五日。
67――最終的に、一九〇五年一一月三日に盛岡電気株式会社が開業され、清岡が社長となって簗川の発電所から盛岡市内に電気を供給することになった（清岡等「想起録」〔一九〇四年七月に『岩手日報』に連載〕、「自明治卅五年至同四十年盛岡電気事業」〔前掲、「清岡等関係文書」〕に所収。「清岡等日記」一九〇五年一一月一日～三日）。
68――「清岡等日記」一九〇〇年三月五日。
69――「清岡等日記」一九〇〇年三月五日。
70――「清岡等日記」一九〇〇年四月七日。
71――「清岡等日記」一九〇〇年七月二四日。清岡等「大館に通じる鉄道促進の趣意書」一九〇〇年八月二五日（前掲、「清岡等関係文書」）。
72――「清岡等日記」一九〇〇年八月六日、七日。清岡等「『ジョルダン』博士講話会開会ノ辞」一九〇〇年八月六日（前掲、「清岡等関係文書」）。『岩手日報』一九〇〇年八月八日。ジョーダン博士はスタンフォード大学総長で、生物学者、とくに魚類の研究者。

73——David Starr Jordan, *The Days of A Man*, Vol.2, World Book, 1922, p.52.

74——市長清岡等宛立憲政友会創立事務所書状、一九〇〇年九月七日。清岡等宛末松謙澄書状、一九〇〇年九月二四日（前掲、「清岡等関係文書」）。

75——「清岡等日記」一九〇〇年九月添付の書状。

76——清岡等「十一月十日秀清閣ニ於テ」、「清岡等日記」一九〇〇年一一月に添付。

77——一八九二年の納税額を例に取ると、現在わかっているサンプルは少ないが、北上派（「実業派」）の人物では、村井弥兵衛が一〇八・二九円、太田小二郎が二一・九〇円、大矢馬太郎（父の大矢五蔵の納税）が四七・八四円、清岡等が三・八四円、菊池美尚が八・二一円と確認でき、五人の平均は三八・〇二円である。それに対し、政友会入党者の宮杜孝一が七・四一円、梅内直曹が九・二四円で、二人の平均は八・三三円である。

78——『岩手毎日新聞』一九〇一年八月一九日。

79——『岩手毎日新聞』一九〇一年七月二〇日。「清岡等日記」一九〇一年七月（日付不明）。

80——「清岡等日記」一九〇一年九月一六日〜一八日。盛岡市長清岡等の辞表（写）一九〇一年九月一九日（前掲、「清岡等関係文書」）。

81——「清岡等日記」一九〇一年一〇月六日。

82——「清岡等日記」一九〇一年一〇月八日、九日。

83——清岡等宛二双石忠治書状、一九〇一年一〇月一〇日（前掲、「清岡等関係文書」）。三田俊次郎は、文久三年（一八六三）三月三日生、岩手医学校全科卒、東京帝大医科大学で眼科修了（前掲、岩手県名士肖像録刊行会『御大典記念岩手県名士肖像録』）。

84——「清岡等日記」一九〇一年一〇月一〇日〜一四日。

85——「清岡等日記」一九〇一年一〇月一四日。

86——『政友』第一七号（一九〇二年二月一〇日）。

87——同前。宮杜は弁護士の「盛岡組合」の会長、内田は常議員、一関で開業の平田も常議員である（前掲、坂牛祐直『巖手県名誉録』)。その意味で平田も盛岡市と関わりが深い。
88――『政友』第一七号(一九〇二年二月一〇日)。
89――「清岡等日記」一九〇一年一月一九日、二〇日。平野常次郎の職業は、前掲、坂牛祐直『巖手県名誉録』による。彼は「権変自在の策士」「不得要領」といわれる。なお、当選者五人中、平田箴(政友会、弁護士)は「実業派」として予定した候補者に最初から入っており、当選した(『岩手日報』号外、一九〇一年一月二一日、「清岡等日記」の同日の近くに添付)。次の盛岡市長選にも見られるように、清岡派(「実業派」)は政友会などをすべて排斥する姿勢ではなかったが、政友会側は、彼らが実力に見合った形で尊重されていないと不満を抱き、清岡派中心の体制を改造しようとしたのである。
90――「清岡等日記」一九〇一年四月九日〜二二日。清岡派に挑戦した宮杜孝一ら弁護士たちは、「盛岡組合」を作っていた。会長が宮杜、副会長が小山、常議員が内田と横浜の他、佐藤道一・平田箴(一関町で開業、政友会代議士)・斎藤新兵衛(花巻で開業)であった(前掲、坂牛祐直『巖手県名誉録』)。宮杜らは弁護士の「盛岡組合」を背景としていたといえる。
91――前掲、坂牛祐直『巖手県名誉録』二四八頁。
92――「清岡等日記」一九〇一年五月五日と、添付の『岩手日報』一九〇一年五月八日。
93――金田一国士談「大往生を遂げた太田翁」(『岩手日報』一九二四年一一月三〇日)。
94――『岩手日報』一九〇二年四月一一日。前掲、坂牛祐直『巖手県名誉録』によると、清岡は市長として政治的には有力者になってきたが、地租百円以上、所得税四等以上の納税者に入っておらず、経済的にはそれほどの有力者ではない。
95――『原敬日記』一九〇二年三月一四日。盛岡市に本店を置く銀行は、岩手県農工銀行(資本金六〇万円、頭取一ノ倉貫一)、盛岡銀行(資本金七〇万円、会長村井弥兵衛)、坂本が前身の銀行の頭取であった第九十銀行(資本金一〇万円、頭取佐々木卯太郎)の三つである。佐々木は盛岡銀行の取締役でもあった(前掲、坂牛祐直『巖手県名誉録』)。清岡派(「実業派」・「北上派」・「交話会」)は、最大の盛岡銀行を中心に、岩手県農工銀行なども含め、盛岡市や岩手県の金融への影響力を確保し、政治集団として盛岡市政などに力を振った。
96――盛岡市先人記念館編『盛岡の先人たち』(同、一九八七年)三八〜三九頁。

97――『原敬日記』一九〇二年三月一五日。

98――前掲、伊藤之雄『立憲国家と日露戦争』三〇一～三一一頁。

99――横浜幾慶は、地租一〇〇円以上、所得税四等以上に入っていない（前掲、坂牛祐直『巌手県名誉録』）。

100――「清岡等日記」一九〇二年四月九日～一一日。なお、梅内直曹は、政友会の宮杜孝一・内田正雄らとともに原を支援して、盛岡市から衆議院議員に選出しようと動いているが、政友会には入党していない。梅内が政友会に入党するのは、この後七年以上経った、一九〇九年一〇月から一九一〇年七月二五日までの間である（『政友』一一一号〈一九〇九年九月三〇日〉、同一二〇号〈一九一〇年七月二五日〉）。原を支持して活動することと政友会入党とは、必ずしも結びついていない。

101――「清岡等日記」一九〇一年六月三日。

102――『原敬日記』一九〇二年四月一二日、一七日。前掲、坂牛祐直『巌手県名誉録』によると、久慈千治は地租三〇二円納税・所得税六九円納税、小野慶蔵は地租一六九円納税、所得税六六円納税である。一八九二年段階で久慈も小野も、市税の納税額の多寡に応じて三つの級に分けた中で、最も所得の多い一級選挙人の一人である（盛岡市会事務局『盛岡市議会史』第一巻〈同、一九六七年〉一七三頁）。小野は、安政元年（一八五九）六月三〇日に盛岡城下に生まれ、「頭脳明晰にして意志堅固」といわれた。少年の時に京都に出て親戚の家で商業を学び、「商機」を会得した。自ら小野小学校を創立する等、教育にも熱心。一八九〇年に経営不振となった第九十銀行の取締役に就任し、整理を成し遂げる。また地主として、のち一九〇〇年代半ばには地主・小作の「和親」を説き、毎秋小作人を自邸に招き、小野夫妻が親しく饗応したという（『岩手毎日新聞』一九二〇年一一月二日）。小野は頭脳が良く実業の才覚を持ち、若い頃に自らの力で上昇した経験のある分、小作人などの苦労や感情も理解できる人物であった。新興の実業家といえる。一九〇二年に原を応援した九年後に、小野は、盛岡「第一流の紳商」「財権党の巨人」と評されるようになっている（『岩手毎日新聞』一九一一年七月二七日）。小野は、原を支援するようになって以降、経済的にもさらに上昇していったといえる。久慈は、阪本安孝・鵜飼節郎らとともに、自由民権運動を行っていた（前掲、盛岡先人記念館『盛岡の先人たち』三八頁）。鵜飼はその後も自由党・憲政党・政友会の幹部となるが、久慈は、すでに述べた阪本安孝と同様に、旧自由党系政党の幹部として活動した形跡がなく、清岡派になったといえる。

103 ――宮杜孝一・鵜飼節郎宛原敬書状、〔一九〇二年〕四月二〇日、「原敬記念館所蔵文書」四〇一一番。
104 ――『岩手日報』一九〇二年四月二五日。
105 ――『岩手日報』一九〇二年四月二九日。
106 ――『原敬日記』一九〇二年五月四日、一五日、六月五日〜一五日。『岩手日報』一九〇二年六月六日。前掲、宮崎隆次「政党領袖と地方名望家」は、東京の四つの新聞の選挙前予測のうち、原の勝利とするものが二つだけだったことから、『原敬日記』には原がかなり以前から自分の勝利を確信していたかの如く書かれているが疑問である、としている。しかし『原敬日記』は全体を通して冷静に客観的な筆致であり、予想が異なった場合、原は後に必ずその理由を分析的に書く。この総選挙の日記にはそれがない。総選挙の経過全体を考慮しても、交通・通信手段が不便な当時において、東京の新聞の予測と地元の最新情報を踏まえた原の分析とを比べると、後者の方が正確といえる。
107 ――原敬述『演説速記』(一九〇二年六月二七日発行)、「原敬記念館所蔵史料」三九九〇番。
108 ――同前、一一〜一三頁。
109 ――同前、一三〜一五頁。一八九九年段階で、盛岡市にも盛岡羽二重合資会社(資本金一万円)が羽二重機業工場を操業していた(前掲、坂牛祐直『巌手県名誉録』第二付録一〇頁)。
110 ――前掲、原敬述『演説速記』一〜五頁。
111 ――同前、五〜九頁。
112 ――同前、二三〜二四頁。
113 ――原敬氏演説「我党の実行主義」(『政友』一一五号、一九一〇年一月二五日)。
114 ――前掲、原敬述『演説速記』九頁。
115 ――同前、二一〜二五頁。
116 ――同前、一八〜一九頁。
117 ――同前、二七頁。
118 ――原敬述『演説速記』(一九〇三年九月一三日発行)三頁、「原敬記念館所蔵史料」三九九〇番。
119 ――『原敬日記』一九〇二年八月一八日。

120——藤澤芳雄『我が町青物町』(仙北一丁目第一町内会、二〇〇九年)。
121——『原敬日記』一九一六年一〇月二二日。盛岡の歴史を語る会(長岡高人編)『もりおか物語(四)——仙北町かいわい』(熊谷印刷出版部、一九七五年)四~八頁。
122——前掲、盛岡の歴史を語る会『もりおか物語(六)——鉈屋町かいわい』八七、一二四頁。
123——佐藤清右衛門は、前掲、坂牛祐直『巌手県名誉録』によると、地租一八五二円、所得税を五九九円納税し、岩手県で最も多い。もちろん市議選では一級選挙人である。
124——盛岡銀行での各人の地位や、他の会社の資本金との比較は、前掲、坂牛祐直『巌手県名誉録』による。
125——『岩手日報』一九〇二年八月七日、八日、九日。
126——『岩手日報』一九〇二年八月八日。
127——『原敬日記』一九〇二年四月三〇日~六月三日、一二日。『岩手日報』一九〇二年四月二六日、五月三日、七日、六月一日、八月一六日。
128——『岩手日報』一九〇二年五月一八日。
129——『原敬日記』一九〇二年五月一日。『岩手日報』一九〇二年五月一七日、二三日、六月七日、一二日。
130——『岩手日報』一九〇二年六月二二日、七月二二日、八月三日。村井源三は盛岡市の所得納税額二二円で市の中で四〇番目と有力者中では比較的少なく、内藤は所得税四等以上の納税者六八人に入らない中堅商人(前掲、坂牛祐直『巌手県名誉録』)。「油三」は屋号であろうが人物名は未詳。
131——『岩手日報』一九〇二年五月二五日、六月六日、七月二三日、三一日、八月五日。村井源之助は、一八九二年の盛岡市会議員選挙人名簿で、財産の多寡で最上級の一級選挙人五九人の中に入っている。市会議員選挙の一級・二級・三級の選挙人の合計は、一六四五人であるので、盛岡市の経済的な有力者であるといえる(前掲、盛岡市会事務局『盛岡市議会史』一七三頁)。
132——『原敬日記』一九〇二年四月二四日~五月一三日。
133——『岩手日報』一九〇二年六月六日、一〇日。
134——『岩手日報』一九〇二年六月一〇日、一一日。
135——『岩手日報』一九〇二年七月二六日、二七日。

明治六年(一八七三)四月、一七歳の年に原はキリスト教の洗礼を受け、洗礼名をダビデ・ハラとした。原がいつ頃までキリスト教を信じていたのかは定かでない。それから一三年以上経ち、一八八六年一二月にフランスの日本公使館書記官として着任した原は、翌八七年二月に、日本の人民の多数が「異教」(仏教)では欧州各国と同様の地位に至りにくいと思うので、キリスト教国として見られるようにしたい、と伊藤博文首相に手紙を書いた。しかし実際にはにわかにキリスト教が広がることもないので、社会の「上流」にいる者はなるべく欧州、キリスト教人民のような品行を「仮面にせよ」装うことが最も緊要と思う、とも原は続けている(伊藤之雄『原敬』近刊予定)。そこに見られるのは、キリスト教の日本での普及を、条約改正など日本の地位の向上と関連づけて肯定的にみる功利主義的な立場で、純粋なキリスト教信者の立場ではない。この後、日清戦争直前から日露戦争前後にかけ日本の国際的地位が欧米に並ぶようになっていくと、青年期に洗礼まで受けたキリスト教への熱意は、さらに失せていくのであろう。したがって、一九〇二年の時点で、原をキリスト教信者であると批判的に紹介するのは、真実ではない。第一次世界大戦後の一九二〇年一〇月には、元老山県有朋、西本願寺の大谷光瑞とのそれぞれの内談で、キリスト教も儒教や仏教のように日本化する様子であるが、外国人宣教師により宣伝されるのと、大戦の影響で、キリスト教が日本人の思想の動揺の原因となるかもしれない、と原は警戒感すら示している(『原敬日記』一九二〇年一〇月九日、一四日)。

なお、一九一五年三月に落成した原の腰越別荘の庭には、「隠れ切支丹《きりしたん》」の石灯籠があったという(原敬遺徳顕彰会『原敬』一八頁)。これがどのような経緯で置かれたのかはわからないが、原にはキリスト教を信仰した若い時代を懐かしむ気持ちは残っていたといえるが、原がキリスト教の信仰を生涯持っていたわけではない。

136——「清岡等日記」一九〇二年八月七日、八日。

137——『原敬日記』一九〇二年八月一〇日、一一日。

138——『岩手日報』一九一九年九月六日。

139——一ノ倉貫一は、安政三年(一八五六)一二月二八日に和賀《わが》郡小山田《おやまだ》村に生まれ、一八七五年に同村の小学校教員となり、一八七八年に官立の宮城師範学校小学師範科卒業、正教員の資格を得た。官吏を志し、一八八〇年に岩手県庁に入り、石井知事に抜擢され、一八八七年学務課長心得(翌年岩手県獣医学校長心得、さらに校長兼任)、その後茨城県へ出向、一八九四年に岩手県に戻り、一八九六年に西閉伊《にしへい》・南閉伊《みなみへい》郡長、一八九七年に西磐《にしいわ》井《い》郡長に「栄転」、さらに一八九八年一二月に岩手県農工銀行頭取となった。その後、衆議院議員に二度当選するが、選挙の競争の激しさを嫌い、立候補しなくなった。一九二三年一二月一一日に岩手県農工銀行頭取在職のまま、病気で死去した。人柄は温厚で円満であった（『岩手日報』一九二三年一二月一二日、一三日）。

140 ―『原敬日記』一九〇二年八月一三日。

141 ―「清岡等日記」一九〇二年八月一七日。

142 ―「清岡等日記」一九〇二年一一月一〇日。

143 ―「清岡等日記」一九〇三年一月九日。

144 ―『岩手日報』一九〇二年一月一日、七日。

145 ―「清岡等日記」一九〇三年一月一五日～二六日。『原敬日記』一九〇三年一月二二日～二六日。

146 ―『原敬日記』一九〇三年一月二七日。

147 ―『原敬日記』一九〇三年一月三〇日。『岩手日報』一九〇三年二月三日。太田清助は、『巌手県名誉録』に所得税二五円納税としてあるが、地租は百円以上でなく、名が掲載されていない。経済上では盛岡市の有力者ではなく、中堅の人物といえる。

148 ―「清岡等日記」一九〇三年二月一日。

149 ―『原敬日記』一九〇三年一月二一日、二五日～三一日。

150 ―『原敬日記』一九〇三年二月三日～四日。『岩手日報』一九〇三年二月三日。

151 ―「清岡等日記」一九〇三年二月四日。『岩手日報』一九〇三年二月六日。

152 ―『原敬日記』一九〇三年二月五日。『岩手日報』一九〇三年二月六日、七日。

153 ―『原敬日記』一九〇三年二月六日～三月二日。『岩手日報』一九〇三年三月四日。

154 ―「清岡等日記」一九〇三年八月二六日、二九日、九月一日。

155 ―衆議院・参議院編『議会制度百年史　院内会派編衆議院の部』（同上、一九九〇年）一三八頁。

156 ―『原敬日記』一九〇七年一一月一三日、一九〇九年八月二五日。原の弟の誠によると、原は郷土愛が強く、郷里の人々との接触を大切にし、死ぬまで籍を盛岡に置くことにこだわり、東京は寄留地にしてあった（原誠「兄の郷土愛」、『新岩手人』第三巻第一一号、一九三三年一一月二五日、田口生編『原敬関係記事輯録』第一輯に収録）。原は盛岡別邸を本宅という意識で建てたようである。
157――『岩手日報』一九〇七年八月二一日。原敬文書研究会編『原敬関係文書』別巻（日本放送出版協会、一九八九年）三二一～三三五頁。
158――伊藤之雄『原敬』（近刊予定）。
159――『岩手日報』一九〇八年四月二一日。
160――同前、一九〇八年五月一六日、一七日、一九日。
161――『岩手日報』一九〇七年八月二〇日。
162――『原敬日記』一九〇八年三月一三日。
163――前掲、伊藤之雄『立憲国家と日露戦争』一七八～一八五頁。
164――『政友』第三七号（一九〇三年九月一五日）。
165――『政友』第四〇号（一九〇三年一二月一五日）。
166――同前。
167――『政友』第五三号（一九〇四年一一月三〇日）。
168――『政友』第七七号（一九〇六年九月二五日）、同第八五号（一九〇七年五月三〇日）。
169――『政友』第一一一号（一九〇九年九月三〇日）。
170――原敬氏の演説「吾党の責任」（『政友』第一一九号、一九一〇年六月二五日）。
171――『政友』第一二四号（一九一〇年一二月一〇日）。
172――同前。
173――前掲、原敬関係文書研究会編『原敬関係文書』第一巻、五〇四～五〇六頁、同第二巻、一四四頁。
174――『政友』第一三五号（一九一一年一一月二〇日）。
175――『政友』第一三六号（一九一一年一二月二〇日）。
176――『岩手日報』一九一一年七月一五日。
177――『岩手日報』一九〇六年九月四日、一九〇九年八月二六日。
178――「清岡等日記」一九〇六年四月二日～五月一五日。

179——「清岡等日記」一九〇七年七月九日～八月一五日。
180——「清岡等日記」一九〇七年九月一二日～一一月一三日。
181——盛岡市議会事務局『盛岡市議会史』第一巻（同、一九六七年）一六六頁。大矢市長は実業家で市内有数の資産家の一人、原の初出馬の際は清岡を支持、和解後には政友会に入党しないが原支持。政友会に批判的な地元紙は、市が行う植林の候補地として、宮杜市会議長が瀬川安五郎の紹介により長岡某の所有する山を第一に置いており、それを市に買い上げさせる構想を持っている、と利権が絡んでいるというニュアンスで、五月下旬にかけて報じた（『岩手公論』一九一〇年五月一九日～二四日）。
182——「清岡等日記」一九一〇年五月一四日。前掲、盛岡市史編纂委員会『盛岡市史』第七分冊、一二四～一二五頁。前掲、盛岡市会事務局『盛岡市議会史』第一巻、一六七～一六九頁。『岩手毎日新聞』一九一〇年五月五日、六日、一二六日。『岩手公論』一九一〇年五月二一日。
183——『原敬日記』一九一〇年六月三日。
184——「清岡等日記」一九一〇年八月一一日、一二日、一九日。『原敬日記』一九一〇年八月一三日。
185——「清岡等日記」一九〇九年五月五日、七日。
186——『原敬日記』一九一〇年八月二一日。
187——前掲、盛岡市史編纂委員会『盛岡市史』第七分冊、一一三～一二五頁。
188——『岩手毎日新聞』一九一〇年九月一五日、一六日。『原敬日記』一九一〇年九月二四日。
189——高橋嘉太郎宛阿部浩書状、一九一〇年一〇月一日（「原敬記念館所蔵文書」三一‐簡‐二号）。原敬宛鵜飼節郎書状、一九一〇年一〇月四日（前掲、原敬関係文書研究会『原敬関係文書』第一巻、一九七～一九八頁）。
190——『原敬日記』一九一〇年一〇月七日。
191——『岩手公論』一九一一年八月五日。平野常次郎は、一九一〇年八月から一九一一年六月一日までの間に政友会に入党した。この間、岩手県の政友会入党者は平野一人であった（『政友』第一三一号、一九一一年六月一〇日）。大矢は一九一一年秋に盛岡市から県議に当選した際は、無所属に分類された（『政友』第一三五号付録、一九一一年一一月二〇日）。
192——「清岡等日記」一九一一年六月六日。

193――『岩手公論』一九一一年八月五日、一一日。

194――『政友』第一三五号（一九一一年一一月二〇日）、同第一三六号（一九一一年一二月二〇日）。

195――『原敬日記』一九一一年八月一〇日。

196――『原敬日記』一九一一年八月一五日。原がこのように訓示したといっても、原派幹部内の対立がなくなったわけではない。一九一一年九月には、鵜飼節郎が宮杜孝一のやり方が大変問題なので原から注意してほしい、と原に手紙で訴えてきた。一九一三年一二月頃にも大矢馬太郎（前盛岡市長、地主）が政友会脱党を申し出て、原の説得で撤回した（原敬宛鵜飼節郎書状〔一九一一年九月二〇日〕、原敬宛大矢馬太郎書状〔一九一三年一二月七日〕、前掲、原敬関係文書研究会編『原敬関係文書』第一巻、一九八、三四五頁）。しかし原がいるので、これらの対立は深刻なものに発展せず解決した。「輿論」と「世論」の違いについては、住友陽文「近代日本の政治社会の転回」（『日本史研究』第四六三号、二〇〇一年三月）。

197――『岩手日報』一九一二年四月一一日。

198――『原敬日記』一九一二年四月一九日。

199――『岩手日報』一九一二年五月一六日。すでに新渡戸は一九〇九年八月に原が帰省する頃には、選挙事務以外に、盛岡市で原のために様々な手配をする存在であった（新渡戸宗助宛原敬書状、〔一九〇九年〕八月二四日、「原敬記念館所蔵文書」三－簡－三九）。

200――『岩手日報』一九一二年五月一七日、一八日。

201――『原敬日記』一九一二年四月三〇日。

202――『岩手日報』一九一二年四月二六日、五月一一日。『岩手毎日新聞』一九一二年五月一四日。原は一九〇二年に盛岡市選挙区から初めて立候補した時から、政友会幹部として岩手県郡部区の政友会候補者の人数調整が必要であると考えていた。この時は、平田箴と阿部徳三郎が同じ旧仙台藩領（東磐井郡・西磐井郡）を地盤に立候補していたので、原は調停を試みたが、二人とも立候補をやめず、共に落選した（『原敬日記』一九〇二年六月一一日、『岩手日報』一九〇二年八月一三日）。原は候補者の調整の難しさを実感し、軽率に介入すべきでないと学んだのであろう。

203――『岩手日報』一九一二年五月一八日。鈴木巌「原先生の一二」（『新岩手人』第七巻第一一号、一九三七年一一

月二五日、田口生編『原敬関係記事輯録』第一輯に収録）。村上先は一九〇八年に政友会に入党したが、政友会の待遇に不満で、一九一〇年二月に政友会および同会の内選により衆議院で選定された役員・委員を一切辞任する決意で、長谷場純孝衆議院議長および松田正久幹事長に辞表を送付していた（原敬宛村上先書状、一九一〇年二月一〇日、前掲、『原敬関係文書』第三巻、三六三頁）。鈴木の政友会入党は、一九〇八年四月から五月か、あるいは一〇月から一九〇九年四月の間で、比較的遅い（『政友』第一〇〇号〈一九〇八年九月三〇日〉、同第一〇七号〈一九〇九年五月二五日〉）。鈴木巌は慶応二年（一八六六）三月に盛岡に生まれ、小学校を卒業し独学で学問を修得、東京朝日新聞記者を経て、郷里に戻り、岩手郡浅岸村議、岩手県議となる。盛岡では日刊新聞『三陸』を発刊主宰する。志賀和多利は、一八七四年（明治七）一〇月、胆沢郡金ケ崎町に生まれる。明治大学校を卒業し、高等文官試験および判事登用試験に合格し、検事に任官。まもなく退職、東京で弁護士を開業（前掲、岩手県名士肖像録刊行会『御大典記念岩手県名士肖像録』）。

204——阿部市兵衛宛鈴木巌の政見（一九一二年四月）、同宛村上先の政見（一九一二年）、同宛志賀和多利の政見（一九一二年四月）（「原敬記念館所蔵文書」）。鈴木に比べ東京で生活し地元に地盤の弱い志賀の方が、安易に実現の根拠のない公共事業を利益誘導的に使うといえる。

205——一九一二年総選挙の九カ月前であるが、政友会に批判的な地元紙は、政友会の勢力拡大を論じつつ、本日の東北大会においてどのような問題を決議するであろうか、と関心を寄せた。その上で、いまだその内容を知らないが、いたずらに「不可能なることを決議して、地方の人心を引付けんとするが如きは吾人の断じて採らざるところ也」と論じた（「東北大会」〈言論〉『岩手公論』一九一一年八月一〇日）。原の公共事業への姿勢には、制限選挙下の理性的な地域の中産階級以上の人々に、このような共鳴の基盤があった。

206——『岩手日報』一九一一年八月二日。

207——『原敬日記』一九一五年六月一一日。

208——大矢馬太郎宛原敬書状、一九一五年六月一三日（「原敬記念館所蔵文書」三-簡-四九）。

209——『原敬日記』一九一五年六月一七日。政友会に批判的な地元紙は約二カ月半後に、原を媒介としてすでに解決していた中村の貴族院議員辞任問題を、大矢の横車により政友会内で深刻な対立が続いているようなニュアンスで報じた（『岩手民報』一九一六年九月二日）が、事実ではない。

210――『岩手公論』一九一一年七月一五日。
211――『岩手日報』一九一四年七月二八日。
212――『岩手日報』一九一四年五月九日、伊藤之雄『原敬』(近刊予定)。
213――『岩手日報』一九一八年六月二七日、七月二日、六日。原誠「原敬随想」(九)(『新岩手人』第九巻第五号、一九三九年五月、前掲、田口生編『原敬関係記事輯録』第二輯に収録)。原誠は、恭・敬の弟。
214――『岩手日報』一九〇五年一二月三日、五日、七日、八日。
215――「野田卯太郎日記」一九〇七年八月一八日、国立国会図書館憲政資料室寄託R4。
216――『岩手日報』一九〇七年八月一八日。
217――『岩手日報』一九〇八年一月三〇日。
218――『岩手日報』一九〇八年一月二八日、二月一日、三月一二日。
219――『政友』第九五号(一九〇八年三月三〇日)。
220――『岩手日報』一九〇九年一月九日。
221――『岩手日報』一九〇九年三月一八日、二五日。
222――「清岡等日記」一九〇九年八月一二日、二六日、九月三日。
223――佐藤健太郎「大正期の東北振興運動――東北振興会と『東北日本』主幹浅野源吾」(『国家学会雑誌』第一一八巻第三・四号、二〇〇五年二月)一四四~一四五頁。
224――『岩手日報』一九〇九年九月一日、一九一〇年二月一三日、三月二三日、一一月二二日、一二月一四日。『中央新聞』一九一〇年一月二三日。「清岡等日記」一九一〇年九月一四日、一九一一年三月四日~六日など。
225――『岩手日報』一九一〇年一二月一一日。
226――『原敬日記』一九一一年八月二一日。
227――『原敬日記』一九一三年七月二七日、三一日、前掲、「野田卯太郎日記」一九一三年七月三一日。
228――前掲、佐藤健太郎「大正期の東北振興運動」三三九頁。
229――『岩手公論』一九一三年八月二七日。
230――『原敬日記』一九一三年九月二二日、二七日、一〇月二日、二八日。

231――『原敬日記』一九一四年三月二六日、四月九日、一〇日、一一日、一三日。
232――『原敬日記』一九一四年四月一五日、一八日。『岩手毎日新聞』一九一四年四月一九日。
233――『原敬日記』一九一四年四月二五日～五月二日。
234――『原敬日記』一九一四年五月二日～八日。『岩手日報』一九一四年五月九日。
235――『原敬日記』一九一四年五月一二日。『岩手日報』一九一四年五月一三日。『岩手毎日新聞』一九一四年五月一三日。
236――『岩手毎日新聞』一九一四年五月一三日。
237――『岩手日報』一九一五年一月二五日、二六日。
238――『岩手日報』一九一五年一月三一日、二月一一日。
239――『政友』第一七六号（一九一四年一月二五日）。
240――「原敬文書」IX－五五一（大慈会所蔵）。
241――『政友』第一七八号（一九一五年二月二五日）。
242――『岩手日報』一九一五年二月二三日。
243――『岩手日報』一九一五年三月四日、二六日～二八日。
244――『原敬日記』一九一五年三月二八日。
245――本書第三章、伊藤之雄「原敬の政党政治」。
246――『政友』第一九九号（一九一六年一一月五日）。
247――『岩手日報』一九一六年一〇月二二日。
248――『政友』第二〇一号（一九一七年一月五日）。
249――「原総裁の演説」（『政友』第二一一号、一九一七年一〇月一〇日）。本書第三章、伊藤之雄「原敬の政党政治」。原がフランス公使館書記官時代に、国際法等に加え、ヨーロッパの歴史や思想まで深く学んだことについては、伊藤之雄『原敬』（近刊予定）を参照されたい。
250――『政友』第二一一号（一九一七年一〇月五日）。
251――奈良岡聰智『加藤高明と政党政治――二大政党への道』（山川出版社、二〇〇六年）第四章。

252——『原敬日記』一九一七年一月一二日、一五日、二九日、二月九日。

253——このような原の姿勢に対し、投票結果が判明し、政友会が勝利して第一党に返り咲いた後、地元の政友会系新聞ですら、次のように疑問を示している。私が憲政会にも政友会にも加担する者でない、と口癖のように言うのは、政党そのものを排斥する意味ではなく、憲政会でも政友会でも、政党政治に到達する過程にあるものと見るからである。原総裁は今回の勝利について自然に帰ったと言ったが、はたしてこれが自然に帰ったのかどうか、「吾人《ごじん》は之《これ》を些《いささ》か疑問とせねばならぬ」、今日のところでは「旧態に復した」と言った方が適当であるかも知れぬ（「政友会の責任」〈社説〉『岩手日報』一九一七年四月二八日）。以下で述べるように、原はこうした批判をもっともと思いながらも、政党政治の理想に近づくため、憲政会打破をあえて第一の目標とし、かなり強硬な手段を取ったのである。

254——『原敬日記』一九一七年一月三一日。

255——その後、後藤内相は寺内首相と協議し、二〇万円（現在の約二五億円）を政友会に補助したいと、原に申し出てきた。原は政府の資金援助を元来希望せず、桂太郎としばしば提携したが、一銭の助力を受けたこともなかった。しかし後藤らも「好意」から人を介せずに申し出た。そこで、現在は必要ないが、万一選挙が失敗に終わる恐れがある時は遠慮なく依頼することもある、と補助を謝絶した（『原敬日記』一九一七年二月六日）。

256——『原敬日記』一九一七年一月二九日。

257——『原敬日記』一九一七年四月三日。

258——『原敬日記』一九一七年四月二三日。

259——『岩手日報』一九一六年九月二日。

260——『岩手日報』一九一六年八月三〇日、『原敬日記』一九一六年八月二九日。

261——約一年近く後であるが、後述する一九一七年総選挙後、姉の波岡磯が死去したので、原は一九一七年六月五日午前一〇時三五分に盛岡駅に到着した。突然の帰郷であったにもかかわらず、原は駅で「官民多数の出迎」を受けて、盛岡別邸に入った（『岩手日報』一九一七年六月六日）。原の威信と選挙民の原への敬愛がわかる。この時の盛岡滞在中に、地元紙は、今や政友会は再び議会における最多数政党として政界に立ったので、「国運の隆盛、民意の暢達」等の問題は主として政友会の尽力によって解決されることになった、と政友会総裁である原への期待を示した。さらに、「市民は此際原総裁に対して其の政治上の意見を聞き、其訓戒を受くるの義務あることを忘る可らず。今の時は彼の欧州戦争を遠景にし、近くは隣邦動乱あり、外交上正に大切なる時に際し、国運亦一転期を画すべき場合とす。是に於てか国民は痛切なる政治的自覚、政治的勇奮を為さざる可らざるなり」と述べた。たまたま原総裁の帰省の機会にあったので、その抱負、その政見を聴くのは大変有意義であり、私はその事を「讃仰」すると同時にこれを急務と見る、とも原の識見を聴く必要を協調した(「原総裁を迎へて」〔時事春秋〕、『岩手日報』一九一七年六月九日)。ここには、原が期待するように、原の選挙区民に外交や内政の大枠を原から学んで政治的に向上しようとする自覚がある。個別の公共事業を要求する姿勢がないことも、改めて確認できる。まさに、原と選挙民とが、原の考えるあるべき関係で一体化しつつあった。

もっとも、原に心服している盛岡市政友会の有力者である宮杜孝一(県議、前盛岡市会議長)・高橋嘉太郎(千葉農学校卒、県議を経て、岩手毎日新聞社長、前代議士)・鵜飼節郎(自由民権運動以来の自由党から政友会の「老将」、前代議士)・大矢馬太郎(岩手県会議長、前盛岡市長)らは、連携や対立を繰り返しながら、勢力争いをしている状況は続いた(山口宮治「報告」一九一六年一一月二三日、「原敬文書」IX-五五二、大慈会所蔵)。原はこの岩手県や盛岡市の局地的争いに、必要のない限り介入しないようにしていた。

262――『原敬日記』一九一七年三月八日、『岩手日報』一九一七年三月一四日。
263――『岩手日報』一九一七年三月二三日、二九日、四月二三日。
264――『岩手日報』一九一七年四月一六日、二一日。
265――『岩手日報』一九一七年四月二二日、二三日。もっとも、岩手県会議員選挙のレベルになると、元来憲政本党(大隈重信系)が強く、第二次大隈重信内閣期に大隈系地盤(同志会から憲政会へ)が強化されているので、総選挙ほど政友会は圧倒的な強みを見せることができなかった。原内閣下の一九一九年秋の府県議選における岩手県の結果でも、内務省警保局の調査では、定員三三名中で、政友会二〇名、憲政会一三名(『政友』第二三四号、一九一九年一〇月一五日)、政友会系地元紙では政友会一九名、憲政会一三名、中立一名(『岩手日報』一九一九年九月二八日)であった。政友会は県会の過半数を制したが、総選挙におけるほど、憲政会を圧倒できなかった。衆議院選は外交・内政という大きな国政レベルの問題も争点になり得るのに対し、県議選は岩手県民の身近な地方問題をめぐって争われることが多い。県議選では、原や原の率いる政友会の国政レベルの政見は、衆議院選に比べ重要度が低くなるからであろう。

266 ――『岩手日報』一九一七年四月二五日。

267 ――政友会の党勢維持の理由が、財源難で地方利益誘導ができない日露戦争前において、行政・財政整理への期待や、対露対決を求めない外交政策にあった、と総合的にとらえる視角を、筆者はすでに提起している(前掲、伊藤之雄『立憲国家と日露戦争』四一四頁)。

268 ――『原敬日記』一九一四年六月二九日。

269 ――『原敬日記』一九一四年一〇月八日。

270 ――岡田知弘「日本帝国主義期における東北開発構想」(上)・(下)(『経済論叢』第一三一巻一・二号、一三二巻一・二号、一九八三年二月、八月)。

271 ――『原敬日記』一九一四年一一月六日。

272 ――『政友』第一七八号(一九一五年二月二五日)、同第一八三号(一九一五年八月一二日)。

273 ――浅野源吾編『東北振興史』上巻(東北振興会、一九三八年)三〇一〜三〇九頁。

274 ――前掲、佐藤健太郎「大正期の東北振興運動」三三二頁。

275 ――『原敬日記』一九一六年二月二日。

276 ――『原敬日記』一九一六年二月一一日。

277 ――前掲、佐藤健太郎「大正期の東北振興運動」三四六〜三四九頁。

278 ――本書第三章、伊藤之雄「原敬の政党政治」。

279 ――同前。

280 ――松下孝昭『近代日本の鉄道政策――一八九〇〜一九二二年』(日本経済評論社、二〇〇四年)三五四〜三五七頁。

281 ――『岩手日報』一九一九年四月一四日。『岩手毎日新聞』一九一九年六月一九日。盛岡工事局『盛岡工事局五〇年史』(同、一九六九年)三四〜七一頁。

282 ――『岩手日報』一九一九年五月一六日、二九日。『岩手毎日新聞』一九一九年五月二九日、三〇日、六月九日。

283 ――『岩手日報』一九一九年五月二七日、二八日、六月一日、七日、九日、一一日。『岩手毎日新聞』一九一九年五月三一日、六月一日、六日、八日、一一日。

284――『原敬日記』一九一九年七月一日。『岩手日報』一九一九年七月三日。

285――『岩手日報』一九一九年七月三日。

286――『原敬日記』一九一九年七月四日、五日。

287――『岩手日報』一九一九年八月一九日。

288――『岩手日報』一九一九年八月一九日。山田線は北上山系を横断して閉伊川《へいかわ》流域に出て宮古に到達し、やがて三陸海岸の湾入の多い地域を南下するので、地勢が極めて険しく平地に乏しい。工事に最も適したなルートに作られたものでも、トンネルは七一カ所、総延長は一九七六九メートルもあり、橋梁は一一〇カ所、総延長五八〇五メートルもあり、これらに総工費約二四〇〇万円の四〇パーセントに当たる約九九六万円も使った（前掲、盛岡工事局『盛岡工事局五〇年史』六一～六二頁）。また、水平距離一〇〇〇メートルに対して二五メートルの高低差のある二五パーミルという急勾配が、上米内《かみよない》から茂市《もいち》まで北上山系を横切る間、随所に続く。その後、宮古から釜石の間も、かなりの区間二五パーミルの急勾配が続く（相賀徹夫『日本鉄道名所2　東北線・奥羽線・羽越線』（小学館、一九八六年）一一八～一二二頁）。原の選挙区である盛岡市にとって、山田線の建設は一八九二年の鉄道敷設法以来の悲願であったが、原は政治力によって山田線建設を強引に進めようとはしなかった。財政上・技術上の問題の解決を待って、建設を推進したのであった。

289――『岩手日報』一九一九年八月二一日、『岩手毎日新聞』一九一九年八月二一日。『原敬日記』一九一九年八月二一日。東北大会の決議の三番目は、陸海軍の改善充実と国防の上に遺憾がないようにする、と「防禦主義に基く最低限度の国防計画」への支持、四番目は交通機関の拡張整備と産業振興治水の完成で、五番目に教育の振興と国民思想の善導、六番目に物価調整策と講じること、であった（『政友』第二三三号、一九一九年九月一五日）。交通機関の拡張整備に関し、個別の公共事業が挙げられなかったのは、すでに第四一議会でかなりのものが決定していたからであろう。

290――『岩手日報』一九一九年八月一九日、二二日、二三日、『原敬日記』一九一九年八月二一日。

291――『岩手日報』一九一九年八月二三日、『原敬日記』一九一九年八月二二日。

292――『岩手日報』一九一九年八月二四日。

293――『岩手毎日新聞』一九一九年一一月二六日。

294――「第四十二議会報告書」(『政友』第二四〇号一九二〇年四月一五日)。他に岩手県関係では、大船渡線(一関―大船渡間)・久慈線(八戸―久慈間)があった(『政友』第二五二号、一九二一年四月一五日)。

295――『岩手日報』一九二〇年二月六日、一〇日、一三日。

296――『岩手日報』一九二〇年二月五日。

297――『岩手日報』一九二〇年二月八日。

298――「鉄道繰延復活運動を起せ」(『岩手日報』一九二四年一月一一日)。

299――「本県東海岸の鉄道敷設運動」(『岩手日報』一九二四年九月五日)。

300――『岩手日報』一九三五年一一月一六日、一九三九年九月一七日。加えて、岩手県農業の肥料の面でも改善される。岩手県の農家は、三陸海岸との交通が不便なので、肥料としての鰯粕《いわしかす》は高い北海道産のものを使っていた。宮古・山田・釜石などで鰯が大漁になるが、それを鰯粕にしたものの多くは神奈川・愛知といった方面に船で搬出され、あるいは宮城県の塩釜港を経由して岩手県内に送るといった状況であった(『岩手日報』一九二四年一二月一八日)。

301――「鉄道が通らねば鮮魚は食はれぬ」(『岩手日報』一九二一年四月三日)。

302――『岩手日報』一九二〇年二月一四日、一七日、二八日。一年前の一九一九年二月に、第四一議会下、東京など大都市部で普選運動が高まると(松尾尊兊『普通選挙制度成立史の研究』〔岩波書店、一九八九年〕一二九～一五〇頁)、原の盛岡市選挙区でも、普選運動が起きた。一九一九年二月二五日午後六時より、盛岡市の藤沢座では「普通選挙促進有志大会」が開かれ(発起人代表並木幾弥)、座長に大矢馬太郎県会議長(前盛岡市長、旧清岡派、大地主)が推薦された。会場では、制限選挙は「憲政の常道」に副う所ではなく、世界大戦後の「世界改造」の時代で国際関係がますます「機微」に入ってくる状況にも適応した制度ではない、等の普選を求める宣言書と、「普選の促進を期す」決議が満場一致で可決された。当日の会場では、鵜飼節郎(前代議士、自由民権運動以来の自由党の「老将」で、岩手県「政友派の元老」)も、六人の弁士の一人として、普通選挙要望の理由を演説した。会場には約八〇〇名の聴衆が集まった(『岩手日報』一九一九年二月二七日)。大矢・鵜飼という岩手県・盛岡市の政友会の有力幹部が出席していることが注目される。しかし、原内閣の積極政策と普選が争点となった一九二〇年の第四二議会下や総選挙の際には、このような普選集会も政友会有力幹部の関与も確認されない。

303――『岩手日報』一九二〇年二月二六日。

304――『岩手日報』一九二〇年二月二八日。

305――『岩手日報』一九二〇年二月二九日。

306――『岩手毎日新聞』一九二〇年三月五日。

307――『岩手毎日新聞』一九二〇年三月一八日。

308――『岩手日報』一九二〇年三月三〇日。

309――『原敬日記』一九二〇年三月三〇日、三一日。

310――『岩手日報』一九二〇年五月一二日、一三日。

311――『岩手毎日新聞』一九二〇年七月二九日、八月四日、八日。すでに述べたように、山田線を建設する動きは、一八九四年三月に清岡等が岩手県属から盛岡市長に選出された後、同年七月には始まっている(第一節第三小見出し)。

312――『岩手毎日新聞』一九二〇年八月九日。

313――『岩手毎日新聞』一九二〇年八月九日。

314――本書第三章、伊藤之雄「原敬の政党政治」。

315――『政友』第二四五号(一九二〇年九月一五日)。

316――『岩手日報』一九二〇年八月二八日。

317――『岩手日報』一九二〇年八月二八日。

318――『岩手日報』一九二〇年八月二八日。『岩手毎日新聞』一九二〇年八月二九日。

319――『岩手日報』一九二〇年八月二八日。金田一勝定については、『岩手日報』一九二一年一月五日参照。

320――『岩手日報』一九二〇年八月二八日。

321――『岩手日報』一九二〇年八月二八日、三〇日。

322――『岩手日報』一九二〇年八月三〇日。

323――『原敬日記』一九二〇年八月二九日。

324――『岩手日報』一九二〇年八月三一日。
325――前掲、松下孝昭『近代日本の鉄道政策』三五八～三六〇頁。
326――「第四十四議会重要問題の真相」(『政友』第二五二号、一九二一年四月一五日)。
327――前掲、松下孝昭『近代日本の鉄道政策』三六四～三六六頁。
328――『岩手日報』一九二一年八月六日。『岩手毎日新聞』一九二一年八月六日。『原敬日記』一九二一年八月四日、五日。
329――『岩手日報』一九二一年八月六日。
330――『岩手日報』一九二三年一二月一五日。
331――『原敬日記』一九二一年八月八日。
332――『岩手日報』一九二一年八月九日。『岩手毎日新聞』一九二一年八月九日。
333――『岩手日報』一九二一年八月九日。『岩手毎日新聞』一九二一年八月九日。
334――『岩手日報』一九二一年八月一〇日。『岩手毎日新聞』一九二一年八月一〇日。
335――『岩手日報』一九二一年八月一一日。『岩手毎日新聞』一九二一年八月一一日。
336――『岩手日報』一九二一年八月一四日。
337――『岩手日報』一九二一年八月一四日、一六日。『岩手毎日新聞』一九二一年八月一六日。『原敬日記』一九二一年八月一三日、一四日。
338――『原敬日記』一九二一年八月一八日、一九日。『岩手毎日新聞』一九二一年八月一八日。
339――『岩手日報』一九二一年一一月六日～一九二二年一月一日。『岩手毎日新聞』一九二一年一一月六日～一二月二日。
340――『岩手毎日新聞』一九二一年一一月一八日、一九二二年一月一四日、一七日。
341――『岩手日報』一九二一年一二月二一日、二三日。
342――「大矢氏に望む――報告演説会を開け」(評論)(『岩手毎日新聞』一九二二年四月七日)。
343――「大矢氏に質す――昇格問題の経過」(評論)(『岩手毎日新聞』一九二二年五月三〇日)。
344――「大矢氏に質す」(評論)、「大矢君！·足下」(評論)(『岩手毎日新聞』一九二二年五月三〇日、六月三〇日)。

345――『政友』第二五九号(一九二二年一一月一五日)。
346――前掲、伊藤之雄『大正デモクラシーと政党政治』第一部第二章。
347――同前、八一頁。
348――横田幹事長談「大政党の首領」(上)・(下)(『岩手毎日新聞』一九二三年四月一二日、一三日)。
349――『岩手毎日新聞』一九二三年六月二一日、二二日、二八日、二九日。
350――『政友』第二六八号(一九二三年一一月一五日)。
351――『岩手日報』一九二二年九月二七日。
352――『岩手日報』一九二二年五月二五日、一〇月三〇日～一一月五日。『政友』第二七〇号(一九二三年一月一五日)。
353――『岩手日報』一九二三年一一月二五日。
354――『岩手日報』一九二三年九月二六日夕刊(二五日夕方発行)。
355――『岩手日報』一九二三年一〇月二六日、二七日夕刊(二六日夕方発行)、二七日。
356――『岩手日報』一九二三年一〇月二八日夕刊(二七日夕方発行)。
357――『岩手日報』一九二三年一一月三日夕刊(二日夕方発行)。
358――『岩手日報』一九二三年一一月四日、五日。
359――『岩手日報』一九二三年一一月一九日。
360――『岩手日報』一九二四年一月一七日。
361――『岩手日報』一九二四年二月一六日、二九日、三月三日、五日、六日。
362――『岩手日報』一九二四年三月二二日夕刊(二一日夕方発行)。
363――『岩手日報』一九二四年三月二二日夕刊(二一日夕方発行)、二五日夕刊(二四日夕方発行)。
364――『岩手日報』一九二四年五月五日、五月八日夕刊(七日夕方発行)。
365――『岩手日報』一九二四年三月三〇日夕刊(二九日夕方発行)。
366――『岩手日報』一九二四年五月一二日、一三日、一四日。
367――『岩手日報』一九二五年五月二四日夕刊(二三日夕方発行)、二四日、二五日。

368――伊藤之雄『大正デモクラシーと政党政治』第一部第四章第二節・第三節。民政党の浜口雄幸内閣が成立すると、越後鉄道を政府が高く買収し、見返りに越後鉄道側から安達謙蔵（浜口内閣内相）・江木翼（同鉄相）・小橋一太（同文相）や若槻礼次郎（前首相）らに多額の金銭が渡されたとの疑獄問題が、司法・検察関係者から提起され、浜口内閣側が否定する事件もあった。もっとも、浜口首相はこうした疑惑をまったく受けない人物であった（伊藤之雄『昭和天皇と立憲君主制の崩壊――睦仁・嘉仁から裕仁へ』〔名古屋大学出版会、二〇〇五年〕一五一～一五八頁）。

369――「故原氏の四年忌――偉人の口を封する政党」（日報評言）（『岩手日報』一九二四年一一月四日夕刊〔三日夕方発行〕）。

370――「第二十三帝国議会衆議院大船渡鉄道鉄業ノ利益補給ニ関スル建議案委員会議録（速記）第二回」（一九〇七年三月六日）。

371――国鉄盛岡工事局『盛岡工事局五〇年史』（同、一九六九年）六三頁。

372――『岩手日報』一九三五年一一月一六日。

373――「評論　けふ山田線完成」、「祝賀の幕開く」（『岩手日報』一九三五年一一月一七日）。

374――『岩手日報』一九三九年九月一七日。

375――前掲、宮崎隆次「政党領袖と地方名望家」一二二頁。

376――大船渡線のこのルート問題に関し、菊池武利『政党人・原敬』（岩手日報社、一九九二年）も、原が反対党の柵瀬軍之佐を落選させ佐藤良平を当選させるため「我田引鉄」した、と反対党の憲政会の代議士小林の言葉も引用して論じている（二〇一～二〇三頁）。

377――たとえば、前掲、盛岡鉄道管理局『盛岡鉄道管理局一五年史』は、第四二議会（一九一九年一二月二四日召集、二〇年二月二六日解散）に提出された山田線（盛岡－宮古－山田間）建設について、「（山田線も含めた）鉄道大建設計画をたてた鉄道大臣は元田肇、その女房役として実際に手腕をふるったのは次官の石丸重美で」等と論じている（六一頁）。そもそも元田は一九二〇年五月一五日に鉄道大臣に初めて就任したので、その数カ月前の議会に提出された山田線の計画に鉄相として関与できるはずがない。

378――大船渡市史編集委員会『大船渡市史』第二巻（大船渡市、一九八〇年）二八五頁、千厩町史編纂委員会『千厩町史』第四巻（近代編）（千厩町、二〇一〇年）六八一頁。

379 ――発起人「大船渡開港鉄道主唱発起趣意書」、「大船渡開港鉄道株式会社主唱発起会規約」（「岩手日報社主幹及び盛岡電気株式会社（社脱カ）長ノ側面」（前掲、「清岡等関係文書」K二八九－キ九－五－二）所収）。

380 ――「第十四回帝国議会衆議院大船渡開港鉄道鉄業国庫補助ニ関スル建議案審査特別委員会速記録」一九〇〇年二月二〇日、同「衆議院議事速記録」一九〇〇年二月二二日。

381 ――「第二十二回帝国議会衆議院大船渡鉄道鉄業ニ関スル建議案委員会会議録（筆記速記）」第一回（一九〇六年三月二四日）、同「衆議院議事速記録」一九〇六年三月二六日。

382 ――「第二十三回帝国議会衆議院大船渡鉄道鉄業ノ利益補給ニ関スル建議案委員会会議録（速記）」第二回（一九〇七年三月六日）、同第三回（一九〇七年三月一三日）、同第四回（一九〇七年三月一九日）、同「衆議院議事速記録」（一九〇七年三月二一日）。

383 ――「第二十四回帝国議会衆議院大船渡鉄道鉄業ノ利益補給ニ関スル建議案委員会会議録（筆記速記）」第一回～第四回（一九〇八年三月一七日～三月二四日）、同「衆議院議事速記録」（一九〇八年三月二六日）、「第二十五回帝国議会衆議院大船渡鉄道鉄業補給ニ関スル建議案委員会議録（筆記）」第一回～第三回（一九〇九年三月三日～三月二三日）、同「衆議院議事速記録」（一九〇九年三月二五日）。

384 ――「第二十四回帝国議会衆議院大船渡鉄道鉄業ノ利益補給ニ関スル建議案委員会議録（筆記速記）」第四回（一九〇八年三月二四日）。

385 ――『岩手日報』一九一八年一月一九日。大船渡は、大船渡線（磐仙線）の終点として、いずれの計画でも路線から外れることがなかった。したがって、大船渡市史編集委員会『大船渡市史』第二巻（大船渡市、一九八〇年）は、「明治三、四〇年代」の大船渡開港鉄道敷設計画は花巻方面から大船渡への路線であったことや、一九一八年の大船渡線（磐仙線）の敷設決定は、「急拠転り込んだ」もので、「運動らしい運動もなく実現され」た、と客観的に叙述している（二八五～二八六頁）。ところが、千厩町は路線によっては鉄道から外れるようになるので、千厩町史編纂委員会編『千厩町史』第四巻（近代編）（千厩町、二〇一〇年）は、大船渡鉄道には多様な路線計画があって、なかなか固まらず、一九一八年の官営軽便鉄道としての磐仙線の敷設は突然のものであった、とのニュアンスをまったく出していない。それどころか、一八九七年の「磐仙鉄道株式会社」（一関－千厩－気仙沼）以来の運動があり、その延長で、一九一八年に一関‐千厩‐気仙沼をほぼ直線的に東西に結ぶことが決定された、との誤ったニュアンスを提示している（六八一～六八二頁）。このような叙述は、寺内内閣期に決められた大船渡線を原内閣において路線変更したことを、不当な政治介入だったととらえる視点を強く打ち出しており、十分に客観的なものとはいえない。

386――『岩手日報』一九一七年六月一〇日。

387――「第四十回帝国議会衆議院鉄道敷設法中改正法律案委員会議録（速記）第二回」一九一八年二月一日。

388――『岩手日報』一九一七年六月四日。

389――『岩手日報』一九一八年一月一九日、二一日、二月四日。

390――『岩手日報』一九一八年一月二八日、二九日、二月四日、五日、三月一〇日、一九日。

391――前掲、盛岡工事局『盛岡工事局五〇年史』五九頁。

392――『岩手毎日新聞』一九一九年一一月一〇日。

393――『岩手毎日新聞』一九二〇年二月五日。

394――『岩手日報』一九二〇年一一月八日。

395――『岩手毎日新聞』一九二〇年一一月一一日。

396――『岩手日報』一九二二年三月二九日。寺内内閣期の突然の計画では、大船渡線が千厩町まで一関から最短距離で結ぶ予定であったものが松川や摺沢に迂回したことは、千厩町民には強い不満を残したようである。前掲、千厩町史編纂委員会編『千厩町史』第四巻（近代編）は、この路線変更を、原首相と政友会内閣による党利党略のためとするニュアンスで次のように叙述している。すなわち、一九二〇年五月の総選挙では、東・西磐井郡は第七区（小選挙区）となり、佐藤良平（政友会、摺沢）が候補に立ち、現職の「強豪柵瀬《さくらい》軍《ぐん》之《の》佐《すけ》」を破って当選した。「この年、大船渡線の建設費も計上され、着工したのである。路線は、門崎駅から北に進路を変え、松川を経て摺沢駅に向ったのである」「ところが翌十年（一九二一）十一月四日、原敬首相は東京駅で刺殺された」（六八五頁）。『千厩町史』は、以上の叙述にあたって、何ら史料的根拠を示していない。一九二〇年総選挙後、その年に大船渡線の路線は門崎から北に迂回し松川・摺沢に向うように決定した、という叙述は事実に反する。

397――『岩手日報』一九二一年九月六日。

398——原が暗殺されて三カ月後に、大船渡線の工事が地元の新聞で話題になっているが、門崎より先の路線は話題にもなっていない(『岩手日報』一九二二年二月一〇日)。

399——他に、『岩手日報』(一九二二年七月七日)の「各鉄道工事進捗」という記事にも、大船渡線第三工区(門崎村－松川村間)は、一両日中に工事契約が成立するとある。

400——読売新聞社盛岡支局『岩手と鉄道』(同、一九六九年)は、大船渡線をめぐる、摺沢から直接陸前高田へ行く路線と、千厩を経由する路線も建設する話を、最も早く指摘している(四六～四七頁)。

401——『岩手日報』一九二三年九月八日。

402——『岩手日報』一九二三年一〇月七日。

403——『岩手日報』一九二四年七月二四日、二九日、八月二三日、二四日。

404——『岩手日報』一九二五年七月二六日夕刊(二五日夕方発行)。

405——実際の工費額は、国鉄盛岡工事局『盛岡工事局五〇年史』(同、一九六九年)五八～五九頁。

406——『岩手毎日新聞』一九二七年七月一五日。

407——「鉄道貨物発到着種類別噸数」(前掲、『岩手県統計書(一九三四年度)』)。

408——以上の鉄道線路の起工・開業等については、前掲、国鉄盛岡工事局『盛岡工事局五〇年史』三四～七五頁。

409——前掲、読売新聞社盛岡支局『岩手と鉄道』は、一九六〇年代末における岩手県関連の鉄道の歴史と現在を、取材をもとにわかり易い文章で描いた好著である。しかし、次のように、当時の赤字支線をどうするかという課題設定と、一九六〇年代の自民党の利益誘導政治とを結び付け、そもそも戦前における支線の建設から、経済合理性のない政治的なものであったとのニュアンスを強く出し過ぎている問題を残す。「県内の支線のすべては、赤字路線である。さらに共通していることは、その建設が政治家との深い結びつきの中で、進められたことである。いま、赤字路線の存廃が問題になっている。建設期がそうであったからといって、存廃までが、政治家の思惑や利権によって決められないことを祈って」(六二頁)いる、と同書は述べる。

第7章

政友会領袖松田正久と選挙区佐賀県
――原敬との比較の視点から

西山由理花
NISHIYAMA Yurika

近代日本の政党政治の発展と松田正久――はじめに

松田正久は、国会開設から大正政変期まで、という近代日本の政党政治が発展する過程の重要な時期において、長く、自由党・政友会の最高幹部として政党の中枢にあった。初の政党内閣である第一次大隈内閣では大蔵大臣を務め、第四次伊藤内閣では文部大臣を、第一次・第二次西園寺内閣と第一次山本内閣では三度、司法大臣を務めた。桂園体制期の政友会を、原敬と共に支えた政治家であった。

松田は、フランス留学を経験したことや、西園寺公望・中江兆民らと共に『東洋自由新聞』を創刊したことで知られる。佐賀県の出身であったことから、自由党九州派の領袖であり、政友会においては、原らの伊藤系官僚に対抗しようとする、党人派（旧自由党以来の政党人）の代表者とみなされた。しかし、松田は、初めから九州出身代議士の最有力者だったのではなく、立憲自由党結成当時には、あくまでも九州派の有力者の一人に過ぎなかった。そこから、自由党を近代的な政党に変革しようというビジョンを持って星亨と連携し、自由党全体の中での地位を確立していった。その後、政友会では、原と協調して党運営にあたった。

本章では、原と共に政友会領袖であった松田の選挙区佐賀県に焦点を当て、主に日清戦争後から一九一四年三月に松田が没するまでを分析する。特に、松田の選挙区におけるライバルであった、進歩党系の武富時敏との地盤獲得競争を通して、松田が、選挙区に対して何を訴え、どのように受け入れられていったのか、を明らかにする。その上で、選挙区における松田と原とを比較することによって、選挙区に対する両者の働きかけ方と考え方、さらに、両者の政治指導・政治構想を明らかにする。

松田の地盤である佐賀県や九州地方における政治史研究の関心は主に自由民権期に集中している[1]。佐賀県内の地方政派の動向に関しては、『佐賀県議会史』[2]や佐賀県内の自治体史で明らかにされている部分もあるが、松田の中央での評価や、佐賀県内の政派対立と中央の政党との関係についての考察において、誤りや不十分な点がある[3]。したがって、本章が主たる対象とする、日清戦争以降の九州・佐賀県における政党の地盤研究はほとんどない。

また、中央における松田に関する先行研究についても、唯一の伝記である笹川多門『松田正久稿』[4]の他には、松田を一貫して論じた研究はない。一九三〇年代に出版された『松田正久稿』は、松田についての生存者の回想などを含んでおり、史料的価値はあるものの、松田を自由民権派の流れをくむ政治家として評価しようとの思いから論じており、松田に対する評価に関して問題点がある。近年の自由党・政友会に関する実証的な研究の進展[5]の中で、自由党・政友会の実力者としての松田が明らかにされつつあるが、両党の指導者としての松田の構想や動向の本格的な考察は、まだなされていない。この点と日清戦前までの松田と佐賀県・九州との関わりに関しては別稿に譲る。

佐賀県・九州における政治の状況・選挙の動向を明らかにするために、「野田大塊文書」、「永江純一文書」などの一次史料も活用する。また、松田が選挙区の人々に対して何を訴えたのか、選挙区の人々が松田をどのように受け入れたのか、を知るために、佐賀県・九州地方の新聞を系統的に用いた。

1　日清戦争後の自由党と進歩党との対立の起源

◆自由民権期の松田正久と九州・佐賀

まず、松田正久の誕生から一八九三年の佐賀自由党の分裂までの松田の動向を概観したい。松田は、弘化二年（一八四五）四月、肥前国佐賀藩（三六万石）の支藩である小城《おぎ》藩（七万石）藩士の横尾唯七の次男に生まれ（現在の佐賀県小城市）、一二、三歳頃に、松田家の養子になった[6]。

松田の生まれた小城藩は、蓮池藩（五万石）・鹿島藩（二万石）と共に、鍋島佐賀藩内に三つあった支藩の一つであった。三支藩は、二代藩主光茂の時に本藩の完全な統制下に置かれたが、本藩から家臣扱いされることには反発があった。特に、小城藩は、鍋島佐賀藩初代藩主勝茂の長男元茂を初代とし、石高も三支藩内で最大であったことから[7]、佐賀県内でも、のちの佐賀市部など本藩の支配地域とは、意識に隔たりがあったといえる。

小城藩では、幕末維新期に、藩政改革を求める正義派と、これに対抗する俗論派とが激しく争っていた。松田は、正義派の一員であった[8]。明治二年、藩の留学生として上京した松田は、昌平坂学問所などを経て、明治三年（一八七〇）一二月二五日、西周の家塾「育英舎」に入った[9]。松田は、西の下でフランス語や国際法（「万国公法」）を学ぶとともに、西を通して豊富な人脈を築く機会も得た。そうして、明治五年（一八七二）八月、陸軍省からフランス留学に派遣され[10]、約二年半の間、フランス、そしてスイスに移って、政治学や民法、刑法、経済学を学んだり、議会見学に通ったりした。また、のちに深く関わることになる西園寺公望や中江兆民と出会ったのも、この留学中であった[11]。一八七五年（明治八）五月、命令を受けて帰国した松田は、一旦郷里小城へ戻って、「自明社」の結成に参加した。

自明社は、佐賀における初めての民権結社であった。正義派の中心人物で、当時長崎上等裁判所一級判事補であった中島清武（のちに宮内大臣を務める波多野敬直の伯父）と、帰国後間もない松田とを指導的な立場として、旧小城藩の正義派を中心に設立され、一〇月に正式な結社として認められた[12]。自明社設立にも表れている通り、小城藩における正義派と俗論派との対立は、廃藩置県後も、さらには一八七四年の佐賀の乱の展開過程でも受け継がれた。但し、中島・松田らの正義派は、あくまでも少数派であった[13]。すなわち、松田の基盤は、佐賀の中の一部である小城、さらにその中の少数派でしかなかった。このことが、のちに松田が選挙地盤の獲得に苦労した一因になる。

自明社は、啓蒙的な活動に加えて、区戸長公選を県に建議して県の意思決定に一時的にではあるが実際に影響も与えた。しかし、翌一八七六年二月三日、松田が陸軍裁判所七等出仕を命じられて上京したことによって、衰退していったと見られる[14]。自明社の活動は、即時国会開設を求めるような急進的な自由民権運動とは一線を画していた。また、自明社の社議に見られる「人権」という語は、のちの政友会九州大会の決議で重視されていたり[15]、松田の演説の中にも表れたりすることから[16]、松田が、生涯にわたって重視していた考えであったとみられる。

自由民権期において、松田は、一八七七年九月の愛国社再興大会や一八七九年一二月の自由党準備会には出席したが、自由党の結党式には出席しておらず、正式に入党もしていない[17]。松田は、この自明社以外には、政治結社を目指す運動に本格的に加わることはなく、恩師である西の下で翻訳によって外国の知識を吸収し普及する道を選んだ。この時期の松田の動向で、地元で名を有名にしたのが、一八七九年から初代長崎県会議長を務めたことであった[18]。

県会議長時代の松田は、長州出身の内海忠勝県令とも協調しながら審議を進めるなど、急進的な反藩閥でなかったことがうかがわれる[19]。また、翌一八八〇年の第二回長崎県会では、県会の進歩に合わせた議事細則改正の必要を提案したように[20]、松田が漸進的な県会の発展を志向していたこともわかる。急進的な反藩閥でない、などのこうした松田の考え方は、自由民権期の原と共通するものであった[21]。松田と原との類似性が、後年に両者が協調して党の運営を行うことができたことにつながった、と考えられる。

積極的に長崎県会の指導にあたった松田ではあったが、その関心は、やはり中央にあった。国会開設運動の盛り上がりや『東洋自由新聞』創刊への参加、また再び留学したいと考えていた[22]こともあって、一八八二年一月、第四回県会の開催に先立って松田は長崎県会議員および議長を辞任した[23]。その後、第一回総選挙の直前まで、鹿児島高等中学造士館の教諭兼同館教頭などを務め、地元佐賀・九州の民権運動に関わることはなかった。

松田が長崎県会を去った二カ月後の一八八二年三月、武富時敏、江藤新作(佐賀の乱で処刑された江藤新平の子)、江副靖臣、川原茂輔らが佐賀開進会を結成し[24]、また、九州地方の政党が集まって、九州改進党が結成された。この九州改進党にも、松田が参加することはなかった。一方、のちに佐賀県の地盤を争うことになる武富は、九州改進党の結成に参加し、九州の自由民権運動をリードした。武富が、松田の名前を知ってはいたものの初めて実際に会ったのは第一回総選挙の少し前であった、と回顧していることも、松田が九州改進党に関わっていなかったことを傍証している[25]。

一八八五年五月に九州改進党が解散したのち、長崎県から分離した佐賀県では、武富・江藤らを中心とした「郷党会」と、これに対抗する江副靖臣・川原茂輔らを中心とした「同成会」とが結成された。松田は、一八八九年頃、第一回総選挙への「立候補」を目指して、佐賀郷党会に入党の働きかけを行った[26]。

◆佐賀県自由党の分裂

旧九州改進党員は、解党後も、毎年春と秋に懇親会を開催しており、一八八八年秋には、熊本において懇親会が開かれる予定であった[27]。一〇月二八日に開催された会合から、旧九州改進党の再結成を目指す動きが強まっていった。その後、一八八九年二月、国会開設・第一回総選挙を前に、九州各県の民権派政党は、再び合同した。当初は「九州同志会」または「九州連合同志会」と呼ばれたが、ここでは「九州同志会」に統一する。九州同志会は、「改進主義」という党の方針を掲げてはいたものの[28]、九州という地域的要因による合同という面が強かった。それゆえ、内部には、のちの自由党系、改進党系、さらには、吏党系までが混在していた。松田は九州改進党には参加せず[29]、第一回総選挙の間際に九州同志会に参加して立憲自由党創立に参加した。

このように、九州同志会は、あくまでも地域的な集団であって、完全なる自由党系とも改進党系とも分類できない団体、すなわち、自由・改進両党への両属状態にあった。このことが、のちに自由党九州派の分裂、佐賀県における武富勢力と松田勢力との決裂を引き起こす。

迎えた第一回総選挙で、佐賀県では、特に大きな競争もなく九州同志会の松田・武富・二位景暢《かげのぶ》、立憲改進党の天野為之、が当選した。また、九州全体でも九州同志会員を含む民党系が過半数を占めた。佐賀県第二区で当選した天野は、のちに早稲田大学第二代学長を務めた人物である。佐賀県の選挙には、大隈重信が一定の影響力を持っていた。但し、佐賀の乱の鎮圧を指揮した大隈に対して、佐賀の人々の感情は複雑であった。現代でこそ、「佐賀の七賢人」と言われる大隈であるが、明治時代初期においては、江藤新平・島義勇らを処罰した政府側にあったとして、大隈に対する反感が強かった[30]。大隈が、佐賀県の政治・選挙に直接関わることはなく、帰郷することも稀であったのは、こうした県民感情も背景にあったのだろう。

第一議会の開院を前に、一八九〇年九月、九州同志会は、大同倶楽部・愛国公党・再興自由党と共に、立憲自由党を結成した。これにともなって九州同志会は解散し、これ以後「自由党九州派」または「九州進歩党」と呼ばれる。「自由党九州派」と「九州進歩党」とは同じ文脈で用いられていたため、ここでは前者に統一する。初め、自由党九州派内で主導権を握っていたのは、鹿児島の河島醇と熊本の山田武甫《たけとし》であって、九州地方での自由民権期以来の活動地盤を持たない松田は、九州派内の四、五番手程度に過ぎなかった。それでは、松田はどのように、自由党中央での地位を確立していったのだろうか。

当時の密偵情報によれば、松田は、立憲自由党の結成準備会における党の綱領に関する議論でも、自身の知識を披露して議論の中心を占めた[31]。政治・近代政党に関する豊富な専門知識を有し、また、自由党内で次第に実権を握ってゆく星亨と連携して党の改革を進めていく中で、松田は党を主導できる地位に近づき、九州派の代表者とみなされるようになっていく。

先述の通り、自由党九州派は、公的には立憲自由党に属しながらも、改進党とも近く、ほぼ両党に両属していた。なかでも、佐賀県は、大隈の出身地であり、大隈と同じく佐賀の本藩出身の武富をはじめとして大隈と親しかったため、この自由・改進両党への両属状態を保つことで、両党の合同に望みをつないでいた。こうした九州派内の主流の考え方とは対照的に、松田は、九州派を明確に自由党の地方団の一つに編成するために、所属があいまいな佐賀自由党を、明確に自由党の地方支部となる「自由党佐賀県支部」として位置付けようとした。松田は、近代的な政党として、単なる地域的な集団ではない、実現可能な政策立案をできる主義による団結へと再編成しようとしていたからである。

第一議会でのいわゆる「土佐派の裏切り」によって、板垣退助をはじめ土佐派の有力者が脱党した後、立憲自由党では一八九一年三月二〇日に党組織改革が行われた。「立憲自由党」から「立憲」の二文字を取って党名を「自由党」とし、板垣を総理に推戴するという、改進党との合同路線への決別を意味するこの組織改革を主導したのが、星、そして松田であった[32]。この組織改革に、九州派では自由党からの分離独立まで主張された。もちろん武富はこの組織改革に反対であり、また、立憲自由党結成当時には九州派内で一番の有力者であった河島も、板垣の総理推戴に反対だった。河島は、星が自由党を主導し始めた状況の中で、一八九二年二月の第二回総選挙の前までに、自由党を脱党した[33]。この時の九州派分裂の危機は、調停者として、東北出身で有力者の一人である河野広中までが九州派の大会に派遣されたことで、一時的に回避された[34]。しかし、自由党九州派が、自由・改進両党への両属状態を保つことの難しさが顕在化したのである。

九州派は、不安定さを抱えたまま、一八九二年二月の第二回総選挙を迎えた。特に佐賀県では、高知県に次ぐ規模の選挙干渉を受けて、第一区に坂元規貞、第二区に川原茂輔、第三区に五十村良行と、吏党系の人物が全勝し、松田も武富も落選した。九州全体でも、民党議員のうち選挙に勝ち残ったのは、河島、山田らのごくわずかであった。落選はしたものの、総選挙後に松田は自由党幹部として積極的に全国遊説を行い、同年六月には、板垣を自由党総理として星・松田・河野を最高幹部とする体制が確立すると、その一角を占めた[35]。

翌一八九三年、星が主導して自由党が改進党との対決姿勢を鮮明にすると、自由党九州派の分裂は決定的になってくる。この年、自由党は党勢拡大のために、北越遊説、甲信遊説[36]をはじめとして、大規模な全国遊説を行い[37]、この計画の中には、九州遊説計画が含まれていた。九州遊説には、最高幹部の星・松田・河野が派遣されたことから、党として力を入れていたことが分かる。

星が当時改進党に対する批判を強めていたため、武富ら自由党九州派内で自由・改進両党への両属状態を維持したいと望む人々は、この遊説を避けたいと考えた。また、同年五月四日の政社法改正を受けて、自由党が各県支部の設置を進めていたことも、そうした現状を維持したい九州派にとって好ましくない状況だった。武富らが、このような一連の自由党本部の方針に抵抗した理由は、改進党攻撃の筆頭に立つ星が率いる自由党の遊説を受け入れた上に、自らを自由党の支部と位置づけることが、自由党への帰属を明確にしてしまうことになるからであった。

星・松田らの遊説を前に、これまで地元で「郷党会」または「佐賀自由党」とあいまいに表現されていたものが、結局、「自由党佐賀支部」と位置づけられた[38]。一八九三年七月一日に創設された支部は、佐賀市松原町（佐賀城の側で、現在も佐賀市の中心部に位置する）に設置され、武富と野田常貞が幹事に就任した。その他、常議員には、田中英一、加藤十四郎、山邊生芳、徳川権七、米倉経夫、大塚仁一、竹下以善、酒井常次、飯田經治、西英太郎、二位景暢、黒木牧之助、永田佐次郎、永野静雄、井上孝継、山邊濱雄が就任し、事務員は指山源太郎が務めた[39]（表1を参照）。彼らの多くが、この後松田と武富とが分裂すると、武富と行動を共にする人物であることから[40]、一八九三年の自由党佐賀支部は、武富勢力が牛耳っていたといえる。

このように九州派内に自由・改進両党への両属状態を維持しようとした勢力があったのに対して、松田は、両属状態を克服して、自由党への帰属を明確にしようとした。これは、松田が、政党には主義による一体性が必要である、と考えたためであるといえる。松田は、この遊説の主意が、これまで「漠然」としていた自由党九州派の旗色を鮮明にすることにある[41]、すなわち、両党両属状態であるために党内が一致団結できない問題を解消することを目的とした遊説であることを明確に主張している。また、松田は、全国レベルでの自由党内にもあった、民党合同を目指す動きに与しなかった。松田がこのように地方支部の帰属を明確にして一体性を持った政党を目指した理由は、「民党なる漠然たる名称は既に消滅」する時期に達している、と考えたからである[42]。

他方、自由党本部や松田の意向に反し、武富派を中心とした佐賀支部は、自由党総会での九州遊説の正式な決定に対して、一度は遊説謝絶を通知するなどの抵抗を見せた[43]。武富・江藤新作らは佐賀支部内で何度も協議を重ね、結局は星一行の遊説を受け入れざるを得なかったものの、星一行に対する出迎えがほとんどないという状態だった[44]。武富らの率いる佐賀支部内にも、一部には星らの演説会の開催を望む声があったが、武富・江藤は強く反対した。武富・江藤らは、この星一行の受け入れを不快に思っており、江藤は、これまで自由・改進の両党に両属状態であった佐賀県の自由党（民党とほぼ同義）を、自由党から切り離す

常議員	永野静雄	藤津郡古枝村中尾、嘉永3年（1850）〜1927年鹿島藩士。一代家老の愛野右門の次男に生まれ、鹿島藩権大参事永野格一の養子となる。藩校弘文館に学び、藩命で鹿児島遊学。鹿島の経済金融面で活躍し、鹿島銀行設立に参加、のち頭取、1890年佐賀県議初当選、1904年衆議院議員初当選。長男常喜は佐賀の乱で戦死。
	井上孝継	東松浦郡唐津町、嘉永2年（1849）〜1908年。憂国党旧唐津藩隊司令、1890年県議初当選、松浦郷党会。
	山邊濱雄	東松浦郡佐志村、弘化4年（1847）〜1910年、神職。山邊歓敬の長男に生まれ、代々修験を職とした。学校教員、神官、学務委員、村長、郡村会議員、県郡村農会長、その間学校、神社を建築し、耕地整理、農水産物の改良に功績を挙げた。松浦郷党会。
事務員	指山源太郎	佐賀市議。

出典：小城町史編集委員会『小城町史』（小城町長 中島六男、1974年）、鹿島市史執筆委員会『鹿島の人物誌』（鹿島市、1987年）、鹿島市史編纂委員会『鹿島市史』下巻（鹿島市、1974年）、神崎町史編さん委員会『神崎町史』（神崎町役場、1972年）、北茂安町史編纂委員会『北茂安町誌』（北茂安町、2005年）、深田豊一『九州名士列伝 上編』（山池松吉、1914年）、西村芳雄監・佐賀女子短期大学歴史学研究会編『佐賀県・歴史人名辞典』（佐賀女子短期大学、1969年）、佐賀県議会史編纂委員会編『佐賀県議会史』上巻・下巻（佐賀県議会事務局、1958年）、佐賀県史編さん委員会『佐賀県史』上巻（佐賀県、1968年）、佐賀県教育史編さん委員会編『佐賀県教育史』第二巻資料編（二）（佐賀県教育委員会、1990年）、佐賀県警察史編さん委員会編『佐賀県警察史』上巻（佐賀県警察本部、1975年）、堂屋敷竹次郎『佐賀県商工名鑑』（すいらい新聞社、1907年、佐賀新聞社・佐賀県大百科事典編集委員会『佐賀県大百科事典』（佐賀新聞社、1983年）、佐賀市議会史編さん委員会『佐賀市議会史——百十六年のあゆみ』（佐賀市議会、2005年）、佐賀市編『佐賀市史』下巻（佐賀市役所、1952年）、佐賀市史編さん委員会『佐賀市史』第3巻・第四巻（佐賀市、1978年・1979年）、佐賀近代史研究会編『佐賀新聞に見る佐賀近代史年表明治編』上（佐賀新聞社、1988年）、福岡博『佐賀幕末明治五〇〇人 第二版』（佐賀新聞社、1998年）、白石町史編さん委員会『白石町史』（白石町史編纂委員会、1974年）、久保源六編『先覚者小伝』（肥前史談会、1929年）、多久市史編纂委員会編『多久の歴史』（多久市役所、1964年）、多久市史編さん委員会編『多久市史』第三巻近代編（多久市、2005年）、石井良一『武雄史』（石井義彦、1956年）、太良町誌編纂委員会編『太良町誌』上巻（太良町、1995年）、鳥栖市役所編『鳥栖市史』（国書刊行会、1982年）、田口教雄編『兵庫町史』（兵庫公民館、1975年）、三日月町史編纂委員会編『三日月町史』上巻（三日月町史編纂事務局、1985年）、三根町史編さん委員会編『三根町史』（三根町、1984年）。

表1　自由党佐賀支部(分裂前)(1893年7月)

幹事	武富時敏	佐賀市大財、安政2年(1856)〜1938年。佐賀の乱に参加し、九州改進党参加、1883年佐賀県議初当選、1890年総選挙初当選。第一次大隈内閣内閣書記官長、第二次大隈内閣蔵相。
	野田常貞	北川副村古賀(佐賀郡)、嘉永4年(1851)〜1907年、佐賀藩士。明治5年東京遊学、尚風社、弁護士、肥筑日報創設、県議、1897年農工銀行頭取。
常議員	田中英一	北茂安(三養基郡)、弘化元年(1844)〜1916年、窯陶業。1883年長崎県議初当選、佐賀県議、佐賀県陶磁業組合組合長。
	加藤十四郎	三養基郡三根町、元治元年(1864)〜1939。1887年慶応義塾卒、時事新報記者、三養基郡会議員、1892年佐賀県議初当選、渡米してシアトル市旭新聞社主筆、同市日本人会議長、九州毎日新聞社主筆、1924年総選挙初当選(立憲民政党)。
	山邊生芳	神崎郡千代田町、嘉永3年(1850)〜1897年、神官。福岡県庁神道事務局、教導職、佐賀開進会の中心となる。1881年〜没年まで県議。
	徳川権七	神埼郡脊振村、安政2年(1855)〜1923年。1880年腹巻山戸長役場筆生、村会議員、郡会議員、1897年県議初当選、郡農会長、地方森林会議員、脊振村長。
	米倉経夫	佐賀市水ヶ江、嘉永5年(1852)〜1914年。1879年長崎県議初当選、1887年佐賀県議初当選、改進党。佐賀県代言人組合結成、佐賀開進会。
	大塚仁一	佐賀地方裁判所弁護士、佐賀市会議員。町制派(村岡致遠、米倉、野田、大塚)の一人として市制派(家永恭種、江副、副島勝忠、大塚鐵造)と対立。1888年佐賀県議初当選。
	竹下以善	佐賀郡兵庫村。1876年以来公共事業に尽くし、学校の設立、道路の改修などに尽力した。1892年県議初当選。
	酒井常次	佐賀郡、弁護士。
	飯田經治	小城郡小城、弘化元年(1844)〜1918年。1884年県議初当選、小城町村連合会会長。
	西英太郎	小城郡多久村多久、元治元年(1864)〜1930年。西雅広の長男に生まれ、郡会議員、1892年県議初当選を経て、1914年衆議院議員初当選。唐津鉄道株式会社取締役、県農工銀行頭取、高取鉱業株式会社取締役、肥前電気鉄道株式会社取締役、唐津製鋼所監査役。西肥日報社長、のち佐賀毎日新聞社長、民政党佐賀県支部長。
	二位景暢	杵島郡武雄、武雄鍋島領主の家臣。戊辰戦争大隊長、佐賀の乱では政府軍に与した中立党に属し、武雄勢第四小隊副指令、1880年杵島郡長、1890年衆議院議員初当選、祐徳馬車鉄道株式会社取締役。
	黒木牧之助	杵島郡南有明村、1882年長崎県議初当選。1918年、須古鍋島家の爵位獲得運動で、鍋島喜八郎(鍋島秀太郎・慶次郎のおじ)と共に大隈へ働きかけを行った(『白石町史』680〜682頁)。
	永田佐次郎	藤津郡鹿島城内、嘉永3年(1850)〜1928年。鹿島藩校弘文館に学び、藩命で大阪兵学寮に入学、学制が発布されると小学校や教員伝習所の創設に尽くした。佐賀の乱にも参加。小学校訓導、沖縄県中頭役所長、高津原村議、郡役書記、沖縄県設置により直彬が県令に任命されると同行して沖縄県勧業課長。1884年県議初当選、1898年衆議院議員初当選、1904年政界を離れ祐徳神社社司。

好機ととらえた[45]。武富も同様の考えを持っていたと推定される。また、星ら自由党の遊説を受け入れるか否かについては、大隈重信も関心を持っていた。それを示すように、「大隈伯の幕賓《ばくひん》」であって、「常に大隈伯の門下に在て現に伯家の家政を管掌しつゝある人」と見られていた秀島家良が[46]、東京から佐賀へやって来た[47]。秀島は、佐賀および長崎において、星一行の遊説拒否を決めたことを、大隈に書き送っている[48]。

この時、武富らが率いる佐賀支部とは違い、星らの遊説会を歓迎したのが、松田の故郷小城の有志者たちであった。小城の中でも、飯田(自由党佐賀支部常議員、県議)のように、佐賀支部の決定を遵守させようとする者もあったが、武富らの決定に反感を持つ小城郡の青壮年は、中島健(松田勢力と武富勢力とが分裂した後に再興された自由党佐賀支部で幹事に就任)を会頭とする小城黄城会を結成して対抗した[49]。

同年一二月、衆議院議長を務める星の信任問題が起こった時、武富は星を批判して自由党を除名された。九州派のその他の有力者では、鹿児島の長谷場純孝も自由党を除名された一人だった。この事例をきっかけに、旧来の自由党系・改進党系の両者が参加している状態が解消された。自由党九州派は分裂し、自由党佐賀支部も実質的には消滅した[50]。こうして、松田の勢力と武富の勢力とが佐賀県で競い合う時代が始まったのである。

2　憲政党の成立と佐賀地盤の確立

◆大隈重信・武富時敏連合勢力への挑戦

松田と武富とが初めて選挙戦で対決したのは、一八九四年(明治二七)三月一日、第二次伊藤内閣の下で行われた第三回総選挙であった。松田は、投票日の約半月前に帰郷し、途中福岡などへも足を運んで約二カ月間九州に滞在した[51]。選挙の結果は、第一区に武富、野田常貞(ともに革新党[52])、第二区に中江豊造(自由党)、第三区に二位景暢(革新党)と、武富は議席を復活させることができたが、松田は武富の勢力に敗れた。この時点ではまだ、松田は、小城郡全体をもまとめきれていなかったからである[53]。

総選挙後、松田は、自由党佐賀支部を再興し、四月四日、新たな自由党佐賀支部(設置場所は未詳)の発会式を執り行った。この時発会式が開かれた小城桜岡公園には、今も松田の碑が残されている。新たな佐賀支部の幹事には、土山文九郎と中島健が選出された。事務員には、相浦秀剛、徳島勇夫、中尾英二が、常議員には、香月則之、森永政憲、川添[川副か]俊生、松林勝太郎、眞崎辰五郎、田中忠太、中江豊造、宮崎林太郎、保利治郎太夫信真、立川只之が、そして代議員には、松田が就任した[54](表2参照)。新たな入党者は、二五四名に上った[55]。新しい支部の発会式を、松田の出身地であり松田勢力の本拠地といえる小城で開催したこと、松田の生涯の後援者となる中島らが幹事を務めていること等からも、新支部が、明確に自由党の下部組織として再編成されたといえる。

支部の幹部たちの出身地および経歴を比較すると、武富勢力の傘下にあった旧佐賀支部(分裂前)では、佐賀市出身者が約二〇パーセント、佐賀郡出身者が約一六パーセントと比較的多いが、西松浦郡を除くその他の地域にも幅広く分散しており、経歴も士族出身者の他、弁護士・実業家も多い。これに対して、新しい佐賀支部(再興)では、小城郡出身者が六割近くを占め、士族出身者が九割近くと圧倒的に多い[56]。このことから、新たな佐賀支部が、まだ、佐賀県内の広範囲からの支持を得られていなかったと推定される。以下で述べるように、松田は、このような不利な条件から出発して、この後他の地域にも支持層を広げていき、佐賀県での自由党の基盤を固めていくのである。

総選挙後に自由党支部の再興準備を進めるかたわら、松田は、福岡の実業家である野田卯太郎の案内で、炭鉱視察に赴いた[57]。野田は、福岡の自由民権運動に参加し、のちに政友会幹事長や逓信大臣まで務める

常議員	松林勝太郎	未詳
	眞崎辰五郎	佐賀郡春日村、安政5年（1858）～1924。1905年佐賀県議初当選。
	田中忠太	未詳
	中江豊造	東松浦郡、文久元年（1861）～1942年。佐賀県師範学校速成科卒、長崎県地租改正御用掛、小学校訓導、小学校長、1887年佐賀県議初当選、1894年衆議院議員初当選（自由党、のち同志政社）。
	宮崎林太郎	東松浦郡七山村。1888年七山小学校長兼訓導、1895年七山村会議員。
	保利治郎太夫信真	東松浦郡厳木村、安政3年（1856）～1896年。1876年長崎県地租改正掛雇、1879年東松浦郡中島公立小学校教員、1880年厳木村外九か村戸長役場筆生、厳木村助役、東松浦郡徴兵補欠参事員、西南戦争の際に政府から慰労の酒肴料下賜、1894年厳木村村長。1881年唐津公立病院新築費寄付、1885年厳木貧民に玄米一斗一生寄付。
	立川只之	三養基郡轟木村。1892年、轟木村村長。

出典：芦刈町史編さん委員会編『芦刈町史』（芦刈町、1974年）、伊万里市市史編纂委員会編『伊万里市史 近世近代編』（伊万里市、2007年）相知町史編さん委員会編『相知町史』付巻（相知町、1978年）、小城郡教育委員会編『小城郡誌』（名著出版、1973年）、前掲、小城町史編集委員会『小城町史』、前掲、神崎町史編さん委員会『神崎町史』、前掲、北茂安町史編纂委員会『北茂安町誌』、富谷益蔵『佐賀県官民肖像録』（増進社、1915年）、前掲、佐賀県議会史編纂委員会編『佐賀県議会史』上巻・下巻、前掲、佐賀県教育史編さん委員会編『佐賀県教育史』第二巻資料編（二）、前掲、佐賀県警察史編さん委員会編『佐賀県警察史』上巻、前掲、佐賀近代史研究会編『佐賀新聞に見る佐賀近代史年表明治編』上、土井芳彦編『高木瀬町史』（佐賀市立高木瀬公民館、1976年）、前掲、多久市史編さん委員会編『多久市史』、前掲、鳥栖市役所編『鳥栖市史』、浜玉町史編集委員会編『浜玉町史下巻』（佐賀県浜玉町教育委員会、1994年）、前掲、三日月町史編纂委員会編『三日月町史』上巻。

人物である。その後、野田から紡績所ができるとの話を聞くと、商業者を率いて野田らを訪ねるよう、地元の小城郡長らに告げた。その上で、野田および永江純一に対して、この小城の人々に事業の重要性を「懇篤に御教示」してくれるよう依頼した[58]。松田自身も、実地で実業を学び、民間資本によって地元の経済が発展できるように導こうとした[59]。このことからも、松田は、地域の経済振興が重要であると考えたことが分かる。

こうした松田の前に立ちはだかったのが、大隈重信を背景とした武富時敏の勢力であった。自由党佐賀支部の分裂時の状況からも分かる通り、佐賀県で松田と直接対立したのは、武富であった。但し、その背後には大隈がおり、佐賀県の政治状況に関する報告を受け取っていた。大隈と武富とが連携していることによって、松田は武富の勢力を切り崩すことに苦戦したのである。

表2　自由党佐賀支部(再興)(1894年4月)

幹事	土山文九郎	小城郡晴気村、天保11年(1840)～1919年、小城藩士。1882年小城郡勧業土山重威29石5斗の中堅士族の子に生まれ、村政の父として慕われた。藩校興譲館に学び、戊辰戦争に出陣し(秋田)、佐賀の乱では江藤の密使として鹿児島に早馬を飛ばし、小城本隊分司令として朝久山戦切り通し戦で戦った。1882小城郡勧業会員、1884年畑田ヶ里戸長、1887年晴気村村長、町村制施行により春田村村長として、備荒貯蓄法制定、晴気農具組合設立、貯水池の開鑿、道路河川改修、植林事業などの功績がある。「土山奨学金」制度を創設して育英事業にも尽した。
	中島健	小城本町、安政2年(1855)～1935年。小城藩医師・国学者の家系に生まれ、明治4年上京、松田と共に藩主鍋島直虎邸に住み国事に奔走、ドイツ語を加藤弘之に師事、フランス官費留学(政治学)、ドイツへ渡り(軍政)、帰国後6カ月間海軍省勤務、小城で乳牛業を営んだ。1894年郡会議員、小城町長。
事務員	相浦秀剛	小城郡。小城町長、1894年佐賀県議初当選。鍋島直虎に仕えた国学者・歌人である城島徳斉(宗嘉)の門人。
	徳島勇夫	小城藩士、小城鍋島家家扶。1918年株式会社小城銀行頭取。相浦と同じく城島徳斉(宗嘉)の門人。
	中尾英二	未詳
常議員	香月則之	小城郡、小城藩士。佐賀の乱に参加、1875年自明社惣代(除族処分を受け、県に提出した届には「平民」とある。)、1890年内国勧業大博覧会各部出品人惣代(小城郡)。
	森永政憲	小城郡芦刈村、慶応元年(1865)～1933年。副島清七の長男に生まれ、森永政塩の養子となる。慶応義塾、芦刈町長、漁業組合長、1899年県議初当選、自由党、政友会、1925年中立。
	川添[川副カ]俊生	小城郡多久、安政2年(1855)～1913年、士族。南里荘左衛門(旧多久領の士)の次男として生まれ、川副助之允(旧多久領の士)の養子となる。明治元年草場船山の塾に学び、その後小侍小学校教員、1880年長崎県議初当選、1894年佐賀県議初当選、1900年北多久村長。

伊藤内閣が議会を解散したことで、前回の選挙から約五カ月後の一八九四年九月一日、第四回総選挙が実施された。松田も、投票日の約一カ月前には帰郷したものの[60]、再興されてまだ間もない自由党佐賀支部の勢力は、まだ武富勢力にはかなわなかった。この時期佐賀では土木行政をめぐっての大疑獄事件が勃発していたので[61]、自由党佐賀支部は、この選挙までに、地方紙『佐賀自由』を味方につけて、武富勢力に対するネガティブ・キャンペーンも行った。『佐賀自由』紙は、武富勢力を「賊民党」と呼んで、佐賀県の土木行政疑獄にも関連付けて「自ら言論の自由を

説くも是れ虚誕《きょたん》〔でたらめ〕の言のみ実は言論の自由を圧制す是れ実に立憲政治下の大罪人」であって、武富勢力の言うところの民力休養は、「唯人民の歓欵〔よろこび〕を求めんとする手段のみ実は我県民の租税を衣食する寄生虫なり」と批判した[62]。

しかし、『佐賀自由』紙での武富勢力批判にも拘らず、佐賀県第一区に武富・江藤新作、第二区に松尾寛三、第三区に二位景暢〔すべて革新党〕と、武富・革新党勢力の全勝に終わり、またしても、松田は、議席を回復することはできなかった。それでも、松田と武富との得票差が五〇〇票弱であったことは、革新党勢力から見れば、松田勢力の得票が「意外に比較的多数」であって「汗顔之至《かんがんのいたり》」と言わせるだけのものであった。この選挙結果は、『佐賀自由』紙が批判的なキャンペーンを張ったためだけでなく、革新党勢力が松田・自由党勢力を、あまりに「侮り油断」していたためとみられる[63]。

武富は、松田と初めて会った時のことを、「虚名かは知らぬが、名は世間に聞こへて居」たので松田に会ったが、「ポーとして」いて「余り意見のある様にも見へ」ず、古臭い「無用の空論」を問うてくるので「滔々と弁じ付てやつた」と、後年回想している[64]。松田が没して二年ほど経った後で、武富自身、第二次大隈内閣の蔵相を務めた後にまで、このように松田を低く評価していることからも、自由民権期以来佐賀県の政治を牽引してきたのは自身であったという松田に対するライバル意識が読み取れる。松田を強く意識していた武富に対して、松田は、武富ではなくむしろ大隈の政策・態度を批判している[65]。

この総選挙以降、武富・革新党勢力は、松田・自由党勢力の本拠地である小城を、重点的に自派に取り込もうと運動した[66]。それだけ、自由党佐賀支部を再興して、勢力拡張を進めてきた松田らは、佐賀県で徐々に成長していたといえる。小城郡の含まれる佐賀県第一区には、佐賀郡も含まれていた。佐賀郡には、武富勢力が強力な地盤を持っていたため、この選挙区割りも、松田がなかなか議席を回復できない要因であったといえる。

加えて、武富の強みは、大隈との連携にあった。この第四回総選挙で、大隈は、間接的にではあるが、武富勢力の候補者調整に影響を与えている。大隈の存在は、武富勢力の分裂を抑制し、松田が議席を回復できない原因となった。前の第三回総選挙において、武富勢力では、佐賀郡・小城郡などを含む中心部で定数二名の第一区候補者選定を巡って内紛が起きていた。結局は、武富と野田常貞とに決まったのであるが、大隈の家政を預かっていると言われた秀島家良も、第一区の候補者に挙がっていた。第一区内の市部と郡部が対立した結果、秀島は出馬を辞退していた[67]。このようないきさつのある秀島が、第四回総選挙で再び、第一区への立候補を希望したものの、第一区の候補者は武富と江藤とに決まった。そこで武富や江藤は、東松浦・西松浦という佐賀県の北西部であって定数一名の第二区の候補者となることを秀島に打診したのであるが、秀島には、第二区から出馬する意思はなかった[68]。秀島は、先にも述べた通り大隈の佐賀における秘書のような役割を担っていた。例えば、大隈に対して、江副が佐賀新聞社設立の資金を求めた時、大隈は秀島に相談するよう江副に指示した[69]。このように秀島は大隈に近しい人物であったため、武富は、大隈からも秀島を説得してくれるように求めた[70]。武富は、革新党勢力の分裂を防ぐために、秀島を擁立しなかったけれども、第三回総選挙以来の経緯もあったため、候補者決定後にも、大隈に対して、秀島への慰諭を重ねて依頼している[71]。武富と江藤は、候補者選定過程を詳細に大隈へ報告しており、さらには秀島への説得も頼んでいる。大隈の存在は、武富勢力の分裂を防ぐ影響力を持っており、松田が武富勢力をなかなか切り崩すことができない一つの要因であったと見られる。

日清戦争後の政党をめぐる変化は、松田と武富にも変化をもたらした。一八九五年一一月二二日、自由党は第二次伊藤内閣との提携を発表した。松田は、この提携によって初めて政府の側に立ったことで、政権を担って政策を決定する困難を実感したようである[72]。また、武富の所属する立憲革新党は、改進党などの対外硬派で合同し、一八九六年三月一日に進歩党を結成した。この一八九五年と九六年、伊藤内閣との提携や九州以外の地域への遊説の多忙のため、松田が佐賀へ帰ることはなかった。

この間、これまで間接的には佐賀県の選挙に影響力を持っていた大隈が、一八九六年四月下旬から五月中旬にかけて、約三〇年ぶりに帰郷し[73]、佐賀では、大隈への歓迎ムードが盛り上がって、大隈一行の様子が、連日新聞で報道された。但し、「大隈伯を送る」と題した『佐賀自由』紙の社説でも、中学校での大隈の演説でも、佐賀の乱に関しては触れられていない[74]。このことからも、佐賀の乱は、未だ克服できていない問題であったと思われる。ここで、大隈と武富とが連合していることが有利に働く理由は、武富が佐賀の乱に参加していた[75]ことにあった。さらに、江藤新平の子である新作も加わっている。このことは、大隈が、佐賀の乱を鎮圧する側にあったという自らの佐賀県における弱点を補うために好都合であったと考えられる。それゆえ、佐賀県における大隈は、佐賀の政治・選挙に直接介入するのではなく、武富や江藤を通じて間接的に影響力を行使していたといえる。

自由党と第二次伊藤内閣の提携によって板垣退助が内相として入閣してから五カ月足らずの一八九六年九月、第二次伊藤内閣は総辞職して、進歩党を与党とする第二次松方内閣が成立した。こうした中で、最高幹部の一人である河野らが脱党するなど、自由党は動揺した。これに対処しようした松田は、陸奥宗光の自由党入党や、進歩党との提携が断絶した松方内閣と自由党との提携を試みたが、いずれの計画も実現しなかった[76]。この責任を取る形で、松田は、党の最高幹部である政務委員を一旦辞任しており、松田にとって苦しい時期であったといえる。

自由党の中央では、党の統制を維持するために苦労していた松田であったが、選挙区佐賀県では、次第に支持を獲得していった。一八九七年九月から一〇月にかけて行われた九州遊説では、松田は約三年ぶりに帰県して、大きな歓迎を受けた。九月二三日、松田の一行が佐賀に到着すると、出発予定を一日遅らさなければならないほど多くの演説会の申し込みがなされた[77]。一行は、長崎、福岡、熊本、宮崎、大分と、ほぼ九州全体を遊説して回り、福岡の九州代議士総会に出席した後、再び佐賀県に戻った[78]。唐津で開かれた演説会では、松田が、自由党の日清戦後経営として、伊藤内閣との提携以来の自由党の位置・境遇を述べてから、松方内閣と進歩党とを批判すると、満場六百の聴衆が水を打ったように聞き入り、時々唯拍手喝采の声が聞こえるのみであったという[79]。また、小城へ帰ると、地元の有志者が花火を打ち上げ、盛大に歓迎した[80]。日清戦後には、松田は、地租増徴の必要性に言及していた。この時の松田の姿勢は、商工業のみ軽税率という訳にはいかない[81]、と留保をつけているように、民党が従来から主張してきた地租改正路線から完全に転換する主張ではないが、日露戦後の財政を考える際にも産業が発展する必要を説いたように、地租増徴によって財源を確保する必要性を感じていたと考えられる。商工業のみ軽い税率とはいかない、すなわち、地租だけに頼るのではなく商工業者に対しても税負担を求めなければならない、というのは、当時の有権者である地主層への配慮から出た発言であろう。

今回の遊説では、自由党の最高幹部である松田が、九州のほぼ全県を遊説して回ったことによって、九州の自由党勢力を力づける意味があったと考えられる。各地での歓迎の様子からも、松田が中央においてやや低迷していたとはいえども、やはり自由党の実力者として、各地方の自由党員・有志者に、期待を持って迎えられたことが分かる。選挙民へのアピールに加えて、松田は、佐賀では江副らと会合し、福岡では多田作兵衛（福岡県選出代議士）と会見した[82]。

一八九八年三月一五日の第五回総選挙では、松田自身は、党務が忙しいためになかなか帰郷できず[83]、小城に帰ったのは投票日の約二週間前であった[84]。それでも、地元の後援者たちは、既に一月半ばから、松田のための選挙運動を開始していた[85]。すなわち、地元で松田の選挙を支える組織が整備されてきたといえる。この選挙で松田・自由党勢力は、佐賀新聞社の江副靖臣と選挙協力して、佐賀県第一区に江副と川原茂輔（第二回総選挙では吏党系で出馬し当選）を、第二区に松田を推した。結果は、第一区に武富と江藤（ともに進歩党）、第二区に松尾寛三（山下倶楽部、但し武富に近い）、第三区に二位景暢（進歩党）、となり、松田・自由党勢力の敗北に終わった。しかし、第二区における、松尾と松田の票差は、わずか一八票にすぎなかった[86]。松田の勢力は、着実に伸びつつあったといえる。

『佐賀新聞』（時期によって、『佐賀自由』または『佐賀』とも）は、江副らによって一八八四年に発行された同成会系の地方紙で、一時的には社長が交代したり武富や野田常貞、米倉経夫らも佐賀新聞社監督委員を務めたりした時期があるが[87]、ほぼ一貫して江副の影響下にあった。江副はもともと武富と対立していたため、松田が武富らと対立するようになった一八九三年頃以降、『佐賀新聞』（当時は『佐賀自由』）は、松田に好意的な論調へと変化した[88]。但し、松田と江副との交流はそれ以前からあった[89]。また、江副、同じく『佐賀新聞』発起人である石丸勝一・家永恭種は、佐賀の乱で征韓党に参加していたり、征韓論を抱いていたりした[90]。そのため、『佐賀新聞』の論調には、対外硬派的な傾向も見られる。江副は、外交面では松田とずれがあったものの、佐賀県での産業発展に尽くしていることから、松田と江副とは協力に至ったと考えられる。松田は、江副と同じく同成会の出身で、西松浦郡伊万里に基盤を持つ川原も、自派に取り込んだ。

◆憲政党の成立と佐賀県

一八九八年六月、自由党と進歩党とが合同して憲政党が結成された。憲政党が成立すると伊藤首相は辞表を提出し、後継に、大隈と板垣とが組閣することを推した。こうして、憲政党結成間もない六月三〇日に第一次大隈内閣が成立し、松田は、蔵相として入閣した。松田蔵相の最大の課題は、明治三二年度予算編成であった。旧自由党と旧進歩党の合同条件は、地租増徴反対にあった。そこで、地租増徴を行わず、間接税の増税によって予算を編成する、という制約のもと、松田蔵相は、酒税増税を中心とした予算案作成を目指した。

この隈板内閣の下で行われた第六回総選挙で、松田は議席の復活を果たした。佐賀県では、旧自由党と旧進歩党との調整が行われたが、候補者の選定は難航した[91]。第一区に武富、江藤(ともに旧進歩党)、第二区に松田(旧自由党)、第三区に永田佐次郎(のちに憲政本党)と決定したものの、旧進歩党系勢力は大変不平を抱いていた。第二区の東松浦郡・西松浦郡の旧進歩党系勢力は、これをきっかけに、将来的に旧自由党勢力に圧倒されることを恐れたためである[92]。すなわち、この時期になると、武富・進歩党勢力は、松田・自由党勢力に対して絶対的に優位に立っていたわけではなく、松田らの勢力伸長に対するかなりの危機感を持つようになっていた。そして、東西松浦郡に対する旧進歩党系の不安はのちに現実のものとなる。

投票の結果は、憲政党の合意の通りに終わった。しかしこの結果は、単に松田と武富との間で合意が成ったために松田が当選できた、ということではない。もちろん、松田・武富間の合意も有効ではあったが、この時期、松田の勢力も十分に拡大していたといえる。憲政党が、結成後約四カ月で、旧自由党系の新憲政党と旧進歩党系の憲政本党とに分裂した後、新憲政党(旧自由党系)が全国的に勢力を拡大していき、佐賀県でも、翌年に行われた県会議員選挙で、松田の勢力が勝利を収めた。

憲政党時代の松田が、地租増徴に反対した理由は、旧自由党と旧進歩党との合意によるものであった。これに加えて、非常の場合に備えるために、地租増徴の可能性を残しておくほうが良いと考えたためでもあった。したがって、地租増徴に対して全く反対の立場ではなかったのである[93]。

◆新憲政党(旧自由党系)の九州・佐賀地盤の獲得

党内における旧自由党系と旧進歩党系との対立が深まっていた憲政党は、自由党を脱党したのち駐米公使を務めていた星が、アメリカから帰国して倒閣運動を行ったことによって、新憲政党(旧自由党系)と憲政本党(旧進歩党系)とに分裂して、一八九八年一一月八日、第一次大隈内閣は総辞職した。蔵相を務めていた松田は、第一次大隈内閣での予算編成を目指していたため、星の倒閣運動に全面的に賛成ではなかったが[94]、板垣内相、林有造逓相とそろって辞表を提出した。

一二月二〇日に組織された新憲政党（旧自由党系）佐賀県支部は、佐賀市内に置かれ幹事一〇名、評議員三〇名の体制になることが決まった。まさに地租増徴問題が議論されている最中であったため、松田は佐賀で行われた支部組織会には出席せず、祝電のみであった。川原茂輔が取り仕切った支部組織会の段階で決定した幹事は、川原と、長谷川敬一郎、居石研二、木村保太郎、前田悦一、坂井慶吉郎、吉村喜平次の七人で、評議員は、大河内敬、青木興蔵［興造カ］、宮崎林太郎、梅村則次、田尻武七、木下政治、橋本逸馬、山口小一、吉田信義、中原親長、江口岩太郎、石丸萬吉、兵働熊一、本野康一、光野熊蔵、山下寛太、眞崎市太郎、石丸勝一の一八人であった[95]（表3を参照）。

自由党佐賀支部（分裂後、松田勢力）時代からの変化は、第一に実業家層を取り込んだことである。自由党時代には一四パーセント程度だった実業家が、四〇パーセント近くまで増えた。第二に、実業家と同時に地主層も取り込んだことで、全体の三割近くを占めるようになった。第三に自由党時代には役員が全くいなかった西松浦郡などへも浸透して、全体の中での小城出身者の割合が減ったこと、にある[96]。すなわち、佐賀県では、全国レベルの憲政党と同様に、実業家層を取り込んでいった。その一方で、自由党時代（分裂後）には士族層が中心だったため、憲政党時代にかけて、地主層も取り込んでいったことも特徴的である。加えて、地域的にも、松田の出身地である小城郡出身者が過半数を占めるという不均衡な状態から、ある程度県内全体に広がりを持った構成へと進歩したといえる。このことは、自由党佐賀支部（分裂後）の発会式が小城で行われたのに対して、憲政党佐賀県支部では、佐賀市「中の小路倶楽部」で行われたこと[97]からもうかがわれる。中の小路は、佐賀城の北側に位置し、現在も地裁や百貨店のある佐賀市内の中心部である。憲政党佐賀県支部が、小城を中心とした佐賀県内の一部から、より広い範囲へと影響力を拡大した結果である。

新憲政党（旧自由党系）は、第一次大隈内閣の後を受けて成立した第二次山県内閣との妥協を決め、地租増徴を受入れた。ここに松田は、党の一致が優先することを明らかにして、地租継続増徴に賛成した[98]。松田は、蔵相時代に間接税による歳入の確保を目指したが、日清戦争後、既に地租増徴の必要があることを認めていた[99]。すなわち、松田は、憲政党内閣の蔵相としては、内閣の存続のために、地租増徴に依らない予算作成を目指したが、党として地租増徴を受け入れるというように状況が変わったため、自身も地租増徴に踏み切ったのである。

地租増徴を受け入れた憲政党は、選挙民にその必要を訴えるため、全国的な遊説を行い[100]、松田は、関西、中国、九州を遊説した[101]。九州には、松田に先立って板垣も遊説に訪れた。松田と板垣の遊説は別々に行われたが、両者ともに、工場・炭鉱会社・製鉄所を訪れるなど、実業家・産業発展に力点を置く特徴が見られた[102]。

遊説を終えて、七月二二日に一旦九州を離れた松田は[103]、県会議員選挙直前には再び佐賀へ戻った[104]。地租増徴問題は、この県議選の最大の争点となり[105]、憲政党・憲政本党ともに熱心に遊説を行った。岡山県での遊説で、松田は日本の国際的な地位の上昇と財政との関連を訴えた。今日では日本の事が毎日外国の新聞に載っていて、イギリスの政治家は日本を相手にしなければ東洋問題を解決できないと言っている。このように日本の地位が向上したのは、海軍力の増強と立憲政治の進歩のおかげである。しかし、日本の歳出はフランスやロシアに比べれば少ない方であるから、歳入を増やして財政の均衡を計らなければならない[106]。このように述べて松田は、国際的に日本の地位が向上していることと、地租増徴とを関連付けて、その必要性を認めるように促した。佐賀県でも同様の主張をしたものと思われる。

松田・板垣の九州遊説とほぼ入れ替わりに、憲政本党も九州遊説を行った。九州に派遣されたのは、河野広中であったが、大隈自身が遊説に来ないことに対する不満が、佐賀の人々の間にはあった[107]。武富は、

評議員	中原親長	杵島郡住吉村、士族。奥州出征、1879年武雄銀行取締、同年住吉村村会議員（一級〔地租5円以上〕）、郡会議員（地租10円以上の村会議員による互選）、1902年杵島郡住吉村村長。
	江口岩太郎	藤津郡久間村、慶応2年（1866）～1915年。藤津郡郡会議員、久間村農会議員、久間村会計検査立会人、藤津郡西部六ヶ村土木組合会議員。
	石丸萬吉	藤津郡、万延元年（1860）～1926年、士族。鹿島藩士山口登（鹿島鍋島子爵家家扶）の次男に生まれ、石丸家を継ぎ、鍋島子爵家家従として仕え、1885年県議初当選。佐賀へ出て佐賀新聞社経営に参加、佐賀市紺屋町で米穀商を営む。兄は、藩校鎔造館・鹿島義塾教師、佐賀県師範学校訓導、鹿島中学校校長、沖縄師範学校勤務の山口竹一郎。
	兵働熊一	藤津郡町田村美野、安政6年（1859）～1927年。明治初年共同出資により美野に窯業を始め、藤津郡町田村書記、1898年同村村長。晩年は朝鮮仁川に居住して日本人会会長。
	本野康一	佐賀郡久保田村、1898年佐賀郡会議員。
	光野熊蔵	佐賀郡久保田村。1895年久保田村助役、1897年佐賀郡会議員、1911年久保田村村長。
	山下寛太	佐賀新聞社社員（1889年頃）、1892年『佐賀自由』編輯局員、『佐賀』記者、1904年頃佐世保新聞記者。
	眞崎市太郎	神埼郡、1882年的村小学校石井ヶ里分教場担任、神崎尋常高等小学校学務委員。1911年2月22日に行われた神崎の電話開始式では開式の辞を述べた。
	石丸勝一	佐賀城下道祖元町、士族。佐賀市長など。（詳細は本文を参照）

出典：伊万里市市史編纂委員会編『伊万里市史』（伊万里市、1963年）、前掲、伊万里市市史編纂委員会編『伊万里市史 近世・近代編』、伊万里市市史編纂委員会編『伊万里市史 教育・人物編』（伊万里市、2003年）、伊万里市市史編纂委員会編『伊万里市史 資料編』（伊万里市、2007年）、伊万里市市史編纂委員会編『伊万里市史 続編』（伊万里市、1965年）、相知町史編さん委員会編『相知町史』下巻（相知町、1977年）、前掲、相知町史編さん委員会編『相知町史』付巻、前掲、小城町史編集委員会『小城町史』、前掲、神崎町史編さん委員会『神崎町史』、栗山賣四郎『神埼郡郷土誌』（中村安孝、1974年）、前掲、深田豊一『九州名士列伝 上編』、久保田町史『久保田町史』（久保田町長 古賀了、1971年）、久保田町史編さん委員会『久保田町史』上巻（久保田町、2002年）、久間尋常高等小学校編纂『久間村郷土誌』（平方郁文堂、1930年）、玄海町史編纂委員会『玄海町史』下巻（佐賀県玄海町教育委員会、2000年）、笠原廣編『在京佐賀の代表的人物』（喜文堂、1918年）、前掲、富谷益蔵『佐賀県官民肖像録』、前掲、佐賀県議会史編纂委員会編『佐賀県議会史』上巻・下巻（佐賀県議会事務局、1958年）、前掲、佐賀県教育史編さん委員会編『佐賀県教育史』第二巻資料編（二）、前掲、佐賀県警察史編さん委員会編『佐賀県警察史』上巻、前掲、佐賀県史編さん委員会『佐賀県史』上巻、佐賀県史編さん委員会『佐賀県史』下巻（佐賀県、1967年）、前掲、堂屋敷竹次郎『佐賀県商工名鑑』、前掲、佐賀新聞社・佐賀県大百科事典編集委員会『佐賀県大百科事典』、前掲、佐賀市議会史編さん委員会『佐賀市議会史――百十六年のあゆみ』（佐賀市議会、2005年）、佐賀市編『佐賀市史』上巻（佐賀市役所、1945年）、前掲、佐賀市編『佐賀市史』下巻、前掲、佐賀市史編さん委員会『佐賀市史』第四巻、三好不二雄・三好嘉子編『佐賀城下町竈帳』（九州大学出版会、1990年）、前掲、佐賀近代史研究会編『佐賀新聞に見る佐賀近代史年表明治編』上、佐賀新聞一〇〇年史刊行委員会編『佐賀新聞百年史――世紀の歴史を未来へ』（佐賀新聞社、1984年）、前掲、福岡博『佐賀幕末明治五〇〇人 第二版』、塩田町史編さん委員会編『塩田町史』下巻（佐賀県藤津郡塩田町、1984年）、前掲、多久市史編さん委員会編『多久市史』第三巻近代編、前掲、石井良一『武雄史』、武雄市史編纂委員会編『武雄市史』中巻・下巻（武雄市、1973年）、前掲、太良町誌編纂委員会編『太良町誌』上巻、新版鎮西町史編纂委員会編『新版鎮西町史』下巻（唐津市、2006年）、西松浦郡役所編『西松浦郡誌』（名著出版、1972年）、福岡博編『蓮池藩日誌』（ふるさと社、1981年）、前掲、浜玉町史編集委員会編『浜玉町史下巻』、鶴田定治編『東松浦郡及唐津市先覚者小伝』（唐津小学校内東松浦郡及唐津市教育会、1932年）、中島浩気『肥前陶磁史考』（青潮社、1985年）、池田毅編『藤津郡人物小志』（祐徳文庫、1931年）、山内町史編さん委員会編『山内町史』上巻・下巻（山内町、1977年）。

表3　憲政党佐賀県支部(1898年12月)

幹事	長谷川敬一郎	東松浦郡唐津領久里村、弘化2年(1845)～1918年。「大庄屋」長谷川正平の長男、15歳で平野組の庄屋、累進して久里村庄屋を務め、1881年長崎県議初当選、佐賀県議に移る、1913年衆議院議員初当選。その間唐津石炭合併会社社長、郡町村組合議長、西海商業銀行(唐津町、東松浦郡内の農民を中心に営業)役員、唐津製塩社長。
	居石研二	東松浦郡相地村、嘉永5年(1852)～1921年。東松浦郡の実利派(他に、川原、長谷川ら)、日清戦争期に平山炭坑を経営、「間ん門」炭山を三井に17万円で売却して(1897年4月)政界に進出、この年県議初当選、1899年自由党。
	川原茂輔	西松浦郡伊万里町大河内村岩谷、安政6年(1859)～1939年、豪農。川原茂兵衛(西松浦郡大河内村戸長)の長男、啓蒙舎の草場船山(多久、儒者)に教えを受け、船山に同道して京都で3年間学んだ。帰郷後大河内村戸長心得、学務委員、1884年県議初当選、1889年(松浦)同成会結成、1892年衆議院議員初当選(国民協会)、1899年自由党、のちに衆議院議長。
	木村保太郎	杵島郡武雄。武雄町長、祐徳馬車鉄道会社(武雄－祐徳門院門前間)発起人の一人(ほかに永田佐次郎、井原喜代太郎、牟田万次郎、江口貞風、新宮清朗、二位景暢、山口小一)である有力者。
	前田悦一	藤津郡塩田村馬場下、嘉永元年(1848)～1916年、蓮池藩士。戊辰戦争に参加、小学校訓導、養蚕組会結成、明治17年志保田銀行(商人型、創立時の資本金2万4千円)設立、1885年県議初当選、同成会参加、塩田村村会議員、1904年祐徳馬車鉄道株式会社取締役、1911年塩田村村長。
	坂井慶吉郎	神埼郡西郷村字姉川、元治元年(1864)1916年。吉村要七(第三代西郷村村長)の長男に生まれ、姻戚坂井慶蔵(佐賀城下落雁屋、与合頭)の後を継ぐ。代々衆人の崇敬篤き名門、明治15年東京法学院(現、中央大学)を卒業し、1895年西郷村村長(第5代、～1916年)、1905年県議初当選。郡・町内の道路整備に尽した。※『神崎町史』に、「佐賀市兵庫町瓦町の貧農に生まれ、馬使いや奉公人などをし、苦労して成人した」とあるのは誤りであろう。
	吉村喜平次	1905年没。1882年杵島郡南有明校に教鞭をとり、沖縄に渡って旧制中学教師、万朝報記者、神戸新聞記者、佐賀新聞記者のち主筆、1901年佐賀市議初当選(三級)。
評議員	大河内敬	東松浦郡相知村、豪農。1913年相知村助役。
	青木興蔵［興造カ］	東松浦郡鎮西町、旧庄屋(諸浦村)。明治5年伊万里県鎮西町佐志村・唐房村副戸長、有浦村会議員、1880年東松浦郡連合町村会議員。
	宮崎林太郎	未詳
	梅村則次	東松浦郡双水村、1915年没、唐津藩士。1881年東松浦郡伊岐佐村外九か村戸長、のち久里村村長。
	田尻武七	西松浦郡西山代村、嘉永6年(1853)～1937年、酒造業。西山代村楠久山口家に生まれ、筑後鷹尾城主田尻鑑種の末裔田尻家を継ぐ。1883年九原村外九か村戸長、1889年の市町村制施行後は初代西山代村村長。同時に同村漁業会長も兼任した。伊万里－平戸間の道路改修、山林など村有基本財産の造成、教育施設充実、漁区の確定、民生の安定などに力を尽した。郡会議員、1899年年県議初当選。同年自由党。
	木下政治	西松浦郡、文久2年(1862)～1901年、農業。1890年県議初当選、1896年西松浦郡大川村村長。
	橋本逸馬	西松浦郡、安政5年(1858)生。1896年西松浦郡大河内村村長。
	山口小一	杵島郡武雄町小楠、天保12年(1841)～19911年、士族。長崎県議、佐賀県議に移る、1887年佐賀県土木課副長、1904年祐徳馬車鉄道株式会社発起人の一人、杵島郡会議員、1904年衆議院議員初当選(政友会)。佐賀の乱では囚人護送の任を務めた。
	吉田信義	杵島郡武雄町、士族。佐賀新聞編輯員、1899年武雄町長。

憲政本党中にも地租増徴がやむを得ないのではないかとの声が上がっていて、憲政本党の主張する減租論が、一時「愚民を煽動する」都合のよい口実ではないかとの疑いが出ていることに危機感を覚えて、具体的な対案を提示する必要があるのではないかと大隈に建言した[108]。それだけ、憲政本党陣営にも焦りがあったといえる。

県議選に備えて、九月中旬に再度佐賀へ帰った松田は[109]、佐賀県内の西松浦郡郡部・小城・唐津・伊万里・武雄・唐津と各地を回って歓迎を受けた[110]。

九月に行われた佐賀県議選で、新憲政党(旧自由党系)は、武富・進歩党系勢力の牙城であった佐賀郡の地盤も崩して、勝利宣言を行った[111]。ここに、旧自由党系と旧進歩党系との勢力が、初めて逆転した。

一八九九年佐賀県会議員選挙は、ここまで常に優勢を保ってきた武富の勢力から、松田の勢力が地盤を獲得する転機となった。この県議選で個別の公共事業は争点にならず、松田も主張していない。松田勢力が地盤を獲得できた理由としては、松田が、戦略的な九州遊説を継続して政策を訴えてきたことが挙げられる。加えて、自由党系に近い、関清英[112]が知事に就任したことも、武富の勢力を崩す一因になったと松田は見ていた[113]。

但し、やはり一番の勝因は、憲政党が全国を遊説して、地租の増徴は避けられない、と積極的にその必要を訴え、財政の現状を考慮すると、それが合理的で理念に合致した政策であると、選挙区の人々に受け入れられたことだといえる。先に挙げた武富・憲政本党勢力の焦りも、憲政党の政策が浸透しつつあることを見て取った結果であるといえるし、何より、地主層を取り込んでいた松田・憲政党勢力が、郡部も含めて、佐賀県議選で勝利できたことが、選挙区の人々が地租増徴の必要性を理解したことを示している。

この県議選では、川原も当選している。松田の下に入ったことによって、国政から一時的に県会へと棲み分けることを決めたといえる。これ以後、佐賀における自由党系勢力は、政友会へと受け継がれ、その政友会が政友会と政友本党とに分裂するに至るまで、国政では常に衆議院に二議席を維持した。政友会における、九州の選挙は、松田、もしくは、松田の意向を受けた長谷場純孝によって、候補者の調整等が行われた[114]。

県議選の後にも、松田は演説の中で、地租増徴の避けられないことを繰り返し訴えた。一〇月一二日、小城に新築された劇場で開かれた演説会で、「立憲政治なるものは決して乱暴を以て行はるべきものにあらず」と訴えた。これは、大隈も出席した非増租同盟会を批判したものであった。大隈・進歩党が、政府にある時と野にある時とで増租に対する態度を変えることを非難した[115]。

また、この転機となった一八九九年の県議選に関連してうかがえるのが、佐賀県における佐賀の乱の記憶である。憲政党側に立って、憲政本党を批判する内容を連日報じていた新聞『佐賀』(『佐賀新聞』に連なる。)は、武富・憲政本党勢力が、「除族者」を煽動して板垣・憲政党一行の遊説を妨害していると非難した。ここにいう除族者とは、佐賀の乱に加担して士族身分を剥奪された者たちのことを指す。『佐賀』紙は、憲政本党勢力が、板垣に対する県民の感情を悪化させるために、板垣を佐賀の敵であるというが、真に佐賀の敵であるのは大隈の方で、「当時江藤氏以下を無理やりに殺したるは大隈伯なることは我が佐賀の先輩の皆知る所なり」と反論している[116]。『佐賀』紙の経営には、先にも述べた通り征韓党として佐賀の乱に参加した江副らが携わっていたことを考慮しても、佐賀の乱の残したわだかまりが、こうして表出することもあった[117]。佐賀の乱は、大隈にとっての弱点であると同時に、佐賀の乱の話題はしばしば対外硬の動きと重なるため、松田も意識的に避けたい問題であったのであろう。

3　立憲政友会の創立

◆政友会の創立と松田の実業政策

一九〇〇年（明治三三）五月三一日、憲政党は、第二次山県内閣との提携を断絶することを決め、六月一日には、伊藤博文による新党結成への参加に動き始めた。これは、憲政党を主導する星亨が第一三議会終了前後の前年三月頃から構想していたもので[118]、松田もまた、藩閥政府が衆議院の一つの政党と提携して政党運営を行う状況を変える時期に来ている、と感じていた。日本の進歩のためには、政府が提携した政党に「依頼して其意を迎」えるのでなく、「強大な国民の後援を有する政党内閣」をつくる必要がある。但し、政党内閣の実現のためには、内閣の構成員は、どれほど党員間の不人望を来たしたとしても、「非理不当なる党員の要求は断然之を排斥」しなくてはならない。また、調停の精神をもってたとえ党員でなくても政見が同一の者は入閣させて、「漸次完全な政党内閣に進む」ように運ぶべきである、と考えた[119]。長く自由党・憲政党幹部として政府との折衝にもあたってきた松田は、政党内閣像、政府・与党間のあるべき姿を、より明確に構想するようになっていた。また、松田は、藩閥に対しても、維新以来約三〇年間の功績を認めていた。それゆえ、政党内閣が成立したとしても、藩閥を「善となく悪となく悉く根本より掃蕩」しようとするようなことがあれば、これまた「突飛過激にして調停の精神に乏しきもの」と言わなければならない[120]、と安易に藩閥批判に走ることを否定した。松田は、「藩閥元勲諸氏が各其好む処により既成各政党に入党する」、あるいは、「別に新政党を起して悉皆孰れかの政党に属し、政党と藩閥との境域を没了する」[121]ことが好ましいと考えた。

このような構想を持っていたため、星が新党すなわち立憲政友会（以下、政友会と省略する。）創立構想を持ち出した時、松田が先ずこれに賛成した[122]。政友会では、伊藤が実業家を積極的に取り込むことを目指した。

これは、実業の発展を主張してきた松田にとっても、望ましいことであった。そこで、元老の伊藤を総裁とした政友会において、松田は、政党内閣の実現と、これまでも重視していた実業をさらに発展させることを期待していた、と考えられる。

九月一五日、政友会の発会式が行われ、松田も、党の最高幹部である総務委員の一人に選出された。一三名の総務委員には松田の他に、西園寺公望・金子堅太郎・渡辺洪基・本田政以・都筑馨六・鶴原定吉、星亨・林有造・末松謙澄、尾崎行雄・大岡育造・長谷場純孝が選ばれた。このように、一三名の総務委員中、憲政党(自由党系)出身者は、星・松田・林と、伊藤の女婿であって、憲政党に入党してまだ二年足らずしかたっていない末松の少数に過ぎなかった。この結果、政友会には成立直後から、旧自由党系の党人派と伊藤系官僚との対立が生まれた。

先にも述べた通り、政友会はこれまでの政党員に加えて、実業界に勢力を伸ばすことを考えた。但し、佐賀県における政友会への新規入会者は、全国の入会者と比較すると、少ない。政友会会報『政友』に掲載された新入会者の一覧によれば、結成一年後の一九〇一年九月までに届け出られた人数が三名、結成二年後一九〇二年九月までの一年間にはいなかった。これは、党報に掲載された入会者名簿には、憲政党(自由党系)から政友会に参加した人々を改めて列記していないため、憲政党時代に、すでに実業家層を多く取り込んでいた影響であると見ることができる。実際に、憲政党佐賀県支部と、政友会佐賀県支部との役員に占める実業家の割合を、経歴の分かる者に限って比較すると、憲政党時代には約三九パーセント、政友会では約三四パーセントと、ほぼ同じ割合である。

地方団は、すでに力を失っていたものの、選挙区の利害と直結する地租問題や、外交問題で特に党本部に強硬な姿勢を要求する時には、幹部に抵抗した。政友会九州出身代議士会で有力だったのは、松田に加えて長谷場純孝と元田肇であった。長谷場は、九州同志会の出身で自由党を脱党したが、第一回総選挙以来、松田以上の当選回数を持った。元田は九州同志会の出身ではないが、長谷場同様に、代議士として長く議席を保っていた。松田は、九州出身代議士会を、うまく操縦して、時間をかけて自分の基盤にしていかなければならなかった。

政友会創立後、松田はさらに中央で多忙を極めるようになった。政友会が結成されると山県首相が天皇に辞意を申し出たため、一〇月一九日、第四次伊藤内閣が成立した。政友会創立間もない時期に伊藤が組閣することに対して、政友会内には不安視する声があった。松田自身も、来春〔一九〇一年春頃〕の方が望ましいけれども、元老間で決定したならば、政友会に不安はない、と多少の懸念を残しながらも、伊藤の内閣組織を歓迎した[123]。第四次伊藤内閣は、松田にとって、政友会創立が実を結んだ大きな成果であった。

第四次伊藤内閣は、伊藤系官僚と党人派の両者に配慮した人選となったが、両者の対立要素は依然として残されていた。原敬は、伊藤から入閣を求められて政友会に参加したにも拘らず、伊藤の予想以上に党人派からの入閣要求が強かったために、内閣成立時には入閣できなかった[124]。松田は文相に就任した。松田文相は、実業教育の振興や教育における民間資本の進出を訴えた[125]。また、松田の文相時代に九州・東北二大学設立問題が起こっていたが、松田が、自身の出身地である九州への帝国大学設置を有利に運ぼうと積極的に動いた、という事実は今のところ確認されない。

こうした中で、渡辺国武蔵相が突然の事業中止・繰延の方針を打ち出したために閣内不一致に陥り、第四次伊藤内閣は、成立からわずか七カ月足らずで総辞職し、第一次桂太郎内閣が成立した。

第四次伊藤内閣が総辞職した後の伊藤総裁洋行の間、松田は総務委員長を務めた。この総務委員長は、伊藤洋行中の臨時ポストであったが、原が徐々に実権を握り始める中で、形式上は副総裁格の西園寺に次ぐ第二位として遇されるポストであった。このように、政府・党内で重要な地位を占める中で、松田はなかなか九州に帰らなくなった。これは、帰る時間的余裕がないこともあるが、帰らなくても当面は不都合がなかったからである。佐賀県・九州での地盤が安定し、自身の代わりに選挙区を任せられる人材もいたからであったと思われる。政友会が創立されてから、一九〇二年八月の第七回総選挙までの間、松田が佐賀へ帰ったのは、一度だけだった。

◆政友会佐賀県支部の創設と第七回総選挙

それは、一九〇一年一一月、政友会佐賀県支部創立会および八幡製鉄所作業開始式に出席するために帰郷した時である[126]。二〇日に行われた発会式には、松田をはじめ、中央から龍野周一郎（長野県選出代議士、自由党以来の経歴を持つ）も参列し、長崎・宮崎・熊本・福岡の九州各県の政友会支部代表者も訪れた。龍野は、集まった人々に対して次のように述べた。松田は、伊藤総裁の留守中に政友会を引き受けていて、今や政友会の「副首領」である。松田は佐賀県人であって、反対党の進歩党首領である大隈重信もまた、佐賀県人である。すなわち、現在の天下の政治は、佐賀県人によって左右されているのである、と[127]。

政友会佐賀県支部の創立委員惣代は川原茂輔が、会長は土山文九郎が務めた。評議員には、鹿毛良鼎、赤司七三郎、益田忠孝、永田暉明、坂井慶吉郎、常冨義徳、野中豊九郎、有田源一郎、木村保太郎、川崎伊吉、鶴田梅五郎、原田一次、正宝兼吉、野田兵一、江口胤光、千綿安孝、山口小一、富永源六、前田悦一、石丸萬吉、九布白兼武、綿屋利一［利市とも］、長谷川敬一郎、居石研二、原吾一郎、中村織之助、大庭景虎、大河内敬、梅村則次、松隈鉞造、宮崎進策、原英一郎、土山文九郎、石井次郎、森永政憲、天ケ瀬理八、牧瀬保次郎、三厨太一［太市］、川原、中尾敬太郎、中村千代松、古河昇次郎、前田新左衛門、中島源太郎が選出され、このうち石丸と有田は代議員も務めることとなった[128]（表4を参照）。

政友会佐賀県支部役員の顔ぶれは、経歴としては士族出身者、地主出身者、また実業家がそれぞれ三、四割程度を占め、出身地も佐賀県内にほぼ均しく広がっている。但し、ここで注目されるのが、佐賀市部およ

綿屋利一［利市とも］	藤津郡多良村、明治2年（1869）～1925年。代々商業を営む裕福な家に生まれ、1900年多良村助役、1901年県議初当選、自由党、藤津郡郡会議員、大正6年多良村学務委員。
長谷川敬一郎	【表3】に同じ。
居石研二	【表3】に同じ。
原吾一郎	東松浦郡厳木村、安政4年（1857）～1912年。1889年厳木村収入役、1894年助役、1895年村長、厳木村発足以来村の行政の中枢にあり続け、新たな里道開発などの功績を納めた。唐津線の岩屋－莇原（多久）間開設にも尽力した。松浦郷党会会員（ほかに井上孝継、中江豊造ら）、1899年県議初当選、自由党（県議会史には進歩党）、厳木村村長。
中村織之助	東松浦郡浜崎村、庄屋。1873年浜崎・浜崎浦・砂子各村合併村長、1878年東松浦郡浜崎浦小頭（副戸長の下で旧村の行政を担当）、浜崎村外合併村戸長、1889年浜崎村外三村村長。
大庭景虎	東松浦郡、医師。長男は、第8代呼子村長となる忠司。
大河内敬	【表3】に同じ。
梅村則次	【表3】に同じ。
松隈鉱造	東松浦郡、1859年～1919年、庄屋。安政6年（1859）玉島村に生まれ、明治4年4月有浦松隈杢郎（旧庄屋）の後を継いで有浦村に移住、唐津志道館に入る。明治8年から20年まで有浦小学校で教鞭をとり、1889年村長、6期24年間の間に殖産興業に尽力して有浦村を東松浦郡内優良村とする。1915年郡会議員、1917年相浦村学務委員。
宮崎進策	東松浦郡七山村。1901年七山村助役。
原英一郎	東松浦郡、旧湊村岡分庄屋。1879年長崎県議初当選、佐賀県議に移る、1887年県属となり勧業課農務係、1888年県私立勧業会会長。
土山文九郎	【表3】に同じ。
石井次郎	笹原、1868年～1939年。梶原土介（旧多久の士、維新後は鉱業を起こす）の次男に生まれ、小城の竹下家の養子になるがその後石井家の家督を継ぐ。1885年東多久村別府小学校教師、1888年小城郡会議員、1893年南多久村立習成小学校准訓導、1899年佐賀県議初当選。1908年小城共済銀行取締、1909年南多久村長、農村の副業の導入に尽力し養蚕、果樹栽培の振興に尽した。多久部製糸生産販売組合、南多久村上田町に製糸工場、これを拡大して1916年小城郡製糸株式会社社長、多久金融株式会社、これを発展させ多久銀行頭取、1928年衆議院議員初当選、昭和期まで農村救済事業に取り組んだ。

出典：【表3】の出典を参照。加えて、嬉野町史編さん執筆委員会編『嬉野町史』下巻（嬉野町、1979年）、大町町史編纂委員会編『大町町史』上巻・下巻（大町町史編纂室、1987年）、前掲、鹿島市史執筆委員会『鹿島の人物誌』（鹿島市、1987年）、前掲、鹿島市史編纂委員会『鹿島市史』下巻、唐津市史編纂委員会『唐津市史』復刻版（唐津市、1991年、初出1962年）前掲、北茂安町史編纂委員会『北茂安町誌』、厳木町史編纂委員会『厳木町史』上巻（佐賀県唐津市、2007年）、前掲、西村芳雄監・佐賀女子短期大学歴史学研究会編『佐賀県・歴史人名辞典』（佐賀女子短期大学、1969年）、酒井福松・村川嘉一編『佐賀県の事業と人物』（佐賀県の事業と人物社、1924年）、前掲、佐賀市史編さん委員会『佐賀市史』第三巻、前掲、多久市史編纂委員会編『多久の歴史』、多久市史編さん委員会編『多久市史 人物編』（多久市、2008年）、太良町誌編纂委員会編『太良町誌』中巻・下巻（太良町、1994年）、前掲、鳥栖市役所編『鳥栖市史』、浜玉町史編集委員会編『浜玉町史』上巻（佐賀県浜玉町教育委員会、1989年）、東脊振村史編さん委員会編『東脊振村史』（東脊振村教育委員会、1982年）、福富町誌編さん委員会編『福富町誌』（福富町役場総務課、1970年）、前掲、三日月町史編纂委員会編『三日月町史』上巻、前掲、三根町史編さん委員会編『三根町史』、木原武雄『基山町史』（基山町史編纂委員会、1971年）、諸冨町史編纂委員会編『諸冨町史』（諸冨町、1984年）、呼子町史編纂委員会編『呼子町史』（呼子町、1978年）。

表4　設立時の政友会佐賀県支部評議員(1901年11月)

鹿毛良鼎	三養基郡基山村園部、安政2年(1855)〜1923年、医師。代々医業の家に生まれ、草場船山の門に入り、東明館に学んだ後、京都の医学校を卒業して遺業を継ぐ。三養基郡医師会長を務め、1889年三養基郡基山町議会議員、1899年県議初当選、自由党入党。
赤司七三郎	三養基郡北茂安村、万延元年(1860)〜1928年、1899年県議初当選、自由党入党、大正2年肥筑軌道会社発起人(久留米-佐賀駅)。
益田忠孝	三養基郡北茂安村。三養基郡市武村外2ヶ村戸長、1887年基肄・養父・三根3郡郡役所書記、窯業経営、1903年佐賀新聞相談役。
永田暉明	神埼郡蓮池村、天保9年(1838)〜1923年、蓮池藩士。蓮池県大参事、1878年西松浦郡長、神埼郡長、1888年県議初当選、1896年佐賀市長選出、蓮池史を編集。『蓮池日史略』『芙蓉旧話』、37年芙蓉詩社創設。
坂井慶吉郎	【表3】に同じ。
常冨義徳	1889年佐賀新聞相談役。
野中豊九郎	神埼郡東脊振村、嘉永5年(1852)〜1918年。1880年大曲村外三ヶ村連合時代の惣代および議員を務め、1889年東脊振村村会議員(1級)、1896年東脊振村村長、1901年県議初当選
有田源一郎	杵島郡朝日村、嘉永6年(1853)〜1914年、実業家。伊万里松浦党の末裔で、武雄の家臣となって河原姓を名乗り、天保の頃有田姓に改姓。甥は、衆議院議員となる一ノ瀬俊民(政友会)。1875年小学校主席訓導(教頭)、1885年甘久共同会社設立(武雄銀行の前身)、甘久村村会議員、1892年朝日村村会議員(町村制施行により甘久・中野両村が統合)、1898年朝日村学務委員、武雄銀行頭取、1886年県議初当選、1903年佐賀新聞相談役。
木村保太郎	【表3】に同じ。
川崎伊吉	杵島郡錦江村。戸長、1889年錦江村村長、
鶴田梅五郎	杵島郡福富村福田、地主(約7町歩)。1901年県議初当選、1905年政友会。
原田一次	杵島郡福富村、弘化元年(1844)〜1915年、農業。1884年大弘寺檀徒惣代として寺の復興に寄与。1909年県議初当選(政友会)。
正宝兼吉	杵島郡南有明村、農業。所得金高860円(1901年当時)だったが、政界進出によって大正時代にかけて斜陽化。1894年県議初当選。
野田兵一	杵島郡橘村。杵島郡橘村村長。
江口胤光	杵島郡大町村。1886年杵島郡宮野村外1ヶ村戸長、1890年杵島郡東部14ヶ村地租軽減請願委員、杵島郡大町村村長、大町村役場新築に50円寄付(1907年)、大町村青年団長。
千綿安孝	杵島郡武雄町、文久2年(1862)〜1905年、織物業。1901年県議初当選、自由党。
山口小一	【表3】に同じ。
富永源六	藤津郡西嬉野村、安政6年(1859)〜1920年、陶業。祖父の業を継ぎ、各地製造業を視察して改良した「源六焼」は、内外各国博覧会共進会などで多数の賞牌を受賞した。1889年西嬉野村長、1890年地区消防長、1891年西嬉野村村会議員、1899年県議初当選、自由党、源六の窯は、職工及び徒弟22人労働人夫24人で嬉野最大の窯焼業者。1911年源六焼株式会社社長
前田悦一	【表3】に同じ。
石丸萬吉	【表3】に同じ。
九布白兼武	藤津郡南鹿島村、文久2年(1862)〜1926年、士族。旧鹿島藩士(藩主直彬扈従役として江戸在勤のち弘文館大監察、佐賀の乱に参加して除族)の長男に生まれ、谷口藍田に学び東京遊学。佐賀中学校で教鞭をとり、1899年県議初当選、自由党、相知村六ノ坪鉱山鉱業人代表。

び佐賀郡出身者が非常に少ない点である。佐賀市出身者は一名、佐賀郡出身者は〇名であった。これは、武富の勢力が佐賀市・佐賀郡で強かったことが影響している。他の地域では、突出して出身者の多い郡はないが、それぞれ二三パーセント程度を占める東松浦郡と杵島郡の出身者が、比較的多い傾向にある[129]。また、政友会佐賀県支部の発会式も、憲政党佐賀県支部の発会式の時と同様に、佐賀市内で開催された。この時の会場となった、新馬場劇場(佐賀市松原町新馬場)は[130]、佐賀藩城下の中心地であった。佐賀県支部発会式の後に開かれた演説会で、松田は、財政・経済政策について、日本の財政が、膨張していかなければならないことを説き、国民が何か事業を起こそうとする気持ちを持つことを奨励した[131]。松田は、二日後の二二日に挙行された政友会長崎支部発会式でも、支部創設を祝って演説を行った[132]。

一人区となった多くの市部を除いて初めて大選挙区制が導入された第七回総選挙で、政友会として九州を巡回していたのは、政友会選挙状況取調委員長も務める長谷場だった[133]。松田が帰郷したのは、七月七日である。この時、有田源一郎、長谷川敬一郎、中江豊造ら松田派の人々が松田の迎えに出向いた。中には、隣県の二日市(福岡県)まで出向いた者もあった[134]。政友会佐賀県支部は、郡部に松田と川原を候補者とした[135]。一方、憲政本党は、武富と神崎東蔵を[136]、また、革新倶楽部が元佐賀県知事の関清英を推した[137]。それに加えて、工業組合や酒造組合も、自分たちの利益を代表できる独自の候補者を擁立することを模索していた[138]。佐賀市部では、政友会に近い江副靖臣と、憲政本党の江藤新作が争った。結果は、佐賀市部では江藤が、郡部では武富、神崎、松田、川原、関清英(無所属)が当選した。この選挙で、松田の勢力は、佐賀県で自由党系と改進党系が分裂して以来、初めて二議席を獲得した。この時以降、佐賀県での松田の勢力は、常に二議席以上を安定して獲得した。佐賀市部では、なお江藤が圧倒的な強さを有していたが、郡部での松田勢力の得票数は、武富勢力に接近してきた[139]。

松田は、選挙後も地元有力者の求めに応じて佐賀県内を回り、九月五日に佐賀を離れた。松田の上京の際には、数十人の人々が見送りに集まり、中には博多や門司へまでも松田を見送った者もあった[140]。これは、松田の人気が高まり、熱心な支持者が増えていることを表している。

佐賀を後にした松田は、東京へ戻る途中、神戸に立ち寄った。ここで選挙を振り返って、大選挙区制への移行の課題等を分析したうえで、新たな人物が出てきたこと、すなわち代議士の世代交代を評価している[141]。帰京後に、総選挙を振り返って記者に語った時には、松田は中立や無所属の議員の増加に懸念を示した。松田は、政党に所属し、自らの政策を明確にすることが重要であると考えていた。

松田・政友会の佐賀県における基盤はかなり安定してきたと見られるが、支部内は必ずしも一枚岩ではなかった。総選挙前年の佐賀県議会では、江副と川原とが激しく対立した。『佐賀県議会史』によれば、川原と、松田・江副との対立とあるが、実際には、松田の下で、同じ松田系の川原と江副とが対立していた、といえる。五年後ではあるが、長崎県佐世保市長選挙に関連して、松田は、川原と横山寅一郎長崎市長から候補者に関する働きかけを受けた際、両派を引受けることは将来不都合を生じる可能性があるから、佐賀県支部では「熟議を尽」してほしいと注意を与えている[142]。これは、結局川原を重視していると見ることができる。

◆政友会「原・松田体制」の確立と佐賀・九州

第七回総選挙以降、最大の懸案は、一八九九年に成立した地租増徴法案を継続するか否かという、いわゆる地租継続増徴問題であった。一八九九年、当時の第二次山県内閣と憲政党(旧自由党系)との妥協によって成立した地租増徴法案は、一八九九年分から一九〇三年分まで五年間の時限立法であった。そこで、桂内閣は、一九〇二年一二月九日に始まった第一七議会に、海軍の軍備拡張のための地租継続増徴案を提出した。政友会と憲政本党とは共に、この地租増徴の継続に強く反対した。その結果、一九〇二年一二月二八日、桂首相は議会を解散した。この過程で、政友会の各地方団は次々に地租の継続増徴に反対する姿勢を表明し[143]、九州代議士会もまた同様の決議を行った。一〇月一五日に福岡市で開かれた九州代議士懇話会は、①財政行政の根本的整理を期すること、②地租増徴の継続は之を非認すること、を協議した。この時、佐賀県から出席したのは川原だけで、松田はいなかった[144]。九州代議士会には、他の九州出身代議士を率いて政友会を脱党すると主張する者もあったが、近畿・東海地方のように、総務委員への不満まで決議することはなかった[145]。松田は、原に対して、地租継続増徴に反対である意向を伝えている。こうした松田の主張を、原は九州出身代議士たちの強硬な意見に影響を受けたものだと見たが、松田が原の意向を聞き入れずに強硬に動くことはなかった[146]。

桂内閣・地租継続増徴への反対の下に、政友会と憲政本党とは、協力して第八回総選挙に臨んだ。一九〇三年三月の第八回総選挙で、佐賀県では、松田も武富も帰郷して、候補者の調整を行った[147]。松田と武富との交渉で焦点になったのが、定数五人の郡部で、前職の松田、川原、武富、神崎の四代議士の他に、もう一人の候補者をだれにするのか、にあって、武富は、出馬に意欲を見せた兼松凞を排除しようとした[148]。元武雄領主の男爵鍋島茂昌まで関わってきた候補者選定は[149]、松田の帰県を待って行われたが、結局、松田と武富との交渉は決裂した。政友会佐賀県支部は兼松を援助し、武富は、兼松の対立候補として山口俊太郎を擁立した。また市部では、前回同様に江副と江藤との争いになった。投票の結果は、市部で江藤(憲政本党)が、郡部で神崎、武富(以上、憲政本党)、川原、松田(以上、政友会)、兼松(無所属)が当選した。この選挙で注目されるのは、江副が、圧倒的な地盤を有していた江藤に九票差まで迫ったことである。

選挙後に小城で開かれた政友会佐賀県支部の幹事会で、第一に地租継続増徴問題については「第一七議会の精神を貫徹する」よう努めること、すなわち地租増徴に反対することが決められた。第二に、党勢拡張も議論された[150]。そして、第三に、すでに政友会寄りの論調をとっていた『佐賀』紙を、政友会佐賀県支部の正式な機関紙として、『佐賀新聞』に名称を改めることが決定した[151]。政友会佐賀県支部の体制は、この時期までにほぼ固まったといえる。帰郷中の松田は武富と共に、地元の実業家の招待を受けて唐津を訪れた[152]。

実業家の招待を受けた懇親会の席上で、武富は、実業家は政党とは縁故が薄いけれども、議会の問題は直接実業と関係があるので実業家諸君に希望しないということはできない。酒は国庫の重要財源ゆえ、酒どころの佐賀では醸造法を大いに研究してほしい、と述べた。次いで松田は、自由党はその初め実業家を眼中に置かなかったが、国会開設以後は「大に実業家と密接するの必要を感し、現に実業上に係る議会の問題は、先つ実業家に諮」っている、と述べてから、佐賀における実業の振興に論及した[153]。武富と松田の演説を比較すると、武富は政党における実業家の存在をあまり評価していない上、酒造業を国庫の重要財源として例に挙げたのみであった。対照的に、松田は、政策を立案する上で実業家の意見を取り入れることが必要であると考えて自由党系が早くから実業家を重視してきた、と実業家の重要性をより積極的に評価した。松田・政友会佐賀県支部寄りの『佐賀』紙の記者がまとめた演説内容ではあるが、武富に批判的な文脈ではない。松田の方が実業界に対して、財源確保の手段としてだけではなく、より大きな価値を見出していたといえる。

第八回総選挙を終えて、全国的に見ても議会の形勢は大きく変わらなかった。そこで桂首相は、政友会総裁であり、かつ、元老でもある伊藤博文に、調停を求めた。結局、政友会は、伊藤総裁の説得によって桂内閣との妥協を受け入れた。しかし、妥協受入れに反対して尾崎行雄らが政友会を脱党したように、党内には、もちろんこの決定を不満に思う者も多かった。そうした党内を抑えるため、進歩党の提出した内閣弾劾の上奏案を、政友会は伊藤総裁に諮らず、松田と原の専断によって修正可決した[154]。先にも述べた通り、地租増徴継続問題に対する松田と原との態度を比較すると、松田の方がこれに批判的で、原はより慎重であった。

こうした松田の態度は、九州出身代議士たちの強硬な意見に影響されたものだ、と原は見ていたが、妥協に至るまでの過程で松田と原とが決裂することはなく、むしろ最終段階では、党をまとめるために積極的に協調して伊藤総裁にも対抗した。

本部の妥協受入れに対して、九州代議士会は、五月二二日、二三日と会合をし、妥協の条件である公債募集を三〇〇万円程度に止め他は行政整理を待つことを本部に希望する、ことにまとまった。但し、多田作兵衛（福岡）、平田二郎（鹿児島）、中西新作（熊本）、小山雄太郎（熊本）ら反対意見を持つ者もあった[155]。『佐賀新聞』は社説で、国家に責任を有する政友会としては、妥協を受け入れることはやむを得なかった、と論じた[156]。これは松田ら政友会幹部の方針に従っている。

伊藤の総裁辞職にともなって、一九〇三年七月に西園寺公望が総裁に就任し、一二月六日、松田と原を総務委員とする党組織改革が行われた。ここに、松田と原の連携による党指導体制が強化された。この時期、松田の佐賀県の選挙地盤も大きく伸長した。先にも述べた通り、政友会結党以来二年以上もの間、佐賀県の政友会入党者は大変少なかったのであるが、一九〇三年六、七月に四〇名が新たに入会し、一一月には一三一名もの新入会者があった[157]。

一〇月三〇日、松田も出席して熊本市で開かれた九州代議士会では、①前議会の方針に依り行政財政を整理し、益々立国の基礎を鞏固にすること、②目下外交は帝国の権利を拡充し速にその遂行を期すこと、③この目的を達するために一致党勢の拡張を図ること、が決議された[158]。日露戦争の可能性が高まる中、日露交渉が進められていたため、外交には関心が集まっていたのであるが、九州代議士会とほぼ同時期の一一月八日に、西園寺、原らも出席して開催された近畿大会でも、「現時の外交事件に対しては国是のある所既に明かなるにより、当局者をして速に時局を解決せしめ以て帝国の権利を伸暢せんことを期す」との決議がなされたにすぎない[159]。これら二つの決議は、日露開戦論ではない。したがって、九州代議士会や政友会の他の地方大会の外交問題に関する決議は、むしろ当時の論説の中では極めて穏健な主張であったといえる[160]。

一二月一〇日に始まった第一九議会は、河野広中議長が起草した、桂内閣を弾劾する奉答文が衆議院で可決されたことを受けて解散された。翌一九〇四年三月に実施されることになった総選挙を控えて、松田は、大晦日に東京を発った。一九〇四年一月三日に開かれた政友会佐賀県支部の評議員会では、①他党との交渉委員に土山文九郎、有田源一郎、川原の三名を当てること、②選挙委員長に土山文九郎を置くこと、③次の総選挙での候補者を郡部二名と定めること、が決定された[161]。その後、佐賀県支部の候補者は、前代議士である松田・川原に決まり[162]、また山口小一は政友会を脱会し、革新派の候補者として立候補した[163]。日露開戦が差し迫る中で、九州では、第一に石炭の原産地として、第二に軍役の輸送や軍需品の供給輸出の衝として、開戦による経済の活性化への期待が高まっていた[164]。このように、佐賀県・九州には、対外強硬論に傾きやすい地域的な特性があった。

松田は、政友会本部での要務のため、一九〇四年一月九日に佐賀駅を出発した。見送りには、石丸勝一市長をはじめ前代議士や県会議員、県の重役ら数十名が集まり、政友会佐賀県支部常任幹事南里琢一は、博多まで松田を見送った[165]。この時、佐賀県知事の香川輝が見送りに来なかったのは、一二月三一日に妻を亡くしていたため[166]であると思われる。松田は、原の求めに応じて、上京の途中に一旦大阪に立ち寄って会い、帰京後に再度様々な相談をする予定であったところが、流行性感冒にかかってしまった。このために松田が「引込居り何事も運ばずに居れり」と、原は日記に記している[167]。このことから、すでに原が松田を凌ぐようになっても、両者は細かい打ち合わせをしながら党務にあたっていたといえる。松田と原との間で意思疎通がとれていることが、政友会を指導する上で重要だったのである[168]。

三月一日の投票日を前に、九州地方の遊説には、長谷場があてられた[169]。松田は、九州の政友会候補者応援のため、二月一五日に東京を出発した。翌一六日に大阪梅田で、松田は、大阪入りしていた原と会って最終的な選挙事務の打合せを行っている[170]。日露戦争下で行われた第九回総選挙で、松田は初めてのトップ当選を果たした。市部では江藤（憲政本党）が、郡部では松田（政友会）、山口小一（無所属）、川原（政友会）、神崎、武富時敏（以上、憲政本党）が当選した。

三月一〇日、松田は川原と共に上京した[171]。帰京した松田は、第一二代衆議院議長に選ばれ、日露戦争下の議場を指揮した。

この頃から、佐賀県では、ある程度まとまった単位で政友会に入会するようになっていった[172]。

4 日露戦後の政友会内閣

◆日露戦後の佐賀県での勢力伸長と鉄道要求への対応

日露戦争の戦況が進む中で、この戦争をどのように終わらせるのかという、講和問題に関心は移っていった。桂太郎首相は、政友会との間で政権授受の約束を結び、講和問題の円満な解決を図った。情意投合の交渉は、桂と原敬とが主導して結ばれ、講和問題に関しても、原が元老の井上馨の了解を得た。一九〇五年（明治三八）八月、原は、桂・井上との合意内容を松田正久に告げ、党員が「激発」しないように抑えることを話し合った。松田は、原と全く同じ意見であった[173]。しかし、講和の内容が報道されると、九月五日の日比谷焼打事件など、講和反対運動が全国的に広がった。佐賀県においても、九月八日には、新聞記者らによる講和反対集会が開かれ、政友会佐賀県支部の機関紙『佐賀新聞』から江副靖臣もこの集会に出席した。

政友会佐賀県支部は、①講和条約が大に国民の意志と背反していること、それゆえ、②そのような「屈譲条約」に対して政友会本部が「速に相当の処置」を取るよう望む、ことを決議した。政友会佐賀県支部の機関紙である『佐賀新聞』は九月七日の社説に、佐賀県支部の決議を挙げて、「本部の行動に就ては吾人聊か慊焉《けんえん》の情なきを得ず。然れども本部の行動彼が如くなるが故に支部も亦随つて彼の如くならざるべからずと云ふを得ず」という主張を掲載した[174]。佐賀県支部の決議は、講和条約に反対する意思は示しているものの、政友会本部に「相当の処置」を希望するにとどめている。その一方、『佐賀新聞』社説は、本部の姿勢をやや不満に感じている、と抑制的にではあるが批判している。その上で、本部が講和条約反対を唱えないからといって、支部もそれに従う必要はない、と論じている。本部の方針に反してでも講和条約反対運動を行うべきであるというこの論調には、佐賀新聞社社長であった江副靖臣の意向が反映されている[175]。講和反対運動が佐賀県にも波及する中で、政友会佐賀県支部は、松田の意向を受けてかなり抑制した態度を取っていた。

松田と原は、引き続き対策を協議していたが、政友会本部や西園寺公望総裁の対応を「手緩しとか軟弱とか」主張する煽動にかられた九州出身の三名の代議士が上京して、幹部を批判した[176]。このように九州代議士会では、長谷場純孝や福岡選出の多田作兵衛が政府の責任を問うべきであるとの強硬な態度を見せた。これに対して松田は、多数党である政友会は慎重でなければならない、とあくまでも自重を求めた[177]。九州代議士会内では、松田が強硬説に動かなかったことはもどかしかったと思われる。直接に説得するようなことはなくとも、松田の慎重な姿勢が、強硬派に対する抑制になっていたと考えられる。佐賀県下でも、講和に反対する運動を主導したのは、反対党の憲政本党であった。一〇月一日、「非講和佐賀県民大会」が開催され、代議士の神崎東蔵、県議の中村公道、中野権六、野口勘三郎(いずれも憲政本党)が、講和反対と桂内閣の辞職を求める演説を行った。この大会では、内閣が引責辞任すること、講和条約を無効にすること、こうした県民の意思を天皇に奏上すること、などが決議された[178]。先に挙げた政友会佐賀県支部の決議が穏健であったことが分かる。

一九〇六年一月七日、日露戦争の講和問題を終えた第一次桂内閣は総辞職し、第一次西園寺内閣が成立した。松田は法相に、原は内相に就任した。松田が大臣に就任したことは、選挙区の人々にとって大物政治家を選出しているという自負につながり、佐賀県での支持を広げる要因になった[179]。

一九〇八年五月の第一〇回総選挙前後、当時蔵相を務めていた[180]松田が佐賀へ帰ることはなかった。しかし、選挙の結果、市部で豊増竜次郎（戊申俱楽部）、郡部で松田、有田源一郎、川原茂輔（以上、政友会）、武富、神崎（以上、憲政本党）というように、この時初めて、松田・政友会勢力は、佐賀県で三議席を獲得した。第一回総選挙が実施されてから約二〇年が経過して、自由民権期以来の反藩閥意識の強い有権者だけでなく、より若い世代で実業振興に関心を寄せる新たな有権者が多くなる中で、政友会の主張が九州にも浸透していったことが、この結果に表れているものと思われる。全国レベルでも、政友会はこの選挙で過半数を獲得して、安定した大政党へと進歩していった。松田は、憲法政治が行われている国家においては、過半数を有する政党が必要である、という信念を持っていた[181]。

九月一〇日に鹿児島で行われた九州代議士会は、財政整理による緊縮財政によって偏に消極的になって国家に必要な産業の発展を妨げることのないようにする、などの決議がなされた。この九州代議士会では、乙号議案として、①吉松駅より分岐し宮崎延岡を経て大分に接続する鉄道、②八代より分岐し水俣米ノ津西海岸を経て鹿児島に接続する鉄道、③熊本より大分に至る横断線、④吉塚より分岐し唐津伊万里田平を経て佐世保に接続する鉄道、の速成が協議された[182]。これらの鉄道速成要求は、「決議案」ではないものの、九州でも産業振興のために鉄道を求める声があったことが分かる。この九州代議士会に佐賀から出席したのは、代議士の川原と有田源一郎、常任幹事の南里琢一であって、松田の出席はなかった。

乙号議案の鉄道速成要求のうち、①の吉松－宮崎－大分間と、③の熊本－大分間の鉄道とは、第二三議会（一九〇六年一二月二八日～一九〇七年三月二七日）に提出された、一九〇八年度以降に見込まれる建設改良計画に含まれていた。特に、①は、四大幹線（北陸・山陰・四国・九州）の速成を求める運動に呼応して、初年度から着手する見込みが示されていたにも拘らず、将来計画が財政難のために初年度から頓挫してしまった。日露戦後恐慌が深刻化する中で、鉄道建設改良事業費等を巡る紛糾が起こり、阪谷芳郎蔵相と山県伊三郎逓相とは更迭され、後任は、それぞれ松田法相と原内相とが兼任した。一九〇八年に原逓相のもとで再編成された計画では、建設費・改良費が当初の四分の一近くに圧縮され、その結果、吉松－宮崎－大分間の計画は削除されて建設の遅延が決まった。こうして、宮崎県を中心にこの路線の速成を要求する運動が開始された[183]。

また、佐賀県も関わる④の吉塚－佐世保間の鉄道は、この年の三月に、博多商業会議所が、生産業・通商貿易上に欠くことのできない鉄道であるから「急設して貰いたい」と、衆議院に請願した路線であった[184]。このように、ここに挙げられた鉄道速成要求は、福岡・宮崎など鉄道が建設される地元の産業界などから強く期待されていた路線であった。ただし、これはあくまでも「乙号議案」であって、第一に重視された決議ではなかった。また、松田も特にこの運動に関わっていない。この時の個別の地方利益的な鉄道要求は、松田によってある程度抑えられていたと推定される。原も、政友会の九州・東北の「二団体は比較的行動宜し」と、評価していた[185]。

一九〇九年一〇月二日、この年の九州大会は、大分で開催された。前年は大会に出席しなかった松田であったが、今回は長谷場純孝、杉田定一らと共に大分へ向かった[186]。九州各県や元田肇が率いる大分支部員約二〇〇名に加えて、東北・関東・中国地方からの参加者もあった。政友会九州大会は、①政友会の綱領を遵守し、人権を尊重することを以て、光輝ある国運の進歩に貢献すること、②責任ある党として、国家の進運を計ると同時に、民意の貫徹に勤めること、③積極的な財政整理と積極的な国力発展計画とを両立すること、④公平な財政整理が必要であること、を決議（甲号）した[187]。また、鉄道速成に関して、前年と同じ経路で鉄道延長に努めることも決議（乙号）された[188]。

松田が欠席した前年の九州大会と、松田が出席した今回の九州大会の決議を比較すると、二つの特徴がわかる。第一に、その大会が最も重視したといえる決議文の冒頭に、人権の尊重が掲げられていることである。「人権」は、自由民権期に松田が参加した自明社の社議にも、同じく記されていた語であって、松田の重視した考え方であったと思われる。九州大会三日目に行われた演説会でも、自由党から政友会に至る歴史と自らとの関係を述べた後、最初に、人権を尊重することを説いた[189]。それだけ、松田の「人権」に対する思いが強かったといえる。

第二に、鉄道要求が、あくまでも乙号決議であったことである。前年の九州大会の議案を踏襲したものであって、鉄道速成要求にある程度抑制的に対応したものとみられる。

九州大会を終えた松田は、湯治をして、患っていたリウマチを癒し、麻生太吉の別荘にも滞在した[190]。松田が、しばらく大分の温泉地にとどまった後に佐賀へ帰県しようとしていた時、前政友会総裁で、韓国統監の伊藤博文が、一〇月二六日にハルビンで暗殺された。松田は、川原、政友会佐賀県支部常任幹事の南里琢一と合流して、関門海峡を通過する伊藤の遺骸を見送った。鳥栖まで迎えに来た代議士の有田源一郎、佐賀県支部幹部の石丸、江副らに迎えられて一〇月三〇日夜に佐賀駅に到着したが、一一月一日朝には、急いで東京に戻ることになった[191]。急きょ、短期間の佐賀滞在となったが、佐賀県下の政友会同志大会に出席し、四時間弱ではあったものの、小城へも帰って先祖の墓参りや兄横尾經久との面会も果たした[192]。この時の演説で、松田は、「依頼心」を批判し、政党には独立心がなければならないと説いた[193]。また、松田は、地租を減少させることよりも、産業を発展させることの必要性を訴えていた[194]。

一二月一〇日に開かれた政友会佐賀県支部総会は、川原、有田らによって取り仕切られ、松田は参加しなかった。この決議案中に、九州大会で示された鉄道速成要求の中で佐賀県に関わる④吉塚‐佐世保間の鉄道要求は含まれていない[195]。このような事例から推定すると、松田は、地方支部が個別の鉄道を協議することには慎重で、鉄道要求運動が高まり過ぎないように配慮していた、と見ることができる[196]。

◆佐賀県における韓国併合の影響と松田正久

一九一〇年八月二九日、韓国併合が行われると、佐賀県では、佐賀の乱で処刑された江藤新平の復権運動が盛り上がった[197]。韓国併合が行われたのであるから、征韓論を唱えて下野し、佐賀の乱で処刑された江藤の名誉が回復されるべきである、というのが、江藤復権運動の論理であった。『佐賀新聞』では、運動を後押しする社説に加えて、江藤と佐賀の乱を振り返る伝記小説も連載された[198]。しかし、松田がこの運動について特に語ることはなかった。

江藤の復権を求める運動はその後も続けられて、桂や西園寺のレベルにも伝わった。しかし、江藤に恩賞を求める動きに、原、西園寺、桂は反対であった。この建議を持ち出したのは川原らであって、原から見ても、松田は「同県〔佐賀県〕の関係上多少周旋らしき事なしたるが如し、是れは已むを得ざる次第」という程度にしか関わっておらず、むしろ尾崎行雄らが加担していたようである[199]。松田はこうした運動にほぼ無関係であったといえる。それは、松田が国際協調的な外交観を持っていたからであった。

松田は、対韓問題が、「彼の西南戦役は勿論日清日露の戦役」の原因となってきたことに触れた。ここで、佐賀県の出身であり、現に佐賀県では韓国併合がなされたのとほぼ同時に佐賀の乱の再評価を求める運動が起こったにも拘らず、松田が佐賀の乱に言及しなかったことは、松田が目下の外交問題である韓国併合と当時の佐賀県に残る対外硬的な土壌とを結び付けたくなかったことを傍証している。交通機関を整備して韓国の産業を発展させることが必要である、という松田の対韓政策は、当時において穏健な構想であって、「侵略主義を慎み合併に依りて通商貿易の発展を期」待しなければならないのは勿論、「大陸に向つて漸次其の驥足《きそく》を進めんとするが如きは益《ますます》黄禍論を助長せしむる所以にして策の得たる者にあらざれば大に注意を要す」というように[200]、列強との協調を重んじ、日本が「侵略主義」とみなされることをはっきりと戒めた。時に佐賀県に表れる、こうした対外硬に向いやすい傾向と松田は距離を置いていたのである。松田が佐賀県で行った演説は、主題には内政を置いていても、国際的な枠組みの中で語られていた。その上で、韓国併合など、対外強硬論が強まりやすい時期には、外交では抑制的な態度も必要であることを訴えて、選挙区の人々に自制を求めた。

時期が遡るが、一八九四年の第四回総選挙を前にした武富勢力は、「川原茂輔を対外硬派の一人と認め」〔傍点‐筆者〕て自派の候補者にするかどうかを検討していた[201]。これはすなわち、佐賀県においては、対外硬の人物の方が、選挙区で人気を得やすい土壌があったと考えられる。それに対して、松田が、一時の人気を得るために対外硬的な発言をしなかったことも、松田が支持層を急速には広げられなかった原因になっていたと思われる。しかし、松田は安易に対外硬を切り札として使わず、着実に地盤を固めたのである。

◆大物政治家松田正久への期待

一九一一年八月、条約改正の成功を受けて桂首相は辞表を奉呈し、第二次西園寺内閣が成立した。松田は、第一次西園寺内閣に次いで二度目となる、司法大臣に就任した。九州出身代議士では、他に長谷場が文部大臣に就任して初入閣を果たした。この第二次西園寺内閣の閣僚の人選は、原と西園寺との間で行われており[202]、政友会の実権は原に握られていた。ただし、閣僚の人選などの重要な交渉は内密に行われているため、松田の周囲には、こうしたポスト獲得を松田に期待する者たちも集まっていたと思われる。

桂首相の辞職時期が定まると、松田も原も、しばらくの間東京を離れていることを申し合わせた。これには、余計な入閣運動を避ける意味合いもあった[203]。こうして、一九一一年八月、松田は約二年ぶりに佐賀県へ帰った。そしてこれが、松田にとって最後の佐賀への帰郷となったのである。

帰郷した松田の歓迎会には、政派を超えて憲政本党の代議士も参加した。この席上松田は、佐賀県に何か事業を起こさなければならない、と低迷する選挙区に訴えた。この松田の演説は、選挙区の人々に、松田が何かしてくれるかもしれないとの期待を抱かせるものであったといえる。

松田が帰県すると、連日、政談演説会が予定されていた[204]。この年の九州遊説で、松田はまず福岡を遊説して回ってから、佐賀へ帰った。松田、江藤哲蔵（元熊本県選出代議士）、南里逐一ら一行は、鳥栖駅で有田の出迎えを受け、佐賀駅に着いた。佐賀駅には、佐賀県内務部長、検事正、警察部長、市助役らや、川原、県会議員をはじめ政友会佐賀県支部の関係者や事業家など、数百名が松田らを出迎え、数十両の車を連ねて、投宿先の旅館を目指した[205]。松田が、佐賀県内の様々な地域へ足を運ぶ際にも、県や各郡の役人が同行している。また、今回は妻静子も共に佐賀へ来ており、静子は、遊説に回る松田と別れて、先に小城へ向かった[206]。

演説会では、松田の登壇前に、「前文部大臣、司法大臣、大蔵大臣たる松田正久氏の一行を迎へて天下の経綸を拝聴する事を得たるは吾人の光栄なり」と紹介されている。また、官民合同で開催された、松田の歓迎会には、県の主だった人々に加えて、政友会員でない代議士豊増竜次郎も出席している。これに対して、松田は、政党・政派を問わず歓迎してくれたことが一層の喜びであると述べ、佐賀県に何か事業を起こすことが必要であること、また、公共事業に力を注ぐことは佐賀県のためでなく国家の為になることを、個別の公共事業を地方利益誘導的に挙げることなく語った[207]。演説会と歓迎会との様子からは、選挙区の人々が、大物の政治家を選出できることを誇りに思うと同時に、松田に対して佐賀県の発展を期待していること、松田もまた、そうした選挙区の人々の期待を理解しながらも、国家の利益を考えることが重要であると考えていたこと、が分かる。この松田の帰省の際、佐賀県知事の西村陸奥夫が出迎えや歓迎会に姿を見せていないのは、病気のためと見られる[208]。

佐賀への帰郷と合わせて訪れた福岡市明治座での『憲政の進歩』と題する演説には、松田が、地元九州の人々の政治的な考え方を進歩させたいという、強い思いが表れている。「吾々〔松田一行〕が此度九州の各地に漫遊を試み此炎暑を厭は」ないのは、「徒に我田引水の説を為し、堅白同異〔詭弁〕の弁を弄して世人を籠絡せんと企てるのではな」く、「我国は内外事情に於て容易ならざる時代」である今日、いささかであっても政友会が目指すところのものを「九州人士の腹に入」れたい、すなわち理解してもらいたい、と考えたからであった。それゆえ、松田は、第一議会の頃からの憲政の進歩の過程を振り返りつつ、「外交の困難なる事も知らなければなら」ないことを説いた。中国に対して強硬な態度に出ることは、中国だけでなく、アメリカなど列強の日本に対する警戒も強くしてしまい、日本には「戦争をする考はなく、金はなくして只だ外国人には日本は戦を好む国の様に誤解」されて「実に日本国の不利益」であると主張した[209]。九州には、炭坑や製鉄所といった、軍需産業と関係の深い企業も多く、「対外硬」に傾きやすい土地柄であることも、松田が、外交での慎重さがいかに必要であるかを説いた理由であると考えられる。また、経済面では、「有益なる事業に向つて国民が奮発」し、「生産物の増加を計り、之を海外市場に輸出販売し、我が国へ金貨を取入れるより外ないので」、「交通の便に俟つ〔期待する〕必要がある」と考えた[210]。

例えば、一九一一年一月に『佐賀新聞』は社説で、昔日の佐賀は「繁栄の色充ち充ち」ていたにも拘らず、近代の佐賀は「全般に通観して衰頽の実あるは争」うことができない、と嘆いている[211]。また、さらに一年後にも、佐賀県では行商や出稼ぎ、さらには移民が多いことを佐賀の「進歩心」と関連付けて論じる言説もあったが、その結果「空蝉の殻都となる危険がある」とも指摘するように[212]、佐賀県では十分に産業が発展していなかったのだろう。

在京の人物が『佐賀新聞』に寄せた寄稿によれば、すでに「現内閣の立役者」は原であることを前提にしながら、「松田正久氏と武富時敏氏とは共に天下の名士で佐賀の誇りとす可き方であるから今回の総選挙でも決して落選せしめてはならぬ」と述べている[213]。

一九一一年八月三〇日、第二次西園寺内閣が成立し、松田は法相に就任したのであるが、この頃になると松田は、時に入閣に消極的な姿勢を見せるようになる[214]。次第に自身の健康に不安を覚え始めたことも影響したものと思われる[215]。

一九〇八年五月以来、総選挙が行われていなかったため、一九一二年には総選挙が行われることになっていた。現職の司法大臣であった松田は、この選挙で選挙区に戻っていない。代わりに、川原は一九一二年三月中旬[216]や、総選挙直前の四月下旬に佐賀へ帰って、県内を回っている[217]。政友会佐賀県支部は、これまでと同様に、前代議士の松田と川原とを候補者とした[218]。松田にとって最後の総選挙となった、この第一一回総選挙の結果は、市部で初めて江副が当選し、郡部で武富時敏(国民[219])、川原(政友)、狩野雄一(国民)、八坂甚八(中央倶楽部)、松田(政友)が当選した。政友会は、六名中実質的には三名が当選し、この選挙から沖縄が入ったことで全五八議席となった九州全体では、政友会が三七議席、立憲国民党が八議席、その他が一三議席を獲得して、政友会の勢力が、九州全体でも大きく伸長したといえる。

この総選挙で、市部に圧倒的な地盤を有していた武富勢力を破って、江副が初当選を果たした。政友会佐賀県支部の機関紙であって、江副が社長を務めた『佐賀新聞』では、選挙前に、武富勢力の豊増に対する大々的なネガティブ・キャンペーンを行って[220]、江副を応援した。それと同時に、『佐賀新聞』は、選挙で新たな人物を選出し、政治に、いわゆる新陳代謝を促す必要を説き[221]、江副は無党派である[222]、と支持を訴えた。江副と政友会佐賀県支部との関係をみると、江副が政友会佐賀県支部の一員であるのは、選挙での自身の当選のための手段の一つであった面が強いと見られる。

選挙より先、一九一一年一二月二七日に始まった第二八議会に対して、松田は、行財政整理の優先を語っている。翌年度の予算は、財政整理時機にあるため緊縮方針を執らざるを得ないので、新たな事業を求める声が高まると予想されるが、現在の財政状態ではどうしようもないので、いずれ行政財政の根本整理をした上で改めて緩急順序を計って諸種の計画を立てる外ない、と主張した。また、辛亥革命について、日本の中国に対する態度は始終一貫して厳正中立であるのは勿論であるが、禍乱が永引いては日本のためにも欧米列強のためにも一日も早く平和の克復を望まなければならない。そのため、先に英米独露仏等の各国と共に我国もまた講和の成立を希望する旨を忠告した、と国際協調を重んじる姿勢をとっている[223]。

六月、政友会九州出身代議士会は、長崎での大会に関する決定を行った。但し、この会に出席したのは長谷場らで、松田は出席していない[224]。九州会についても、この時期には、長谷場以下、幹事の永江純一、松田源治らに任せて、松田自身の関与はかなり少なくなっていったと見られる。

◆護憲運動との関わり

一九一二年七月三〇日（正式には二九日）、明治天皇が崩御し、元号は大正と改まった。天皇の崩御を受けて、司法大臣である松田は、恩赦問題に取り組むことになった。この時、再び佐賀県で起こったのが、一八七四年の佐賀の乱の首謀者として処刑された江藤新平の復権運動であった。一九一〇年の韓国併合時以来高まっていた江藤の復権運動など、佐賀の乱の再評価を求める声は、恩赦問題の中で再び大きくなった。一九一一年三月には、川原や、加波山事件などの自由党激化事件で逮捕された小久保喜七、的野半介らが、『江藤新平卿表彰に就て東京市民諸君に告ぐ』という冊子を作成して、江藤の復権を主張した[225]。明治天皇崩御にともなう恩赦を江藤へも求める運動は、先の冊子作成に関わった的野らが動いた[226]だけではなく、板垣退助も松田法相に働きかけた[227]。こうした運動に対して、司法省は、江藤への赦免は既に済んでいるとして、必要であれば証明書を出すと平沼騏一郎次官が対応した[228]。一九一〇年の時と同じように、松田が、同じ佐賀県出身者として、こうした江藤復権運動に携わった形跡は認められない。松田は、恩赦が「陛下の御仁徳」を示すものであるゆえ、法相として責任重大である、と恩赦問題に取り組んでいた[229]。恩赦問題は、選挙区の希望を容れるような問題ではなかったのである。

しかし、明治天皇崩御以降の多忙と、六七歳という当時としては高齢に達していたこと、さらには姉まき子の死[230]なども加わって、この頃から徐々に、松田は体調を崩して寝込むまでになっていった[231]。

九月に恩赦令が行われ、恩赦問題が一段落した松田が次に直面したのが、二個師団増設問題であった。上原勇作陸相は、陸軍の二個師団増設を強硬に主張し、その結果、第二次西園寺内閣は総辞職した。後継には、内大臣の桂が、第三次内閣を組織した。しかし、桂・山県閥への批判が高まり、憲政擁護運動が起こった。

この時、松田は藩閥を厳しく批判した[232]。松田が藩閥を激しく批判した理由は、山県系官僚閥が倒閣運動の背後にあると見たからであって、そうした「非立憲的」な行為を許してはならないと考えたからである。しかし、全国レベルでの政治情勢を考えずに選挙区の利害や対外硬的な理由から安易に藩閥批判に走ることには、松田は批判的だった。例えば、一九一一年四月一二日、北信八州会に出席した松田は、「憲法政治の運用と政党」と題する演説の中で、自らの考える政党の取るべき姿を明らかにしている。この演説の冒頭で、松田は、北信八州会大会決議文中にある「非立憲的行動を排除し憲法政治の実を挙る事」という文言を批判した。これは、北信八州会による桂内閣批判と見られるが、松田は、政友会が桂内閣と「協同一致の力を以て国運の発展を計り」、国家の運営に対して「責任を共にすると云ふことを盟約」しているという、時勢がこれほどまで進歩している時代に、「故《ことさ》らに非立憲的行動を排除する」という文言を掲げることは、不必要な行いであって惜しむべきものであると、北信八州会の態度を非難した。

松田が「非立憲的行動を排除する」という文言に批判的である理由は、「決して政党なるものは徒らに政権奪取を専らとして内閣を倒さねばならぬと云ふものではな」いという信念を持っていたからである。「破壊主義を以て政権の争奪をするものではなく、何れの時も最も穏健なる主義政権を以て立つのである」からこそ、政友会も議会の過半数を占める大政党になることができた、と松田は考えていた。但し、重要なことは、政党は、「第一に精神の結合を専らに」しなければならない、という考えであった。なぜなら、「精神の結合なきは是れ烏合の衆であ」って、「如何に大政党と雖も烏合の衆では事あれば必ず直ちに支離滅裂するから」である[233]。こうした松田の政党に対する考え方は、自由民権期以来、漸進的な発展を志向してきたことや、自由党佐賀支部が分裂しても、その全国レベルでの政党への帰属を明確にして主義による合同へと再編成したことに通じるものであって、松田の一貫した政治構想が実現されつつあったといえる。同時に、松田は、「政党は無意味に存するものではなく、又徒に理想的の議題を主張してお祭り騒ぎをするものではな」く、「必ず実行的方針を執」らなければならないとも考えていた[234]。だからこそ、強硬であって、軽挙ともとれる北信八州会の決議を批判したのである。

憲政擁護運動に対しては、このような国民運動に距離を置いた原に対して、松田は原に比べると憲政擁護大会に関わりを持った。ただし、大会に出席はするが演説はしない、と事前に松田と原は申し合わせていたのであって[235]、あくまでも両者の間では関わり方に関する合意ができていた。九州代議士会は、東京で度々会合を開いていたが、憲政擁護大会開催の話が持ち上がっているのは長崎県程度であった。

結局、第三次桂内閣が六二日で総辞職すると、一九一三年二月二〇日、政友会を与党とする第一次山本内閣が成立した。松田は、三度法相に就任した。九州出身代議士では、元田肇が逓信相として入閣した。

憲政擁護運動の中で、桂による「新党」構想が明らかにされた。国民党の武富は、この桂新党に参加し、加藤高明総裁の下に立憲同志会が結成されて後、同志会党人派の有力者の一人となった。

◆授爵にともなう補欠選と松田没後の選挙区佐賀県

一九一三年秋頃になると、約一年前から体調を崩すことが多くなっていた松田の容体はさらに悪化し、新聞紙上にも松田の「重患」説が流れ、法相の辞職もささやかれるようになった[236]。一一月になると、松田は、原に対してもはっきりと辞職の意志を伝えた[237]。胃がんが進行して病床に就いた松田に対して授爵の話が持ち上がり、原、山本首相から、山県有朋枢密院議長らへの根回しがなされた[238]。そうして、一九一四年一月一九日、松田は、爵位を与えられて男爵となった。政党員として大臣を歴任し、爵位を授けられたのは初めての事であって、原も「幾分か党員優遇の思召とも感じたるなり」と、日記に記している[239]。

松田が授爵にともなって衆議院議員の資格を失ったため、佐賀県郡部では、補欠選挙が行われることとなった。この補欠選で、政友会佐賀県支部内では、支部幹事の南里と佐賀市長の野口とが、後任候補に浮上し、最終的には、松田の信頼が最も厚い人物として、南里を推薦することが幹部会の満場一致で決まった[240]。川原・長谷川両代議士も同志会の狩野代議士も帰県して自党候補者の応援にあたった[241]。また、県議中の中立派も、政友会・南里の応援を決めた[242]。政友会佐賀県支部の候補者となった南里と、同志会佐賀県支部の候補者である西英太郎との争いとなった。川原は、神崎東蔵の補欠選挙の例も引き合いに出して、この補欠選での妥協を申し込んだが[243]、投票の結果は、約七五〇票の差で南里が敗れた。これは、郡部全体で約三パーセントの差にあたる[244]。補欠選が行われた当時は、まさに海軍をめぐる大疑獄事件であるシーメンス事件が追及され、山本内閣に対する批判が高まっていた時期であった。佐賀の乱から約四〇年が経ち、反大隈の記憶も薄らいでいた。加えて、前年一一月に鍋島閑叟の銅像除幕式と鍋島家の資金による佐賀図書館落成式のために大隈も帰郷し[245]、旧藩主鍋島家と大隈の影響力が強まっていた。このことが、武富勢力の結束を強めて、松田勢力の惜敗につながったと思われる[246]。

シーメンス事件を発端として、第二次護憲運動が巻き起こっていた最中の一九一四年三月四日、松田は胃がんのために亡くなった。松田が築いた佐賀県の選挙地盤は、この約一〇年後に政友会と政友本党とに分裂して、川原らが政友本党の側に与するまで、二議席以上を確保し続けた。

民間資本への期待と国際協調——おわりに

本章では、佐賀県・九州における政治の状況・選挙の動向を分析し、松田が選挙区の人々に対して何を訴えたのか、選挙区の人々が松田をどのように受け入れたのか、を分析した。加えて、選挙区において争った、武富時敏・進歩党系勢力という、松田の反対党からも松田勢力を見ることによって、松田が政策を浸透させて支持基盤を確立していった過程も考察した。

本章で明らかにしたのは次の四点である。

第一に、松田が、産業振興の必要と、そのために実業家の活躍に期待しながら合理的な政策とを選挙区に対して訴えたことによって、選挙区での支持を伸ばしていったことである。松田の構想した産業振興策とは、具体的に、鉱業の発展と輸出の増加であって、そのためには鉄道などの交通の整備が必要であると考えた。但し、松田は、直接的に個別の公共事業の実施を訴える地方利益誘導は行っていない。特に、一九一一年に佐賀へ帰って大きな歓迎を受けた時の松田の発言は、佐賀県の人々に、松田が県を発展させてくれるに違いない、という期待を抱かせるものであった。しかしながら、九州鉄道速成運動などの直接的な動きに対して、先頭に立って名を連ねるようなことはしない。松田は、交通・産業の発展が、民間の資本によってもなされることを期待したのである。地元の有力者に対して、民間資本による産業発展の機会を示すなど、産業発展のためには民間資本も貢献することが必要であると考えた。

憲政党時代、松田は星亨と連携しながら、実業を発展させる必要を訴えた。元老の伊藤博文を総裁として、実業家の取り込みを図った政友会時代は、松田が、さらに自身の訴えを地盤の獲得とも連携させられた時期であった。松田は、実業教育の重要性も主張した。実業を発展させるためには、そうした分野で活躍できる人材を育てるための実業教育がますます発展することが重要だったのである。松田が教育を重んじる姿勢は、国際協調を重視する松田の外交観とも関連しており、国民に成長を促そうとする姿勢は韓国政策にも表れている。韓国統治に関して、今すぐに日本と同じ制度・法律を当てはめることは出来なくとも、将来的には、教育によってその進歩の可能性があると考えていた。

選挙区の人々は、松田に対して、佐賀県の発展を期待すると同時に、大物政治家を選出しているという自負心もあったと考えられる。いち早く維新を成し遂げたのは自分たち佐賀県であるのに、九州の中でさえ十分に発展することができていない、という不満が当時の佐賀県にはあった。そのような時、政友会と非政友系をそれぞれ代表する松田と大隈はどちらも我々佐賀県の出身である、という誇りは、その不満を晴らし、今後の発展に期待を託せるものであった。

第二に、松田は、党を一体性のある政党へと改革することで党中央での自身の党内基盤を確立したことによって、選挙区佐賀県および九州出身代議士の中でも基盤を固めていったことである。松田は、九州改進党結成など、九州地方の自由民権運動には関わらなかった。松田は、翻訳や留学、県会議長の経験などを通して身に付けた政治知識をもとに、星と連携することによって自由党の幹部の地位を占め、自身の選挙区である佐賀県に対しても、近代的な政党支部組織を構築しようとした。その後、憲政党、政友会と最高幹部の地位を維持し、選挙区でも自党の政策を浸透させていった。佐賀県の地盤が安定すると、党内での地位もあって、次第に佐賀・九州は、長谷場純孝（鹿児島）や川原茂輔（佐賀）に任せるようになった。選挙の際に、地元に帰らなくても、自分や政友会の基盤はそれなりに安定的である、という強みである。一方で、武富らの進歩党・憲政本党系も勢力を維持していた。両者の勢力は、互いに均衡を保った。しかし、圧倒的な地盤を有していた武富らにとって、地盤を切り崩され、ほぼ均衡になるまで伸張した松田の勢力は、脅威であった。

九州改進党にも参加しておらず、自由民権期以来の基盤を選挙区佐賀県に持たなかった松田は、佐賀県に基盤を持っていた川原や江副靖臣といった人物を、自身の下に組み入れていくことによっても、勢力を拡大していった。

第三に、松田は、国際協調的な枠組みで外交を考えていた。そのため、対外強硬論に傾きやすかった当時の佐賀県において外交での強硬な主張を抑えたことであった。佐賀県・九州では、佐賀の乱において、日韓併合時において、また鉱業などの産業面から、対外強硬論が生まれやすい傾向にあった。そのため松田は、遊説を通して、対外硬論が国際的には日本のためにならないことを訴えた。松田は、人々の人気を一時的に集めやすい対外強硬論に訴えるのではなく、むしろ強硬論が生まれやすい時に、それを抑制する演説を行った。

第四に、松田が、大隈重信の影響力を背景とした武富時敏勢力のために、自身の選挙基盤をなかなか築くことができなかったことである。旧佐賀藩の幹部たちに影響を持つが、佐賀の乱を弱点とする大隈が、佐賀の乱に参加していた武富と組むことによって、松田はなかなか彼らを切り崩せなかった。加えて、大隈らには対外硬の要素があったため、第三に述べた外交観の面からも、松田は選挙ですぐに勝利することが難しかった。そこで松田は、自身の出身地である小城郡の他に、佐賀市・佐賀郡の周辺から基盤を固め、また、当初少なかった地主層も自身の基盤に取り込んでいった。

以上を踏まえて松田と原とを比較すると、両者が各々の選挙区で地盤を獲得する過程は大きく異なっている[247]。松田も原も、選挙区における自由民権期以来の地盤を持っていなかった。しかし、原が初めて立候補した総選挙で圧勝し、対抗する清岡派を抑え、自分の地盤に組み込んでいったのに対して、松田は、自派の勢力を確立するために時間がかかった。ここには、松田が佐賀の本藩出身でない上に、小城藩内でも少数派であったことと、当時の選挙区制度の問題も影響したと考えられる。

加えて、松田と原とでは、故郷・選挙区との距離の取り方にも差異があることである。松田は、大臣を務めている期間に佐賀県・九州に帰ることはなかった。選挙区が安定して以降、帰郷する回数は減って、晩年の五年間で帰郷したのは、一九一一年の一度だけだった。これは、首相時代にも盛岡へ帰郷していた原と対照的である。東京を夜に発てば翌日盛岡に着くことができるのに比べて、佐賀へはもう一日余計にかかる、という交通事情だけではなく、故郷に松田の落ち着ける場所がなかったことが大きいと思われる。小城に松田の生家は既になく、帰郷しても知人の家か旅館に宿泊した。原が、母りつのために盛岡の古河端に別邸を建てたのと違い、松田には故郷に自身の家がないために、帰郷した時は演説会を開いたり選挙区の人々と会ったりすることが中心になった。松田の演説からは、選挙区の人々が政治に対してや外交観において成熟することを望んでいることが分かる。また、実際に、故郷の産業が発展する機会を提供した。帰省すれば、佐賀へ帰るのはもう何年ぶりだ、と語る松田は、あまり佐賀へ帰らないことを少しすまなくも感じていたと思われる。しかしながら、松田にとって、佐賀県はあくまでも自身の選挙区として関わっていたといえる。

このように、松田と原とでは選挙区との関係に多くの違いが見られる。しかしながら、国際的な枠組みの中で外交を考えるべきであると考える点、産業発達に交通網の整備を重視するものの、直接的な利益誘導は行わなかった点など、松田と原の選挙区に対する態度は、根本的に共通している。このように、一九一〇年代半ばまで政友会最高幹部であった松田と原の両者が、共に地方利益誘導を抑制していた。このことから、当時の政友会が地方利益誘導によって発展したとする先行研究は修正されるべきである。

また、急進的な反藩閥でなかったことからも、両者には、自由民権運動期以来、大枠での類似した志向があったといえる。松田と原には、佐賀県と盛岡市という基盤の違いに基づく行動の違いが見られるが、大枠で共通した政治構想を有していたことが、桂園時代から大正政変にかけての政友会を、両者が協調しながら指導できた背景にあったと考える。中央における松田の政治指導に関するさらなる分析をふまえた原との比較は別稿に譲るが、『原敬日記』の記述などから松田と原の不一致を強調する見方も改められるべきである。

註

1――水野公寿「九州改進党覚え書」(『近代熊本』第一一集、一九七〇年)、杉谷昭「佐賀開進会の成立過程」(『九州文化史研究所紀要』第二一号、一九七六年三月)、新藤東洋男『自由民権運動と九州地方――九州改進党の史的研究』(古雅書店、一九八二年)、堤啓次郎「士族反乱後の自由民権結社運動」(西南学院大学『国際文化論集』第一四巻第二号、二〇〇〇年二月)などがある。

2――佐賀県再置から第一次世界大戦前までの佐賀県衆議院・県議選の結果や県会については、佐賀県議会史編纂委員会編『佐賀県議会史』上(佐賀県議会事務局、一九五八年)一九一~四九一頁。

3――例えば、『相知町史』では、松田を高く評価しようとするあまり、松田が第三次伊藤内閣の蔵相に就任した、政友会で「松田財政を確立した」などの誤りがあったり、一八九二年以前に松田が武富らと対立した同成会派であったという誤った解釈がなされていたりする(相知町史編さん委員会編『相知町史』(相知町、一九七七年)一七七~一七八頁)。

4――笹川多門『松田正久稿』(江村会、一九三八年)。

5――升味準之輔『日本政党史論』第二巻(東京大学出版会、一九六六年)六五~六六頁、八八~九〇頁、一八一頁、二二二~二二三頁、二七八~二八七頁、三九六~四六八頁、第三巻(東京大学出版会、一九六七年)四頁、六~一六頁、八八頁、一〇二頁、三谷太一郎『増補 日本政党政治の形成』(東京大学出版会、一九九五年)九~一九頁、九二~九七頁、伊藤之雄『立憲国家の確立と伊藤博文――内政と外交 一八八九~一八九八』(吉川弘文館、一九九九年)六〇~六四頁、一一三~一一七頁、一二〇~一二二頁、一三八頁、二一八~二二八頁、二四二~二五六頁、同『立憲国家と日露戦争――外交と内政 一八九八~一九〇五』(木鐸社、二〇〇〇年)六〇~六二頁、二八九~三二二頁などがある。三谷氏は、原は「党内において「民党」系を代表する松田と妥協し、党外において官僚閥を代表する桂と妥協しつつ歩まねばならなかった。すなわち、この時期においては、いわば二重の意味での原のイメージによる「政党政治」の確立が妨げられていた」(九七頁)と、松田を原の目指す政党政治に反する存在であることを強調している。

6――『佐賀新聞』一九一四年三月一九日付の松田の追悼記事によれば、松田は一二歳の時に、『松田正久稿』によれば、安政四年すなわち一三歳の時に、松田家の養子となった。

7――藤野保『佐賀藩』(吉川弘文館、二〇一〇年)五二〜五四頁、六二頁、六五〜六六頁。

8――「明治八年八月一五日　佐賀・長崎・福岡・白川の四県派出捜索書　桜井虎太郎」(『三条家文書』国立国会図書館憲政資料室所蔵)、堤啓次郎「士族反乱後の自由民権結社運動」(西南学院大学『国際文化論集』第一四巻第二号、二〇〇〇年二月)二四八頁、飯塚一幸「佐賀の乱の再検討――周辺の視点から」(『九州史学』第一四九号、二〇〇八年二月)一四〜一五頁。

9――前掲、笹川多門『松田正久稿』五〇〜五三頁、「育英舎則」(大久保利謙編『西周全集　第二巻』〈宗高書房、一九六二年〉五一四頁)。但し、「育英舎則」中に、「同年〈明治三〉十二月廿五日　松田又之助〈正久〉」とあって、笹川多門『松田正久稿』五三頁が松田の育英舎入学を「明治四年の二月」とするのは誤りである。

10――太政官作成『諸官進退状　壬申八月　第九』(明治五年〈一八七二〉八月、国立公文書館所蔵)。

11――前掲、笹川多門『松田正久稿』六三〜六四頁。

12――杉谷昭「佐賀開進会の成立過程」(『九州文化史研究所紀要』第二一号、一九七六年三月)一九六〜一九八頁、前掲、堤啓次郎「士族反乱後の自由民権結社運動」二四五〜二五三頁。堤氏が指摘する通り、多くの佐賀県内の自治体史などが、自明社は大久保内務卿の判断で結社を認められなかった、と記述しているのは誤りである。

13――前掲、飯塚一幸「佐賀の乱の再検討――周辺の視点から」一六〜二八頁。

14――前掲、堤啓次郎「士族反乱後の自由民権結社運動」二五四〜二六八頁。

15――『佐賀新聞』(国立国会図書館新聞資料室所蔵)一九〇九年一〇月四日。

16――『佐賀新聞』一九〇九年一二月二一日。

17――一八八四年(明治一七)五月の「自由党党員名簿」にも松田の名はない(佐藤誠朗・原口敬明・永井秀夫編『自由黨員名簿』〈明治史料研究連絡会、一九五五年〉)。また、松田は国会期成同盟にも参加していない(「国会ヲ開設スル允可ヲ上願スル書」「河野広中関係文書」書類の部一六八〈国立国会図書館憲政資料室所蔵〉)。

18――『明治十二年　長崎県会日誌』（長崎歴史文化博物館所蔵）。肥前国佐賀藩は、廃藩置県後、何度も統廃合が繰り返された後、一八七六年八月二一日に長崎県に合併されていた。

19――前掲、『明治十二年　長崎県会日誌』。

20――『明治十三年 長崎県会日誌』第一号。

21――伊藤之雄「若き原敬の動向と国家観・自由民権観――郵便報知新聞記者の明治十四年政変」（『法学論叢』第一七〇巻第四・五・六号、二〇一二年三月）。

22――西周の「日記」一八八五年一二月五日（大久保利謙編『西周全集　第三巻』〈宗高書房、一九六六年〉）から、明治一八年の時点で、松田が再び留学する意思を持っていたことが分かる。

23――長崎県庶務課『庶務課調査係事務簿　県会ノ部　明治十五年一月～三月』（長崎歴史文化博物館所蔵）。松田は、議員辞職の公式な理由を、東京における多忙が原因で長崎での県会への招集に応じられないため、としていたが、本当の理由は、長崎県会もある程度成長したのでいつまでも地方にとどまるのではなく、さらに活躍できる場に集中したいがゆえの辞職であったと思われる。

24――前掲、杉谷昭「佐賀開進会の成立過程」一九三頁。

25――武富時敏「自伝」部分（渋谷作助『武富時敏』〈「武富時敏」刊行会、一九三四年〉一二三頁）。

26――前掲、渋谷作助『武富時敏』一二二～一二四頁。

27――『佐賀新聞』一八八八年一〇月二日。

28――『佐賀新聞』一八八九年二月二七日、二八日。

29――一般に、松田は九州改進党の結成に参加したと言われている（例えば、鳥海靖「松田正久」『国史大辞典』第一三巻〈吉川弘文館、一九九二年〉）。笹川多門『松田正久稿』が小島憲一郎『現代大日本政治史』（帝国教育研究会、一九二八年）を引用して、松田が九州改進党に参加したように記述していることが（一〇三頁）、影響していると思われる。しかし、九州改進党研究・佐賀の自由民権研究では、松田が九州改進党結成に参加したとはみなされていない（前掲、新藤東洋男『自由民権運動と九州地方――九州改進党の史的研究』、杉谷昭「佐賀開進会の成立過程」〈『九州文化史研究所紀要』第二一号、一九七六年三月〉など）。新藤氏の記述によれば、松田が九州同志会に関わったことが初めて確認されるのは、一八九〇年四月である。松田は、同年三月に、鹿児島高等中学造士館教諭兼教頭と文部省参事官を辞職していることからも、松田が政党に正式に入党したのは、一八九〇年三月から四月にかけてであったと考えるべきであろう。
30――例えば、大隈・武富と同郷で、伝記『武富時敏』を著した渋谷作助氏は、「候〔大隈〕は征韓論で江藤副島〔義高〕等を見殺しにしたと世間には誤解されて居たので、郷里の佐賀では頗る人気が悪」かったと記している（前掲、渋谷作助『武富時敏』二〇頁）。
31――山県有朋総理大臣宛田中光顕警視総監の探聞、一八九〇年八月二三日（「中山寛六郎文書」、東京大学大学院法学政治学研究科附属近代日本法政史料センター所蔵マイクロフィルム）。
32――前掲、伊藤之雄『立憲国家の確立と伊藤博文――内政と外交　一八八九～一八九八』六二～六四頁、『東京日日新聞』一八九一年三月二四日。
33――『東京日日新聞』一八九一年三月二九日、河野弘善『河島醇傳――日本勧業銀行初代総裁』（河島醇伝刊行会、一九八一年）一三三頁、『自由党報』第九号（一八九二年三月二五日）。
34――『佐賀新聞』一八九一年五月九日、五月一〇日。
35――前掲、伊藤之雄『立憲国家の確立と伊藤博文――内政と外交　一八八九～一八九八』一一五頁～一一六頁。
36――「甲信・遠豆漫遊要録」（「龍野周一郎文書」、国立国会図書館憲政資料室所蔵）一六三。
37――『東京朝日新聞』一八九三年七月一九日、八月一〇日、八月一二日など。
38――『佐賀自由』一八九三年七月一三日。
39――『自由党々報』第四一号（一八九三年七月二六日）。
40――自由党佐賀支部（分裂前）幹事の野田および、常議員一六名のうち加藤、徳川、米倉、西、黒木、永野、井上、山邊は、憲政本党佐賀支部で幹事または評議員に就いた（『憲政本党党報』第二号（一八九八年一二月一五日））。
41――『佐賀自由』一八九三年九月九日。
42――『佐賀自由』一八九三年一〇月六日。
43――『佐賀自由』一八九三年九月一九日。
44――『佐賀自由』一八九三年一〇月六日。
45――大隈重信宛江藤新作書翰（一八九三）年九月二八日（『大隈重信関係文書』二〔みすず書房、二〇〇五年〕二〇一

〜二〇二頁)。

46——『佐賀自由』一八九三年一月五日、二七日。

47——『佐賀自由』一八九三年一〇月五日。

48——大隈重信宛秀島家良書翰(一八九三)年八月一二日(『大隈重信関係文書』九〈みすず書房、二〇一三年〉一一四頁)。

49——『佐賀自由』一八九三年一〇月六日、一八九四年二月一七日。

50——『東京朝日新聞』一八九三年一二月三日、『佐賀自由』一八九三年一二月五日。村瀬信一「明治二六年九月の自由党九州遊説」(『日本歴史』六三五号、二〇〇二年二月)は、『東京日日新聞』や『自由党々報』から、「改進党との絶縁方針は、九州においてもすでにかなりな程度受け入れられていたといってよいであろう」と分析し、佐賀県は「大隈重信の出身地という特殊事情もあってか、自由党の支持基盤は必ずしも強固ではなかった」と述べているが、本項で論じた通り、佐賀県を大隈・武富がほぼ掌握していただけでなく、九州全体でも、星の改進党攻撃は批判的に受け取られていたのである。

51——『佐賀自由』一八九四年四月一四日。

52——武富は、一八九四年五月の立憲革新党結成に参加した。

53——大隈重信宛江藤新作書翰一八九四年二月二〇日(前掲、『大隈重信関係文書』二、二〇二〜二〇四頁)。

54——『自由党報』第五九号(一八九四年四月二五日)。

55——四月五日発、佐賀支部より本部宛て電報(『自由党報』第五八号〈一八九四年四月一一日〉)。

56——表1・表2に基づき、それぞれ出身地・経歴の明らかな者に占める割合を示す。但し経歴については、士族出身で実業に携わっているなどの場合には両方に数えた。

57——野田卯太郎の日記(一八九四年三月二七日)(「野田大塊文書」、九州歴史資料館所蔵)。

58——野田卯太郎・永江純一宛松田正久書翰一八九四年四月一八日(前掲、「野田大塊文書」一五七三)。

59——のちに松田は、三池紡績会社取締に就任した(前掲、「野田大塊文書」一九二六)。

60——『佐賀自由』一八九四年八月八日。

61——『佐賀自由』一八九四年七月一七日など。

62――『佐賀自由』一八九四年八月二九日。
63――大隈重信宛江藤新作書翰(一八九四)年九月五日(前掲、『大隈重信関係文書』二、二〇六頁)。
64――武富時敏「自伝」部分(前掲、渋谷作助『武富時敏』一二三頁)。
65――例えば、大隈が政府にある時と野にある時で増租論と非増租論で主張を変えていることを批判している(第二節第三小見出しを参照)ように、武富を攻撃するのではなく、大隈・党の政策に対する議論をしている。
66――大隈重信宛江藤新作書翰(一八九七)年六月六日(前掲、『大隈重信関係文書』二、二〇九～二一〇頁)。
67――前掲、大隈重信宛江藤新作書翰一八九四年二月二〇日。
68――大隈重信宛江藤新作書翰一八九四年七月二四日(前掲、『大隈重信関係文書』二、二〇五頁)、大隈重信宛武富時敏書翰(一八九四)年七月六日(『大隈重信関係文書』七(みすず書房、二〇一一年)一五三頁)。
69――大隈重信宛江副靖臣書翰(一八八四)年八月二九日(前掲、『大隈重信関係文書』二、一九〇頁)。
70――前掲、大隈重信宛武富時敏書翰(一八九四)年七月六日。
71――大隈重信宛武富時敏書翰(一八九四)年七月二三日(前掲、『大隈重信関係文書』七、一五四頁)。
72――『佐賀新聞』一八九六年十二月十六日。
73――帰省中の演説の中で、佐賀を出てから三〇余年である旨を語っている(「大隈伯の演説」『佐賀自由』一八九六年四月二四日)。
74――「大隈伯の演説」『佐賀自由』一八九六年四月二八日、社説「大隈伯を送る」『佐賀自由』五月一七日。
75――前掲、渋谷作助『武富時敏』九一～九五頁。
76――前掲、伊藤之雄『立憲国家の確立と伊藤博文――内政と外交　一八八九～一八九八』二二二～二二七頁。
77――『佐賀自由』一八九七年九月二八日。
78――『佐賀自由』一八九七年一〇月一二日、一五日。
79――『佐賀自由』一八九七年一〇月一九日。
80――『佐賀自由』一八九七年一〇月二〇日。
81――『佐賀自由』一八九六年一二月一六日。
82――大隈重信宛江藤新作書翰(一八九七)年一〇月一二日(前掲、『大隈重信関係文書』二、二一〇～二一一頁)。

83――『佐賀自由』一八九八年二月一六日。
84――『佐賀自由』一八九八年三月一日。
85――『東京日日新聞』一八九八年一月一八日。
86――『佐賀自由』一八九八年三月一九日。
87――佐賀新聞一〇〇年史刊行委員会編『世紀の歴史を未来へ　佐賀新聞一〇〇年史』(佐賀新聞社、一九八四年)一四八〜一五七頁。
88――例えば、武富勢力の影響下にあった分裂前の佐賀自由党を「偽自由党」と呼んで(『佐賀自由』一八九三年八月一一日)、これは「愚民を誤魔化す一手段」であったと批判する一方(同紙一八九三年一二月二二日)、「松田氏の牙城なる小城郡は自由党員の遊説の時早くも反旗を翻して純然たる自由主義者の団体を造り」、「猛然として全郡を風靡し進んで同志者を全県下に求め」ようとするほどの勢いがあるだけでなく、「首領松田氏は依然自由党の一大雄鎮」であるから、武富派が大げさに脱党と言っても「毫も痛痒の感を起すものにあらず却て脱党せるの遅緩なるを笑」うほどである(同紙一八九三年一二月二二日)、と過度な程に松田に好意的な論調を展開している。
89――一八九二年六月に野田卯太郎が松田を訪ねると、そこに江副が来ていた(野田卯太郎の日記(一八九二年六月一五日、六月一八日)、「野田大塊文書」(九州歴史資料館所蔵))。
90――諸富町史編纂委員会編『諸富町史』(諸富町史編纂事務局、一九八四年)一二八六頁、串間聖剛「佐賀市長・石丸勝一と北川家資料について」(佐賀大学地域学歴史文化センター『研究紀要』第五号、二〇一一年三月)六四頁。
91――大隈重信宛江藤新作書翰(一八九八)年七月二〇日(前掲、『大隈重信関係文書』二、二一二頁)。
92――大隈重信宛江藤新作書翰(一八九八)年八月一日(前掲、『大隈重信関係文書』二、二一二〜二一三頁)。
93――松田正久「財政計画」『憲政党党報』第一号(一八八九年一二月五日)。これは、松田が蔵相時代の財政計画である。
94――『佐賀自由』一八九八年八月一〇日。
95――『佐賀自由』一八九八年一二月二〇日。
96――表3のデータに基づき、計算方法は註56に同じ。

97――『佐賀自由』一八九八年一二月二〇日。
98――『佐賀新聞』一八九八年一二月二三日。
99――『佐賀新聞』一八九六年一二月一六日。
100――『佐賀』一八九九年三月二六日。三月二二日より『佐賀自由』は『佐賀』と名称を変更した。
101――『佐賀』一八九九年三月二八日、五月一九日など。
102――『佐賀』一八九九年六月二一日、二二日、二七日、七月二三日など。
103――『佐賀』一八九九年七月二三日。
104――『佐賀』一八九九年九月二〇日。
105――『佐賀』一八九九年九月二四日。
106――『佐賀』一八九九年五月一一日。
107――『佐賀』一八九九年八月一九日、二〇日。
108――大隈重信宛武富時敏書翰(一八九九)年四月二二日(前掲、『大隈重信関係文書』七、一五六～一五七頁)。
109――『佐賀』一八九九年九月一七日。
110――『佐賀』一八九九年九月二〇日など。
111――『佐賀』一八九九年九月二七日、二八日。
112――関はのちに警視総監を務め、松田と長く懇意であった(『原敬日記』一九〇六年一月一三日)。
113――『佐賀』一八九九年一〇月二四日。
114――松田正久宛長谷場純孝書翰I－一三一－二九(「伊藤大八関係文書」、国立国会図書館憲政資料室所蔵)、中島健宛松田正久書翰(個人蔵、小城市立歴史資料館保管)。
115――『佐賀』一八九九年一〇月一四日。
116――『佐賀』一八九九年七月一日。
117――現在でも、佐賀の「乱」という呼称を避ける傾向が一部に見られる(例えば、『佐賀県史』における叙述や長野暹『「佐賀の役」と地域社会』(九州大学出版会、一九八七年))。
118――前掲、伊藤之雄『立憲国家と日露戦争――外交と内政　一八九八～一九〇五』五三頁。

119――『佐賀』一九〇〇年四月一三日。
120――『佐賀』一九〇〇年四月一三日。
121――『佐賀』一九〇〇年四月一三日。
122――小田急電鉄株式会社編『利光鶴松翁手記』(大空社、一九九七年)三一三頁。
123――「内閣変動と諸名士の談」(『佐賀新聞』一九〇〇年一〇月四日)。
124――前掲、伊藤之雄『立憲国家と日露戦争――外交と内政　一八九八～一九〇五』六一頁。
125――例えば、「松田文相の教育談」『佐賀』一九〇一年一月八日。
126――『佐賀』一九〇一年一一月九日。
127――『佐賀』一九〇一年一一月二一日。
128――『政友』第一五号(一九〇一年一二月一〇日)。
129――表4のデータに基づき、計算方法は註56に同じ。
130――『佐賀』一九〇一年一一月二二日。
131――『佐賀』一九〇一年一一月二一日。
132――『佐賀』一九〇一年一一月二六日。
133――『佐賀新聞』一九〇二年六月一七日。
134――『佐賀』一九〇二年七月八日。
135――『佐賀』一九〇二年七月二五日。
136――大隈重信宛武富時敏書翰(一九〇二)年八月一四日(『大隈重信関係文書』七、一五八頁)。
137――『佐賀』一九〇二年七月二五日。
138――『佐賀』一九〇二年七月一二日。
139――『佐賀』一九〇二年八月一二日、一三日。
140――『佐賀』一九〇二年九月六日。
141――『佐賀』一九〇二年九月一〇日。
142――南里琢一宛松田正久書翰(一九〇六)年七月七日(小城市立歴史資料館所蔵)。

143――『佐賀』一九〇二年一一月二一日、二三日。
144――『政友』第二六号（一九〇二年一一月一〇日）、『佐賀』一九〇二年一〇月一七日。
145――『佐賀』一九〇二年一二月二一日。
146――原奎一郎編『原敬日記』一九〇二年一〇月二七日（福村出版、二〇〇〇年）。
147――『佐賀』一九〇三年二月一四日、一五日。
148――大隈重信宛武富時敏書翰（一九〇三）年二月二二日（前掲、『大隈重信関係文書』七、一五九頁）、『佐賀』一九〇三年二月一四日。
149――『佐賀』一九〇三年二月一〇日。
150――『佐賀』一九〇三年三月二九日。
151――『佐賀』一九〇三年三月二九日。
152――『佐賀』一九〇三年三月一八日。
153――『佐賀』一九〇三年三月二二日。
154――『原敬日記』一九〇三年五月二九日。
155――『佐賀新聞』一九〇三年五月二六日。
156――『佐賀新聞』一九〇三年五月二六日。
157――『政友』第三五号（一九〇三年七月一五日）、第三六号（同年八月一五日）、第四〇号（同年一二月一五日）。
158――『政友』第三九号（一九〇三年一一月一五日）。
159――前掲、『政友』第三九号。
160――例えば、対外硬の強い『東京朝日新聞』『大阪朝日新聞』の社説は、政府の進める外交交渉に否定的で、開戦を迫るものであった（社説「今日以後を如何すべき」〔『大阪朝日新聞』一九〇三年一〇月八日〕、社説「露国の行動」〔『東京朝日新聞』一九〇三年一〇月一四日〕）。
161――『佐賀新聞』一九〇四年一月五日。
162――『佐賀新聞』一九〇四年二月一九日から広告を掲載。
163――『佐賀新聞』一九〇四年二月二一日。

164――『佐賀新聞』一九〇四年一月九日。
165――『佐賀新聞』一九〇四年一月一〇日。
166――『佐賀新聞』一九〇四年一月五日。
167――『原敬日記』一九〇四年一月一一日、一月一七日。
168――一九〇九年一二月の第二六議会での院内総務に関しても、「仕事は余一人にても松田一人にても何んでもなき事ながら、党内の事情は両人別箇に立ち其仕事を異にしては一致を期し難し」と、原は松田に主張している(『原敬日記』一九〇九年一二月二〇日)。その後、『原敬日記』中には、松田に対する厳しい評価も散見されるが(一九一〇年二月五日、一九一一年三月二三日など)、政権授受の時期といった最重要事項は松田と了解しておくことが必要と考えており(一九一一年七月三日)、松田と原とが決定的に決裂することはなかった。
169――『佐賀新聞』一九〇四年二月一〇日。
170――『原敬日記』一九〇四年二月一六日。
171――『佐賀新聞』一九〇四年三月一〇日。
172――例えば、一九〇五年の佐賀県議選を前に西松浦郡二里村が「当村人全部一致を以て立憲政友会に加盟す」ることを宣言した(『佐賀新聞』一九〇五年三月一二日)。
173――『原敬日記』一九〇五年八月三一日。
174――社説「政友会支部の活動」『佐賀新聞』一九〇五年九月七日。
175――江副は、佐賀県下の新聞記者が開催した講和反対集会に参加した(前掲、『佐賀県議会史』上巻三八一頁。)。
176――『原敬日記』一九〇五年一〇月四日。
177――『佐賀新聞』一九〇五年一〇月八日。
178――前掲、『佐賀県議会史』上巻三八一頁、『佐賀新聞』一九〇五年一〇月三日。
179――五年後の一九一一年に松田が帰郷して佐賀県で演説会を開いた際、松田が大臣を歴任していることがまず紹介されている。松田が大臣に就任することが、選挙区の人々の松田に対する期待につながっていた(第四節3)。
180――阪谷蔵相の更迭により、一九〇八年一月より法相と蔵相を兼任。三月からは蔵相専任。
181――『政友』第九八号(一九〇八年七月一〇日)。

182――『政友』第一〇〇号(一九〇八年九月三〇日)。
183――松下孝昭『近代日本の鉄道計画――一八九〇～一九二二』(日本経済評論社、二〇〇四年)二二七～二三三頁。
184――『帝国議会会議録』衆議院本会議一九〇九年三月二三日、請願は本会議で可決された。
185――『原敬日記』一九〇九年四月二日。
186――『佐賀新聞』一九〇九年一〇月二日。
187――『佐賀新聞』一九〇九年一〇月四日。
188――『政友』第一一二号(一九〇九年一〇月三〇日)、『佐賀新聞』一九〇九年一〇月四日、一〇月六日。
189――『佐賀新聞』一九〇九年一〇月六日。
190――『佐賀新聞』一九〇九年一〇月六日、一一月二日。
191――『佐賀新聞』一九〇九年一〇月三一日。
192――『佐賀新聞』一九〇九年一一月一日。
193――『佐賀新聞』一九〇九年一一月三日。
194――「松田正久君談『減租論所感』」(『太陽』第一六巻一号、一九一〇年一月一日)。
195――『佐賀新聞』一九〇九年一二月一一日。
196――松下氏は、原が政友会内の利益要求を抑制していたことを明らかにした上で、「いま一人の院内総務である松田正久と地方利益要求との関わり具合については、これまでほとんど論じられていないし、史料も乏しい。今後の課題とせざるを得ない。」と言及している(前掲、松下孝昭『近代日本の鉄道計画――一八九〇～一九二二』二八〇、三〇一頁)。本章で論じるように、松田もまた、地方利益要求に抑制的であった点で、原に近い姿勢であったと考えらる。
197――「故江藤氏贈位運動」『佐賀新聞』一九一〇年一〇月二〇日、「江藤氏功績表彰」『佐賀新聞』一九一〇年一一月二六日など。
198――『佐賀新聞』一九一一年三月六日、三月一三～一九日。
199――『原敬日記』一九一一年三月二五日。
200――『佐賀新聞』一九一〇年八月二六日。

201——大隈重信宛武富時敏書翰(一八九四)年七月六日(前掲、『大隈重信関係文書』七、一五三頁)。
202——『原敬日記』一九一一年六月八日。
203——『原敬日記』一九一一年七月六日。
204——『佐賀新聞』一九一一年八月二日。
205——『佐賀新聞』一九一一年八月三日。
206——『佐賀新聞』一九一一年八月四日。
207——『佐賀新聞』一九一一年八月四日。
208——『佐賀新聞』一九一一年八月四日。
209——『政友』第一三三号(一九一一年八月一〇日)。
210——前掲、『政友』第一三三号。
211——社説「佐賀の都市設備」『佐賀新聞』一九一二年一月二八日。
212——コラム「有情無常」『佐賀新聞』一九一二年二月九日。
213——「東京便り」『佐賀新聞』一九一二年二月二一日。
214——『原敬日記』一九一一年八月二五日。
215——実際に、松田は、佐賀への帰県を病気のために延期するなど(『原敬日記』一九一一年七月六日)、頻繁に体調不良をきたすようになっていた。
216——『佐賀新聞』一九一二年三月二〇日。
217——『佐賀新聞』一九一二年四月二八日。
218——『佐賀新聞』一九一二年五月七日。
219——武富が所属していた憲政本党は、一九一〇年三月に島田三郎、河野広中らの又新会、片岡直温、仙石貢らの戊申倶楽部と合同して、立憲国民党を結成した。
220——『佐賀新聞』一九一二年五月一四日。
221——『佐賀新聞』一九一二年五月一日。
222——『佐賀新聞』一九一二年五月一日、一一日。

223――「松田氏の時事談」『佐賀新聞』一九一二年一月七日。
224――『佐賀新聞』一九一二年六月一五日。
225――衆議院議員川原茂輔ほか『江藤新平卿表彰に就て東京市民諸君に告ぐ』(「永江文書」AB二一四、九州歴史資料館所蔵福岡県史編纂資料)。
226――『佐賀新聞』一九一二年八月三〇日。
227――『佐賀新聞』一九一二年八月二七日。
228――『佐賀新聞』一九一二年八月三〇日。
229――『佐賀新聞』一九一二年九月一六日。
230――『佐賀新聞』一九一二年八月二二日。
231――『佐賀新聞』一九一二年九月二二日。
232――『佐賀新聞』一九一二年一二月一〇日
233――『政友』第一三〇号(一九一一年五月一〇日)。
234――前掲、『政友』第一三〇号。
235――『原敬日記』一九一三年一月二三日。
236――『佐賀新聞』一九一三年九月二七日、一〇月四日など。
237――原敬宛松田正久書翰一九一三年一一月四日(原敬文書研究会編『原敬関係文書』第三巻(日本放送出版協会、一九八三年)二六三頁)。
238――『原敬日記』一九一三年一一月二一日、一九一四年一月一三日。授爵は、松田自身の希望というよりも、妻静子の望みであったようである。
239――『原敬日記』一九一四年一月一九日。
240――『佐賀新聞』一九一四年一月二三日、二月二日。
241――『佐賀新聞』一九一四年二月二日。
242――『佐賀新聞』一九一四年二月四日。
243――『佐賀新聞』一九一四年二月二日。

244——『佐賀新聞』掲載の各郡有権者数(一九一四年二月三日)と、南里・西の得票数(同年二月一〇日)による。なお、二氏の他に、野口能穀、高取伊好らにも投票したものがあったが、得票数は掲載されていない。

245——『佐賀新聞』一九一四年一月一日。

246——「大隈伯近々下県、旁困入申候」と、大隈が佐賀県の選挙結果に影響が与えていることを、川原も政友会本部に報告している(村野常衛門宛川原茂輔書翰一九一三年一〇月二八日〈前掲、『原敬関係文書』第三巻、五五六〜五五七頁〉)。

247——原の選挙区盛岡市の分析は、本書第六章、伊藤之雄「原敬と選挙区盛岡市・岩手県——国際環境に適応する新しい秩序観と体系的鉄道政策」。

第8章

原敬をめぐる「政治空間」

——芝本邸・盛岡別邸・腰越別荘

奈良岡聰智

NARAOKA Sochi

近代日本政治史研究における「政治空間」——はじめに

本章は、原敬が、三つの邸宅（芝本邸、盛岡別邸、腰越別荘[1]）をどのように活用していたかを、公的な政治施設（首相官邸、政友会本部、帝国議会議事堂）の活用の仕方をも踏まえつつ、明らかにするものである。

政治家の邸宅や公的な政治施設との関わり方には、その人物の個性や政治構想が端的に表れると考えられるが、従来の日本政治史研究は、そうした政治が織りなされる場＝「政治空間」を、それ自体として研究対象にする意識が稀薄であった。確かにこれまでも、政治家の邸宅や公的な政治施設については、建築史や都市史の分野において、研究が積み重ねられてきたが[2]、それらは建築様式や都市形成において果たした役割に焦点を当てており、政治的機能については十分に考察がなされてこなかった。他方で、政治学や歴史学の分野においては、すぐれた政治家の評伝において政治家の邸宅への言及がしばしばなされ[3]、近年では、御厨貴による「権力の館」研究が、戦後日本の政治家の邸宅や公的な政治施設の現地調査を踏まえて、政治と建築の関係について新たな光を当てている[4]。しかしながら、政治史研究の立場から「政治空間」の実態に迫った研究はいまだに乏しいのが現状で、政治家がどこに居住していたのか、重要な政治決定がどのような場で行われたのかなど、基本的な事実についてさえ不明な点が少なくない。

近年筆者は、このような研究の欠を埋めるべく、政治家の邸宅[5]や大使館建築[6]について、一次史料に基づいた研究を進めてきた。原敬に関しても、彼の三つの邸宅がどのように形成され、活用されたのか、その概略を既に明らかにしている[7]。しかしながら、紙幅の都合もあって考証が不十分な点が残され、原と地元盛岡との関わりや首相官邸、政友会本部などの活用のあり方などについても、明らかにすることができなかった。本章は、原の実弟、番記者や書生の証言を検討するとともに、盛岡の政友会系新聞『岩手毎日新聞』[8]をはじめとする各種新聞・雑誌を渉猟することによって、原敬をめぐる「政治空間」の全体像を明らかにしたい。

1　芝の本邸

若き日に故郷盛岡を出た後、苦学時代を経て、ジャーナリスト、官僚としてキャリアを積んだ原敬は、何度も転居を繰り返し[9]、東京で初めて本格的な家を購入したのは、一八九二年（明治二五）九月のことであった[10]。当時原は、陸奥宗光外相の下で、外務省通商局長の座にあった。その半年前まで、原は陸奥農商相の下で秘書官を務めていたが、陸奥が選挙干渉に抗議して辞職したのに殉じて、農商務省を去っていた。原自身の談話によれば、原はこの時退職金約一五〇〇円を得て、「一年位は遊んでいても食えるな」と思ったが、その後まもなく外相に就任した陸奥によって通商局長に抜擢され、退職金のうち一二〇〇円ほどは全く手をつけなくても良くなったので、「そんなら一つ家でも買おうか」と考えて、芝公園内の家屋を購入したのだという[11]。別の談話では、浪人生活の資金も必要なくなったし、「任官すると本もおちおち読んでいられない」と考えたのが、家を購入した動機だったのだともいう[12]。
原が購入した家屋は芝公園内にあり、土地は東京市が所有していた。住所は芝区公園七号地四（現在の港区芝公園一丁目）で、敷地面積は約二〇〇坪あった。原は、敷地内に建っていた古家を取り壊し、建坪約一〇〇坪の木造洋館を新築した。原の回顧によれば、家屋新築に要した費用は、その後二、三回の改築に要した費用を加えても、せいぜい三〇〇〇〇円位だったという[13]。改築の時期や規模が分からないので正確な推定は難しいが、小学校教員の初任給をもとに現在の物価に換算すると、高めに見積もっても、五、六〇〇〇〇万円程度だったのではないかと思われる。

原はこの家を、死去するまで本邸として使い続けた。一九一三〜一七年に書生として原の本邸に住み込んだ浅野七之助（のち日米時事社長）の回顧によれば、原邸は比較的小さく、門の前には溝川が流れていた（写真1参照）。道路から橋を渡ると、正面には洋式の玄関があり、その右側に日本式の内玄関、左側には巡査部屋が増築されていて、玄関脇には小さな書生部屋もあった。部屋は全部で一一室あったという[14]。原の番記者をしたこともあるジャーナリストの御手洗辰雄によれば、部屋は一〇室あり、応接間としては一〇畳間と小さいものの二つがあった[15]。『岩手毎日新聞』一九〇九年（明治四二）八月の記事によると、玄関の突き当りにあった洋風の応接室には、明治天皇の御真影、故陸奥宗光の半身像および山水画が、和風の応接

写真1　芝本邸の門前

出典：「芝公園の原家私邸」（鈴木利貞『原敬全伝』天篇、日本評論社出版部、1922年）。

室には、中井櫻州筆の「一笑天地空」という扁額や碁盤が置かれていた。また、この頃裏手に洋館が建て増され、その中に原の書斎があった[16]。若干食い違いはあるが、以上の証言から、邸内の概要は判明する。

残念ながら図面は残されていないものの、これらの証言を裏付ける写真が、原の死後間もなく公刊された伝記『原敬全伝』に掲載されている。写真2は、玄関を入って左手にあった和風の応接間である[17]。壁側にある枕屏風は、原が朝鮮公使時代に持ち帰った大院君揮毫の蘭の絵を表装して作ったものであった。写真

写真2　芝本邸の和風応接間

出典：「同日本館応接間の枕屏風」（前掲、鈴木利貞『原敬全伝』天篇）

写真3　芝本邸の洋風応接間

出典：「同洋館応接間の一部」（前掲、鈴木利貞『原敬全伝』天篇）

3は、玄関を入って正面にあった洋風の応接間である。原の訪問者のほとんどは、この部屋で原に面会したという。同書掲載の他の写真を見ると、御手洗の証言通り、中井櫻州筆の扁額が和風の応接間に、陸奥の像が洋風の応接間にあったことも確認できる[18]。写真4は、原の書斎である。原は、妻アサと秘書官らを除いて、みだりにこの部屋に入ることを禁止していた。原は、写真手前に写っている机で、日夜書物を繙いたり、書翰を認めたりしており、時には深夜に起きて、日記を記すこともあった[19]。書斎の中には、新刊の書籍や書類が置かれた整理棚があり、必要に応じていつでも取り出せるよう整頓されていたという[20]。

写真4　芝本邸の書斎

出典：「同書斎の卓子」（前掲、鈴木利貞『原敬全伝』天篇）

御手洗辰雄は、芝公園の原邸は「とても本邸などといえるものではなかった」と評している[21]。また、『岩手毎日新聞』の記者は、原内閣時代に書かれた記事の中で、原は「歴代の首相中一番見すぼらしい家に住んでいる」、この点において大隈重信元首相と「好個の対照を成して居」ると記している[22]。確かに原の本邸は、他の政党領袖や大臣クラスの政治家に比べ、かなり見劣りがした。購入時には外務官僚という立場に見合った家だったのかもしれないが、その後政友会の領袖となり、大臣や首相まで歴任したにもかかわらず、原は同じ邸宅に住み続けた。より広い本邸を新築することも検討はしていたものの、後述する通り、原はそれよりも、手持ちの資金を外遊や故郷盛岡に別邸を建築する費用に充てることを選択し、ついに本邸は新築しないままであった。その結果、原の本邸は、多くの者に非常に「質素」だという印象を与えることになった。

実際、原の邸宅や日常生活はきわめて簡素であった。原の本邸の門内は狭く、自動車が入ることができなかったため、原は首相時代に至るまで、自動車に乗る時はいつも門の外まで出て乗っていたという[23]。浅野七之助によれば、原家では、食事も日用品も、主人と使用人の区別がなかった。風呂場も小さなものが一つしかなかったため、原は下男と同じものを使用していたという。奇縁と言えようか、原邸の斜め向かいには、政友会の前身・自由党の党首を務めた板垣退助の本邸があった。浅野の見るところ、板垣は一代華族論を唱えていたにもかかわらず、その日常生活や人に接見する態度は「名実共に華族」であった。浅野は、板垣に比べて、原の日常生活は「一層平民的な人であった」ことを「明らかに証明出来る」と断言している[24]。

大正期において、原邸の家政や事務で中心的役割を担っていたのは、妻アサと渋谷千代三であった。その下には書生が仕えており、一九一四年時点では、前述の浅野の他、菅野吉兵衛(慶応大学学生、アサの父菅野弥太郎の兄の孫)、広瀬保(日本大学学生、のち古河勤務)という三人がいた。彼らは皆、事務員、玄関番や原の警護役を兼ねていた。この他に女中が数名いたが、浅野によれば、原家の女中は、女学校を出た良家の出身で、嫁入り修行や嫁ぎ先を求めて来ている者が多かったという[25]。

原の本邸は政友会本部のすぐそばに位置していたため、原邸の書生部屋は、政友会代議士のたまり場になっていた。常連は、横田千之助、望月圭介、江藤哲蔵、高橋光威、小川平吉、松田源治らであった。原の訪問客は、一九一四年(大正三)には、一日平均三〇名にのぼったと言われる[26]。面会希望者は常に多数いたが、浅野ら書生が彼らに順番をつけて、原に面会させる仕組みになっていた[27]。代議士のみならず、政友会の院外団員や陳情者も原邸によくやって来た。例えば、政友会系の院外青年団である青年自由党[28]の中心人物・肥田理吉などは、原邸をよく訪問し、書生たちと交遊していたという。首相時代には、盛岡高等農林学校の大学昇格を求める陳情団などが、盛岡からやって来ている[29]。

非政友会系の政客や院外団員にも、原邸を訪れようとする者がいた。例えば、憲政会系の立憲青年党[30]を率いていた橋本徹馬は、あるとき原との面会を迫り、書生が断ると、雑誌で原の「高慢な態度」を批判したという。原邸にはしばしばこのように面会を強要する者が来たため、困った事態が起きた場合には、書生が近くの政友会本部に応援を依頼する手筈になっていたという。面会を強要するだけならまだ良かったが、第二次大隈重信内閣期には、原邸に自動車の運転手として勤務する男（福島某）が、実は内閣側から送り込まれたスパイであることが判明するという事件もあった[31]。また、原内閣期には、原首相宛の脅迫状が本邸に送られてきたり、普選の実現を求めるデモ隊が本邸前に押し寄せてきたりすることもあった[32]。このように原の本邸は、常に彼が政治活動を行う中心的場所であり、また世間からもそのように見られていた。

原が暗殺された後、未亡人のアサが「主人はもはや官邸には必要のない人ですから」と言って遺骸を本邸に引き取り、安置したことはよく知られている。しかしその後、本邸があまりにも手狭だったため、遺骸は政友会本部に送られ、そこで告別式が執り行われた（その後、盛岡で本葬が行われた）[33]。以後、本邸はアサが使用していたが、一九二三年（大正一二）三月に彼女が死去した後、関東大震災で焼失した[34]。その後、イギリス留学から帰国した嗣子貢《みつぎ》（奎一郎）が同地に邸宅を建てて居住したが、その家も太平洋戦争中の空襲で焼失してしまった[35]。原邸が建っていたのは、現在パークホテルが建っている辺りであるが、区画整理のため原邸跡地の区画は変わっており、残念ながら当時の面影を残すものは何も残されていない。

2　腰越の別荘

◆大磯の別荘

日本では、一八八〇年代から、那須、日光、軽井沢、鎌倉、葉山、大磯など別荘地の開発が本格的に進み、大物政治家、高級官僚や実業家が、本邸の他に、別荘を持つ習慣が広まっていった。富裕層は、別荘を持たない場合でも、夏・冬には避暑・避寒のため旅館に長期滞在し、海水浴場や温泉を利用することが一般的になっていった。彼らは、別荘で静養するのみならず、親しい者同士で同時期に同じ別荘地に集まって情報交換をしたり、交遊を深めたりすることも多かった。こうして、いわば「別荘文化」と言うべきものが、一八八〇年代を通して普及していった。

原も、一八八九年(明治二二)に約五年半に及んだ外国勤務(中国、フランス)から帰国した後、農商務省参事官、農商相秘書官、外務省通商局長、外務次官と、官僚として着実に昇進を重ね、こうした「別荘文化」を享受できる社会階層の一員となった。一八八九年七月から八月にかけては、東京と磯部温泉(群馬県)[36]の間を三回往復し、その近隣にある伊香保温泉(群馬県)[37]も二回訪れている[38]。磯部温泉を訪問したのは、同地の別荘[39]に滞在していた井上馨農商相と面会するためであったが、原は公務の間を縫って、和田維四郎(農商務省地質局長)、奥田義人(農商相秘書官)と一緒に、妙義山にも遊んだ。原は、伊香保温泉(妻貞子を滞在させていた)訪問時には、榛名山にも遊んでいる。

一八九一年(明治二四)には、腸チフスによる体調不良が続いたため、三月に鎌倉の海浜院[40]、五月には鎌倉の三橋旅館[41]に滞在して、転地保養を行った[42]。三月の滞在中には、三橋旅館に滞在していた陸奥宗光農商相の家族を往訪した。五月の滞在は、農商務省試補の島田剛太郎(のち長崎県知事)と一緒であった。この年の八月には、再び妻と共に伊香保温泉に滞在している[43]。

一八九二年九月、原は、病気の妻貞子を転地療養させるため、神奈川県中郡大磯町の禱龍館《とうりゅうかん》を訪れた[44]。大磯は、一八八五年に初代陸軍軍医総監の松本順(良順)の提唱によって、日本初の海水浴場が開設され、一八八七年に東海道線の大磯駅が開業して以来、療養地として発展していた(地図1参照)、海水浴は、ドイツ人医師ベルツらの提唱で普及しつつあったもので、当時は医療の一環として考えられていた[45]。禱龍館は、松本が中心となって建設した旅館と病院を兼ねた施設で、大磯を代表する旅館として、富裕層がよく利用していた。原は、この年三月に山県有朋首相（大磯に別荘を所有していた）に面会するために大磯を訪問する機会があり[46]、その賑わい振りを実見していたものと思われる。原は、多忙のため九月中に東京・大磯間を三回往復し、合計数日間滞在しただけであったが、妻貞子は大磯に約二週間滞在を続けた。貞子は大磯の地が嫌いではなかったようで、翌年八月にも約三週間滞在した[47]。この時、貞子は禱龍館に近い南下町に住む小島初五郎の娘を下女とし、東京に連れて帰った。その後初五郎の妻はしばしば上京し、原に小島家の敷地内に別荘を建築することを頻りに勧めた[48]。

地図1　大磯の主要な別荘

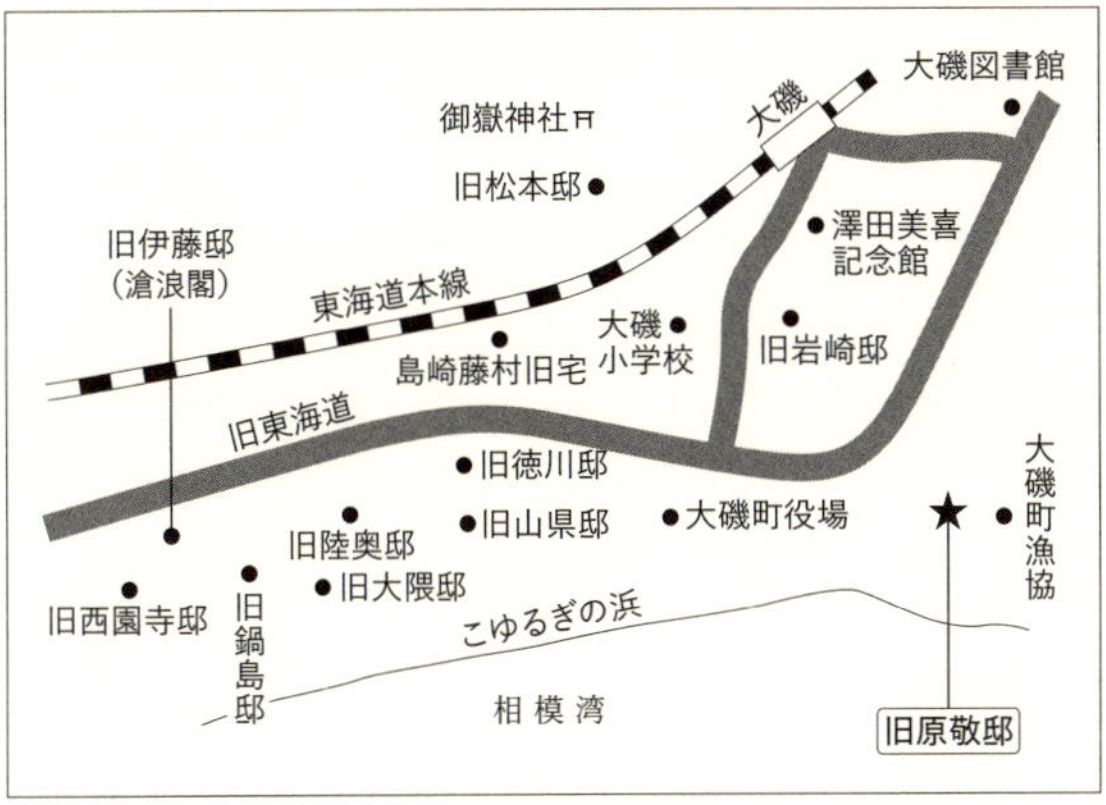

一八九四～九五年の日清戦争中、外務省の職務は多忙を極め、原は避暑や避寒のために東京を離れて静養するゆとりはなかったようである[49]。この間、戦争指導の激務により、陸奥宗光外相は持病の肺病を悪化させ、一八九五年六月から大磯で療養生活に入った[50]。陸奥は既に前年一二月に大磯に別荘地を取得していたが[51]、転地当初は旅館群鶴楼に滞在し[52]、建物が完成した後で別荘に移ったようである[53]。陸奥は、大磯で日清戦争を振り返った回顧録『蹇々録』を執筆したり、伊藤博文首相や自由党関係者と面会したりしながら[54]、医師ベルツの指示に従って[55]、聴漁荘と命名されたこの簡素な和館[56]で療養中心の生活を送った[57]。しかし、病は好転しなかったため、陸奥はついに一八九六年（明治二九）五月三〇日に外相を辞任し

た。

この三日後（六月二日）、原は大磯の小島家の敷地内に別荘を新築する契約を結んでいる[58]。原がこのタイミングで大磯に別荘を所有することを決めたのは、陸奥の外相辞任と無関係ではないと思われる。陸奥の腹心である原は、陸奥の療養中、少なくとも二回大磯に呼び出されて面談し、陸奥の進退について相談を受けていたが、陸奥の体調を心配し、しばらく退官して静養することを希望していた[59]。おそらく原は、陸奥の体調が容易に復調し難いのを看取し、以後陸奥と間近に接する機会を確保するために、大磯に別荘を建てることにしたのではないだろうか。

原は、六月一一日に朝鮮公使に任命され、一〇月まで日本を離れたため、しばらく大磯を訪問する機会はなかった[60]。ところが、九月に第二次伊藤内閣が総辞職し、原が忌避する大隈重信が外相に就任したため、原は自ら申し出て一時帰国した（そのまま朝鮮に戻らず、翌年二月に待命となる）。原は、一〇月一二日に東京に戻ったが、その翌日さっそく大磯に陸奥を訪ね、同地に一泊している[61]。その後も原は、一〇月二七日、一一月六日、二一日、一二月四日、翌年一月一二日〜一五日、一七日〜二〇日、二二日〜三〇日、二月六日〜一三日、三月二四日〜三一日、四月五日〜一一日、五月七日に大磯を訪問している[62]。原の日記には詳しい記載がないものの、この間陸奥は大磯に滞在しており、原がしばしば陸奥を訪ねたのは間違いないものと思われる[63]。原にとって、大磯は、病床にある陸奥と最後の親交を深める場となったのであった（なお陸奥は、五月に東京に戻った後は西ヶ原の本邸で療養を続け、そこで死去した[64]）。

原の大磯の別荘は、照ヶ崎海岸の禱龍館の近くにあった（住所は南下町一三九〇番地）。旧東海道沿いの伊藤博文、陸奥宗光や華族の別荘が立ち並ぶ地域からは離れた、庶民的な地域であった。原は、年五円で借りた土地に建物を新築した[65]。建物は木造二階建ての簡素な和館で、一階に三畳と六畳、二階に四畳と八畳の部屋と台所があった。部屋からは、よく海が見えたという[66]。原は一九〇〇年に大磯を訪問した際、のちに芝本邸や盛岡別邸の修繕を行った吉田吉次郎という人物を伴っており、彼に大磯別荘の修繕もさせたものと思われる[67]。この別荘は、原自身のみならず、母リツや甥(兄恭《ゆたか》の長男)達《とおる》が利用することもあった[68]。

原が別荘の建築を決めた一カ月前(一八九六年五月一三日)、大磯の伊藤博文の本邸・滄浪閣が落成していた[69]。また、一八九九年(明治三二)には、伊藤の勧めにより、西園寺公望が別荘・隣荘を大磯に建てた[70]。原は、大磯に別荘を所有して以来、何度か伊藤を訪問する機会もあったが[71]、一九〇〇年七月に、伊藤から新政党(政友会)創立の考えを打ち明けられてからは、伊藤、西園寺と大磯で接触する機会が次第に増えていった[72]。原は、同年九月に創立された政友会に入党して総務委員兼幹事長に就任し、政友会が与党となった第四次伊藤内閣では逓相を務めたが、これらの役職在任中も、大磯で伊藤首相、西園寺班列相と会談する機会があった[73]。伊藤内閣の総辞職(一九〇一年六月)以降も、大磯で伊藤、西園寺とよく面会し、政友会の政治方針について話し合った。『原敬日記』を見ると、大磯での原と伊藤または西園寺との会談は、一九〇一年に五回[74]、一九〇二年に一〇回[75]、一九〇三年には一〇回[76]行われていることが確認できる。この時期、大磯は、原が伊藤、西園寺と静かに面談し、政友会の前途について語り合う場所になっていたと言えよう。

もっとも、陸奥の死後、原は大磯の別荘をそれほど積極的に活用しなくなっていった。一九〇二年、一九〇三年には、伊藤、西園寺に会うために合計二〇回大磯を訪問しているにもかかわらず、このうち別荘に宿泊したのは、わずか一回限りである(一九〇三年一一月二〇〜二二日)。また、一九〇四年以降は、一回(一九〇四年)[77]、六回(一九〇五年)[78]、二回(一九〇六年)[79]と、大磯を訪問する回数自体が減っていった。これは、原が一九〇一年から一九〇五年の間は、北浜銀行頭取、大阪新報社長を務めたため、大阪にいることが多くなったこと、後述するように、一九〇二年に代議士に初当選して以降、原が夏を地元である盛岡で過ごすことが多くなったことが影響していた。また、伊藤が一九〇五年に韓国統監に就任し、大磯を離れる期間が増えたこと、一九〇六年に第一次西園寺内閣が成立し、内相に就任した原と西園寺首相の関係が微妙なものになった[80]ことも、大磯から足が遠のく要因になったものと思われる。

結局原は、一九〇七年四月に大磯の別荘を売却した[81]。原は、別荘を売却したことを日記に全く記しておらず、この頃には既に大磯に対する思い入れを失っていたものと推定される。

◆腰越の別荘

一九一三年(大正二)一〇月、原は、神奈川県鎌倉郡腰越津村(のち腰越町、現在の鎌倉市腰越)に別荘用の土地を購入した(地図2参照)[82]。土地の購入を斡旋したのは、古河合名会社理事(一二月から理事長)の近藤陸三郎であった[83]。原は、この別荘を「冬期家族の赴く所」として利用するつもりであり、土地はアサ夫人の名義とした[84]。土地は元々山林および畑地で、合計一四六一坪、購入代金は六五九四円八三銭であった[85]。別荘地の造成と仮屋の建築は一二月に開始し、仮屋は翌年六月に落成した。工事は、近藤の指示のもとで鈴木光太郎という人物が担当し、原は原則として関与しなかったが、仮屋の落成時には、原自身が現地で検分を行い、仮屋で昼食を摂っている[86]。その後、本屋の建築は一九一四年七月に始まり、翌年三月に竣工した(写真5参照)[87]。この間原は、一〇月の上棟式に参加し、一二月には腰越に一泊して多少指示を与え、正月も妻と腰越で過ごすなど[88]、別荘の完成を心待ちにしていたようである。原は、本屋の完成の翌月(一九一五年四月)に腰越別荘で二泊し、腰越津村の村長、村会議員、医師などを招いた晩餐会を開いた[89]。時期は定かではないが、この別荘は腰越荘と命名された(盛岡市の大慈寺には、西園寺公望が「腰越荘」と書いた扁額が残されている)。

源義経の腰越状で名高い同地は、鎌倉の西部にあり、江ノ島に対峙する海岸線に位置していた。元々は漁業と農業の街であったが、一九〇二年に江之島電気鉄道の藤沢・片瀬(現江ノ島)間が開通し、一九一〇年に同鉄道が鎌倉市内まで全線開通してから、発展が始まった（最寄り駅は谷戸駅〔現腰越駅〕、片瀬駅〔現江ノ島駅〕など）。七里ヶ浜の海岸近くにはサナトリウム（保養施設）ができ、療養地として開発が進む一方で[90]、長与専斎の長男・称吉（医師、大日本私立衛生会会頭）が龍口寺近くの長山に別荘を建てるなど、山手は別荘地化していった。のちには呉文炳（経済学者、日本大学総長）などが別荘を構えている[91]。

原は、腰越に行く際には、鉄道を用いることも[92]、自動車を用いることもあった[93]。鉄道の場合は、東海道線藤沢駅で下車し、江ノ島電鉄に乗り換えた後、最寄り駅である龍ノ口駅（一九四四年廃止。前出

地図2　腰越別荘の位置

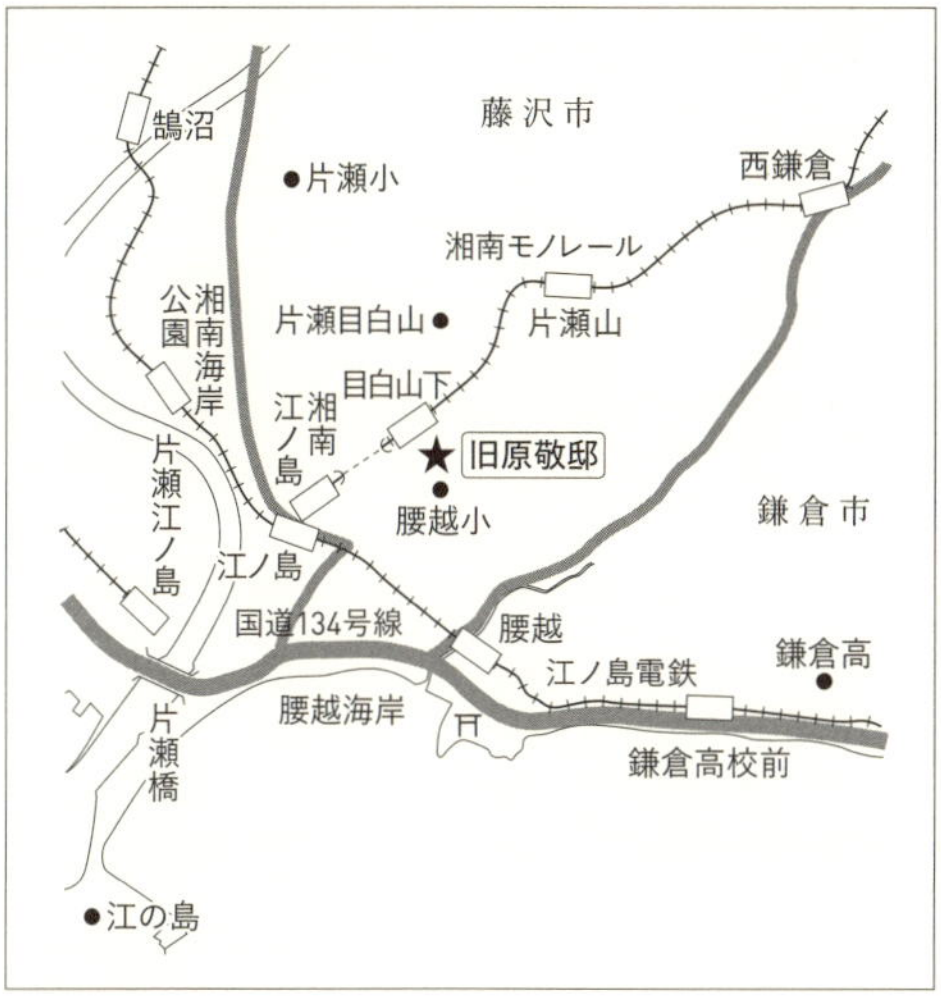

写真5　腰越別荘の全景

出典：高倉徹一編『田中義一伝記　附録写真帳』（田中義一伝記刊行会、1957年）

の片瀬駅と谷戸駅の間にあった）で下車し、そこから徒歩で別荘に入ったものと思われる[94]。原の別荘は質素な和館であった。御手洗辰雄は「別荘とは名のみの小山荘」と評し、簡素なものであることを強調したが[95]、腰越の海や富士山の眺望は絶好であった。一九一七年二月と一九一九年四月に腰越別荘を訪問した盛岡の佐々木専太郎という人物（原と同年者によって結成された盛岡の丙辰会の一員）は、腰越別荘の様子を、以下のように証言している[96]。

「御別邸は平屋の和館で、盛岡のやうに人工を施したものでは無い。全くの天然のお庭で、老松は翠に若木の桜は今を盛りの満開中であった」

「袖ヶ浦の名称〈勝〉は庭園の背景と成って、お居間の十二畳からの眺めは又格別である」

「お居間には日頃愛玩される『鉄園』[97]の山水が静かに垂れていたが、毎週来られる度に床の懸軸を取替へられるんださうな」

「雪の景も亦得も云はれなかった」

「江ノ島へは九町〈約一キロ〉、鎌倉へは一里余〈約四キロ〉の道程で、名所古蹟に富む附近一円は正に一幅の画である」

このように、腰越別荘は素晴らしい環境だったため、益田孝（一八四八〜一九三八、三井財閥指導者）は原に入手を切望していたという。原は、「益田君が亡くなったらここは僕に譲ってくれといふから、僕より君の方が早く逝きさうだから譲りたいにも譲れんじゃないか、と冗談を云ったこともあったよ」と述べたと言われている[98]。

原はこの別荘を、静かに英気を養い、思索を深める場として活用した。原は腰越で詠んだ俳句を多く残し

表1　原敬の別荘滞在形態（大正9年7月〜大正10年6月）

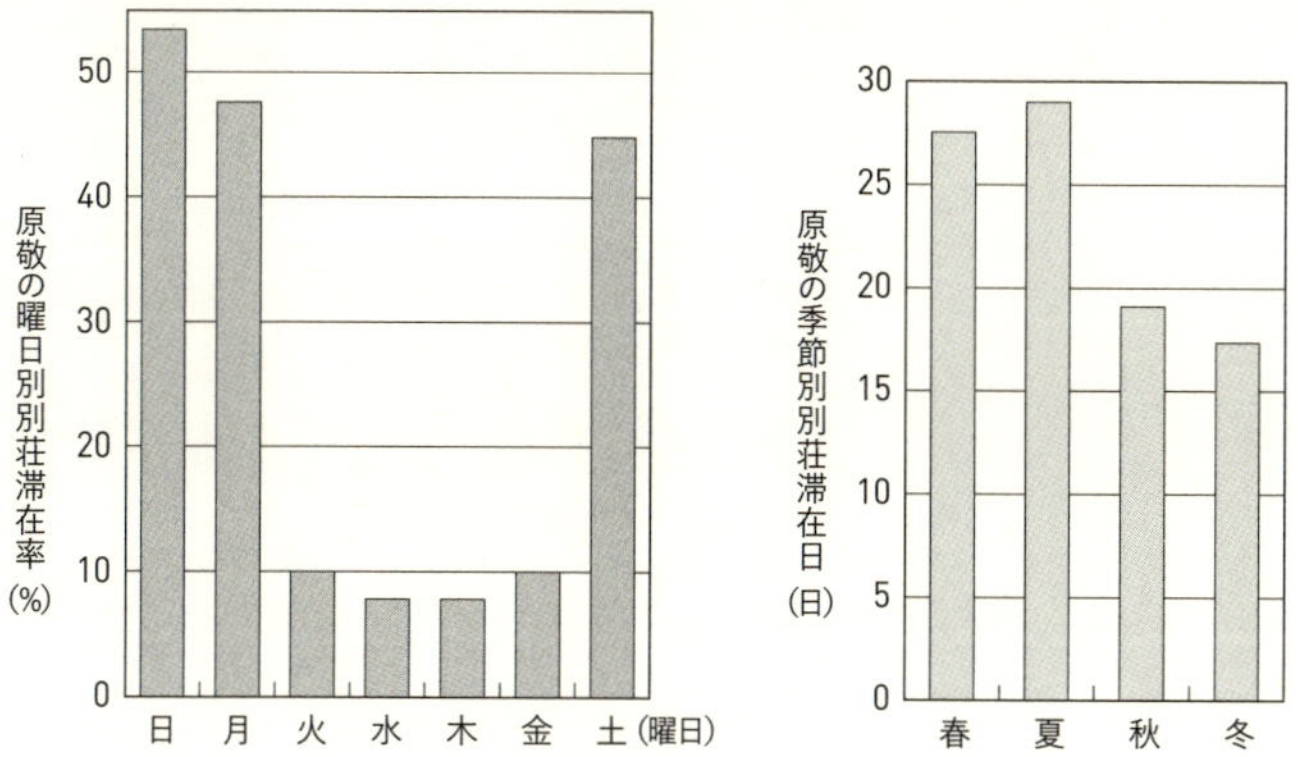

出典：十代田朗「関東圏における近代別荘地形成に関する研究」（東京工業大学博士論文、1993年）249頁。『原敬日記』より作成。

ているが、それからは彼が腰越の地をいかに愛していたかが窺われる（以下は、いずれも「腰越別荘にて」という詞書が付された俳句である[99]）。

大海を前に我家は長閑《のどか》なり

燈消えて月の白萩ながめけり

白妙の富士浮きにけり朝霞

当初は避寒先として利用するつもりであった腰越別荘であるが、原はよほどこの地が気に入ったのであろう、やがて週末には決まって腰越に赴き、「週末の別荘」として活用するようになっていった。表1は、首相時代（一九二〇年七月〜一九二一年六月）の原の腰越別荘の利用傾向を示したものである。原は、首相時代には土曜日の夕方に仕事を終えると腰越に行き、二泊して月曜日の朝に東京に帰ることが多かった。特に、気候の良い四月〜七月は、ほとんどの週末を腰越で過ごした。

原は、腰越別荘で専ら静養に励んでいたわけではない。腰越別荘での原の最も重要な日課は、日記を書くことであったと言われている。原は若い頃から日記を書く習慣があったが、壮年期になるに従って日記の記述は充実し、腰越に別荘を持ってからの記述は、最も詳細である。『原敬日記』は、原が関心を持った事実が詳細かつ正確に記された実務日記であると同時に、政治的意見や人物評も多く書き込まれており、いわば自らの思索を深め、信念を再確認するためのものでもあった。多忙の中で、これだけの日記を残すためには、定期的に別荘に籠もり、外部との連絡を遮断することが必要だったのである。

もっとも多忙な原が仕事を一切遮断することは不可能であり、秘書役を務めていた高橋光威や児玉亮太郎が腰越まで同行し、書類の整理などを行うこともあった[100]。また原の方から、腰越別荘に客を招待することもあった。原は、腰越別荘の竣工後には、古河鉱業の幹部や貴族院議員を招待して食事を共にしている[101]。一九一七年(大正六)夏には、アサの快気祝いを兼ねて、腰越別荘に政友会幹部の夫人を招待した(この会は、政友会をもじって「清游会」と命名された!)[102]。原は腰越の地元住民との関係も大切にしており、首相就任後にも、腰越の有志者が江ノ島で開いた祝賀会に出席したり、近所の者や腰越小学校の生徒を別荘に招待したりしている[103]。十日会(のちの山下倶楽部、政友会担当記者の団体)所属の新聞記者・春名成章は、腰越に招待された時の様子を、以下のように振り返っている[104]。

「原は首相時代、『毎日を多忙に送っているので、十日会の記者諸君にゆっくり話す機会がない。こん

写真6　大慈寺に移築された腰越荘の一部(筆者撮影)

どの日曜日は腰越で一日、他の面会者を一切断って、ゆっくり諸君と歓談したいから来てくれないか』、と十日会の記者たちを腰越に招待した。碁を打つもの、将棋を指すもの、酒を呑むもの、一同は終日原とともに談笑し、夜に入って帰路についたが、皆が門前の坂にかかろうとすると、『諸君、足もとを気をつけ給え』という声。振り返ると、白頭宰相が、自ら提灯を高くかざしてたっている。さながら、芝居の幕ぎれに団十郎が出てきて見えをきっているようだ。」

原の死後、嗣子貢が約一〇年間イギリスに滞在していたこともあって、腰越の別荘は、政友会総裁となった田中義一に貸し出された時期もある[105]。その後、貢は日本に帰国すると、芝の本邸と共に腰越の別荘も利用し、戦後は亡くなるまで腰越に住んだ。建物は既に解体されているが、一九二七年に離れが盛岡の大慈寺に(写真6参照)、戦後にも一部が原敬記念館に移築されており、原の別荘生活を偲ぶよすがとなっている。

3 盛岡の別邸

◆別邸を建てるまで

原敬の生家は、盛岡藩では高知格という藩主に次ぐ高い家柄であった。祖父・直記は二二五石取りで、家老加判まで務めた人物である。一八五〇年(嘉永三)、直記は、城外本宮村に位置していた邸宅を大増築し、建坪二五〇坪、二階建て、御成座敷(殿様を迎えるための座敷)を備えた堂々たる屋敷とした(現在原敬記念館内に残る生家は、往時の約五分の一に縮小されたものである[106]。原敬は、この家で一五歳になるまで過ごした。原家の家督を継いだ兄恭《ゆたか》は、農商務省の林務官として鹿児島県などで勤務し、一八九七年に岩手県和賀郡長に就任するまで、盛岡に住まなかった(以後一九〇五年まで岩手県内で郡長を歴任し、一九一八年に盛岡で死去)。

二男であった敬も、一八八一年(明治一四)に盛岡を出て以来、一八九六年(明治二九)まで一度も帰省しなかった。この間、生家には姉波岡磯子が居住するようになった[107]。

一八九六年に約一五年ぶりに盛岡に帰省した際、原は盛岡駅前の旅館・陸奥館に投宿した[108]。次に帰省したのは一九〇一年、逓信大臣在任中であったが、この時の宿泊先は市内六日町の高与旅館であった[109]。六日町は旧市街で最古の町人町であり、呉服町や肴町といった繁華街にも近かったため[110]、何かと都合が良かったものと思われる。以後、この旅館が原の常宿となった[111]。一九〇二年、盛岡市から初めて衆議院議員選挙に出馬した際にも、原は高与旅館に滞在し、対立候補である清岡等(前盛岡市長)に対抗して、積極的に選挙活動を行った[112]。翌年、二回目の出馬の際には、清岡が出馬を断念して事実上無競争になったものの、再び高与旅館を拠点として数日間選挙活動を行っている[113]。

初出馬当時には、盛岡に「冷淡」であると攻撃されたこともある原であったが[114]、二回目の当選が無競争だったことからも明らかなように、一九〇三年までには盛岡における政治基盤を確固たるものとした[115]。その後、原と故郷盛岡のつながりは着実に深まっていった。帰省の機会も増え、日露戦後には、原の帰省の際は、盛岡市民が駅に大挙して歓送迎するのが常となった。一九〇六年九月二日、現役の内務大臣として帰省した際には、押川則吉知事が東北本線の一ノ関駅で、北田親氏市長が花巻駅で出迎えて盛岡駅まで原と同乗し、盛岡駅では数百名の市民が立錐の余地もない状態で出迎えた。八日に原が盛岡駅を出発した際にも数百名が見送り、駅は「頗る盛況」を極めたと報じられた。押川知事、北田市長らは、帰途も一ノ関まで同乗して原を見送っている[116]。

一九〇三年(明治三六)八月、原は盛岡に帰省した際、市内の高級料亭・秀清閣で園遊会を開催した。来会者は約四〇〇名で、大変な盛会であった[117]。その後原は、一九〇六年九月に帰省した際にも、秀清閣で園遊会を開いた。この時の来会者も約四〇〇名で、押川知事、北田市長の他、鈴木巌、宮杜孝一、小野慶蔵ら原を支持する地元有力者がこぞって参加した。会場には、芸妓約百名や手品師、道化師が呼ばれ、天麩羅、団子や煎餅を売る模擬店が並ぶなど、和気藹々とした雰囲気で賑わった[118]。原主催の園遊会は、一九〇七年[119]、一九〇八年[120]にも開催され（いずれも参加者は約七〇〇名）、以後原が夏に帰省した際の恒例行事となった。原は帰省した際、盛岡で様々な形の招待会、懇親会に呼ばれるのが常であった。原主催の園遊会は、それに対する答礼という意味を持つと共に、原が盛岡市民と親交を深める格好の機会にもなった。

◆別邸の建設

前述した通り、原が帰省した時の宿泊先は、決まって高与旅館であった[121]。もともと原は、帰省のたびに旅館に泊まるのは不便だと感じていたが、しばしの滞在なので邸宅を持つ必要はないとも考えていた。しかし、盛岡に邸宅を構えるべきだと勧める者が多く、母リツの存命中は毎年帰省する必要もあったので、原は一九〇七年に、盛岡市内の古川端にまず土地を購入した[122]。住所は盛岡市仁王第三地割字仁王小路二六番地であった（現在のホテル東日本盛岡付近）。古川端は、旧市街地からは外れていたが、盛岡駅に近く、この頃には盛岡市のメイン・ストリート沿いの地域として発展していた（原別邸の向かいの桜城小学校も一九〇八年開校である）[123]。原は、適当な広さの土地が見つかったこと、盛岡駅と市内中心部いずれにもアクセスが良いこと、兄恭の家も近いことなどから、古川端を別邸建設地に決めたのであろう。

一九〇八年、原は隣接地を買い増し、翌年春から別邸の建築に取りかかった[124]。この頃原は、避暑は他の土地に行かないで盛岡に帰省する方が得策であると考えるようになっていた。そのため原は、手狭になっていた芝の本邸の新築を断念した。また原には、八八歳になる母リツの米寿の祝宴を開きたいという希望もあった[125]。もちろん、単に米寿の祝宴を開く場というだけではなく、母の隠居所としてふさわしい邸宅を作ること、別邸を地元盛岡の人々と親交を深める場にするということをも、原は考えていた。

写真7　盛岡別邸の門前

出典：「本葬儀前の古川端別邸」（前掲、鈴木利貞『原敬全伝』天篇）

別邸は、一九〇九年八月に完成した。敷地面積は約二一六二坪あり、建物は木造平屋三棟、木造二階建一棟の他、茶室、倉庫もある、堂々たる邸宅であった（写真7参照）。ジャーナリストの御手洗辰雄は、芝公園の本邸、湘南の別荘と比べて、「盛岡の別邸だけは広い敷地に、堂々たる大邸宅、御家老のお屋敷としての貫禄を備えていた」と回顧している[126]。

この年八月二五日、原は盛岡に帰省し、古川端の新築別邸に初めて入った[127]。その後原は、この日に政友会岩手県支部の招待会、桜城小学校で行われた盛岡市民の歓迎会などに出席した後、九月一〇日に別邸で初めての園遊会を開催した[128]。参会者七〇〇名は、「文武官あり、実業家あり、総て市に於ける有《あら》ゆる階級を代表」していた。原は黒絽紋付に仙台平という服装で入り口に立ち、来客にいちいちパナマ帽を取って挨拶し、全員が入場した後は、庭内を歩き回って各所で会話を交わした。それまでの園遊会と同様、芸妓による舞踊や模擬店も開かれた。『岩手毎日新聞』は、この園遊会を「近来見ざる程盛賑であった」と評した。なお、この滞在中、本宮村の生家に住んでいた姉波岡磯子が別邸内の小家屋に転居することが決まっている[129]。

翌年五月、母リツはめでたく米寿を迎え、原は兄恭、弟誠と共に、古川端の別邸で米寿の祝宴を開いた。祝宴は、二一日の秀清閣における近親者の宴会、二二日の別邸における園遊会、二三〜二七日の地元名士を別邸に招待した晩餐会と、一週間にわたって続いた。最も盛会だったのは二二日の園遊会で、六〇〇余名が招待され、例年の園遊会と同様、芸者約一一〇名が舞台で演芸を披露し、模擬店で来客が接待された。リツはこの祝宴を大変喜び、原も非常に満足であった[130]。いつ命名されたのかは定かではないが、この後盛岡の別邸は、原の母への思いを込めて、介寿荘と呼ばれるようになった(原の号から一山荘とも呼ばれた)。一九一四年五月九日、原は介寿荘で母の死を看取った[131]。その後に詠まれた歌には、介寿荘の庭の風景と重ね合わせられて、母への思いがよく表現されている[132]。

なき母を思ひて
朝な夕な君ませばやと思ふなり　庭の草木のさかゆくを見て

◆別邸の活用

母リツが亡くなった後も、原は毎年盛岡に帰省し、介寿荘に滞在した。滞在中には決まって園遊会が開かれ、この別邸は盛岡市民が集まる場所としても機能し続けた。もっとも、この別邸は選挙運動に使われることは基本的になかった(当選後に支持者が別邸前で提灯行列を行うことはあった)[133]。大正期の政友会岩手県支部は、旧市街地の肴町にあり、総選挙の際には、それとは別に、支部から近い馬町に原敬選挙事務所が置かれるのが通例であった[134]。また、二回目の立候補以来、原は事実上無競争で当選を重ねており、そもそも選挙活動自体がほとんど行われていなかった。

別邸における原の様子を、一九一四年夏の帰省時を例にとって見てみよう。この年原は、七月二六日に三回目の帰省をしている。同行者は、アサ夫人と秘書役を務めていた児玉亮太郎代議士であった[135]。盛岡は東京に比べれば涼しく、原は凌ぎやすい暑さであることを喜んだ[136]。原は盛岡到着後、亡母リツの月命日である八月九日に大慈寺を訪れ、墓参をしている[137]。

帰省中も、原は極めて多忙であった。第二次大隈内閣は、政友会系と見られる知事を六月に一斉に更迭しており、岩手県知事も堤定次郎から大津麟平（前台湾総督府蓄務総長）に交代していた。原のもとには、盛岡到着と同時に新旧知事に関する情報が入ってきたため、原はそれらを日記に書き留めている[138]。七月三一日には、破綻した北浜銀行の頭取を務めていた岩下清周が原を訪問し、八月六日まで原の別邸に滞在したようである[139]。八月九日には、北浜銀行の破綻を受けて、『大阪新報』の経営問題について相談に来た旧友の加藤恒忠が盛岡に来訪し、原と面談した[140]。

盛岡到着の二日後（七月二八日）、オーストリア＝ハンガリーがセルビアに宣戦布告し、第一次世界大戦が勃発した。原は、八月六日に東京の永江純一幹事長に電報を打ち、大戦が勃発しても、政友会の政府に対する態度を変更する必要はないと指示すると共に、必要があればいつでも帰京すると伝えた。これを受けて永江は、来る一〇日に総務委員会を開催することにしたため、避暑中の政友会幹部に招集状を送ったと報告して来た。その後、第二次大隈内閣がさっそく参戦の方針を決定したため、一〇日の総務委員会では対応策を決めることができず、同日、永江幹事長は原に帰京を乞う電報を送った。そこで原は、一一日に東京に向かった[141]。

翌一二日に東京に到着した原は、以後元老や有力政治家を訪問して情報収集に努めるとともに、政友会幹部と会談を重ねた。大隈内閣は、一五日に対ドイツ最後通牒を発し、二三日に日本はドイツに宣戦布告したが、原は政府の対応を拙速と見て、参戦に批判的であった。原は、政友会の方針決定を臨時議会召集（九月二日）前まで待つことにして、二五日に再び児玉代議士を伴って盛岡に戻った[142]。

原は、盛岡で再び墓参を行い、旧藩主家・南部家の別邸[143]を訪問するなど、地元での日程をこなした。二七日には、政友会秋田支部の幹部が来訪し、秋田の政友会系新聞について話し合いを行い、二九日には、盛岡政財界の有力者で、原の支援者でもあった小野慶蔵（岩手銀行頭取）、大矢馬太郎（盛岡市会議長）が来訪し、盛岡で発行されている新聞『盛岡公論』を同志会が買収する動きがあるため、対抗策について協議した[144]。二七日には、『岩手毎日新聞』の記者が別邸に来訪し、時事問題についてインタビューを行った。原は、大戦の前途については「欧州各国の戦乱ですから、何れがどうとも解りませんなぁ」、大隈内閣の動向については「何時どんな事が出来るか一切わからんもんですから、意外に生き延びやうとしても早死するかも知れません」と述べるなど、慎重な言葉使いに終始した[145]。原は三一日に再び東京に戻ったが、上京の際には、岩手県選出の鈴木巌、工藤吉次両代議士が随行し、柿沼竹雄岩手県内務部長ら三〇〇名が盛岡駅で原を見送った[146]。このように、原は別邸滞在中も極めて多忙で、東京と変わらないような生活を送ることも少なくなかった。

写真8　原敬記念館に移築された盛岡別邸の倉庫(筆者撮影)

　原は、別邸の庭園内に石造二階建て(約二〇坪)の倉庫を作り、その中を書斎にしていた(この倉庫は現在原敬記念館に移築されている。写真8)。一九一九年八月二二日、園遊会の場に呼ばれたジャーナリストの御手洗辰雄、野村秀雄らは、原自身からこの書斎に案内され、内部を見学する機会を得た。御手洗の回顧によると、一階の壁には和漢洋、幅広い分野の本がびっしりと並び、その数はどう見ても五、六〇〇〇冊以上にのぼった。彼らが書物を開くと、全てアンダーラインが引かれ、赤鉛筆で読後感や批評が書き込まれていたため、一同は驚嘆した。さらに驚くべきことには、二階にも大量の本があり、ざっと見ても、一階のものと合計すると一万冊以上あるように思われた。御手洗らは、原が無類の読書家で、いつも幅広く新しい知識の吸収に努めているのを知り、畏敬

の念を抱いたという[147]。原の日常生活が窺われる興味深いエピソードである。

原は、首相在任中も五回盛岡に帰省し、別邸で二回園遊会を開催している。このうち、一九二一年八月八日に開かれた園遊会は、約一五〇〇名が参会する、過去最大規模のものとなった[148]。来客は、柿沼竹雄岩手県知事、岩手県内の県郡市会議員、実業家などで、「県内の名流を一堂に集めしは流石に大宰相の名望」と讃えられた。正午過ぎに受付が始まると、招待客は別邸内に入り、案内状と記念品を交換した。正門を入った正面では、袴羽織を着て、左右に政友会の郎党を引き連れた原首相自らが出迎え、挨拶をした。これを見た来客の中には、歓喜の涙を流す者もあった。来客たちは庭園に入ると、酒肴や芸妓の手踊を楽しみながら談笑し、しきりに歓声を上げ、原首相も満足そうに微笑をたたえていたという。まさに原の徳望を示す大園遊会であったが、このわずか三カ月後、原は東京駅で暗殺され、帰らぬ人となった。

原が暗殺された後、東京の政友会本部で告別式が行われたものの、生前に書かれていた遺言により、遺骸は盛岡に送られ、本葬は大慈寺で行われた。介寿荘でも偲ぶ会が行われ、多数の盛岡市民が参列した[149]。生前に原の支持者が集う場であった盛岡別邸は、以後、原の遺徳を偲ぶ場となった。

原はその遺言の中で、芝公園の本邸は売却すべしとする一方で、盛岡の別邸、腰越の別荘はできるだけ維持するよう指示している[150]。実際は三つの邸宅はいずれも維持されることになるのであるが、原にとっては、芝の本邸は政治活動を行うための「仮寓」という意識が強く、そのため自分の死後は処分するように指示したのではないだろうか。あるいは原は、帰省のたびにくつろいだ盛岡の別邸こそが「本邸」だという意識を持っていたのかもしれない。

4　政友会本部

ここまで原の私邸について見てきたが、以下では、政友会本部、首相官邸、帝国議会議事堂の順に、原と公的な政治施設との関わりについて見ていくことにする。

一九〇〇年（明治三三）九月一五日、立憲政友会は発会式を挙行した。会場は、帝国ホテルであった[151]。一八九〇年に開業した帝国ホテルは、鹿鳴館に隣接し、日本の近代化を象徴する宿泊施設であった[152]。小田原、次いで大磯に本邸を構えていた伊藤博文は、東京に私邸を持っていない時期があったこともあり[153]、上京時にはしばしば帝国ホテルを利用した[154]。また、帝国ホテルでは、従来伊藤が関わってきた多くの実業家関係の集会や憲法発布一〇周年の祝宴が開催され[155]、政友会の創立事務所も同ホテル内に設置されていた。帝国ホテルは、伊藤の目指す近代的政党の門出を祝うにあたって、相応しい場所であると考えられたのであろう。

発会式で採択された「立憲政友会会則」第一條では、「本会は東京府下に本部を置き、各地方に支部を置く」と定められていた。九月一六日、政友会は帝国ホテル内の事務所を引き払い、芝公園に本部を移転した。住所は東京市芝区芝公園第五号地二番で、向かいには愛宕警察署があった[156]。建物は、木造の洋館であった。もともとは、一八九〇年頃に京橋区築地に移転した水交社が所有していた建物で、その後、国民協会本部、檜山鉄三郎（東京市会議員）の個人所有、憲政党本部という変遷を経て、政友会の本部として使用されるに至ったものであった[157]。建物の所有者は、伊藤の娘婿である末松謙澄の名義とされ、土地は借地であった[158]。奇しくも、原敬の本邸は、政友会本部のすぐ裏手に位置しており、原が党務に関わる上で大きなメリットがあったものと思われる。

一九一九年（大正八）一〇月七日、政友会本部は火事により全焼した。この火事により、伊藤博文自筆の政友会綱領など党運営関係の重要書類、伊藤、板垣退助、西園寺公望の大肖像画など、多くの貴重な資料が焼失した[159]。出火の原因は、当時の原内閣の政策に反感を抱いた壮士による放火であった。背後関係は不明であったが、対外硬派の流れを汲む元代議士・渡部芳造（大日本協会所属、鳥取県選出）が共犯者の一人として加わり、対外硬派系の政治団体である城南荘の関係者の関与が報じられていた[160]。犯人はすぐに逮捕され、一九二一年二月三日、主犯の河本恵治に懲役一五年、共犯の渡部芳造に懲役二年、執行猶予三年の判決が出された。判決が下された法廷で、河本は「政友会の裁判かっ」と怒鳴ったと報じられており、政友会に強い敵意を抱いていたことが窺われる[161]。

政友会は、芝公園内にある老舗フランス料理店・三縁亭の階下二室に、さっそく仮本部を設置した。三縁亭は、政友会本部の近くにあることから、料亭・紅葉館（三縁亭の向かいにあった）と共に、幹部の会合や懇親会によく使われた場所であった[162]。そもそも焼失した本部は、「建築以来三十余年を経て、殆ど腐朽し宛然古寺の観あり」という状況であったため、この際「大政党の面目を維持して、時代に適応する大建築を成すこと」に決し、政友会は全国の党員から寄付金の募集を開始した[163]。その一方で、政友会は政権与党として山積する業務に対応するため、本部跡地に仮本部を建設し、三縁亭から移転した[164]。一九一九年一二月一七日、仮本部落成式の場で、原は挨拶を行っているが、原の建築に対する考え方を示していて非常に興味深いので、以下重要部分を引用する[165]。

「今回仮事務所の落成を見たるは余の欣快とする所なり。〔中略〕元来建築物の如きは、健全なる身体を有するものの衣服を顧慮せざる如く、意に介せざるも差支なき所なり。されど此の土地は借地なれば更に永久的の建築を為すの要あり。従て党員諸君の尽力を仰ぎ、他に本部を建築すべき計画中なり。〔中略〕而して健全者の衣服を顧慮せざるが如く、本部建築と云ふ如き主たる問題にあらざるは云ふまでもなきなり。」

要するに、健全な身体を有する者が衣服に無頓着なのと同様、建築物というのはあまり気にしなくても差し支えないものであり、本部の建築もあまり重要な問題ではない、というのが原の考え方であった。これは、芝本邸、腰越別荘がいずれも簡素なものであったこととも結びついた態度であった。原個人の考えは、政党本部は実務に支障がなければそれで十分で、豪華なものにする必要はないというものだったのである。

しかし、原の死後に建設された政友会の新本部は、結果的には、旧本部と比べて非常に豪華な建物になった。一九二〇年四月、政友会は日比谷に新本部建設用の土地を購入した。住所は麹町区内山下町一丁目一番地で、元々満鉄が所有していた土地であった（現東京電力本社の辺り）。この土地は、第一次世界大戦中に船成金の中村清七郎が入手していたものを政友会が購入したもので、財団法人芝園倶楽部理事長・小池靖一[166]の名義により約八〇万円で入手するという形になっていた[167]。建築費を最も多く拠出したのは野田卯太郎を中心とする福岡組だったと言われる[168]。購入の詳しい経緯は不明であるが、翌年一月に満鉄事件（満鉄による炭鉱・汽船会社買収資金の一部が、政友会の選挙資金になったことが疑われた疑獄事件）が発生したため、新聞ではそれとの関連を疑う報道がなされた[169]。おそらくこの疑獄事件の報道も影響したのであろう、原の生前に新本部の建設準備が進んだ形跡はない。

一九二一年一一月に原が死去した後、一九二二年九月一六日に地鎮祭、一九二三年六月一四日に上棟式が行われ、新本部の建築工事は順調に進捗した[170]。建物の建築費は、約一〇〇万円であった[171]。建物は一九二四年一月までに竣工し、二月一日には仮本部から新本部への移転が行われることになった[172]。しかし、ここで大きな問題が起きた。折悪しく第二次護憲運動が始まり、（旧）政友会が（新）政友会と政友本党に分裂したため、本部をどちらが取るかで争いが生じたのである。政友本党側は、所属議員数が（新）政友会よりも多いことを盾に本部の明け渡しを迫ったが、政友本党が（旧）政友会から脱党するという形であったため、本部は最終的には（新）政友会側のものとなった[173]。政友本党は、東京ステーションホテル[174]、帝国劇場[175]

地図3　主要官公庁の位置（1922年〔大正11〕）

を転々と渡り歩いた後、芝公園の旧政友会本部跡地に立つバラック（政友会が新本部建築前に使っていた仮本部の建物と同一の可能性が高いと思われる。地図3参照）に落ち着いた[176]。

新本部の設計・監督は、フラー建築会社技師のモーガン（Jay Hill Morgan、一八七三〜一九三七）であった。総建坪四二五坪、延坪一七二四坪、四階建セメント造で、当時アメリカで流行していたコロニアル・スタイルが採用されていた。外部に花崗岩、内部大広間や階段には大理石が敷き詰められており、荘厳で華麗な建物であった（写真9参照）。一、二階は貸事務所となっており、三縁亭の出張所、ビリヤード場、床屋などが入っていた。政友会員からは、「国家の中心勢力たる我党を表徴するに於て遺憾なかるべし」という声が挙がり、岩崎勲幹事は、政友会本部は「世界で一番大きな政党本部」だと誇った[177]。しかし、新本部の完成は、政友会が分裂し、その党勢が下り坂に入りつつある時であった。壮麗な新本部は、原の意図したものではなかった。新本部が完成したまさにその時に、原が築き上げてきた政友会の一党優位体制が崩れつつあったというのは、歴史の皮肉である。

写真9　政友会本部（1924年）

出典：改造社編『日本地理体系』第2巻（改造社、1929年）257頁

5　首相官邸

次いで、首相官邸について見ていく。一八八五年（明治一八）一二月に内閣制度が発足した時、首相官邸は、麹町区永田町二丁目一二番地（現衆議院第二議員会館の辺り）にあった。この建物は、

一八七七年（明治一〇）九月に太政大臣官邸として落成したもので、和洋折衷の木造二階建てであった。現在と異なり、公邸（首相の官舎）は存在せず、官邸のみが、首相や内閣書記官が執務を行い、閣議をはじめとする各種会議を開催するための場所として機能していた[178]。閣議は、通常は首相官邸または皇居内で開かれた（議会開催中には、議事堂内で開催されることもあった）[179]。また首相官邸では、各種の審議会や調査会など、内閣が関わる重要会議の開催場所ともなった。

歴代首相の中で、首相官邸の利用の仕方が際立って特徴的だったのが、大隈重信である。特徴の第一は、大隈が、皇居内または首相官邸のみならず、しばしば私邸でも閣議を開催したことである。大隈は、一九一四年（大正三）七月に第一次世界大戦が勃発した後、参戦を実質的に決定した八月七日の重要閣議を、早稲田の大隈私邸で開いている。大隈は、この閣議で参戦方針を固めた後、翌八日および一四日に元老を加えた閣議を首相官邸で開き、一五日に対独通牒を発するための御前会議を宮中で開くという手順で、参戦を決定した[180]。また、翌年七月に、大浦事件（大浦兼武内相が第一二回総選挙に際して選挙干渉を行った事件）への対応を決定した際には、七月二九日に早稲田の私邸で閣議を行って議論を詰めた後、三〇日に総辞職を決定する閣議を官邸で開催している[181]。

このように大隈は、重要な意思決定を行う際、私邸で閣議を開くことがあった。大隈の私邸は、かつて村井弦斎の『食道楽』で紹介され[182]、バラ園を備えた広大な庭園を持ち、死後には早稲田大学の大隈会館として活用された大邸宅であった[183]。大隈は、首相時代、様々なレセプションやパーティーを行う場としても私邸をよく活用した[184]。私邸の政治への積極活用は、貴族的な生活を好んだ大隈ならではであったと言えるだろう。

特徴の第二は、大隈が首相官邸を新聞記者に開放したことである。第二次大隈内閣時代には、初めて首相官邸内に新聞記者用の部屋が設けられた。首相官邸を担当する新聞記者によって、既に永田倶楽部という記者クラブが組織されていたが、第二次大隈内閣期までは、首相官邸内に記者クラブ専用の控室は作られておらず、官邸の外にある馬丁小屋の横に詰めていた[185]。そこで大隈首相は、首相官邸内に永田倶楽部専用の控室を特に新設し、一九一四年九月から同倶楽部に提供を開始した。大隈首相が、落成式の場で演説を行うと、新聞記者は「流石は新聞記者と親しみ厚い大隈伯」として歓迎したという。大隈首相は、永田倶楽部の書籍購入費として金百円も寄付し、それを用いて倶楽部内に図書館が作られた[186]。大隈首相のメディア対策の巧みさがよく表れている。

原の首相官邸の活用の仕方は、大隈と対照的であった。原は、閣議はもっぱら首相官邸または皇居内(議会開催中は院内)で開催し、芝の本邸で閣議を行うことはなかった。そもそも、手狭な原の本邸で閣議を開催するのは、物理的に困難であった。具体的に見てみると、新年初の閣議、衆議院解散直前の閣議、ワシントン会議への対応を協議した閣議など、特別に重要な閣議であっても、私邸では行っていないことが確認できる[187]。また、首相官邸では原首相が主宰するレセプションやパーティーがしばしば開催されたが[188]、官邸以外の場合は、政友会関係のパーティーなどが、政友会本部(総選挙後の懇親会、政友会創立二〇年記念式)[189]、芝公園の三縁亭(党大会後の招待会)[190]や料亭紅葉館(総選挙後の懇親会、ワシントン会議派遣議員の送別会)[191]などで開かれたものの、私邸でそうしたものが開かれることはなかった。こうした首相官邸や私邸の利用のあり方からも、原の「平民宰相」ぶりが窺える。

首相官邸はかなり古い建物であったが、原首相が官邸を新築しようとしていた気配はない。しかし、原が死去した翌年(一九二二年)、後述する帝国議会新議事堂建設のため、首相官邸は移転することが決定した。その後、関東大震災を経て、移転先は現在の首相官邸の地(旧鍋島侯爵邸、住所は麹町区永田町二丁目一番地)に決まり、一九二九年(昭和四)に新首相官邸と公邸が完成した[192]。新首相官邸に初めて入った首相は、当時政友会内閣を率いていた田中義一であった。

6　帝国議会新議事堂

最後に、原と帝国議会議事堂の関わりについて触れておきたい。一八九〇年（明治二三）一一月、帝国議会開会に合わせて、内幸町に仮議事堂が竣工した（現経済産業省付近）。しかし、この仮議事堂は、一八九一年一月に火事によってあっけなく焼失してしまった。同年一〇月、第二次仮議事堂が竣工した。木造洋風二階建ての建物で、原が政友会で活躍した時代の議事堂は、この建物であった。

この議事堂はあくまで仮議事堂とされており、いずれ本格的な議事堂を建設することになっていたが、予算不足のため先送りが続いた。しかし、第一次世界大戦中の好景気により、寺内内閣期に新議事堂の建設計画が現実化した[193]。原も建設に賛成で、一九一七年八月一日、大岡育造衆議院議長と会談した際には、次のように語っている[194]。

「議院建築の企画に付、早晩建築の必要ある事勿論なれば、大蔵省と協議し相当の処にて決行せしむる事然るべしと同意しおけり」

翌年六月、大蔵省内に議院建築局が設置され、議事堂建設の準備が本格的に始まった。

一九一八年九月に成立した原内閣のもとでも、建設計画はより具体化し、一九一九年二月には、意匠設計案の第一次募集が、九月には第二次募集が行われた。一九二〇年一月三〇日には、いよいよ新議事堂建設が起工され、同日に行われた地鎮祭には原首相も出席し、玉串を捧げている。新聞の中には、「竣工の暁は実に帝都の偉観であろう」とする評もあったが[195]、原の日記には「帝国議院新築の地鎮祭を施行し余も出席せり」という簡単な記述があるのみである。これまで見てきた原の私邸や政友会本部に対する姿勢とも考え併せると、原は議事堂建設にはそれほど強い思い入れはなかったのではないだろうか。

残念ながら、原が議事堂の意匠や議場構造についてどう考えていたかは不明であるが、議場構造に関しては、原が重要な決定を行った可能性がある。ヨーロッパの議会の議場構造は、議席が中央の通路を挟んで向かい合うイギリス型、扇型に議席が配置されるフランス型、扇型に議席を配置しつつ、政府高官が高いひな壇に座るドイツ型に大別される。日本では、帝国議会が開会する前、コンドルによってイギリス型の議場構造も検討されていたが、最終的にはドイツ型の議場構造が採用された[196]。その後大正期に入り、非政友勢力が伸長するのに伴って、イギリス型の議場構造の採用を求める声も出たが、それはあまり強い声にはならなかった。新議事堂の議場構造を決定する際、原首相にも意見が求められたが、原は、大臣席の配置などについて、「現在の議場に準拠すべき事に決定」したと日記に記しており、従来のドイツ型の議場構造の維持を指示したようである[197]。おそらく原は、ドイツ型の議場構造は既に日本に定着しており、変更を必要とするほど大きな問題もないと考え、従来の構造を踏襲させたのであろう。実際新議事堂では、ドイツ型の議場構造が引き続き採用され、それは今日まで受け継がれている。

原が活躍する舞台となった第二次仮議事堂は、一九二五年九月に火事のため焼失した。しかし、すぐに第三次仮議事堂が建設され、一二月には竣工に至った。一方、新議事堂の建設工事は着々と進み、一九三六年一一月に完成した。新議事堂は戦時期にも大きな被害は受けず、今日も活用されている。

「平民宰相」の面目――おわりに

本章では、原敬の三つの邸宅や公的政治施設との関わりについて検討してきた。原の自らの邸宅に対するスタンスは、一言で言えば「実用本位」「質実剛健」という言葉でまとめられるだろう。原の三つの邸宅のうち、芝本邸は、彼の地位や名声に比して、著しく質素であった。週末に滞在した腰越別荘も、眺望は素晴らしく、英気を養うには絶好の地であったものの、凝った建築物や庭園は何一つない、山荘であった。帰省時に滞在した盛岡別邸のみは、政治家に相応しい規模と威容を備えていたが、特別に贅沢だったわけではないし、毎年数百名の盛岡市民が集う半ば公的な場として開放もされていた。

邸宅のあり方には、原の政治的軌跡や人間関係が如実に反映されていた。原の質素な本邸は、政友会本部のすぐ近くにあり、政友会代議士のたまり場になっていたこととも相俟って、衆議院多数党の指導者の邸宅として相応しい政治活動の場となった。原の東京近郊の別荘は、政治的キャリアを重ねる中で、尊敬する師である陸奥宗光、政友会の指導者である伊藤博文や西園寺公望との交わりを求める場（大磯）から、孤独に己を振り返り、思索を深める場（腰越）へと変化していった。盛岡の別邸は、原の母親リツや故郷に対する思いを反映するとともに、盛岡の支持者とのつながりを象徴していた。

原の邸宅がいかなるものであったかは、他の政治家のそれと比較することで、より明瞭になるだろう〔198〕。山県有朋、井上馨、松方正義、西園寺公望ら元老は、本邸や別荘の庭園や建築に趣向を凝らしたり、多数の邸宅を所有したり、別荘で大規模な農場や山林を経営したりした。一世代前の政党指導者である大隈重信や板垣退助は、政治的には民主的な主張を行いながら、私的にはかなり貴族的な生活スタイルを持っていた。同世代の政治指導者のうち、加藤高明は麹町に「番町屋敷」と称されたコンドル設計の瀟洒な本邸を構え、政治的会合の場として活用した他、大磯、軽井沢に別荘を所有した。後藤新平は、麻布に豪壮な本邸を持ち、軽井沢に広大な土地と別荘を所有した。加藤、後藤は、いずれも生地との結びつきがほとんどなく、衆議院に議席を持たなかったため、故郷の別荘は存在しなかった。原の邸宅は、これらの政治家のいずれと比べても質素であったし、別邸を通して故郷の政治基盤と強い結びつきを持っているという点で、個性的でもあった。

第一次世界大戦期という時期を考慮すれば、原の個性はさらに明瞭になる。第一次世界大戦は日本に未曾有の好景気をもたらしたが、それは富裕層の邸宅のあり方に大きな変化をもたらした。好景気の中で全国各地のリゾート開発が進み、富裕層の別荘が激増したのである[199]。例えば軽井沢では、一九一四年（大正三）から実業家の野沢源次郎が、一九一八年（大正七）から堤康次郎が大規模な開発に着手し、大戦後にかけて多くの別荘が建設された。政治家でも、大戦前後に軽井沢に別荘を購入した者は多い。例えば、前述した加藤高明は一九一八年、後藤新平は一九一三年に別荘を構えているし、大隈重信の軽井沢別荘も一九一七年に竣工している[200]。軽井沢に集った政治家を含む富裕層は、音楽会、野外劇、アウトドアスポーツやカルチャー講座などに集い、社交的な文化を開花させていった[201]。しかし原は、軽井沢の地にも、このような別荘地での社交にも関心を寄せなかった。原の「実用本位」で、「質実剛健」な邸宅活用のあり方は、大戦期のともすれば軽佻浮薄な風潮の中でもいささかも揺るぐことなく、一貫していたと言うことができるだろう。

原の公的政治施設との関わり方も、「実用本位」「質実剛健」であったと捉えることが可能である。政友会が長年衆議院で多数を占め、原の党内でのリーダーシップも確立していたにもかかわらず、原は、火事で焼失するまで、明治期に建てられた古い政友会本部を改築することに関心を示さなかった。首相官邸の建物についても、かなり手狭で古かったにも関わらず、改築する考えはなかったようである。帝国議会の議事堂に関してだけは、新議事堂建設を開始する責任者になったが、これは以前からあった計画がたまたま実行段階に入ったという側面が強く、議事堂建築に特にこだわりを持っていた形跡はない。原は、政党本部や首相官邸といった公的政治施設を、権力を誇示する場として活用することは好まなかったのである。

こうして見ると、原敬をめぐる「政治空間」のあり方は、まさに「平民宰相」としての面目を示していると言えるのではなかろうか。そこには、「賊軍の子」から苦学して身を立て、衆議院を基盤にして藩閥政府を切り崩し、ついに国政の頂点にまで登りつめた政党政治家の足跡と矜持が刻印されていたのである。

註

1――本来、別邸、別荘は同義語であるが、盛岡の原の邸宅は、盛岡市民から「別荘」ではなく「別邸」と称されるのが通例となっていたため、本稿では、盛岡の邸宅は「盛岡別邸」、腰越（および大磯）の邸宅は「腰越別荘（大磯別荘）」という表現で統一する。

2――代表的なものとして、鈴木博之『東京の〈地霊〉』（文藝春秋、一九九〇年、のちちくま学芸文庫、二〇〇九年）、同『日本の〈地霊〉』（講談社現代新書、一九九九年）、同監修『元勲・財閥の邸宅』（ＪＴＢパブリッシング、二〇〇七年）、藤森照信『明治の東京計画』（岩波書店、一九九〇年）がある。

3――岡義武『山県有朋』（岩波新書、一九五八年）、伊藤之雄『山県有朋　愚直な権力者の生涯』（文春新書、二〇〇九年）、同『西園寺公望　古希からの挑戦』（文春新書、二〇〇七年）など。

4――御厨貴『権力の館を歩く』（毎日新聞社、二〇一〇年、のちちくま文庫、二〇一三年）。

5――拙稿「近代日本政治と「別荘」――「政界の奥座敷」大磯を中心として」（筒井清忠編『政治的リーダーと文化』千倉書房、二〇一一年）、同「別荘から見た近代日本政治」（『公研』四八巻四号、二〇一〇年四月～四九巻七号、二〇一一年七月）、同「伊藤博文と大磯」（『伊藤博文没後一〇〇年記念　滄浪閣の時代』大磯町郷土資料館、二〇〇九年）、同「片岡直温と京都（三）」（『京都市政史編さん通信』三八号、二〇一〇年七月）。

6――拙稿「大使館建築の魅力」（『外交フォーラム』二五一号、二〇〇九年六月）、同「ベルギー大使館の一四〇年」（一）～（四）（『日本・ベルギー協会会報』七四号、二〇〇八年五月、七五号、二〇〇八年一二月、七六号、二〇〇九年六月、七七号、二〇〇九年一二月）。

7――拙稿「別荘からみた近代日本政治（第一〇回）原敬」（『公研』四九巻一号、二〇一一年一月）。

8――同紙は、一八九九年二月に高橋嘉太郎によって盛岡で創刊された。原敬・政友会の支援を得て、一九三三年に廃刊するまで、『岩手日報』（一八九七年四月創刊）と並ぶ有力紙として存続した（岩手日報社百十年史刊行委員会編『岩手日報百十年史』岩手日報社、一九八八年、一四〇頁）。

9――原は、一八八九年四月にフランスから帰国してから芝公園に本邸を構えるまでの間に、京橋の三十間堀一丁目（外務書記官時代に購入）、麻布の市兵衛町、麹町の富士見町（農商相の秘書官官舎）、京橋の南鍋町と転居を繰り返した(原奎一郎編『原敬日記』一巻、福村出版、一九六五年、一八八五年八月二七日、一八八九年六月二二日、一八九〇年二月一日、一八九二年三月一六日、原誠「原敬追想」(二二〔二三の誤り〕)『新岩手人』一一巻七号、一九四一年七月)。以後『原敬日記』からの引用に際しては、巻数などを省略し、日付のみを記載する。

10——『原敬日記』一八九二年九月二六日。芝の家を購入した際の原の住所は、京橋区南鍋町一丁目七番地(現在の中央区銀座六丁目)であった(同上、同年三月一六日)。

11——『岩手毎日新聞』一九二〇年九月二日(原敬談)。

12——『東京朝日新聞』一九二三年六月二日で紹介されている原敬の談話。ただし、こちらの談話では、退職金が一〇〇〇円、家の購入費が八〇〇円となっている。原の日記には「退官賜金規則通下賜さる」とのみ記されている(『原敬日記』一八九二年三月九日)。

13——『原敬日記』一八九二年九月二六日、『岩手毎日新聞』一九二〇年九月二日(原敬談)。なお原は、本邸の修繕を、吉田吉次郎という人物に依頼している(『原敬日記』一九〇九年八月二五日)。

14——長江好道『日系人の夜明け　在米一世ジャーナリスト浅野七之助の証言』(岩手日報社、一九八七年)二二頁。

15——御手洗辰雄「原敬　その人間にふれる」(『写真集原敬　歿後五〇年　その生涯』原敬遺徳顕彰会、一九七〇年)。

16——梧楼生「名士の応接室(三)原敬氏」(『岩手毎日新聞』一九〇九年八月一九日)。

17——御手洗辰雄はこの部屋を「和風の応接間」と表現しているが、『原敬全伝』の解説では「日本館の応接間」と表現されている。おそらく増築(改築)部分にあった部屋なのだと思われるが、詳細は不明である(鈴木利貞『原敬全伝』天篇、日本評論社出版部、一九二二年)。

18——「同日本館応接間の扁額」「同洋館応接室の一部」(前掲、鈴木利貞『原敬全伝』天篇)。

19——「同書斎の卓子」(前掲、鈴木利貞『原敬全伝』天篇)。

20——「同私邸書斎の整理棚」(前掲、鈴木利貞『原敬全伝』天篇)。

21——前掲、御手洗辰雄「原敬　その人間にふれる」。

22——『岩手毎日新聞』一九二一年六月二七日。

23——前掲、「芝公園の原家私邸」(前掲、鈴木利貞『原敬全伝』天篇)。

24――前掲、長江好道『日系人の夜明け』二二頁、三七～三八頁。
25――同右、二二～二三頁。
26――『岩手毎日新聞』一九一四年七月二四日。
27――前掲、長江好道『日系人の夜明け』二五頁。
28――一九一三年二月結成。機関誌として『自由評論』を発行した。院外青年団については、伊東久智「大正期の「院外青年」運動に関する一考察――橋本徹馬と立憲青年党を中心に」(『東洋文化研究』一三号、二〇一一年三月)を参照。
29――『岩手毎日新聞』一九二〇年一二月六日、七日。
30――一九一二年二月結成。機関誌として『世界之日本』(のち『一大帝国』、『労働世界』)を発行した。
31――前掲、長江好道『日系人の夜明け』二七～二八頁。
32――『岩手毎日新聞』一九二〇年六月二三日。
33――前掲、鈴木利貞『原敬全伝』天篇、原誠「原敬追想」(三二)(『新岩手人』一九四三年七月号)。
34――前掲、原誠「原敬追想」(二一〈二二の誤り〉)、「原貢氏原稿(原奎一郎自伝)」(大慈会所蔵)。
35――原ミサ子氏談。お話を伺うにあたって、岩谷泰輔・千寿子ご夫妻のお世話になった。
36――群馬県安中市にある温泉地。江戸時代から温泉地として栄え、一八八四年に東京・高崎間、一八八五年に高崎・横川間の鉄道が開通して東京からのアクセスが改善すると、別荘地として発展した。全盛期には、井上馨、大木喬任らが別荘を構えたが、一八九三年に鉄道が直江津まで開通したのをきっかけとして、軽井沢の開発が進み、別荘地としては衰微した(桜井作次他編『磯部温泉誌』安中市観光協会、一九八二年)。
37――群馬県渋川市にある温泉地。江戸時代から温泉地として栄え、お雇い外国人ベルツの指導によって環境衛生をいち早く整備したこともあって、明治以降、近代的な別荘地としても発展した。全盛期には、岩崎弥之助、ロバート・アルウィンらが別荘を構え、一八九三年には伊香保御用邸が造営された。一八八九年時点では、高崎駅または前橋駅から乗合馬車で移動するのが一般的だったが、一八九〇年(前橋発の上毛馬車鉄道)、一八九三年(高崎発の群馬馬車鉄道)に馬車鉄道が開通し、東京からのアクセスが改善した(木暮三郎『伊香保の温泉』木村貞次郎、一八九七年、戸丸暁鐘編『伊香保案内』日本温泉協会代理部、一九二四年)。

38――『原敬日記』一八八九年七月一三日～八月二九日。

39――井上の磯部別荘（一八八六年一〇月竣工）は、各種の木材を用いて工夫を凝らしたものだったと伝えられている。井上は一八九六年頃に別荘を静岡県の興津に移転したが、磯部別荘の建物は、興津別荘の本館として移築された（井上馨伝記編纂会編『世外井上公伝』五巻、内外書籍、一九三四年、五九〇～五九二頁）。井上の別荘については、拙稿「別荘からみた近代日本政治（第七回）井上馨」（『公研』四八巻一〇号、二〇一〇年一〇月）を参照。

40――海浜院は、一八八七年に医学者長与専斎が鎌倉由比ガ浜に開院したサナトリウム（保養施設）として出発し、一八八九年からは海浜院ホテルとして営業していた。客の大半は、華族や外国人などの富裕層であった（相原典夫「鎌倉海浜ホテル考」『鎌倉』第三四号、一九八〇年五月、浪川幹夫「古き鎌倉再見その二〇「海浜院」について（由比ヶ浜）」「知らざれる鎌倉探索」、ｅ－ざ鎌倉・ＩＴタウン、http://www.kcn-net.org/oldnew/index.html 二〇一四年三月四日アクセス）。

41――三橋旅館は、江戸時代から鎌倉の長谷にあった老舗旅館で、明治・大正期に鎌倉で最大規模を誇った旅館であった。一八八七年に東海道線藤沢駅が開業したことにより利用が拡大し、福沢諭吉や伊藤博文も利用していた（島本千也『鎌倉別荘物語――明治・大正期のリゾート都市』島本千也、一九九三年、浪川幹夫「三橋旅館について」前掲、「知らざれる鎌倉探索」）。

42――『原敬日記』一八九一年三月三日～七日、五月七日～一三日。

43――『原敬日記』一八九一年八月七日～一一日。

44――『原敬日記』一八九二年九月一三日～二五日。

45――畔沼昭雄『海水浴と日本人』（中央公論新社、二〇一〇年）一二二～一二五頁。

46――山県の大磯別荘については、『大磯のすまい――宿・町家・別荘建築編』（大磯町教育委員会、一九九二年）一二三～一二四頁を、山県の別荘については、拙稿「別荘からみた近代日本政治（第六回）山県有朋」（『公研』四八巻九号、二〇一〇年九月）を参照。

47――『原敬日記』一八九三年八月一日～二三日。貞子は、その後もしばしば転地療養を行っているが、滞在先は様々であった。『原敬日記』によれば、一八九三年一一月、一八九四年五月には京都、同年八～九月には鎌倉、一八九五年六月には箱根、九月には逗子に滞在していたことが確認できる（『原敬日記』一八九三年一一月二四日～三〇日、一八九四年五月一日～一〇日、同年九月五日、一八九五年六月一〇日、九月一三日）。

48――「覚（雑）」（『原敬関係文書』別巻、三四七頁）。小島初五郎のご子孫宅には、原から妻貞子に宛てた書翰二通が残されており、小島家と原夫妻の間の親交がある程度深いものであったことを推測させる（一九〇一年一〇月二五日および年不明八日付原貞子宛原敬書翰、小島荘三氏所蔵）。なお原は、一八九六年以降貞子と別居状態になり、離婚を検討したが、一八九九年に同居を再開した際、それまでに記した離婚に関する日記を「一切抹殺」しており（『原敬日記』一九〇五年一二月一七日）、貞子が大磯の別荘をどれほど利用したのかは判然としない。結局二人は、一九〇六年一月に離婚に至った（『原敬日記』一九〇六年一月三〇日）。

49――『原敬日記』『東京朝日新聞』『読売新聞』を見る限り、日清戦争が勃発した一八九四年八月から日本が三国干渉を受諾した翌年五月までの間に、原が東京を離れて静養した記録は見当たらない。『原敬日記』一八九五年六月三〇日。

50――それまで陸奥は、鎌倉、箱根、横浜などでも転地療養を行った経験があったが（『原敬日記』一八九二年一月一四日、一八九三年九月二日、一八九四年四月二五日）、以後基本的に大磯に滞在を続けた。

51――前掲、『大磯のすまい』一三二頁。

52――『東京朝日新聞』一八九五年六月二三日。

53――『東京朝日新聞』一八九五年一一月一九日。

54――『東京朝日新聞』一八九五年六月二八日、一一月一九日、一八九六年五月一二日。

55――『東京朝日新聞』一八九五年八月一一日、一八九六年五月一五日。

56――前掲、『大磯のすまい』一三三頁。

57――陸奥と大磯の関わりについては、前掲、拙稿「近代日本政治と「別荘」」五三～五五頁を参照。

58――『原敬日記』一八九六年六月二日。

59――『原敬日記』一八九六年一月一九日、五月一七日。

60――この間陸奥は、六月から八月までハワイに転地療養していた。

61――『原敬日記』一八九六年一〇月一三日。

62——『原敬日記』一八九六年一〇月二七日、一一月六日、二一日、一二月四日、一八九七年一月一二日~一五日、一七日~二〇日、二二日~三〇日、二月六日~一三日、三月二四日~三一日、四月五日~一一日、五月七日。

63——この間原が確実に陸奥を訪問したことが分かるのは、『原敬日記』にその旨の記載がある一八九六年一〇月一三日、二七日、一一月二一日、一二月四日、一八九七年五月七日のみである。これ以外の日には、陸奥の病気を慮って訪問を控えた可能性もあるが、原は、陸奥の危篤が報じられてから死去するまでの間にも頻繁に陸奥のもとを訪れており(『原敬日記』一八九七年六月一二日、一六日、一八日、二三日)、それ以前にも、見舞いを兼ねてしばしば訪問していたと考える方が自然であろう。

64——『原敬日記』一八九七年五月一二日、八月二四日、『東京朝日新聞』同年六月一〇日、八月二六日。

65——「小島方よりノ計算書及同封ノ役場受取等」(原敬文書研究会編『原敬関係文書』別巻、日本放送出版協会、一九八九年、三〇九~三一〇頁)。

66——跡地所有者の小島荘三氏談。原が建てた別荘は、昭和三六年に解体された。小島氏からお話を伺うにあたって、小沢一昭氏(原敬記念館館長)のお世話になった。

67——『原敬日記』一九〇〇年五月二四日。

68——『原敬日記』一八九七年七月三日、八月一日、一九〇一年五月三日、一三日、一九〇一年七月七日、三一日、一一月七日。

69——前掲、拙稿「近代日本政治と「別荘」」五四頁。伊藤の別荘については、前掲、「伊藤博文と大磯」、拙稿「別荘から見た近代日本政治(第五回)伊藤博文」(『公研』四八巻八号、二〇一〇年八月)も参照。

70——前掲、拙稿「近代日本政治と「別荘」」五七頁。西園寺の別荘については、拙稿「別荘から見た近代日本政治(第一四回)西園寺公望」(『公研』四九巻五号、二〇一一年五月)も参照。

71——『原敬日記』一八九六年一〇月一四日、一八九八年七月四日、一八九九年六月一七日、一九〇〇年五月二五日。

72——『原敬日記』一九〇〇年七月二七日、八月一日、二〇日、九月一一日。

73——『原敬日記』一九〇〇年一〇月一五日、一九〇一年一月四日。

74——『原敬日記』一九〇一年六月一〇日、七月二日、八月八日、九月一〇日、一七日。

75——『原敬日記』一九〇二年三月一日、四日、七月一五日、八月二三日、一〇月二五日、二九日、一一月一四日、一二月九日、二〇日、二三日。
76——『原敬日記』一九〇三年一月四日、二八日、二月一日、九日、三月五日、四月六日、五月五日、六月五日、一〇月八日、一一月二〇～二二日。
77——『原敬日記』一九〇四年一月五日。
78——『原敬日記』一九〇五年二月六日、三月九～一〇日、六月一三～一五日、一八～二一日、九月一七日、一一月五日。
79——『原敬日記』一九〇六年二月一八日、一一月二三～二五日。
80——伊藤之雄『元老西園寺公望——古希からの挑戦』(文春新書、二〇〇七年)。
81——前掲、「小島方よりノ計算書及同封ノ役場受取等」。
82——以下、腰越別荘の購入、建築については、『原敬日記』六巻、一七九～一八二頁を参照。
83——原は、一九〇五年四月から一九〇六年一月まで古河合名会社副社長を務め、その後も一九一三年一二月まで、様々な形で古河の経営に関わった。
84——『原敬日記』一九一三年一〇月七日。
85——その後、一九一六年に隣接地を一〇〇〇円で追加購入している。
86——『原敬日記』一九一四年六月二一日。
87——一九一六年にはさらに書斎一室を増築している。
88——『原敬日記』一九一四年一〇月四日、同年一二月一九～二〇日、一九一五年一月二～五日。
89——『原敬日記』一九一五年四月二一日。
90——一八九九年に中村春次郎によって中村恵風園(現恵風園胃腸病院)が、一九一一年に鈴木孝之助(元海軍軍医中将)によって鈴木療養所が開設されている(鈴木病院ホームページ、http://www.suzuki-hp.ne.jp/history.html 二〇一四年三月一一日アクセス)。
91——呉は腰越の歴史をまとめた著書を公刊している(呉文炳『相模国腰越考』巌松堂書店、一九三七年)。
92——原の残した句帖には、「東京腰越間雑詠」と題して、「品川」「鵠沼付近」「片瀬川」「浜須賀附近」「片瀬停留所」という詞書が付された一連の俳句が残されている(詠まれた日は不明、『原敬日記』六巻、一七三頁)。おそらくこの時は、東京で東海道線に乗車し、藤沢駅で江ノ島電鉄に乗り換え、片瀬駅または龍ノ口駅で下車した後、腰越の別荘に入ったのであろう。一九一五年五月の日記には、腰越に行く途中、藤沢まで加藤高明外相と同乗したという記述があるが、この時も同じルートを用いたものと思われる(『原敬日記』一九一五年五月二三日)。

93——例えば、一九一五年四月に腰越に行った際には、往復ともに自動車を利用している(「児玉亮太郎日記」一九一五年四月六日、九日、「児玉亮太郎関係文書」国立国会図書館憲政資料室寄託)。ちなみに、『岩手毎日新聞』の記者は、原内閣期に書かれた記事の中で、原の自動車は「東京中で有名なのろい自動車」で、「丸の内へ入ったらドンドン後から来る自動車に抜かれ」ると記している(『岩手毎日新聞』一九二一年六月二七日)。

94——一九一九年に腰越別荘を訪問した盛岡の佐々木専太郎という人物(原と同年者によって結成された盛岡の丙辰会の一員)は、同様のルートを利用し、江ノ島電鉄の龍ノ口駅(記事では「龍口寺」で下車とあるが、正確な駅名は「龍ノ口」であった)を下車した後、徒歩で別荘に入っている(『岩手毎日新聞』一九一九年四月一一日)。

95——前掲、御手洗辰雄「原敬　その人間にふれる」。

96——『岩手毎日新聞』一九一九年四月一一日。

97——仙台出身の狩野派の日本画家・佐久間鉄園(一八五〇〜一九二一)のことかと思われる。原は、母リツの米寿の祝宴の際、佐久間に三幅対の掛物を揮毫してもらい、盛岡別邸内に飾っていた(『原敬日記』一九一〇年六月三日)。

98——『東京朝日新聞』一九二三年六月二日。

99——『原敬日記』六巻、一五四頁、一七二頁、一七三頁。

100——「児玉亮太郎日記」一九一五年四月六日。

101——一九一五年五月三〇日には、交友倶楽部所属の貴族院議員二〇余名を、同年六月二〇日には、古河鉱業会社の社長、重役や近藤陸三郎を腰越別荘に招待して、昼食会を開いている(『原敬日記』同年五月三〇日、六月二〇日)。

102——前掲、『写真集原敬』七〇〜七一頁。

103——『原敬日記』一九一九年一月一二日、一九二〇年五月三〇日、『中央新聞』一九一九年一月一三日。

104——『野村秀雄』(野村秀雄伝記刊行会、一九六七年)六五頁。

105――高倉徹一編『田中義一伝記　附録写真帳』(田中義一伝記刊行会、一九五七年)。
106――木村幸治『原敬日記をひもとく　本懐・宰相原敬』(熊谷印刷出版部、二〇〇八年)。
107――『原敬日記』一八九六年六月一五日。磯子は、夫波岡顕義と音信不通になり、婚家に捨てられたような状態になったため、それ以来本宮村の生家で暮らすようになったのだという(同上、一九一七年六月五日)。
108――『原敬日記』一八九六年六月一五日。
109――『原敬日記』一九〇一年一〇月六日。
110――真山重博『もりおか歴史散歩【旧町名編】』(東北堂、二〇〇九年)一二～一六頁。
111――『岩手毎日新聞』一九〇六年九月四日、一九〇八年七月一七日。
112――『岩手毎日新聞』一九〇二年六月六日。
113――『原敬日記』一九〇三年二月三日。原の代議士初当選以降の盛岡との関わりについては、本書第六章の伊藤之雄論文を参照。
114――社説「国家を賊ふ者は誰ぞ(盛岡市選出候補論)」(『岩手毎日新聞』一九〇二年八月七日)。
115――原は、清岡等が政友会に入会した一九一〇年をもって、自身に対抗する政治勢力が盛岡から完全に消滅したと認識するに至った(『原敬日記』一九一〇年八月一三日)。
116――『岩手毎日新聞』一九〇六年九月四日、九日。
117――『原敬日記』一九〇三年八月二九日。
118――『原敬日記』一九〇六年九月五日、『岩手毎日新聞』同年九月七日。
119――『原敬日記』一九〇七年八月二〇日、『岩手毎日新聞』同年八月二一日。
120――『原敬日記』一九〇八年七月二六日、『岩手毎日新聞』同年七月二七日。
121――原は、一九〇七年八月の帰省の際、日記に「例の通り高与旅店に投宿せり」と記している(『原敬日記』一九〇七年八月一五日)。帰省中には仁王小路に住んでいた兄恭、本宮の生家に住んでいた姉波岡磯子を訪問するのが常であったが、いずれの宅にも宿泊はしなかったようである。なお、高与旅館が常宿であったものの、時には旅館を出ることもあり、一九〇八年には同旅館から大矢馬太郎(盛岡市長)の別荘・南昌荘に移り、一カ月滞在したこともある(『岩手毎日新聞』一九〇八年七月二二日)。

122――『原敬日記』一九〇七年一一月一三日。

123――森ノブ・多田代三『盛岡市の歴史』下(熊谷印刷出版部、一九九二年)六四～七〇頁。

124――別邸の建築を行ったのは、本邸の修繕にも関わった吉田吉次郎であった(『原敬日記』一九〇九年五月五日)。

125――『原敬日記』一九〇九年八月二五日。

126――前掲、御手洗辰雄「原敬 その人間にふれる」。

127――『原敬日記』一九〇九年八月二五日、『岩手毎日新聞』同年八月二六日。

128――『原敬日記』一九〇九年九月一〇日、『岩手毎日新聞』同年九月一一日。

129――『原敬日記』一九〇九年九月八日。その後も、本宮村(一九四一年に盛岡市に編入)の原の生家は維持され、原敬関係者が訪問することもしばしばあった。以下は、一九一五年五月に原側近の児玉亮太郎(政友会代議士)が本宮村を訪問した時の日記の記述である。生家の大部分は興廃していたものの、一部がまだ利用可能で、庭園や景色を楽しむことができた様子がよく分かる。「午後原恭、誠両氏の案内にて親族□三原氏と本宮村の原氏出生地を訪ふ。盛岡駅にて乗車、仙北町駅にて下車、畦道を行く事十余町、旧住宅に達す。原氏の祖父(盛岡藩家老)居住せし処にて、旧邸の大部は興廃に委しあるも、尚残存せる一部には八畳半の奥座敷も其ままにあり、当年質素の状を見るに足る。此室東向にて東山一体の佳景見るによし。外に二三の室あり。庭園の□桜、花正に盛りなり。園の彼方此方を散歩し主人公の懐旧談を聴き、右の奥座敷にて携帯の弁当を開き、半日の清興を楽しむ。七時十三分仙北町駅発帰盛。」(「児玉亮太郎日記」一九一五年五月九日)

130――『原敬日記』一九一〇年六月三日、「母リツ関係書類」(『原敬関係文書』別巻、三三八～三四六頁)。

131――『原敬日記』一九一四年五月九日。

132――『原敬日記』六巻、一七七頁。

133――『岩手毎日新聞』一九二〇年五月二四日。

134――『岩手毎日新聞』一九一七年四月二〇日、二二日、一九二〇年五月三日

135――『岩手毎日新聞』一九一四年七月二六日、「児玉亮太郎日記」同年七月二六日。

136――『原敬日記』一九一四年七月二六日、二七日。

137――『原敬日記』一九一四年八月九日。

138――『原敬日記』一九一四年七月二六日。
139――『原敬日記』一九一四年七月三一日、『岩手毎日新聞』同年八月六日。
140――『原敬日記』一九一四年八月九日。
141――『原敬日記』一九一四年八月四～一一日。第一次世界大戦勃発に対する原・政友会の対応については、本書第四章の拙稿を参照。
142――『原敬日記』一九一四年八月一二～二四日、『岩手毎日新聞』同年八月二六日。
143――南部家の別邸は、江戸時代に南部藩の御薬園（のち藩学明義堂の養成所）が置かれていた地に、一九〇八年に建設された。皇太子（のちの大正天皇）の盛岡行啓がきっかけであり、建築に際して、南部家の家政顧問をしていた原は、種々助言を行った（岩手日報社企画出版部編『いわて歴史探訪　改訂版』岩手日報社、二〇一三年、一〇～一一頁）。
144――『原敬日記』一九一四年八月二七日、二九日。
145――『岩手毎日新聞』一九一四年八月二八日。記者は、これが「噂さに聞いた不得要領」だと思ったが、「責任ある人、実行の人としては、何がどうと明言すること能はざるは当然」と納得した。
146――『岩手毎日新聞』一九一四年九月二日。
147――前掲、御手洗辰雄「原敬　その人間にふれる」。なおこの大量の本は、残念ながら現存していない。木村幸治氏（原敬記念館元館長）のご教示によれば、嗣子貢氏の手によって東京に送られ、整理・目録化作業が進められていた最中に、空襲によって焼失したようである。岩手県立図書館には、盛岡に残されたため焼失を免れた本が「原敬文庫」として所蔵されているが、管見の限り、原の書き込みのある本は見当たらなかった。
148――『原敬日記』一九二一年八月八日、『岩手毎日新聞』同年八月九日。
149――盛岡での葬儀の様子は、前掲、鈴木利貞『原敬全伝』天篇に詳しい。
150――『原敬日記』六巻、一九一頁。
151――「発会式」「本会記事」（『政友』一号、一九〇〇年一〇月一五日）、『東京朝日新聞』同年九月一六日。
152――武内孝夫『帝国ホテル』（現代書館、一九九七年）。
153――伊藤の邸宅の変遷については、前掲、拙稿「伊藤博文と大磯」を参照。

154——一八九〇年に第一回帝国議会が開会した際、伊藤は貴族院議長であったが、一一月二九日の開会から翌年三月七日の閉会まで、同ホテルに宿泊した(『東京朝日新聞』一八九〇年一一月九日、一八九一年一月二五日)。その後も伊藤は、しばしば帝国ホテルに宿泊した(『東京朝日新聞』一八九一年四月二八日、一八九七年四月一〇日、一八九九年一月七日、一九〇二年三月六日など)。

155——『東京朝日新聞』一八九二年六月二四日、七月五日、一八九三年四月二一日、一八九七年九月二六日、一二月一二日、一八九八年一二月一〇日、一八九九年二月一一日。

156——前掲、「発会式」「本会記事」。

157——『東京朝日新聞』一九一九年一〇月八日。なお、自由党本部は芝天光院内に置かれていた。

158——『原敬日記』一九一八年一〇月一七日、『東京朝日新聞』一九一九年一二月一八日。

159——『東京朝日新聞』一九一九年一〇月八日。

160——『東京朝日新聞』一九一九年一一月八日、一〇日〜一五日、一九二〇年六月一六日、一二月一七日。城南荘は、大竹貫一、五百木良三ら、近衛篤麿のもとに集った浪人グループを中心として日露戦後に結成された政治団体で、京橋日吉町に事務所を置いた。一九一四年一二月、対支連合会など対中強硬論を主張するグループが国民外交同盟会を結成し、第二次大隈内閣批判を開始した際、非政友会系の対外硬派は、城南荘の有志と共に国民義会を結成し、大隈内閣を支持・督励しつつ、対中強硬論を主張した(『東京朝日新聞』一九一四年一二月一七日、二九日、一九一五年四月二二日、二六日、三〇日、五月四日、一〇日)。城南荘、国民義会については、都築七郎『政教社の人びと』(行政通信社、一九七四年)一七九〜一九九頁、五百木良三と城南荘の関わりについては、松本健一『昭和史を陰で動かした男：忘れられたアジテーター・五百木飄亭』(新潮選書、二〇一二年)第六章を参照。

161——『東京朝日新聞』一九二一年二月四日。

162——紅葉館、三縁亭では、通常議会の前後に開催された政友会所属議員の招待会(例えば、『東京朝日新聞』一九一二年三月三一日、一九一八年一月二一日、一九一九年一月二〇日を参照)、政友会関係者による各種の懇親会、送別会や歓迎会(例えば、『東京朝日新聞』一九〇六年一一月二二日、一九〇八年八月二二日、一九一二年六月一六日、一九一三年一二月二四日、一九一九年四月一〇日を参照)がよく開催された。一八八一年に設立されて以来、政財界の名士の高級社交場として機能していた紅葉館については、池野藤兵衛『料亭　東京芝・紅

葉館　紅葉館を巡る人々』（砂書房、一九九四年）を参照。
163――『東京朝日新聞』一九一九年一〇月八日。
164――『東京朝日新聞』一九一九年一二月一七日。
165――『東京朝日新聞』一九一九年一二月一八日。
166――小池は、衆議院書記官、西園寺公望秘書、政友会本部幹事などを経て、一九二〇年に貴族院議員に勅選された人物である（『東京朝日新聞』一九二八年一月一四日）。のちに『立憲政友会史』の監修も行っており、原や政友会幹部の信任を得ていたと考えられる（小池精一監修、小林雄吾編『立憲政友会史』全四巻、立憲政友会史編纂部、一九二四～二六年）。
167――『東京朝日新聞』一九二一年二月一日、一九二三年一一月二二日。
168――『東京朝日新聞』一九二六年四月一八日。
169――『東京朝日新聞』一九二一年二月一日。
170――『東京朝日新聞』一九二三年九月一七日、一九二三年六月一五日、
171――『東京朝日新聞』一九二四年四月一〇日。
172――『東京朝日新聞』一九二四年二月八日。
173――『東京朝日新聞』一九二四年一月三一日、二月三日。
174――『東京朝日新聞』一九二四年一月三一日。
175――『東京朝日新聞』一九二四年四月一〇日。
176――『東京朝日新聞』一九二四年四月一七日。
177――『東京朝日新聞』一九二三年六月一五日、一九二四年四月一八日。
178――内閣官房編『内閣制度九十年史資料集』（大蔵省印刷局、一九七六年）一四一〇頁。
179――内閣制度の発足当初、閣議は毎週二回（火曜日・金曜日）、皇居内（宮内省）の閣議室と首相官邸において交互に開催されたとされているが（前掲、内閣官房編『内閣制度九十年史資料集』一四〇頁）、『原敬日記』『東京朝日新聞』を見る限り、原内閣期には、首相官邸で開かれることの方が多かった。原内閣が成立した一九一八年九月から翌年一二月までについて見てみると、閣議が宮内省内で開催されたことが確認できるのは、一九一八年九月

二九日、一〇月一日、一五日、一一月一日、一二月一七日、一九一九年一月二〇日、四月一日、五月二〇日、六月一〇日、二〇日、二四日、七月五日、八日、九月一九日、一〇月三日、二七日、一一月二五日、一二月九日、一二日、一六日、二七日であり、全体の半分以下である。なお、原内閣期の『原敬日記』では、閣議が首相官邸で開催された場合、開催場所は「官邸」「官舎」、皇居内にあった内閣会議室で開催された場合、開催場は「内閣」と記されている。『東京朝日新聞』では、閣議が首相官邸で開催された場合、開催場所は「永田町(首相)官邸」、皇居内で開催された場合、開催場所は「内閣」「(宮中)内閣会議室」と記されている。

180——詳細については、拙稿「参戦外交再考——第一次世界大戦の勃発と加藤高明外相のリーダーシップ」(戸部良一編『近代日本のリーダーシップ——岐路に立つ指導者たち』千倉書房、二〇一四年)を参照。

181——大隈侯八十五年史編纂会編『大隈侯八十五年史』三巻(原書房、一九七〇年)三一八~三一九頁、『東京朝日新聞』一九一五年七月三〇日、三一日。

182——村井弦斎『食道楽』(岩波文庫、二〇〇五年)。

183——前掲、大隈侯八十五年史編纂会編『大隈侯八十五年史』三巻、六四六頁、七二〇~七三二頁。

184——『東京朝日新聞』一九一四年六月一二日、二六~二九日、一九一五年四月八日、六月二四日、一九一六年四月二四日。

185——小野賢一郎『水の流れと』(実業の世界社、一九一六年)三二二頁。

186——『東京朝日新聞』一九一四年九月一三日。

187——『原敬日記』一九一九年一月七日(官邸)、一九二〇年一月六日(官邸)、二月二四日(官邸)、一九二一年一月四日(皇居内)、一九二一年七月一五日(官邸)、一九日(官邸)、二二日(官邸)、二六日(官邸)、二九日(官邸)。()内は開催場所を示す。

188——『東京朝日新聞』一九一八年一〇月一一日、一一月二三日、一九一九年三月八日、二八日、七月八日、九月一日、一〇月九日、一九二〇年三月一二日、一九二一年四月一日、一〇月五日。

189——『東京朝日新聞』一九二〇年六月二日、九月一六日。

190——『東京朝日新聞』一九一九年一月二〇日、一九二〇年一月二一日。

191——『東京朝日新聞』一九二〇年五月三一日、一九二一年一〇月五日。

192——前掲、内閣官房編『内閣制度九十年史資料集』一四一〇頁。
193——新議事堂建設の経緯については、大蔵省営繕管財局編『帝国議会議事堂建築の概要』(大蔵省営繕管財局、一九三六年)を参照。
194——『原敬日記』一九一七年八月一日。
195——『東京朝日新聞』一九二〇年一月三一日。
196——清水唯一朗「議場の比較研究(1)日本の国会議事堂と議場——民主主義を規定する枠組みとして」(『SFC日本研究プラットホームワーキングペーパー』No.5、二〇一三年七月)。
197——『原敬日記』一九二〇年一〇月一九日。
198——原以外の政治家の邸宅については、さしあたって、註5の拙稿を参照。
199——安島博幸・十代田朗『日本別荘史ノート——リゾートの原型』(住まいの図書館出版局、一九九一年一二月)。
200——第一次世界大戦前後の軽井沢の変化については、宮原安春『軽井沢物語』(講談社、一九九一年)第三章を参照。
201——このような政治家と軽井沢の関わりを考察した論考として、御厨貴「軽井沢はハイカルチャーか」(青木保・川本三郎・筒井清忠・御厨貴・山折哲雄編『近代日本文化論三　ハイカルチャー』岩波書店、二〇〇〇年)を参照。

あとがき

冷戦が終了して二五年近くになる。しかし、世界が平和と繁栄に向かうような政治・経済秩序は、未だに定まらない。東日本大震災の打撃を受ける中で、日本の政治・外交や経済等における首相や内閣のリーダーシップは、必ずしも十分なものではなく、日・中・韓の国際関係も安定しない。

このような状況下で、かつて国際秩序が大きく変動し、日本国内にもその波が押し寄せた時期に、しなやかで強いリーダーシップを発揮した人々への関心が高まるのは当然であろう。原敬はそのような政治家の一人である。

原は、第一次世界大戦中から、大戦後に世界や日本がどうなっていくかの見通しを持っており、大戦末期に、衆議院の多数党である政友会を背景に組閣し、戦後経営に尽力した。それのみならず、青年期からあこがれていた英国の政治と経済体制を日本にも実現するために努力した。最終的に、陸海軍や宮中までをも首相や内閣が事実上統制し、英国風の立憲君主制の確立に向けて大きな一歩を踏み出した。本書の編著者である私は、このような観点で原敬を再検討する必要があると考えていた。

原敬については膨大な研究がある。しかし、少年期・青年期の人格形成を踏まえ、外交官・新聞経営者から政党政治家へと成長していった原の思想や動向は、必ずしも統一した形で十分に論じられていない。ましてや、原のそれまでの歩みの全体像を前提に、第一次世界大戦による国際変動を原がどのようにとらえ、首相となって大戦後の状況にいかに対応したのかについて、実証的な研究は不十分である。すなわち、原敬像はかなり明らかになっているように見えながら、全体として曖昧なところが少なくなく、原・政友会の「地方利益誘導」の真偽や、普選漸進論の可否など、大きく評価の分かれるところも残っている。

二〇一四年七月に第一次世界大戦勃発一〇〇年、八月には日本の参戦一〇〇年を迎える。一方、原敬の生誕地盛岡市で約三五年前に多量の「原敬関係文書」(のち、原敬文書研究会編『原敬関係文書』全一一巻〈日本放送出版協会、一九八四〜一九八九年〉として出版)が発見されて以降、盛岡市の原敬記念館には、かなりの量の新出史料が収集され、地元での原敬研究も進んできている。さらに、膨大な未公開資料「原敬文書」(財団法人大慈会《だいじかい》所蔵)が存在することもわかった。

そこで二〇一〇年秋に、私達は、「第一次世界大戦後の世界秩序の変容と日本――新出『原敬関係文書』に基づく検討」という課題名で、科研費に応募した。翌二〇一一年春、幸いにも二〇一一年度から一三年度の三年間にわたる助成が認められた(基盤研究(B)、課題番号23320135)。本書は、この科研費による研究の報告書として出版するものである。

私達はこのテーマによる共同研究のため、後述するように、共同で、あるいは各人で史料収集を行った。また、研究会を二〇一一年七月三〇日(京都大学)、二〇一三年一月二六日・二七日(京都大学)、二〇一三年一〇月五日(盛岡市のアイーナ〈岩手県民情報交流センター〉)で行い、各人が研究を報告し、長時間にわたり自由かつ熱のこもった議論をした。

本書に執筆したメンバーの他、研究分担者として、川田稔(名古屋大学教授、現在は日本福祉大学教授)・瀧井一博(国際日本文化研究センター教授)にも研究会での報告や議論に参加していただいた。また、西山由理花(京都大学院生、日本学術振興会奨励研究員)は研究分担者ではないが、関連する研究を行っていたので、研究会に誘い本書に論文を寄稿することを認めた。

また、本研究会では盛岡市の「原敬を想う会」と連携して、二〇一三年一〇月六日に「原敬内閣総理大臣就任九五周年記念シンポジウム」(於、ホテル東日本盛岡)を開催した。このシンポジウムは、「原敬を想う会」の主催で、盛岡市教育委員会・盛岡市文化振興事業団原敬記念館共催、盛岡市町内会連合会・岩手日報社・盛岡タイムス社・NHK盛岡放送局・IBC岩手放送・テレビいわて・岩手朝日テレビ・めんこいテレビの後援を得た。シンポジウムの報告者は、次の通りである。

○基調講演　「原敬とその時代」　伊藤之雄(京都大学教授、研究会代表)

○パネルディスカッション

　パネリスト　伊藤之雄・奈良岡聰智(京都大学准教授、研究会メンバー)・金澤裕臣(金沢林業株式会社社会長)・小沢一昭(原敬記念館前館長)

　コーディネーター　木村幸治(「原敬を想う会」事務局長、原敬記念館元館長)

この他、研究会メンバーの小林道彦(北九州市立大学教授)・飯塚一幸(大阪大学教授)もシンポジウムに参加し、原敬についてのコメントを行った。シンポジウムには、盛岡市民など二百数十人が集まった。

これら原敬の研究や、その成果にもとづくシンポジウムでの報告のため、私たちは「原敬文書」(大慈会所蔵)や原敬記念館所蔵史料、国立国会図書館所蔵史料、岩手県立図書館所蔵史料など各所の原敬関連文書を複写し、収集した。

これらの史料収集にあたっては、原敬の子孫の原ミサ子様、岩谷泰輔・千寿子ご夫妻、清岡等の子孫の北山博美様、木村幸治先生(前出)、小沢一昭先生(前出)、佐藤均先生(原敬記念館館長)、久保田さやか様（原敬記念館学芸員、現在は盛岡市先人記念館学芸員）などの方々から、甚大なる御助力と御教示を賜り、大変感謝している。

また奈良岡聰智（前出）は、研究会の事務局を担当し、大慈会や原敬記念館所蔵文書の収集の中心となった。史料の収集や整理に際しては、平松良太（京都大学院生・故人）・齊藤紅葉（京都大学院生）・久保田裕次（大阪大学院生、現在は日本学術振興会奨励研究員・京都大学）・萩原淳（京都大学院生）らの協力を得た。感謝する。

二十年来原敬を研究してきた私は、その実像をかなりつかんだつもりでいた。しかし、この三年間の共同研究の過程で、新たに膨大な史料を収集し、これまでの史料とあわせて読解するうちに、原敬の本質にさらに近づき、その思想の深さと思慮のある言動に、感動を新たにした。新史料のおかげで、『原敬日記』や『原敬関係文書』の記述の意味がさらによくわかり、新しい解釈ができたところも少なくなく、非常な充実感を味わった。本書には共同研究に参加した人々の同様の思いが詰まっていると確信する。

最後に、本書の出版を快く引き受けてくださった千倉書房と、本書の意図を十全に受け止めて編集して下さった同社編集部の神谷竜介氏、山田昭氏に、心から御礼を申し上げたい。

二〇一四年三月三日

伊藤之雄

511, 569, 574, 576, 581, 597, 599, 627, 652
山県伊三郎　193, 589
山川端夫　285
山口小一　568, 571, 577, 579, 585-586
山口俊太郎　582
山口宮治　445
山崎庸哉　381
山下寛太　568, 570
山田（秘書官）　471
山田武甫　553-554
山田敬徳　095-099, 101, 105-107, 129, 131
山田隆一　188
山梨半造　188, 217
山邊濱雄　555-556
山之内一次　490, 495
山邊生芳　555, 557
山本確　326
山本権兵衛　004, 019, 026, 044, 051, 056, 065, 078-079, 112, 121, 169, 172-173, 176, 187, 244, 247, 249, 262, 275, 277, 288, 323, 326-327, 335-336, 338, 364, 425, 441, 443, 455, 547, 598-599
山本四郎　096
山本武之進　388
山本達雄　018, 210, 323-329, 331-336, 338-346, 348, 350-355, 483, 486
遊座教道　479
湯地幸平　476
横尾唯七　549
横尾經久　590
横尾彦太郎　460
横田千之助　096, 264, 273, 352, 354, 482-484, 624
横浜幾慶　395, 397
横山久太郎　436
横山寅一郎　581
吉植庄一郎　263
芳川顕正　116
芳澤謙吉　285, 288
吉田吉次郎　629
吉田信義　568, 571
吉村喜平次　568, 571
米倉経夫　555, 557, 566
米田譲　096

ラ

ラモント、トーマス　211
ランシング、ロバート　198
李完用　169
李鴻章　025, 119, 166
リンカーン、エイブラハム　197
レーニン、ウラジーミル　196
ローズヴェルト、セオドア　128

ワ

若槻礼次郎　048, 335-336, 345
和田維四郎　626
渡辺国武　576
渡辺千秋　196
渡辺洪基　366, 575
渡部芳造　644
綿屋利一〔利市〕　577-578

松田まき子　597
松田正久　016-017, 057, 067, 111, 333-334, 363, 413, 547-555, 558-569, 572-577, 580-604
松田道一　285
松林勝太郎　559-560
松本剛吉　175
松本順〔良順〕　626-627
松本与右衛門　411, 415
的野半介　596
三厨太一〔太市〕　577
御厨貴　619
水野錬太郎　175-176, 444
水町袈裟六　352
三田俊次郎　385, 392, 412, 429
三谷太一郎　96, 239, 364
三田義正　372, 391, 454
御手洗辰雄　621, 623, 632, 638, 641
道岡秀彦　470
三土忠造　253, 264
光野熊蔵　568, 570
南次郎　478
宮川泰一　446
宮崎三郎　100
宮崎進策　577-578
宮崎寅蔵〔滔天〕　258-259
宮崎隆次　493-494, 501
宮崎林太郎　559-560, 568, 571
宮杜孝一　376-379, 383-386, 390-395, 397-399, 407-408, 411-413, 415-416, 424, 426, 428-431, 433, 440, 444, 510-511, 636
三吉（検事正）　463, 471
陸奥宗光　003, 006, 013, 025, 099, 159-160, 221, 276, 367, 409, 564, 620-621, 623, 626-629, 652
陸奥亮子　409
武藤金吉　485-486
村井吉兵衛　441
村井弦斎　648
村井源三　408
村井源之助　409, 484-485
村井弥兵衛　379, 387, 391, 397-398, 404, 406, 412-414, 426, 428-429, 438
村上先　420, 434-435
紫安新九郎　337
明治天皇　037-039, 045-048, 053-054, 062-064, 066, 075, 116, 154-156, 162, 173, 207, 368, 416, 418, 576, 587, 596-797, 621
目賀田種太郎　269
目時敬之　368
モーガン、ジェイヒル　647
用瀬松太郎　388
望月右内　372
望月圭介　264, 624
望月小太郎　284
元田肇　020, 263-264, 273, 284, 354, 472, 483, 575-576, 589, 598
本野康一　568, 570
本山彦一　098, 131
百島（地方裁判所長）　463, 471
森戸辰男　020
森永政憲　559, 561, 577
森正隆　499

ヤ

八坂甚八　595
梁田政蔵　100
山県有朋　004, 005, 012, 014, 017, 022-027, 032-033, 035-036, 038, 040, 042-045, 048, 052-054, 056-068, 071-072, 074-078, 112, 153-154, 156, 162-163, 168-169, 172-173, 175-177, 179, 185-188, 191-196, 198, 202-204, 206-208, 210-211, 213, 216-218, 220-221, 224, 241, 258, 276, 278-279, 331, 341-342, 344, 352, 363, 375-376, 385-386, 390, 398, 405, 438-440, 451, 475, 486,

坂西利八郎　255
パンルベー、ポール　295
日置益　266-267, 285
日沢清道　366
土方久元　196
ピション、ステファン　198
肥田理吉　624
秀島家良　558, 563
日戸勝郎　367
檜山鉄三郎　643
兵働熊一　568, 570
平井晴二　496
平井六右衛門　446
平田二郎　584
平田篤　372, 378, 393-394, 397, 426, 461
平田東助　210, 386, 398, 405, 424, 438
平沼騏一郎　021, 596
平野久兵衛　454
平野重次郎　366
平野常次郎　394, 412-413, 415, 431, 433
広岡宇一郎　213
広瀬保　624
裕仁親王（皇太子）→昭和天皇を見よ
深井英五　332, 336
福井菊次郎　109
福島安正　074, 171
福田善三郎　433
福田雅太郎　188
藤田俊三　492
藤田伝三郎　098
藤村道生　110
古河昇次郎　577
ベルツ、エルヴィン・フォン　626-627
星亨　016, 042, 175, 379-380, 384, 547, 553-555, 558, 567-568, 574-575, 600-601
星野範三郎　100
細井肇　364
堀田正養　177
穂積八束　075
堀合由己　484
堀内政定　368
堀切善兵衛　272-273
保利治郎太夫信真　559-560
本郷房太郎　188
本田政以　575
本多道純　174-175, 426-427

マ

前田悦一　568, 571, 577, 579
前田新左衛門　577
前田利定　352-353
前田正名　327
牧瀬保次郎　577
牧野伸顕　023, 198, 210, 216, 218, 244, 252, 275, 277-281, 286-287
牧野元良　110
マクドナルド、ラムゼイ　154
眞崎市太郎　568, 570
眞崎辰五郎　559-560
益田孝　195, 438, 441-442, 455-456, 632
益田忠孝　577, 579
升味準之輔　096
町田忠治　110
松井慶四郎　277-279, 285
松尾寛三　562, 566
松尾臣善　331-332
松尾尊兊　096
松方正義　27, 37, 39, 41, 44, 100, 160-161, 169, 172-173, 179, 194-195, 210, 216-218, 258, 286, 325, 335-336, 564-565, 652
松隈鉞造　577-578
松崎天民　101
松平恒雄　285, 288
松平康国　259
松田源治　264-265, 624
松田静子　593

ナジタ、テツオ　096
長谷川敬一郎　568, 571, 577-578, 580, 599
鍋島勝茂　549
鍋島閑叟　599
鍋島茂昌　582
鍋島光茂　549
鍋島元茂　549
ナポレオン1世　242
波岡磯子　636, 638
南部利淳　471
南部利祥　035
南部英麿　437
南里琢一　585, 588, 590, 593, 599
二位景暢　552, 555, 557, 559, 562, 566, 571,
新山(少佐)　170
西英太郎　555, 557, 599
西村陸奥夫　593
二双石忠治　368, 392, 398
二天散史　100
新渡戸稲造　035, 410, 433, 456
新渡戸仙岳　366
新渡戸宗助　410-411, 433
根津嘉一郎　441
根津一　249, 263
乃木希典　062
野口勘三郎　587, 599
野沢源次郎　653
野田卯太郎　099-100, 333, 341, 348, 438-439, 441, 548, 559-560, 645
野田大塊　548
野田常貞　555, 557, 559, 563, 566
野田兵一　577, 579
野津道貫　170
野中豊九郎　577, 579
野村秀雄　641
野村政成　395
野元驍　109

ハ

ハーディング、ウォレン　298
橋本逸馬　568, 571
橋本徹馬　625
バジョット、ウォルター　154
長谷川好道　121, 173, 192-193
長谷場純孝　558, 573, 575-576, 580, 585, 587, 589, 592, 596, 601
波多野敬直　195, 210
花井卓蔵　263
埴原正直　285-287
馬場辰猪　327
浜尾新　218
浜口雄幸　345-346, 349-350, 352-353, 356
林毅陸　288
林権助　120, 285-286
林董　172-173
林有造　568, 575
原浅〔アサ〕　426, 468, 476, 484-485, 487, 623-625, 630, 634, 639
原英一郎　577-578
原口要　370
原吾一郎　577-578,
原貞子　366, 409, 426, 626-627
原敬　003-, 031-, 095-, 153-, 239-, 323-, 363-, 547-
原田一次　577, 579
原達　629
原誠　638
原貢〔奎一郎〕　625, 635
原恭　408, 416, 418, 426, 437, 444, 461, 509, 629, 635, 637-638
原リツ　174-175, 385, 392, 416, 418, 426-427, 429, 437, 443-444, 447, 461, 509, 629, 637-639, 652
春名成章　634
バルフォア、アーサー　198

千葉需　498
張作霖　008
千綿安孝　577, 579
枕戈生　100
珍田捨巳　276-279, 285, 287
津島寿一　347
津田三蔵　119
土山文九郎　559, 561, 577-578, 585
筒井喜平　263
都筑馨六　575
堤定次郎　443-444, 640
堤康次郎　653
常冨義徳　577, 579
鶴田梅五郎　577, 579
鶴原定吉　263, 325, 328, 575
貞明皇后　209
鐵城生　100
寺内正毅　004, 008, 032, 054, 056, 058, 060-063, 065-067, 072, 074-079, 116, 172-173, 175, 177, 181, 186-188, 190-192, 194-195, 197-198, 222, 275, 277, 280, 337, 340, 372, 448-449, 451-454, 459, 489, 496, 498, 500, 503-504, 650
寺尾亨　263
田健治郎　175
土居通夫　110
富樫万次郎　097, 099, 101, 104-105, 107, 129, 131
戸川省次郎　388
徳川家達　298
徳川権七　555, 557
徳島勇夫　559, 561
床次竹二郎　476, 483-486
栃内秀政　430
戸水寛人　245-246, 248, 263, 265, 272-273, 282
富田小一郎　385
富永源六　577, 579
豊川良平　333
豊増竜次郎　588, 593, 595

ナ

内藤祐吉　409
中井弘〔櫻州〕　409, 413, 622-623
中井龍太郎　409
永江純一　243, 264, 444, 548, 560, 596, 640
中江兆民　006, 020, 024-025, 158-159, 221, 547, 549
中江豊造　559-560, 578, 580,
中尾英二　559, 561
長岡外史　063-064
中尾敬太郎　577
中河原寛　366
中島清武　550
中島健　558-559, 561
中島源太郎　577
仲小路廉　337-338, 340, 344, 350
永田佐次郎　555, 557, 567, 571
永田暉明　577, 579
中西新作　584
中野権六　587
永野静雄　555-556,
中橋徳五郎　350, 354, 487
中原親長　568, 570
中村織之助　577-578,
中村敬次郎　461
中村公道　587
中村清七郎　645
中村治兵衛　412, 436-437, 453, 479, 678
中村千代松　577
中村雄次郎　023, 026, 210-211, 216-218
長森藤吉郎　120
永安恕　100
長与称吉　631
長与専斎　631

杉田定一　263, 283-284, 589
鈴木巌　424, 433-435, 470, 477-478, 485, 636, 641
鈴木梅四郎　337, 352-353
鈴木喜三郎　344
鈴木光太郎　630
鈴木文三郎　381
関清英　572, 580
関定孝　368, 385, 393, 412-413, 426, 428-430
関谷貞三郎　218
関和知　284
絶影生　100
千家尊福　177
仙石貢　099, 500
曹汝霖　199
相馬永胤　328
桑揚生　100
副島義一　263
副島千八　340
添田寿一　333
曽我英一　103
曾禰荒助　115, 331
園田孝吉　195, 325
孫文　259

タ

大院君　622
大光寺忠観　367
大正天皇　023, 155-156, 188-189, 195-196, 198, 205, 207, 209, 216-218, 468,
高島鞆之助　041
高杉晋作　034
高橋（連隊長）　175
高橋覚治　327
高橋嘉太郎　378, 427, 430, 454, 461-462, 477, 485, 496
高橋金治　411, 415
高橋国治　485, 502
高橋是賢　486
高橋是清　005, 015, 018-019, 179-180, 190-191, 201, 205-206, 209-210, 218, 240-243, 272-273, 301, 323-336, 338-339, 341-348, 350-356, 442, 456-457, 475, 482-484, 486-488, 512
高橋新吉　195
高橋光威　097, 099-100, 129, 272-273, 278, 426, 430, 485, 624, 634
財部彪　065, 244
瀧井一博　076
田鎖直三　366
竹越与三郎　245, 247-248, 265, 282
竹下以善　555, 557
武富時敏　016, 284, 336, 548, 551-555, 557-567, 569, 572-573, 580, 582-583, 586, 588, 592, 594-595, 598-602
田子一民　487-488
田尻武七　568, 571
多田作兵衛　565, 584, 587
立川只之　559-560
龍野周一郎　577
田中英一　555, 557
田中義一　010, 022-024, 077, 079, 156, 185-194, 204-211, 217-218, 253, 261, 280, 488, 492, 513, 635, 649
田中定吉　103
田中善立　284
田中忠太　559-560
田中時三郎　103
田中都吉　285
田鍋安之助　259
谷河尚忠　377-378
谷口房蔵　110
タフト、ウィリアム　129
田村怡與造　058, 061
段祺瑞　199

小山雄太郎　584
小山美武　395
近藤陸三郎　630
近藤廉平　333
コンドル、ジョサイア　027, 651-652

サ

西園寺公望　004, 013, 017, 019-020, 027, 055, 058, 065, 067, 071-072, 104, 106, 111, 115, 127, 133, 162, 168, 171-173, 175-177, 187, 194, 198, 210, 216-217, 247-248, 275-279, 326, 333-335, 344, 363, 408, 416-417, 422-423, 425, 434, 439, 441, 444, 451, 455, 482, 507-508, 547, 549, 575-576, 584, 587-588, 591-592, 595, 597, 629-630, 643, 652
西郷従道　162
斎藤左一　366
斎藤秀五郎　395
斎藤隆夫　337
斎藤実　075, 172-173, 193, 326-327, 355
斎藤己三郎　390
坂井慶吉郎　568, 571, 577, 579
酒井常次　555, 557
坂牛祐直　366, 376
榊田清兵衛　264
阪谷芳郎　051, 053-056, 172-173, 350, 589
坂元規貞　554
坂本安孝　396, 410
佐久間左馬太　066
柵瀬軍之佐　433, 493
笹川多門　548
佐々木専太郎　632
佐々木隆　096
指山源太郎　555-556
佐藤愛助　485
佐藤昌蔵　381, 394, 494
佐藤清右衛門　372, 379, 405-406, 408, 426, 509
佐藤秀蔵　493, 496, 499
佐藤良平　493
真田生　100
三条実美　026, 036
志賀和多利　434-435
幣原喜重郎　197, 210, 285-286, 298, 303
品川弥二郎　327
柴田家門　055
柴田博陽　100
柴田半左衛門　485
渋川玄耳　263
渋沢栄一　210, 291, 334, 341, 441-442, 455-456, 458
シフ、ジェイコブ　179, 243
渋谷千代三　461, 624
島田剛太郎　626
島田三郎　350
島田俊雄　264
島村久　098
島義勇　552
清水市太郎　272-273
志村源太郎　441
下飯坂権三郎　372, 381, 384, 394, 494
下岡忠治　339
昭憲皇太后　416, 418, 443
荘田平五郎　324, 326
正宝兼吉　577, 579
昭和天皇　023, 155, 209, 216, 218, 287
ジョージ５世　154
ジョージ、ロイド　198
ジョーダン、デヴィッド・スター　389
末松生子　384
末松謙澄　036, 038, 378-380, 384, 390, 575, 643
菅野吉兵衛　624
菅野弥太郎　624
杉浦重剛　216

河合良成　340
河上謹一　325, 328
川上操六　040
川崎伊吉　577, 579
河島醇　553-554
川島浪速　249
川添〔川副〕俊生　559, 561
川田小一郎　325-327
川田稔　239
川原茂輔　262, 476, 551, 554, 565-566, 568, 571-572, 577, 580-582, 585-586, 588, 590-593, 595-596, 599-602
川真田徳三郎　103
川村庄右衛門　327
閑院宮載仁　218
神崎東蔵　580, 582, 586-588, 599
咸豊帝　166
菊池悟郎　099
菊池美尚　372, 379, 387, 389, 394, 397, 412, 415, 428, 430
北条元利　386, 390, 392-393, 398-399, 405
北田親氏　372, 388, 392-393, 420, 424, 427-428, 431-432, 435, 441, 444, 463, 467, 470-473, 478, 636
木戸孝允　026
木下政治　568, 571
木村清四郎　342, 347
木村保太郎　568, 571, 577, 579
清浦奎吾　116, 118, 195-196
清岡郁子　368
清岡行三　368
清岡等　015, 175, 367-370, 372-385, 387-400, 404-415, 426-433, 436, 438, 440, 462, 479-480, 494, 505, 508-512, 602, 636
金田一勝定　393, 472
久慈千治　389, 399-400, 405, 407-408, 413, 494
工藤吉次　378, 384, 433-434, 446, 454, 641
工藤啓蔵　369, 376, 378-379, 383, 394-395
久邇宮良子　216, 475
九布白兼武　577, 579
久保田譲　057
久米（警察部長）　461-462, 470
呉文炳　631
クレマンソー、ジョルジュ　198
黒木牧之助　555, 557
クロポトキン、ピョートル　020
小池靖一　645
小泉策太郎　185-186, 264, 271, 273
郷誠之助　324
高宗　112, 120, 173
河野広中　111, 554, 564, 569, 585
河野通弘　100
洪濱生　100
神鞭知常　039
河本恵治　644
小久保喜七　264, 268, 271, 596
古在由直　353
古島一雄　258-259, 283
小島初五郎　627-628
児玉源太郎　011-012, 031-043, 045-046, 048-073, 075-079, 133, 169, 172
児玉次郎彦　034
児玉半九郎　034
児玉秀雄　067
児玉亮太郎　271, 461, 634, 639-640
小寺謙吉　284
後藤新平　014, 027, 035, 041, 049, 068-069, 071, 261, 277, 423-425, 439-441, 496-497, 652
小林源蔵　271, 273
小松宮彰仁　039
小松原英太郎　098
小村壽太郎　062, 112-113, 120-121, 129
小山健三　109, 352
小山豊太郎　119

太田清助　413
太田多助　369
太田時敏　035
大塚仁一　555, 557
大津麟平　453-454, 640
大庭景虎　577-578
大橋佐平　100
大橋新太郎　441, 456
大森栄造　099
大矢馬太郎　015, 366, 368, 379, 391, 393, 412-413, 415, 426-433, 436-437, 444, 454, 462-463, 465, 467-468, 470, 472-473, 477, 479-482, 484-486, 512, 640
大山巌　036-039, 043-047, 053-054, 056, 060-064, 078, 173
岡喜七郎　444, 470
岡崎邦輔　354, 444
岡田啓介　327
岡満男　095
小川定明　100
小川平吉　009, 240-241, 245, 248-265, 268, 270, 273-274, 283, 301, 624
沖米蔵　100
奥繁三郎　264
奥田義人　053-056, 074, 243, 413, 626
奥野幸吉　463, 471
尾崎済　100
尾崎行雄　575, 583, 591
押川則吉　636
小田垣哲次郎　100
落合謙太郎　285
小野義真　372
小野慶蔵　175, 372, 389, 399-400, 405-408, 426, 429-431, 440, 444, 636, 640
小野哲之助　393
小野秀雄　095-096
小幡酉吉　285-286
オラフリン、カール　131

カ

香川輝　585
柿沼竹雄　460, 462-463, 470-474, 477-478, 641-642
影山(少佐)　170
鹿毛良鼎　577, 579
笠井信一　174-175, 418, 424, 426-427, 429
片岡直輝　095
片山慶隆　107
香月則之　559, 561
桂太郎　007, 014, 017, 026, 042-044, 048, 050-059, 061-062, 065, 067-068, 070-072, 079, 097, 108-109, 111-116, 118, 121-122, 127, 129, 132-133, 162, 172-175, 177, 187, 261, 331-333, 335, 363, 385, 398, 405, 408, 412, 423-425, 427, 438-441, 455, 576, 581-583, 585-588, 591-592, 597-598
加藤十四郎　555, 557
加藤澄　395
加藤高明　017, 027, 106, 241, 243, 249, 251-253, 257-261, 264-266, 268-269, 271-274, 277-278, 284-285, 301, 327, 413, 451, 500, 598, 652-653
加藤恒忠　640
加藤友三郎　022-023, 134, 185, 187-190, 190, 204-206, 209-210, 298, 476, 484
加藤久松　500
金子堅太郎　099, 575
兼松凞　582
狩野雄一　595, 599
鎌田栄吉　269
神坂静太郎　100
神野勝之助　353
上村才六　366
亀井陸良　258
亀嶋重治　484
萱野長知　258-259

577, 583-584, 590, 600, 627-629, 643, 652
伊東巳代治　036, 053, 056, 074, 210, 277, 280-282
伊藤之雄　009-011, 015-016, 024, 239
犬養毅　210, 269, 280, 282, 327
井上馨　025, 027, 065, 113-114, 121, 172-173, 179, 185, 327-328, 334, 438, 586, 626, 652
井上勝之助　287
井上釘之助　100
井上準之助　324, 336, 342, 348
井上孝継　555-556, 578,
岩倉具視　026
岩崎勲　647
岩崎久弥　441
岩崎弥太郎　285
岩崎弥之助　325-326, 328
岩下清周　098, 110, 640
ウィッテ、セルゲイ　107, 128-129
ウィルソン、ウッドロウ　008-010, 159, 190, 196-200, 222, 279, 295, 459
ウィルヘルム２世　245
上舘市太郎　485
上野広成　385
上原勇作　023, 078-079, 173, 205-206, 208, 217, 224, 597
鵜飼節郎　368, 377, 379, 383, 385, 393-394, 399, 411-412, 415, 426, 430, 486
宇佐川一正　170
鵜澤總明　246
牛島秀一郎　554
薄井佳久　325, 328
内田康哉　186, 189, 197-198, 205-206, 210, 252-253, 257, 275-279, 283, 285-287, 289, 298, 341
内田正雄　378-379, 384, 393-395, 397, 413, 426, 428, 433
内田良平　249, 256, 258-259, 263-264, 267, 269, 283
内山政雄　378
内海忠勝　057, 550
梅内直曹　397, 412-413, 426
梅村則次　568, 571, 577-578
エヴラール、フェリクス　006, 020, 024-026, 158
江口岩太郎　568, 570
江口胤光　577, 579
江副靖臣　551, 557, 563, 565-566, 573, 580-582, 586-587, 590, 595, 602
江藤新作　551, 555, 562-565, 567, 580, 582, 586
江藤新平　551-552, 561, 564, 573, 591, 596
江藤哲蔵　593, 624
袁世凱　180-181, 255-256, 266-267, 269
大石正巳　067, 244
大浦兼武　057, 648
大岡育造　243, 245, 263-264, 422, 575, 650
大久保利通　026, 218, 435
大隈クマ子　381
大隈重信　004, 006, 009, 014, 016-017, 027, 042, 049, 079, 160, 162-164, 177-183, 190, 198, 222, 241-243, 245, 247, 253, 257-260, 262, 264, 266-267, 274-275, 277, 284-285, 301, 336-337, 364, 381, 443-449, 451, 453, 455, 504, 510, 547, 552-553, 557-558, 560, 562-564, 566-569, 572-573, 577, 599, 601-602, 623, 625, 628, 640-641, 648-649, 652-653
大隈英麿　381, 411
大蔵喜八郎　441
大河内敬　568, 571, 577-578
大島健一　188, 191
大竹貫一　259, 264, 283-284
太田小十郎　406
太田小二郎　369, 379, 387, 391, 395-398, 404, 412, 414, 428-429, 436, 440

人名索引

ア

相浦秀剛　559, 561
青木興蔵〔興造〕　568, 571
青木宣純　255
青木正興　385
赤司七三郎　577, 579
明石元二郎　252, 257-258
秋元興朝　269
秋山真之　257
秋山定輔　118
浅野七之助　621, 624
浅野総一郎　113
朝吹英二　333
麻生太吉　590
安達謙蔵　283
阿部徳三郎　415-416, 420, 427, 433-434, 446, 454, 495
阿部浩　367, 370, 372, 385, 396, 399, 405, 408, 430
阿部守太郎　249
アボット　282, 291
天ケ瀬理八　577
荒木鐵三　100
有賀長雄　074, 255
有栖川宮熾仁　038, 065
有田源一郎　577, 579-580, 585, 588, 590, 593
安藤正純　264
居石研二　568, 571, 577-578
飯田經治　555, 557-558
家永恭種　557, 566
五百木良三　283
池田敬二郎　100
石井菊次郎　285
石井省一郎　378, 494
石井次郎　577-578
石黒忠篤　340
石原莞爾　048
石原健三　026, 195, 216
石丸勝一　566, 568, 570, 585
石丸重美　461
石丸萬吉　568, 570, 577, 579, 590
石本新六　173
伊集院彦吉　252-253, 257, 279, 285, 288
泉田健吉　434
磯部四郎　495
五十村良行　554
板垣退助　027, 163, 176, 380, 553-554, 564, 566, 568-569, 573, 596, 624, 643, 652
一木喜徳郎　75
一条忠郎　372
一ノ倉貫一　378, 411-412, 415, 465
伊東奎介　377-378
伊東祐亨　044
伊東知也　259
伊藤博邦　026
伊藤博文　003, 006, 012-014, 017, 020, 025-026, 031, 033-040, 042, 044-051, 053-056, 062, 065-070, 072-078, 104, 109, 112-113, 121, 124, 127, 132, 154, 156, 162, 168-169, 171-173, 195, 352, 363, 374-376, 380, 383-386, 389-390, 406, 410, 414, 422, 482, 507, 509-511, 547, 558, 561, 563-566, 574-

伊藤孝夫（いとう・たかお）第5章執筆

京都大学大学院法学研究科教授、博士（法学）
1962年兵庫県生まれ。1987年京都大学大学院法学研究科修士課程修了。京都大学法学部助教授を経て1999年より現職。主著に『大正デモクラシー期の法と社会』（京都大学学術出版会）、『瀧川幸辰――汝の道を歩め』（ミネルヴァ日本評伝選）、『日本法制史』（共編著、青林書院）などがある。

西山由理花（にしやま・ゆりか）第7章執筆

京都大学大学院法学研究科博士後期課程・日本学術振興会特別研究員DC1、修士（法学）
1987年高知県生まれ。2013年京都大学大学院法学研究科修士課程修了。

著者略歴

小林道彦（こばやし・みちひこ）第1章執筆

北九州市立大学基盤教育センター教授、博士（法学）
1956年埼玉県生まれ。1988年中央大学大学院文学研究科博士課程単位取得退学。北九州市立大学法学部教授を経て、2007年より現職。主著に『日本の大陸政策 1895-1914――桂太郎と後藤新平』（南窓社）、『桂太郎――予が生命は政治である』『児玉源太郎――そこから旅順港は見えるか』（ともにミネルヴァ日本評伝選）、『政党内閣の崩壊と満州事変――1918～1932』（ミネルヴァ書房、第39回吉田茂賞）などがある。

飯塚一幸（いいづか・かずゆき）第2章執筆

大阪大学大学院文学研究科教授、文学修士
1958年長野県生まれ。1988年京都大学大学院文学研究科博士課程単位取得退学。舞鶴工業高等専門学校専任講師、佐賀大学文化教育学部助教授、大阪大学大学院文学研究科准教授を経て、2010年より現職。共編著書として『田中秀央 近代西洋学の黎明――「憶い出の記」を中心に』（京都大学学術出版会）、『講座明治維新5 立憲制と帝国への道』（有志舎）などがある。

奈良岡聰智（ならおか・そうち）第4章・第8章執筆

京都大学大学院法学研究科准教授、博士（法学）
1975年青森県生まれ。2004年京都大学大学院法学研究科博士課程修了。京都大学大学院法学研究科助教授を経て、2007年より現職。主著に『加藤高明と政党政治――二大政党制への道』（山川出版社）、『「八月の砲声」を聞いた日本人――第一次世界大戦と植村尚清「ドイツ幽閉記」』（千倉書房）などがある。

［編著者略歴］
伊藤之雄（いとう・ゆきお）
編者、序論・第3章・第6章・あとがき執筆

京都大学大学院法学研究科教授、博士（文学）
1952年福井県生まれ。1978年京都大学大学院文学研究科博士課程単位取得退学。名古屋大学文学部助教授などを経て1994年より現職。『大正デモクラシーと政党政治』（山川出版社）、『立憲国家の確立と伊藤博文――内政と外交 1889～1898』（吉川弘文館）、『立憲国家と日露戦争――外交と内政 1898～1905』（木鐸社）、『政党政治と天皇』（講談社〈日本の歴史第22巻〉、現在は講談社学術文庫）、『昭和天皇と立憲君主制の崩壊』（名古屋大学出版会）、『明治天皇――むら雲を吹く秋風にはれそめて』（ミネルヴァ日本評伝選）、『元老西園寺公望――古希からの挑戦』『山県有朋――愚直な権力者の生涯』（ともに文春新書）、『伊藤博文――近代日本を創った男』（講談社）、『京都の近代と天皇――御所をめぐる伝統と革新の都市空間 1868～1952』（千倉書房）、『昭和天皇伝』（文藝春秋、第15回司馬遼太郎賞）など著書多数。

原敬と政党政治の確立

二〇一四年七月二八日　初版第一刷発行

編者　伊藤之雄
発行者　千倉成示
発行所　株式会社 千倉書房
〒一〇四－〇〇三一　東京都中央区京橋二－四－一二
電話　〇三－三二七三－三九三一（代表）
http://www.chikura.co.jp/
造本装丁　米谷豪
印刷・製本　中央精版印刷株式会社

ISBN 978-4-8051-1039-3 C3021

京都の近代と天皇

伊藤之雄 著

維新により都の地位を失った京都は、皇室との縁と御所空間を軸に都市としての再生を図る。日本の近代を映す都市の評伝。

❖四六判／本体 二六〇〇円＋税／978-4-8051-0951-9

近代日本のリーダーシップ

戸部良一 編著

日本人は指導者に何を求め、為政者はどう振る舞ってきたか。近代から現代を照射し、指導者の要諦を問う。

❖A5判／本体 三四〇〇円＋税／978-4-8051-1031-7

「八月の砲声」を聞いた日本人

奈良岡聰智 著

民間人が大量に抑留された初めての戦争、第一次世界大戦。異邦の地で拘束された日本人の想いと行動の記録。

❖四六判／本体 三二〇〇円＋税／978-4-8051-1012-6

海洋国家としてのアメリカ

田所昌幸＋阿川尚之 編著

建国から中東関与に至る歴史的な流れを繙き、海洋国家と大陸国家という双貌を持つ米国の「国家の精神」を探る。

❖Ａ５判／本体 三四〇〇円＋税／978-4-8051-1013-3

戦後スペインと国際安全保障

細田晴子 著

基地や核をめぐる対米関係や地政的重要性など、日本とも通じる状況にあったスペインの国際社会復帰への道のり。

❖Ａ５判／本体 三八〇〇円＋税／978-4-8051-0997-7

日米同盟というリアリズム

信田智人 著

外交政策から戦後の日米関係を通観し、21世紀の同盟国に求められる安全保障の未来像を問いかける。

❖四六判／本体 二二〇〇円＋税／978-4-8051-0884-0

表示価格は二〇一四年七月現在

千倉書房

冷戦期中国外交の政策決定　牛軍 著　真水康樹 訳

毛沢東が指導した歴史的事件への対応を分析し、今日にも通ずる中国という国家の性格を浮かび上がらせる。

❖四六判／本体 二六〇〇円＋税／978-4-8051-0885-7

アジア太平洋と新しい地域主義の展開　渡邉昭夫 編著

17人の専門家が、各国事情や地域枠組みなどから、多様かつ重層的なアジア・太平洋像を描き、諸国の政策展開を分析。

❖A5判／本体 五六〇〇円＋税／978-4-8051-0944-1

松岡外交　服部聡 著

異端の外相・松岡洋右は日米開戦を巡る熾烈な外交戦に如何に挑んだのか。新資料によって再構成される、その全体像とは。

❖A5判／本体 五七〇〇円＋税／978-4-8051-1007-2

千倉書房

表示価格は二〇一四年七月現在

叢書 21世紀の国際環境と日本

001 同盟の相剋　水本義彦 著

比類なき二国間関係と呼ばれた英米同盟は、なぜ戦後インドシナを巡って対立したのか。超大国との同盟が抱える試練とは。

❖A5判／本体 三八〇〇円＋税／978-4-8051-0936-6

002 武力行使の政治学　多湖淳 著

単独主義か、多角主義か。超大国アメリカの行動形態を左右するのは如何なる要素か。計量分析と事例研究から解き明かす。

❖A5判／本体 四二〇〇円＋税／978-4-8051-0937-3

003 首相政治の制度分析　待鳥聡史 著

選挙制度改革、官邸機能改革、政権交代を経て「日本政治」は如何に変貌したのか。二〇一二年度サントリー学芸賞受賞。

❖A5判／本体 三九〇〇円＋税／978-4-8051-0993-9

千倉書房

表示価格は二〇一四年七月現在